亚马逊位于纽约的 4-Star 实体店，出售线上评分 4 分以上的畅销商品。在很多人心目中，亚马逊是一家线上电商，其实，亚马逊正在打造未来的新零售业态。在贝索斯看来，零售市场的 90% 都在线下进行，亚马逊的潜力巨大。

亚马逊智能购物车（Dash Cart）。购物车采用计算机视觉算法和传感器融合功能，带给客户前所未有的便利和独特体验。这将是亚马逊竞争未来的利器之一。

贝索斯 1994 年在西雅图的家。房子并不大，只有 150 平方米，三居室。亚马逊就诞生在图中右侧的车库里，创业者在这里建设了网站，卖出了第一本书。

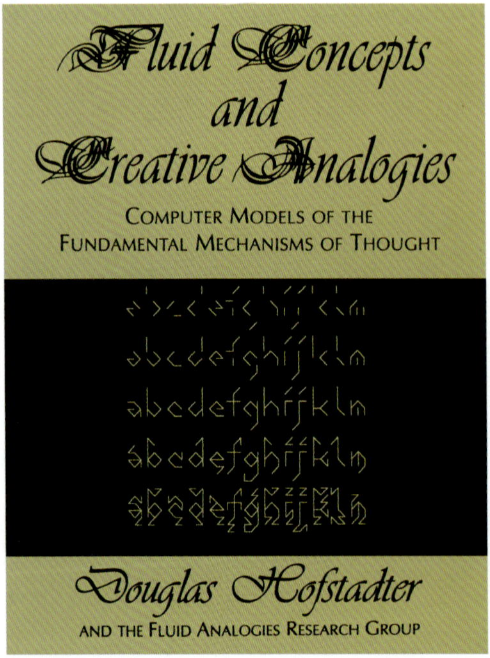

亚马逊卖出的第一本书。买书者是创业团队的朋友，他当时并没有意识到，正是因为这本书，他的名字被记入了历史。

谷歌为了挖走曼伯与其进行密谈的餐厅。曼伯时任亚马逊关键研发团队 A9 的负责人。当晚，谷歌的两位创始人和 CEO 先后登场，这场密谈让曼伯下定决心跳槽。

A9 的办公地点。A9 算法在业内享有盛名，是亚马逊产品搜索的核心技术，现在也提供搜索引擎的云服务。

1999 年，贝索斯被《时代周刊》评为年度人物，报道的标题是：电子商务正在改变全世界的购物方式。但当时很少人认识到：真正让世界改变的，不是电子商务，而是领导者对事物的深刻认知和宽阔视野。而落实这一切的，是实实在在投入的技术研发。

亚马逊126实验室的总部大楼，Kindle、Echo 的诞生地。

亚马逊的“AWS re:Invent”现场。这个大会一年一度，现在已成为了解世界第一流科技应用前沿的盛会，每年现场参会者达数万人之多。

参会者在会议现场走廊中休息。

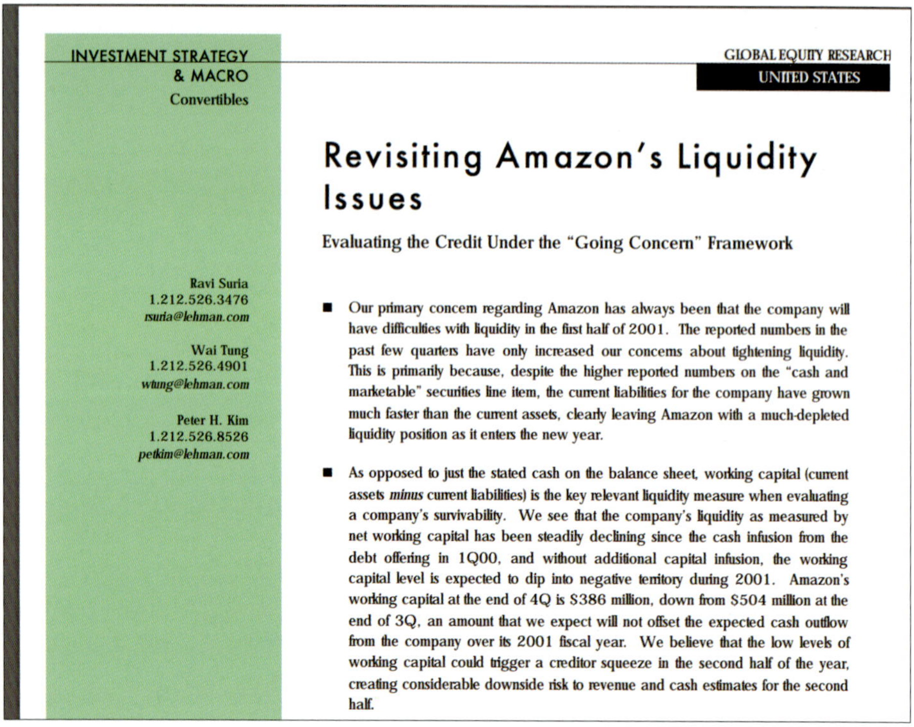

INVESTMENT STRATEGY & MACRO
Convertibles

GLOBAL EQUITY RESEARCH
UNITED STATES

Revisiting Amazon's Liquidity Issues

Evaluating the Credit Under the "Going Concern" Framework

Ravi Suria
1.212.526.3476
rsuria@lehman.com

Wai Tung
1.212.526.4901
wtung@lehman.com

Peter H. Kim
1.212.526.8526
petkim@lehman.com

- Our primary concern regarding Amazon has always been that the company will have difficulties with liquidity in the first half of 2001. The reported numbers in the past few quarters have only increased our concerns about tightening liquidity. This is primarily because, despite the higher reported numbers on the "cash and marketable" securities line item, the current liabilities for the company have grown much faster than the current assets, clearly leaving Amazon with a much-depleted liquidity position as it enters the new year.

- As opposed to just the stated cash on the balance sheet, working capital (current assets *minus* current liabilities) is the key relevant liquidity measure when evaluating a company's survivability. We see that the company's liquidity as measured by net working capital has been steadily declining since the cash infusion from the debt offering in 1Q00, and without additional capital infusion, the working capital level is expected to dip into negative territory during 2001. Amazon's working capital at the end of 4Q is $386 million, down from $504 million at the end of 3Q, an amount that we expect will not offset the expected cash outflow from the company over its 2001 fiscal year. We believe that the low levels of working capital could trigger a creditor squeeze in the second half of the year, creating considerable downside risk to revenue and cash estimates for the second half.

差点打倒亚马逊的那份研究报告的首页。这份报告引发了华尔街和媒体的质疑声浪，公司内部也有人离职。但贝索斯不为所动，他知道怎样打造一家伟大的公司。

亚马逊西雅图总部大楼 Day 1，
意为永葆创业第一天的精神。

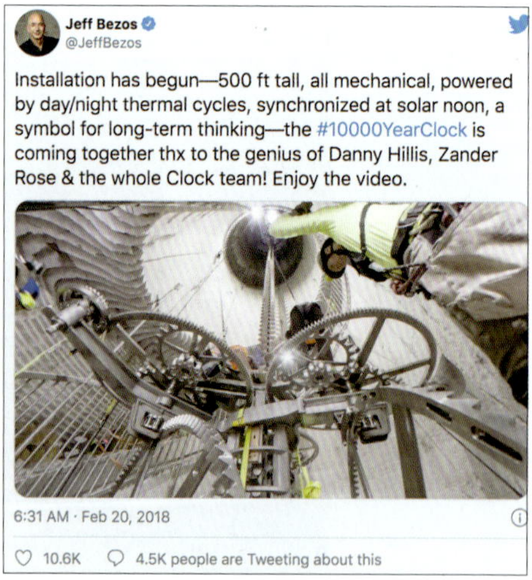

贝索斯精心建设的“万年钟”，
象征着“长期主义”精神。

亚马逊的无人商店 Amazon Go，集成了顶级技术，不是我们平时见到的“自助结账超市”。

亚马逊位于科罗拉多的履行中心，配有十个足球场大小的光伏发电系统，发电量 6.05 兆瓦，内置机器人辅助工作系统。亚马逊已经在新能源行业进行布局。

亚马逊的实体书店，这是对传统书店的彻底颠覆。
在这里售卖的，都是图书排行榜上的高分图书。

分布在千家万户的 Echo 智能家居，
亚马逊正由此构建新型社会链接。

Alexa 服务的一个端口，Alexa 在云端部署，
支持无数的智能家居设备。

亚马逊编年史

（1994-2020）

宁向东　刘小华◎编著

中信出版集团 | 北京

图书在版编目（CIP）数据

亚马逊编年史 / 宁向东，刘小华编著 . -- 北京：
中信出版社，2021.8（2022. 1重印）
ISBN 978-7-5217-3307-5

I. ①亚… II. ①宁… ②刘… III. ①电子商务－商
业企业－编年史－美国 IV. ① F737.124.6

中国版本图书馆 CIP 数据核字（2021）第 129641 号

亚马逊编年史
编著：宁向东 刘小华
出版发行：中信出版集团股份有限公司
（北京市朝阳区惠新东街甲 4 号富盛大厦 2 座 邮编 100029）
承印者：北京诚信伟业印刷有限公司

开本：787mm×1092mm 1/16 插页：4
印张：46.75 字数：600 千字
版次：2021 年 8 月第 1 版 印次：2022 年 1 月第 4 次印刷
书号：ISBN 978–7–5217–3307–5
定价：88.00 元

服务热线：400–600–8099
投稿邮箱：author@citicpub.com

目 录

第二部分

阅读贝索斯——基于贝索斯致股东的信

前言

亚马逊是一家怎样的公司

由于亚马逊在中国的业务不多，很多人并不了解这家公司，所以，我们先用一些事实来勾勒一下这家公司的概貌。

1994 年，贝索斯在西雅图成立了亚马逊公司，最初只出售图书。

1997 年，亚马逊在纳斯达克（Nasdaq）市场上市，发行价 18 美元，估值只有 4.38 亿美元。

1998 年，公司开始出售 CD 和 DVD 产品。

2000 年，成立亚马逊市集，接着吸引第三方卖家，成为“万物商店”。

2005 年，推出亚马逊 Prime 会员服务，目前在世界范围内拥有 2 亿会员，实现了会员的 2 日送达、1 日送达，甚至 Prime Now 服务做到了“一小时送达”。

2006 年，推出亚马逊网络服务（AWS），逐渐演变为云服务的领导者。随着开始对独立第三方开展云服务，业务快速成长，AWS 不仅已成为世界上最有影响力的云服务供应商，而且也成为亚马逊的重要收入来源和利润贡献支柱。

2006年，亚马逊整合物流中心，建立亚马逊履行中心（FBA），目前在全球拥有数以百计的配送仓库。通过收购的机器人公司，逐步优化配送系统，实现更快地进行产品交付。一些配送中心装有光伏发电系统，除自给自足外，还可以对外出售电力。

2007年，推出电子书阅读器Kindle，并形成了包括读者和作者在内的生态体系。借助于Kindle，用户可以收听众多的有声书。亚马逊还深度进入内容制造行业，其出品的小说、音乐、电影和电视剧不断获得包括“金球奖”“艾美奖”等大奖。著名的《华盛顿邮报》目前在亚马逊旗下。

2014年，亚马逊推出第一代Echo设备，由位于云上的Alexa系统提供支持。目前，已经有大量亚马逊硬件设备进入千家万户，并得到位于云上的Alexa系统的支持，亚马逊由此开始逐步重构客户的生活场景和消费场景。

2017年，收购著名的连锁超市全食超市，并于随后推出高技术支持的无人商店AmazonGo，让客户真正实现“拿了就走”（just walk out），不需要扫码、结账的过程。由此，亚马逊全面走到线下，实现线上、线下的经营联动。而且，目前已经开设了24家亚马逊实体书店。

2018年9月，亚马逊的市值突破万亿美元，以上市时的4亿美元计算，实现2000多倍的成长。

2019年，提出“气候建议”，呼吁世界级企业联手在2040年实现碳的净零排放，这比《巴黎协定》的目标时间提前了十年。而亚马逊自己则正努力在2025年实现公司运营全部使用可再生能源的目标。事实上，亚马逊在2014年就开始在太阳能、风能领域，以及各种环保事业上进行投资。

目前，亚马逊有大约130万名员工，其中，既有大量的科学家和工程师，也有大量的物流仓储领域的工人。员工最低小时工资为15美元，并享有全面的福利，但也因劳动强度过大而遭到诟病。

本书是一个大案例

虽然我们非常尊敬亚马逊公司，欣赏它的成长历程、发展理念和管理模式，但我们也知道：很多人对电商、对亚马逊还有着各种各样的不同看法，甚至可以说，亚马逊本身就是一家饱受争议的公司。在这种情况下，本书并不过多阐述我们的观点，而只陈述事实。

我们这样做，希望达到两个目的：第一，保证内容的真实性和完整性，通过列举大事件、还原企业的发展历程，帮助读者对亚马逊建立认知，以便有效地借鉴它的经营方法；第二，贝索斯的24封致股东的信，放在一起是非常宝贵的、实战级别的教科书。我们系统地回顾了亚马逊的历史事件，可以为读者阅读、学习这些信，以及理解信中的观点、看法，提供必要的背景支持。总之，我们不设立场，以最有利于读者的方式编写这本书。

我们也许会在其他场合分享我们关于亚马逊的看法、研究和观点，但在写作这本书时，我们保持了最大程度的克制，希望提供一个中立的案例。

这里，必须要强调说明“什么是案例”。案例不是学习的样板，也不是经营企业的“最佳做法”。案例就像医生使用的病例，它只是一个记录，它的本身是客观的。案例存在的目的，就是为读者提供一个可资研讨的材料。研讨案例，不是为了照猫画虎，而是要在批判性思维的理念下，深入思考分析，获得启发，获得认知的升级。本书采用编年体的写法，就是为了更好地帮助读者使用这个案例。

当然，我们也有自己的倾向性，否则，不会花非常大的力气去编写这样一本书。在我们看来，亚马逊是有史以来最伟大的公司之一，它的很多打法对于企业家和管理人员，特别是各种类型的创业者，格外有借鉴意义。这也是我们选题的初衷。但是，在行文的过程中，我们努力不去表述自己的观点、看法，甚至倾向。我们把发表评论的冲动深深地压抑着，希望尽可能平和地叙述亚马逊的故事，把判断权交给读者。

本书的结构

本书分为两个部分。第一部分是编年史，非常粗线条地梳理了某一年、某一月亚马逊发生了什么，我们从贝索斯起心动念要创业开始，一直写到 2020 年末。第二部分是根据主题重新梳理了“贝索斯致股东的信”。到 2021 年为止，贝索斯以 CEO（首席执行官）的身份一共写了 24 封公开信。这 24 封信充满了智慧，对企业的经营者极有启示作用。

24 封信的原件，可以在亚马逊的年报中找到。不过，对于不熟悉亚马逊发展史的读者，直接阅读原信容易产生障碍，理解起来有挑战性。我们认识的很多人都知道这些信的存在，有人也尝试着读过几封，但由于对亚马逊的发展过程不了解，很难从股东信中读出味道，得到应有的教益。这是我们一直感到遗憾的地方，也是我们要编写这本书的目的之一。我们以为，有了历史背景做呼应，读者可以从股东信中收获更多。

感谢中信出版社沈家乐、宋冬雪和周家翠三位编辑的耐心和努力，感谢石北燕女士的辅助工作。感谢张辉、张云鹏、沈斌、郝晓云和石华力在图片上给予的协助。我们最早讨论亚马逊的选题，是在三年前的 2018 年。现在，时间过去了三年，本书终于付梓，也算是对初心有了交代。因为时间仓促，也因为我们的水平有限，书中一定存在着很多错误，包括时间的不准确和翻译上的错误，敬请读者指正。感谢在本书编写过程中和我们进行过讨论的每一位朋友。

宁向东　刘小华

2021 年 7 月 9 日

第一部分

亚马逊编年史

1994年 2300%

6月前

这一年，杰夫·贝索斯（Jeff Bezos）正处于而立之年。1964年出生的他，毕业于著名的普林斯顿大学，之后，他开始闯荡华尔街。创业前，他在华尔街一家对冲基金肖氏公司（D. E. Shaw Co.，下称DESCO）任高级副总裁（VP）。

这家公司由戴维·肖（David E. Shaw）于1988年创建，业务主要集中在数据分析和算法模型方面，以通过运用复杂的数学模型和计算机程序从市场的异常波动中获益而闻名。DESCO在1994年的净回报率是26%。

戴维·肖之前是哥伦比亚大学教授，拥有斯坦福大学博士学位。1986年，他被摩根士丹利公司从学术圈中挖出，为后者服务了两年。DESCO公司与其说是金融公司，但在行事风格上却更像是一家硅谷的高科技企业。戴维·肖用人的标准很高，努力提升公司的科技水准，希望将先进的计算机技术应用到包括投资在内的各个领域。今天，我们依然可以在纽约时代广场附近的标志性建筑Tower45里看到这家公司。亚马逊无形中继承了 DESCO 的一些做法，甚至科技基因。

1990 年，蒂姆·伯纳斯–李发明了第一种网页浏览器（World-Wide Web）后，很多浏览器开始涌现。1993 年 9 月，NCSA Mosaic ① 开始引发互联网应用的热潮，戴维·肖开始让贝索斯研究这其中可能隐藏的商机。

在研究中，贝索斯注意到 Matrix News 上发表了一篇由约翰·克特曼（John S. Quarterman）所撰写的报告。克特曼是互联网研究领域的资深人士，他发现：在过去一段时间里中，互联网应用正以每年 2300% 的速度增长。这篇报道让贝索斯深感震惊。

贝索斯在后来接受采访时说：[1]

> 这样一个惊人的统计数字让我警醒：1994 年春季，网络使用量以每年 2300% 的速度增长。要知道，事情从来没发展得那么快过。这太不寻常了，让我开始思考："到底什么样的商业模式在这个增速下可能是有意义的？"

贝索斯着力研究如何用互联网应用方面的快速发展构建出新的商业模式。在他和 DESCO 的同事进行讨论的过程中，大家认为：对客户免费但有广告支持的电子邮件服务，以及在线交易股票和债券等金融服务，都是可能的选项。贝索斯和戴维·肖当时还有了"万物商店"（the everything store）的想法。

DESCO 的同事认为这个想法其实很简单，因为势必会有人去充当连接互联网和消费者的中介。[2] 为了寻找适合线上销售的商品，贝索斯列出了有可能在互联网上销售的"前 20 名"产品清单，并且清

---

① NCSA Mosaic，互联网历史上第一个获普遍使用和能够显示图片的网页浏览器。——编者注

醒地认识到，要从最简单的开始。他想到了“书”。

在贝索斯看来，书具有其他商品不具备的优点。

首先，图书销售量大，而且种类繁多。当时大约有 130 万种印刷书籍，而音乐作品只有 30 万种。其次，贝索斯认为图书市场巨大，年销售额有 250 亿美元，全美大概有 4200 个出版商，却没有垄断者。用贝索斯的话说，“书籍出版或发行中没有 800 磅①的大猩猩”。[3]

当时，市场份额最大的图书零售商巴诺书店（Barnes & Noble）的销售额仅占市场整体销售额的 12%，主要的线下供应商只有两家：英格拉姆（Ingram）和贝克 & 泰勒（Baker& Taylor）。线上书店还没有达到规模化，比较有名的是 1992 年成立于美国俄亥俄州克利夫兰的 Book Stacks Unlimited、创立于马萨诸塞州哈佛广场的 WordsWorth Books 以及北加州帕洛阿托的 Future Fantasy，但这些线上书店远没有形成垄断规模。

这时，国际标准书号的应用已经让一些公司开始把库存清单录入了计算机网络，这就为在线售书和搜索提供了方便。

亲身体验过线上购书后，贝索斯感觉并不愉快。之后，他参加了 5 月底在洛杉矶举办的美国书商协会（American Booksellers Association）年度展会。在与来自各地的书籍供应商交谈后，贝索斯更加确定在网上售书是一个正确的选择。他跟戴维·肖建议可以在 DESCO 内建立一个互联网售书平台，但没得到同意。于是，贝索斯决定自己去开个公司，他重新燃起了在普林斯顿大学毕业时便有的创业梦想。

在不同场合向戴维·肖透露创业计划之后，贝索斯正式提出辞职。在贝索斯离职之前，戴维·肖约他去中央公园散步，边走边聊。经过两个小时的交谈，戴维对贝索斯的创业想法似乎非常认可。他说：

---

① 1 磅约等于 0.45 千克。——编者注

"这听上去的确是个好主意，但可能对那些没有像你现在这样拥有一份稳定工作的人来说，更是个好主意。我给你 48 小时的时间好好想想，然后再告诉我。"[4]

显然，这在很多人看来是个疯狂的举动。当时，网购并不流行，而放弃一份在华尔街高薪又稳定的工作去开办一个前景完全不确定的创业公司，更是多数人无法理解的。

贝索斯的父母得知消息后立刻质疑儿子放弃稳定工作的想法。他母亲贾克林·贝索斯（Jacklyn Bezos）建议他利用业余时间兼职。当时的另外一个情况是：在年中辞职，意味着要放弃一份即将到手的丰厚奖金。但贝索斯认为互联网发展速度如此之快，他必须全力以赴、争分夺秒。妻子麦肯齐（MacKenzie Tuttle）非常支持贝索斯。

贝索斯的决定遵循了他颇为自豪的"遗憾最小化框架"（regret minimization framework）。后来他在接受采访时多次提到，这是使重要决定简单化的思维架构。他说：

> 我设想自己在 80 岁的时候，回忆当年，我希望要尽可能少留下后悔之事。我知道，如果不尝试去做互联网，我会后悔，因为这是我认为非常了不起的事，即使失败了也不会后悔的事。而不去尝试的后悔会伴随我的每一天，让我难受。在我这么想的时候，做决定就变得很容易了。

贝索斯通过同事彼得·拉文索尔（Peter Laventhol）在斯坦福的同学赫伯·耶利内克（Hurb Jellinek），认识了远在加州圣克鲁斯的计算机"老兵"谢尔·卡芬（Shel Kaphan），并数次从纽约飞去加州与其会面。卡芬自 20 世纪 70 年代中期以来，就一直从事计算机领域的工作。他自认为，当看到 PC（个人电脑）革命的第一波浪潮来临时，他没有对此感兴趣，反而痴迷于巨型计算机。

当时，卡芬正在一家叫作 Kaleida Labs 的公司工作，这也是一家创业公司。卡芬在圣克鲁斯生活了 20 年，他希望贝索斯可以把公司建在北加州，但当时贝索斯对地址的选择似乎举棋不定，他们一起去看过可能的办公地点。

贝索斯希望卡芬和赫伯 · 耶利内克加入公司。

贝索斯同样使用清单法选择注册地——在可能的选项上逐一筛选、排除。

他首先考虑的因素是适合创业。这样，他第一个排除掉纽约，贝索斯认为纽约不太适合新兴行业和创业公司的发展。另外一个重要因素是税收，具体来说，如果向在当地注册的公司购买商品，要交销售税的话，人们可能会选择去外州的厂商那里买书。这就又排除掉了人口稠密的州，只剩下人口较少的地方。

贝索斯最早选择了俄勒冈州。除了上面两个因素，还有一个重要原因是，最大的批发书商英格拉姆图书公司（Ingram Book Company）就位于俄勒冈州的罗斯堡（Roseburg），这样，运输成本上就更占优势。

贝索斯同事的朋友、贝索斯的初始投资人尼古拉斯 · 汉默（Nicholas Hammuer）在听闻贝索斯的想法后，强烈建议公司的注册地选在他居住的西雅图。西雅图就在俄勒冈州的北边一点，科技人才和创新企业相对集中。但贝索斯在离开曼哈顿之前并没有做出最终决定，因为内华达州也是他的一个选择。他决定实地考察。

7 月

贝索斯雇了搬家公司把行李从纽约打包，却并没有告诉搬家公司明确的目的地，只是说“往西岸开吧，过几天再告诉你运到哪里”。

行李离开曼哈顿一天后，贝索斯给尼古拉斯·汉默打电话问可不可以把行李先放在他那里，得到同意后，贝索斯才告诉搬家公司送货的地址。

30 岁的贝索斯带着当时 24 岁的新婚妻子麦肯齐先是回到老家得克萨斯州，然后开着一辆雪佛兰开拓者车，从沃斯堡出发，沿着高速公路一路西行。

路上，贝索斯开始构思新公司的发展，着手写商业计划书。在后来的采访中，贝索斯坦言，商业计划书往往和实际不相符合，但有着独特作用。它可以让人透彻地思考整个布局，以及一些细节和过程，并从心理上逐渐适应创业的状态。在整个行程中，贝索斯完成了 30 页的商业计划书。

帮助贝索斯注册公司的律师，是朋友推荐的。律师名叫托德·塔伯特（Todd Tarbert），是位专业的离婚律师。在贝索斯开往西雅图的路上，塔伯特开始启动注册工作。在电话中，他甚至把贝索斯选的名字“Cadabra”（咒语）听成了“Cadaver”（尸体）。公司的注册地最后确定在西雅图。

8 月

贝索斯和妻子在尼古拉斯·汉默家短暂借住后，在西雅图城郊的贝尔维尤租了 1600 平方英尺（约 149 平方米）的三居室，安顿了下来，月租金 890 美元。这个房子也成了亚马逊的诞生地。更确切地说，亚马逊是诞生在这个房子的车库里。据说，贝索斯选择这里，是希望也能创造出像惠普一样从车库中诞生一家公司的传奇。

8 月 22 日，贝索斯在 Usenet（万维网诞生之前的计算机网络平台）上刊登了一份 152 字的招聘启事。

第一句话写的是招聘极其富有天赋的C语言/C++语言/Unix开发人员。第二句除了要求应聘者有设计和建设大型复杂系统的经验外，还要求其完成相同任务只需花费业内最牛人士认为的工作时间的1/3。第三句话，要求应聘者具有计算机科学的专业学位，包括学士、硕士或博士，或是同等学历者。第四句话要求应聘者有顶级的沟通能力。至于互联网服务器等工作，熟悉最好，但不一定必须会。总结句另起一段，几乎把所有优秀员工的品质罗列了一遍：聪明、上进、热情，还要有趣。此外，招聘启事还强调了必须在西雅图居住；如果是外地人，公司可以提供搬家费；以及非常重要的一条：报酬之中包括吸引人的股权激励。启事强调了雇主与应聘者共享相同的机会。最后，招聘启事引用了计算机先驱、图灵奖获得者艾伦·凯（Alan Kay）的一句话："创造未来比预测未来要容易。"

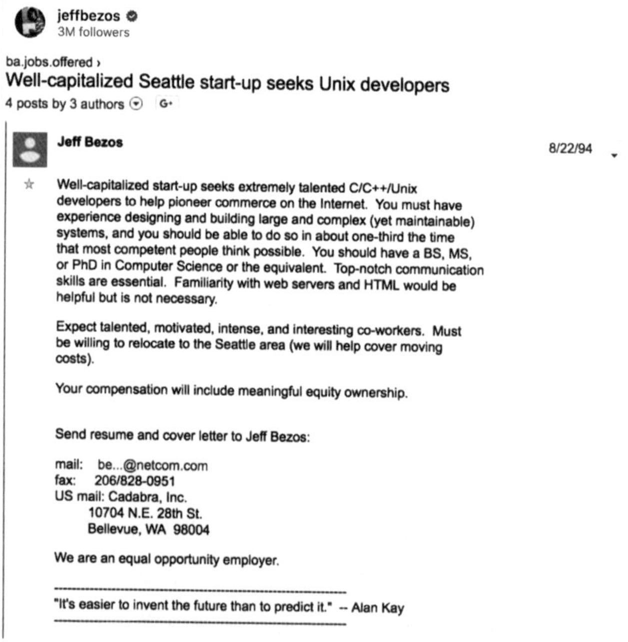
jeffbezos
3M followers

ba.jobs.offered ›
Well-capitalized Seattle start-up seeks Unix developers
4 posts by 3 authors

Jeff Bezos
8/22/94

Well-capitalized start-up seeks extremely talented C/C++/Unix developers to help pioneer commerce on the Internet. You must have experience designing and building large and complex (yet maintainable) systems, and you should be able to do so in about one-third the time that most competent people think possible. You should have a BS, MS, or PhD in Computer Science or the equivalent. Top-notch communication skills are essential. Familiarity with web servers and HTML would be helpful but is not necessary.

Expect talented, motivated, intense, and interesting co-workers. Must be willing to relocate to the Seattle area (we will help cover moving costs).

Your compensation will include meaningful equity ownership.

Send resume and cover letter to Jeff Bezos:

mail: be...@netcom.com
fax: 206/828-0951
US mail: Cadabra, Inc.
10704 N.E. 28th St.
Bellevue, WA 98004

We are an equal opportunity employer.

"It's easier to invent the future than to predict it." -- Alan Kay

贝索斯在1994年刊登的第一份招聘启事

9月

9月22日，贝索斯参加了由美国书商协会举办的培训，学习如何开书店。培训在俄勒冈州波特兰的一个酒店举行，为期4天。参会人员中不乏准备开书店的新人，还有一些退休后、寻求第二职业的年长人士。培训中有一课是Square Books书店的创始人理查德·霍沃斯（Richard Howorth）讲解客户服务。这家书店成立于1979年，位于密西西比州牛津镇广场，以销售科幻类作品并成为威廉·福克纳（William Faulkner）小说迷聚会中心而闻名。书店在一座两层复古的小楼里，二楼有阳台和咖啡吧。

霍沃斯用亲身经历的一个故事给学员们讲解如何服务客户。他说，有一天，一位女士进店后就开始抱怨，说自己的车被书店二楼一个孩子丢的东西给弄脏了。霍沃斯查看女士的车子后，虽然觉得并无明显的痕迹，但还是主动提出帮忙清洗。在发现洗车店关门后，霍沃斯把车开到自己家中亲自洗干净。第二天，这位女士再次来店，态度大变并且买了很多书。这是贝索斯学习关于客户服务的重要一课，为其“客户至上”的理念奠定了基础。

10月

41岁的谢尔·卡芬用U-Haul（一家搬运设备和仓储租赁公司）卡车载着一半的家当，离开了居住20年的圣克鲁斯，驱车14小时来到华盛顿州贝尔维尤的贝索斯家，成为亚马逊的第一名员工。

卡芬早年结识《全球概览》（*The Whole Earth Catalog*）的出版人斯图尔特·布兰德（Stewart Brand），1970年曾在后者那里短暂工作，做过营业邮购簿业务。他深深认同“使偏远地区的人们可以获取难以获得的信息，极具工作价值”这一观点。而《全球概览》在当时的硅谷颇具影响力，曾被乔布斯誉为“互联网搜索引擎中的谷歌”。

卡芬后来先后在 Lucid、Frox 和 Kaleida Labs 公司工作过，在硅谷业内很有声望。他自 20 世纪 70 年代初期（阿帕网时代）就开始关注互联网，直到 NCSA Mosaic 出现，才和很多人一样发现了此前缺失的一块，意识到必须提供一些用户交互界面（UI），让非专业人士也可以很容易地访问并利用互联网。后来，一些早期网站出现，卡芬和他的朋友赫伯 · 耶利内克想了很多如何利用这个新平台从事商业活动的点子。然而，他们都是程序员出身，所以觉得需要由一个优秀的商人来负责筹款、设计商业模式，他们来做技术层面的工作，这样才有可能做一点事。

卡芬从 1994 年春天开始和贝索斯讨论创业一事，最终在秋季下了决心。原因有两个：第一是选址最后定在了西雅图，而不是此前也在考虑范围的内华达州；第二是由于贝索斯的热情、专注和诚心。卡芬后来说：“我很惊讶，他没有放弃我去聘请其他人，因为世界上有 100 万名程序员。”还有一点也很重要，就是卡芬觉得这和他以前工作过的一些初创企业不一样，在这件事上他可以很清楚地看到现金流来源，所以认为是个不错的小生意。

卡芬在西雅图的韦奇伍德租了房子，每天过桥上班。他的第一个任务是去购买电脑，与贝索斯一起来决定可以用哪个数据库和软件。他后来回忆说：“那会儿没人知道怎么做网站，我们得自己搞清楚。”

卡芬不喜欢“Cadabra”这个公司名。与此同时，贝索斯也在考虑改成其他的名字，并对“ Relentless”（不懈的）这个名字非常热衷，他认为这个名字可以表示不懈地满足客户的需求和想法。大家在讨论中并不认同贝索斯的观点，认为其含义并不能很容易让人产生类似的联想和共鸣。这个词后来多次出现在贝索斯的股东信中，足见他对这个词的意涵，是深深痴迷的。

韦奇伍德和贝尔维尤一桥之隔

10月底，贝索斯决定用“Amazon”作为公司的名字。亚马孙河（Amazon River）是世界上最大的河流，它意味着规模和选择。另外，“Amazon”是以字母“A”开头的，这也是一个重要理由。改名很快获得了立竿见影的效果：在Netscape浏览器上的“what’s cool”栏目，亚马逊的页面位居前列，很容易就会出现在用户界面上，因为这些页面是按字母顺序排列的。

11月

11月1日，贝索斯注册了以“Amazon”为新名字的统一网址。

来自华盛顿大学的年轻职员保罗·戴维斯（Paul Davis）成为亚马逊的第二位职员。戴维斯和卡芬开始疯狂写代码，贝索斯则继续忙于商业计划书，并参加美国书商协会的相关活动。

12 月

年底统计，亚马逊在这一年亏损 5.2 万美元。[5]

1995年 Amazon.com

2月

从1994年春天开始，贝索斯就不断劝说家族成员给自己的公司投资。他和远近厚薄的各路亲戚一共先后谈了60次，目的只有一个，就是希望他们每个人可以出5万美元，他的筹资目标是100万美元。

贝索斯的父母于1995年初给了贝索斯10万美元（这笔钱折合成582528股亚马逊股票）。[1] 贝索斯告诉父母这笔钱会有70%的可能性颗粒无收，希望在感恩节回家时，父母不会把他赶出去。对于并不了解互联网的贝索斯父母来说，这笔投资就是对孩子的一笔投入。加上此前1994年贝索斯认购1020万股所投入的1万美元和筹集的8.4万美元的无息贷款，这些资金足以支撑亚马逊最初几个月的运作了。

2月，亚马逊正式采用Amazon.com的名字。贝索斯坚持一定要在Amazon后面加上.com来显示公司的互联网属性。亚马逊成了第一个用这种方式来做品牌的互联网公司。[2]

贝索斯团队加紧设计网站，并且尽量使用开源程序和免费软件来节省成本。他们利用NCSA（美国国家超级计算应用中心）的一些非常基本的数据库，用 C 语言、PEARL 语言在 Oracle 上构建网站；同时，用 AT&T（美国电话电报公司）发布的数据库管理系统 DBM（database management）构建亚马逊自己的数据库。卡芬负责用户界面的设计，戴维斯则负责幕后交易流程网页的设计。

这个过程非常考验毅力，因为他们都不知道如何处理底层技术，以便设计出符合公司需求的网页。中间他们走过很多弯路，但好在他们都非常善于思考和利用开源程序，并从用户的角度出发去设计尽可能优化的网站。他们构建了一个有 100 万本图书信息的数据库，用户可以在网站上通过关键词、作者来找到自己想要的书。

戴维斯设计了一个专门的库存追踪程序，根据图书库存的位置推算运送时间。贝索斯则希望网站可以覆盖更多的书，于是加入了 Books in Print 目录。这个目录由 R. R. Bowker LLC 公司发布，很多在出版流程中但尚未面世发行的图书，都可以在这个目录中找到。将现有图书目录和即将发行的图书目录相结合，亚马逊网站可以让读者在第一时间得知自己所喜欢图书的状态，从而及时下单。亚马逊当时的计算机设备很简陋，很多录入工作都要通过重复多次地复制、粘贴来完成。

由于担心用户不会放心地把信用卡信息放到网站上，如何让用户用放心的方式付款，是需要解决的另一个问题。亚马逊在没有参考模式的情况下，设计了一种温和的方式，即允许用户先输入信用卡号的后四位，在成功下单后，再通过电话告知全部的信用卡信息。[3]

4 月 3 日，卡芬的好朋友约翰 · 温赖特（John Wainwright）成为亚马逊的第一名用户，他买的第一本书是《流动概念与创造性类比：思维基本机制的计算机模式》（*Fluid Concepts and Creative Analogies: Computer Modes of The Fundamental Mechanisms of Thought*）。当时，温赖特收到了卡芬的一封邮件，让他在亚马逊网站上注册一个用户名并买几本书。温赖特开始以为是免费的优惠活动，但下单后发现信用卡立刻被扣了钱。温赖特因此成了亚马逊网站的第一位测试用户。[4]

随后，贝索斯邀请了300位朋友进行测试。[5]出乎他意料的是，相当一部分人愿意录入信用卡信息，于是，亚马逊开始把保护信用卡信息作为首要任务。戴维斯设计了保护信用卡信息的程序，按照这个程序，信用卡的信息栏只能供客户录入，黑客完全无法提取。这种单向的录入（check-in）软件保障了信用卡支付的绝对安全。

由于庞大的数据库和程序运行使服务器耗电量激增，贝索斯夫妇每次在用吸尘器或吹风机时都会把保险丝烧断。[6]于是，亚马逊搬到了西雅图Sodo城区的办公楼中。这是一座二层小楼。一层属于瓷砖供应商Color Tile，二层是他们的办公室，地下室有个18.5平方米的仓库。

7月

7月6日，Amazon.com正式上线。由于当时网速非常慢，为了避免下载时间过长，网站尽量减少图片的使用，而多用文字表达。网页页面左上方是亚马逊的蓝色标志，下面醒目地写着一行字“Earth’s biggest bookstore”（地球上最大的书店），右侧醒目的位置上显示着100万本书和持续低价这样两个主题。

100万本书，是最大的超级书商库房存书量的5倍，但实际上亚马逊并没有什么库存，这种说法就是一种营销手段。贝索斯希望尽可能少地持有库存，同时很快地消化库存。

亚马逊网站本质上是一个大型数据库，其快速搜索的功能可以让读者迅速得知其关注作家的作品出版信息。亚马逊网站可以让客户按书名、作者、主题或关键字进行搜索，搜索的范围涉及110万本书。与传统书店不同，亚马逊并没有把110万本书放在仓库，而只是提供了客户可以找到的书名，客户下单后再去预订。

网站上线后的第三天，雅虎创始人杨致远联系到贝索斯，问他们愿不愿意被放到雅虎网站主页的“what’s cool”榜单上，虽然当时的订单量已经让小团队疲于应付，但贝索斯还是同意了。

亚马逊上线第一周的订单量达到了1.2万美元。[8]一个月内，其商品销往了美国所有50个州以及其他45个国家。[9]

亚马逊的运行模式和其他网络书店类似：接到订单后，亚马逊向分销商或出版商处订购书籍，将书籍运送到公司的西雅图仓库，然后将商品打包并装运。客户一般在订购后五天左右可以收到书籍，如果额外付费，则可以再提前一到两天。

但是，与其他书店不一样的是，亚马逊给客户提供了更全面的选择，而且更便宜。贝索斯认为，即便是线上购书，消费者仍希望可以讲价。贝索斯认为“（线上书店）不提供折扣是一个巨大的错误。大多数在线业务的失败都是因为它们错误地估计了客户的价值主张”。[10]于是，大部分在亚马逊网站上销售的书都有10%~30%的折扣。

亚马逊挑战传统书商的另一个地方在于它构建了和出版商的新型关系。过去，出版商需要提前数月预测零售商的订货需求，但这个预测比较难，为了维护与零售商的长期关系，它们会允许零售商将一定比例的、没有销售出去的图书退回。

由于亚马逊是在接到订单后才向供应商订货，退货率就极低，从行业总体水平的30%下降到低于0.25%。反过来，出版商也非常喜欢亚马逊利用数据追踪客户喜好的做法。于是，双方形成了一种新型的协同关系，其结果就是亚马逊可以拿到更好的折扣，从而给客户提供更多物美价廉的选择。

亚马逊的网页上为客户提供书评功能。最初，贝索斯和团队成员会亲自写一些书评，后来决定让读者也参与进来，并且允许负面评价。这个举动引发了出版商的强烈不满，但贝索斯坚持认为，他们应该让客户觉得值得信赖，并且通过帮客户做出正确选择而获得长期的收益。

亚马逊网站提供了在线的讨论平台，并迅速得到客户的认可。贝索斯也树立了自己关心客户的公共形象。

本月，订单量剧增，但亚马逊的库存、打包和物流服务都跟不上。第一周的订单金额有1.2万美元，但他们只送达了总额846美元的订单。团队几个人跪在车库的地板上亲手打包，却效率不高。贝索斯一边拼命工作，一边想如何扩充人手和资金来源。[11]

8月

贝索斯的家人追加了14.5万美元的投资，但亚马逊周转资金仍然困难，而且募集过程不太顺利。尼古拉斯·汉默帮助贝索斯在西雅图组织了一次融资宣讲会，有本地的60位投资人参加。到场的所有人都被贝索斯的聪明、自信和专注力所打动，但对互联网和亚马逊的新商业模式一无所知，如同听天书一样。汉默自嘲说："贝索斯是我们的唯一卖点。1995年，互联网对于大多数人还是个陌生概念，在网上买书也不被看作什么了不起的奇思妙想。大家只是认为这个点子很有趣，但人们并不想对有趣的想法进行投资。"[12]

汉默追加了一些投资。西雅图的一位股票经纪人埃里克·狄龙（Eric Dillon）对贝索斯的想法很感兴趣，但认为贝索斯给公司估值600万美元过高了，500万美元比较合适。陆续有20位左右的投资人后来做了投资，但每个人的投资额都不超过5万美元。贝索斯通过这种方式募集了98.1万美元。

对于来之不易的资金，贝索斯有自己的使用原则，他宁愿花钱雇用更好的程序员来提升服务效率，也不愿意改善公司的硬件设备或者雇用管理人员和后勤人员。麦肯齐包揽了除编程以外的会计、后勤等所有工作。亚马逊的办公设备非常简陋，大家跪在地上打包，常常工作到凌晨两三点。

本月，亚马逊每周的销售额达到了 2 万美元。

为了增加人手，亚马逊又招了几位员工，包括一些兼职员工，尼古拉斯·洛夫乔伊（Nicholas Lovejoy）就是其中之一。洛夫乔伊曾是贝索斯在 DESCO 的同事，在西雅图一所高中任教。当他发现大家都跪着打包的时候，他就建议置办一些桌子。

洛夫乔伊发现在家得宝（Home Depot）所销售的商品中，门的价格要比桌子的价格便宜很多，于是和贝索斯一起买了一些门回来进行改装。另一位 24 岁的员工劳雷尔·卡南（Laurel Canan）曾经是个木匠，他很快给这些门安装了桌腿，由此解决了长期跪在地上打包的问题。于是，亚马逊的 3 间小办公室里，每一间里都有了 4 张用门板拼成的桌子。[7]

贝索斯对此非常赞赏，后来"门桌文化"成为亚马逊文化的重要部分。许多书桌都是由半成品的门架在锯木支架上做成的。

10 月

10 月 4 日，亚马逊的网站在内容上做了更新，除了继续在显著位置声称自己是世界上最大的网上书店，还强调了自己和传统书店的区别，介绍了自己可以给读者带来的好处：容易找、种类多、价格低、可评论、个性化等。网站引用了贝索斯的话"If it's in print，it's in stock"（只要在印的，我们都卖），来表达图书种类的齐全。

网页的内容基本如下：

亚马逊是互联网上销量最高的图书零售商，它向所有能上网的用户敞开了大门，提供世界上最大的书籍库。公司总部位于西雅图，目前公司提供的图书超过 100 万种，是典型的购物中心书店的 40 倍，美国最大书店的 5 倍。亚马逊网址：http://www.amazon.com。

当专家们还在质疑在线购物的优势时，亚马逊为消费者提供了互联网之外不可能获得的购物体验。像亚马逊这样大的实体书店在现实中是不可能存在的，因为没有一个都市区容得下这么庞大的商店。如果把亚马逊上所有书目打印出来，将是 7 本纽约市电话簿摞一起那么厚。

万维网用户已经迅速认识到亚马逊网站的独特价值。在运营的最初四个星期中，公司已经向美国 50 个州和超过 45 个世界其他国家 / 地区的客户寄送了图书。

从科幻小说到烹饪工具书，再到文学小说以及最新的计算机和技术出版物，亚马逊努力为您提供市面上的所有纸质书籍。除了少数最小众的书，亚马逊上所有书都有 10%~40% 的折扣。亚马逊总裁杰夫·贝索斯说："我们的座右铭是'只要在印的，我们都卖'。"

强大而易用的搜索引擎，让读者足不出户，就能在几分钟内找到自己想要的书。不像过去想买本书需要花费大量时间来查电话号码，再开车到城里的专门书店去买，现在只需在线下单，快递公司就会把书直接送到家门口。

亚马逊还免费提供"Eyes & Editors"个性化通知服务，客户可以录入自己对作者、主题类型或具体某些书的兴趣。每当他们感兴趣的新书出版时，亚马逊都会自动向他们发送一封电子邮件，通知新书上架了。

此外，在亚马逊网站上，读者还可以在用户评论页面分享他们对某本书的看法或评价，并与世界各地的其他读者交流。

亚马逊是华尔街奇才杰夫·贝索斯的创意。他说："多亏有了互联网，我们比历史上任何一家零售商能提供的商品都多。”“如果您是读者，会网购，并且喜欢成千上万的折扣商品，那么您可能会对我们感兴趣。”

亚马逊的出现受到了互联网冲浪者和管理员的普遍欢迎。Netscape 浏览器和雅虎都将亚马逊列入了其“What's New”和“What's Cool”列表中，从而让每个浏览网页的人都可以看到。

用户的评论各式各样，既有人惊叹亚马逊的图书库之大，也有人调侃“我必须远离那里，不然我要破产了”。

亚马逊总部位于华盛顿州西雅图，公司团队包括程序员、编辑、执行人员和涉猎广泛的书籍爱好者。可以通过以下网站访问公司：http://www.amazon.com。

10 月 24 日，亚马逊网站跻身 Point Communications 评选的十大热门网站榜单。Point Communications 是对互联网站进行评级的独立机构，亚马逊网站在图书相关网站中排名第一，在最佳站点中整体排名第六。亚马逊网站图书主页在内容类别的评比中获得 48 分（满分 50 分），在 The Point 的“十大内容”榜单中排名第六，紧随在 Lycos、雅虎和 Pathfinder 等互联网巨头之后。[13]

12 月

这一年，亚马逊共计亏损 30.3 万美元。[14]

1996年　初露锋芒

1月

开年第一周，亚马逊的月收入增长了30%~40%。[1] 按照这个趋势，到年底时销售收入就会达到500万美元。[2] 这样的增速不得不让贝索斯再次考虑搬家、招人和再融资。

3月

亚马逊搬到了西雅图著名的派克市场（Pike Place Market）旁边，新地点距离原办公地点两个街区。在一座建于1906年的四层小楼中，亚马逊占了两层，面积达到17000平方英尺（约1581平方米），贝索斯的办公室在第四层。搬进去的时候，贝索斯预言公司可以在这个办公地点待6~10个月。[3] 同时，公司的仓库也搬到了西雅图南部道森大街上一个面积为93000平方英尺（约8649平方米）的地方。[4]

公司的办公用品依然简陋，每间屋子都摆着4张由门板改装的桌子。贝索斯狭小的办公室中的桌子也是用门板改的，地毯脏兮兮的，根本看不出是一家高科技公司。公司招聘谈话一般在外面的楼梯间进行。有人开玩笑说："难道你买不起一个桌子吗？"贝索斯回答："这是一种象征，要把钱花在对客户重要的事情上，而不是花在不重要的事情上。"

尽管工作辛苦，所给的薪酬也不高，但贝索斯的用人标准一直很高。他会在招聘时询问应聘者的高考分数，希望招到聪明有趣的人。

汤姆·舒霍夫（Tom Schonhoff）是亚马逊的第五名员工，他刚从华盛顿大学获得了计算机科学学位，但亚马逊招聘他时，同样问了他的高考成绩。舒霍夫后来回忆说："我们有一位罗德学者（Rhodes scholar）和全美拼字比赛（National Spelling Bee）的获奖者，有一位火箭科学家，还有一位拥有生物工程学博士学位的人做客户服务代表。贝索斯喜欢雇用有才华的人，然后，让他们自己去做事情。"[5]

贝索斯还招聘了一些编辑，用来编辑网站评论、回复邮件，招揽回头客，其中包括苏珊·本森（Susan Benson）。苏珊的老公埃里克·本森（Eric Benson）后来也加入了公司。埃里克是谢尔·卡芬以前的同事，一名软件工程师。由于他和妻子苏珊都要工作很长时间，他们把宠物狗也带到了公司。员工们加班加点地工作，没有周末。贝索斯的住处离办公室就几分钟路程，但他还是在办公室里放了可以过夜的睡袋。

编辑团队负责为网站访问者制作一些有趣的信息，向他们推荐可能感兴趣的新产品。后来亚马逊构建了一种被称为 Amabot 的算法，该算法可以自动生成标准格式的推荐，编辑团队的工作就因此过时了。

1995 年 8 月，网景通信公司 IPO（首次公开募股）成功，华尔街对互联网的投资热情开始升温。这时，互联网的热度正在迅速增长，用户数量正在以每年数百万的速度增加。

5月

5月16日，亚马逊和贝索斯登上了《华尔街日报》，文章标题是“Wall Street Whiz Finds Niche Selling Books on the Internet”（华尔街奇才发现了网上售书的独特市场），介绍了亚马逊的快速增长和与传统书商的对比。[6]

报道说，亚马逊几乎不做任何广告，而且在出版业中很少有高管知道它的存在。尽管尚未赢利，但该公司当年的销售额有望突破500万美元，比大多数巴诺书店的门店都要好。亚马逊网站已受到全球成千上万书迷的青睐，他们花费好几个小时仔细阅读其庞大的电子图书库，在线阅读其他客户的有趣评论，并订购大量书籍。

《华尔街日报》认为，亚马逊之所以大火，就在于它与大多数零售商不同，贝索斯先生已经找到了一种使用Web技术提供传统商店或商品目录无法比拟的服务方法。亚马逊客户可以通过主题或书名搜索，浏览110万种图书的数据库。这个数量是最大商超库存的五倍。

而当客户选择某一本书时，亚马逊会自动推送“还想购买”的其他相关图书。如果客户将最喜欢的作者和主题告诉亚马逊，它将通过电子邮件的方式向客户持续发送推荐。

贝索斯说：“人们不会仅仅因为需要一本书而买书。”“很多意外发现可能会促成购买，我们正试图抓住这一点。”

这篇报道对亚马逊的作用和前景做出评论：“尽管是一家规模相对较小的公司，但亚马逊却提供了一个独特的案例。在该案例中，互联网对消费者生活的改变从热议变成了现实。它还显示了在线零售如何改变出版商推销书籍的方式。”

报道还提到了亚马逊为读者提供讨论平台的做法，称亚马逊为读者提供了发表见解的空间，并且赞扬了亚马逊不过多干预评论，这是让客户互相推销。报道称，有一本书叫《海绵：你所爱之人的生活指南》(*Sponging: A Guide to Living Off Those You Love*)，这本书因为一条评论引起了亚马逊客户的一场网上狂欢。仅仅一条评论，就让这本书迅速跻身亚马逊的畅销书榜单。

报道最后提道：贝索斯梦想着将亚马逊变成一家市值十亿美元的公司，并将其控股权变成一笔财富，但他很快就声明要消除人们对亚马逊可能终结传统书店的担忧。他说："我们正试图使购物体验和去书店一样有趣，但是有些事情我们做不到。"

《华尔街日报》的这篇文章相当于一个免费广告，让亚马逊和贝索斯很快为公众所知晓。大量的新客户蜂拥而至。同时到来的还有新的投资者以及巴诺书店。这一天，贝索斯接到私募基金美国泛大西洋投资集团的高级经理拉玛南（Ramanan Raghavendran）打来的电话。后者在读了《华尔街日报》的报道后，想做一小笔投资，他给亚马逊的估值是大约1000万美元。贝索斯没有答应，预期会有其他投资者找上门来。于是，他又找其他风险投资公司，去看一下其他人如何估值。

在所有的投资公司中，贝索斯最喜欢凯鹏华盈（KPCB）。这是硅谷的一家著名风险投资公司。他直接电话了KPCB普通合伙人约翰·杜尔（John Doerr），并且和KPCB投资过的公司建立联系，希望可以引起KPCB的关注。虽然杜尔没有立刻回复他的电话，但KPCB的其他人联系了贝索斯。

最后，贝索斯接受了KPCB以800万美元持有亚马逊13%股份的投资，KPCB对亚马逊的估值在6000万美元左右。贝索斯提出其普通合伙人约翰·杜尔加入公司董事会作为投资条件，约翰·杜尔一开始没同意，后来为了投资而被迫同意。贝索斯认为约翰·杜尔的名号会值1000万美元。[7]

《华尔街日报》的报道也吸引了巴诺书店的CEO（首席执行官）伦纳德·里吉奥（Leonard Riggio）。这个会面出乎贝索斯的意料。里吉奥和他的哥哥飞到西雅图，并提出了合作意向。他们表示，巴诺书店马上也会进行线上销售，如果不合作，亚马逊以后将会无法与之抗衡。他们希望贝索斯可以和巴诺书店合作开发线上销售项目。贝索斯断然拒绝了这个提议。

6月

和硅谷大多数的创业公司一样，亚马逊在美国特拉华州进行了重新注册，公司的主要办公地点仍保留在华盛顿州的西雅图。

约翰·杜尔加入亚马逊，担任公司董事。杜尔自 1980 年 9 月起一直是 KPCB 的普通合伙人，被称为“创投教父”。在加入 KPCB 之前，他在英特尔公司工作了近 5 年，并担任网景通信公司、Intuit 等公司的董事。杜尔拥有莱斯大学电子工程专业学士与硕士学位、哈佛大学工商管理硕士学位。

汤姆·阿尔伯格（Tom A. Alberg）加入亚马逊，担任公司董事。

7月

有位客户发邮件问，是不是可以把亚马逊的网站链接放到他自己的网页上。贝索斯同意了，他很快发现这是一个极好的营销策略。亚马逊推出了亚马逊联合营销项目（Amazon Associates Program），鼓励其他网站放上亚马逊的网站链接。如果客户通过这个链接买了书，则该网站可以获得 8% 的提成。在亚马逊之前，也有一些网站采用这种方式扩大销售渠道。亚马逊对此申请了专利，八年后获得批准，但却从没对其他采用类似做法的公司提起诉讼。

在这个月，斯科特·利普斯基（Scott Lipsky）加入亚马逊。由于

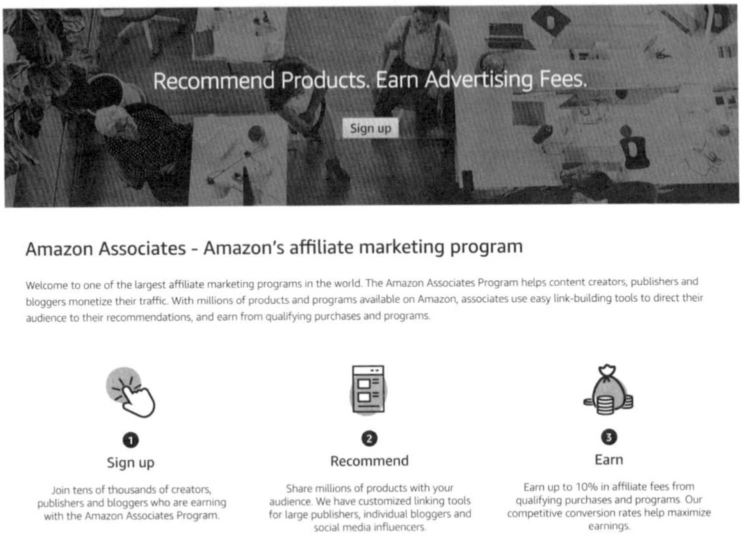

亚马逊的联合营销项目至今仍存在，提成可高达 10%

利普斯基之前是巴诺书店和大学书店的首席信息官，负责两个部门的整体系统开发和运营管理，所以他的加入引起了一定的震动。利普斯基也是创业者出身，亲自创立了 Omni Information Group。这是一家位于达拉斯的咨询、软件开发和系统集成公司，专门为零售市场系统提供专业的运营解决方案。在创业之前，他在消费软件零售公司 Babbage 工作了五年，负责领导该公司的信息系统部门。在 Babbage 任职期间，利普斯基设计并领导了第一个完全集成的项目，为客户的服务器零售链管理系统进行开发和部署。

9 月

里克·艾尔（Rick Ayre）加入亚马逊，负责亚马逊网站的内容编辑和设计。在此之前，他在美国出版商和互联网公司 Ziff-Davis 的主要出版物 *PC Magazine* 担任技术执行编辑，负责在线科技报道，并指导 *PC Magazine* 的在线服务，包括 PC Magazine Online 网站和 ZD Net 网站的 PC MagNet。100Hot 网站（www.100hot.com）称，以 *PC Magazine* 为基础的 ZD Net 已位居最受欢迎的网站之列。在 *PC Magazine* 的五年中，艾尔还担任过 PC Magazine Labs 的软件执行编辑和软件技术总监。

10 月

亚马逊一直在想办法使其网站更加个性化（Personalization），以更准确地了解客户需求。它首先使用 MIT Media Lab（麻省理工学院媒体实验室）下属公司 Firefly Network 开发的 Book Match(图书匹配)软件。该软件要求客户对几十本书做出评论，从而判断其品味，进行个性化推荐。但因系统运行慢，且客户不愿意写太多评论，而宣告失败。贝索斯建议团队开发一种更简单的系统，可以根据客户的购买历史提供个性化推荐。

后来，埃里克·本森开发了一种名为“相似性”（similarities）的系统，该系统根据用户已经阅读的内容，把相似购买记录的顾客书单组合集中在一起，推荐给客户。仅用两周，这个系统的初测版本即完成推出。[8]

12 月

随着新投资者的进入，贝索斯开始筹划建立新型的管理团队，聘任了一些具有管理经验的人才，其中包括乔伊·科维（Joy Covey），亚马逊的第一位首席财务官。

科维生于马萨诸塞州的波士顿，并在加州的圣马特奥长大。她15岁辍学，搬到加州的弗雷斯诺，开始做兼职杂货店文员。后来，她恢复了学业，1989年从哈佛大学毕业，获得法学博士和工商管理硕士双学位。[9]

从哈佛大学毕业后，科维短暂地加入了纽约的投行Wasserstein，之后加入了一家科技公司Digidesign。在她任职的1991年到1995年，Digidesign的估值从2000万美元升至2亿美元，并实现了50%以上的年销售额增长。科维帮助Digidesign成功进行了IPO，并与Avid Technology（一家数字媒体技术公司）完成了合并。

20世纪90年代中期，科维开始寻找加入科技公司的机会，她从猎头公司那里听说了亚马逊。KPCB投资人约翰·杜尔的介绍曾让科维心动，但当得知这家公司位于西雅图时，她立刻就决定放弃。只是出于礼貌，科维答应和贝索斯吃个午饭。一开始的10分钟里，科维就表达了自己对亚马逊不感兴趣，不会考虑这个机会，但随后的聊天却进行得非常愉快。

科维回家后，一直在谈论这件事，她未婚夫认为她非常看中这个机会，建议她应该接受这份工作。[10]第二天，贝索斯接到了科维的电话，深感意外。科维提出如果公司可以接受她仍住在硅谷湾区的话，她愿意考虑这个工作，贝索斯答应了。时年33岁的科维就这样成了亚马逊的首席财务官，并很快着手公司上市的计划。

与科维密切合作过的摩根士丹利分析师玛丽·米克（Mary Meeker）女士说："当科维滑雪时，她喜欢挑战最难的山坡。当到达底部时，她又会急速冲回顶部。这也是她在工作中采取的一种态度。"[11]她很适合亚马逊雄心勃勃的文化。

这一年，亚马逊只有150名员工，全年营业额1600万美元，亏损580万美元。当时最大的连锁书商巴诺书店销售额是20亿美元。

1997 年　上市

1 月

贝索斯接受《纽约时报》采访时说："我们现在没有赢利，但我们会赢利。想让亚马逊赢利是世界上最容易的事，但也是最愚蠢的事。我们把可能的盈利投入公司的未来中去，想让亚马逊现在就赢利对于管理团队来说，是最愚蠢的决定。"[1]

1 月 16 日，Intuit 公司的联合创始人兼董事长斯科特 · 库克（Scott D. Cook）成为亚马逊的董事会成员。贝索斯说："斯科特 · 库克加入亚马逊董事会，让人感到非常高兴和荣幸。没有人比斯科特 · 库克更擅长使用技术为客户服务。他在激烈的竞争中建立起卓越的财务软件公司，这个经验将给亚马逊带来巨大的益处。"[2]

1 月 28 日，亚马逊宣布其高管团队，新增成员包括：副总裁兼执行编辑里克 · 艾尔、市场营销副总裁马克 · 布赖尔（Mark Breier）、首席财务官乔伊 · 科维、运营副总裁奥斯瓦尔多 · 杜亚斯（Oswaldo Dueas）以及业务拓展副总裁斯科特 · 利普斯基。这些人绝大多数都拥有美国名校的博士学位。贝索斯表示："为了巩固和扩大亚马逊在电子商务领域中的领导地位，我们正在建立与之相适应的管理层。”“如果我们要建立一个持久而重要的公司，就必须拥有世界一流的管理团队。”[3]

奥斯瓦尔多·杜亚斯加入亚马逊，负责仓库和客户服务管理。杜亚斯为亚马逊带来了联邦快递20多年的经验，他在联邦快递从成立到发展成全球最大快递运输公司的过程中发挥了关键作用。在加入亚马逊之前，杜亚斯曾是拉丁美洲最大的综合服务公司International Service System拉丁美洲分部的副总裁，负责该分部的销售、市场营销、运营和客户关系，管理着数千名员工。在此之前，他在墨西哥国家视觉协会公司管理着墨西哥全国23家CIFRA（墨西哥最大的零售商）商店和14家沃尔玛商店的眼镜零售店。

马克·布赖尔在1月31日上任，担任市场营销副总裁，负责公司营销和销售。布赖尔也是创业者出身，早在20世纪80年代初，就是Amazing Events Unlimited公司的总裁兼联合创始人。在加入亚马逊之前，他是Cinnabon World Famous Cinnamon Rolls公司的市场营销副总裁，亲手建立了市场营销部门，有着丰富的品牌和营销管理经验。

2月

2月12日，亚马逊聘请帕蒂·斯通塞弗（Patty Stonesifer）为董事会成员。斯通塞弗于1988年加入微软，担任微软出版社（Microsoft Press）的高级经理，并迅速晋升。她于1993年成为微软消费者部门的负责人，领导了所有小型商业软件、家用软件和计算机输入设备的研究、开发和营销。1996年，消费者部门与互动媒体部门合并，斯通塞弗担任高级副总裁。在她的管理下，微软的消费软件产品线成为行业领导者。她还负责管理微软在新的在线内容和服务产品（包括 MSN，即 Microsoft Service Network，官网为 msn.com）上的投资，包括微软与 NBC 的合资企业、板岩（slate.com）、微软的旅游网站 Expedia（expedia.com）、互联网游戏专区（zone.com），以及许多其他已发布和未发布的基于互联网的产品。在加入微软之前，斯通塞弗任职于计算机行业领先的书籍出版商 Que Corporation，担任过包括出版人、总编辑和市场总监等各种职位。[4]

玛丽 · E. 恩斯特伦（Mary E. Engstrom）加入亚马逊，担任出版商事务副总裁。恩斯特伦出身于微软，在加入亚马逊之前，她曾担任赛门铁克公司安全业务部总经理。赛门铁克是信息管理和提高生产力方面的软件开发商。

约翰 · D. 里舍（John D. Risher）加入亚马逊，担任产品开发副总裁。里舍也是微软出身，他是微软个人投资网站 MS Investor 的创始人和产品部门经理。

3月

亚马逊网站的日均访问量已从 1995 年 12 月的约 2200 次增至 1997 年 3 月的约 80000 次，回头客贡献了 40% 的订单。[5]

科维和贝索斯开始为上市做准备。贝索斯刻意在媒体上多露面，宣传亚马逊的品牌，并说服华尔街的投资者"亚马逊关注的是长期盈利"。科维也奔走于华尔街和全美各地的投资者中，16 小时工作日程是家常便饭。她会见华尔街分析师，与投资者面对面交流，批准公司的支出计划，确保公司每一分钱都花到对的地方，并且督促其他高管对亚马逊也保持一个良好的发展愿景。

贝索斯常说的"get big fast"（快速做大）成为公司员工遵循的文

化。公司在一次野餐会上，给每个员工发了一件T恤衫，上面印着一个热狗和“get big fast”的标语。

科维选择德意志银行作为亚马逊IPO的合作方，因为该行的科技类企业投资人弗兰克·奎特隆（Frank Quattrone）及分析师已经关注亚马逊一年多。在路演中，贝索斯和科维受到了大量质疑，投资者怀疑亚马逊的生存能力，毕竟到现在亚马逊从来没有盈利过。他们告诉投资者亚马逊发展需要看长远利益，而不是只看眼前收益。

3月24日，亚马逊宣布，已向美国证券交易委员会提交了一份注册声明，内容涉及首次公开发行2500000股普通股。亚马逊已授予包销商选择购买亚马逊最多375000股额外股份的权利，以弥补可能会出现的任何超额配给的需要。德意志摩根·格伦费尔公司担任牵头行。

准备上市的同时，贝索斯开始积极劝说理查德·丹泽尔（Richard Dalzell）加入亚马逊。丹泽尔是一名信号工程师，当时正任职于沃尔玛的信息系统部。沃尔玛拥有世界上最先进的物流网络，该网络为国际零售和商品系统设定了标准，在建立全球最大的商业决策支持和数据挖掘系统上发挥了重要作用。这个世界一流供应链系统的开发，幕后推手就是丹泽尔。

他们的首次见面出奇的不顺利。丹泽尔飞往西雅图与贝索斯会面时，行李被航空公司弄丢了，于是他一早穿着向酒店门卫借来的西装前往亚马逊办公室，却空等了许久不见人来。见面之后，贝索斯不小心将一整杯的咖啡泼在了丹泽尔身上。虽然贝索斯的远见和热情在丹泽尔心里埋下了种子，但离开西雅图之后，丹泽尔还在纠结，是否要离开大名鼎鼎的沃尔玛去一家初创企业。[6]

乔尔·R. 斯皮格尔（Joel R. Spiegel）加入公司，担任工程副总裁。他曾在苹果公司工作十几年，担任过苹果商务系统（Apple Business Systems）部门高级经理，负责新产品开发。之后跳槽微软，担任

Windows 95 多媒体开发经理、Windows 多媒体组管理器和产品单组经理等。

5 月

5 月 12 日，巴诺书店正式起诉亚马逊。5 月 13 日,《西雅图时报》转载了彭博社的一篇报道："Amazon.Com Sued For 'Earth's Biggest' Claim"（亚马逊因宣称是"世界上最大的书店"而被起诉）。巴诺书店希望通过起诉以阻止亚马逊宣传它自己是"世界上最大的书店"。诉讼称，总部位于西雅图的亚马逊公司是"书商"（book broker），而不是"书店"（bookstore），因为它通过互联网卖书。

巴诺书店称，自 1992 年以来，自己已成为世界上最大的书店，拥有 1000 多个网点，存有 17 万多种图书，而亚马逊在西雅图的仓库仅存有几百种图书。巴诺书店表示，两家公司都必须向批发商或出版商订购缺货的书籍，驳斥了亚马逊声称"它可以获取巴诺书店无法获得的书籍"的说法。[7]

巴诺书店诉称亚马逊在 1 月 28 日拒绝了其停止广告的要求，要求纽约的联邦法官阻止亚马逊投放此类广告，这些广告已经出现在亚马逊网站和《纽约时报》书评中。它也正在为广告可能造成的销售损失寻求尚未确定数目的赔偿。在向纽约联邦法院提起诉讼的同时，巴诺书店表示上线了自己的网站 Barnesandnoble.com。

纽约 IPO Value Monitor 研究总监赖安·雅各布（Ryan Jacob）认为："他们（巴诺书店）等到本周提起诉讼并非偶然。"当时，亚马逊正准备 IPO，以每股 12~14 美元的价格出售 250 万股股票。《华尔街时报》也给予了报道。[8] 亚马逊随后提起反诉，称巴诺书店不应当享有只有网上售书才享有的税收优惠。[9]

Amazon.Com Sued For `Earth's Biggest' Claim

May 13, 1997

Bloomberg News

NEW YORK - Barnes & Noble bookstore chain is suing to block Amazon.com from advertising that it's "Earth's biggest bookstore."

Seattle-based Amazon.com is a "book broker" and not a "bookstore" because it sells books over the Internet, the lawsuit said.

Barnes & Noble said it's been the world's biggest bookstore since 1992, with more than 1,000 outlets.

The lawsuit filed in New York federal court comes as Barnes & Noble starts its own Internet site called BarnesandNoble.com.

In addition, Amazon.com is planning to sell stock to the public this week to raise about $29.4 million after expenses.

"I don't think it's coincidence that they waited until this week to file the lawsuit," said Ryan Jacob, director of research for IPO Value Monitor in New York.

1997 年 5 月 13 日，巴诺书店起诉亚马逊声称“世界上最大的书店”的报道截图

5 月 14 日，亚马逊以每股 18 美元的价格在纳斯达克证券市场 IPO，证券交易代码定为 AMZN，IPO 募集了 5400 万美元。亚马逊此时有 256 名员工。

SEC 网站的亚马逊招股书在开篇综述部分写道：“亚马逊是领先的在线书籍零售商。1995 年 7 月，它成为‘世界上最大的书店’，亚马逊迅速成为万维网上最知名、使用和引用最多的商业网站之一。亚马逊努力为客户提供服务，通过创新的技术、丰富的选择、高质量的内容、高水平的客户服务、具有竞争力的价格和个性化服务来吸引人。”

“作为在线书店，亚马逊实际上有无限的在线货架空间，可以提供高效的搜索和检索界面。公司提供超过250万种图书，其中150万种是在印的英文书，100万种绝版书可能不会再发行，还有一小部分CD、录像带和录音带。”

“除了选择多，从亚马逊购买书籍也比在实体书店购物更方便，因为在线下单可以在一天24小时的任何时间完成，而不需要去商店。此外，亚马逊高存货周转率、无须投入昂贵的零售点所需的房产和太多人员，使其在财务结构上相对于传统书商有优势。”

SECURITIES AND EXCHANGE COMMISSION
WASHINGTON, D.C. 20549

AMENDMENT NO. 5 TO

FORM S-1
REGISTRATION STATEMENT
UNDER
THE SECURITIES ACT OF 1933

AMAZON.COM, INC.
(Exact name of registrant as specified in its charter)

<TABLE>
<S> <C> <C>

DELAWARE	7375	91-1646860
(State or other jurisdiction of incorporation or organization)	(Primary Standard Industrial Classification Code Number)	(I.R.S. Employer Identification No.)

</TABLE>

1516 SECOND AVENUE, 4TH FLOOR
SEATTLE, WASHINGTON 98101
(206) 622-2335
(Address, including zip code, and telephone number, including area code, of Registrant's principal executive offices)

JEFFREY P. BEZOS
PRESIDENT AND CHIEF EXECUTIVE OFFICER
AMAZON.COM, INC.
1516 SECOND AVENUE, 4TH FLOOR
SEATTLE, WASHINGTON 98101
(206) 622-2335
(Name, address, including zip code, and telephone number, including area code, of agent for service)

亚马逊上市招股说明书（截图）

“截至1997年3月31日，亚马逊的销售额超过3200万美元。在100多个国家/地区拥有约34万名用户。日均访问量（非“点击量”）从1995年12月的大约2200次增长到1997年3月的大约8万次，并且回头客订单量占订单总量的比例超过40%。《时代》杂志将亚马逊评为‘1996年十佳网站之一’”。

招股书列出了亚马逊自成立以来的年度和月度主要财务数据。净销售额从1995年的51.1万美元增长到1996年的1575万美元，增长率为208%；按季度，1996年第一季度净销售额为87.5万美元，第二季度223万美元，第三季度417.3万美元，第四季度达846.8万美元，而1997年3月末达到1600万美元。

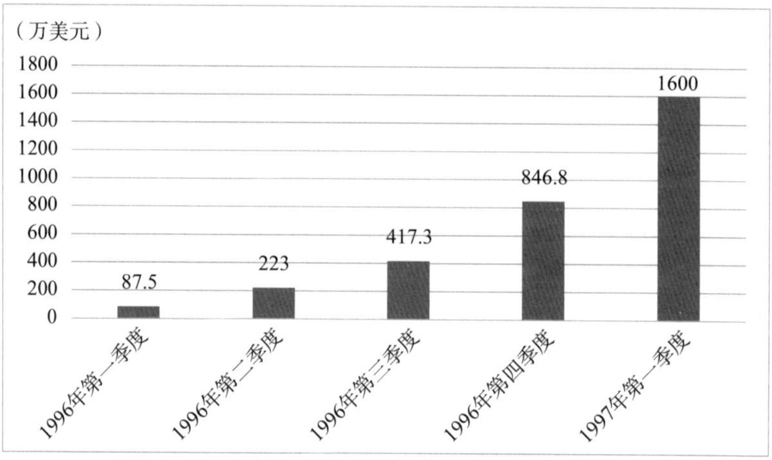

亚马逊的季度净销售额在1997年上市前夕高速增长

和净销售额的高速增长相比，亚马逊自成立起就一直处于亏损的状态。1994年净亏损5.2万美元，1995年净亏损30.3万美元，1996年净亏损577.7万美元，而到1997年第一季度净亏损为303.8万美元。

对于持续的亏损，招股书在风险要素和管理层讨论与分析中给予了如下说明：

> 自成立以来，公司一直处于亏损状态，截至1997年3月31日累计亏损900万美元。公司相信其成功将很大程度上取决于：（1）品牌地位；（2）为客户提供卓越的价值购物体验的能力；

SUMMARY FINANCIAL DATA
(In thousands, except per share data)

<TABLE>
<CAPTION>

	FOR THE PERIOD FROM JULY 5, 1994 (INCEPTION) TO DECEMBER 31, 1994	YEAR ENDED DECEMBER 31,		QUARTER ENDED				
		1995	1996	MARCH 31, 1996	JUNE 30, 1996	SEPT. 30, 1996	DEC. 31, 1996	MARCH 31, 1997
<S>	<C>	<C>	<C>	<C>	<C>	<C>	<C>	<C>
STATEMENT OF OPERATIONS DATA:								
Net sales...............	$ --	$ 511	$15,746	$ 875	$2,230	$ 4,173	$ 8,468	$16,005
Loss from operations....	(52)	(304)	(5,979)	(336)	(776)	(2,472)	(2,395)	(3,102)
Net loss................	(52)	(303)	(5,777)	(331)	(767)	(2,380)	(2,299)	(3,038)
Net loss per share(1)...	(0.00)	(0.02)	(0.25)	(0.02)	(0.03)	(0.10)	(0.10)	(0.13)
Shares used in computation of net loss per share(1).....	17,730	18,933	22,655	22,251	22,431	22,967	22,969	23,018

</TABLE>

<TABLE>
<CAPTION>

	AT MARCH 31, 1997	
	ACTUAL	AS ADJUSTED(2)
<S>	<C>	<C>
BALANCE SHEET DATA:		
Cash and cash equivalents..........	$ 7,162	$ 48,162
Working capital..........	79	41,079
Total assets..........	11,722	52,722
Stockholders' equity..........	2,763	43,763

</TABLE>

1997 年上市前亚马逊的主要财务数据（亚马逊招股书截图）

（3）获得足够的销量以实现规模经济的能力。因此，公司打算在营销与推广、网站开发以及技术与运营基础设施发展上大量投入。公司还打算提供有吸引力的价格计划，这将降低毛利率。因为公司产品毛利率相对较低，在既定投资规模水平上是否赢利取决于公司产生和维持可持续增长的收入水平的能力……鉴于公司业务的快速发展性质、有限的营业历史，我们认为比较经营成果未必有意义，经营成果应该不作为未来表现的依据……

招股书表明了亚马逊的态度：亚马逊并不急于实现短期赢利，而是相信其市场地位和服务能力会带来长期利益。招股说明书同时预言了网上零售和图书市场的巨大前景。招股书写道："互联网是一种日益重要的通信、内容和在线商务的全球化媒介。国际数据公司（IDC）估计，到 1996 年底，网络用户数量已增长到约 3500 万，到 2000 年将增长到约 1.63 亿。网上购买的商品和服务的总价值在 1995 年是 3.18 亿美元，1996 年为 54 亿美元，而 2000 年总价值将增至

950 亿美元。全球图书业规模庞大，正在发展并且相对分散。根据 Euromonitor 的数据，1996 年美国的图书销售额估计约为 260 亿美元，预计 2000 年将增长到 300 亿美元左右，而 1996 年全球图书销售额估计为 820 亿美元左右，并有望在 2000 年增长到大约 900 亿美元。”

在这样的形势下，亚马逊的解决方案如何？招股书列举了如下 6 项：

Authoritative Selection（权威选择）：提供 250 万种图书购买资源，零售书店平均只有 13 万种。

Online Store Economics（在线经济）：基于线上销售模式，亚马逊有较少的库存和可以快速周转，其在互联网上的投资、内容、营销和科技在全球范围内得以应用。

Customer Convenience（方便客户）：客户足不出户就可以一天 24 小时随时购买，方便的邮递业务可以直接把书送到客户手中。

Compelling Content（内容优胜）：提供专业的书籍，并有作者、读者的评论。

Personalized Service（个性化服务）：Eyes and Editors Notification Services（个性化通知服务），及时为客户提供个人感兴趣的书籍，亚马逊以后会有一种联合筛选服务，为客户提供有价值的推荐。

Benefits to Vendors（利于出版商）：对出版商有好处，可以帮助出版商精准营销。

关于“个性化服务”这个词，招股说明书中出现了 12 次。

招股说明书还介绍了管理层成员、持股信息等。从管理层成员构成看，14 位成员除了贝索斯和卡芬，全部是 1996 年到 1997 年初加入公司的新人。

<PAGE> 38

MANAGEMENT

EXECUTIVE OFFICERS AND DIRECTORS

The following table sets forth certain information regarding the executive officers and directors of the Company as of March 31, 1997:

<TABLE>
<CAPTION>

NAME	AGE	POSITION
<S>	<C>	<C>
Jeffrey P. Bezos	33	President, Chief Executive Officer and Chairman of the Board
Rick R. Ayre	47	Vice President and Executive Editor
Mark L. Breier	37	Vice President of Marketing
Joy D. Covey	33	Chief Financial Officer, Vice President of Finance and Administration, Treasurer and Secretary
Oswaldo F. Duenas	50	Vice President of Operations
Mary E. Engstrom	34	Vice President of Publisher Affairs
Sheldon J. Kaphan	44	Vice President and Chief Technology Officer
Scott E. Lipsky	32	Vice President of Business Expansion
John D. Risher	31	Vice President of Product Development
Joel R. Spiegel	41	Vice President of Engineering
Tom A. Alberg(1)	57	Director
Scott D. Cook	44	Director
L. John Doerr(2)	45	Director
Patricia Q. Stonesifer(1)(2)	40	Director

</TABLE>

\- ---------------

1997 年上市前亚马逊的管理层成员（亚马逊招股书截图）

7 月

7 月 8 日，亚马逊与美国在线（AOL）达成了一项为期三年的全面促销协议。根据该协议，亚马逊将成为美国在线网站及其搜索引擎 NetFind 上的独家书商，在美国在线主页上获得一个无须向下滚动页面即可看到的“正面显示”前屏按钮，从而可以把用户直接链接到亚马逊网站。

7 月 10 日，亚马逊公布了 1997 年第二季度的财务业绩。第二季度净销售额为 2790 万美元，环比第一季度净销售额 1600 万美元增长了 74%，同比 1996 年第二季度的 223 万美元，增长了 1168%。1997 年第二季度净亏损为 670 万美元，即每股亏损 0.31 美元，而第一季度净亏损为 303.8 万美元，即每股亏损 0.16 美元；1996 年第二季度净亏损 76.7 万美元，折合每股亏损 0.04 美元。

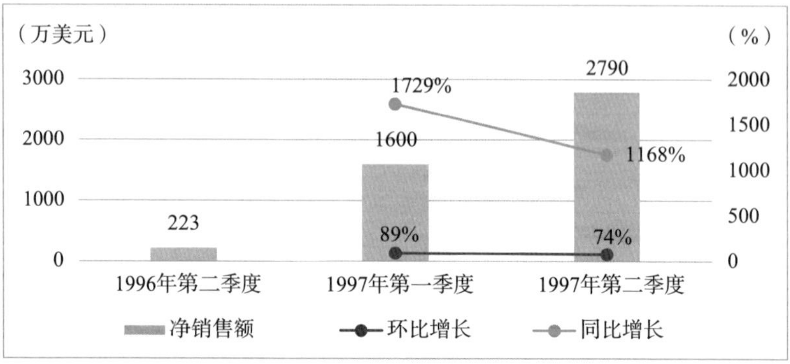

亚马逊 1997 年净销售额及相关数据比较

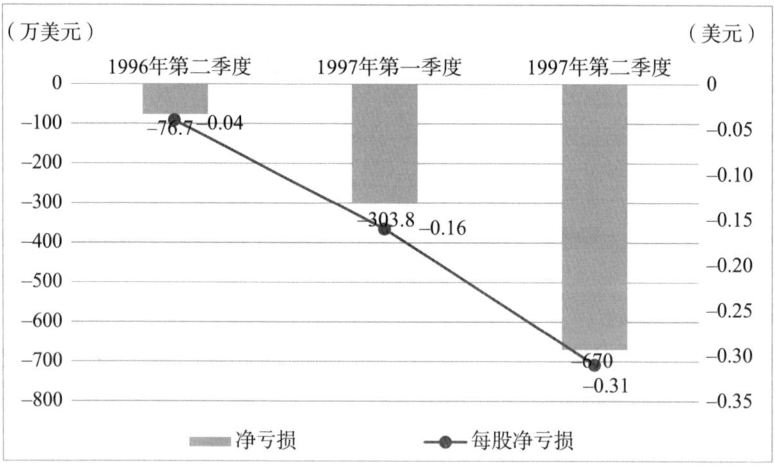

1997 年净亏损及相关数据比较

亚马逊同时宣布，截至 1997 年 6 月 30 日，累计用户数已超过 61 万，比 1997 年 3 月底的 34 万用户增长了 79%。在截至 1997 年 6 月 30 日的季度中，回头客订单占订单总数的 50% 以上。

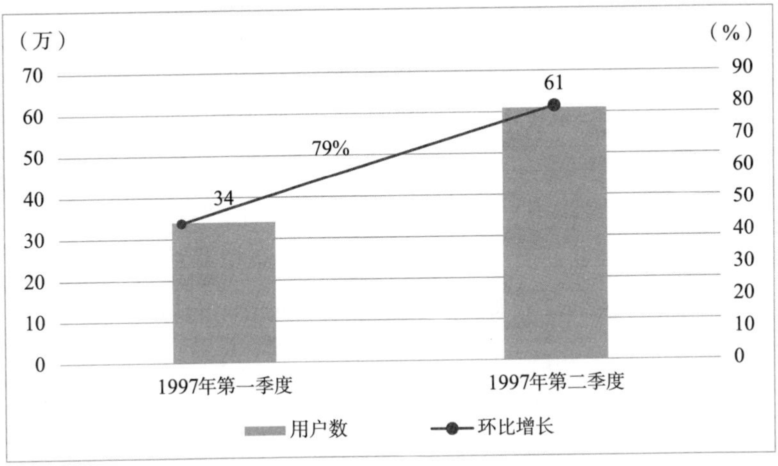

亚马逊 1997 年第二季度用户增长及与上一季度比较

8 月

8 月 26 日，理查德 · 丹泽尔终于加入亚马逊，担任首席信息官。亚马逊对丹泽尔的到来异常兴奋，贝索斯在宣布任命时说："只有极少数的人拥有理查德在大型零售领域的经验。他在技术应用于商品销售方面的专业知识是世界一流的。"显然，这个任命也代表着亚马逊建立现代化物流系统的决心。

丹泽尔的加盟的确来之不易。在 3 月的会面之后，丹泽尔听从沃尔玛高层建议，改变了主意。贝索斯却没有放弃，让科维每隔几个星期就给丹泽尔的妻子打电话劝说，并请杜尔出马游说。他们在觉得时机成熟的时候，便飞往本顿维尔 (Bentonville) 给了丹泽尔一个惊喜。在那顿晚餐后，丹泽尔同意加入，但随后又改变主意拒绝了。此后，丹泽尔虽然身在沃尔玛，却不停地谈论亚马逊，直到受到妻子的鼓励，终在 8 月份痛下决心。[10]

9月

9月23日，“一键下单”（One Click）功能正式上线，至此用户可以使用 Internet Marketplace 而无须使用购物车软件即可购买商品。也就是说，用户可以使用其预先输入的地址和信用卡号，来一键式购买一个或多个商品，而不必再次手动输入账单地址等信息。这是贝索斯、卡芬和界面工程师佩里·哈特曼（Peri Hartman）一起吃午饭时想到的创意。

当时，贝索斯说想让客户的网购程序尽可能简单。哈特曼就设计了一个系统，预先加载了客户的信用卡信息和送货地址，从而使客户在买东西时点击一下按钮就可以下单。[11]“一键下单”技术为客户提供了最快、最简单、最便捷的购物方式。贝索斯说：“‘一键下单’代表了一种易于在网上购物的新标准。”[12]

在“一键下单”功能正式发布前的9月12日，亚马逊向美国专利局就此申请了专利，称这是“通过通信网络下订单的方法和系统”。[13]

各大零售和批发书商以各种方式与亚马逊展开竞争。亚马逊的最大供应商英格拉姆试着开了自己的网上商店，但以失败告终。[15] 5月刚上线的巴诺网上书店，给所有图书打30%的折扣。CUC国际公司提供许多低价的商品作为年度订阅的回报，宣布在其自己的在线书店（www.books.com）为会员提供40%的折扣。当时，美国第二大书商公司博德斯集团（Borders Group）正在准备自己的在线服务。

9月27日，《财富》杂志发表了一篇名为“为什么巴诺书店会打垮亚马逊”（Why Barnes & Noble may crash Amazon selling books online was a neat concept）的文章，表达了传统书商对亚马逊的威胁。文章认为，网上卖书并不像人们想象的那样有很高的进入门槛，亚马逊可以做到的，巴诺书店也可以；但巴诺书店在实体商店中积累了大量图书，实际上成为自己的巨型批发商，由此可以从出版商处低价购书，并且直接快速地送到客户手中。文章称，“价格战才刚刚开始，这对亚马逊来说是个坏消息，亚马逊无法将其网站作为传统书店的促销手段来运营”。[16]

贝索斯宣布将把西雅图的仓库扩建 70%，同时在特拉华州的纽卡斯尔建立第二个配送中心，占地面积 20 万平方英尺（约 18600 平方米）。这样，亚马逊的库存容量就扩充到了 30 万本书，是原来容量的 6 倍。[14]

10 月

10 月 21 日，亚马逊和巴诺书店 5 月的诉讼达成庭外和解。《纽约时报》的报道说两家公司谁也不认为自己做错了，都不愿意支付任何损失赔偿，他们只是决定“与其在法庭上争论，不如市场上见”[17]。

10 月 27 日，亚马逊公布 1997 年第三季度财务数据。第三季度净销售额为 3790 万美元，环比 1997 年第二季度的 2790 万美元增长了 36%，同比 1996 年第三季度的 417.3 万美元增长了 808%。第三季度净亏损为 850 万美元，即每股亏损 0.37 美元，而第二季度净亏损为 670 万美元，即每股亏损 0.31 美元；在 1996 年第三季度，亚马逊报告净亏损 240 万美元，即每股亏损 0.12 美元。

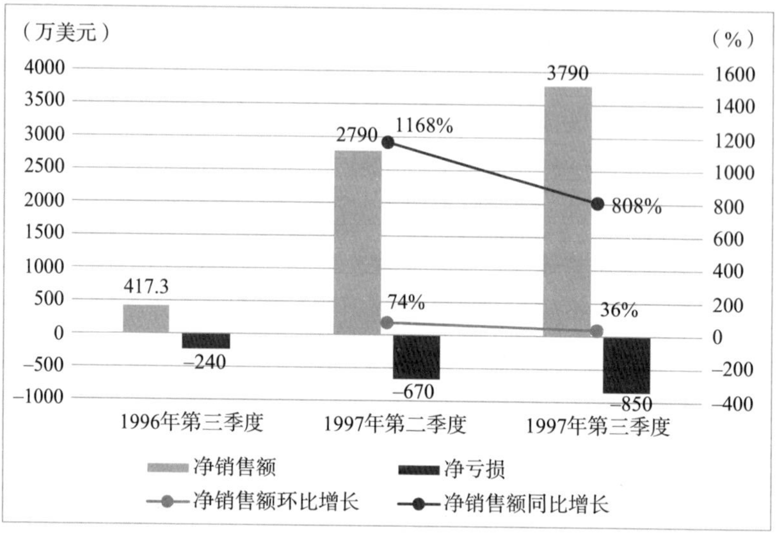

1997 年第三季度财务数据及相关比较

亚马逊还宣布，截至 1997 年 9 月 30 日，其累计用户数量已经超过 94 万，比 6 月底的 61 万增长了 54%。在截至 1997 年 9 月 30 日的季度中，回头客订单占订单总数的 55% 以上。[18]

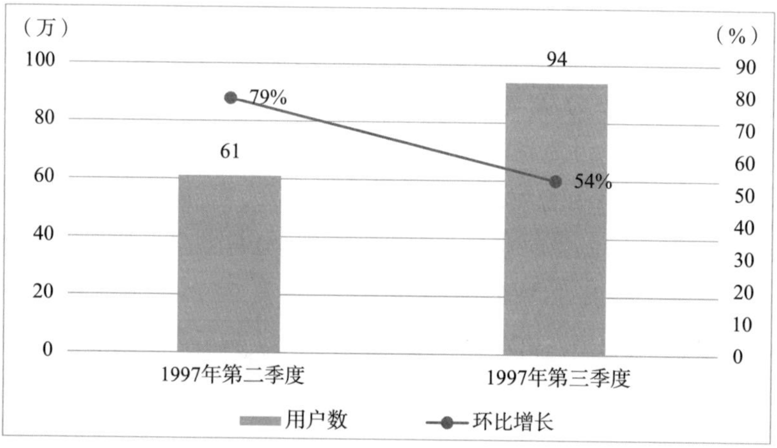

1997 年第三季度用户增长及相关数据比较

11 月

11 月 7 日，亚马逊宣布获得 7500 万美元、为期 3 年的信贷额度承诺，该信贷额度中德意志摩根 · 格伦费尔公司为牵头行。乔伊 · 科维表示："这项信贷安排将为亚马逊提供大量资源，以执行其长期战略。这笔额外的 7500 万美元将增强我们的灵活性，因为我们追求的目标是扩大在这个竞争激烈的市场中的领先地位。我们打算大力投资以建立我们的业务和品牌，增强和扩展我们的产品和服务以及扩大我们的分销关系。"[19]

11 月 18 日，亚马逊的第二个配送中心在特拉华州的纽卡斯尔建成，贝索斯和特拉华州州长托马斯 · 卡珀（Thomas Carper）出席了剪彩仪式。这个配送中心占地 20 万平方英尺，使亚马逊的库存和运输能力提高了近 6 倍。

新的特拉华州配送中心使亚马逊更接近东海岸的客户和出版商，一方面能更快地将商品送到东海岸买家手中，另一方面也能更快地收到出版商发来的货物。贝索斯说："现在，两个海岸都设有配送中心，我们可以为世界各地的亚马逊客户大大减少从订购到收货的时间。"[20]

这天，贝索斯给英国伦敦的一家叫互联网电影数据库（Internet Movie Data base，缩写为 IMDb）的网站创始人艾伦 · 杰伊（Alan Jay）打电话表示合作意向。[21] 这家网站建立于 1990 年，是电影爱好者写影评、发布电影电视信息和娱乐八卦的平台，并不进行网上售卖，1996 年开始接受广告合作和许可证的安排。贝索斯显然已在计划在线视频销售业务。要想打造一个用户友好、信息丰富的视频销售网站，IMDb 的大量资源和信息毫无疑问是非常有价值的。

12月

12月16日，巴诺书店（BARNES & NOBLE）被报道已出资4000万美元成为美国在线的独家书店。而亚马逊在7月8日刚与美国在线签订了三年全面服务协议，将成为美国在线网站及其搜索引擎NetFind上的独家书商。

媒体称，巴诺书店的这一举动，将使尚未在美国在线开始推销产品的亚马逊实际无法借助美国在线开展服务。[22]随后在12月18日，亚马逊在官网澄清，此前的独家协议并不会受到影响。[23]

12月18日，圣诞节前一周，亚马逊推出了电邮礼品券（e-mail gift certificates）。[24]客户可以在亚马逊礼品中心进行订购礼品券，亚马逊最晚在12月25日前都可以送出。这一活动方便了临时备货的消费者。

这一年，亚马逊更换了公司标志。第二版标志更精致，结构更完善，大写的A字中融入了亚马孙河。亚马逊预测在后续几年中，互联网公司将实现爆发式增长，第二版标志也体现了他们的这种预期。

亚马逊的第二版标志，设计于1997年

1998 年　快速做大

1 月

1 月 22 日，亚马逊公布了 1997 年第四季度净销售额和全年业绩。第四季度的净销售额为 6600 万美元，环比第三季度的净销售额 3790 万美元增长了 74%，同比 1996 年第四季度的净销售额 850 万美元增长了 680%。第四季度净亏损为 933 万美元，即每股亏损 0.41 美

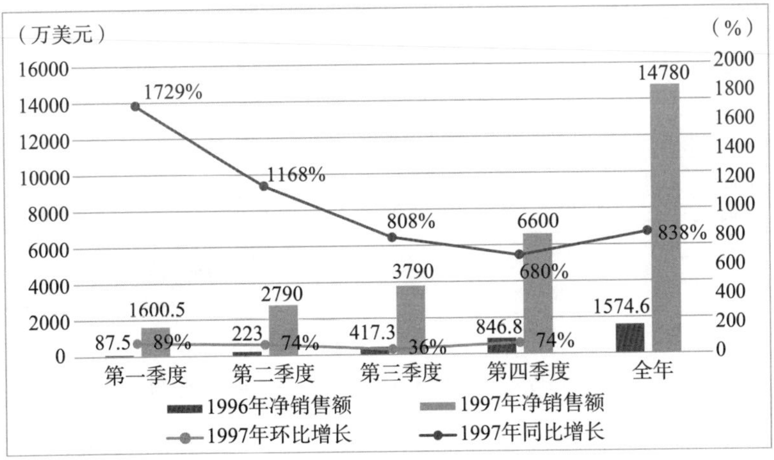

1997 年净销售额与去年同期数据比较

元，1996 年第四季度净亏损 230 万美元，每股亏损 0.12 美元。1997 年全年的净销售额为 1.478 亿美元，比上年的 1574 万美元增长了 838%。1997 财年的净亏损为 2759 万美元，预计每股亏损 1.27 美元，

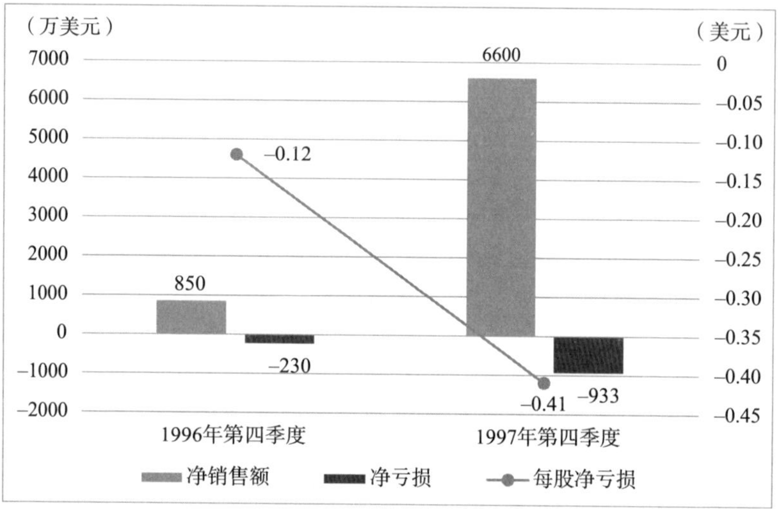

1997 年第四季度与去年同期数据比较

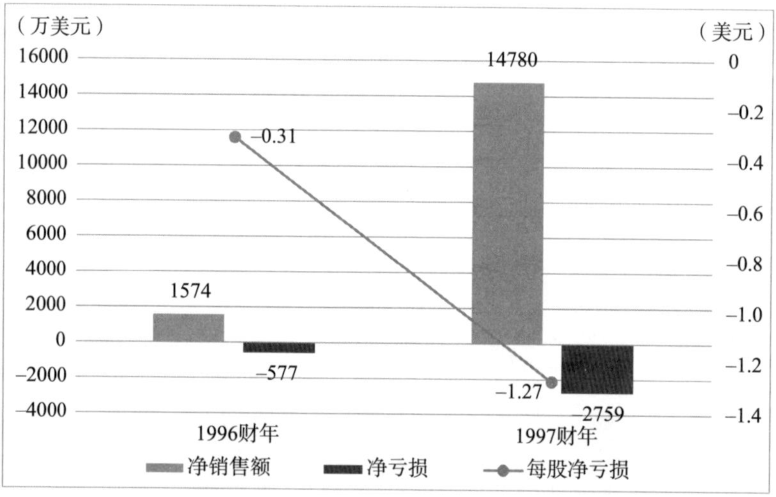

1997 财年与去年同期数据比较

而 1996 财年的净亏损为 577 万美元，预计每股亏损 0.31 美元。①

亚马逊还宣布，截至 1997 年 12 月 31 日，累计用户数增加到 151 万，较上季度末的 94 万增加了 61%，较 1996 年末的 18 万增加了 739%。贝索斯表示："1997 年的假日季节表明，人们越来越接受电子商务，这推动了我们在销售和客户方面的惊人增长。"[1]

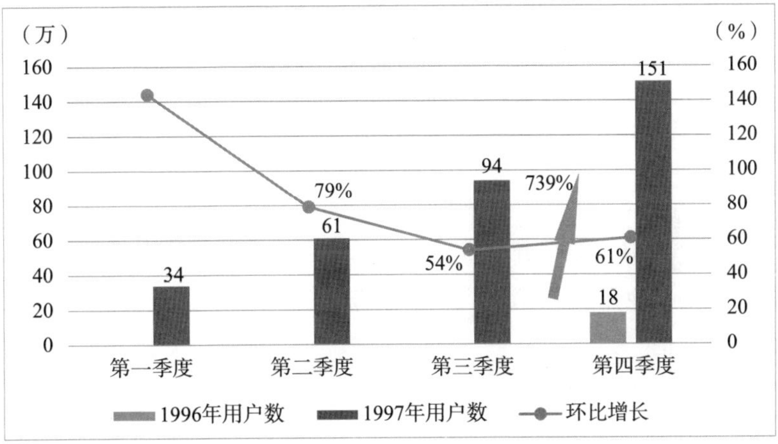

1997 年用户数增长及相关数据比较

AMAZON.COM, INC.
Statements of Operations*
(in thousands except per share amounts)

	Quarter Ended December 31,		Year Ended December 31,	
	1997	1996	1997	1996
Net sales	$66,011	$8,468	$147,758	$15,746
Cost of sales	53,119	6,577	118,945	12,287
Gross profit	12,892	1,891	28,813	3,459
Operating expenses:				
Marketing and sales	16,306	2,938	38,964	6,090
Product development	4,520	901	12,485	2,313
General and administrative	1,920	447	6,573	1,035
Total operating expenses	22,746	4,286	58,022	9,438
Loss from operations	(9,854)	(2,395)	(29,209)	(5,979)
Interest income	517	96	1,619	202
Net loss	$(9,337)	$(2,299)	$(27,590)	$(5,777)
Net loss per share	$(0.41)	$(0.12)	$(1.27)	$(0.31)
Shares used in computation of net loss per share	23,021	19,085	21,651	18,544

1997 年亚马逊未经审计的利润表

① 由于发行股数持续变动，公司在计算每股盈亏数额时会同时报告股权存量数额。

2月

2月18日，亚马逊联合营销项目已有3万会员，成功推荐亚马逊链接的网站可以获得高达15%的提成。随后，亚马逊的在售书籍数量超过250万册。这时，亚马逊发布了Amazon.com Advantage服务，独立作者、发行商可以直接在亚马逊网站上售书。

3月

3月30日，亚马逊发布1997财年年报。年报扉页是贝索斯写给股东的信，他在信中阐述了公司的战略和愿景。这也是贝索斯致股东的第一封信。

4月

4月27日，亚马逊宣布收购三家公司，进一步将自身业务扩展到欧洲。[2]

其收购的第一家公司是Bookpages，英国最大的网上书店之一，提供120万种英文图书，读者也可以在网站上快速搜索数据库，找到他们想要的书。

Bookpages还有一些客户服务项目，比如给常客打折、提供Wrapido礼品包装，以及每月的专项兴趣推送等。这项收购使亚马逊得以进入英国市场。贝索斯对这个收购的评价是："我非常高兴，因为Bookages专注于客户服务，它坚定不移地致力于线上商务，并拥有非常聪明、具有创新精神的管理层和市场团队。"

第二笔收购的是德国 Telebook 公司。Telebook 通过 ABC Bücher-diens 的子公司进行运营，由乌尔丽克·施塔德勒（Ulrike Stadler）和米夏埃多·J. G. 格莱斯纳（Michael J.G. Gleissne）于 1991 年在德国雷根斯堡创立。作为德国的头号网上书店，它有近 40 万种德语书籍。这家书店最成功之处在于它可以每周通过航班从美国直接进口英语图书，快速且经济地送至客户手上。

Telebook 的总裁米夏埃多·J. G. 格莱斯纳说："Telebook 在德国长期营业网上书店的经验，加上亚马逊的世界品牌和科技实力，会给客户带来很大的好处。"亚马逊以此正式进军德国市场。

收购 Telebook 的过程，让贝索斯有机会整理和宣传亚马逊的核心价值观。在和 Telebook 高管的电话会前，贝索斯和艾莉森·奥尔格（Alison Allgor，贝索斯在 DESCO 的前同事，后来加入亚马逊的人力资源部）一起整理了五个核心价值观，并将其写在了会议室的白板上，依次是：客户至上（customer obsession）、勤俭节约（frugality）、贵在行动（bias for action）、主人翁意识（ownership）、高标准招聘（high bar for talent）。[3]

第三笔收购的对象，就是上一年贝索斯联系过的 IMDb。显然，他已经下定决心进入视频行业。

亚马逊将为这三笔交易共支付 5500 万美元。此外，公司宣布按 2∶1 拆分其普通股，将于 5 月 20 日生效。[4]

4 月 27 日，亚马逊公布了 1998 年第一季度财务数据。1998 年第一季度净销售额为 8740 万美元，环比 1997 年第四季度的 6600 万美元增长了 32%，同比 1997 年第一季度的 1600 万美元增长了 446%。1998 年第一季度净亏损为 926 万美元，即每股亏损 0.40 美元；1997 年四季度净亏损为 933 万美元，即每股亏损 0.41 美元；上年第一季度净亏损 303.8 万美元，即每股亏损 0.16 美元。

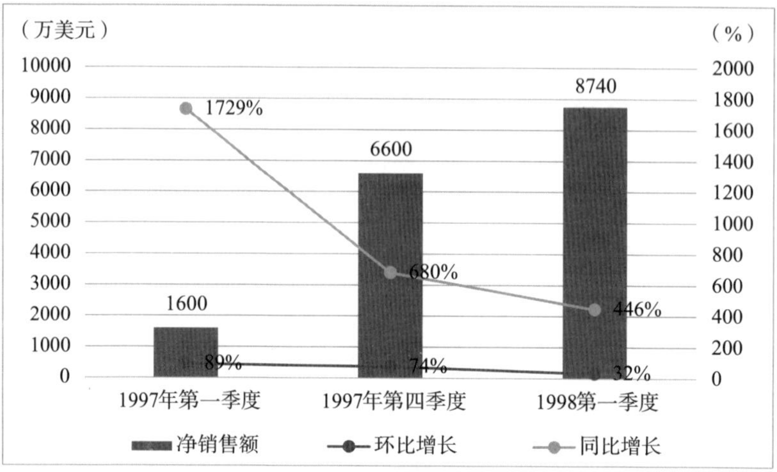

1998 第一季度净销售额及相关比较

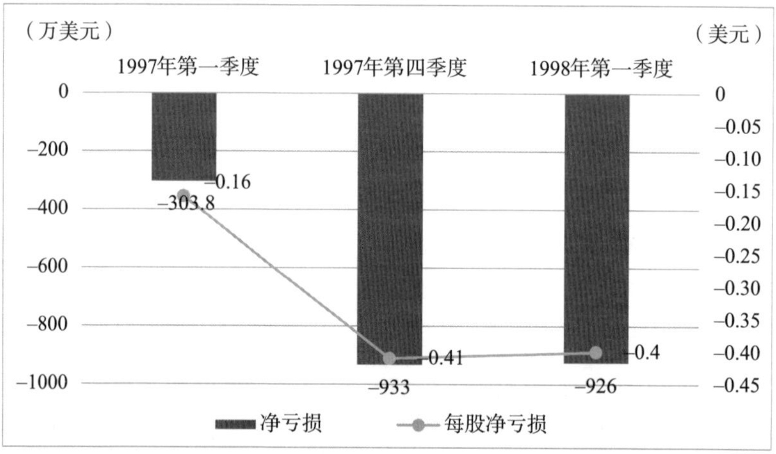

1998 年第一季度净亏损及相关比较

亚马逊还宣布，截至 1998 年 3 月 31 日，其累计用户数已超过 226 万，比 1997 年 12 月 31 日的 151 万用户数增长了 50%，比 1997 年 3 月 31 日的 34 万用户数增加了 564%。在截至 1998 年 3 月 31 日的第一季度中，回头客订单占订单总数的 60% 以上。[5]

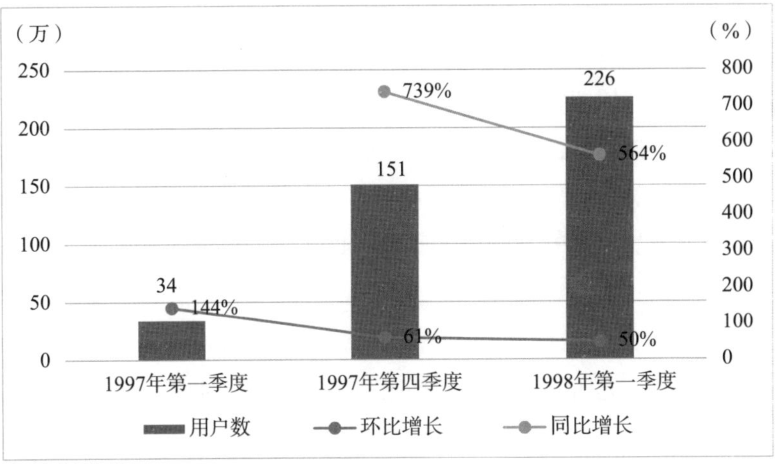

1998 年第一季度用户数及相关比较

5 月

亚马逊通过发行零息垃圾债（Junk Bond）融资 3.26 亿美元。该 10 年期债券采取大幅折价销售，本金为 5.3 亿美元。条款规定，在 2003 年 11 月 1 日之前，无须现金支付利息；2003 年 5 月 1 日之后，该债券的利率为每年 10%，每年 5 月 1 日和 11 月 1 日以现金支付。2003 年 5 月 1 日以后，亚马逊有权选择全部或部分赎回。[6]

这种融资条件对今天的亚马逊来说，是不可思议的。但当时标普对该债券的评级仅为 B，报告称该评级反映了亚马逊的经营现金流为负和在不断变化的市场中快速增长这两方面的情况，而这种局面需要在技术、物流和营销上进行大量投资来解决，这有可能加剧竞争。[7]

令贝索斯和科维感到惊讶的是，他们不用辛苦地到处路演，互联网的概念已经被投资人所知，大家都排队争先恐后地购买债券。[8]

6月

除了在地域上扩张，亚马逊也在积极拓展图书以外的产品线。他们第一个尝试的领域是在线音乐。这个选择并不意外，因为在当年贝索斯的商品清单里，唱片 CD 就位居第二，仅次于图书。本月，亚马逊音乐商店开业，有 12.5 万个曲目，同样可以用艺术家、歌曲名称、标签等去搜索，用户在选择购买前可以试听的内容包括了 22.5 万个片段。[9]

后来，贝索斯在接受《圣何塞水星报》(*Mercury News*) 采访，被问到“音乐是否从一开始就是亚马逊的选择”时说：“有些商品在商业中通常依赖于三个要素——品牌、技术和客户基础，这样的商品一直是我们想要涉足的领域，而音乐天然就是这样的领域。”[10]

在正式发布这一消息的几个月以前，贝索斯就向亚马逊的用户发出邀请：“建造你梦想中的音乐商店”，来征求用户意见。大约 2 万名用户给了回复。贝索斯发现用户想要的正是亚马逊已经带给他们的：更多选择、更低价格，以及快捷便利的购物体验。于是在设计网站的过程中，亚马逊在既有基础设施上构建了音乐商店，并且也加上了“一键下单”的功能。

有媒体对亚马逊的举动表示质疑，主要是基于当时越来越激烈的同业竞争。比如《华尔街日报》早在 5 月 12 日（亚马逊音乐商店开业前）就发文称，卖 CD 这个举动有很大风险，亚马逊的实体店竞争对手也有网上商店，而这些竞争对手都有更大的市场影响力和盈利记录，所以说在线音乐市场已经饱和了。[11] 比如时代华纳和索尼联合打造的 Columbia House 公司、贝塔斯曼集团下的 BMG Entertainment 公司，都已经把网络销售放到了首位。Columbia House 正在网站上接收音乐俱乐部成员的订单，另一家网上超市 Total E 正直接入侵亚马逊的地盘，在其现有的视频和 CD 库存中加上书籍。[12]

7月

7月16日，亚马逊宣布任命吉米·赖特（Jimmy Wright）担任副总裁兼首席物流官一职。赖特有超过26年的物流管理经验，被公认为沃尔玛百货公司的主要物流领导者之一。赖特于1985年加入沃尔玛，并于1990年担任分销副总裁，直到1998年退休。在此期间，他负责30多个区域和专业配送中心，这些中心占有3800万平方英尺（约353万平方米）的零售分销空间，拥有超过32000名员工。

赖特负责亚马逊网站的全球供应链工作，包括对公司配送中心、产品购买、分销和运输的管理。贝索斯在宣布任命时说："很明显，吉米的经验表明他对零售业务、商品、系统和物流有着广泛而深刻的理解。他的工作重点将包括帮助公司实现目标，以低成本、高生产率和出色的质量来提升客户服务水平。吉米带来的领导力和战略远见将大大提升亚马逊为客户提供最佳服务的能力。"[13]

赖特是丹泽尔过去的同事。亚马逊从1998年初就想方设法挖赖特，现在终于成功了。赖特退休后加盟亚马逊，负责仓库的扩建项目。贝索斯对新的物流中心要求很高，希望可以有序地排列图书，支持快速发货和运输。[14]

当赖特问贝索斯要运送什么货物的时候，贝索斯回答："不知道，就设计一个可以搞定一切的东西吧。"[15] 贝索斯希望可以采用世界上最有效的高科技来实现这一目标，并且开始寻找可以帮他实现这一目标的人，招人的第一选择对象就是以物流中心电子化而著称的沃尔玛。

7月22日，亚马逊公布1998年第二季度财务数据，季度销售额首次破亿，亏损仍旧扩大。净销售额为1.16亿美元，比1997年第二季度净销售额2790万美元增长了316%；预计经营亏损1160万美元，占净销售额的10%，而上一年度的经营亏损为710万美元，占净销售额的25%；预计净亏损1580万美元，即每股亏损0.33美元，而1997年第二季度预计净亏损670万美元，即每股亏损0.16美元。根据一般公认会计原则，报告的净亏损为2122.6万美元，即每股亏损0.44美元，其中包括540万美元的商誉和无形资产摊销。

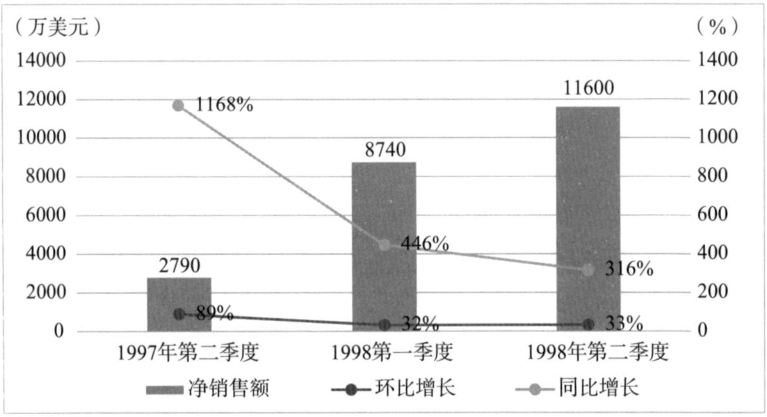

1998年第二季度净销售额增长及相关比较

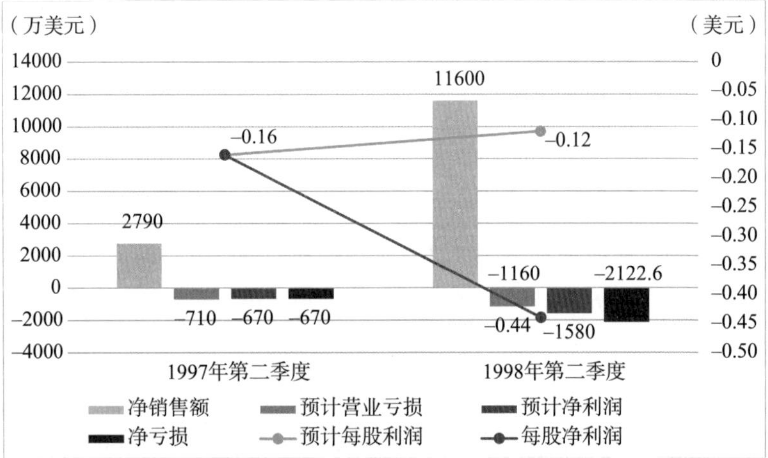

1998年第二季度与去年同期数据比较

亚马逊还宣布，截至1998年6月30日，其累计用户数增加了88万，达到314万，比1997年6月30日的61万增长了415%。在截至1998年6月30日的季度中，回头客订单占订单总数的63%以上。

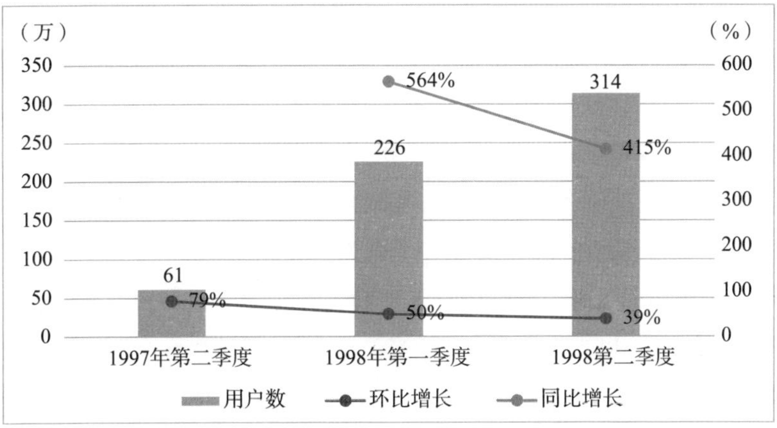

1998年第二季度用户数增长及相关比较

8月

亚马逊开始筹划上线其他产品。8月4日，亚马逊宣布收购PlanetAll，一个提供网络日历和通信录的社交网站。PlanetAll成立于1996年11月，由一群哈佛商学院和麻省理工学院的毕业生（包括沃伦·亚当斯、布莱恩·罗伯森）创建，初衷是为了加强朋友和家庭之间的网上联系。

该网站有10万多个围绕学术机构和雇主等组织的社团，通过用户分享特殊兴趣、更新、星座分析和日历邀请，让有共同兴趣的人在网上联系起来。当时许多网站都提供基于Web的通讯录和日历，但是PlanetAll网站将两者结合在一起：当用户在日历中输入旅行计划时，服务器就会交叉参考通信录的地址以及用户联系人的旅行计划，然后网站会通知用户他们和自己的联系人在哪些地方有交集。[16]

据《波士顿环球报》报道，到 1997 年，PlanetAll 拥有 34 万用户，每天新增用户 7000 人。近 1/3 的用户来自北美以外的地区。其年度收入突破 50 万美元。1997 年夏天，该公司 A 轮融资 450 万美元。

亚马逊收购 PlanetAll 是看中了它的用户群，而不是它的社交网络业务。有传言称亚马逊将通过电子邮件和新闻功能转变为某种“门户网站”，雅虎已经在这样做了。对此，贝索斯予以否认，他想做的是使用 PlanetAll 的技术来创建一个常规的用户社区。他说：“门户网站是一项伟大的业务，但它并不是我们的业务。”“亚马逊一直以来都专注于做电子商务，而这仍将是重点。”[17] 亚马逊以换股的方式收购了 PlanetAll，以当日股价算，相当于花了 9300 万美元。[18]

本月，亚马逊还收购了位于硅谷森尼韦尔的 Junglee 公司，这是一家提供各种商品之间比价服务的公司。

Junglee 成立于 1996 年，它开发了一种虚拟数据库技术，让用户可以更轻松地搜索商品，并将多个网站购物信息（价格和条款等）做对比。

“Junglee 购物指南”（Junglee Shopping Guide）中载有超过 1500 万种商品，在 Job Canopy（工作指南）中有超过 9 万个工作清单。Junglee 的客户和合作伙伴包括雅虎、康柏和 Snap。亚马逊以换股的方式收购了 Junglee，以收购当日市值衡量，相当于花了 1.87 亿美元。[19] Junglee 总裁兼首席运营官拉姆·史里拉姆（Ram Shriram）说：“对于 Junglee 的所有人来说，这是一次重要的机会，可以将我们的技术扩展到目前的基础之上。”[20] 史里拉姆其后加入了亚马逊。

值得一提的是，在 Junglee 网站上搜索书籍时，用户会检索到包括巴诺书店在内的亚马逊竞争对手的信息。贝索斯说他没有计划更改数据库给出的信息，他说：“我们一直致力于帮助人们寻找和发现他们想购买的东西。”“我们不仅限于出售自己的东西。”[21]

这年夏天，还发生了三次特别的会面。

一次是贝索斯邀请 eBay 创始人皮埃尔·奥米迪亚（Pierre Omidyar）和CEO 梅格·惠特曼（Meg Whitman，前迪士尼高管）来西雅图做客。eBay 于 1995 年 9 月在硅谷成立，当时叫作 AuctionWeb，1997 年赢利 570 万美元，1998 年赢利 4740 万美元，刚刚申请 IPO。它的营业模式引起了贝索斯和公司高管杰夫·布莱克本（Jeff Blackburn）的关注：这个小型初创企业有着非常完美的商业模式，它对每笔交易收取少量佣金，却没有库存和运输费用，而且公司已经开始赢利了。贝索斯带领他们去参观道森仓库，并在会谈时提出了合作意向。贝索斯提出要投资 eBay，愿意出当时 IPO 市值的等价 6 亿美元收购 eBay，但是 eBay 没有同意。[22]

另一次是贝索斯和麦肯齐去湾区度假，他们跟 Junglee 公司的总裁、当时的亚马逊员工拉姆·史里拉姆说想见一下谷歌的创始人拉里·佩奇（Larry Page）和谢尔盖·布林（Sergey Brin）。史里拉姆在斯坦福大学是这两位学生的导师。[23] 于是，他们在史里拉姆的家里一起吃了个早餐。后来在某次访谈中贝索斯告诉记者，这两位年轻人坚持不在主页上放广告的执着精神让他很感动。[24]

早餐后，贝索斯请史里拉姆转告佩奇和布林他想投资谷歌。虽然融资刚刚结束，但鉴于贝索斯的成功经验和声望，佩奇和布林同意接受这笔投资。据报道，贝索斯后来投资了 100 万美元。[25]

第三次是与网飞的联合创始人里德·哈斯廷斯（Reed Hastings）和马克·伦道夫（Marc Randolph）的会面。当时网飞才成立不久，刚刚推出了电影线上订阅服务。两位年轻的创始人在接到亚马逊的电话，听到贝索斯想见他们的消息后，非常兴奋，立即买了机票到西雅图会见贝索斯和他的团队。

当来到亚马逊时，他们对眼前的情景感到震惊。“我们走进那间办公室，那里就像个猪圈……人们挤在那里，桌子都是木制的门，像旧木门……杰夫和其他四个人在一间办公室里。”伦道夫后来回忆说。

会议结束后，贝索斯的团队提出以“小八位数的价格”（low eight figures）收购网飞。伦道夫和哈斯廷斯很快就明白了贝索斯此举是为了启动亚马逊进入视频市场。“如果有人使用‘小八位数’，那就意味着几乎不到八位数。”伦道夫在他的回忆录中这样写道。但考虑到网飞只有两个月的历史，从短期投入的回报来看，这是一个相当大的数字。伦道夫拥有公司 30% 的股份，而哈斯廷斯拥有 70%。如果被亚马逊收购，他们都会成为百万富翁。

在返程的飞机上，两位年轻人讨论了这笔交易的利弊。最大的考量在于网飞当时还没有赢利，没有一个可重复、可扩展的，或者可赢利的商业模式，尽管他们做了大量的生意——大部分是销售 DVD（数字视频光盘），但是成本很高。因此，被收购最大的好处在于可以在短期内快速获得回报。另外，他们都知道如果不卖给亚马逊，自己很快就会面临和它的竞争。

尽管如此，伦道夫和哈斯廷斯都觉得他们正“处在某种边缘，危与机并存”，他们有一个正在运行的网站，一个聪明的团队，并且和一些 DVD 制造商达成了协议。他们还知道如何获取市场上几乎所有的 DVD，网飞“毫无疑问是互联网上最好的 DVD 来源”。两人一致认为现在放弃手里的业务不是一个合适的时机，于是飞机一落地他们就“礼貌”地拒绝了这笔交易。

这次会面也促使伦道夫和哈斯廷斯开始思考新的盈利模式，比如如何从 DVD 销售迈向让人们租借 DVD，因为他们知道亚马逊将是一个巨大的竞争对手，网飞必须全力以赴地生存下来。[26]

10 月

10 月 7 日《华尔街日报》发了一篇报道，称最大的图书出版商贝塔斯曼集团将斥资2亿美元收购巴诺书店线上部门（Barnesandnoble.com）50%的股份。[27] 贝塔斯曼CEO托马斯·米德尔霍夫（Thomas Middelhoff）直言不讳地把亚马逊定为竞争对手，说“我们可以与他们竞争，这为消费者提供了其他选择”。Barnesandnoble.com 表示，在所有网上书商中，它可以提供最多的现货图书选择，在巴诺书店的配送中心有超过65万种书，而且它可以从超过2.7万个出版商处获得250余万种书。就像亚马逊一样，Barnesandnoble.com 也提供精装书的大幅折扣。

亚马逊股价应声下跌，从每股11.3125美元跌至每股9.4美元，跌幅超过10%。在线音乐零售商、亚马逊的竞争对手CDnow Inc. 和 N2K Inc. 之间达成一项新交易的消息也波及了亚马逊的股价。

实际上，贝塔斯曼CEO托马斯·米德尔霍夫曾一度对与亚马逊之间的合作非常感兴趣。[28] 据《财富》杂志报道，在得知贝索斯进军欧洲时，米德尔霍夫表示非常愿意合作，他认为贝索斯非常符合贝塔斯曼的文化——“他是个伟大的企业家，我很钦佩。”[29] 米德尔霍夫积极地表达了合作意向，甚至派出了公司的直升机把正在土耳其度假的贝索斯接到贝塔斯曼位于德国居特斯洛的总部。

贝索斯一身便装让司机感到惊讶，司机前往机场接一位亿万富翁，却发现了一位谦虚的三十多岁的年轻人，手里拎着一个亮黄色的书包。亚马逊与贝塔斯曼试图借鉴贝塔斯曼与美国在线建立合资公司的方式，共同创建欧洲实体公司，两家公司各持有50%的股份。

贝索斯说，他后来四度与米德尔霍夫会面，试图确定一项交易，但“我们只是没办法实现”。贝索斯没有详细说明原因，米德尔霍夫认为这笔交易的失败，是因为贝索斯从未确信贝塔斯曼将真正专注于新的在线商店，他补充说：“贝索斯担心放弃控制权。”

在与亚马逊谈判无果后，贝塔斯曼转投 Barnesandnoble.com。米德尔霍夫任命时年38岁的乔纳森·伯克利（Jonathan Bulkeley）为

Barnesandnoble.com 的 CEO。伯克利曾开拓了美国在线的英国业务。面对这个任务，伯克利感觉不容易——在网络书店的市场份额中，Barnesandnoble.com 可能只占 10%，而亚马逊占到了 80%。但伯克利相信自己有好的团队，且 Barnesandnoble.com 的优势在于：有更多的书目（其 450 万种 vs 亚马逊 300 万种），有更好的访问绝版书、二手书和稀有书籍的通道，以及品牌效应。他认为这些可以对在线购物的客户形成吸引力。虽然亚马逊有 450 万用户，但作为“互联网精英”，他们知道什么是好的，分出胜负为时尚早。[30] 随后，微软将 Barnesandnoble.com 指定为其 MSN 站点上的独家书商。《纽约时报》与巴诺书店建立了营销合作伙伴关系，报纸读者可以直接从报纸网站买书。

10 月 15 日，亚马逊德国域名 Amazon.de、英国域名 Amazon.co.uk 正式发布，这标志着亚马逊正式进军国际市场。Amazon.de 和 Amazon.co.uk 的前身分别是德国 ABCB ücherdienst 网站和英国 Bookpages 网站，亚马逊于 4 月收购了这两家公司。除了提供多种当地出版图书的选择，这两个网站将大大减少成千上万本美国出版物的成本和运输时间。这两个网站都将具有亚马逊开发的许多客户功能：个性化推荐、以各种方式搜索和定位书籍、按畅销书特定类别编制的浏览列表、专家和客户的评论、简单安全的“一键下单”，以及亚马逊客户服务。

10 月 16 日，沃尔玛起诉亚马逊及其附属公司侵犯他们的商业秘密。沃尔玛在自己的总部所在地阿肯色州本顿县法院提起诉讼，要求法院对亚马逊发出禁制令，以防止亚马逊试图复制其专有技术。

沃尔玛在诉讼中称，亚马逊招募了前沃尔玛员工并针对沃尔玛供应商，以了解有关其信息系统的更多信息，其中包括销售、库存和消费者购买习惯的数据。沃尔玛高级副总裁兼总法律顾问罗伯特·罗兹（Robert Rhodes）说：“我们的信息和物流系统享誉全球，这是我们取得成功的关键因素。很明显，亚马逊是想把相关个体对沃尔玛物流、数据仓库和商品管理系统的特长和内部信息拼接起来加以利用。”

亚马逊发言人比尔·库里（Bill Curry）说："我们对其他人的商业秘密不感兴趣，我们只是雇用最聪明、最勤奋和最有才华的人，不管他们来自哪里。而且，即使每位亚马逊员工都来自沃尔玛，也仍然不到其员工总数的千分之一。沃尔玛的规模约为我们的300倍，昨天一天的销量可能比我们一年的销量还要多。"[31]

10月28日，亚马逊公布第三季度财务数据。净销售额为1.537亿美元，比上年同期的3790万美元增长了306%；预计经营亏损2100万美元，占净销售额的14%，而上年同期的经营亏损为1030万美元，占净销售额的27%；预计净亏损2470万美元，即每股亏损0.49美元，而1997年第三季度预计净亏损960万美元，即每股亏损0.21美元。根据一般公认会计原则，1998年第三季度净亏损为4517.1万美元，即每股亏损0.9美元，其中包括与并购有关的费用2050万美元，上年第三季度净亏损为964.7万美元，即每股亏损0.21美元。[①]

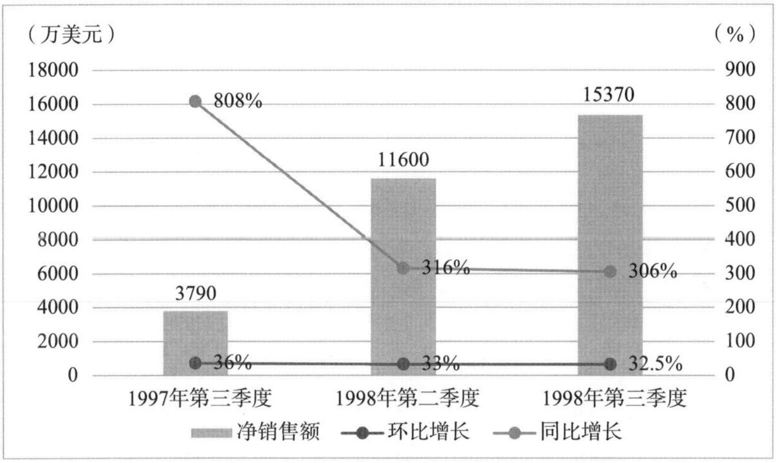

1998年第三季度净销售额增长及相关比较

① 亚马逊从1998年第二季度开始使用"预计"（Pro Forma）的财务处理方法，将一些会计科目（如商誉、无形资产摊销及与并购相关的股权激励等）剔除出费用。另外，由于披露时有关数值的调整变化，预计值前后会有差异。

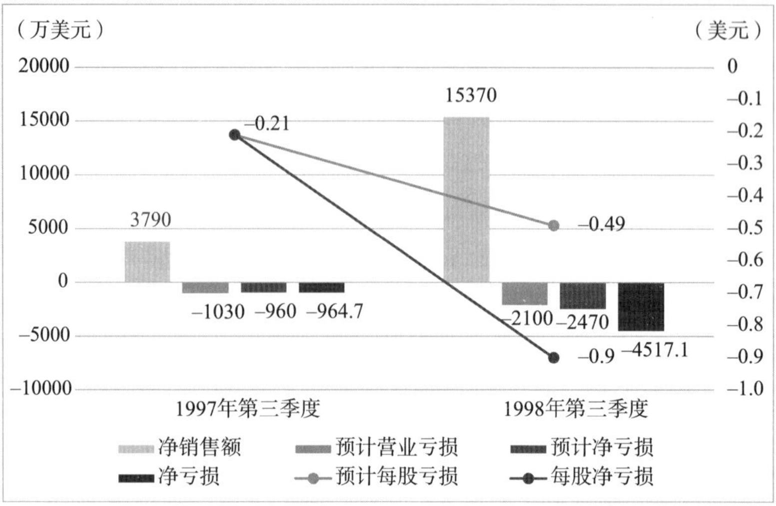

1998 年第三季度与去年同期数据比较

亚马逊同时表示，第三季度其累计用户数量增加了 120 多万，到 1998 年 9 月 30 日已接近 450 万，比 1997 年 9 月 30 日的 94 万用户数量增长了 377% 。在截至 1998 年 9 月 30 日的季度中，回头客订单占订单总数的 64% 以上。[32]

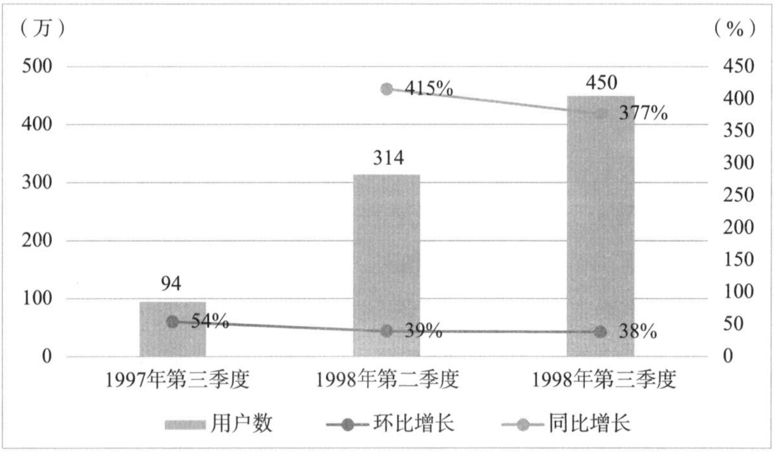

1998 年第三季度用户数增长及相关数据比较

11 月

11 月 6 日，巴诺书店宣布要以 6 亿美元（2 亿美元现金 +4 亿美元股票）的价格收购批发分销商英格拉姆图书集团。英格拉姆图书隶属于英格拉姆工业公司（Ingram Industries Inc.），是美国主要的商业书籍、口语音频、教科书和专业杂志的批发商，在全美设有 11 个配送中心，也是亚马逊最大的图书供应商。旗下有领先的图书批发商英格拉姆图书、Retailer Services、Ingram Periodicals、Spring Arbor Distributors、Publisher Resources、Ingram International、Tennessee Book、Lightning Print、Ingram Library Services 等多家公司。

一方是美国最大的书商，另一方是美国最大的分销商，此次收购有望帮助巴诺书店提高分销效率并降低成本。巴诺书店正在采取积极的在线竞争措施，预计当年基于网络的销售额将达到 7500 万美元。然而，亚马逊仅在 1998 年第三季度销售额就达到 1.537 亿美元。 分析师表示英格拉姆与亚马逊的关系对巴诺书店收购英格拉姆的决定产生了重要的影响。[33]

11 月 9 日，《财富》杂志刊登了一篇题为“Is Competition Closing In On Amazon.com? ”的文章。开篇即提出在亚马逊 CEO 杰夫 · 贝索斯取消与贝塔斯曼的合作伙伴关系之后，德国媒体巨头与他的主要竞争对手结盟。现在每个人都（再次）在问：亚马逊的派对结束了吗？

文章除了介绍贝塔斯曼和巴诺书店强强联合的事件经过以及可以给新公司带来的优势外，还提到一系列同业对手的整合计划。事实上，就在米德尔霍夫宣布这一消息的同一天，宾夕法尼亚州詹金镇的在线音乐零售商 CDnow 和纽约市的 N2K 正在讨论合并事宜。分析师估计，两者的用户加起来将多达 120 万。在线视频业务领导者 Reel.com 最近被视频租赁巨头 Hollywood Entertainment 收购。四个互联网零售商——CDnow、Cyberian Outpost、eToys 和 Reel.com 正团结在一起，形成了他们所谓的“在线购物网络”。[34] 这些结盟都会在细分市场给亚马逊带来更有力的竞争。

11 月 17 日，亚马逊宣布其视频和礼品商店正式开业。亚马逊视频商店提供 60000 多部剧情片，以及其他大众喜欢的视频，还有 2000 多张 DVD，使用亚马逊强大的搜索功能和编辑内容，购物者能够准确找到他们想要的视频，并且折扣可以高达 30%。礼品店旨在满足客户更多的网上购置节日礼物的需求。贝索斯说：“在这里，一个人可以在一天中的任何时候、任何地点（家里或办公室的计算机）满足所有送礼的需求。这是自有圣诞老人以来获得礼物的最方便的方式。”[35]

12 月

在 Chromer 大楼二层一个偏僻的小房间里，贝索斯开始了一项代号为“Earth’s Biggest Selection”（地球上最大规模的选择）的工程。员工们开玩笑说这是“eBay by spring”（春天就变成 eBay）工程。贝索斯没有向员工和太多高管透露细节，只表示这是一个网上拍卖的项目。但乔尔 · 斯皮格尔和杰夫 · 布莱克本却接到了 3 个月内复制 eBay 的命令。[36]

这一年的圣诞季，亚马逊收到了很多订单，但没办法及时运送，这导致所有员工都要熬通宵来尽可能多地打包商品。这个圣诞节前抢送包裹的应急行动被称作“Save Santa”（拯救圣诞老人）行动。有些员工找来他们的家人和朋友帮忙，在仓库或自家车上过夜。

也差不多在同一时间，赖特给贝索斯看了他设计的在内华达州芬利的仓库蓝图。贝索斯非常满意，当赖特问他是否还需要给其他人看这个计划时，他说：“不用，只管做。”

亚马逊 1998 年第四季度的销售额约为 2.5 亿美元，约是 1997 年第四季度 6600 万美元的 3.5 倍。在圣诞季期间，亚马逊新增首次访问用户超过 100 万，运送物品 750 万件，比其 1997 年全年的运送量还多。节日礼物销售最多的时候，亚马逊在一天之内销售额达到了 600 万美元。

1999年　Amazon. bomb

1月

1月7日，亚马逊宣布将在内华达州芬利建立一个新的配送中心。[1]该中心位于里诺市以东30英里[①]、80号州际公路沿线的内华达太平洋工业园区，以前是五金公司史丹利百得的一个仓库，刚被旧金山一家专做工业房地产和仓库的地产商Panattoni Development收购，亚马逊租下来准备在1999年上半年运营。

赖特担任总负责人，在建设中高度运用自动化。自动化的核心是2500万美元一台的大型分拣机Crisplant。仓库的过道和架子上指示灯的闪烁可以引导工人找到想要的产品。带着手提终端的工人将物品输送到一个传送带网络中，进入分拣机。机器读取每个商品上的条形码，并将其传送到2000个斜槽中的一个，每个斜槽代表一个顾客的订单。当一个订单中的所有物品都进入斜槽后，指示灯会闪烁，随后一个工作人员会过去把它们放进一个箱子里。然后，这些箱子被传送

① 1英里约等于1609米。——编者注

到另一台机器上，打印包装单、密封并被送往托运人的送货卡车上。

亚马逊仿照沃尔玛，称这些仓库为配送中心。[2] 由于采用高度机械化的配送设施，配送中心可以把运送到美国西部主要市场的运输时间缩短一天。该中心占地 322560 平方英尺（约 29998 平方米），大大增加了库存容量，并计划招聘 300 名员工。随后，亚马逊还对在堪萨斯州科菲维尔、佐治亚州麦克多诺、肯塔基州坎贝尔斯维尔和莱克星顿的一些仓库进行了改造。

1 月 26 日，亚马逊公布了 1998 年第四季度和全年财务数据，季度销售额首次突破 2 亿美元。数据显示，在销售快速增长的同时，亏损也在同步扩大。第四季度的净销售额为 2.53 亿美元，比 1997 年第四季度的 6600 万美元增长了 283%；预计经营亏损 1780 万美元，占净销售额的 7%，而上年同期的经营亏损为 1130 万美元，占净销售额的 17%；第四季度预计净亏损 2220 万美元，即每股亏损 0.14 美元，而 1997 年第四季度预计净亏损为 1080 万美元，即每股亏损 0.08 美元。根据一般公认会计原则，第四季度净亏损为 4643 万美元，即每股亏

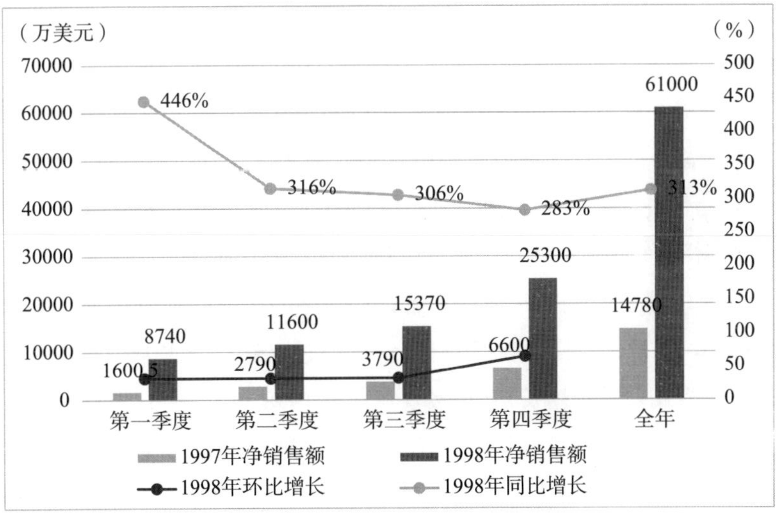

1998 年净销售额与去年同期比较

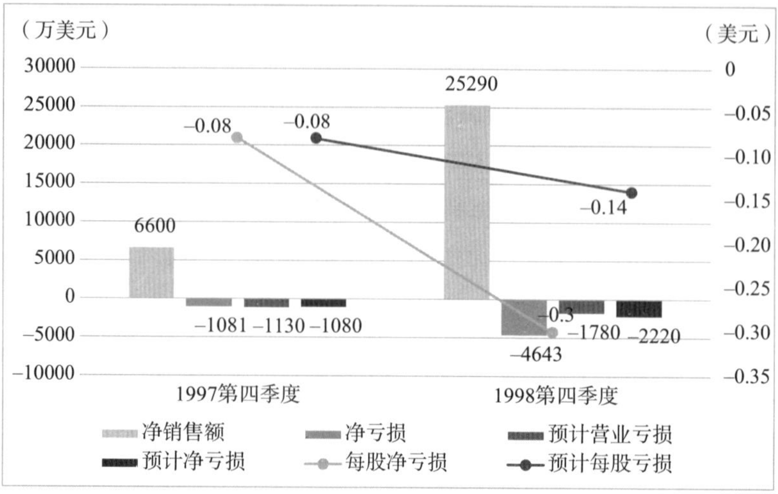

1998 年第四季度与去年同期数据对比

损 0.3 美元，其中包括 2420 万美元与并购相关的费用；而 1997 年第四季度净亏损为 1081 万美元，即每股亏损 0.08 美元。

1998 财年的净销售额为 6.1 亿美元，比 1997 财年 1.478 亿美元的净销售额增长了 313% 。1998 财年预计净亏损为 7440 万美元，即每股亏损 0.5 美元，而 1997 财年为 3100 万美元，即每股亏损 0.24 美元。根据一般公认会计原则，1998 财年报告的净亏损为 1.245 亿美元，即每股亏损 0.84 美元，其中包括与并购有关的费用 5020 万美元；而 1997 财年净亏损为 3102 万美元，即每股亏损 0.24 美元。

亚马逊表示，第四季度其累计用户数量增加了 170 多万。截至 1998 年 12 月 31 日，累计用户数量已超过 620 万，比上年第四季度的 151 万用户数量增长了 300%。在截至 1998 年 12 月 31 日的季度里，亚马逊网站上的回头客订单占订单总数的 64% 以上。[3]

1 月 29 日，亚马逊发行 12.5 亿美元的可转换公司债，这是美国历史上发行规模最大的可转债。最初，亚马逊只计划出售 5 亿美元的

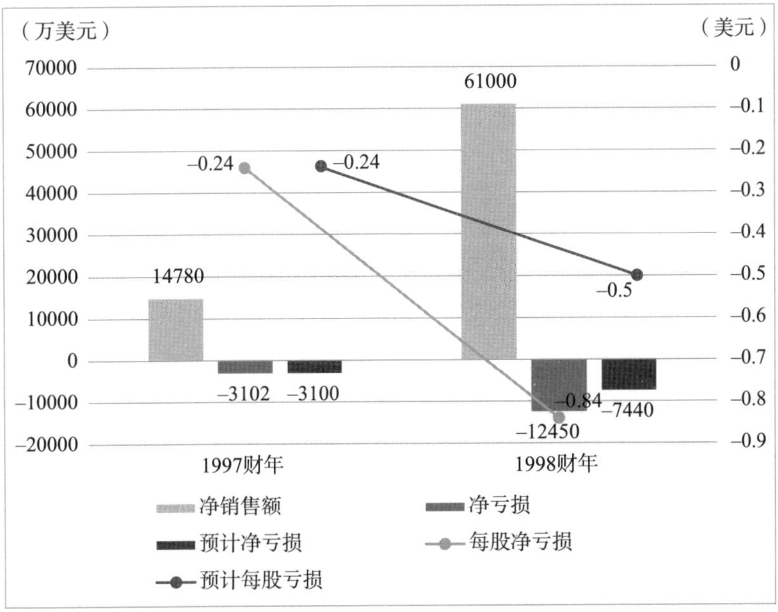

1998 财年数据与 1997 财年数据比较

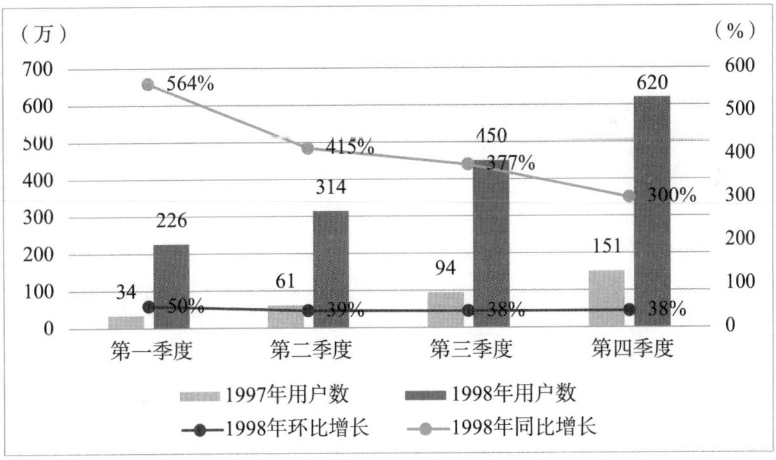

1998 年用户数增长及相关数据比较

可转换债券，但投资者购买需求踊跃，促使亚马逊将私募发行额提高至 12.5 亿美元。承销商为摩根士丹利迪安威特公司。

该次级债 2009 年到期，定价收益率为 4.75%，可以以每股 156.05 美元的价格转换为普通股，转换价相对于 1 月 28 日收盘价的 122.875 美元溢价 27%。换句话说，投资者愿意以 4.75% 的低收益率并选择以 156.05 美元的价格购买亚马逊的股票。如果股票交易价格高于 234 美元或超过转换价 50%，亚马逊可以在头三年中的任何时间赎回这些债券；三年后，亚马逊可以随时赎回债券。

分析师当时评论该次级债可以有这么低的收益率，对亚马逊来说非常划算。[4] 至于资金的用途，亚马逊并没有披露，只是告诉投资者将把资金重点放在营销和改善分销设施上。但也有分析师表示，这么大的资金量，企业内部是花不完的，可以让亚马逊有能力购买一系列公司。

由于去年 10 月提出的诉讼大部分被驳回，沃尔玛于 1 月再次提起诉讼，指控亚马逊从沃尔玛挖走的 15 名员工，并把亚马逊首席信息官、沃尔玛前高管理查德 · 丹泽尔作为诉讼的被告。[5]

2 月

2 月 22 日，亚马逊对沃尔玛提出反诉，称沃尔玛妨碍互联网企业的发展，限制员工在其他地方找工作的权利。当时约有 15 位沃尔玛前雇员在亚马逊或 Drugstore.com 工作。[6]

2 月 25 日，亚马逊宣布已购买了 Drugstore.com 公司 40% 的股份。[7] 双方都没有透露 Drugstore.com 投资的确切金额，但根据当时的知情人推测，亚马逊投入金额不大——Drugstore.com 已从各种投资者那里筹集了 6000 万美元，其中亚马逊可能提供了 3000 万至 4000 万美元。Drugstore.com 的其他投资者包括风险投资公司 KPCB，它也是亚马逊的早期投资者。

Drugstore.com 公司位于西雅图，是保健和美容药品的网上零售商，由微软前高管彼得·诺珀特（Peter Neupert）担任 CEO 负责运营管理。诺珀特表示他们会同时卖处方药和 16000 种非处方美容和保健品，消费者可以在网站上点击“购物车”按钮进行购买，使用信用卡付账，然后等待配送。

Drugstore.com 与两家得克萨斯州的配送中心合作，自己并不持有库存。其主要竞争力，一是便利，二是低价。比如，在该网站上，超强力泰诺（Extra Strength Tylenol）售价为 7.99 美元，而药房收费 8.49 美元；保健品 Premarin 售价为 13.5 美元，而实体药店售价高达 20 美元。Drugstore.com 的董事会成员包括贝索斯、KPCB 普通合伙人约翰·杜尔和星巴克 CEO 霍华德·舒尔茨等。

3月

3 月 5 日，贝索斯写了给股东的第二封信，并把 1997 年的信附在了这封信的后面，随同年报一起印发。除了回顾 1998 年的主要成绩，展望 1999 年的主要目标，贝索斯还提出了他的用人观：没有非凡的人才便无法成就历史，坚信设置人才招聘的高门槛，会一直是亚马逊成功的最重要因素。

3 月 14 日，《纽约时报》发表了彼得·德容格（Peter De Jonge）的文章，题为“野蛮生长的亚马逊：处在危险的水域”（Riding the Wild，Perilous Waters of Amazon.com），对亚马逊的业务模式进行质疑。[8]

文章指出，大多数互联网商业模式的问题在于尚不清楚如何从商业中获利……亚马逊商业模式，除了在互联网上以雄心勃勃的规模化出售书籍的基本思想，没有什么新颖或巧妙的方法。该文称，连贝索斯自己都承认：“我们引以骄傲的不是想法而是执行力。”（It’s not the ideas we’re particularly proud of around here，it’s the execution.）

3 月 29 日，亚马逊宣布进军宠物市场，以现金加股票的方式收购了 Pets.com 公司 54% 的股份。Pets.com 由格雷格·麦克勒莫（Greg McLemore）和伊娃·伍德斯莫（Eva Woodsmall）在 1998 年创立，专营各种宠物配件、产品和食品。[9]

3 月 30 日，“Earth’s Biggest Selection”工程揭开神秘面纱，亚马逊正式推出亚马逊拍卖（Amazon Auctions），与 eBay 直接竞争。这个拍卖网站拥有 eBay 所有的功能，有些功能甚至超过 eBay，从设计、建造、开发、测试到发布只用了三个月时间。亚马逊鼓励它的已有客户在这个拍卖网站上进行交易，让物品种类远高于客户数量。[10]

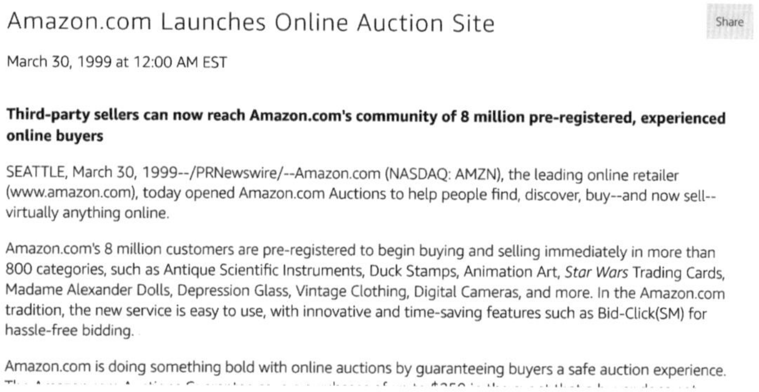

Amazon.com Launches Online Auction Site

Share

March 30, 1999 at 12:00 AM EST

Third-party sellers can now reach Amazon.com's community of 8 million pre-registered, experienced online buyers

SEATTLE, March 30, 1999--/PRNewswire/--Amazon.com (NASDAQ: AMZN), the leading online retailer (www.amazon.com), today opened Amazon.com Auctions to help people find, discover, buy--and now sell--virtually anything online.

Amazon.com's 8 million customers are pre-registered to begin buying and selling immediately in more than 800 categories, such as Antique Scientific Instruments, Duck Stamps, Animation Art, *Star Wars* Trading Cards, Madame Alexander Dolls, Depression Glass, Vintage Clothing, Digital Cameras, and more. In the Amazon.com tradition, the new service is easy to use, with innovative and time-saving features such as Bid-Click(SM) for hassle-free bidding.

Amazon.com is doing something bold with online auctions by guaranteeing buyers a safe auction experience.

亚马逊的拍卖网站于 1999 年 3 月 30 日上线

亚马逊拍卖的竞争对手是 eBay，后者当时的市值已经达到 200 亿美元。投资者将 eBay 视为天生就具有垄断性的模式：卖方希望将产品展示在潜在客户最多的地方，而买方则倾向于选择出售商品最多的站点。这种自我增强效应（self-enforcement）使 eBay 持续增长。[11]

贝索斯认为亚马逊已有的800万客户基础可以帮助打破这种垄断，并采取了一系列措施吸引客户。比如，亚马逊拍卖会提供250美元上限的交易保证，对于任何价格低于250美元的商品，如果卖方没有按照拍卖约定交付货物，亚马逊将偿还买方的款项。同时，亚马逊将其网站的其他部分与拍卖业务联动，为拍卖业务导流。比如，查找高尔夫书籍的亚马逊用户会在其拍卖区域中看到高尔夫俱乐部的待售清单。为了使拍卖中的竞标变得非常容易，亚马逊将其“一键下单”即时购买服务扩展为类似的即时竞标功能，用户无须额外的登录。

亚马逊还在拍卖社区引入了评级和反馈体系，并为第一批竞价成功者提供10美元的礼品券。此外，亚马逊还要举行一场慈善拍卖会，支援保护亚马孙河流域濒危动物的“世界野生动物基金”，拍卖的物品包括贝索斯当年在车库里建造的“门桌”原件。贝索斯说：“也许这只是一张门桌，也许可以给人带来好运气。”[12]

eBay发言人凯文·普格斯洛夫（Kevin Purgslove）表示：“亚马逊是精明的互联网竞争对手，在B2C（商对客）的互联网商务领域做得非常好。”但是，他也表示：“在过去三年半的时间里，eBay一直专注于人与人之间的交易（person-to-person trading），并已经取得了显著的竞争优势。”[13]

投资者对亚马逊的这一举措普遍看好。消息发布当日，亚马逊的股价上涨至每股147.78125美元，eBay的股价下跌了6.71875美元。

4月

4月5日，沃尔玛和亚马逊达成庭外和解。[14]和解要求亚马逊重新安置至少一名沃尔玛前雇员，限制其他沃尔玛前雇员的工作职责，并要求所有沃尔玛前雇员归还仍持有的所有沃尔玛财产。另外，亚马逊及其子公司 Drugstore.com 一年内不能主动招募沃尔玛员工，但可以雇用主动与亚马逊联络的沃尔玛员工。

沃尔玛发言人贝齐·赖特迈耶（Betsy Reithemeyer）说："我们实现了我们要实现的一切目标。"她希望成千上万的文件（由前沃尔玛员工收集）在 10 天内退回。

亚马逊表示，只有一名员工将被调任，但肯定不会是丹泽尔。同时，亚马逊也表示尚不清楚涉及多少文书工作，并称此类要求在这类案件中都是标准化流程，涉及的都是不重要的文件。Drugstore.com 表示，无须重新分配任何人或更改任何职责。

虽然沃尔玛的发言人宣称庭外和解是一种更快速解决问题的途经，但据知情人士透露，两家公司开始意识到，如果将案件拖延下去，双方都有义务移交大量内部数据以满足取证要求，这将使自身处于暴露商业秘密的尴尬境地。[15]

4 月 12 日，亚马逊宣布收购线上拍卖网站 LiveBid.com。LiveBid.com 位于西雅图，是唯一一家做互联网现场直播拍卖的公司。[16] 26 岁的马特·威廉姆斯（Matt Williams）和高中同学斯盖·克鲁斯（Sky Kruse）用家人和朋友的钱于 1996 年 6 月创立了这个网站。通过 LiveBid.com，世界各地的收藏家可以通过互联网实时竞标各类物品，从 O.J. 辛普森的纪念品、占地 460 英亩①的维多利亚庄园到泰坦尼克号上唯一已知的完整客票，范围广泛，应有尽有。

4 月 13 日，亚马逊决定在堪萨斯州的科菲维尔设立配送中心，这将减少到中西部和东南部主要市场的标准运输时间。现有的 46 万平方英尺（约为 42780 平方米）的集散仓储设施年内将扩大到超过 75 万平方英尺（约为 69750 平方米），达到亚马逊迄今为止的最大容量规模。

---

① 1 英亩约等于 4046.9 平方米。——编者注

4 月 26 日，亚马逊宣布收购三家网站，价值合计 6.45 亿美元。

第一家网站是位于波士顿剑桥镇的 E-Niche 公司。根据合并方案，实际发生交易的日子是 4 月 24 日。[17]E-Niche 公司是在线二手市场的先驱，在 Exchange.com 上开发了两大数据库：一是稀有书籍交易网站 Bibliofind.com，该网站有 900 万种二手古董级图书；二是二手唱片交易网站 MusicFile.com，上面有 300 万种音乐和唱片出售。亚马逊以股票的方式购入，价值约 2 亿美元。

第二家收购的网站是位于旧金山的网上零售商 Accept.com，亚马逊发行了 877657 股票来收购 Accept.com，以当时的市值计算，总价为 1.017 亿美元。[18] 这是一家私营的初创公司，以前由网景通信公司和 PointCast 公司的高管以“Emptor”的名义推出，“目前正在开发远程解决方案，以简化互联网上的 P2P（个人对个人）和 B2C 的交易”。[19]

第三笔是以价值 2.5 亿美元的股票收购位于加州湾区雷德伍德城的 Alexa Internet 公司。Alexa Internet 成立于 1996 年，该网站可以追踪用户的网站访问记录并向他们推荐可能感兴趣的其他东西。亚马逊没有透露收购该网站的具体作用和目的。

亚马逊原本还想收购 Blue Mountain Arts，一家做在线贺卡的公司，但对方拒绝了收购邀约。于是，亚马逊开始自己研发相关的产品。

4 月 28 日，亚马逊公布 1999 年第一季度财务数据。第一季度净销售额为 2.936 亿美元，比 1998 年第一季度的 8740 万美元增长了 236%；预计经营亏损 3060 万美元，占净销售额的 10%，而 1998 年第一季度的经营亏损为 1000 万美元，占净销售额的 11%；第一季度预计净亏损 3640 万美元，即每股亏损 0.23 美元，而 1998 年第一季度预计净亏损 1040 万美元，即每股亏损 0.07 美元。根据一般公认会计原则，第一季度净亏损为 6166.7 万美元，即每股亏损 0.39 美元，其中包括与并购有关的费用 2530 万美元。

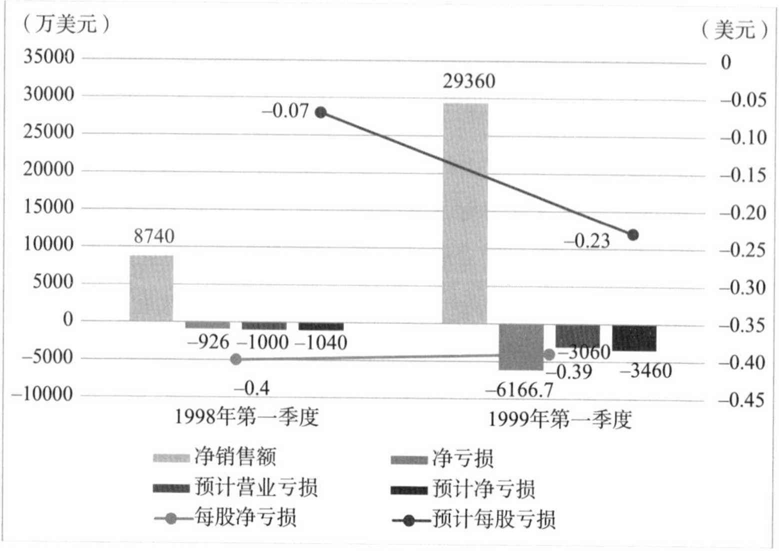

1999 年第一季度与去年同期数据比较

亚马逊同时宣布，第一季度其累计用户数增加了 220 万，到 1999 年 3 月 31 日用户数已超过 840 万，比 1998 年 3 月 31 日的 230

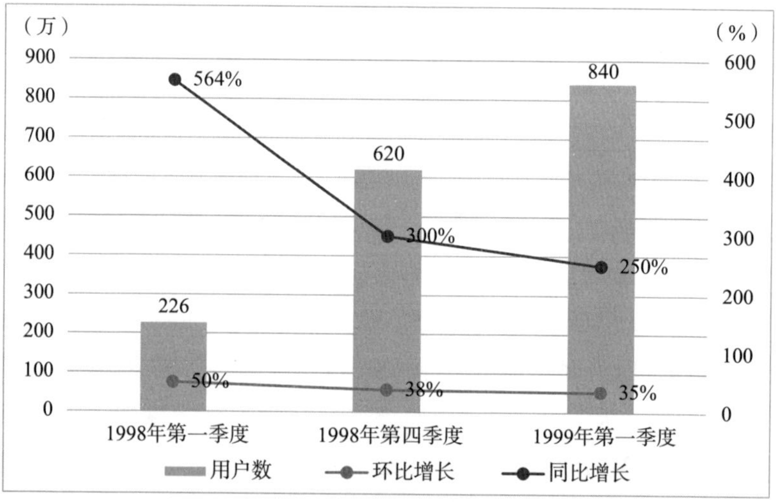

1999 年第一季度用户数增长及相关数据比较

万用户数增加了250%。在截至1999年3月31日的季度中，回头客订单占订单总数的66%以上。[20]

5月

5月18日，亚马逊宣布以现金加股票、总价4250万美元的方式，收购了在线食品杂货店HomeGrocer.com 35%的股份。亚马逊负责产品开发的副总裁戴维·里舍将加入HomeGrocer的董事会。

这家公司由特里·德雷顿（Terry Drayton）、迈克·唐纳德（Mike Donald）、詹姆斯·菲尔罗（James Fierro）和肯·迪尔林（Ken Deering）于1997年创立，是最早的线上杂货商店之一，其目标是以有竞争力的价格替代传统超市。该网站创立后在新鲜农产品、海鲜和肉类业务中赢得了一定声誉。

与其他互联网业务相比，这个市场增速较为缓慢。消费者对在网上购买食品杂货有所顾虑。他们担心西红柿不熟，或者鸡肉不会被妥善储存以便运输。许多网站只提供不易腐烂的商品，所以，消费者仍然必须去超市购买牛奶、肉类和鸡蛋。[21]尽管如此，HomeGrocer提供几乎所有类型的商品，总计超过11000种。它运营着自己的仓库，用定制的带有HomeGrocer桃子型标志的三温卡车送货。

有分析认为，通过这项交易，亚马逊最终可能共享HomeGrocer的配送服务，还可以获得后者的客户记录和资料，有助于为不断扩大的产品范围锁定潜在买家。

5月25日，亚马逊表示将在肯塔基州设立两个配送中心，分别位于坎贝尔斯维尔和莱克星顿，这将使亚马逊减少在美国中西部关键市场的运输时间。[22]

5月31日，*Barron's*杂志发表了一篇题为“Amazon. bomb”的

文章，后来被《华尔街日报》等转发。[23] 文章对亚马逊的发展前景提出了质疑，认为无论是从激烈的竞争状况还是业务发展模式上看，亚马逊都难以成功，文章最大的质疑是亚马逊的持续亏损问题，进而质疑亚马逊发展模式的赢利能力。

文章指出，亚马逊虽然从书商转型成为多种商品的零售商，但其新进入的产品领域（如 CD、药品）利润都很低，而这种产品扩张掩盖了其主营业务的增速放缓：1997 年图书销售额增长了 825%，1998 年增速放缓至 260%；1999 年，亚马逊未按产品类别报告其收入，但分析师得出的结论是，图书收入的增速在 1999 年将下降到 90%，次年将更低。

分析师认为，由于亚马逊只是个中间商，没有改变传统的图书行业，因此当传统书商纷纷进行线上营业时，就会对亚马逊形成包围之势。另外，新技术可以让消费者在网上下载电子书，成本更低，这对亚马逊构成了另一种威胁。文章看好一款可以下载电子书的设备 Rocket eBook，该设备每个售价 499 美元，而出售该设备的公司 NuvoMedia，由巴诺书店的线上业务板块、德国出版巨头贝塔斯曼各持股 17%。贝塔斯曼在前一年 10 月刚与巴诺书店合作发展线上业务，合资公司 Barnesandnoble.com 在股票市场融资 4.22 亿美元，总市值超过 25 亿美元。

除了来自传统书店新技术改造所带来的同业竞争，分析师还认为亚马逊将遭遇小型“家庭式书店”（nation’s mom-and-pop bookstores）的网上竞争。预计到 8 月，美国书商协会将会发布 BookSense.com，届时当地书店都可以发布带有自己标志的网站，美国书商协会会统一提供后台支持，包括信用卡结算和 160 万种图书目录。虽然新业务的增加导致了图书业务占比的减少，图书收入占比降到了 71%，但并没有让亚马逊更接近盈亏平衡点。

在音乐和药品方面的同业竞争也很激烈。西格拉姆集团的子公司环球音乐和贝塔斯曼经营音乐业务的子公司 BMG Entertainment 一周前与 AT&T 以及索尼联手开始在网上出售音乐。在药品零售方面，美国最大的药妆连锁店 CVS 和药店连锁销售机构沃尔格林（Walgreens）正在加强在线销售业务。5 月早些时候，CVS 宣布将以 3000 万美元的价格收购互联网上第一家在线药妆店，位于西雅图的 Soma.com。沃尔格林计划在 8 月启动其网站。

《巴纳德零售趋势报告》（*Barnard's Retail Trend Report*）主席库尔特·巴纳德（Kurt Barnard）认为："如果沃尔玛决定进军电商，那就不用比了，沃尔玛有亚马逊做梦都想不到的资源。"

6 月

6 月 3 日，由于联邦贸易委员会的反对，巴诺书店放弃去年 11 月宣布的以 6 亿美元收购图书批发商英格拉姆的计划。[24] 这半年里，代表作家和竞争对手书商的相关组织进行了抗议，联邦贸易委员会经过审查，最终建议阻止这项收购，因为该收购被认为会扼杀实体书零售商之间以及正蓬勃发展的线上售书领域中的竞争。

该合并计划的失败使巴诺书店不得不另谋他路实现其收购初衷。巴诺书店本想利用英格拉姆现成的 11 个配送中心来降低运送成本，但此刻决定要在内华达州的里诺和田纳西州的孟菲斯建立两个新的配送中心。

6 月 7 日，亚马逊的用户量突破 1000 万，距离 1997 年 10 月其用户量突破百万仅 21 个月。为了彰显其客户至上的服务理念，贝索斯亲自为亚马逊的第 1000 万名用户送货。[25]

6 月 8 日，亚马逊表示将在乔治亚州的麦克多诺设立一个高度机械化的配送中心，从而减少商品向美国东南部客户的运输时间。这也是亚马逊于 1999 年宣布建设的第五个新配送中心。[26]

6 月 16 日，亚马逊宣布将与老牌国际艺术拍卖行苏富比合作，启动联合在线拍卖网站 sothebys.amazon.com，双方建立长达十年的联盟关系。Sothebys.amazon.com 专门面向普通古董收藏家和收藏界。它将展出硬币、邮票、体育界和好莱坞纪念品、时尚、动画艺术、玩具和其他收藏品，以及普通艺术品、古董、书籍和珠宝。所有拍卖品将由苏富比以及精选的经销商和其他艺术界专业人士网络提供。所有拍卖财产的真实性和条件将由卖方保证。苏富比和亚马逊各自的拍卖网站（www.sothebys.com 和 Amazon Auctions ）仍照常独立运行。[27] 亚马逊已同意以每股 35.44 美元的价格购买 100 万股苏富比“A”类普通股。亚马逊还同意以总价 1000 万美元的价格购买三年期认股权证，以每股 100 美元的价格购买另外的 100 万股。亚马逊在苏富比的总投资额约为 4500 万美元。该联合网站于当年 11 月 19 日正式上线。

6 月 24 日，亚马逊宣布任命约瑟夫 · 加利（Joseph Galli）为公司总裁和首席运营官。[28] 时年 41 岁的加利一直担任美国史丹利百得全球电动工具和配件部门的总裁，该部门的营业额在 1998 年达到 31 亿美元，占公司销售额的近 70%。在史丹利百得工作的 19 年中，他带领电力工具业务东山再起，引进了新产品并显著提高了客户服务质量，建立了史丹利百得全球产品开发系统和领先的生产购买架构。

任命加利，源自亚马逊董事会早些时候的一次决议。一方面，亚马逊一系列的激进扩张让公司的损失不断扩大，也让董事会认为时年 35 岁的 CEO 贝索斯需要更多的辅佐，另一方面是有下属抱怨称贝索斯过于固执己见。于是董事会建议贝索斯寻找一位首席运营官。贝索斯开始对该建议不予认可，但最终还是接受了。他同意公司可能最好由一些有经验的经理人来运营，这样他也有足够精力来从事其他的兴趣点。经过一系列面试，最终确定了加利。贝索斯修改了亚马逊的汇报路径，即公司的管理层向加利汇报，加利向他汇报，他自己专注于研究新产品和公共关系。

加利是一位个性鲜明的管理者。他自认为擅长节省成本和加速资金周转，并崇尚严格的管理体系。上任后，加利开始用强硬手段进行改革。他喜欢聘请具有正统企业背景的管理人员。

加利敦促亚马逊开始像一个老牌公司那样进行结构调整，强力制定一个正式预算，还建立了费用批准程序，所有大型采购活动（计算机、配送机等）都需要高层管理人员签字同意。他为了节省开支取消了员工免费使用的止痛药泰诺和布洛芬，由此遭到了员工抱怨，并引发种种不满，大家觉得他遏制了亚马逊宽松的公司文化。此外，他个人没有科技背景，非常注重形象，因购置了公司商务机，还将保时捷跑车停在大客户的车位上，而被人指责。

贝索斯仍坚持事必躬亲。虽然公司的汇报路径改变了，但他依然牢牢把控着公司的主导权。贝索斯和加利开始了公司最高领导层级别的艰难磨合。[29]

7月

7月13日，亚马逊宣布正式进军玩具和电子产品商店开发，在电子产品商店（Amazon.com Electronics）和玩具商店（Amazon.com Toys）直接销售的商品包括电子产品、玩具和游戏。[30] 电子产品商店销售的产品，从数码摄像机到计算机周边设备，再到电视机，品类齐全，应有尽有。玩具商店则有各式各样的玩具可供选择，从通常在大型超市中可以找到的热门新玩具到来自数百家小型玩具制造商的特种玩具，琳琅满目，一应俱全。

亚马逊在官网新闻上宣称“两家新商店都品种齐全、价格低廉、购物便利，为客户提供了全面的信息，从而让他们买到最合适的产品”。[31] 此外，两家商店均设有无风险退货政策，并获得亚马逊客户服务部门的支持。

亚马逊从 1999 年初就开始筹划进军这两个市场。[32] 负责开发玩具市场的是戴维 · 里舍和哈里森 · 米勒（Harrison Miller），两人都没有玩具行业背景。其中，米勒刚从斯坦福大学获得 MBA（工商管理硕士）学位，对玩具销售毫无经验，唯一可能的相关经历就是在纽约一所小学里教过五年级。玩具和书是截然不同的市场，差异之一是在销售模式上，玩具零售商不能向制造商退货。因此在订货决策上，米勒倾向于保守，而贝索斯则要求预订价值 1.2 亿美元的商品，并且种类一定要齐全。“一定全要！如果有必要，我亲自开车把它们送到垃圾填埋场！”贝索斯说。[33]

当时的线上玩具市场已经出现了一些竞争对手。其中的领导者是玩具电商 eToys，它于 1999 年初上市，建立了一定的知名度，当时一个财年的销售额可以达到 3000 万美元；玩具连锁销售业的领导者玩具反斗城（Toys“R”Us）也在与硅谷风险资本家合作制订电商计划；Consolidated Stores 公司旗下的连锁店 Kay-Bee Toys 收购了专门的互联网网站 Brainplay.com，布局线上销售。

电子产品市场相对分散，有一些新兴公司（如 800.com）和大型站点的电子产品部门（如 Netmarket）出现。对亚马逊来说，电子产品和书又是很不同的市场。电子产品运输体积不一，储存时间较短（更新换代快），而像索尼这样的大型制造商不希望其许多产品在线销售，也没有动力放弃其现有的本地分销商来和亚马逊合作。

亚马逊以高出 5% 的价格从经销商处购买先锋、松下和 JVC 的产品，重新设计了仓库，以便能够处理诸如家庭影院系统或电视架之类的大物件包裹。同时，亚马逊用较高的广告投入，让大众接受它开始出售电子产品的事实。

7 月 14 日，亚马逊宣布收购体育用品电商 Gear.com 约 49% 的股份。Gear.com 专营几乎所有体育用品的清仓商品，价格比零售价低 20% 至 90%。

7 月 21 日，亚马逊公布了第二季度财报。第二季度的净销售额为 3.14 亿美元，同比 1998 年第二季度的 1.16 亿美元增长了 171%。预计经营亏损为 6730 万美元，占净销售额的 21%，而 1998 年第二季度的预计经营亏损为 1280 万美元，占净销售额的 11%。本年第二季度预计净亏损为 8280 万美元，即每股亏损 0.51 美元，而 1998 年第二季度的预计净亏损为 1700 万美元，即每股亏损 0.12 美元。按照一般公认会计原则，报告的第二季度净亏损为 1.38 亿美元，即每股亏损 0.86 美元，其中包括 5520 万美元的并购、投资相关成本和股票薪酬费用。[34] 这是亚马逊首次季度亏损过亿。

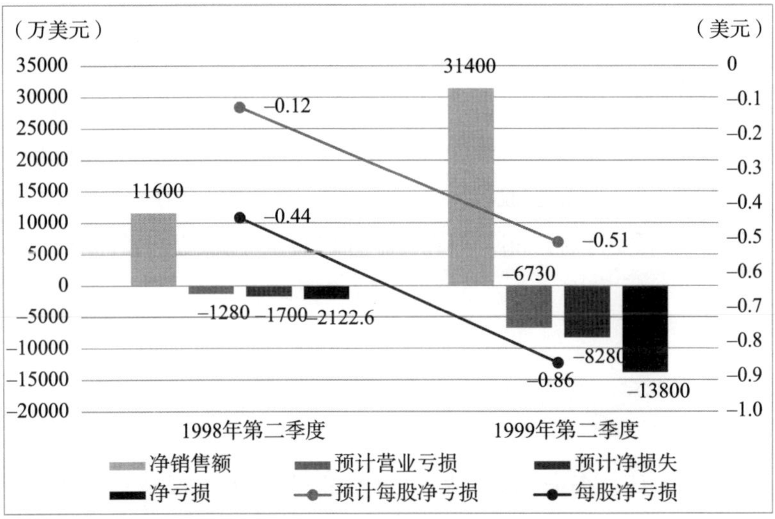

1999 年第二季度与去年同期数据比较

在同日召开的分析师电话会上，亚马逊的高管感受到了华尔街气氛的不同。据时任首席财务官的 凯琳 · 布兰农（Kelyn Brannon）回忆："从电话的语气、问题和事后的耳语，我们感受到了市场的变化，不再是一些夸奖和祝贺的话，而是提出了一些棘手的问题。比如，'您可以和我谈谈直接利润吗？''可以和我谈谈配送中心的运营效率吗？'"[35]

8 月

8 月 18 日，亚马逊在美国特拉华州联邦法院起诉了一家希腊网站的运营者格雷格·劳埃德·史密斯（Greg Lloyd Smith），指控他侵犯了亚马逊的商标和版权。诉讼称史密斯及其附属公司运营"amazon.gr"和"amazon. com"域名。他们把这家书店称为"Amazon.gr，希腊最大的书店"。亚马逊还指控史密斯违反了《诈骗影响和腐败组织法》（RICO），该法是为打击有组织犯罪而制定的。

亚马逊网站表示，史密斯和他的妻子都是亚马逊的客户，而这对夫妇曾在 5 月 3 日联系他们，希望亚马逊以 163 万美元的价格收购其公司 CITI Services 的控股权。CITI Services 是一家注册在美国特拉华州米尔福德的公司。亚马逊同时在希腊对 CITI Services 提起了诉讼。[36]

9 月

9 月 3 日，杰夫·威尔克（Jeff Wilke）作为运营副总裁加入亚马逊，加利将其作为赖特的接班人。[37] 此前，加利对赖特因通勤而时有缺席会议表示不满，赖特则愤而提出辞职。加入亚马逊前，威尔克是联信（Allied Signal）制药提炼化工部门的负责人，直接向其 CEO 汇报。

威尔克来到亚马逊后的第一件事就是把原来的“Distribution Center”（配送中心）改名为“Fulfillment Center”（履行中心），将其作用界定得更准确。威尔克发现亚马逊仓库的管理非常混乱，仓储中心的主管经常在每天早晨的电话后估算每个机器的产能，临时修改他们的订货策略。

威尔克发明了可以精准预计需求的算法，从而解决了发货滞后的问题。同时，他还把在联信学习到的六西格玛原则和丰田的精益管理理论相结合，引入亚马逊。他要求员工注重节约，并且可以随时制止运输过程中的错误。[38]威尔克的火爆脾气和雷厉风行的办事作风，让履行中心经历了一场文化变革，从原来的懒散和随意，变得紧张和量化。

9月7日，45岁的沃伦·詹森（Warren Jenson）离任达美航空首席财务官的岗位，加入亚马逊，成为高级副总裁兼首席财务官。前任首席财务官科维几年下来因为工作强度太大、身体透支而离职，加利便把有成熟公司财务控制经验的詹森招入亚马逊。詹森在达美航空期间，这个美国第三大航空公司通过成功的营销和互联网预订，成为主要航空公司中的佼佼者。达美航空时任总裁兼CEO利奥·马林（Leo Mullin）表示：“沃伦·詹森帮助加强了达美航空的财务职能，我们对他的卓越贡献表示感谢。”加利说：“沃伦既有丰富的财务专业能力、财富500强企业的工作经验，又对客户抱有热情，是我们的绝佳人选。亚马逊在成为一家持久而重要的公司的道路上又迈出了重要的一步。”[39]

9月27日，亚马逊投资了网上婚礼礼品商店Della& James，拥有了后者20%的股份，并投资4500万美元帮助该公司过渡成一般性礼品店。其他投资者还包括零售商Neiman Marcus Group、Williams-Sonoma、Crate & Barrel和两个风险投资机构Kleiner Perkins Caufield & Byers、Trinity Ventures。

亚马逊将提供从其站点到 Della & James 注册中心的链接。一旦扩大服务范围，Della & James 将使用户能够结合生日或其他场合在注册表中添加书籍、音乐、玩具和其他亚马逊产品。选择这些礼物的买家可以直接跳转到亚马逊的产品页面。[40]

9 月 28 日，“一键下单”专利获得批准。在批准说明书中，首先界定了这是一种通过互联网处理订单的方法和系统。这意味着，亚马逊申请专利的对象不仅是一项发明，还涵盖了一种商业模式，范围更加广泛。

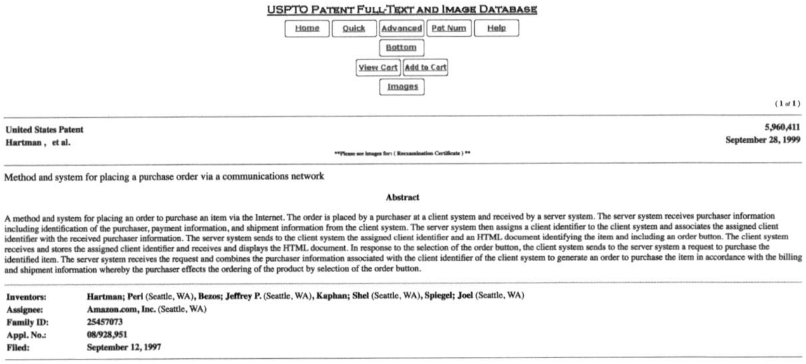
USPTO PATENT FULL-TEXT AND IMAGE DATABASE

Home | Quick | Advanced | Pat Num | Help

Bottom

View Cart | Add to Cart

Images

(1 of 1)

United States Patent 5,960,411
Hartman, et al. September 28, 1999

**Please see images for: (Reexamination Certificate) **

Method and system for placing a purchase order via a communications network

Abstract

A method and system for placing an order to purchase an item via the Internet. The order is placed by a purchaser at a client system and received by a server system. The server system receives purchaser information including identification of the purchaser, payment information, and shipment information from the client system. The server system then assigns a client identifier to the client system and associates the assigned client identifier with the received purchaser information. The server system sends to the client system the assigned client identifier and an HTML document identifying the item and including an order button. The client system receives and stores the assigned client identifier and receives and displays the HTML document. In response to the selection of the order button, the client system sends to the server system a request to purchase the identified item. The server system receives the request and combines the purchaser information associated with the client identifier of the client system to generate an order to purchase the item in accordance with the billing and shipment information whereby the purchaser effects the ordering of the product by selection of the order button.

Inventors:	Hartman; Peri (Seattle, WA), Bezos; Jeffrey P. (Seattle, WA), Kaphan; Shel (Seattle, WA), Spiegel; Joel (Seattle, WA)
Assignee:	Amazon.com, Inc. (Seattle, WA)
Family ID:	25457073
Appl. No.:	08/928,951
Filed:	September 12, 1997

亚马逊“一键下单”专利批准授权书

9 月 29 日，亚马逊发布了 zShops，允许第三方卖家在亚马逊的网站上开店售货。任何个人和零售商都可以在亚马逊网站上注册网店，直接面向亚马逊 1200 万用户。在注册 zShops 时，所有卖家都必须将其支票账户信息提交给亚马逊。卖家向亚马逊支付每月 9.99 美元的订阅费，可以销售多达 3000 件商品；卖家如果销售的商品种类较少，可以按每种商品 10 美分的方式缴费。使用“一键下单”功能付款时，亚马逊对每笔交易额外收取 60 美分的费用，再加上最终交易额的 4.75%。

用这种方式，亚马逊迅速实现了商品的多样性。贝索斯说：

"我们很高兴，欢迎成千上万的公司和个人——业余爱好者、专业零售商、企业家、发明家，所有提供有趣物品的人。"[41] 这个举动受到了华尔街投资者的欢迎，当天亚马逊股价上涨 23%，达到每股 80.875 美元。一些分析师认为，"zShops 把亚马逊定位为购物门户网站，这增加了亚马逊的整体市场机会，发挥了它的技术基础与客户群优势"。[42]

除了吸引普通商家，亚马逊还签约了一些知名零售商，包括 Garden.com 和老牌文具家居用品公司 Levenger。

和 zShops 同时发布的还有两个新的功能。一个是亚马逊支付（Amazon.com Payments），它使得个人和小型企业接受通过亚马逊的一键式付款功能进行支付，从而消除了个人之间在线交易的最大不便。另一个是"所有产品搜索"（All Products Search）功能。这个搜索功能可帮助买家从亚马逊网站的数百万种产品中准确找到自己想要的东西。

为了维护交易安全、保护消费者免受不良商家欺骗，亚马逊提供 250 美元上限的退款保证；需要使用"一键下单"的商户，需要缴纳 1000 美元的保证金。网站不允许商户贩卖枪支和动物，而早些时候，eBay 也取消了枪支拍卖业务。

10月

10 月 4 日，亚马逊发布了无线上网客户端 Amazon.com Anywhere，主要应用在掌上移动设备 Palm VII™ organizer 上，从而让用户在不用台式机的时候也可以随时上网购物。

Palm VII™ 是美国设备提供商 3Com 旗下公司 Palm Computing 生产的个人电子助理，用天线通过 Mobitex 网络进行无线数据传输和交流。Palm VII™ 也是当年最贵的掌上移动设备，售价为 599 美元。虽然价格很高，但在没有智能手机和 iPad（苹果旗下平板电脑）的年代中，它是最早一批真正的信息移动设备。

贝索斯表示："通过把客户从台式机上解放出来，我们可以让他们随时随地下单买东西。"同时亚马逊还宣布加入无线应用协议论坛（Wireless Application Protocol Forum，缩写为 WAPF），该论坛的目标是开发和维护互联网上无线数据和电子商务交易的全球标准[43]。亚马逊是加入这一论坛的第一家电子商务零售商。

10 月 15 日，亚马逊宣布将于 12 月初在华盛顿州的塔科马开设在美国的第二个客户服务中心，第一个客户服务中心位于西雅图。此外，为亚马逊拍卖网站和 zShops 提供客户服务的其他客户服务代表也在招人。[44]

10 月 21 日，亚马逊在西雅图美国地方法院对 Barnesandnoble.com 提起诉讼，起诉它的"Express Lane"抄袭了亚马逊的创新性专利"一键下单"技术。亚马逊指控对方专利侵权，并要求法院立即和永久性下令停止对方的模仿行为，还要求一定的赔偿额。[45]

这场诉讼引起了很多关注，因为"一键下单"其实是很多电商日趋需要解决的痛点：如何让网购变得方便。亚马逊并不是唯一支持这一想法的公司——比如微软一周前在其 MSN Passport 服务上推出了一步购买功能"电子钱包"。一位专攻互联网相关技术的专利律师表示，"很多人将关注亚马逊专利是否会保持其有效性"。[46]

10 月 27 日，亚马逊公布其 1999 年第三季度财务数据。① 第三季度的净销售额为 3.56 亿美元，比上年同期的 1.537 亿美元增长了约 132%；预计经营亏损为 7900 万美元，而上年同期的预计经营亏损为 2100 万美元；预计净亏损 8600 万美元，即每股亏损 0.26 美元，

① 亚马逊分别于 1998 年 6 月 1 日和 1999 年 1 月 4 日进行了两次拆股。

而上年同期的预计净亏损 2400 万美元，即每股亏损 0.08 美元。根据一般公认会计原则，第三季度净亏损为 1.97 亿美元，即每股亏损 0.59 美元，其中包括 1.11 亿美元的并购、收购、投资相关成本和股票补偿费用。

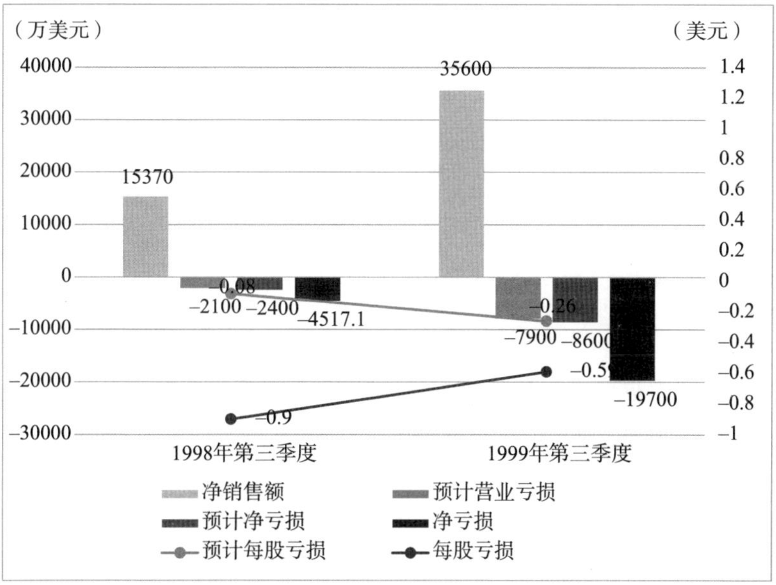

1999 年第三季度与去年同期数据比较

亚马逊同时宣布，截至 1999 年 9 月 30 日，其包括拍卖用户在内的累计用户数在第三季度增加了 240 万，达到 1310 万，比上年同期的 450 万增加了 190% 以上。在截至 1999 年 9 月 30 日的季度中，回头客订单占订单总数的 72% 以上，高于上一季度的 70%。

10 月 31 日，加利主持收购了一家大型折扣工具网店 Tool Crib of the North，开始准备在网上售卖工具。[47] Tool Crib of the North 是 Acme Tools 的网店分支，也是美国金属加工、木工、美化工具和设备的全渠道零售商，1948 年由乔治 · 库尔曼（George Kuhlman）在北

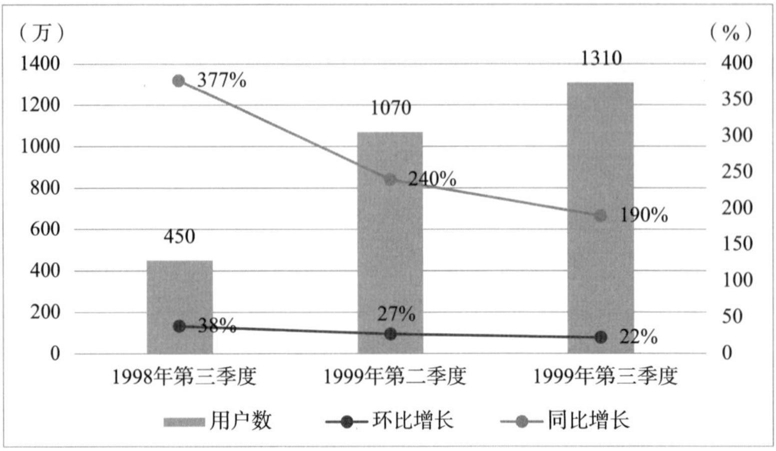

1999 年第三季度用户增长及相关数据比较

达科他州大福克斯创立。通过这次收购，亚马逊将获得位于北达科他州的一座仓库，作为它的新履行中心。

11 月

11 月 9 日，亚马逊开设了四个新商店：家居装修商店、软件商店、视频游戏店和礼物创意店。贝索斯说："我们很荣幸能为客户提供更多的假日购物选择，甚至更多。我们很高兴能够在假期前及时开设这四家商店。"[48]

亚马逊家居装修商店将提供电气和照明、硬件、家庭用品、草坪和花园、户外生活、绘画用品、管道和工具等八个类别的产品。与其他亚马逊商店相同，家居装修商店会列出客户对产品的评价、专家评论、产品图片和其他重要产品信息，以方便客户选择。

软件商店提供的软件产品，包括时尚美容软件、个人提升软件、图形软件和多媒体软件等类别。为了帮助客户在众多软件中选择合适的软件，亚马逊同样提供了客户评论、购买指南以及软件发行商 Gamepot 提供的专业评论。

礼品创意商店全年提供应季礼品，客户可以按兴趣或年龄浏览 15 个类别，每个产品类别中都会有畅销产品。亚马逊还添加了“愿望清单”功能，使顾客可以把自己想要的节日礼物发给亲朋好友。

电子游戏商店为购物者提供流行且难以找到的视频游戏和配件。此外，亚马逊提供了“视频游戏基础教学”“优缺点对比”“畅销清单”等功能，方便用户选择购买。

11 月 10 日，亚马逊宣布与美国 NextCard 公司合作发布联名信用卡，亚马逊将支付 2250 万美元购买认股权证，收购信用卡发行人 9.9% 的股份。《华尔街日报》撰文评论称，这一举动意味着亚马逊重要的战略转移：亚马逊希望把它庞大的用户群变成属于自己的收益资产，向其他利用这 1300 万用户群的人收取费用。[49] NextCard 是美国第一批在线信用卡发行商之一，也是第一家提供即时在线审批的公司，总部位于旧金山，发行银行为台资银行 NextBank，由 NextCard 公司全资拥有。

在接受《华尔街日报》的采访时，贝索斯说：“当获得大量客户时，你就达到了临界点。突然之间，人们非常渴望与你合作，你可以为你的客户商讨最优惠的价格，同时也实现了亚马逊惊人的货币价值。”贝索斯同时表示会挑选合作方和联盟：“我们不做那些不能给客户带来真正价值的项目，好多人在敲门，我们几乎都拒之门外。”贝索斯表示，他会对用户看到的外部供应商信息进行严格把控，并且非常重视这种信息是怎样传递的。[50]

11 月 28 日，亚马逊看上去已经为圣诞购物季做了充足的准备。公司订购了总面积达 181 英亩（约 73 万平方米）的节日包装纸和总长度达 2494 英里（约 4000 千米）的红色缎带，以防万一；货架上摆放了 10000 份 Pack the Pig 的游戏和一些额外的桌锯；新建的四个自动化仓库也已经投入使用，每天能够包装和运输近 100 万箱货物。“这是历史上在和平时期，对最快的配送能力进行了新的提升。”贝索斯表示，这个圣诞季，亚马逊将会寄送可能超过 1500 万件包裹，比美国任何一家邮购公司都要多。

在经历了 1998 年圣诞季的混乱之后，亚马逊在 1999 年初便开始筹备这场硬仗。他们最初的计划是在秋天推出玩具、电子产品商店，而 3 月份时，决定提早到 7 月开张，以在圣诞节前发现和解决问题。一般来说，建立一个现代化仓库需要 18 个月，但亚马逊决定四个自动化仓库必须在 1999 年圣诞节前投入运营。

以这些仓库的规模看，实现的自动化水平已令人称赞。仓库的规模很大，存放着超过 100 万种物品——堆积如山的玩具、成堆的大屏幕电视，以及足以装满一个大学图书馆的架子。每一件商品都有一个条形码，从到达装货区到运走的过程中，这个条形码要被扫描 17 次，这样，专用计算机软件可以随时跟踪它的位置。

整个分拣和运输的过程基本实现了自动化和机械化。例如，在第三层有一个装有十几个 Raggedy Ann 娃娃的盒子，盒子前面有一盏红灯。当灯光亮起，意味着有人在亚马逊的网站订购了这个娃娃。工人看到亮灯便立即走过来，挑出一个娃娃放进一辆绿色小车里，再把小车放到一条传送带上。小车穿过仓库，移动到另一条传送带，然后掉进一个长长的斜槽状的箱子里——这样的箱子有 2000 个，都用来装订单商品。随着传送带的移动，同一个人购买的其他物品也会掉进箱子里。订单完成后，箱子下方的灯会闪烁，工人将所有分拣好的物品再放入一个箱子中，在另一台机器上进行包装、封箱、称重、贴上邮寄标签，然后箱子会被传送到运输机，被运输机直接装上卡车，运到装卸码头。

但事实上，面对订单压力时，迅速扩张的规模和自动化对亚马逊形成了双刃剑。

首先，自动化仓库仍有很多问题需要解决。比如，保护图书用的包装纸没有完全起到作用；流水线上粘贴标签的设备出现了故障；更糟糕的是，随着产品目录的迅速扩大，亚马逊无法预知要储存的物品和准备储存方案。

1998 年圣诞节，亚马逊只销售书籍、音乐、视频和一些礼品，但履行中心的订单系统几乎崩溃。1999 年，亚马逊继续践行贝索斯的理念：希望人们把亚马逊看作一个想买什么都买得到的地方。所以，它的销售额几乎翻了三倍，网站增添了玩具、电子产品、工具和建筑材料等类目，还有拍卖业务、zShops，以及大量其他在线零售商，如 Drugstore.com 和 Pets.com。

亚马逊宁愿自己处理物流分销，也不愿雇用其他公司来处理，这对其仓储和物流体系提出了更高的要求。贝索斯的战术和他的长期战略是一样的：大胆思考，控制一切。

虽然迅速扩张使品牌渗透到新市场，但亚马逊也面临着很大的风险——业务过于分散，很容易被某一细分领域的零售商所超越。当某个品类的商品或服务客户不能满意时，就很可能会另选他家，这甚至会影响亚马逊的整体声誉。正如一位风投家所说："如果我在亚马逊上买了一把电锯，但没有得到我在页面上看到的那种服务，我就会去其他地方买。"

与此同时，亚马逊面临的外部竞争也越来越激烈。综合来看，Buy.com 凭借 3.97 亿美元的销售额已经成为第二大网上商店，销售电脑、书籍、电子产品等，价格普遍远低于亚马逊。

而在每一个类别中，亚马逊都要面对专业化的竞争对手，这些竞争对手已经变得越来越聪明和强大：图书行业的 Barnesandnoble.com；玩具行业的 eToys、玩具反斗城和 KB Toys；电子行业的 800.com 和 Circuit City；以及，工具行业的 Sears、Roebuck。特别是，原来实体营业的商家意识到线上销售的兴起，开始不计成本地投入电商平台。圣诞节期间，KB Toys 花费 4300 万美元来推广其在线商店，相比之下，其实体连锁店的营销预算只有 3000 万美元。

亚马逊在快速扩张的同时还面临两个挑战：一是如何让公众认知其品牌，二是服务标准的一体化。这是贝索斯的一场赌博，是对亚马逊发展策略的验证。亚马逊能否真的成为一家向任何人销售尽可能多东西的万物商店，这是个分水岭。

亚马逊尽最大努力要赢得这场赌博。贝索斯决定将广告和营销预算增加三倍，达到 9000 万美元；1998 年，亚马逊的员工数量增长了一倍多，达到 5000 人；网站的计算机能力也增长了四倍。不过，亚马逊还是发现，尽管一年多以来它一直在增加新的产品类型，但消费者仍认为它只与书籍有关。当消费者关注这个流行网站的时候，华尔街的分析师关注亚马逊在圣诞季和以后的表现。[51]

11 月 30 日，亚马逊宣布收购在线玩具商店 Back to Basics Toys，但未披露具体的交易条款。总部位于美国弗吉尼亚州赫恩登的 Back to Basics Toys 专营经典玩具，如原木小屋建筑套装、Raggedy Ann 娃娃，以及简易烘焙、烹饪套装。

该收购正值圣诞节前夕，它除了扩大了亚马逊的产品规模，也是亚马逊与其他在线玩具零售商如 Toyrus. com 和 KBkids. com 竞争庞大玩具市场的一项举措。

弗雷斯特研究公司（Forrester Research）预计，相对于 1998 年 8000 万美元左右的花费，1999 年消费者将在网购玩具上花费 2.53 亿美元，而其中的 40% 将在节日期间到来。[52] 亚马逊表示，此次收购将为其玩具和视频游戏商店提供更多经典、高质量的玩具。收购后，Back to Basics Toys 将继续营业其网站，并与玩具制造商保持合作，继续生产那些线上销售的经典玩具。[53]

12月

12月1日，亚马逊投资1000万美元，收购Ashford.com 16.6%的股份，开始销售宝石、手表、太阳镜等奢侈品。Ashford.com的奢侈品零售网站上提供各种钻石和超过12000种手表、名牌珠宝、皮革配件、太阳镜、香水、浴室用品、领带、围巾和书写工具。这些产品来自300多个知名品牌，例如豪雅、欧米茄和万宝龙，以及新的热门品牌，例如Lambertson Truex包具公司、Lisa Jenks饰品公司和Killer Loop太阳镜。[54]

随着互联网的普及，更多的消费者加入了网上购物的大潮，"拯救圣诞老人"的年度大战又上演了。亚马逊的员工照旧和家人告别，住进了仓库附近的旅馆，加班工作。虽然对外号称几个现代物流中心已经建成使用，但事实上，亚马逊"快速做大"战略对仓库造成了严重破坏：堪萨斯州占地85万平方英尺（约为79050平方米）的巨型Coffeyville仓库只使用了10%，且管理混乱。[55]乔治亚州占地80万平方英尺（约为74400平方米）的McDonough仓库还没有完全建好，员工带着安全帽在里面工作。运行软件最初是为了运送书籍设计的，现在要适用于各种物品，数据漏洞频出。工人们有时会需要在偌大的仓库里找一个丢失的盒子[56]。

亚马逊新任运营总监杰夫·威尔克首次视察这些仓库时大为震惊：它们是一团糟。货架上摆放着有缺陷的产品，货物运到了，却没人记得订购过。一卡车厨具出现后，没人知道它们来自哪里、应该去哪里，它们只是待在那里。"我们储存了一切，但也只是拥有这些东西而已，"威尔克摇着头，然后把它们放在架子上说，"我不知道，重要的是客户。"

巨型分拣机Crisplant全速运行，但常会被某个斜槽里的滞后操作卡住。亚马逊派出了专项的FUD小组，专门处理那些已经在网上下单却由于履行订单过程卡壳而不能完成的情况。工作组为了找到一箱丢失的胖丁（Jigglypuff）玩偶，连夜从沃尔玛买了几个双筒望远镜，终于在凌晨两点发现了丢失在仓库里的玩具。

尽管几经波折，亚马逊最后还算顺利地完成了圣诞节的任务，基本没有收到未能在圣诞节前收到商品的投诉，而这已经超过了初涉线上营业的同行，比如玩具反斗城、梅西百货。[57]

1999 年 12 月 27 日，《时代周刊》因亚马逊使网络购物风靡一时而将贝索斯设为当年的时代年度风云人物（person of the year）。文章标题是“快速发展的互联网经济有无数竞争者……这是国王”（The fast-moving Internet economy has a jungle of competitors......and here’s the king）。

文章写道：“贝索斯初次看到互联网迷宫时，遇到了同样的情况，他意识到零售业的前途照耀着他……但贝索斯对在线零售世界的愿景是如此完整，他的亚马逊网站是如此优雅和吸引人，以至于从第一天起，就成为任何想在线销售产品者的参考。事实证明，就是每个人。”[58]

这一年，亚马逊亏损 7.2 亿美元，有 20 亿美元的负债，一年的利息达到 1.2 亿美元[59]。《时代周刊》对此的评论是，亏损是个亟待解决的重要问题，贝索斯坚信，亚马逊最初的几项业务——书、音乐和视频，到 2000 年底会赢利。但文章同时认为，“亚马逊的亏损也是互联网经济的新标志”，互联网新规则源于这样的思想，即在新的全球市场中，拥有最多信息的人将获胜。

过去曾经是卖方拥有所有信息，但买方变得越来越聪明。在 mysimon.com 之类的网站上，用户不仅可以购物并搜索亚马逊网站，还可以搜索其他 22 个书商的藏书，以找到最划算的交易。在接下来的几年中（以净速度，在接下来的几个月中达到惊人的速度），用户将有可能找到几乎任何东西最便宜的价格。

《时代周刊》的态度相对中立、宽容。但在现实生活中，持续的巨额亏损影响了华尔街对亚马逊的看法，他们普遍认为贝索斯应该成熟起来认真经营亚马逊，而不是像在经营赌场。美国调研机构 META Group 的一位零售行业分析师吉恩·阿尔瓦雷斯（Gene Alvarez）指出："这些人（电商）是时候开始认真经营了。互联网噱头已经消失，现在是时候走上正轨了。"贝索斯也意识到了这种风向，抱怨说自己从"互联网海报上的孩子变成了一个遭互联网鞭笞的孩子"，并且最后表示会转变成赢利策略，但前提是互联网上的机遇要狭窄到可以阻止市场上新进入者超越自己[60]。

1999 年亚马逊的股价急速上升但波动很大，4 月曾一度最高达到 113 美元每股，12 月每股股价在 76 美元左右。

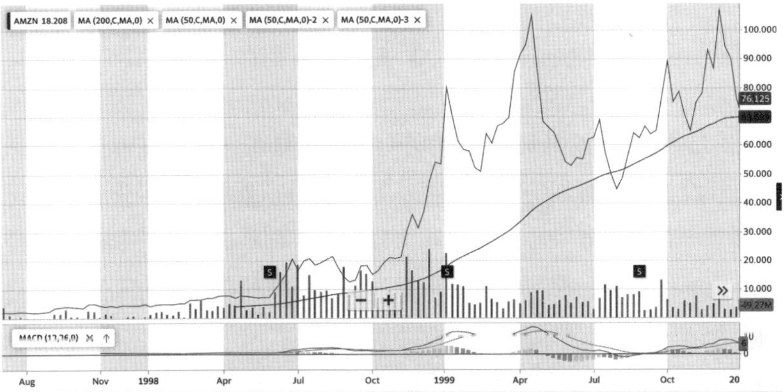

1999 年亚马逊股价波动
图片来源：finance.yahoo.com

2000年　长期主义？

1月

1月13日，亚马逊宣布计划于当年4月在美国西弗吉尼亚州亨廷顿开设其在东海岸的第一个客户服务中心。至此，亚马逊在全球将拥有7个客户服务中心，其他6个分别位于西雅图、华盛顿州的塔科马、英国的斯劳、德国的雷根斯堡、北达科他州的大福克斯以及荷兰的海牙。[1]

1月21日，亚马逊宣布与网上车商Greenlight.com合作。亚马逊获得后者5%的股份，在亚马逊平台上引进该网站，并有权在5年内收取8250万美元，获得5年内将股权最多增至30%的认股权证。[2]

Greenlight.com于1999年在加州圣马特奥创立，它构建了一个汽车经销商网络，使得客户可以个性化定制汽车、在线下单、安排运输，并通过当地的经销商安排客户服务支持。亚马逊的股东KPCB对其投资，它同时得到了美国最大的国家汽车经销私人网络阿斯伯里汽车集团（Asbury Automotive）、纽约风投公司普尔伍德控股公司

（Ripplewood Holdings）和位于洛杉矶的私募基金 Freeman Spogli & Co. 的支持。当时，Greenlight.com 已经与佐治亚州亚特兰大、北卡罗来纳州格林斯伯勒、佛罗里达州杰克逊维尔和奥兰多的零售商建立了联系，并计划在全美扩张。

1 月 24 日，亚马逊表示已同意将 Drugstore.com 设为药品供应商。这是亚马逊同意在其网站上永久设立投资伙伴的第一个实例。[3] 根据合作协议，两家公司将在亚马逊上创建一个 Drugstore.com 购物链接，而亚马逊为此获得三年 1.5 亿美元的收入。亚马逊还表示，计划再向 Drugstore.com 投资 3000 万美元，使其在该公司的股份增至近 28%。亚马逊于 1998 年 8 月获得最初的股份，截至 1999 年 7 月 28 日成为 Drugstore.com 的最大股东，持有约 1140 万股股票，持股比例为 26.8%。

1 月 25 日，亚马逊对企业标志进行了更改，启用新的标志。官网解释道：“新标志更好地反映了亚马逊品牌及其与 1600 多万客户的关系，传递了我们的使命：成为全球最以客户为中心的公司。标志中的‘微笑’，是客户满意度的最终体现。”贝索斯此刻已经将公司的定位从“在线书商”转化为“万物商店”，因此希望公司标志也可以反映这一点。

品牌设计公司 Turner Duckworth 给贝索斯提供了三种方案，贝索斯立即选择了亚马逊名称下面有橙色弧线的那个，“微笑”箭头从字母“a”指向字母“z”，代表着应有尽有的商品。设计公司表示：“这是我们做得最快、最容易的品牌项目，因为贝索斯会亲自参加每次会议，直接决策，然后向前推进。”

亚马逊 2000 年的新标志

1月28日，亚马逊宣布裁员150人，裁员幅度约占亚马逊全球职员总数的2%，主要影响的是公司在西雅图总部的员工。[4] 亚马逊未公开发布此事，最先报道此事的是《西雅图邮报》(*Seattle Post-Intelligencer*)。亚马逊股价整个星期都在下跌，1月29日美国东部时间上午10:40，出现了本周单日最大跌幅8%。

发言人比尔·库里称："裁员，是为了确保我们的人都能拥有执行任务的技能，并不表示我们的战略有任何改变。"宣布裁员的时间刚好在其公布第四季度营业额（2月2日）的前几天。有分析师认为，亚马逊希望此举可以向华尔街表明它正在控制成本，争取在下周第四季度业绩发布会上可以说服投资者。[5]

1月31日，亚马逊宣布收购有声书公司Audible 5%的股份。Audible是当时互联网上最大、最多样化的语音服务提供商。Audible.com会提供《华尔街日报》《纽约时报》《福布斯》等媒体的音频内容，还提供畅销书和经典作家作品的有声书。双方达成战略协议，亚马逊将对Audible网站的内容和服务进行宣传，作为交换条件，其也将在三年内从后者那里获得3000万美元。因为两天前亚马逊刚刚宣布裁员，所以该合作一发布就引起了广泛关注。

2月

2月2日，亚马逊发布了1999年第四季度和全年财务数据。1999年第四季度的净销售额为6.76亿美元，较上年同期的2.53亿美元增长了167%；预计经营亏损为1.75亿美元，而上年同期为1800万美元；预计净亏损1.85亿美元，即每股亏损0.55美元，而上年同期为2200万美元，即每股亏损0.07美元。根据一般公认会计原则，实际亏损为3.23亿美元，即每股亏损0.96美元，上年同期的实际亏损为 4643 万美元，即每股亏损 0.15 美元。

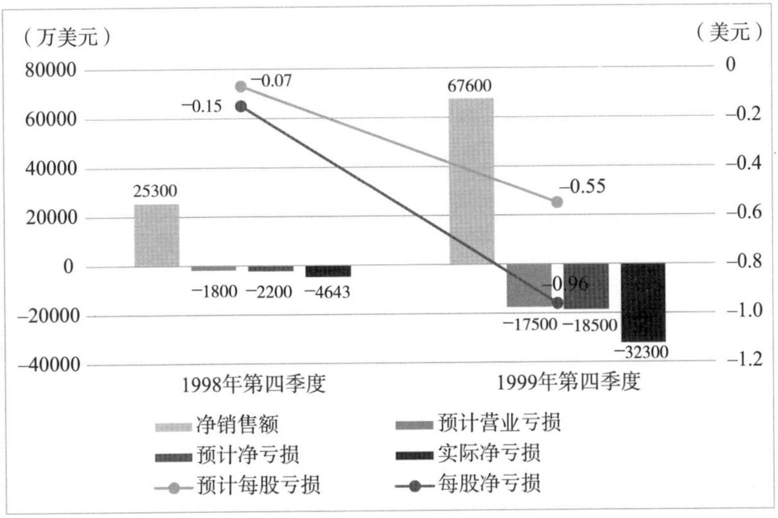

1999 年第四季度与去年同期数据比较

1999 年的全年净销售额为 16.4 亿美元，比 1998 年的 6.1 亿美元增长了 169%；1999 年预计净亏损为 3.9 亿美元，即每股亏损 1.19 美元，而 1998 年预计净亏损为 7400 万美元，即每股亏损 0.25 美元。按照一般公认会计原则，1999 年实际亏损为 7.2 亿美元，即每股亏损 2.2 美元，上年同期的实际亏损为 1.25 亿美元，即每股亏损 0.42 美元。[6]

1999 年第四季度每股预计亏损 0.55 美元超过了此前分析师预测的每股亏损 0.48 美元。在分析师电话会上，贝索斯表示“争取每项业务都赢利，是当年的重要目标”，这和他以往谈及利润的论调截然不同。他说：“2000 年的目标不仅会体现在新商品和服务上，也会体现到财务上。”有分析师称：“他们的基调是计划专注于赢利和公司的国际化。”[7] 投资者看上去认可了贝索斯的说法，亚马逊的股票几小时内涨了 6.625 美元，涨至 76.625 美元。

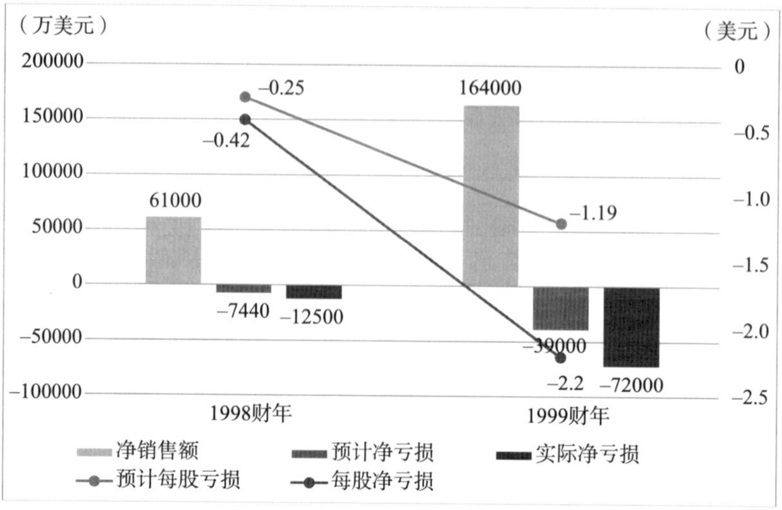

1999 财年与 1998 财年数据比较

2 月 9 日，Toolcrib.amazon.com 正式上线，为专业工具使用者（比如木工）提供各种工具和设备。亚马逊时任首席运营官加利表示，Toolcrib.amazon.com 结合了去年 10 月收购的 Tool Crib of the North 和亚马逊的优势，可以为客户创造良好的购物体验。[8] 该网店涵盖了 DeWalt、Delta、Makita、Porter Cable、Robert Bosch 和 Hitachi 等知名工具制造商品牌，囊括了从气动工具、夹具、无绳工具、气动设备、手动工具到加热器、风扇、测量仪器、电源、真空吸尘器、工作支架和工作服等 20 种产品。为了帮助客户选择，除了客户评价，网站还提供了由工具信息权威杂志《工具贸易》（*Tools of the Trade*）进行的测评。

2 月 11 日，亚马逊出售了 6.9 亿欧元（约合 6.81 亿美元）的 10 年期可转换债券。相比于 1998 年 1 月出售的可转债利率仅为 4.75%，本次债券的利率相对较高，为 6.875%。有分析师认为，发行债券所得将使亚马逊能够灵活地扩张和投资其他互联网公司。[9]

发债的决策是在首席财务官沃伦·詹森的建议下进行的。詹森的财务政策风格偏于稳健，甚至保守。2000年初，他认为公司应当储备足够的现金来应对一些财务紧张的供货商要求亚马逊提前付款的情况。摩根士丹利的全球技术组主管露丝·波拉特（Ruth Porat）建议詹森从欧洲市场入手。该债券发行一个月后，互联网泡沫开始崩溃，股市于3月11日崩盘。之后，融资变得空前紧张，这笔可转债对亚马逊度过寒冬起到了至关重要的作用。

3月

3月6日，时任苹果公司意大利区域经理和销售副总裁的迭戈·皮亚琴蒂尼（Diego Piacentini）加入亚马逊，担任亚马逊国际客户业务的高级副总裁，负责亚马逊的国际化扩张，直接向贝索斯汇报工作。

在接受记者采访时，皮亚琴蒂尼坦言从苹果辞职加盟到一家看起来前景渺茫的公司，是一个非常艰难的选择。皮亚琴蒂尼后来回忆，对他来说，加盟亚马逊并不是简单地换一家公司。当他接受完贝索斯以及亚马逊团队的面试后，明白亚马逊当时的亏损并不是因为做了什么错误的决定，而是由于亚马逊在长期项目中加大了投资。“这让我开始懂得，建立一家伟大的公司，不要急于短期内去赢利，而是去想怎样把基础夯实，”皮亚琴蒂尼说，“那时，除了妻子，几乎身边所有的亲朋好友都觉得我做了一个愚蠢的决定，因为他们经常从媒体上看到亚马逊一直在赔钱的报道。”[10] 乔布斯曾非常难以理解他的决定，认为亚马逊是一家无聊的零售公司。[11]

3月17日，麻省理工学院斯隆商学院的教授斯蒂芬·格雷夫斯（Stephen C. Graves）应他的学生杰夫·威尔克的邀请，从马萨诸塞州飞到内华达州的里诺市，又驱车穿过沙漠来到位于芬利的亚马逊履行中心。威尔克向他的老师求助，虽然当时亚马逊有 7 个履行中心，但是产出并不高效，耗资巨大，而且贝索斯希望亚马逊网站可以精准地告诉客户他们的包裹何时可以送达，当时的系统达不到这个要求。

在快速增长的订单的压力下，威尔克和贝索斯一直在思考一个根本性的问题：亚马逊是不是真的要自己来做商品的仓储和运输？[12] 因为当时的其他同业公司，比如第二大电商平台 Buy.com 都将物流业务外包，自己则专注在线上订单处理的部分。格雷夫斯当时是麻省理工 LFM（制造业领导者）和 SDM（系统设计和管理）项目的联席负责人，讲授有关供应链计划、设计，以及数学建模和分析的课程。这些课程适用于制造业、供应链和分销系统，他还和很多大公司比如 AT&T、IBM、孟山都等都有研究合作。

贝索斯、威尔克、格雷夫斯以及芬利履行中心的主管一起研究了一整天，最终发现了问题的根源：批量化。吉米 · 赖特比照沃尔玛仓库的模式实现了仓库的机械化，利用大型配送分拣机 Crisplant 来分类处理运送。但是这个机器的底层逻辑是批量生产，在此模式下，它的产能仅在非常有限的高峰期才可以完全发挥出来；而由于软件要求工人单个进行分拣，只要有一人分拣项目没有完成，其他事先完成的项目都要原地等候，等到同步进行时，机器的产能才能再次达到峰值。这就导致整个过程不高效，也不精准。

但他们同时得出结论，即第三方外包不适合当前的任务需求。他们的改进方向是改变批量化带来的副作用，迈向持续、可预期的物流配送，而这样做意味着他们必须重写全部软件的代码。这将是个持续几年的大工程。但威尔克不担心贝索斯会中途放弃，他说："原理和数学模型是站在我们这边的，而我从来到这儿就发现，这家公司只要从原理和模型中得出正确结论，便会去坚守原则，这其中需要耐心和执着。"[13]

3月29日，亚马逊公布1999年年度报告，同样贝索斯在开篇附上了给股东的信。信中回首1999年取得的成绩，展望2000年的目标，第一次提出了关于股票意义的问题，进一步强调了“长期主义”。

4月

4月5日，在春天来临之际，亚马逊推出了一个新的“草坪和庭院”商店，为客户提供数以千计时下流行和难以找到的草坪和庭院装饰品、维护用品、观赏用产品。不管是500磅重的草坪拖拉机还是大量的小件物品，每个订单的运费都只要4.95美元。如果客户需要退还体积较大的物品，可以联系客服免费取货。[14]

4月14日，亚马逊聘请Greyhound Technologies为其全球物流战略的设计提供分析。Greyhound Technologies总部设在美国华盛顿州西雅图，为企业提供战略供应链设计软件和服务，帮助企业通过改进跟踪库存的方式来降低物流和分销成本。[15]

该公司的代表产品是供应链资源管理器（Supply Chain Explorer），一个新型的战略决策支持软件，帮助企业将业务目标转化为供应链设计，并了解不同政策、投资和供求情况对企业未来业务表现的影响。软件充分考虑了预测数量、不确定性和变动性的影响效应，以及区分了服务对资源定位和规模、服务成本和赢利能力的影响。在此基础上，客户就能够更好地管理他们的产品市场供应、定价、供应链流程、资产和供应基础关系，从而能够确定其供应链的潜力，专注于正确的投资、外包或改进活动。[16]

4月17日，亚马逊健康和美容商店开业，提供了一个从亚马逊直接通往Drugstore.com的路径。该举措意味着两者战略联盟的落地。

4月18日，亚马逊宣布投资Wineshopper. com，一家总部位于美国旧金山和纳帕的在互联网上卖酒的初创企业。亚马逊曾在 1999 年对其投资了 3000 万美元，目前 Wineshopper. com 先为美国加州客户提供服务，后续拟在各州推出，为消费者提供更多的酒类选择。

4 月 26 日，亚马逊公布了 2000 年第一季度业绩数据，① 业绩仍旧延续了销售额与亏损额同步扩大的态势。该季度净销售额为 5.74 亿美元，较上年同期的 2.936 亿美元增长了 95%；预计经营亏损为 9900 万美元，而上年同期预计经营亏损为 3100 万美元；预计净亏损为 1.22 亿美元，即每股亏损 0.35 美元，而上年同期的预计净亏损为 3640 万美元，即每股亏损 0.12 美元。按照一般公认会计原则，实际亏损 3.08 亿美元，即每股亏损 0.9 美元，上年同期实际亏损 6166.7 万美元，即每股亏损 0.2 美元。[17]

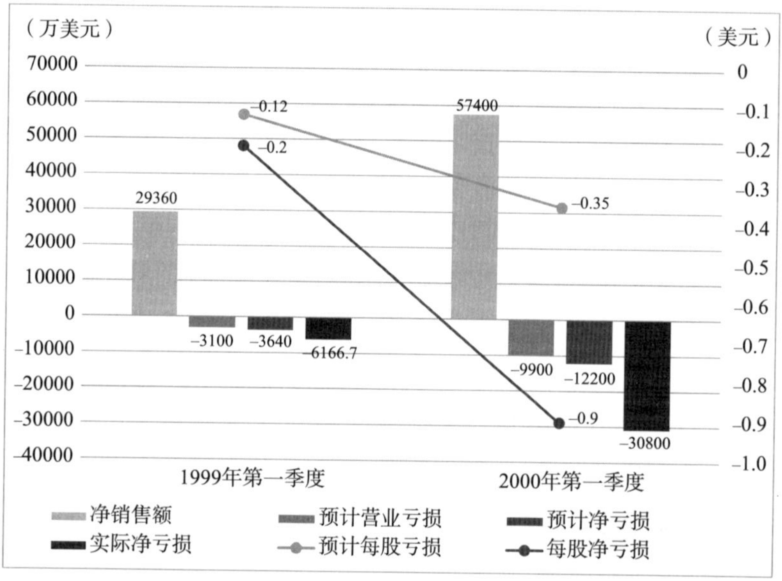

2000 年第一季度数据与去年同期数据比较

① 1999 年 9 月 1 日，亚马逊公司再次进行拆股。

亚马逊同时发布，第一季度累计用户数量增长了 310 万，达到 2000 万。这距离其突破 1000 万大关仅 9 个月时间。2000 年第一季度，回头客订单占订单总数的 76%，高于 1999 年第一季度的 66%。[18]

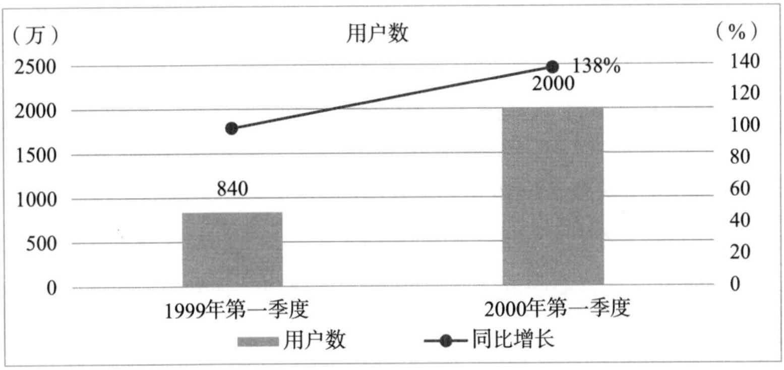

2000 年第一季度用户数增长与去年同期数据比较

5月

5 月 2 日，亚马逊网站厨房商店开业，销售烹饪用品和配件。亚马逊组建了一支专业的编辑队伍，并与几位厨师和美食记者联手，为顾客提供原创产品评论、食谱、烹饪和娱乐技巧，以及详细的购物指南。[19]

5 月 19 日，家居和家具在线资源网站 Living.com 与亚马逊合作，在亚马逊网站上开设了家居商店。除了销售家具、装饰配件、床上和浴室用品等，该网店还提供创新的工具和服务，如与房间设计师互动、免费专业设计建议，以及订购免费的面料和皮革样本等。[20]

5 月 31 日，亚马逊宣布将联合 Audible 公司提供超过 22000 小时的音频内容。新的 Audible.com 音频下载商店（Audio Downloads Store）可以为亚马逊用户提供超过 4700 本有声读物，以及大量的喜剧、报纸、杂志和商业信息的音频内容。该举措是 2000 年 1 月两公司达成战略合作的延续。[21]

6 月

6 月 20 日，亚马逊宣布和联邦快递合作，要在 7 月 8 日（星期六）"哈利 · 波特"系列小说的第四部《哈利 · 波特与火焰杯》上市当天把书送到 25.5 万名读者手中。

此消息一宣布便引起了实体零售商，特别是独立书商的不满，他们认为亚马逊的这个举动说明出版商公然违背了与实体店签订的不在 7 月 8 日新书正式面市之前发售的盟约。美国书商协会主席尼尔 · 康纳蒂（Neal Coonerty）和 CEO 阿温 · 马克 · 多姆尼兹（Avin Mark Domnitz）联名写信给"哈利 · 波特"系列小说美国独家许可出版商学乐集团，控诉其没有要求亚马逊遵守同样的规则。对此，学乐集团高级副总裁迈克尔 · 雅各布斯（Michael Jacobs）称绝对没有给亚马逊特殊对待，他们从一开始就对标英国的面市时间，当发现英国的授权出版商布鲁姆斯伯里出版社（Bloomsbury Publishing）允许书可以 7 月 7 日运输而 7 月 8 日送达的时候，便决定也可以这样做。

亚马逊几个月前就在筹划"哈利 · 波特"系列小说第四部的销售策略。在亚马逊官网上，负责图书的总经理琳恩 · 布莱克（Lyn Blake）表示："我们非常高兴在亚马逊看到'哈利 · 波特现象'——这是电子商务历史上最大规模的单品预售。我们之前最好的单品预售成绩是大约预售了 43000 件，现在我们的水平是那个数量的 6 倍。"市场开发与执行副总裁迈克尔 · 格伦（ Michael Glenn）称："联邦快递将为亚马逊提供量身定制的解决方案，以使《哈利 · 波特与火焰杯》的销售成为电子商务中的一个历史性事件。"[22]

但这个决定开始曾让亚马逊的高层感到不安，因为配送是完全免费的，而且亚马逊给出了书价 6 折的优惠，这意味着每笔订单都要损失几美元，而这正是让华尔街失望的烧钱模式。琳恩·布莱克回忆说："我当时就想，这是好大一笔钱啊。"但贝索斯把培养客户忠诚度看得比一切都重要，他说："那种非此即彼的思维，即认为你为顾客做点好事就一定会损害股东利益，是非常不专业的。"[23]

亚马逊的竞争对手巴诺书店为了留存客户，随后也承诺发售三天前的订单会在 7 月 8 日送达。

6 月 22 日，雷曼兄弟时年 28 岁的信贷分析师拉维·苏里亚（Ravi Suria）发表了一篇报告，提示亚马逊可转债的风险。在查看亚马逊的财务状况时，他表示亚马逊"资产负债表薄弱、营运资金管理不善以及存在大量的负经营现金流，公司极度脆弱"。[24] 苏里亚说："从债券角度来看，我们发现亚马逊信用极差并还在变坏。"他强烈建议投资者避免购买。[25]

这篇报告称，亚马逊是互联网零售商中的"先驱和最悠久的品牌"，但是"随着日益激烈的竞争环境，不断扩大的产品部门和存货的预期变动，亚马逊的现金流情况很可能更糟"。苏里亚坚信，经营业绩不佳，反映了其业务模式的基本缺陷，亚马逊将在不到一年的时间内消耗掉所有现金。

苏里亚认为，他在亚马逊运营中看到的根本问题是，它所售出的每单位产品都不会产生正的净现金流量。他指出，在过去的 13 个季度中，亚马逊每产生一美元收入，就需要筹资 95 美分，若收入总计约 29 亿美元，亚马逊就要筹集 28 亿美元的融资。在这种趋势下，亚马逊实际上已经从"虚拟"零售商演变为更像是"真实世界"的零售商，并且遇到了与现金流有关的问题，以及与营运资金管理相关的问题，这些问题过去都曾经给一些零售商带来了灾难性后果。

本月，亚马逊第二次发行了 6.8 亿美元可转换债券。苏里亚称亚马逊正在迅速消耗现金，如不能立即产生正的自由现金流，就将陷入困境。他说："盛宴结束了，2月的融资似乎是最后一次了。"

亚马逊发言人比尔·库里回应称这篇报告"是纯粹的废话"，说亚马逊绝对不可能花完现金。"任何知道我们经营现金流动态的人都明白，第一季度末，我们在银行的存款超过10亿美元，我们预期在今年剩余时间里产生正的经营现金流。"贝索斯在《华盛顿邮报》的采访中说这个研究报告是"纯属废话"，称亚马逊的市场地位从来没有这么强大过。[26]

但这个报告发布后的第二天，亚马逊的可转换债券价格下跌了15%，股价下跌了19%。标普评级将期债券评级为CCC+垃圾债。穆迪评为Caaa3，比最低评级还低三个等级。

6月27日，《纽约邮报》发表了一篇题为"分析师终于说出了互联网的真相"（Analyst Finally Tells the Truth about Dot-Coms）的文章，第一句是"我非常享受上周五亚马逊股票的暴跌"，对拉维·苏里亚的勇气表示赞赏，而且提到苏里亚不仅提示了要避开亚马逊的可转债，还提示了要小心互联网公司的相关投资，称"面对如此多的'净可转换债券'，投资者在购买更多债券之前至少要三思而后行"。[27]

在互联网泡沫破裂的环境下，亚马逊高层最担心这篇报告可能会成为一个"自我实现的预言"，因为苏里亚的报告可能会引发供应商的恐慌，促使他们如同银行挤兑一样要求亚马逊提前付款，进而引起资金紧张。而如果顾客相信了互联网只是昙花一现，那么亚马逊的收入就会减少。[28]于是，亚马逊时任首席财务官詹森和司库拉斯·格兰迪内蒂（Russ Grandinetti）开始奔走于美国和欧洲各地，与大小供应商会谈，稳住他们。贝索斯本人也增加了在媒体上的曝光度，论述其"长期主义"的思想。

这边，拉维·苏里亚仍在持续发表观点，亚马逊的股价持续滑坡。在后面三周的时间里，亚马逊股价从每股 57 美元跌到每股 33 美元。贝索斯在自己办公室的白板上写下“我不是我的股票”，并告诉所有人不要理会与日俱增的悲观情绪。他引用“价值投资之父”本杰明·格雷厄姆的话：“短期看，股票市场是投票机；长期看，它是个称重机——体现公司的真正价值。”[29]

6 月 29 日，《洛杉矶时报》刊登题为“贝索斯说亚马逊不会把钱花光”（Bezos Says Amazon Won't Run Out of Money）的报道。针对拉维·苏里亚的文章，贝索斯说：“没有哪个公司比亚马逊更关心盈利。”贝索斯拒绝透露整个亚马逊何时将扭亏为盈，他表示将继续为未来的增长进行投资，因为机遇十分诱人。当日亚马逊股价在纳斯达克上涨了 1.38 美元，报收于每股 37.88 美元。[30]

7 月

7 月 2 日，亚马逊宣布关掉了其在 1998 年收购的社交网站 PlanetAll，把其部分功能纳入“朋友”和“最喜欢”的工具里。一封给客户的电子邮件中写道：“我们很高兴地宣布，已经将 PlanetAll.com 的关键电子商务相关功能集成到亚马逊的主站中……尽管 PlanetAll.com 将不复存在，但您仍然可以享受一些工具，以帮助您与志同道合的人保持联系。”[31]

7 月 8 日，《哈利·波特与火焰杯》的预售图书如期发货。截至 7 月 8 日星期六凌晨 00：01，亚马逊共预售出 350020 册，这是零售商有史以来预售的最好成绩。[32] 当时负责图书的总经理琳恩·布莱克也不得不承认贝索斯的决策是对的，并说：“我们从送货司机那里听到了人们站在门前等候他们的各种故事，那是他们生活中最美好的一天。”在 6 月和 7 月，亚马逊的名字出现在了 700 篇报道《哈利·波特与火焰杯》发售盛况的文章中。[33]

7 月 25 日，时任公司总裁兼首席运营官加利宣布辞职。亚马逊官方对此的解释是“个人原因”，贝索斯同时对加利任职一年期间的努力表示认可。[34]

加利在亚马逊发布业绩前一天宣布辞职的消息引发了震动。《华尔街日报》次日披露，加利离职后将出任位于宾夕法尼亚州霍舍姆的 B2B（企业对企业）采购平台 VerticalNet 的 CEO。但是，也有说法称是加利向该公司主动求职。[35] 报道称，加利离任，正处于亚马逊的艰难时期，亚马逊因持续亏损、沉重的债务负担和现金储备减少，受到了华尔街评论家的激烈抨击。

尽管亚马逊表示自己拥有大量的现金，但越来越多互联网零售商（包括服装零售商 Boo.com Group 和玩具销售商 Toysmart.com）的失败消磨了一些投资者的耐心。《华尔街日报》的文章指出，加利告诉许多熟人，他对一直处于贝索斯的阴影下非常不满意。

熟悉这两位的人士说，加利很想亲自做主，他的野蛮风格与贝索斯的“震撼力”方法针锋相对。贝索斯喜欢事必躬亲，直到 3 月份，他的签名都会出现在所有的支票上。此前，加利想自立门户已经多年。加利在决定去亚马逊工作时就比较纠结，因为他已收到百事可乐公司抛出的橄榄枝，邀请他经营其 Frito-Lay 部门，然而加利在最后一刻拒绝了。在此之前，加利曾在史丹利百得工作了 19 年，在那里升至第二高的位置，但由于未能获得 CEO 职位而离职。

此外，加利也不太受亚马逊员工的欢迎。很大程度上，这是文化差异所致。加利想把亚马逊转变成一家更传统的公司，并因裁员而受到批评。他在裁员时并未考虑员工的任期，并未向那些司龄长的被裁员工提供内部调动的机会，一名员工在全体会议上公开抱怨亚马逊正在失去家庭氛围。[36]

在打完圣诞季的硬仗后，加利和贝索斯的领导权问题已经成为公司董事会亟待解决的首要大事。约翰·杜尔悄悄打电话给很多公司高管听取他们的意见，最后求助于硅谷的传奇人物、前哥伦比亚大学橄榄球教练比尔·坎贝尔。坎贝尔以善于倾听著称，他曾经解决了很多公司的难题，让公司管理层意识到自己的问题，正因如此，乔布斯视他为知己，并让其加入苹果公司的董事会。

坎贝尔受命之后，开始往返于硅谷和西雅图，静静地旁听高层会议，并和亚马逊的经理们进行单独会谈了解情况。之后，坎贝尔向董事会建议：他会选择贝索斯。在 2011 年接受《福布斯》杂志的采访时，他回忆说："我当时是去亚马逊看看董事会是否需要另外聘任一位 CEO。看完之后我对他们说：'你们为什么会曾考虑换掉他？贝索斯虽然天马行空，但对他从事的工作却非常在行。'"[37]

加利表示离开亚马逊是出于他个人的原因。由于提早离开亚马逊，加利收到了第一年 300 万美元的奖金，却放弃了 390 万股的期权，尽管在他离开时只有约 14 万股可以行使。加利离开时是亚马逊的艰难时刻，股价已经从 52 周高点 112.375 美元大幅下跌。7 月 25 日当天股价下跌 1.125 美元，收于每股 37.625 美元。

7 月 26 日，亚马逊发布第二季度财报。第二季度的净销售额为 5.78 亿美元，较上年同期的 3.14 亿美元增长了约 84%；预计经营亏损为 8900 万美元，占净销售额的 15%，而上年同期的预计经营亏损为 6700 万美元，占净销售额的 21%；预计净亏损为 1.16 亿美元，即每股亏损 0.33 美元，而上年同期预计净亏损为 8278.6 万美元，即每股亏损 0.26 美元。根据一般公认会计原则，本年度第二季度实际亏损 3.17 亿美元，即每股亏损 0.91 美元，上年同期实际亏损 1.38 亿美元，即每股亏损 0.43 美元。销售额的业绩增长速度低于公司设置的 90% 的目标，也低于此前分析师的预计。亚马逊现金量从第一季度的 10 亿美元降到了 9.08 亿美元。首席财务官詹森表示，预期到第四季度仍亏损，亏损占总收入比例为个位数。

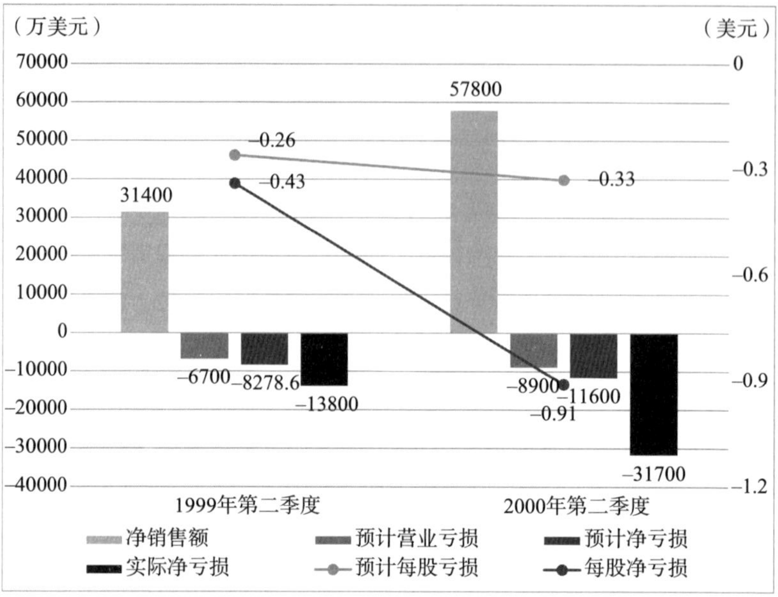

2000 年第二季度数据与上年同期数据比较

亚马逊的用户数仍在增加，2000 年第二季度增加了 250 万，已超过 2300 万。回头客订单占第二季度订单总数的 78%，高于前一年的 70%。截至 2000 年 6 月 30 日的前 12 个月内，每位购买商品的用户在 12 个月内的消费额为 125 美元，高于上年同期的 108 美元。

国际经营方面，亚马逊英国和亚马逊德国网站的销售额为 7300 万美元，比 1999 年第二季度的 3100 万美元增长了 134%。这两个站点在 2000 年第二季度增加了 50 万个新用户，用户数增加到 300 万，而去年同期的用户数是 80 万。但官网的公告中没有提及，上述两家网站共计亏损 3500 万美元，上年同期分别亏损 1600 万美元和 3100 万美元。尽管如此，贝索斯表示，亚马逊不会完全停止其快速扩张，公司计划在未来一年半内将国际业务扩展到更多其他国家。[38]

贝索斯在媒体和分析师面前尽量淡化运营中亏损的数据，强调其

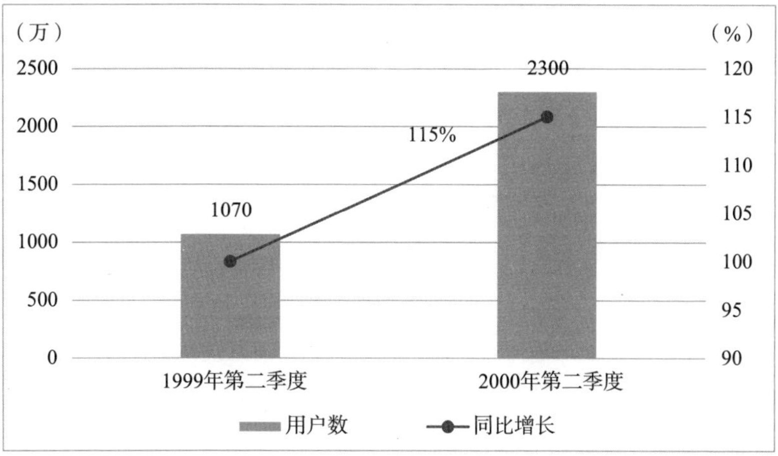

2000 年第二季度用户数增长及与上年同期数据比较

增长的速度，称这是家数十亿美元规模的公司，不管用何种方式计算，84% 的营收增长都是很快的。亚马逊希望分析师使用自己的公式，而不是按照一般公认会计原则确定亏损，即剔除亚马逊在其他它拥有主要股份的互联网公司（如 Drugstore.Com）的亏损中所占的 1.1 亿美元，剔除与收购相关的 8000 万美元费用和 800 万美元的员工认股权。这是亚马逊自 1998 年 7 月便在历次财务披露时采用的“预计结果”（Pro Forma Results）原则。贝索斯同时表示，公司的首要目标已经从扩大销售转移到缩减成本。他说，“我们有两大可投资领域：增长和生产力。”“一年前，我们制定了一项战略，部署更多资源来提高运营效率。”[39]

贝索斯对新产品线的年销售额达到每年 5 亿美元表示乐观。他指出，电子产品的销售额增长尤其迅猛。亚马逊美国的图书、音乐和 DVD / 视频业务的合计 2000 年预计经营利润为 1000 万美元，营收为 3.85 亿美元，一年前为亏损 1100 万美元，营收 2.8 亿美元。而 1999 年 7 月成立的电子产品商店是亚马逊迄今为止销售增长最快的商店。

所有新业务（一年前刚进入的玩具和电子商品）的净亏损为 6500 万美元，营收为 1.19 亿美元，而一年前的亏损是 4000 万美元，营收却只有 300 万美元。

8 月

8 月 3 日，亚马逊联合营销项目的注册人数达到 50 万，为了庆祝这一里程碑，亚马逊推出了一项新的奖励计划，即根据推荐到亚马逊网站的新客户数量向合作方提供奖金。[40]

8 月 10 日，亚马逊宣布与美国玩具零售商玩具反斗城达成十年的合作协议。在该协议中，亚马逊获得认股权证以购买 Toysrus.com 5% 的股份，并从新网站中获得固定的年度付款、单项销售单位的提成以及个位数的年收入百分比分成。贝索斯称该项合作将是未来合作的一个模板，“这是一个长期的契约联盟，不同于合并，我们不会经营实体店，我们的战略不同，但我们都专注于一些产品，不只是某一个产品”。[41]

按照这个合作协议，亚马逊将专门负责维护网站、客户服务和订单履行等工作，并在履行中心储存 Toysrus.com 的货品。这些是玩具反斗城一直想独立实现却无法完成的。

玩具反斗城在软银银行和私募基金公司 Mobius Equity Partners 的 6000 万美元的支持下，投资设立了网上销售渠道 Toysrus.com。但在 1999 年圣诞节繁忙的购买期间，Toysrus.com 遭受了数次停机，因为它低估了站点访问量，并且没有充分计划该站点的流量。更让其感到困扰的是，客户抱怨假期订单要么迟到，要么根本没有到，后来它不得不向没有收到圣诞礼物的客户赠送每人 100 美元的购物券。1 月，Toysrus.com 遭到集体诉讼，被诉其虽然接受了圣诞节交付的订单，但却无法交付。7 月，Toysrus.com 为此向联邦贸易委员会交了 35 万美元的罚款。[42]

按照协议，玩具反斗城负责玩具的选择、购买和管理新网站的库存。而这一点恰好是亚马逊不擅长的。上一个圣诞节，在贝索斯坚持下采购了 1.2 亿美元的玩具，后来不得不核销了 3900 万美元的未售存货。[43]

看上去是各自取长补短的合作，但谈判却异常艰辛。从 6 月开始，双方就一直在一些根本问题上僵持不下。贝索斯希望玩具反斗城承诺把每一种玩具都放到网站上，但玩具反斗城觉得这样成本太高、不切实际；玩具反斗城希望可以成为亚马逊的独家玩具销售商，但贝索斯也不同意。为了打破僵局，玩具反斗城 CEO 约翰 · 艾勒于 2000 年 6 月 28 日飞往西雅图，在亚马逊总部与贝索斯进行会面。贝索斯说："人们应该从在线玩具商店里找到一切想要的玩具。"艾勒则认为，玩具销售商不可能拥有无限的产品线并且能够赢利。[44]

协议最后折中谈拢。玩具反斗城将为亚马逊提供足够多的产品，以供用户选择，但不会提供那些不太可能售出的玩具从而让自己赔钱。亚马逊同意玩具反斗城将是其网站上唯一的玩具和婴儿用品销售商，仅在一些个别的、不太流行的玩具上保留与其他人合作的权利。玩具反斗城同意放弃自己的网址 Toysrus. com，这个网址只是简单地将购物者引流到亚马逊的网站。这一系列妥协后来引发了其他问题。

有分析师认为，这个协议表明：玩具反斗城因为销售疲软不得不屈服于亚马逊。尽管玩具反斗城获得了联盟的许多好处，但亚马逊将获得付款、更多流量和玩具反斗城的产品专业知识。[45]

与玩具反斗城合作后，亚马逊想把平台模式推广到更多合作伙伴上。它与百思买、索尼电子都进行过相关讨论，但未能成功。[46]

8 月 29 日，亚马逊宣布要在法国开设其在欧洲的第三个网站 Amazon.fr，面向世界上的法语客户出售书籍、CD、DVD 和视频，这也是亚马逊首次同时推出四个产品线。贝索斯在亚马逊官网上对过去五年来成千上万的法语客户表示感谢，他希望随着 Amazon.fr 的推出，全世界讲法语的客户可以更好地享受亚马逊的购物体验。

尽管法国人把贝索斯看成“美国梦”的新典范，但也有人警告说：“亚马逊正在威胁着法国的‘文化例外’。”与大多数欧洲国家一样，法国对图书价格进行了规定，最高书商折扣为 5%，并且禁止在电视上刊登书籍或书商的广告。贝索斯也充分认识到了本地化的重要，说：“每个市场都是不同的，关键是要建立一支强大的团队，将网站本地化。当销售文化产品时，这一点尤为重要。”[47]

亚马逊法国的管理人员来自法国出版界，从法国书商、在线零售商 FNAC 到法国文化部。时任亚马逊国际高级副总裁兼总经理的迭戈·皮亚琴蒂尼表示：“这是一家由法国人创建和设计的商店，这将首次使全世界都可以轻松快捷地访问法国文学、音乐、电影和文化。”[48]

受当地法律限制，亚马逊在法国不能以低价取胜，便更加重视客户服务的便捷。Amazon.fr 是法国第一家 7（天）×24（小时）提供客户服务的零售商。客户需求将通过位于荷兰海牙的亚马逊全欧客户服务中心进行处理，由法语雇员提供服务。Amazon.fr 在法国设有两家支持机构：位于凡尔赛区基扬古尔的运营和管理部门及在法国中部奥尔良的配送中心——奥尔良配送中心会承载 80% 以上的库存。

为了赢得客户，Amazon.fr 在 10 月底前为客户提供免费的 48 小时上门送货服务。此举立刻引来了法国当地同行的关注。法国其他三大主要在线书商中最大的一家 Fnac.com 随即宣布，它将从 9 月 21 日开始对其 10 万种畅销产品承诺 24 小时内免费送达。贝索斯对此不是特别在意，并表示：“我们是以客户为中心的，而不是为了竞争。（在这个不成熟的市场上）赢家会有很多，这不像是体育赛事，不必有人输给我们才算获胜。”

贝索斯认为亚马逊在欧洲将比在美国取得更大的成功，因为欧洲人口密度高，这会使运输更便宜，虽然房地产价格也更高，但相对于实体店亚马逊更具有成本优势。他说，亚马逊的目标是将国外销售额的占比从目前的 23% 提高到一半以上。尽管拒绝透露时间表，但他指出，据分析师预测，到 2003 年，亚马逊有 65% 的客户将不在美国。[49]

9 月

9 月 18 日，苹果公司宣布获得“一键下单”专利和商标授权，在苹果在线商店中使用，所有苹果商店的产品均可以使用“一键下单”。苹果 CEO 史蒂夫 · 乔布斯表示：“苹果商店取得了令人难以置信的成功，现在我们正在将它提升到一个新的水平。亚马逊的‘一键下单’专利和商标授权将让我们能够为客户提供更加轻松快捷的在线购买体验。”[50]

这项决定的出台，源自乔布斯的一次购物体验。他听办公室的同事在谈论一些小工具，于是就去亚马逊上买了。“一键下单”的神奇体验，让他立刻打电话给亚马逊表示想要获得此项技术，最后以 100 万美元的价格获得了此项专利的使用许可。[51]

10 月

本月，贝索斯重新执掌总裁大印。

10 月 24 日，亚马逊公布了第三季度财报，华尔街的投资者从中看到了一些起色和希望。2000年第三季度的净销售额为6.38亿美元，比上年同期3.56亿美元的净销售额增长了79%。电子产品部门成为仅次于美国图书业务部门的第二大支柱部门。贝索斯评论说："电子产品销售的强劲增长源于价格优惠、品类齐全以及我们广受认可的客户服务。9月，亚马逊网站上10个最畅销的商品中有6个来自我们的电子产品商店"。

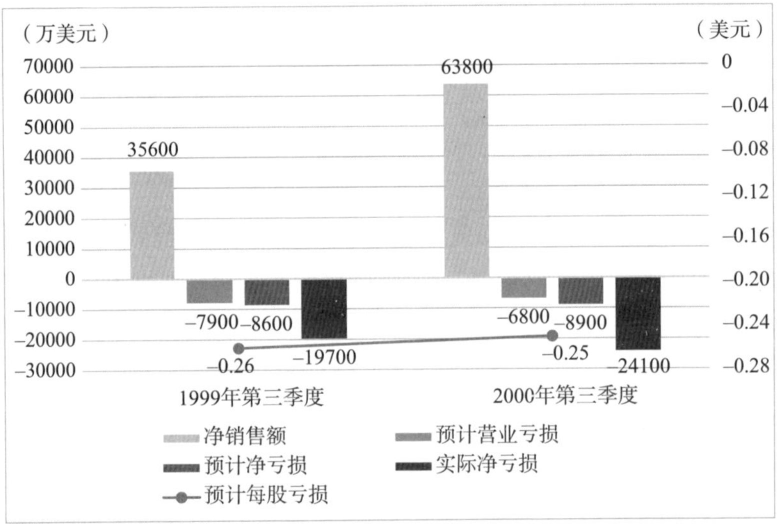

2000年第三季度与去年同期数据比较

2000年第三季度的毛利率为26%，高于1999年第三季度的20%，也高于分析师的平均预期23.5%。2000年第三季度的预计经营亏损为6800万美元，占净销售额的11%，而1999年第三季度的预计运营亏损为7900万美元，占净销售额的22%。2000年第三季度预计每股亏损0.25美元，比1999年第三季度的预计每股亏损0.26美元有所改善。当时，分析师的平均预期是每股亏损0.33美元。在财报数据的利好下，亚马逊股价当日上涨4.19美元至每股33.75美元。[52]

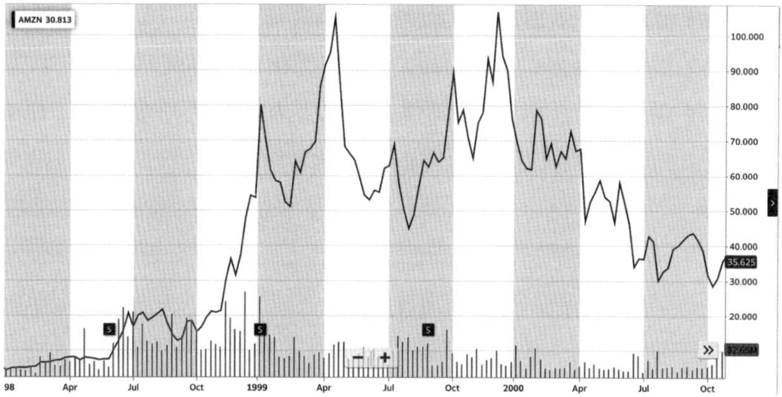

亚马逊的股价在 2000 年第三季度业绩公布后有小幅反弹

图片来源：https://finance.yahoo.com

亚马逊在本月首次提供了第四季度和下一个财年的预测，其第四季度净销售额预计在 9.5 亿美元至 10.5 亿美元之间。而分析师此前预测，第四季度净销售额约为 10 亿美元。亚马逊表示，第四季度的毛利率与第三季度相比预计会出现季节性下降，尽管会比 1999 年第四季度的毛利率有大幅增长。预计经营亏损占销售额的比例将在 5% 到 8% 之间。同时表示，到年底的现金和有价证券合计预计将超过 10 亿美元。

10 月 26 日，美国证券交易委员会对亚马逊进行问询，亚马逊官方披露的原因是监管机构对如何计算从合作伙伴公司获得的、用以补偿其提供服务的股份有疑问，比如在亚马逊首页上显示另一家公司的网站。[53]

10 月 31 日，亚马逊发布了日本网站 Amazon.co.jp，该网站提供超过 170 万种日文和英文的图书。日本是亚马逊最大的出口市场，存在 19.3 万个用户，亚马逊在日本的年销售额为 3400 万美元。亚马逊一直被评为日本第一大电子商务网站。亚马逊日本网站是亚马逊第一个亚洲语言站点，也是它的第四个国际站点。[54]

为了可以为日语用户提供服务，亚马逊与总部位于美国的软件国际化服务供应商 Basis Technology 合作，优化亚马逊网站在亚洲的语言信息处理。亚马逊在日本的业务地点包括在东京的办事处、在千叶县市川市的配送中心以及在北海道札幌的客户服务中心。[55]

11 月

11 月 14 日，亚马逊推出了电子书商店（e-Books Store），提供微软阅读器格式的电子书，以及可下载的来自 Audible 公司的有声书。

11 月，亚马逊拍卖与 zShops 整合为亚马逊市集（Marketplace），这是一个二手商品交易平台，客户可以直接在亚马逊网站产品详细信息页面上买卖二手商品和收藏品，这也是为了和 eBay 竞争而采取的又一项行动。[56]

zShops 和亚马逊拍卖网站上线后，一直不受顾客关注，贝索斯叫它们“死胡同”（Cul-de-sacs），戏称只有他父母在 zShops 上买过东西。

贝索斯想把亚马逊变成一个中小零售商交易平台的心愿，一直萦绕于心，因此，虽然网站运行不如预期，他也没接受 eBay 想要购买亚马逊拍卖网站的橄榄枝。这两个网站为数不多的流量源自“交叉链接”（crosslinks）。这个功能可以让第三方拍卖的物品出现在亚马逊与之有相关词链接的图书、电影的销售页面上。

亚马逊尝试利用算法，提供相关链接，但还不是很成熟。贝索斯和他的团队在专门研讨了第三方运营的情况后，更加确信亚马逊可以成为一个中小企业交易的第三方平台，于是亚马逊市集诞生了。当客户通过亚马逊市集在第三方卖家购买了商品，亚马逊就可以获得一小笔佣金。负责亚马逊市集的技术副总裁尼尔·罗斯曼（Neil

Roseman）说："贝索斯从一开始就想得非常清楚。如果其他人可以卖出比我们更便宜的东西，我们应该让他们明白他们是怎样才能做到这点的。"[57]

亚马逊市集上线后立刻引起了内外声讨。美国出版商协会（Association of American Publishers）和作家协会（Authors Guild）发表公开信声讨亚马逊破坏了新书的销售，因为如果顾客都在这里买二手书，就不愿意去购买新书了。亚马逊内部的各产品部门负责人非常担心，第三方卖家陈列的二手商品就赫然摆在一些合作的大品牌旁边，与其一同销售，合作方可能会不满，顾客也可能会因为较差的客户体验给亚马逊整体差评。贝索斯对这一切都全不在意，只希望平台可以给顾客带来更多的选择，同时让亚马逊的商品清单更加充实。

12月

12月18日，《财富》杂志发表了一篇报道，题为"梦想家杰夫·贝索斯削减成本、严格纪律、拼命工作使亚马逊成为一家精益、高效的零售商。然而，他仍然希望投资者将他的公司看作互联网革命的典范公司。投资者为什么要这样看？"[58]

文章一开头便对比一年来贝索斯对赢利的看法。文章写道："去年秋天，当被问及亚马逊何时会赢利时，他皱着眉头，嘀咕着说'不错过互联网大机遇'这样的话。再追问，他给出了这样模糊的回应：'看看《今日美国》（*USA Today*），花了11年才赢利。'但是今天你根本无法让贝索斯停止谈论赚钱。真的。在最近的一个小时采访中，'赢利'一词（或一些相关词汇）出现了25次，例如'我们正朝着获利能力迈进'。"

的确，贝索斯坚称亚马逊已经接近赚钱了。他甚至设定了最后期限，自豪地宣称："我们首次为公司整体赢利的日期设定了内部目标。"贝索斯甚至把发给 7000 名亚马逊员工的内部电子邮件展示给《财富》杂志，说："我们已经在行动，我们将要赢利。""是的，我们的目标是实现 50 亿美元的销售额，产生超过 10 亿美元的毛利，并在一定时间之前实现赢利。"

报道列举了在"快速做大"战略下，虽然亚马逊不用支付实体店的相关费用，但其成本，特别是新产品的市场营销等费用很高。这种营业理念使公司成本日趋升高。"快速做大"的理念认为，只要亚马逊变得足够大，网店的效率就会显现，亚马逊就可以赚钱。但同样，这个理念也意味着为所欲为地花钱，只要有助于亚马逊成长的花费都是合理的，公司没有正式预算，员工只需要保证销售增长，如果拿到 10 美元的订单要花费 100 美元，也可以。开网店成本也是很高的。文章提及，在过去的两年中，亚马逊增设了 31 个新业务，包括销售玩具、电子产品、汽车、厨房用具等。1999 年，这些新业务损失了 3 亿美元。

文章还说，贝索斯在 2000 年有了新策略——"Make some great cash，baby"（赚点大钱）。加利在任时，推出了不少精简人员、缩减开支的举措，所以员工开始想办法怎么省钱。每个部门都必须仔细考虑其支出，负责人每周开会都要过一遍数据。高管还必须制订运营计划，概述具体的财务截止日期，并确定准确的销售目标和利润。在线软件商店的产品经理布赖恩·伯特维斯（Brian Birtwistle）表示："现在我们有了纪律，你将规划所有内容：将在这一年进行什么营销、启动什么计划，以及必须做什么才能使这些数字变得现实。"为了学习损益表、资产负债表和现金流量分析的基础知识，亚马逊员工参加了在西雅图总部开设的财务 101 课程。

该报道的结尾讲道："要阻止现实变得更糟、不去破坏梦想，变得越来越困难。"两位瑞士信贷第一波士顿银行分析师在圣诞季应聘了亚马逊的小时工，在亚马逊特拉华州纽卡斯尔的履行中心做商品“分拣员”，工资每小时 9 美元 ，借此一边工作一边实地了解亚马逊的运营情况。

《福布斯》杂志指出：“亚马逊股票是一只有争议的股票，并不是每个经纪公司的分析师都看不到悲观的事实。雷曼兄弟公司的苏里亚就冒着遭到专业人士排斥的风险，声称亚马逊现金流即将枯竭。”[59]

华尔街对亚马逊的宽容似乎已经达到了极限，并用股价来发出警告。从 1999 年到 2000 年底，亚马逊股价暴跌，股价损失了 90%，最低到每股 15.625 美元。

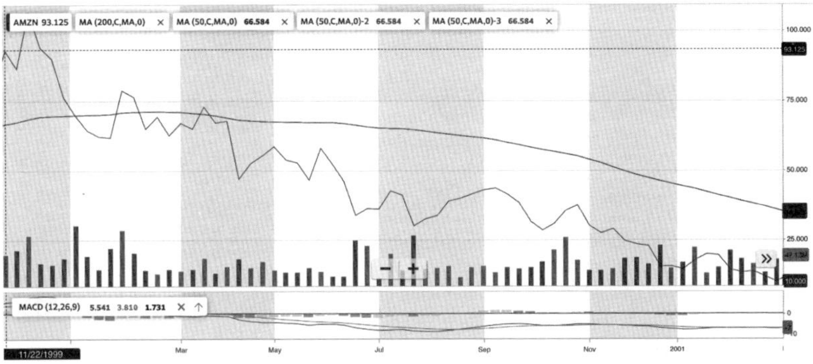

亚马逊在 2000 年的股价表现
图片来源：https://finance.yahoo.com

圣诞季依然忙碌。亚马逊虽然已经初步构建完成机械自动化的履行中心，但仍需大量的人工操作，因为计算机程序依然不尽完善。对于在美国的 5 个履行中心，亚马逊雇用了 7200 名临时工来支援在岗的 4400 名员工。理论上，亚马逊的计算机可以随时准确地知道每件商品的位置，但实际有超过 10% 的时候会出错，从而导致工作人员在寻找丢失的物品和补充备件时出现延误。[60]

本月还进行了一场特别的会面。贝索斯一行应邀去沃尔玛时任

CEO 李 · 斯科特（Lee Scott）在阿肯色州本顿维尔的家中做客。席间斯科特谈到沃尔玛把广告和价格看得同等重要，贝索斯和同行的业务拓展高管介绍了他们和玩具反斗城的合作模式。临行前，斯科特探身问贝索斯有没有更深层次合作的可能，贝索斯回答说，他在考虑如何让沃尔玛对他的提议更感兴趣。[61]

2001年　亚马逊飞轮

1月

1月26日，雷曼兄弟公司例行把要发出的报告送给相关公司，这次给亚马逊财务部门送来的是苏里亚对亚马逊的又一次质疑报告。亚马逊高层意图压制这篇报告的发出。亚马逊董事会成员、KPCB合伙人约翰·杜尔亲自给雷曼兄弟公司CEO理查德·富尔德（Richard Fuld）打了电话，表示对该报告的背后逻辑存有担心，也担心该报告会对亚马逊产生不利影响。

随后，亚马逊高层向雷曼兄弟公司的研究部门发送了三页笔记，指出在数字和上下文逻辑中有一系列错误。他们指出，有关亚马逊现金状况的更多信息将在1月30日亚马逊公布其年终业绩时发布。[1]

1月30日，亚马逊发布了2000年第四季度的财务数据。[2] 2000年第四季度的净销售额为9.72亿美元，比1999年同期的6.76亿美元增长了44%。第四季度净销售额增长主要来自其电子产品、厨房、工具与硬件商店。超过35%的美国客户从亚马逊的电子产品、厨房、工具、硬件或玩具与游戏商店购买了商品，比去年同期增长了47%。

2000 年第四季度的毛利润为 2.24 亿美元，比上年增长了 155%。根据一般公认会计原则，第四季度净亏损为 5.45 亿美元，即每股亏损 1.53 美元，其中包括总计 3.39 亿美元的商誉和股权投资减值费用。1999 年第四季度的净亏损为 3.23 亿美元，即每股亏损 0.96 美元。

除了根据一般公认会计原则的计量方法，亚马逊仍采用预计结果原则的模式来计量盈亏，其中剔除了一些非现金费用支出，如期权费等。以此方法，公司 2000 年第四季度的预计经营亏损为 6000 万美元，占净销售额的 6%，相比之下，1999 年第四季度的预计经营亏损为 1.75 亿美元，占净销售额的 26%。第四季度的预计净亏损为 9000 万美元（即每股亏损 0.25 美元），较去年同期的 1.85 亿美元（即每股亏损 0.55 美元）有所改善。当然，这种计量方法未纳入美国证券交易委员会的报告文件。

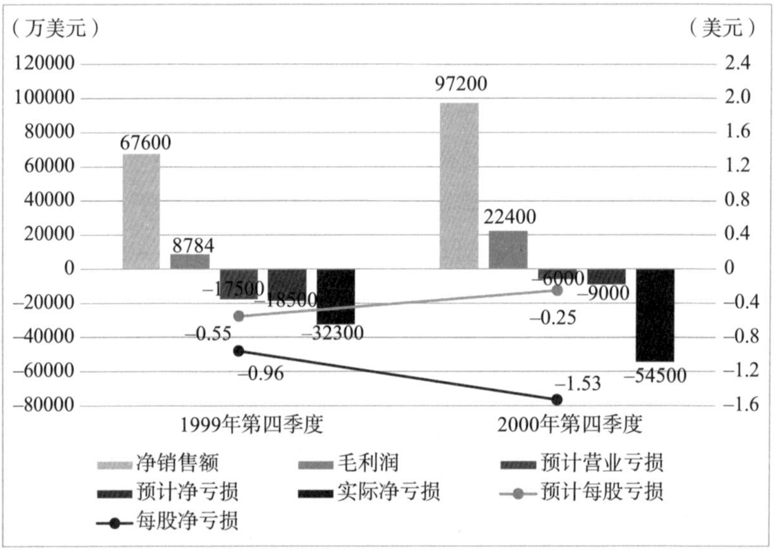

2000 年第四季度与去年同期数据比较

注：其中预计经营亏损、预计净亏损、预计每股亏损为采用预计结果原则模式计算后的数据

展望2001年，亚马逊预计全年销售额会较上年增长20%~30%，低于去年10月宣布的接近45%的增长率。预计经营亏损将占全年净销售额的4%~7%，且第四季度会开始赢利。贝索斯对媒体说："我们在过去5年一直拒绝预测亚马逊什么时候会赢利，现在终于可以回答这个问题了。"[3]

亚马逊同时还宣布了一系列缩减开支的计划，包括减少公司人员、整合其分销和客户服务中心网络，以及关闭乔治亚州麦克唐纳的配送中心和华盛顿西雅图的客户服务中心。公司的西雅图配送中心将按季节运营。这次裁员人数约占员工总数的15%，即1300人，其中配送中心约450人、客服中心约400人、总部约400人，因此亚马逊在2001年上半年将产生超过1.5亿美元的支出。除标准遣散费外，亚马逊还建立了一个亚马逊股票的信托基金，它将在2003年分配给受影响的员工。裁撤的部门中，包括1999年4月收购的实时拍卖网站Livebid.com。

华尔街对亚马逊的财务表现并不买账。《纽约时报》评论说："这并不意味着亚马逊将获得净收入。该预测是针对'预计经营利润'的，也是亚马逊通过忽略大量费用得出的。"[4]它指出亚马逊一年的利息支出有1.3亿美元，而这项费用并没计入预期经营利润的数据里。

亚马逊在美国的其他业务（包括电子产品、厨房用品和工具）亏损5600万美元，较上年同期亏损的1.28亿美元有所下降，净销售额翻了一番，达到3.15亿美元。国际业务的净销售额翻了一番，达到1.45亿美元，净亏损4355万美元，而去年同期的净亏损为3000万美元。

随着亚马逊继续亏损，投资者开始关注其使用现金的速度。2000年，亚马逊动用了2.65亿美元的现金，其中1.35亿美元用于资本支出，例如建造仓库和购买计算机设备。到2000年底，亚马逊的现金总额为8亿美元，而亚马逊预计2001年将再使用2亿美元。有分析认为，年底的数字高估了可用现金流，因为像大多数零售商一样，客户在假期销售季节会立即付款，但是零售商有几个月的时间要向供应商付款。

那么，到本季度末，亚马逊预计只有6.5亿美元的现金，尽管它希望到年底将现金总额增加到9亿美元。

当天，亚马逊股价下跌1.19美元至每股18.94美元，跌幅达5.9%。盘后交易时，股价进一步跌至每股17.94美元。在本月早些时候，当亚马逊发布公告后，几位分析师下调了对亚马逊股票的评级，理由是对其收入增长的近期前景感到担忧。

2月

2月2日和5日，贝索斯向美国证券交易委员会发送了报告，称自己打算出售88万股亚马逊股票，以当日市值计算价值约1220万美元。[5] 贝索斯表示此次出售与其他任何事件无关，也并不是他想从公司赚钱。他说："这大约占我持股量1%的三分之二。出售股票的实际原因是，我想要一些流动性并进行其他投资。"[6]

2月6日，雷曼兄弟的可转债策略副总裁苏里亚再次针对亚马逊发布报告。这份长达37页的报告以"重新检视亚马逊的流动性问题"为标题，对亚马逊的营运资金以及其持续性提出了质疑。他认为，现在是时候使用"持续经营假设"（going concern）的标准来分析亚马逊了，当审计师对公司是否能够生存存在"实质性疑问"时，审计师会使用该标准对公司进行评估。

报告上注明的发布日期是2000年2月5日，但里面引用的债券截止日期是1月25日。这意味着从1月26日雷曼兄弟将报告送到亚马逊的财务部门，尽管亚马逊高层表示反对，报告被搁置了10天后依然原封不动地发布了。据说，当亚马逊1月30日公布业绩时，公司的财务情况的确好于预期，苏里亚被雷曼兄弟劝告要把报告变得低调一些。事实上，报告中强调的审计师会很快对亚马逊基于"持续经营假设”进行调整，后来并没有发生。

在报告中，苏里亚指出：与资产负债表列出的现金不同，营运资金（working capital，流动资产减去流动负债）是评估公司存续能力的关键性指标。自从 2000 年第一季度发债给亚马逊注入现金以来，以净营运资金衡量的流动性就一直在逐步下降，如果没有额外的资本注入，亚马逊营运资金的水平将会在 2001 年变成负值。亚马逊第四季度末的营运资金为 3.86 亿美元，低于上一季度的 5.04 亿美元，这样的资金量预计不能抵御 2001 财年的预期资金外流。他认为，营运资金的低水平会在 2001 年下半年触发债权人挤兑，对收入和现金造成巨大的下行风险。

报告列出了亚马逊财务的四项消极趋势：重复的运营损失、营运资金不足、负经营现金流以及不佳的关键财务指标（流动性、赢利能力和杠杆率）。

Figure 2: Working Capital Steadily Declines After Every Financing

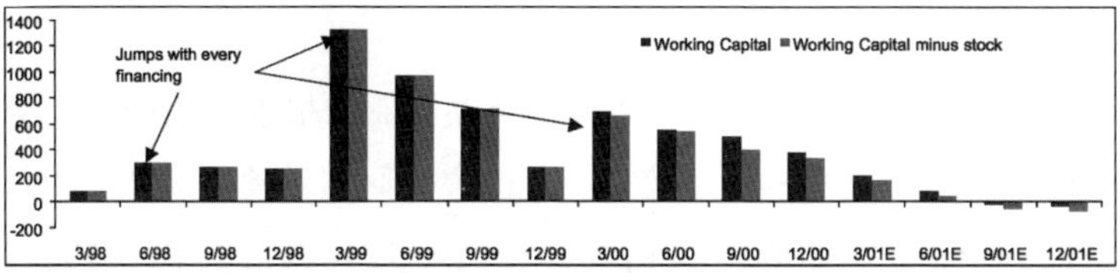

Source: lehman Brothers Convertibles Research

Figure 3: Amazon.com Inc. – Working Capital Analysis

	6/1998	9/1998	12/1998	3/1999	6/1999	9/1999	12/1999	3/2000	6/2000	9/2000	12/2000	3/2001E	6/2001E	9/2001E	12/2001E
Current Assets:															
Total Cash and Marketable Sec	339.9	337.3	373.4	1,443.0	1,144.2	905.7	706.2	1,008.9	907.6	900.0	1,100.5	614.6	525.2	201.1	125.2
Cash and Equivalents	339.9	337.3	373.4	1,443.0	1,144.2	905.7	701.2	84.1	720.4	647.0	822.4	336.6	247.1	(77.0)	(152.9)
Non Stock Marketable Sec	-	-	-	-	-	-	-	889.8	171.7	155.1	238.1	238.1	238.1	238.1	238.1
Stock as Marketable Sec	-	-	-	-	-	-	5.0	35.0	15.5	97.9	40.0	40.0	40.0	40.0	40.0
Inventories	17.0	19.8	29.5	45.2	59.4	118.8	220.6	172.3	172.4	163.9	174.6	168.8	175.0	187.5	318.8
Prepaid Exp & Other Curr. Assets	12.5	17.6	21.3	37.1	53.3	55.6	85.3	89.8	86.7	99.2	86.0	87.8	91.0	97.5	165.8
Total Current Assets	369.4	374.7	424.3	1,525.3	1,257.0	1,080.1	1,012.2	1,270.9	1,166.6	1,163.1	1,361.1	871.1	791.2	486.1	609.7
Current Liabilities:															
Debt in Current Liabilities	0.7	0.7	0.8	7.2	9.9	12.8	14.3	16.0	17.7	17.2	16.6	8.0	5.0	5.0	5.0
Accounts Payable	47.6	60.0	113.3	133.0	166.0	236.7	463.0	255.8	286.2	304.7	485.4	303.8	315.0	225.0	255.0
Interest Payable	-	-	0.0	-	24.0	10.0	24.9	15.8	41.2	35.1	69.2	30.0	69.2	30.0	69.2
Accrued Exp/Other Cur Liab	23.7	38.7	47.5	61.4	78.1	98.1	181.9	144.8	146.9	160.1	272.7	189.0	175.0	135.0	191.3
Unearned Revenue	-	-	-	-	-	-	54.8	134.8	115.6	142.0	131.1	135.0	140.0	112.5	127.5
Total Current Liabilities	71.9	99.5	161.6	201.6	277.9	357.7	738.9	567.2	607.6	659.1	975.0	665.8	704.2	507.5	648.0
Net Working Capital excl stock	297.5	275.2	262.7	1,323.7	979.0	722.4	268.2	668.8	543.5	406.1	346.2	165.4	47.0	(61.4)	(78.3)
Net Working Capital incl stock	297.5	275.2	262.7	1,323.7	979.0	722.4	273.2	703.8	559.0	504.0	386.2	205.4	87.0	(21.4)	(38.3)
Current Assets	369.4	374.7	424.3	1,525.3	1,257.0	1,080.1	1,012.2	1,270.9	1,166.6	1,163.1	1,361.1	871.1	791.2	486.1	609.7
Less: Current Liabilities	71.9	99.5	161.6	201.6	277.9	357.7	738.9	567.2	607.6	659.1	975.0	665.8	704.2	507.5	648.0
Change in $ (Sequential)	213.1	(22.3)	(12.5)	1,061.0	(344.7)	(256.6)	(449.2)	430.5	(144.8)	(55.0)	(117.8)	(180.8)	(118.4)	(108.4)	(16.9)
Change % (Sequential)	252%	-8%	-5%	404%	-26%	-26%	-62%	158%	-21%	-10%	-23%	-47%	-58%	125%	-79%

Jumps with $1.25 B convert. issuance

Jumps with Euro 690M convert. issuance

苏里亚报告正文第 10 页对亚马逊营运资金的分析图（截图）

报告最后对 2001 年亚马逊的表现做出了预判：“尽管毛利率和经营利润率都有所提高，但由于在 2000 年第四季度结清应付账款，亚马逊的现金状况很可能在 2001 年第一季度大幅变差。”

更重要的是，在可预见的将来，亚马逊营运资金将在每个季度持续减少，直到公司开始产生足够的现金利润来支付利息或获得注资。预计第一季度净营运资金为 2.05 亿美元，第二季度为 8700 万美元，第三季度为−2100 万美元，全年将为−3800 万美元。减去流动资产的库存部分后，情况会变得更糟。

随着营运资金的大幅减少，并假设没有融资，卖方和供应商将要求亚马逊加快付款速度，现金流出情况会加剧。因此，各种应付账款，包括应付和累计费用，就会变少，现金及等价物的数量会在 2001 年下半年面临巨大压力。

在发布报告的当天，苏里亚与投资者举行电话会议讨论该报告，亚马逊股价下跌了 6%，但收盘时报收于 15.81 美元，较上一交易日收盘价上涨 9.5%。

2 月 7 日，亚马逊的发言人库里对苏里亚的报告做出回击，认为报告中“充斥着基本的算术错误”，“他说我们在付圣诞节账单的时候就会没钱了，我不知道那是在他去年的第一次错误报告中，还是在他的第二次错误报告中”。[7]

华尔街对该报告反响不一。6 名华尔街分析师下调了股票评级，毕竟自 14 个月前达到顶峰以来，亚马逊股价下跌了 88%。[8] 有人认为苏里亚非常勇敢，在用职业生涯作赌注去说真话。有人对媒体爆出了约翰 · 杜尔曾给雷曼兄弟打过电话的信息。人们以两种方式解读这个行为：要么这篇报告根本上是错的，约翰 · 杜尔非常确定这一点所以打电话，要么这篇报告真的发现了问题，会对亚马逊产生实质影响，为了自己的声誉和投入，约翰 · 杜尔必须出面制止。[9]

也有分析师虽然对亚马逊仍然看好，但对其发展前景同样担忧。

比如弗雷斯特研究公司的行业分析师丹尼尔·奥布赖恩称：“亚马逊拥有多达3000万的客户，而且还在不断扩展，有很高的客户忠诚度。”奥布赖恩盛赞亚马逊的创新能力，但表示该公司并未重塑零售业，并且面临着与其他人一样的盈亏现实。他说：“这是一家营业良好的公司，但它陷入了这个下滑的市场，要及早寻求利润。”[10]

当然，也有乐观派。美林的分析师亨利·布洛杰特表示：只要亚马逊年底前可以赢利，那即便其经营现金流为负，供货商也是可以接受的。[11]

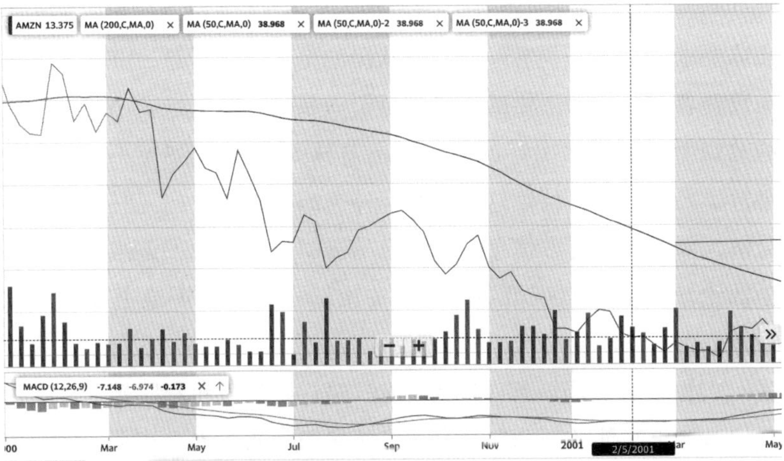

亚马逊股价在2001年年初跌至新低点
图片来源：https://finance.yahoo.com

2月中，负责国际客户业务的高级副总裁帕森提尼宣布关闭刚营业几个月的荷兰海牙客服中心，该中心有雇员240人，将被安排到亚马逊的其他工作地点。[12]

2月21日，《华盛顿邮报》发表了一篇名为“分析师、供应商对亚马逊日益审慎”的文章，这是苏里亚事件的持续发酵。[13]文章指出，一些供应商已经收到了亚马逊的承诺，一些人表示他们正密切关注亚马逊的现金流水平。甚至有家电子经销商采取了更加小心的保护措施，仅接受亚马逊的现金订单，并表示“我们不知道这个领域中谁去谁留，所以更加审慎地对待亚马逊和其他电商”。

贝索斯对报道中供货商的反应表示很惊讶，说：“我们没有感觉到，我刚参加完电子展销会，见到了很多供货商，他们对我们比任何时候都有信心。”贝索斯承认目前公众对亚马逊的前景判断存在两极化的趋势。

亚马逊当时的压力还来自纽约证券分析师协会（New York Society of Security Analysts，缩写为 NYSSA）赞助的一个团体，该团体要求亚马逊提供有关其财务状况的更多详细信息，并就亚马逊向投资者和分析师提供的报告举行了一系列公开论坛。由于苏里亚的悲观看法和布洛杰特的乐观看法差异太大，NYSSA 小组于 2 月举行了一个论坛，讨论这两篇相互冲突的报告，并向亚马逊发了两封信，要求提供更多信息。尽管亚马逊的代表参加了该组织以前赞助的论坛，但他们拒绝参加 2 月的论坛，而且也拒绝书面回应的请求。[14]

2 月 28 日美国西部时间上午 10:54，贝索斯和罗斯曼、丹泽尔、基拉里亚正在他的办公室开会，突然房间开始晃动。几个人面面相觑，然后一起跳到办公室中间并排起来的厚厚的“门桌”下面。贝索斯的“星际旅行”电视剧碟片噼里啪啦地掉在地上。在这场持续 45 秒、强度 6.8 级的地震中，基拉里亚曾把头从门桌下探出来，拿回了他的笔记本，检查亚马逊网站在地震中是否还可以继续运行。基拉里亚因为这项举动，获得了贝索斯的“放手去做”（just do it）奖，奖品是西北大学篮球队丹·克雷夫特（Dan Kreft）给贝索斯的、他穿过的运动鞋。[15]

3月

3月5日，英国《泰晤士报》报道，亚马逊有可能和沃尔玛结成战略联盟，[16] 并将会在6周内公布。这次合作类似亚马逊与玩具反斗城的合作方式，亚马逊将成为沃尔玛的电子商务供应商，而沃尔玛将从电子零售商的在线体验中受益。亚马逊将在沃尔玛的4500家门店中占有一席之地，可能会注入现金。该报道发出后，亚马逊股价上涨了26%，达到每股12.63美元。

美国媒体对此反应相对冷静。《华尔街日报》于3月7日连发了两篇报道，称沃尔玛和亚马逊举行了关于联盟的会谈，但近期并没有合作项目。亚马逊和沃尔玛都拒绝对此发表意见。

外界对两者合作的方式有两种主要猜测。一种是沃尔玛会收购亚马逊。但在1月15日沃尔玛的内部会议上，沃尔玛网站（Walmart.com）的时任CEO珍妮·杰克逊（Jeanne Jackson）已经表示不会考虑收购，倾向于如果亚马逊前景更明朗些的话，会挑选其中的一部分进行收购。另一种是二者以玩具反斗城的方式进行合作，即由亚马逊为沃尔玛运行线上业务并获取提成和佣金。

沃尔玛的确非常想推广其线上业务。沃尔玛网站在2000年11月重新启动，使用一家名为HomeWarehouse.com公司的资产和人员重建了技术平台。硅谷风险投资公司Accel Partners对沃尔玛网站进行了投资，帮助该公司引入了许多交易。[17]

有些分析师不看好此次合作，认为沃尔玛网站对自己的努力感到非常满意，看不到它进入并营救亚马逊的动机。鉴于亚马逊当前的财务问题和沃尔玛自身的健康发展，联盟只是一种时机成熟的猜测。[18] 亚马逊表示希望开放更多的合作，没有评论与沃尔玛的合作意向。亚马逊首席财务官詹森称，亚马逊愿意与更多实力雄厚的零售商展开广泛合作，采用类似与玩具反斗城的合作模式。[19]

3 月 9 日，《纽约时报》发表了一篇文章，题目为“据说美国证券交易委员会将对亚马逊的头儿进行调查”。[20] 报道援引内部人士的说法，称美国证券交易委员会正在对贝索斯于 2 月初在负面报告公开前卖出股票的行为展开调查。

The New York Times

S.E.C. Is Said To Investigate Amazon Chief

By Gretchen Morgenson

March 9, 2001

See the article in its original context from March 9, 2001, Section C, Page 1 | Buy Reprints

VIEW ON TIMESMACHINE

TimesMachine is an exclusive benefit for home delivery and digital subscribers.

The Securities and Exchange Commission is investigating stock sales by Jeffrey P. Bezos, the chairman of Amazon.com, in early February just before a Wall Street firm released a negative research report on the company, according to a person close to the matter.

In documents filed with regulators on Feb. 2 and Feb. 5, Mr. Bezos said he intended to sell 800,000 Amazon shares worth about $12.2 million. One week earlier, Amazon executives had received an

《纽约时报》上据说美国证券交易委员会正在对贝索斯进行调查的报道（截图）

报道称，美国证券交易委员会拒绝回应是否正在进行对贝索斯的调查，但同时指出，虽然贝索斯售出的股份不到其所持有股份的 1%，但这个“卖出”极不寻常。数据表明，自亚马逊于 1997 年首次向公众出售股票以来，贝索斯出售了 130 万股亚马逊股票，套现 5540 万美元，而他最近打算出售的股份几乎达到他已售出股份的 2/3，虽然他目前在亚马逊持有的股票约为 1.17 亿股，价值 13.6 亿美元，但选择在苏里亚的重要报告发送给投资者的几天前出售股票，这个时机耐人寻味。

亚马逊发言人库里对 CNN（美国有线电视新闻网）表示不知道有此项调查。[21] 首席财务官詹森说："（出售股票）这事是贝索斯的个人事情。"[22]

3 月 19 日，亚马逊技术零售业务主管克里斯托弗 · 佩恩（Christopher Payne）宣布出于个人原因辞职，将于 3 月 23 日离开。[23] 佩恩时年 32 岁，负责亚马逊的软件、无线电话及消费电子产品零售业务。佩恩在微软工作时，曾帮助微软发布了必应（Bing）搜索引擎，后担任 eBay 高管。亚马逊内部指派卡尔 · 吉什（Carl Gish）接替佩恩，负责管理亚马逊技术零售业务。这时，消费电子产品已成为亚马逊增长最快的业务之一。就销售而言，该类别现在是亚马逊网站第二大类别，仅次于书籍。

3 月 22 日，亚马逊面临一场股东集体诉讼，涉及的是 2000 年 2 月 2 日到 3 月 9 日购买亚马逊股票的股东，他们诉称亚马逊通过传播虚假和误导性的财务信息非法抬高了股价。[24] 西雅图律所 Keller Rohrback L.L.P. 代表该诉讼称，在 13 个月内，亚马逊某些管理人员以及董事杰夫 · 贝索斯、约瑟夫 · 加利和沃伦 · 詹森违反了联邦证券法，在有关公司收入、对合资企业的投资、收益、现金流量以及整体财务状况和未来前景的文件与新闻稿中，向投资的大众传播了虚假和误导性的财务报表。

诉讼称，亚马逊未透露允许其投资的公司以股票和股权而不是现金来支付回报。亚马逊去年 2 月曾预测，这些交易将产生 5 亿美元的现金，但这些投资实际上损失了"不少于 2.66 亿美元"。该诉讼还指出，在去年 2 月至 10 月之间，当股价从 85 美元下跌 62% 至 32 美元时，亚马逊高管和包括贝索斯在内的内部人士出售了 600 万股亚马逊股票，价值约 3 亿美元。[25]

3月28日，道格拉斯·博阿克（Douglas Boake）离开亚马逊，加入硅谷创业企业OpenTable，担任业务开发高级副总裁一职。博阿克曾担任亚马逊业务和企业发展副总裁。[26] 在后来接受采访时，博阿克回忆起当时的情形说："当时除了贝索斯，认为亚马逊会成为市值80亿美元公司的员工屈指可数。"[27]

3月28日，在对亚马逊的看空过程中声名鹊起的雷曼兄弟分析师苏里亚宣布辞职，到对冲基金Duquesne Capital Management工作，后者由乔治·索罗斯（George Soros）任用的前首席投资官斯坦利·德鲁肯米勒（Stanley Druckenmiller）管理。[28] 在公开的采访中，苏里亚以及雷曼兄弟、亚马逊均否认苏里亚的职位变动与其发表对亚马逊的看空言论有关。这天距离他第二次发表公开报告仅六周时间。也有说法认为，在第二篇报告发出后，亚马逊首席财务官詹森亲自拜访了雷曼兄弟的副主席霍华德·克拉克（Howard Clark），约翰·杜尔则给投行部的负责人迪克·富尔德（Dick Fuld）打了电话，要求公司审查苏里亚的报告。

多年后，苏里亚曾在酒后抱怨说那段时间亚马逊给他造成了不能承受的压力。"他们希望炒掉我。雷曼兄弟的每个人都憎恨我在那几个月中的勇气。每次我拿起电话时都会有人冲我大喊大叫。"[29]

4月

4月11日，亚马逊和美国第二大书店博德斯集团达成合作，重新发布和管理博德斯网站（Borders.com）。两家公司没有透露这笔交易的财务条款，合作模式类似于亚马逊去年与玩具反斗城达成的协议：亚马逊负责处理库存、运输、站点内容和客户服务并获得提成，而博德斯将利用其品牌来推动销售。[30]

4 月 13 日，亚马逊 2000 年年报发布。年报类型是 10-K405。K405 是提交给美国证券交易委员会的备案文件，表明某上市公司的高级职员或董事违反了第 16 条规定，未按时提交表格 4，未披露其内幕交易。2000 年，亚马逊的净销售额为 31.22 亿美元，净亏损为 5.67 亿美元，每股净亏损 1.56 美元。与往年一样，开头还是贝索斯给股东的信，这封信一开始就以一个感叹词“Ouch”（唉！）显示了这一年与往年的不同。

4 月 24 日，亚马逊公布了 2001 年第一季度财务表现。本季度净销售额较上年同期的 5.74 亿美元增长了 22%，达到 7 亿美元；毛利润为 1.83 亿美元，而 2000 年第一季度为 1.28 亿美元，同比增长 43%。四个国际网站的净销售额上升到 1.32 亿美元，比上年同期增长了 76% 。预计经营亏损为 4900 万美元，而上年同期的预计经营亏损为 9900 万美元。这是亚马逊连续第五个季度预计绝对经营亏损有所下降。预计净亏损为每股亏损 0.21 美元，而去年同期为每股亏损 0.35 美元。

根据一般公认会计原则，本季度净亏损为 2.34 亿美元，合每股亏损 0.66 美元。如果不计 1.14 亿美元（此前宣布的重组和其他支出的一部分），以及某些其他项目的 2300 万美元净收益，则本季度净亏损为 1.43 亿美元，即每股亏损 0.4 美元。2000 年第一季度净亏损 3.08 亿美元，合每股亏损 0.9 美元。亚马逊特意强调，截至第一季度末，公司持有 6.43 亿美元的现金和有价证券。[31]

本年初，为了更快实现赢利，首席财务官詹森建议贝索斯把媒体项下的产品价格悄悄提升。他们降低了畅销书的折扣，并且对海外用户在本地网站的购物收取更高的价格。但是，这一切都在这个春天彻底改变。

情况是这样的：贝索斯约见零售商开市客（Costco）的 CEO 吉姆·西内格（Jim Sinegal），见面地点选在了位于贝尔维尤一家巴诺书店里的星巴克咖啡厅。西内格平易近人，虽然已经接近退休的年纪，

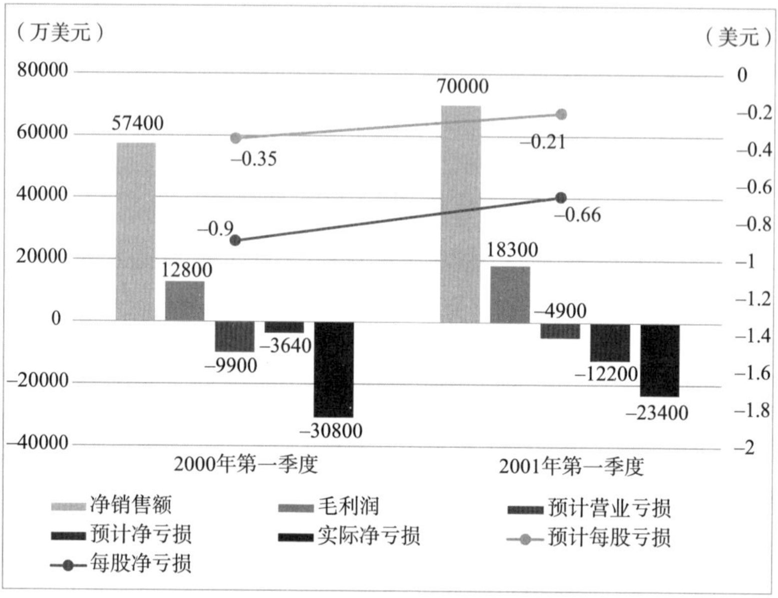

2001 年第一季度财务数据与上年同期比较

但仍干劲十足。他年轻时和贝索斯一样，也就维持产品低价和华尔街分析师据理力争，同样拒绝了很多收购公司的要约。

贝索斯此次约见西内格的目的是希望开市客成为亚马逊的供货商，但这个提议没能实现。但在后面的谈话中，西内格向贝索斯介绍了他的营业信条：客户忠诚度比什么都重要。西内格说他们不打广告，主要的收入来自会员费，“会员费是一次性支付的，每次客户进到我们店里看到所有商品的价格比其他任何地方的都便宜时，他们就觉得值了。这个理念客户每来一次就加深一次。客户就是知道能在开市客找到很便宜的东西”。

西内格还提到商品的量贩装可以帮他们从供货商处拿到更低的价格，让客户感到物有所值，而巨大的销售量又可以让供货商希望和开市客长期合作。他说：“我的方法永远是价值胜于一切。”[32]

这场会面结束后，贝索斯召集高管们开会商讨新定价策略，并称亚马逊应当“天天低价”。

5月

5月18日，亚马逊推出“In Theaters”板块，基于客户的邮政编码，在线免费提供个性化的电影院放映时间、便捷的亚马逊网站和导航功能，以及客户和编辑对热映电影的评论。它同时表示，将与主要电影制片厂合作，通过亚马逊网站、IMDb网站和其他用户沟通渠道，帮助推广新的院线电影。

5月23日，玩具反斗城的子公司babiesrus.com与亚马逊合作，决定在亚马逊网站上联合推出品牌婴儿商店，将扩大其覆盖范围，面向亚马逊超过3200万的用户。该合作网店将比照2000年8月10日玩具反斗城与亚马逊战略联盟的协议条款来运营。根据协议，babiesrus.com负责商店婴幼儿产品的销售、计划、购买和库存管理；亚马逊负责网上购物体验的各个方面，包括网站开发、订单履行和客户服务，并利用其在美国的履行中心为babiesrus.com的货品提供仓储服务。[33]

6月

6月13日，亚马逊日本网站推出了音乐、视频和DVD商店。

6月25日，亚马逊软件商店推出软件许可中心（software licensing center），让组织可以单独为用户购买许可证，替代了软件包整体复制购买，由此节约成本。客户可以定制他们所需要的软件产品数量，调整购买水平，使其最适合组织需要。[34]

7月

7月，为了实现“天天低价”策略，亚马逊宣布把书、音乐和视频的价格降低了20%~30%。

7月23日，亚马逊发布2001年第二季度营业业绩，本季度销售额持续上升，亏损持续改善。净销售额与2000年第二季度的5.78亿美元相比，增长了16%，达到6.68亿美元。预计经营亏损减少了69%，即亏损2800万美元，占净销售额的4%。[35] 去年同期的预计亏损额为8900万美元，占净销售额的15%。剔除股权激励方面的费用、商誉和其他无形资产摊销以及其他非现金收支后，包括净利息费用在内的预计净亏损改善了50%，只亏了5800万美元，即每股亏损0.16美元，而上年同期为亏损1.16亿美元，即每股亏损0.33美元。该项预期也高于华尔街一致预计的每股亏损0.23美元。[36]

以一般公认会计原则计量，本季度的净亏损比上年同期的3.17亿美元（每股亏损0.91美元）改善了47%，达到1.68亿美元（每股亏损0.47美元）。此外，与去年同期相比，亚马逊还实现了以下方面的改进：

- 净销售额从5.78亿美元增长了16%，至6.68亿美元。
- 国际站点的净销售额从7300万美元增长了75%，达到1.28亿美元。
- 全球范围内新增用户260万，其中包括新增国际用户90万。
- 毛利润从1.36亿美元增长32%，至1.8亿美元。
- 配送成本从占净销售额的15%，降低到占净销售额的13%。

尽管上述表现延续了亏损逐渐减少的趋势，但华尔街的分析师指出，亚马逊必须尽快实现赢利。次日《华尔街日报》有文章表示，投

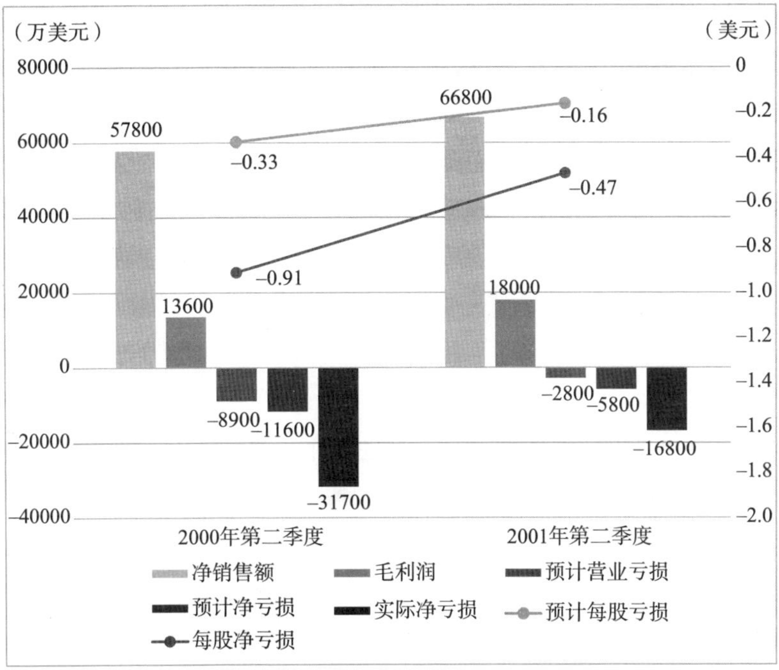

2001 年第二季度财务数据相关比较

资者和分析师对亚马逊的亏损记录越来越不耐烦了，并正在非常仔细地观察亚马逊的底线，以寻找有迹象表明亚马逊正在逐步接近赢利。[37]

当日下午美国东部时间 5 点，在业绩发布的电话会上，贝索斯表示："市场上有两类公司：一类试图收取更高的费用，另一类则为收取更少的费用而努力。我们将成为后者。"

亚马逊当日还宣布了与美国在线的又一项合作。亚马逊会支持美国在线电商平台（America Online's Shop）的运作，美国在线会投资 1 亿美元购买亚马逊的股票。

7 月，亚马逊被外界发现已在慢慢淡出曾经力推、想和 eBay 一争高下的拍卖业务。几个月来，亚马逊拍卖部门逐渐裁员，减少了相应的客户服务，并关闭了实时拍卖的部门。根据数据，eBay 在消费者在线拍卖支出中所占的比例从 2000 年 5 月的 57.8% 上升到 2001 年 5 月的 64.3%；相比之下，亚马逊的市场份额从 3.2% 降至仅 2%，次于 eBay、uBid、Egghead 和雅虎，排名第五。[38] 亚马逊拍卖行负责人杰夫 · 布莱克本悄然转到了亚马逊数字计划部门任负责人，负责音乐下载和电子书的销售。

8月

8 月 2 日，博德斯集团与亚马逊合作，重新推出了博德斯网站。该联合品牌网站在原网站基础上，添加了亚马逊的图书、音乐、视频和 DVD 品类，以及编辑评论、个性化推荐、“一键下单”订购和其他关键网站工具。在该网站上进行的交易将通过亚马逊履行订单，亚马逊还将处理产品的配送、运输和客户服务。该网站还将包括 BordersStores.com 的各种链接，BordersStores.com 是博德斯运营的一个单独网站，顾客可以访问博德斯实体店的库存商品。[39]

8 月 22 日，亚马逊推出一项企业账户计划（Corporate Accounts Program），允许达标企业和组织无须使用信用卡就可以购买商品。该计划具有一套新的账户管理工具，专门为企业和机构买家设计。它允许客户根据需求创建和管理账户，选择首选的支付方式（使用网上订单或信用卡购物）、指定账户经理、授权购买者的购买权限、获得在线订单历史记录等。其中，通过购买订单付款的组织可以在网上申请贷款，获得信贷额度，并在几分钟之内开始购买。

8 月 29 日，亚马逊宣布推出计算机商店（computer store），顾客可以在此找到大量的新电脑和翻新电脑，包括苹果、康柏、惠普、IBM 和东芝等主要品牌的最新台式机和笔记本电脑，并获得相应的销售帮助。

9月

9月8日，一个名叫蓝色起源（Blue Origin）的有限责任公司在华盛顿州肯特市成立。这是一家美国私人航空制造商和亚轨道太空飞行服务公司，旨在通过可重复使用的运载火箭让进入太空变得更便宜和更可靠。[40] 该公司背后的出资人正是亚马逊的创始人贝索斯。

贝索斯在很小的时候就对太空产生了兴趣。2013年的一篇文章描述了1982年《迈阿密先驱报》对贝索斯的采访，18岁的贝索斯说，他希望"为200~300万在轨人员建造太空酒店、游乐园和居住地"。他告诉记者，整个想法是保护地球，目标是能够疏散人类。这个星球将变成一个公园。在看完火箭传记电影《十月的天空》后，贝索斯与科幻小说作家尼尔·斯蒂芬森（Neal Stephenson）讨论了成立航天公司的事宜。2001年，蓝色起源成立。[41]

担任蓝色起源CEO的鲍勃·史密斯（Bob Smith）是一位航空航天方面的"老兵"。加入蓝色起源前，他在霍尼韦尔航空航天集团先后担任高级技术副总裁、首席技术官、工程技术副总裁、机械系统和部件业务总裁，职责包括基础研究、主要系统开发、生产和业务操作。[42]

蓝色起源计划采用从亚轨道飞行转到轨道飞行的渐进方法，每一个发展步骤都建立在其先前的工作之上。该公司的座右铭是"Gradatim Ferociter"，语意为"一步一步，凶猛地"。但该公司的运营非常低调，成立时没有任何报道，计划也对外保密。直到2003年贝索斯开始在得克萨斯州购买土地时，有兴趣的买家跟进了这些交易，才发现这家公司的存在。贝索斯买地的过程非常低调，但很激进。他迅速将土地聚集在各种名字怪异的空壳公司之下。这被称为"抢地运动"。

9月11日，亚马逊和塔吉特（Target）百货公司达成合作协议，计划从2001年秋天开始在亚马逊网站上开设塔吉特商店；从2002年夏季开始，亚马逊为塔吉特的线上业务（包括提供Target.com、

MarshallFields.com、Mervyns.com 和 GiftCatalog.com）提供电子商务技术服务、订单履行和客户服务的完整解决方案。[43]

当天一早，贝索斯一行正在明尼苏达州明尼阿波利斯市中心的塔吉特总部准备宣布这项合作。去办公室的电梯里，他们被告知发生了“9 · 11”恐怖事件。原本安排的一系列电视采访被取消，72 小时内的航班也被取消。双方高管站在一起看了一整天的电视播报。塔吉特总部大楼先被疏散，然后又重新开放。下午贝索斯拿着相机在塔吉特总部里拍照，以记录这个历史性糟糕的一天，后来被塔吉特的高层悄悄地阻止了。[44]

随后，在为期两天的高层团建活动上，贝索斯请来了《从优秀到卓越》的作者吉姆 · 柯林斯做演讲。柯林斯曾经对亚马逊有研究，并组织过多个场外讨论。他告诉亚马逊的高管：“你们必须要决定你们的特长。”结合柯林斯的飞轮理论，亚马逊的高管们开始画他们自认为可以带动公司自我强化的良性循环圈。

他们总结出，低价可以吸引更多的客户，更多的客户可以增加销量、吸引更多的第三方到亚马逊网站上，从而可以让亚马逊从物流和运营网站的固定成本中获取更多收益，这一效率的提升又可以让亚马逊获得更多的低价。这其中每一个环节的改善，都可以让整个系统加速运行。对于这个结论，亚马逊的高层感到兴高采烈，觉得经过了多年的摸索，他们终于明白了自己从事的业务。首席财务官詹森问贝索斯是否要将该结论公开发布，贝索斯说不要，这是他们的秘密武器。[45]

9 月 17 日，亚马逊向西雅图法院起诉 eBay，要求法院采取禁制令，阻止 9 月初从亚马逊离职的前国际部首席财务官克里斯托弗 · 齐达（Christopher Zyda）入职 eBay。齐达拟加入 eBay，担任互联网拍卖公司财务和投资者关系部门的副总裁。亚马逊援引了齐达在 1998 年加入亚马逊时签署的“非竞争协议”，亚马逊依据该协议阻止齐达加入 eBay 等竞争对手公司。亚马逊称：“如果允许齐达先生将其拥有

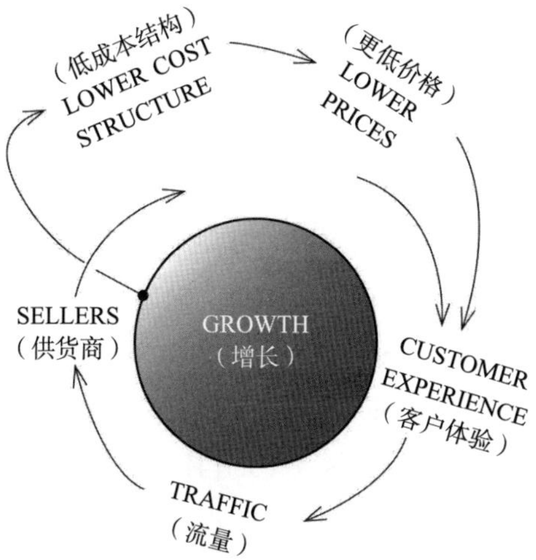

亚马逊的飞轮体系

的有关亚马逊商业计划和财务分析的商业秘密和机密信息带到 eBay，亚马逊将遭受不可弥补的损失。”

这是亚马逊历史上第一次对离开公司加入竞争对手公司的员工提起法律诉讼。亚马逊发言人说，在亚马逊与 eBay 直接竞争的领域中，齐达对公司的战略规划具有深入的了解和掌握着广泛的信息。[46] 在亚马逊采取法律行动之前，eBay 就要求加州法院发出禁制令，禁止亚马逊阻止齐达在 eBay 工作，因为根据加州法律，雇员的“非竞争协议”通常是不可执行的。旧金山的 Brobeck Phleger & Harrison 律所的劳工和就业律师瑞贝卡·艾森（Rebecca Eisen）表示，“在这种情况下，我们并不总是清楚哪个州的法律更适用”。艾森说：“加州在确保其公共政策得到执行方面非常成功。”

eBay 在诉状中说，齐达已向亚马逊高管“明确保证”，他将履行对亚马逊的保密义务。有报道称，9 月晚些时候，亚马逊赢得了第一轮诉讼，当时西雅图法院批准了一项临时禁制令的请求，阻止齐达加入 eBay。这时仍然居住在西雅图的齐达尚未开始为位于加州圣何塞的 eBay 工作。[47]

从明尼苏达州塔吉特总部回来后，贝索斯着手叫停亚马逊的市场和广告业务。这个业务随着亚马逊的持续亏损一直存在，但由于广告市场部高层的反对未能推行。此时贝索斯变得非常坚决，他认为客户的口口相传足以产生市场宣传作用，应当节省开支提升客户体验，加速亚马逊飞轮的运转。

在他的坚持下，亚马逊集中市场部门被叫停，任职仅一年的市场运营总监艾伦·布朗（Alan Brown）辞职，取而代之的是由安迪·贾西（Andy Jassy）和杰夫·霍尔登（Jeff Holden）带领的邮件营销和全球发现（e-mail marketing and worldwide discovery）团队。自此七年，亚马逊未再有任何电视广告，直到电子书阅读器 Kindle 问世。[48]

10 月

10 月 10 日，亚马逊发布了图书试读（Look Inside the Book）功能，客户可以浏览数千本书的内页，也为出版商提供了一种全新的、向客户展示图书的方式。

亚马逊书店将提供来自 25000 多种图书的大量内文页面，后续还会陆续增加。贝索斯说："多亏出版商和这个健康的创新，我们创造了一种更好的在线展示图书的方式。""在线浏览一本书的页面是一种独特而强大的方式，我们的客户可以找到并发现他们想要购买的书籍。"[49]

10 月 23 日，亚马逊公布 2001 年第三季度财务数据，本季度净销售额相对持平，亏损额持续减少。净销售额为 6.39 亿美元，上年同期为 6.38 亿美元。预计经营亏损较上年同期的亏损 6800 万美元减少了 60%，降至 2700 万美元，占净销售额的 4% 。预计净亏损较上年同期的亏损 8900 万美元减少了 35% ，达到 5800 万美元，即每股亏损 0.16 美元，而上年同期为每股亏损 0.25 美元。按照一般公认会计原则，本季度净亏损比上年同期的 2.41 亿美元（每股亏损 0.68 美元）减少了 29%，至 1.7 亿美元（每股亏损 0.46 美元）。[50]

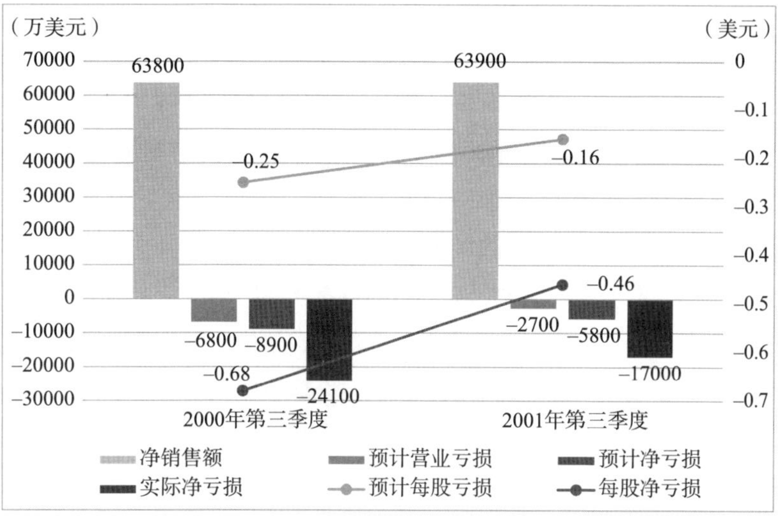

2001 年第三季度与上年同期数据比较

10 月 29 日，亚马逊 9 月在西雅图对 eBay 的诉讼请求被法院撤销，撤销的理由很简单。[51] 亚马逊认为该诉讼属于美国联邦法院，因为提起该诉讼的亚马逊总部设在西雅图，而齐达已成为加州居民，但是法官芭芭拉·罗思坦（Barbara Rothstein）认为该案不属于联邦法院，便在不裁定亚马逊案情实质的情况下驳回了该案。

亚马逊发言人帕蒂·史密斯（Patty Smith）表示，该裁定“绝对不会改变我们的立场”，即齐达在亚马逊签署了保密和非竞争协议，这使他无法与 eBay 合作。史密斯称，亚马逊认为这些协议“具有约束力和可执行性”。齐达和 eBay 对亚马逊提出的另一项诉讼仍在加州法院审理中，尽管据说加州法院在这种情况下对雇员有利。亚马逊表示将在其他法院再次提起诉讼。

11月

11 月 16 日，亚马逊市场营销和销售高级副总裁约翰·里舍计划于明年 3 月离开公司。里舍于 1997 年 2 月加入亚马逊，是公司最早一批高管，也是近一年多离开公司的最高级别管理人员。根据汤姆森金融公司（Thomson Financial）的记录，在 1998 年 11 月至 2000 年 2 月期间，里舍出售了价值 2900 万美元的公司股票。在里舍离任后，他的大部分工作由迭戈·皮亚琴蒂尼承担。皮亚琴蒂尼此前负责国际部门，现在负责全球零售和营销。

亚马逊发言人库里说，亚马逊的所有新部门均以“全球”为前缀，包括全球服务、销售和业务发展，全球平台架构，以及全球运营和客户服务。新成立的部门“反映了我们在全球范围内发展的事实。非美国部分的业务在我们的运营中正变得越来越重要，但与公司的其他部门并没有分离”。

12月

12 月 11 日，是亚马逊圣诞季最繁忙的一天。但在今年，亚马逊的履行中心只雇用了 4000 名临时工和 3700 名全职员工。与 2000 年相比，人数减少了 1/3，而处理的商品数量增长了 10%~15% 。

自上任以来，威尔克已采取了多项措施提升履行中心的运作效率。为了配合巨型 Crisplant 分拣机在整个过程中的关键作用，威尔克设置了一个“流程指挥”的岗位，以保持操作的每个部分与分拣机的节奏一致。

指挥者的讲台是一张金属桌子，上面有七个电脑屏幕，监控着仓库的所有关键过程。如果监控平台显示某个环节出现问题，指挥者会让一名工人前往处理积压的工作。为了减少错误，在威尔克的主持下，亚马逊编写了新的软件，以便更好地利用每个仓库工作人员随身携带的小装置：条形码扫描仪、显示屏和一个双向数据传输器。借助这些工具，改写后的软件可以向员工发出更加明确的指令，告诉他们应该去哪里，应该做什么。每次员工把东西放在架子上或从架子上拿下来的时候，系统会自动检查他们的工作。错误率从 10% 下降到 5% 以下。该新系统也有助于提高临时工的生产率，监测他们的表现并给予更多的指导。亚马逊为临时工设立了正式的培训项目，让每个临时工的平均生产率翻了一番。[52]

2001 年圣诞季，亚马逊继续其从 2000 年同期便开始的免运费试验。根据以往经验，亚马逊发现运费在网购时是决定客户购买意愿的重要门槛，于是它向订单金额在 100 美元以上的客户提供免运费服务。[53] 这项措施成本很高但很明显促进了销售。

12 月 27 日，亚马逊宣布，截至 2001 年 12 月 21 日午夜，Delight-O-Meter 记录了超过 3790 万份订购商品。Delight-O-Meter 于 2000 年初次使用，专门用于记录假期的订单数量，覆盖了亚马逊五大网站（亚马逊主站及亚马逊英、法、德、日四个语言的网站）自 2001 年 11 月 9 日到 12 月 21 日的记录。其中，从非亚马逊美国网站订购的商品数量总计超过 1000 万。亚马逊表示在第七个假日季节，亚马逊超过 99% 的假期订单再次按时完成配送，包括太平洋标准时间 12 月 22 日中午下达的订单。[54]

2002年　蓄势

1月

1月2日，苏富比和亚马逊宣布关闭其联合网站 sothebys.amazon.com，相关商品会放到苏富比自己的拍卖网站 sothebys.com 上继续进行，亚马逊仍会把 sothebys.com 链接到亚马逊官网上，苏富比支付给亚马逊相应的流量费。

同一天，亚马逊与 eBay 在上一年的诉讼实现庭外和解。[1] 亚马逊同意放弃争议，条件是齐达推迟到 eBay 工作，并且 eBay 限制他担任负责财务计划的副总裁的职责。亚马逊没有详细说明这些限制包括哪些内容。

亚马逊发言人帕蒂·史密斯表示，除此之外，亚马逊"有权验证齐达是否遵守他在和解协议中的现行义务"。当被问及案件的赢家或输家是谁时，eBay 发言人凯文·普格斯洛夫说："我们很高兴齐达先生可以来 eBay 工作。"

还是在这一天，亚马逊于 1999 年收购 Alexa Internet 的成果显现。亚马逊在买家评论的热门领域推出了一款新的应用软件 zBubbles，并制作了一个网页专门介绍这款工具。亚马逊称它是用户获取产品推荐的一种方式。zBubbles 主页上是这样写的："zBubbles 会向您展示其他买家的评论，告诉您某个商品在哪里可以买到最低价；而且，如果亚马逊出售这种产品，您可以在亚马逊的任何一个页面上购买。"只要点击一下浏览器工具栏上的一个小图标，就可以访问该服务。随着 zBubbles 的出现，亚马逊收购 Alexa Internet 的用意终于浮出水面，此前，亚马逊一直对如何利用该公司的产品和专业知识讳莫如深。[2]

长期以来，亚马逊一直在自己的网站上提供买家评论，征求用户对书籍和其他产品的意见。但亚马逊更希望可以实现跨网站比价，zBubbles 这项战略举措，将可以把"向用户提供客观的产品推荐"与"推销自家网站产品"有机结合起来。

1 月 22 日，亚马逊发布 2001 年第四季度的业绩情况，首次实现季度赢利。第四季度的净销售额达到创纪录的 11.2 亿美元，与 2000 年同期的 9.72 亿美元相比，增长了 15%。这是亚马逊网站有史以来第一个销售达 10 亿美元的季度。[3] 亚马逊不仅实现了一年前设置的目标——本季度实现预计的经营利润，而且还实现了考虑利息费用的预期净利润。本季度预计经营利润为 5900 万美元，而 2000 年第四季度则为预计亏损 6000 万美元，整体改善了 1.19 亿美元；预计净利润为 3500 万美元，即每股盈利 0.09 美元，而 2000 年第四季度的预期净亏损为 9000 万美元，即每股亏损 0.25 美元。这个结果超出了华尔街的预期，当时他们普遍认为第四季度每股预期净亏损 0.07 美元。

按一般公认会计原则计算，亚马逊 2001 年第四季度的净利润为 500 万美元，即每股盈利 0.01 美元，而 2000 年第四季度净亏损 5.45 亿美元，即每股亏损 1.53 美元。2001 年第四季度的经营利润为 1500 万美元，而去年同期亏损 3.22 亿美元。当时华尔街分析师大都认为只有在预计结果原则的方法下，亚马逊才可能赢利，这一结果又超出了预期。

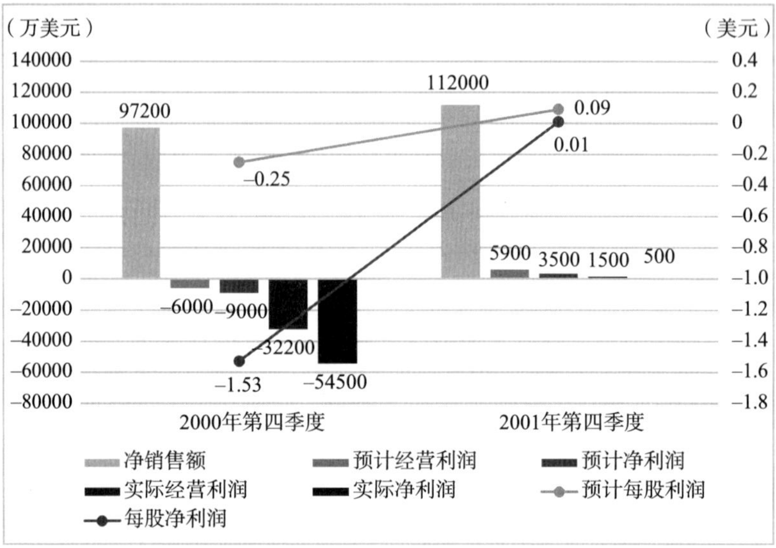

2001 年第四季度与去年同期数据比较

亚马逊在英、德、法、日站点的国际业务销售额增长了 81%，包括来自美国站点的销售额在内，亚马逊 29% 以上的销售额来自国际客户。此外，亚马逊在英国和德国的运营开张仅三年后就获得了预期经营利润。贝索斯表示：“这实际上是得益于第四季度我们为客户提供更优惠的价格，促进了销售额的增长。”[4]

当日，亚马逊股价上涨 2.43 美元，至每股 12.59 美元。

分析师认为这是亚马逊采取精益管理控制成本的结果。高盛分析师安托尼 · 诺托（Anthony Noto）表示：“他们以一种非常结构化的方式提升生产率，而且似乎取得了良好的进展。”诺托估计，亚马逊订单履行成本占第四季度销售额的 11%，低于去年同期的 13.5%。[5]

不过，更多的声音是对亚马逊的盈利和前景表示怀疑。有分析认为，亚马逊之所以能赢利，是因为经营利润中包含了与债务（以欧元计价）相关的1600万美元的收益。由于本季度欧元贬值，亚马逊偿还债务的实际成本（美元计价）减少了。但实际上，亚马逊这笔债务到2009年才到期，因此欧元汇率波动对亚马逊财务的实际影响不大。还有评论认为这样的业绩表现仅来自其传统图书业务和国际业务，亚马逊“是否可以成为多产品零售商仍有待证明”。

有人甚至认为，亚马逊的收入增长不会具有持续性，这源于网上销售和实体店营业的特点。网上销售仅占零售总额的1%~2%。根据调查公司Jupiter Media Metrix的数据，尽管互联网用户量继续以每年600万人的速度增长，但消费者越来越多地使用网络进行研究和比价。此外，整个电商行业的平均运费和手续费为每单10美元，这也让消费者在点击“购买”按钮前犹豫不决。

另外，互联网泡沫崩溃之后，经济的不确定性不断增加，随着裁员人数增加，消费者的消费支出大幅削减。分析师们担心，只要消费者在经济衰退和互联网网站变化的背景下保持谨慎，亚马逊在2002年就可能面临疲软的市场需求，削减成本和精简措施也无法带来持续的收益。[6]

在发布报告的当天，亚马逊还宣布了“超级省钱免费送货”（Free Super Saver Shipping）服务，订单金额满99美元即可享受免运费服务。在过去两年圣诞季的试验基础上，亚马逊经过研讨推出了这项服务。首席财务官詹森对此很有顾虑，觉得这样成本太高。他的一位下属格雷格·格里利（Greg Greeley）在讨论时向贝索斯提议向航空公司学习。航空公司把客人分为两组——商务人士和游客，对游客的机票价格要更低，因为游客往往不那么注重“快”，愿意牺牲一些时间，来换取更便宜的机票。格里利建议亚马逊也根据时间敏感性把客户分层，只针对那些不着急收货的客户实行免运费，从而节约运输成本，让免运费服务永久执行下来。这个提议得到了贝索斯的赞同。[7]

2月

2 月 14 日，Wedding Registry 网站在情人节上线。该网站让订婚的新人及其亲朋好友可以更便捷地赠送和接受结婚礼物，这些礼物包括各种各样的名牌厨具、电子产品、工具等。该服务是建立在愿望清单（Wish List）和婴儿注册服务（Baby Registry Service）的成功经验上，上述两项服务都非常受顾客欢迎，亚马逊用户已经创建了超过 600 万个愿望清单和婴儿注册表。[8]

这段时间发生了另一件影响深远的事情：计算机和网络图书出版商奥莱利媒体（O'Reilly Media, Inc.）的创始人蒂姆·奥莱利（Tim O'Reilly）到西雅图拜访贝索斯。奥莱利是一位互联网热爱者，在互联网泡沫后，他组织各项活动来宣传 Web2.0（第二代互联网）的概念。这次拜访，奥莱利想让贝索斯的网站再开放些，比如可以让像他一样的出版商得到亚马逊的销售数据记录，从而及时制订出版计划。

在两个人会面的过程中，奥莱利向贝索斯展示了自己公司的一项工具 Amarank。这个工具可以每几小时就在亚马逊网站上抓取奥莱利媒体和其竞争对手的图书排名，他建议亚马逊应该发明一种 API（应用程序编程接口），让第三方可以获取亚马逊的各种销售数据。一开始，贝索斯虽然觉得这个提议有趣，但想不到对亚马逊有什么好处。奥莱利指出："亚马逊不仅要考虑自己，还要考虑如何用科技为别人赋能。"[9]

奥莱利的话触动了贝索斯。他走后，贝索斯叫来几个下属，讨论这个想法。丹泽尔提出亚马逊内部已经有类似 API 的项目，是亚马逊在 1999 年收购的、由工程师罗伯·弗雷德里克（Rob Frederick）成立的创业企业 Convergence。现在，这个团队正在研究如何把手机移动设备接入亚马逊商店。此后，贝索斯请奥莱利给亚马逊所有的工程师以及全体员工介绍成为平台的重要性。[10]

随后，贝索斯正式要求联合公司负责人科林·布赖尔（Colin Bryar）和弗雷德里克研发出一套让开发人员可以接入亚马逊网站的全新 API，这个新项目组就是后来大名鼎鼎的 AWS。

3 月

3 月 5 日，亚马逊宣布沃伦·詹森将于当年晚些时候辞职。詹森于 1999 年 9 月担任亚马逊的首席财务官。对此，贝索斯表示："沃伦在帮助公司实现第四季度目标方面发挥了重要作用，我们感谢他的领导。他还组建了世界一流的财务团队，为公司创造了清晰的道路，以实现我们 2002 年的目标，即在当年产生正的经营现金流，甚至可能产生自由现金流。我们所有员工都很喜欢与沃伦合作。"[11]

詹森在一次采访中说，他因"一系列新挑战"离开亚马逊，尽管他尚未决定是否要在一家大公司或一家初创公司工作。詹森说："我会考虑以上所有因素。"同时澄清道："公司状况良好。我毫不怀疑公司未来会成功。"后来在 6 月 27 日，詹森被报道加入了位于加州的游戏公司 Electronic Arts，担任其首席财务官。[12]

虽然双方都如此表态，但詹森在此时离开还是引起了投资者的担忧，一些投资者想知道他和其他内部人士对亚马逊前景的看法。监管文件显示，亚马逊于 1999 年 9 月同意 5 年内向詹森支付 740 万美元的签约奖金。詹森离开后，便会失去两次年度的分期奖金，合计 275 万美元。如果在 9 月之前离职，他可能还必须按比例偿还一部分去年的奖金，再加上错过的分期付款，这可能意味着他此刻离开损失了至少约 300 万美元。

亚马逊的委托书声明还显示，詹森自 1999 年 9 月加入亚马逊以来，就没有购买或持有任何亚马逊股票。在 1999 年被聘用时，詹森收到了 200 万份期权，行权价为 63.25 美元。2001 年 2 月，他收到了 346667 份附加期权，行权价仅为 13.38 美元。但这些期权始于去年 8 月，当时亚马逊股票价格还只是个位数。亚马逊宣布有史以来第一次赢利后，股价仅在 1 月下旬就上涨到行权价之上。尽管如此，詹森仍未有任何投资行为。

此外，詹森的离任恰逢亚马逊高管和董事向监管部门提交他们打算出售股票的申请。贝索斯在 2 月下旬提出出售 295 万股股票，这是他有史以来试图出售的最大单笔股票。亚马逊发言人帕蒂·史密斯指出，拟议的出售交易股票不到贝索斯总持股量的 3%，并表示这是去年就公开的股权多元化计划的一部分。2002 年，内部人士总共提出要出售约 425 万股股票，其中贝索斯占 375 万股。根据亚马逊最新的委托书，内部人士持有约 1.25 亿股，占 34.5%，而最近计划出售的数量约占内部人员持有总量的 3.4%。[13]

詹森离开的消息传出后，投资银行 RBC Capital Markets 下调了亚马逊股票的评级。[14] 次日早盘，亚马逊股价跌至每股 15 美元以下，跌幅约 7%，但后续反弹，涨幅超过 2%，报收于每股 16.33 美元。

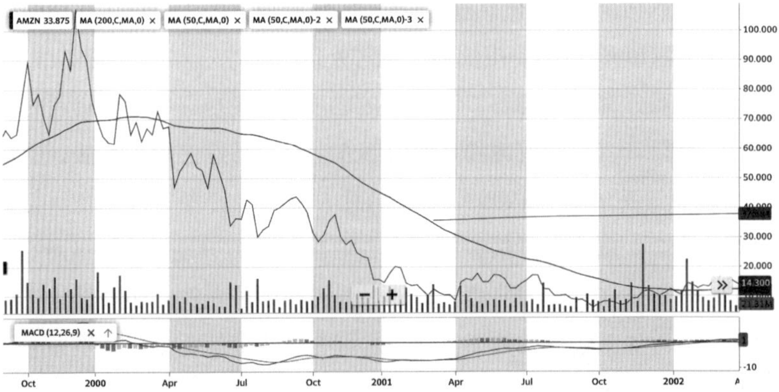

1999 年 9 月至 2002 年 3 月亚马逊的股价表现

图片来源：https://finance.yahoo.com

3月20日，亚马逊英国和亚马逊德国同时宣布推出“市集”服务，这意味着第三方售货在欧洲启动。亚马逊英国董事总经理罗宾·特雷尔（Robin Terrell）在评论发布会时说：“我们致力于为用户打造最佳的在线零售体验，目前累积的用户数已超过500万。我们旨在确保我们的用户可以在线查找、发现、购买和出售任何东西，无论是新的、二手的，还是收藏品。我们对‘市集’为买家和卖家带来的可能性感到兴奋。亚马逊商城让用户购物时有更多的选择，从而为他们创造了真正的价值。”[15]

4月

4月18日，亚马逊发布2001年年报，开篇同样是贝索斯写给股东的信，在这份年报中，亚马逊首次提到要把自己建设成“全世界商品最多”和“最以客户为中心”的公司。不过，亚马逊2001财年的净销售额为31.22亿美元，净亏损为5.67亿美元，每股净亏损1.56美元。

4月23日，亚马逊公布了2002年第一季度财务数据，第一季度持续了上季度的营利性改善趋势，但仍旧是净亏损状态。本季度净销售额为8.47亿美元，较上年同期的7亿美元增长了21%；经营利润为200万美元，而上年同期为亏损2.17亿美元；净亏损为2300万美元，即每股亏损0.06美元，而上年同期的净亏损为2.34亿美元，即每股亏损0.66美元。

亚马逊本季度经营利润超过了预计的目标。预计经营利润为2500万美元，相比之下，2001年第一季度预计经营亏损4900万美元；预计净亏损为500万美元，即每股亏损0.01美元，而上年同期的预计净亏损为7600万美元，即每股亏损0.21美元。

亚马逊同时宣布将再次降低图书价格，所有价格在 15 美元以上的书，折扣都将低至七折。[16]

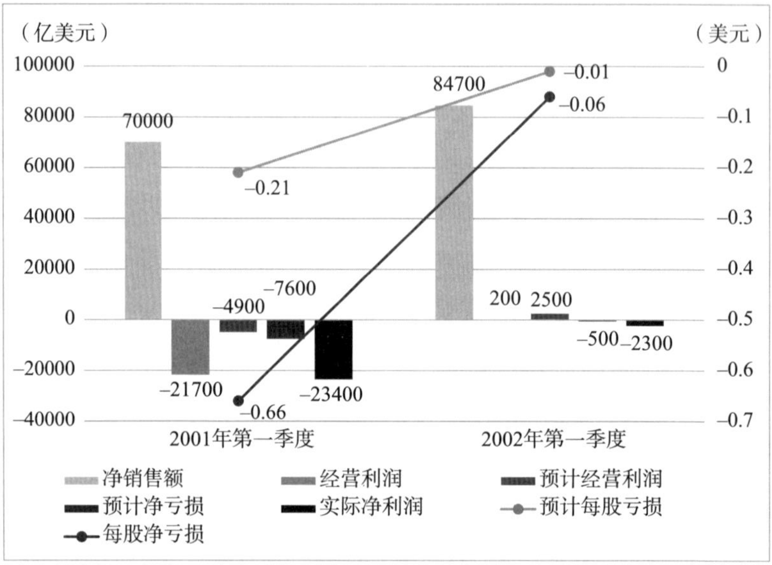

2002 年第一季度与去年同期数据比较

5 月

5 月 23 日，《哈利 · 波特与魔法石》DVD 的预售量超过 10 万张，创造了亚马逊网站历史上 DVD 预售的纪录。[17]

6 月

6 月 7 日，马克 · 布里托（Mark Britto）离职，布里托自 2000 年 7 月起担任全球服务、销售和业务发展高级副总裁。监管文件显示，像詹森一样，布里托也会放弃部分奖金。在 2000 年 7 月担任高级管理职位时，布里托获得了 250 万美元的奖金，奖金分 30 个月分期付款。但根据亚马逊最新的委托书，提前七个月离开后，他将放弃超过 50 万美元。在离开亚马逊的当天，他卖出了 15 万股亚马逊股票，时价 300 万美元。布里托的职位由马克·斯塔宾加斯（Mark Stabingas）接替，斯塔宾加斯曾在百事可乐任职 10 年，2000 年加入亚马逊，任业务发展财务副总裁。后来，布里托任职于互联网公司 Keen。

6 月 10 日，美国证券交易委员会宣布结束于 2000 年 10 月开始对亚马逊进行的非正式问询，并且不会对亚马逊提起任何诉讼。[18] 同时，亚马逊和美国证券交易委员会还就另一调查事项达成和解。起因是 2000 年 3 月，亚马逊曾向其 1999 年持股投资的奢侈品零售电商 Ashford.com 支付了 60 万美元。双方在 2000 年情人节的合作促销中，亚马逊为 Ashford.com 的顾客发放了优惠券，但没有使用唯一的序列号。据美国证券交易委员会称，这些优惠券被公布在了网上，导致 11500 名收到优惠券的人中有 8500 人是计划外的，因此，亚马逊在当年 3 月向 Ashford.com 支付了 60 万美元，以弥补后者在 2000 年 3 月的收入损失。美国证券交易委员会投诉称，相关交易没有得到适当的报告。[19]

2002 年 6 月 10 日，美国证券交易委员会在 17550 号诉讼公告中描述了这个协议。亚马逊称，和解协议未对亚马逊或其任何员工施加任何民事罚款或其他金钱制裁，也不会影响亚马逊的运营结果或财务状况。[20] 但 Ashford.com 的几名前高管，包括曾经的 CEO 肯尼思·库兹曼（Kenneth Kurtzman）和前财务副总裁布赖恩·伯杰龙（Brian Bergeron），均被罚款。此后，Ashford.com 被位于宾夕法尼亚州普鲁士国王的电子商务外包公司 GSI Commerce 收购。[21] 1999 年 12 月 1 日，亚马逊曾投资 1000 万美元收购 16.6% 的 Ashford.com 股份。

6 月 18 日，亚马逊宣布将其颇受好评的“超级省钱免费送货”

服务门槛从 99 美元降至 49 美元。公司预计将对此测试 3~6 个月，测试结束后，再决定是否可以永久地把免费送货的订单金额门槛定在 49 美元。该项活动在推出后，仅仅用了半年时间，门槛价格就打了对折。贝索斯说：“亚马逊一直在努力为用户降低价格，我们急迫地想看到用户面对 49 美元起免费运送服务时，选购行为会发生什么变化。”“我们希望我们能够使这项服务永久化。”[22]

6 月 25 日，亚马逊在加拿大的官网 Amazon.ca 正式上线。Amazon.ca 提供超过 150 万种英语和法语书籍、CD、视频和 DVD，同时购物更便捷、价格更优惠，包括订单满 30 加元即可享受七折优惠，满 75 加元订单则免运费。亚马逊宣布和当地物流公司 Assured 合作，运输在加拿大境内进行，既节约了运费，又提升了运输速度。

除了像其他亚马逊国际网站一样提供海量图书，Amazon.ca 还提供英语和法语的用户评论和原始社论评论，以及加拿大国家图书馆的书目信息。此外，Amazon.ca 还提供了亚马逊联合营销项目，通过该项目，其他网站给 Amazon.ca 导流即可赚取推荐费，并可以从导流用户产生的消费中拿销售佣金，最高可达销售金额的 15%。[23] 这也是亚马逊在美国之外的第五家国际网站。

7 月

7 月 16 日，AWS 平台正式启动，第一版 AWS 系统上线。通过这个平台，开发人员可以通过 API，免费将亚马逊的许多独特功能接入自己的网站中。贝索斯说：“我们正在为开发人员提供一个‘欢迎’的门垫儿，这对我们来说是重要的开始和新方向。开发人员现在可以将亚马逊的内容和功能直接整合到他们自己的网站中。我们迫不及待地想看看他们会给我们带来什么样的惊喜。”

在其众多功能中，有一项是允许第三方站点搜索和显示亚马逊站点上的产品，并使这些站点的访问者可以将商品添加到其亚马逊购物车中。蒂姆·奥莱利说："AWS 有效利用了亚马逊网站上已有的大量产品信息，并将其转变为开发人员和用户的资源。这是下一代可编程互联网的重大飞跃。"[24]

简言之，这些 API 大大简化了程序员的工作，使他们不必从头开始写代码，就能够利用这些功能与操作系统和其他程序进行互动。这些接口使第三方可以收集有关产品、价格和销售的信息。奥莱利说服贝索斯保留网站的一部分可访问性，并允许其他网站在其之上开发服务。

奥莱利关于 AWS API 的名言是："亚马逊和谷歌这样的网站都是应用程序。微软一遍又一遍地证明，平台策略每次都胜过应用程序策略。一旦让其他公司依靠你来创造增值，你将获得良性的平台优势，那才是真正的竞争优势。"

7 月 23 日，亚马逊公布 2002 年第二季度财务数据，本季度营利性持续改善，但仍是净亏损状态。在过去的四个季度中，亚马逊自由现金流为 1600 万美元，而在 2001 年第二季度结束之前的四个季度中，自由现金流为-2.7 亿美元。这是亚马逊首次在季度业绩发布时提到自由现金流，并放到了销售和盈利情况之前最首要的位置，自此，关注现金流成为亚马逊的传统。

2002 年第二季度销售额为 8.06 亿美元，相比 2001 年第二季度的 6.68 亿美元增长了 21%。经营利润为 100 万美元，而上年同期亏损 1.4 亿美元；预计经营利润为 2600 万美元，预计经营利润率 3%。相比之下，2001 年第二季度的预计经营亏损为 2800 万美元。本季度净亏损为 9400 万美元，即每股亏损 0.25 美元，而 2001 年第二季度净亏损为 1.68 亿美元，即每股亏损 0.47 美元。预计净亏损为 400 万美元，即每股亏损 0.01 美元，而 2001 年第二季度预计净亏损为 5800 万美元，即每股亏损 0.16 美元。[25]

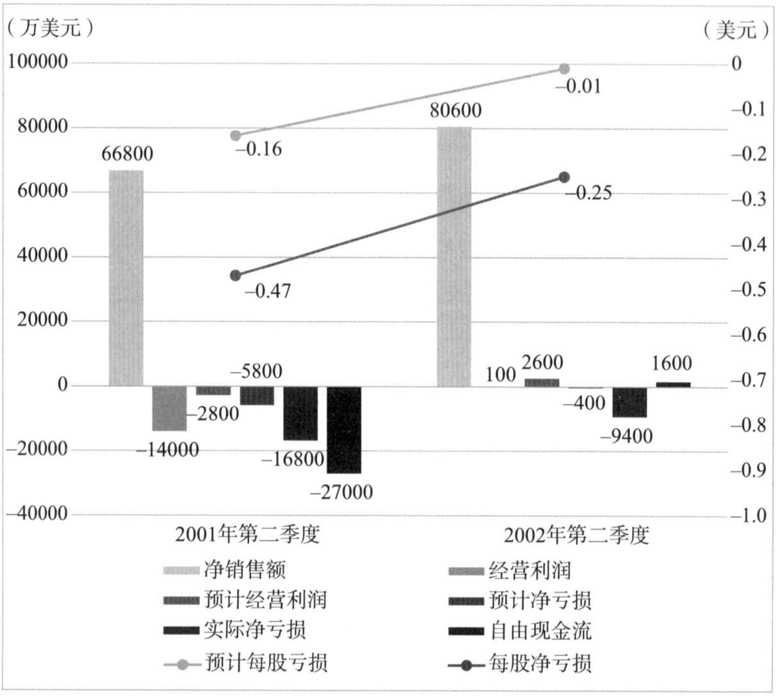

2002 年第二季度财务数据及相关比较

8 月

8 月 26 日，亚马逊再次将“超级省钱免费送货”的门槛降低至 25 美元，称这是此前满 49 美元“超级省钱免费送货”项目的积极结果。两个多月前，亚马逊才刚刚将“超级省钱免费送货”的门槛从 99 美元降低到 49 美元，此次再度降至 25 美元，同样也会测试 3~6 个月，以确定这个门槛是否合适。“超级省钱免费送货”会比正常标准运输慢 3~5 天。[26]

8 月 30 日，亚马逊宣布托马斯 · 斯库塔克（Thomas J. Szkutak）为其高级副总裁兼首席财务官。在加入亚马逊之前，斯库塔克在通用电气工作过 20 多年，是通用电气照明（GE Lighting）的首席财务官。贝索斯在介绍斯库塔克时说："托马斯将金融、运营和国际专业知识完美地融合在一起，这对亚马逊而言是一笔巨大的财富。""托马斯的丰富人脉和经验将帮助亚马逊继续降低成本，以便我们可以进一步为用户降低价格。"[27]

9 月

9 月 1 日，UPS（美国联合包裹运输服务公司）在与亚马逊的新合同里给了亚马逊更多折扣。自本年初开始，威尔克就为此谈判做准备，他们加紧了和联邦快递、UPS 的合作，并在夏天就和 UPS 展开了谈判。[28]

9 月 6 日，亚马逊宣布与欧迪办公（Office Depot）建立电子商务战略联盟，正式销售办公用品。欧迪办公将提供超过 5 万种产品，包括技术产品、办公用品和家庭办公家具；亚马逊负责与客户进行交易以及与网站功能和信用卡交易有关的客户服务。

同一天，亚马逊还宣布加大在旅游行业的合作和服务。一是继续和美国国家休闲集团（National Leisure Group）的度假商店进行合作，为客户提供邮轮旅行和相关产品，包括带小孩和婴儿旅行的人所使用的产品、旅行必需的消费电子设备、旅游类书籍和有声读物、翻译和旅行软件，以及公路旅行的所有必需品；二是宣布与折扣旅行提供商 Hotwire 扩大合作伙伴关系，Hotwire 将继续为亚马逊用户提供折扣旅行服务。[29]

Hotwire 是一家位于旧金山的创业企业，2000 年刚成立，自 2001

年 9 月就开始与亚马逊合作。它通过要求客户在某些细节（例如确切的飞行时间或航空公司）上保持灵活性，从而节约成本降低报价，在航班、酒店和租赁汽车上提供特价。[30]

10 月

10 月 24 日，亚马逊公布 2002 年第三季度财务数据，现金流和亏损的情况持续改善。在过去的四个季度，亚马逊自由现金流为 1.2 亿美元，而在 2001 年第三季度结束前的四个季度，自由现金流则为-3.01 亿美元。2002 年第三季度净销售额为 8.51 亿美元，比 2001 年第三季度的 6.39 亿美元增长了 33% 。经营亏损为 1000 万美元，其中包括重组相关费用和其他费用 3700 万美元，而去年同期经营亏损为 7000 万美元；预计经营利润为 2700 万美元，预计经营利润率为 3%，

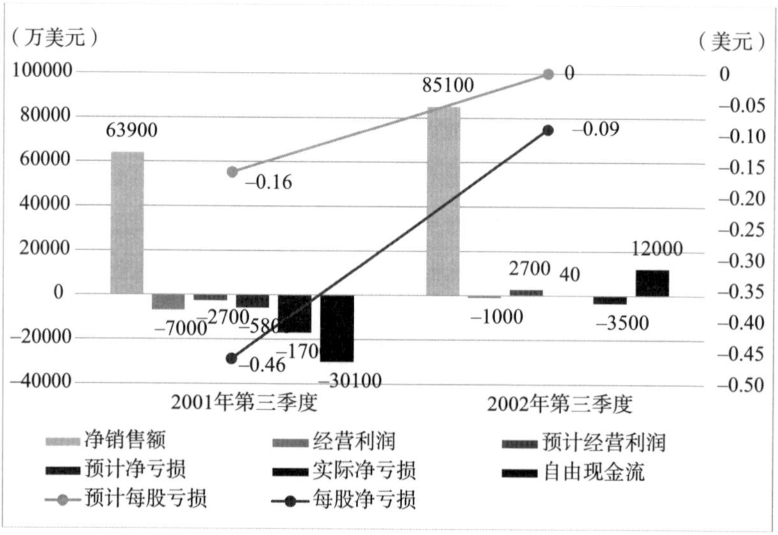

2002 年第三季度与去年同期数据比较

相比之下，2001 年第三季度的预计经营亏损为 2700 万美元。净亏损为 3500 万美元，即每股亏损 0.09 美元，而 2001 年第三季度净亏损为 1.7 亿美元，即每股亏损 0.46 美元。考虑利息费用在内的预计净利润为 40 万美元，每股盈利趋近于零。而 2001 年第三季度预计净亏损为 5800 万美元，即每股亏损 0.16 美元。[31]

11 月

11 月 7 日，亚马逊宣布与盖璞、Nordstrom、塔吉特、Lands’End、Eddie Bauer、Old Navy、Marshall Field’s、Foot Locker 等零售、服装品牌公司合作，正式推出服装与配饰商店，提供 400 多个品牌的服饰。贝索斯说：“我们的目标是提供完整的服装选择，并以亚马逊的方式提供轻松导航、购物车、一键下单等服务。”作为开业优惠，购物者首次购买 50 美元的商品时将获得 30 美元的折扣券，用于之后的网购。[32]

同一天，亚马逊宣布雅虎前首席科学家乌迪·曼伯（Udi Manber）将加入公司，担任副总裁兼首席算法官。此前曼伯在雅虎工作了四年。他最早是计算机科学专业的教授，出版了《算法引论——一种创造性方法》（*Introduction To Algorithms:A Creative Approach*）一书，并发表过 50 多篇有影响的论文。曼伯开发过几种流行的软件包，获得过很多奖励，其中包括因“将算法转化为搜索和资源发现的工具”而获得 Usenix 年度软件奖。贝索斯说：“复杂的算法一直是创造亚马逊客户体验的重要组成部分”。[33]

adidas
Allen Edmonds
American Tourister
Andrew Marc
Anne Klein
BCBG Max Azria
Betsey Johnson
Birkenstock
Bostonian
Briggs & Riley
Brooks
Bruno Magli
Cole Haan
Columbia Sportswear Company
Converse
Cutter & Buck
DKNY
David Leadbetter
Dockers
Dooney & Bourke
Dr. Martens
Eddie Bauer
Eileen Fisher
Etienne Aigner
Facconable
Fendi
Foot Locker
Fossil
Fubu
Gap
Gore-Tex
GUESS?
Halogen
Hugo Boss
Hush Puppies
Johnston & Murphy
Jos. A. Bank
Kangol
Karen Kane
kate spade
Keds
Kenneth Cole
Lands' End
La Perla
Levi's
Liz Claiborne
London Towne by London Fog
Lucky Brand Dungarees
Marshall Field's
Mephisto
Merrell
Mossimo
Nadri
Naturalizer
New Balance
Nicole Miller
Nike
Nine West
No Fear
Nordstrom
Old Navy
OshKosh B'Gosh
Perlina
Pierre Cardin
Polo Ralph Lauren
Quiksilver
Reebok
Rockport
Samsonite
Skechers
Spiegel
Sperry Top Sider
Steve Madden
Stride Rite
Stuart Weitzman
Swarovski
Swiss Army
TAG Heuer
Target
The North Face
Timberland
Tommy Bahama
Tommy Hilfiger
Tumi
Wacoal Intimates
Zero Halliburton

亚马逊服饰商店的主要品牌（亚马逊官网截图）

12月

12月4日，亚马逊宣布在其电子商务平台上重新启动CDnow网站（CDnow.com）。该网站是美国最著名的在线音乐品牌之一，为客户提供了超过50万件CD、视频和DVD唱片商品，始终位列在线音乐零售商排行榜的前五名。CDnow 与全球最大的唱片俱乐部 BMG Music Service 一起归入 BeMusic 公司。网站重启后，客户将使用新 CDnow 网站购买 CD、DVD 和视频，可以享受亚马逊的低价服务，包括订单满 25 美元享受“超级省钱免费送货”服务、编辑和客户评论、个性化功能和推荐、“一键下单”及其他关键功能，以及可靠的运送服务和客户服务。[34]

CDnow 曾在 2000 年 7 月被贝塔斯曼音乐集团收购。贝塔斯曼打算将其旗下的 BMG Direct 唱片俱乐部合并进一个名为 BeMusic 的新公司，并最终将 Napster① 添加到新服务中。贝塔斯曼收购 CDnow 的费用为 1.17 亿美元，这个价格比该公司在 1998 年 4 月达到顶峰时的估值下降了 90% 以上。[35]

2001 年 4 月，CDnow 裁员 40 名，占员工总数的 10%。2001 年 8 月，CDnow 关闭了其日语网站，并解雇了 200 名员工。2002 年 11 月，贝塔斯曼宣布关闭 CDnow 在华盛顿堡的办公区，并解雇该公司剩余的 33 名员工。当月晚些时候，贝塔斯曼便签署了一项将 CDnow 网站外包给亚马逊运营的协议。

12 月 26 日，亚马逊宣布其圣诞季的销售量超过 5600 万件。其中，销售量最高的销售日是 12 月 9 日（星期一），总计下单产品 170 万件，即每秒下单 20 件。销售量第二大销售日出现在 12 月 11 日，即“超级省钱免费送货”假日订购截止日期的前一天，总计下单产品 160 万件。

亚马逊全球运营和客户服务高级副总裁威尔克表示：“我们感谢那些因为假日购物需求而选择我们的客户，感谢他们的信任。2002 年假日期间，亚马逊提供了有史以来最多的选择，包括新服装商店，以及有史以来的最低价格，并且我们将继续为客户在全年提供巨大的

① Napster 为一款可以在网络中下载自己想要的 MP3 文件的软件。——编者注

价值。”[36]

这一年，亚马逊履行中心的软件重写基本完成，大部分商品从下单到发货的时间最快可以缩短到 4 小 时，而威尔克刚加入亚马逊时，这个时间还要三天。其他电商在 2002 年同时期的标准是 12 小时。[37] 毫无疑问，物流的改善成为亚马逊的竞争利器。亚马逊还推出了支付额外费用可以隔天、两天或者三天送达的服务，这给客户带来了更多的选择。

2003年　盈利

1月

1月23日，亚马逊宣布了2002年第四季度和全年的财务业绩。虽然从数字上看仍处于净亏损状态，但亏损幅度较前一年已经大幅缩小，且第四季度实现了亚马逊历史上的第二次季度盈利。总体上看，营业业绩超出预期。

2002年第四季度的净销售额达14.29亿美元，与2001年第四季度的11.15亿美元相比，增长了28%。经营利润为7100万美元，经营利润率为5%，而2001年第四季度的经营利润为1500万美元。分部门看，图书、音乐和视频等核心品类的销售额在一年前5.38亿美元的基础上增长了13%，达到6.06亿美元，而日益重要的国际业务的销售额从一年前的2.62亿美元飙升了76%，达到4.61亿美元。

2002年第四季度预计经营利润增长了73%，达到1.02亿美元，预计经营利润率为7%，而2001年第四季度的预计经营利润为5900万美元。净利润为265万美元，即每股盈利0.0069美元，2001年第四季度的净利润为500万美元，即每股盈利0.0137美元。包括利息费用在内的第四季度预计净利润增长了4000万美元，至7500万美元，即每股盈利为0.19美元；而2001年第四季度预计净利润为3500万美元，即每股盈利0.09美元。

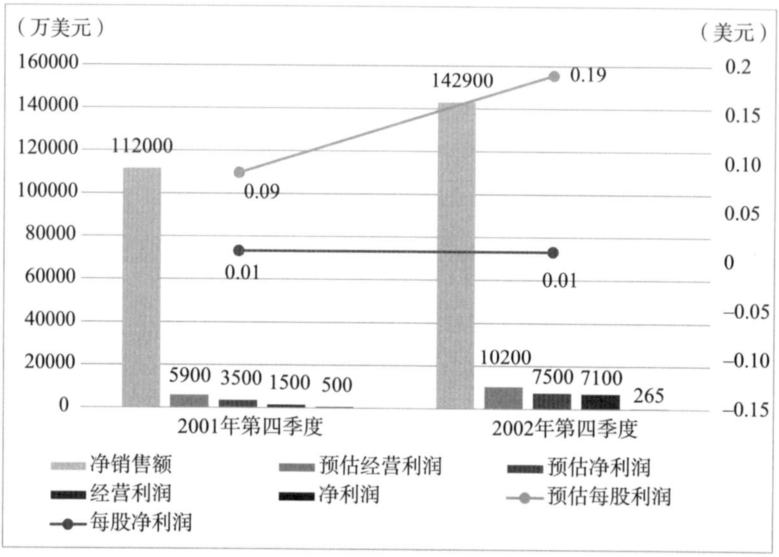

2002年第四季度财务数据及与2001年同期数据比较

2002财年的自由现金流为1.35亿美元，而2001年的为-1.7亿美元。

2002财年的销售额较上年的31.22亿美元增长了26%，达到39.33亿美元；经营利润增加至6412万美元，经营利润率达2%，而2001年的经营亏损为4.12亿美元；2002财年的预计经营利润为1.8亿美元，预计经营利润率为5%，预计经营利润比2001年增加了2.25亿美元；净亏损为1.49亿美元，即每股亏损0.39美元，好于2001年的净亏损5.67亿美元，即每股亏损1.56美元；2002财年的预计净利润增长了2.23亿美元，增至6600万美元，即每股盈利0.17美元，而2001年的预计净亏损为1.57亿美元，或每股亏损0.43美元。

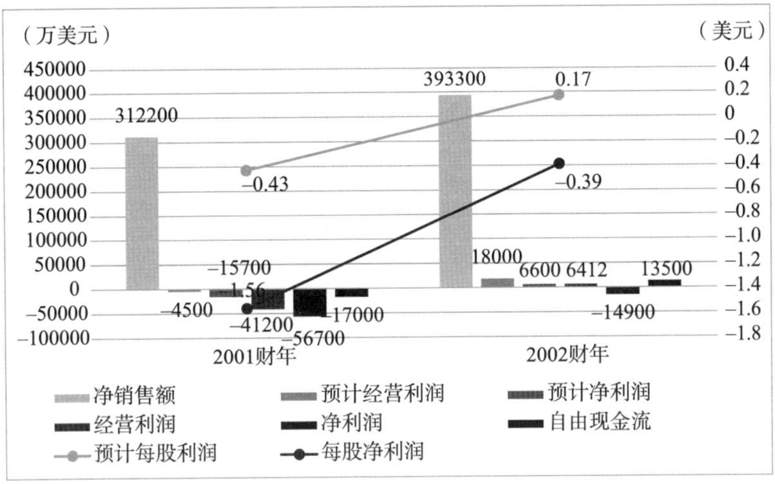

2002 财年与 2001 财年数据比较

亚马逊同时给出了 2003 年全年和第一季度的业绩预期。第一季度净销售额预计在 10.25 亿美元至 10.75 亿美元，增长率在 21% 至 27% 之间。第一季度预计净利润将在 500 万美元至 2000 万美元之间，即每股盈利在 0.01 美元至 0.05 美元。全年销售额预计将增长 15% 以上，预计净利润将超过 1.15 亿美元，即每股盈利超过 0.27 美元。

这些信息发布后，亚马逊当日股价收于每股 21.79 美元，上涨 0.62 美元，在盘后交易时又下跌了 0.21 美元。有分析师认为该下跌源自有部分投资者对亚马逊在 2003 年财务表现感到失望。但总体上，股价已从 2001 年的低谷逐渐回升。

当天，贝索斯宣布延续在 2002 年 8 月开始的、全年订单满 25 美元即免费送货服务的政策，并在英国、德国、法国、日本和加拿大的站点提供免费送货服务。他说："我们正处于一个转折点。现在，顾客在亚马逊上购物既因为我们的售价较低，也因为我们提供的选择更多，更便利。"[1]

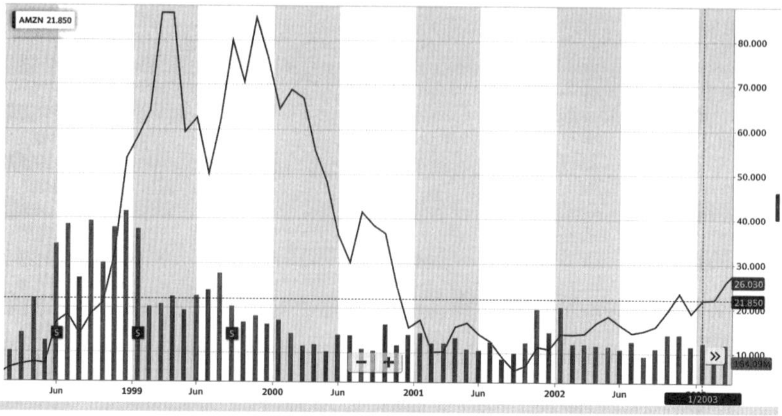

亚马逊的股价于 2002 年开始缓慢回升
图片来源：https://finance.yahoo.com

运费，是这个阶段最受华尔街分析师关注的事项。亚马逊从 2002 年初开始对各种免运费优惠进行修改，认为这些促销活动将消除网上购物的一个主要障碍——运费。但许多分析人士认为，25 美元以上的订单免运费在财务上不具有可持续性，因为亚马逊仍必须向运输公司支付运费。亚马逊表示，2002 年第四季度支付的运费比从用户端收取的运费高出 3000 万美元，预计这个数字在 2003 年将超过 1 亿美元。[2]

2 月

2 月 14 日，亚马逊宣布 DVD 或 VHS（家庭录像系统）版的《哈利·波特与密室》开始预售，预售价格低至六折。[3]

3月

3月6日，一架直升机刚从得克萨斯州阿尔派恩南部的马尔法机场起飞，便遭遇强风，直升机尾部吊杆撞上了一棵树，导致飞机侧翻，坠入附近一条小溪。除了飞行员，飞机上还有三名乘客，其中之一便是贝索斯。他当时正在为蓝色起源搜寻测试设施的地点。亚马逊对此事一开始未承认，但随后对媒体表示贝索斯只是受了轻伤，公司运行正常。[4]

这是个坏消息，但也有好消息。皮亚琴蒂尼原来在苹果工作，他在年初给老东家发邮件请求拜访。但他没有想到，在苹果总部会客室等着他们的，是乔布斯。亚马逊的几位高管——皮亚琴蒂尼、罗斯曼、弗雷德里克以及西格尔，和乔布斯谈了几个小时。亚马逊抓住时机向乔布斯提出了他们的建议：亚马逊想和苹果合作，为装有 iTunes 软件的用户搭配 CD。但这个提议被乔布斯拒绝了。

随后，皮亚琴蒂尼又提出了一套方案：和苹果联手在亚马逊网站上推出数字音乐商店。这次，乔布斯虽然没有答应，但和他们讲解了 iTunes 本身如何就能成为出售音乐的渠道。之后，乔布斯毫不客气地预言苹果很快就可以在音乐销售上超过亚马逊。事实证明，乔布斯做到了。

4月28日，iTunes 音乐商店正式发布。在此后的一年里，随着 iPod（苹果播放器）的热卖，苹果占据了音乐的销售市场。这让贝索斯产生了很大压力，他们必须要在第二大核心业务上夺回失去的阵地，并且开始思考如何保住图书这个最大的主战场。

4月

4月3日，亚马逊和谷歌宣布了一项长期合作协议，此后谷歌的搜索技术和目标赞助商的链接将可以在亚马逊上使用。这样，亚马逊客户在亚马逊网站上就可以直接使用谷歌的搜索技术，而不必再跳转到谷歌网站上；此外，亚马逊网站还能够使用谷歌的 AdWords（关键词广告）技术，使广告客户可以对在搜索结果旁边显示的商家列表中的展示位置进行竞标。谷歌发言人说，对谷歌来说，在亚马逊网站上的商家列表将使其在全球超过 10 万个广告客户中获得更广泛的曝光。

4 月 11 日，贝索斯发出 2002 年致股东的信，后面仍然附上了 1997 年的第一封信。这一年的信从与实体店的对比开始，描述了亚马逊追求的商业模式，在一定程度上也展示了亚马逊的飞轮效应。

4 月 17 日，亚马逊宣布与 NBA（美国职业篮球比赛）和 Foot Locker 公司达成了一项长期合作协议，在 nba.com 上开设 NBA 商店，并在 wnba.com 上开设 WNBA（美国女子职业篮球联赛）商店。篮球迷们将在 nba.com 和 wnba.com 以及亚马逊的服饰商店中享受亚马逊的购物体验，NBA 和 WNBA 的商品也收录进亚马逊商品目录中。[5]

4 月 24 日，亚马逊发布 2003 年第一季度营业情况。[6] 从数字上看，现金流状况持续改善，截至 2003 年 3 月 31 日的前四个季度的经营现金流为 1.64 亿美元，而 2002 年同期对应为 4600 万美元。同期自由现金流为 1.23 亿美元，而 2002 年同期为 1000 万美元。

本年度第一季度净销售额为 10.84 亿美元，较 2002 年第一季度的 8.47 亿美元增长了 28% 。净亏损为 1000 万美元，即每股亏损 0.03 美元，而 2002 年第一季度净亏损为 2300 万美元，即每股亏损 0.06 美元。第一季度预计净利润（包括利息支出）增长超过 4500 万美元，达到 4000 万美元，即每股盈利 0.1 美元，而 2002 年第一季度的预计净亏损为 500 万美元，即每股亏损 0.01 美元。

首席财务官斯库塔克表示："公司降低成本、为用户提供低价的策略继续取得成效。在第一季度，客户利用了'超级省钱免费送货'

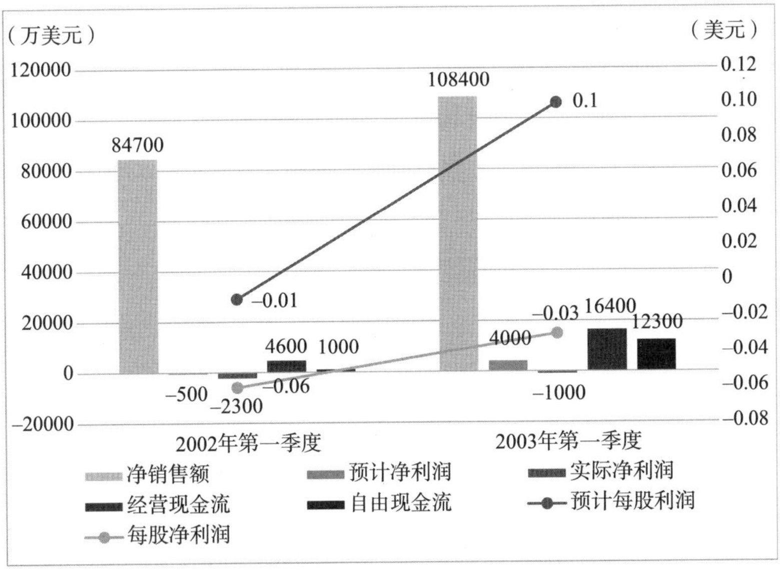

2003 年第一季度与去年同期数据比较

和日常低价，创造了我们有史以来第一个销售额超过 10 亿美元的非假日季度，这是在我们几乎每个业务领域都降低了成本水平的情况下实现的。”

贝索斯说：“有意义的创新引领、启动激励着亚马逊访问量的不断攀升，以及客户体验的不断改进。我们在降低价格的同时，提高了客户体验。”第一句话在外界看起来有些费解，却是贝索斯及公司高层、公关团队精心设计的。

这句话每个英文单词的第一个字母连起来即 milliravi，取“Million dollar + Ravi”的几个字母合体。这是亚马逊一位财务高管用“Ravi Suria”（即苏里亚）的名字创造出来的一个词，用来纪念苏里亚给亚马逊带来的价值数百万美元的麻烦。贝索斯执意在发布会上使用并在新闻稿中重复引用，以激励员工记住那些与负面报告做斗争的日子和来之不易的翻身仗。[7]

华尔街的投资者也用股价对亚马逊的表现投了赞成票。亚马逊的股价在盘后交易中上涨 13% ，至每股 28.40 美元，此前该股在日间交易中下跌了约 1% 。和其他主要的互联网股票如 eBay、雅虎一样，亚马逊受益于强劲的销售和收益增长的预期。亚马逊的股价一年来已经上涨了 33% 以上。

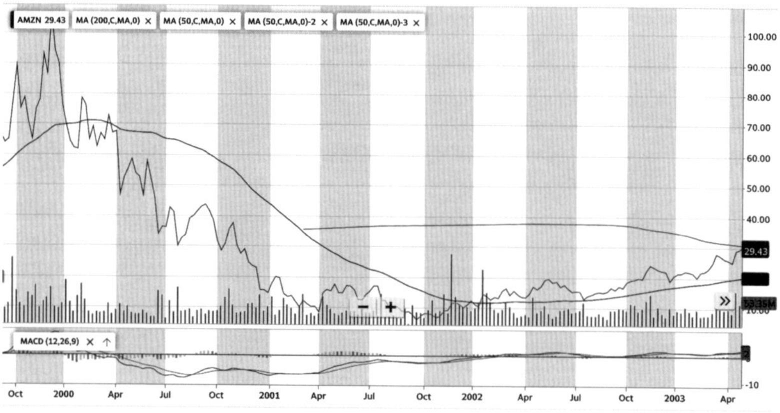

2003 年初亚马逊的股价逐渐走出低谷
图片来源：https://finance.yahoo.com

4 月 24 日，亚马逊宣布将于 2003 年 5 月 28 日赎回所有 2008 年 5 月到期的债券。该债券的本金总额为 2.64 亿美元，利率为 10%，

	Principal at Maturity	Interest Rate	Principal Due Date
Senior Discount Notes	$ 264(a)	10.000%	May 2008
Convertible Subordinated Notes	1,250	4.750%	February 2009
PEACS	725(b)	6.875%	February 2010
Total Long Term Debt	$ 2,239		

(a) $256 million at December 31, 2002
(b) 690 million Euros

亚马逊赎回所有 2008 年 5 月到期的债券（亚马逊官网截图）

将于 2003 年 5 月 1 日至 2003 年 5 月 27 日期间被赎回，赎回价是到期本金额的 105%，加上所有未偿还的利息。[8]

5 月

5 月 19 日，亚马逊宣布了 AWS 计划的最新进展：推出了一个新的工具包，即软件开发工具包 3.0，一个新版的开发者网站，网站的开发者注册人数已经超过 25000 人。

软件开发工具包 3.0 是一个可供下载的免费工具包，其中包含了开发人员在亚马逊电子商务平台上创建自己的应用程序所必需的信息和工具。AWS 及其提供的工具允许第三方利用亚马逊平台，创建丰富和创新的应用程序，在亚马逊网站上以及通过自己的网站或应用程序销售产品。[9]

6 月

6 月 10 日，亚马逊宣布成立一个新的子公司——亚马逊服务公司（Amazon Services Inc.），让亚马逊网站的技术和服务也能为第三方零售商所用，[10] 包括为零售商提供了一套交钥匙外包的电子商务解决方案。该方案结合了亚马逊网站的购物功能和技术，同时仍允许零售商完全自主决定自己网站的外观和感觉。亚马逊技术已经为塔吉特网站、玩具反斗城网站以及其他网站提供服务。亚马逊服务还帮助零售商通过亚马逊网站向数以百万计的亚马逊用户提供商品。

贝索斯说，“亚马逊服务让零售商有机会为其客户提供行业领先的购物体验”，“这些零售商可以利用我们在过去八年里学到的知识和积累起来的东西，更快地发展他们的在线业务，同时仍然 100% 保留他们自己的品牌外观和感觉”。亚马逊每年投资超过 2 亿美元用于改进其技术和网站。除了塔吉特网站和玩具反斗城网站，亚马逊提供电子商务技术服务的网站还包括 www.borders.com、CDnow 网站、www.nba.com 和 www.wnba.com 等。[11]

6 月 21 日，亚马逊推出电子商务史上最畅销产品《哈利 · 波特与凤凰社》一书。这是该书发售的第一天，亚马逊承诺即日送达，与联邦快递和美国邮政服务合作，当天向哈利 · 波特的粉丝发送了超过 789000 本书。[12]

7 月

7 月 1 日，亚马逊宣布其日本网站推出新的电子产品商店，向消费者提供最新的数码相机、DVD 播放器、家用和便携式电子产品等。这家新店拥有 12 个品类、数万种产品，包括苹果、佳能、富士、松下、奥林巴斯、维克多、索尼等品牌。亚马逊提供了产品的详细规格，用户可以利用高级搜索和浏览等功能，还可以用比较引擎进行多种产品和关键功能的相互比较。亚马逊还为用户购买电子产品提供相关配件、外围设备和软件的建议，旨在为电子产品爱好者提供一站式服务。[13]

7 月 22 日，亚马逊公布了第二季度财务报告。第二季度现金流持续大幅改善，截至 2003 年 6 月 30 日的前 12 个月的经营现金流为 2.85 亿美元，相比之下，2002 年同期的经营现金流为 4800 万美元。截至 2003 年 6 月 30 日的前 12 个月的自由现金流为 2.45 亿美元，而 2002 年同期的自由现金流为 1600 万美元。

第二季度的净销售额为 11 亿美元，比 2002 年第二季度的 8.06 亿美元增长了 37% 。经营利润为 4200 万美元，经营利润率 4% ，而 2002 年第二季度该利润为 100 万美元。预计经营利润增加了 4100 万美元，达到 6700 万美元，预计经营利润率 6% ，而 2002 年第二季度预计经营利润为 2600 万美元。第二季度净亏损为 4300 万美元，即每股亏损 0.11 美元，而 2002 年第二季度净亏损为 9400 万美元，即每股亏损 0.25 美元。预计净利润在第二季度增长超过 4600 万美元，达到 4200 万美元，即每股盈利 0.1 美元，而 2002 年第二季度的预计净亏损为 400 万美元，即每股亏损 0.01 美元。[14]

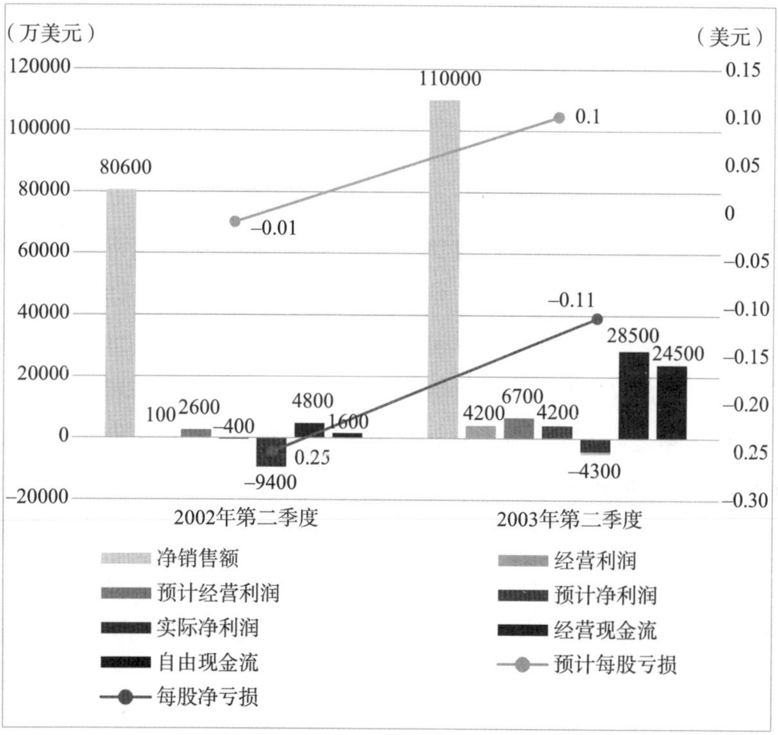

2003 年第二季度与上年同期数据比较

8月

8月12日，亚马逊宣布延长与塔吉特的电子合作商务协议，合作期延长至2008年8月。根据协议，亚马逊为亚马逊网站上的塔吉特商店和塔吉特的在线服务提供技术支持、订单履行和客户服务的综合电子商务解决方案，这个协议覆盖塔吉特网站、MarshallFields.com和Mervyns.com。前一年夏天，亚马逊和塔吉特推出了Target. com，整合了塔吉特、Marshall Field's百货公司、Mervyn's百货公司和亚马逊的产品，该网站具有亚马逊网站的个性化服务、产品推荐、搜索、"一键下单"和单独结账等功能。[15]

9月

安迪·贾西开始在AWS负责开发API。最开始，当向塔吉特与其他第三方零售商提供电子商务技术时，亚马逊意识到必须将平台的许多组件分离开来，以便客户可以通过API使用这些组件。于是，亚马逊开始要求业务团队只能通过"强化的、记录完整的API进行交流"。但之后不久，亚马逊团队发现：因为要花费很多时间来建立存储、计算和数据库，项目实际花费的时间比他们应该花费的时间要长得多。到2003年中期，亚马逊意识到，市场对于网络基础设施服务存在着极大的需求，而现在没有一家成熟的供应商可以为市场构建这些服务，于是亚马逊决定自己来扛起大旗，并让贾西来担任领导。

10月

10月21日，亚马逊公布2003年第三季度财务数据。截至2003年9月30日的前12个月的经营现金流为2.84亿美元，上年同期为1.51亿美元；截至2003年9月30日的前12个月的自由现金流为2.39亿美元，上年同期为1.2亿美元。

第三季度净销售额为11.3亿美元，较上年同期的8.51亿美元增长了33%；经营利润为5200万美元，经营利润率为5%，而上年同期的经营亏损为1000万美元。净利润为1600万美元，即每股盈利0.04美元，而上年同期净亏损为3500万美元，即每股亏损0.09美元。

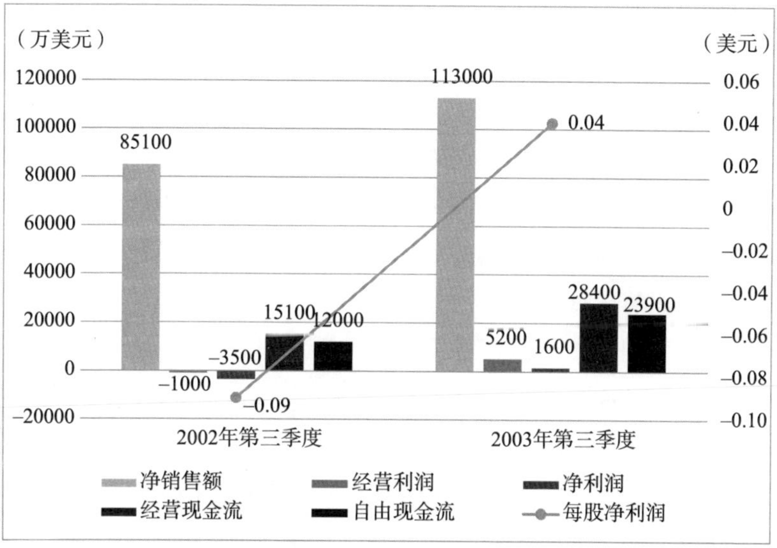

2003年第三季度与去年同期数据比较

亚马逊同时给出了对第四季度和全年业绩的预期。第四季度净销售额预计在17.6亿美元至19.1亿美元之间，同比增长在23%至34%

之间。经营利润预计将在 1.1 亿美元至 1.4 亿美元之间。预计 2003 年全年净销售额在 57.5 亿美元到 62.5 亿美元之间，经营利润将在 3.15 亿美元至 4.15 亿美元之间。[16]

10 月 23 日，亚马逊宣布推出“书内搜索”（Search Inside the Book）功能，用户不再只能用作者或书名关键词来进行匹配搜索，还可以通过搜索书中的文字来查找和发现书籍。用户能够基于亚马逊全网 12 万种书中的每一个单词找到图书，12 万种书也就意味着超过 3300 万页的可搜索文本。用户还可以预览这些书的内页。贝索斯说：“创新带来用户体验，书内搜索就是一个很好的例子。在出版商的帮助下，我们为大家提供了一种全新方式，帮助他们找到想要的书。”[17]

这项工程由亚马逊的首席算法官乌迪·曼伯主导，贝索斯给予了大量的资源支持。

10 月 24 日，亚马逊宣布将于 2003 年 11 月 24 日赎回 2 亿美元的 2009 年到期、利率为 4.75% 的次级可转换债券的本金。赎回价为到期本金额的 102.850%。在赎回 2 亿美元债券本金后，亚马逊未偿还债券的本金总额约为 10.5 亿美元。这也是继 4 月提前偿还所有 2008 年 5 月到期的 2.64 亿美元 10% 高息债券后，亚马逊本年度第二次宣布的提前赎回。[18]

在这个月，亚马逊创建了第一个研发中心，贝索斯称其为 A9，A9 是“algorithms”算法的另一种表示，即“A+ 9 个其他字母”。他们搬进了位于加州帕洛阿托的大楼。这个大楼位于硅谷，靠近斯坦福大学，之前是数字设备公司（DEC）的系统研究中心学院。曼伯担任研发中心的总负责人。A9 集中在几个领域上，包括 A9 目的地网站、产品搜索和搜索广告平台。一些早期的 A9 服务，如“书内搜索”，仍在继续。A9 为亚马逊和其他几家电子商务零售商的产品搜索提供支持。A9 的目标不仅是建立亚马逊自己的搜索引擎，而且要研制出可以和谷歌相媲美的通用搜索工具。

11月

11月7日，亚马逊宣布在其法国网站推出“市集”功能，使用户能够在网站销售新产品的同一页面上方便地买卖二手产品、收藏品以及全新产品。通过允许第三方在其网站上列出销售产品，亚马逊法国网站为用户提供的选择范围更广。亚马逊本周还在其加拿大网站上推出了“市集”功能。[19]

11月13日，亚马逊和博德斯集团宣布双方的电子商务合作期将延长多年。根据两者于2001年8月初次达成的协议，亚马逊为博德斯集团提供电子商务解决方案，包括技术服务、网站内容、产品选择和客户服务，覆盖联合品牌Borders.com和Waldenbooks.com。这些网站的销售额计入亚马逊网站，博德斯集团获得一定比例的分成。[20]

12月

12月1日，《连线》杂志发表了一篇题为“The Great Library of Amazonia”的报道，专题介绍了亚马逊10月推出的“书内搜索”功能。报道称赞了这项创新，认为通过提供12万种完全可以搜索到的文章和图书，贝索斯正在建造世界上最大的数字图书档案馆。报道认为“这让信息时代的梦想成真，也是有史以来最好的卖书方式”。[21]

12月7日，亚马逊和珍珠酱（Pearl Jam）乐队宣布，该乐队将加入亚马逊网站的Advantage for Music项目。珍珠酱乐队由此能够直接向亚马逊全球数百万的用户销售他们的新专辑《一小时的风云人物》。[22]

12月26日，亚马逊宣布它结束了有史以来最繁忙的购物季。在这个购物季，亚马逊单日订单纪录再次刷新，全球单日订单量超过

210 万件，即每秒下单 24 件。威尔克表示：“这个假期，亚马逊提供了前所未有的多样化选择和价格优惠，帮助我们的用户在亚马逊网站上找到了他们想要的东西。”[23]

2003 年末，亚马逊 IT（互联网技术）架构负责人克里斯·平卡姆（Chris Pinkham）和其下属本杰明·布莱克（Benjamin Black）给贝索斯提交了一份描述亚马逊零售计算基础设施的远景报告，AWS 的概念被重新定义。这个计算架构是完全标准化、完全自动化的，并将广泛依赖于网络服务来提供储存等服务，也可以帮助亚马逊内部基础设施整合。

在这份报告的最后，提到了将虚拟服务器的访问权作为一种服务进行出售的可能性，并提出亚马逊可以从新的基础设施投资中获得收入。[24] 贝索斯对此非常感兴趣。

2004年　商品最全

1月

1月27日，亚马逊公布2003年度第四季度及全年的财务状况。这份报告标志着亚马逊破茧成蝶：全年赢利。亚马逊用一份漂亮的答卷，为多年来备受质疑的旅程画上了一个句号。全年赢利，一直被认为是不可能完成的、里程碑式的任务。

在第四季度，亚马逊净销售额为19.46亿美元，较2002年同期的14.29亿美元增长了36%。从地域上看，国际业务表现突出，净销售额较上年同期的4.61亿美元增长了74%，达到8.04亿美元；亚马逊北美第四季度的净销售额同比增长18%，达到11.4亿美元。第四季度经营利润为1.38亿美元，较上年同期的7100万美元增长94%，经营利润率也从5%上升到7%。净利润为7300万美元，而2002年第四季度仅为300万美元。预计净利润在第四季度较上年同期的7500万美元增长了66%，达到1.25亿美元。

受经营利润的带动，现金流也持续改善。2003年的经营现金流为3.92亿美元，较上年的1.74亿美元增长了125%；自由现金流为3.46

亿美元，较上年的 1.35 亿美元增长了 156%。

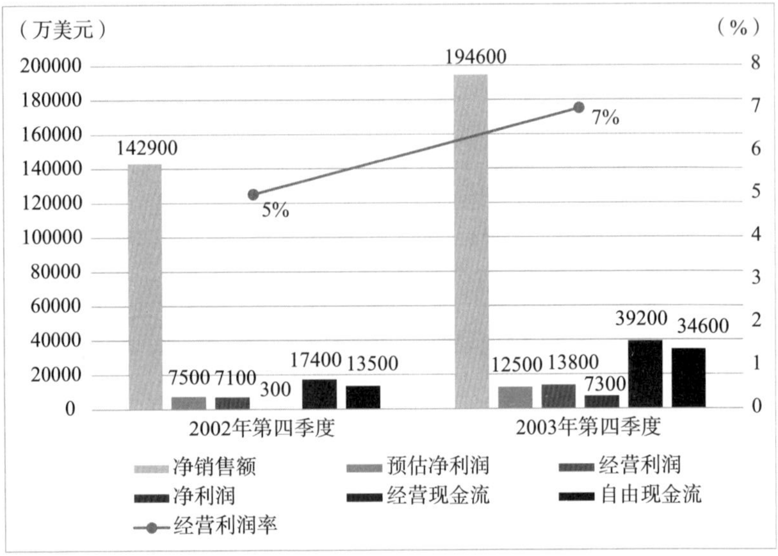

2003 年第四季度与去年同期数据比较

2003 全年，净销售额为 52.64 亿美元，较 2002 年的 39.33 亿美元增长 34%；经营利润较 2002 年的 6400 万美元增长 323%，至 2.71 亿美元，经营利润率也从 2% 增至 5%。最关键的是，亚马逊历史上首次实现了全年赢利，2003 年净利润为 3528 万美元，而 2002 年还净亏损 1.49 亿美元。

亚马逊把这一成果归功于持续低价策略。首席财务官斯库塔克在与投资者的电话会议上表示："可以预料到，我们的毛利润率会面临压力。但我们认为，持续低价是对行业的一项重大投资。"[1] 贝索斯表示："我们全年免运费、价格更低的承诺，对客户和亚马逊网站来说是双赢的。我们将年复一年地以更低的价格回报客户。"事实证明，免运费的优惠受到了客户的欢迎。此外，消费者对网上购物的接受度越来越高，这也促进了亚马逊业绩的增长。根据 comScore 网络公司

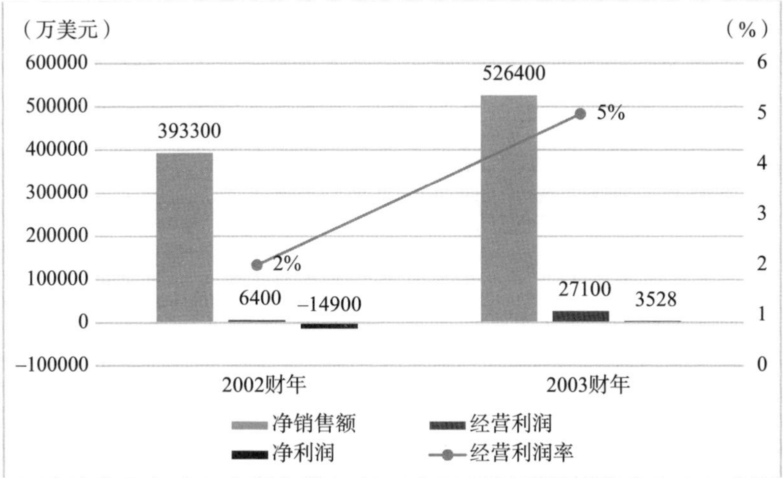

2003 财年与去年数据比较

的估计，在网上购物的大趋势下，2003 年的假日互联网销售额增长了 30%，达到 125 亿美元。[2]

投资者开始对亚马逊产生更高的预期，并担心低价策略会侵蚀其长期利润潜力。在当天盘后交易中，亚马逊股价跌至每股 53.95 美元。但自 2003 年初以来，亚马逊的股价几乎上涨了两倍。[3]

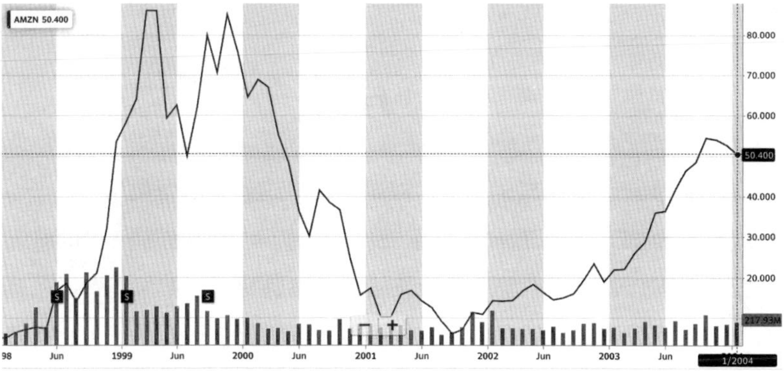

2003 年初以来亚马逊股价迅速上涨
图片来源：https://finance.yahoo.com

亚马逊宣布，其董事会已经批准了一项债务回购计划，根据该计划，亚马逊可以不时（通过公开市场回购或私人交易）进行回购、赎回或以其他方式收回2009年到期的、利率为4.75%的次级可转换债券，以及2010年到期的、利率为6.875%的次级可转换债券。其中，亚马逊将于2004年2月26日赎回1.5亿美元于2009年到期的、利率为4.75%的次级可转换债券的本金，赎回价为发行价的102.375%，再加上2004年2月1日至25日期间累计未偿还利息。[4]

3月

3月10日，亚马逊德国网站上线了“家居与花园”（House & Garden）分区，项下商品分类包括DIY（自己动手做）、花园与休闲时间、身体护理与沐浴、厨房与家居等，同时提供满20欧元免费送货服务。[5]

3月16日，作为现有电子商店的一部分，亚马逊日本网站推出了新的电脑商店，提供大量的电脑和相关配件，如打印机、扫描仪等。[6]

4月

4月13日，贝索斯随2003年年报发出了致股东的信。

4月22日，亚马逊宣布进军珠宝业，以亚马逊服务公司的名义开始珠宝店营业。为了秉承低价策略，亚马逊提出，如果消费者从其他卖家处发现可比商品有更低的价格，并且该比价得到验证，它将降低价格，以使所有的客户受益，而不仅仅是让那些发现较低价格的客户受益。[7]

5月

5月20日，亚马逊宣布正计划在英国因弗克莱德的古罗克开设其在英国的第二个履行中心。新设施将于2004年下半年投入运营，预计在18个月内为当地创造300个新就业机会。[8] 1998年，亚马逊在Marston Gate开设了英国第一个履行中心。

5月25日，玩具反斗城在新泽西州帕塞伊克县高等法院提起诉讼，指控亚马逊网站侵犯了双方合同中约定的玩具反斗城在亚马逊网站上独家经营玩具和游戏的权利。[9] 玩具反斗城诉称，合同里排他性条款的除外情形非常有限；如果玩具反斗城拒绝出售某一商品，亚马逊仍可以保留该商品目录，但不能允许另一个商家出售它。

玩具反斗城网站副总裁兼总经理格雷格·阿赫恩（Greg Ahearn）说："这场争端围绕着玩具反斗城在亚马逊平台上的专营权范围展开。我们为玩具、游戏和婴儿产品的专营权支付了大笔资金。"根据与亚马逊的合同，玩具反斗城同意每年支付5000万美元、为期10年的专营权条款，但有少数例外，同时玩具反斗城的销售应当在亚马逊销售中占到一定比例。但自2000年缔约之后，这项合作并没有给玩具反斗城带来营业起色。2003年，玩具反斗城在亚马逊网站上的销售额为3.76亿美元，却有1800万美元净亏损。

这是因为，亚马逊的商业模式已经逐渐从排他性模式转变为多个商家以不同的价格提供相同产品，并进行竞争的模式。例如，在图书和电子产品领域，亚马逊经常让十几个商家与亚马逊自己的商品展开竞争。在亚马逊的玩具品类中，其他卖家提供的产品并没有列在玩具反斗城同款产品的页面上。但玩具反斗城表示，在过去一年里，越来越多的玩具商在亚马逊网站的其他地方提供玩具反斗城有独家销售权的产品。

例如，在亚马逊网站主页上搜索米尔顿·布拉德（Milton Bradley）

利开发的棋类游戏“Pictionary Jr.”时，客户会发现有两家公司在售：一家是玩具反斗城，售价 16.99 美元；另一家是在亚马逊网站体育和户外商品目录中的 eSportsonline，售价 19.99 美元。玩具反斗城表示，它在亚马逊网站上发现了 4000 件其他商家的玩具，认为这些玩具侵犯了它的专营权。

两家公司开始时同意调解。它们在加州奥克兰市进行了为期两天的会商，但未能达成共识。[10] 会议结束 20 分钟后，玩具反斗城提起诉讼，指控亚马逊侵犯了其在合同中的排他性权利。在后来的修正方案中，玩具反斗城要求亚马逊赔偿 7400 万美元，要求法院禁止亚马逊出售其他供应商的玩具，并禁止亚马逊在竞争对手的在线玩具商店中发布谷歌的广告。这是因为，亚马逊在其许多网页上使用谷歌的付费搜索列表，而其中的许多列表会链接到玩具反斗城竞争对手的网站上。

6月

6 月初，在提起诉讼两个星期后，玩具反斗城获得了一份保护令，该令禁止亚马逊使用新技术发布其他零售商的玩具、游戏和婴儿产品。

6 月 23 日，高等法院法官玛格丽特 · 玛丽 · 麦克维将 6 月初发布的玩具反斗城保护令转变为最高初步禁止令，但该判决后来被上诉法院推翻。

6 月 25 日，亚马逊提起反诉，称玩具反斗城“长期未能”保持库存，否则它就会遵守协议。亚马逊寻求解除协议并免除 471 万美元的损失赔偿。[11]

7月

7月21日，亚马逊宣布将在苏格兰爱丁堡开设一个软件开发中心，致力于开发新的网站功能。[12] 该开发中心计划于2004年下半年投入运营，最初将雇用10人，预计到2006年底将增至40人。该开发中心将由出生于英国布里斯托尔的马特·朗德（Matt Round）领导，他过去五年一直在亚马逊美国工作。苏格兰行政机构向该中心提供了高达25万英镑的地区选择性援助赠款。这是亚马逊在美国以外开设的第一家此类企业。

7月23日，亚马逊首席技术官阿伦·韦尔默朗（Alan Vermeulen）向《信息周刊》透露，亚马逊将在未来几周发布AWS 4.0，这是在亚马逊网站上构建应用工具箱的最新版本，也是亚马逊“可编程”网站（“programmable” Website）战略的落地项目。

韦尔默朗介绍说，他们在考虑如何把在亚马逊网站上做的每一件事分解成单个的、更小的部分。从技术的角度来看，这就是一种服务。从组织的角度来看，它变成了一个有自己任务的自治团队，然后亚马逊定义接口以获得该服务，并试图巩固这个接口，使其具备永久性和稳定性。这是一种自下而上、分散式的技术构建方式，试图让所有的技术看起来像一个整体。这与传统的自上而下的方式有着根本的不同。简单地说，亚马逊有一个Web服务器工厂，在Web服务器上使用了大量的开放源码技术生产应用产品。[13] 韦尔默朗的这番话体现了贝索斯对亚马逊自身基础设施改造的设想，也显示了AWS的发展方向在逐渐厘清和重塑。

当时，贝索斯对英国计算机科学家史蒂夫·格兰德（Steve Grand）一部讲述人工智能的著作《创造》（*Creation: Life and How to Make It*）非常推崇。格兰德认为，构建智能生物的路径是设计简单的计算构建模块：基元（primitive）。正如电子产品发端于基础元件、生物体发端于基因组，高级人工智能也是从网络基元发展起来的。构建这些小模块，然后任由自然进化来改变相应设计。[14] 这本书在亚马逊高层中被反复讨论，公司自身基础架构重组计划由此逐渐清晰：将基础设施打碎成最小、最简单的原子成分，让开发人员有充分的自由度。

贝索斯曾多次宣称："开发人员是炼金师，我们的工作就是尽一切可能为他们炼金提供便利。"贝索斯发动工程师想象一切可能的"基元"，包括存储、贷款、通信、支付等，然后亚马逊依此清单组建相应的团队开始逐一实现。

随着亚马逊公司规模的迅速扩张，20 世纪 90 年代末由卡芬搭建的基础架构已经步履蹒跚，各种问题越来越多。这时，亚马逊设计了一种简单并且更加灵活的技术架构，被称为面向服务的架构体系（service-oriented architecture，下文简称 SOA）。在此框架下，任何功能或服务都可以拆解成小块，很容易更新和修补。

在落实这个方案的过程中，韦尔默朗担任了底层技术架构改造的领航者。在韦尔默朗的带领下，亚马逊的团队开始将公司的技术架构重新整合成互相关联却相对独立的不同部分。他们将这个新的代码库叫作"Gurupa"。在系统架构重组过程中，大家逐渐发现，这个需求不仅公司内部有，用户也同样有，它就是 AWS 负责开发的 API 服务。

韦尔默朗于 20 世纪 80 年代在滑铁卢大学读博士期间，帮助开创了 C++ 语言。他的朋友评价他有能力迅速理解手头的基本问题，并"摆脱无关的东西"。韦尔默朗于 1999 年加入亚马逊，2003 年起担任亚马逊的首席技术官。他曾经与人合著过《Java 编程风格》（*The Elements of Java Style*）一书，这本书在某种程度上帮他建立了"很高的极客声望"。最有趣的是，韦尔默朗住在俄勒冈州的科瓦利斯，他先是坐火车去上班，接着开车上班，后来又参加了飞行课程，并随后获得了飞行员执照。他说，"这比开车好多了"，"当我乘飞机的时候，我想'我可以自己做这件事'"，"实际上，这在智力上更有趣"。[15]

8月

8 月 19 日，亚马逊宣布将以 7500 万美元（其中包括 7200 万美元现金，300 万员工期权）收购英属维尔京群岛（BVI）公司卓越网有限公司（joyo.com Limited），预计于 2004 年第三季度完成。这一举措标志着亚马逊开始进军中国市场，卓越网将成为亚马逊第七个全球网站。

卓越网由雷军于 2000 年 5 月创立，经营卓越网的网站 www.joyo.com 和 www.joyo.com.cn。卓越网最初是一个提供程序下载到桌面电脑的网站，后来转型为一家网上书店，成为继当当之后中国第二家网上图书零售商。卓越网主要向中国消费者提供书籍、音乐和视频等商品。

雷军表示："这笔交易是对卓越网过去四年成就的肯定。我相信，亚马逊在全球电子商务方面的专长，加上卓越的创业管理团队和员工，将把中国电子商务和网购的客户体验提高到一个新的水平。"雷军在第三季度卸任卓越网的董事长一职，卓越网的管理层不变，日常业务由时任总裁林水星和副总裁陈年打理，亚马逊也会派部分员工加入卓越网工作。[16]

贝索斯表示："我们非常高兴通过卓越网进入中国市场。在相对较短的时间内，卓越网已成为中国领先的图书、音乐和视频网站，我们很高兴进入全球最具活力的市场之一。"卓越网最大股东之一、联想集团的董事长柳传志说："像亚马逊这样的世界级公司认识到卓越网在中国的机遇价值，这是非常令人高兴的。我们期待看到卓越网作为亚马逊网站的一部分变得更加成功。"[17]

同在 8 月 19 日，谷歌宣布首次公开募股，以每股 85 美元的价格发售了 19605052 股股票，筹集了 16.7 亿美元，这让谷歌拥有了超过 230 亿美元的市值。而自 2000 年开始，谷歌开始销售与搜索关键词相关的广告。广告是基于文本的，这样可以保持整洁的页面设计，并最大限度地提高页面加载速度。关键词的出售是基于价格竞标和点击率的组合，竞标起价为每点击一次 0.05 美元。这使得亚马逊一方面和 eBay 一样开始展开在谷歌上的搜索排名竞争，加强与谷歌合作，另一方面也加紧自身搜索技术的提升。[18]

9 月

9 月 15 日，亚马逊宣布 A9 网站（A9.com）搜索引擎正式上线，并称该服务将使搜索超越单纯的网页检索，让用户能够更全面地管理自己找到的信息。该搜索引擎最有特色的功能在于用户可以在 A9 网站的中央服务器上存储和编辑书签，可跟踪以前访问网页时点击的每个链接，甚至在这些页面上做个人“日记”，以便在以后的访问中查看。

亚马逊首席算法官曼伯表示，从某种意义上说，这是一个有记忆力的搜索引擎，并称 A9 网站将专注于管理书签和搜索历史等信息。他说：“这不仅仅是搜索，还管理你的信息。”[19]

A9 网站含有一个 Web 浏览器工具栏，它有一些创新功能。比如，它让用户能够在单个网页上创建即时列表，然后使用这些列表在网页之间切换；它还提供一个主页，使用户能够编辑和移动网络链接，以便日后检索。此外，A9 网站还有一个“发现”功能，根据用户的搜索结果，向用户推荐他们可能感兴趣的网站——类似于亚马逊的产品推荐功能。亚马逊还提供了一个对话框，使亚马逊购物网站上的用户能够使用 A9 网站进行网络搜索。

外界评论说，A9 网站是对搜索引擎巨头谷歌的一个挑战。但有趣的是，谷歌提供的 Web 和图像搜索是 A9 网站的信息源之一，同时 A9 网站使用谷歌搜索结果并显示谷歌关键词广告，两家公司分享广告收入。亚马逊的高管澄清说，他们近期没有与谷歌及其他搜索服务提供商进行正面竞争的计划。一些行业观察人士认为，这是一种“合作竞争”。亚马逊和谷歌在技术合作中是伙伴关系，但它们都不遗余力地争夺着用户忠诚度。[20]

10月

10月4日，AWS发布了两项新的技术服务产品。

一项产品是亚马逊电子商务服务4.0版，英文缩写为ECS 4.0。ECS 4.0前所未有地允许开发人员免费访问所有亚马逊产品类别的数据、客户评论、亚马逊网站数据库中100多万张产品图片。此外，ECS 4.0还提供了扩展搜索功能，使开发人员能够使用复杂的搜索选项构建应用程序。ECS 4.0也强化了API的其他服务，包括提供新的代码示例和帮助开发人员入门的应用程序、使开发人员更精确地发出信息请求的响应组、多操作批处理接口以及内置帮助等。[21]这些功能使AWS对于API服务的设想得以初步落地。

另一项产品是Alexa网络信息服务（Aleax Web Information Service，也称AWIS）。该服务虽然还在测试阶段，但为开发者提供了通向经Alexas网络爬虫系统搜索的超过40亿个网页、100TB数据的访问途径。AWIS特色服务包括URL（统一资源定位系统）信息网络操作、浏览类别功能、Web搜索操作、元数据爬取和网页地图等。[22]

10月8日，亚马逊宣布其德国网站所有图书、有声读物和日历免运费——无论订单价格如何，这项优惠都是无限期的。其他产品满20欧元可享受免运费服务。[23]

10月27日，亚马逊英国网站和博德斯（英国）有限公司宣布合作，双方将在亚马逊电子商务平台的支持下，为英国用户推出新的专用网站 www.Borders.co.uk。[24] 这是继在美国市场合作之后，亚马逊和曾经的对手博德斯的第二项合作协议。

在这个月，格雷格·泽尔（Gregg Zehr）带着亚马逊一小组人马搬到了 A9 的办公室。泽尔原来在 Palm Computing 公司担任硬件工程副总裁，这组人马是亚马逊新成立的数字媒体部门负责人史蒂夫·凯塞尔（Steve Kessel）雇用的第一批员工。凯塞尔 1999 年从网景通信公司加入亚马逊，一直负责纸质媒体业务，深受贝索斯器重。

贝索斯决定让凯塞尔负责这个新部门，凯塞尔对自己所做的纸媒工作比较满意。但贝索斯说："如果你两种业务都做，你永远不可能有抓住数字化的机会。你的工作就是干掉你自己的业务，我希望你假想你的目标是让所有卖实体书的人都失业。"[25] 虽然凯塞尔对硬件业务一窍不通，但他被贝索斯所感召，进而乐于接受这项挑战。贝索斯认为，如果亚马逊不提前引领电子阅读的变革，苹果和谷歌便会取而代之，时间上已经刻不容缓。

泽尔给这个团队命名为 126 实验室（Lab126），这个名字来源于亚马逊标志中的箭头，箭头从 a 指向 z 是从英文字母表中的第一个指向第 26 个。而他们要完成的艰巨任务，就是发明一种电子书阅读器，实现无纸化阅读，这项工作不仅会颠覆亚马逊自己的主流业务，也意味着图书界、出版界和人们千百年来阅读习惯的重大变革。

该团队第二年搬到了北加州帕洛阿托法律图书馆的办公室，正式开始了这项神秘而富有挑战的工作，而且 126 实验室成了亚马逊的最高机密，连亚马逊的员工都不知道有这项工程。

11 月

这个月发生了两件影响深远的大事。

第一件事是，AWS 的首个服务产品简单队列服务（Simple Queue Service，缩写为 SQS）启动使用。[26] 这是一个分布式消息队列服务，支持通过 web 服务应用程序编程发送消息，以此作为在互联网上进行通信的一种方式。SQS 旨在提供一个高度可伸缩的托管消息队列，以解决常见的生产者—消费者问题或生产者与消费者之间的连接所引起的问题。

此后不久，亚马逊 IT 架构负责人克里斯·平卡姆向丹泽尔提出要回南非和家人团聚，因为他的第二个孩子刚刚出生。而正是平卡姆提出了 AWS 架构的设想，丹泽尔当时正忙着在各地筹建开发中心，于是，他建议平卡姆去南非开普敦开一个办公室，而不是因为家庭原因离开亚马逊。他们设想可以开发一种允许开发人员在亚马逊服务器上运行任何应用程序的服务，平卡姆打算利用开源工具 Xen 来实现。

平卡姆带着他的同事克里斯·布朗（Chris Brown）一起在南非创办了软件开发中心并开始研究。平卡姆某种程度上喜欢这种宽松的、远离领导核心的工作环境。他说："贝索斯是个有趣的人，但是你不想负责他的宠物工程。他的宠爱让你分心。"[27]

另外一件重要的事情是，一群亚马逊员工被贝索斯带到一间船屋，贝索斯交给了他们一项新的挑战：找到一种更好的、比免费送货更有冲击力的方法，以此来提高用户忠诚度，并要求这个建议要在 2005 年 1 月底亚马逊财务业绩分析师发布会之前提出来。

贝索斯的这个要求起源于公司一位名叫查理·沃德（Charlie Ward）的工程师的建议。[28] 当时，只要用户愿意等，亚马逊就会为用户提供满 25 美元免费送货服务。沃德认为，有些用户实际上是愿意花更多的钱来更快收到货的，如果能成为"快速到货"购物俱乐部的成员，他们甚至可能会更经常地购物。

11 月 30 日，在假日季的第一周，亚马逊出售的电子产品数量首次超过图书，成为亚马逊网站上销售最多的商品。贝索斯说："亚马逊网站最近被领先的《消费者调查》杂志12月刊评为‘最佳电子商品购买地’。我们很高兴有这么多客户利用我们在电子商店提供的低价格、多选择和详细的产品信息。”[29]

12月

12月27日，亚马逊宣布结束了有史以来最繁忙的圣诞季。在此期间，公司刷新了单日订单量最高纪录，全球单日订单超过280万件，相当于每秒下单32件。[30]

2005年　方向

1月

1月21日，AWS宣布，软件开发人员能够首次访问亚马逊加拿大网站和亚马逊法国网站的数据和技术。连同2004年10月推出的在美国、日本、德国和英国网站上的服务，AWS已经为六个亚马逊旗下的网站同时服务。[1]

1月27日，A9网站宣布推出一项新服务“A9网站黄页”，帮助用户寻找和发现本地企业。该网站最有代表性的新技术是“街区视图”（Block View），通过展示企业及其周边环境的街景，再现其营业环境。这个想法比谷歌类似产品街景地图（Street View）发布早了两年。[2]

亚马逊秉承了其一贯的节俭作风，发起人曼伯的项目预算仅为10万美元。A9将摄影师派往了美国20个主要城市，他们使用便携设备，开着租来的汽车。新服务在发布时，仅覆盖了如纽约、洛杉矶、旧金山和西雅图等少数城市。而谷歌为获取街景地图的素材，派出的是自家装载着昂贵专业相机的卡车队，对美国各城市进行地毯式的拍摄。[3] 在该产品上线数周后，有人选择 A9 网站黄页上西雅图的 20 家企业进行抽样检测，发现在大约一半的时间里展示的照片是正确的。[4]

2月

2 月 2 日，亚马逊公布 2004 年第四季度及年度财务状况，业绩亮点体现为现金流的快速增长。受免运费和低价策略的拉动，亚马逊 2004 年的经营现金流为 5.67 亿美元，较 2003 年的 3.92 亿美元增长了 45%；自由现金流创历史新高，较上年的 3.46 亿美元增长了 38%，达到 4.77 亿美元。全年净销售额增长 31%，达到 69.21 亿美元。2004 年净利润为 5.88 亿美元，而 2003 年净利润为 3528 万美元。2004 年预计净利润为 6.39 亿美元，2003 年则为 2.56 亿美元。

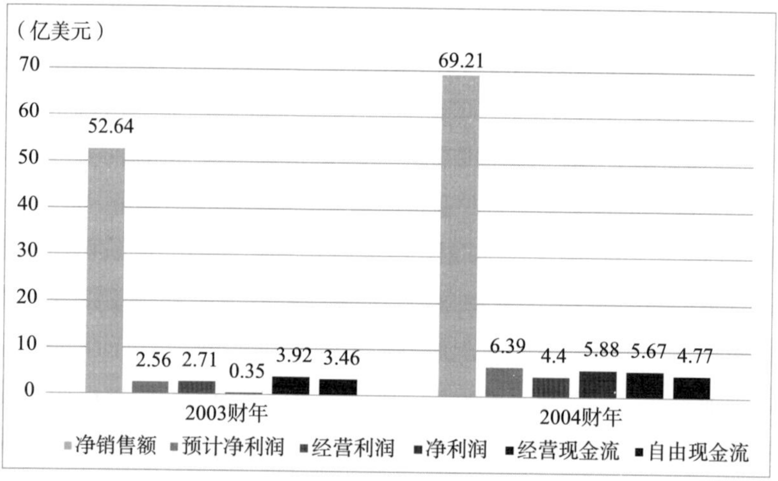

2004 财年与 2003 财年数据比较

2004 年第四季度的销售和盈利表现有显著进步，但预计净利润仍未达到华尔街预期。净销售额为25.4亿美元，较上年同期的19.5亿美元增长了31%，超出了分析师预计的24.2亿美元；净利润为3.47亿美元，远超上年同期的7300万美元；预计净利润为3.94亿美元，即每股盈利0.93美元，而上年同期为1.25亿美元，即每股盈利0.29美元。剔除一次性税务收益项目2.44亿美元，第四季度预计净利润为1.49亿美元，即每股盈利0.35美元，而汤姆森金融此前预计的是每股盈利0.4美元。

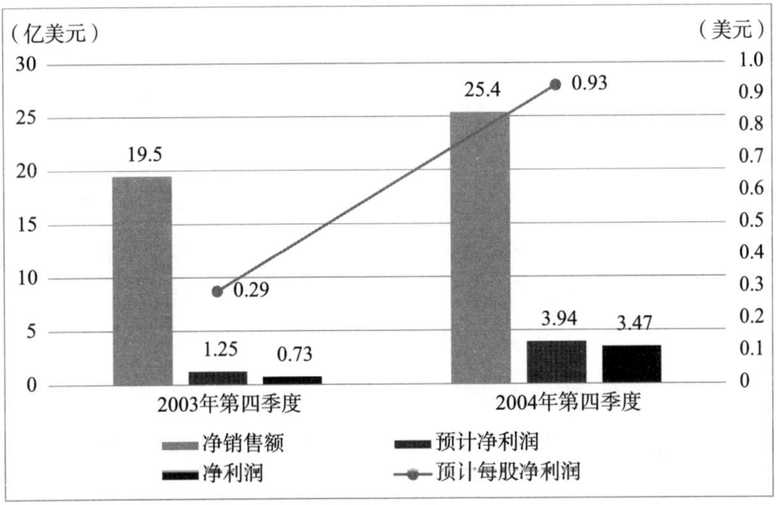

2004年第四季度与去年同期数据比较

亚马逊股价在正常交易时间下跌约1.5%后，盘后交易中暴跌近15%，至每股35.75美元。

分析师将低于预期的收益归因于高于预期的营业成本，而高营业成本归因于竞争日益激烈的线上经营环境——传统零售商已经改进了它们的网站，并对标亚马逊，推出如电子礼券和免费送货等服务。其他互联网先驱也感受到了类似的压力。在线拍卖商eBay的股价在上个月下跌了19%，此前该公司公布的利润预期低于外界预

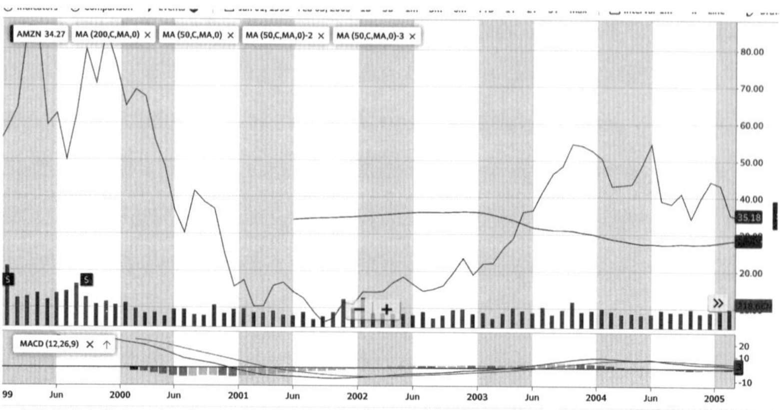

亚马逊自 1999 年初到 2005 年初业绩发布次日的股价变化
图片来源 https://finance.yahoo.com

期。美国科技研究公司（American Technology Research）的分析师马克·马哈尼（Mark Mahaney）指出："营业成本的增长超出了华尔街的预期。问题在于，亚马逊是否因为竞争压力而被迫超出预期支出。"[5]

在业绩发布会中，新发布的亚马逊 Prime 会员服务成为最大亮点。会员只需每年缴付 79 美元的固定会费，即可免费享受无限额的两天到货服务，而且无最低消费限制。[6] 亚马逊为了在这个时间点上推出该服务，特地将年度业绩发布时间推迟了一周，团队在贝索斯要求的截止时间，即凌晨三点之前，完成了各项细节。

Prime 会员制是上一年船屋策划的结果，但是，它得以成型的条件却积蓄已久。从营业理念上，亚马逊管理层一直在致力于消除"运费"这道网购的门槛，近年来逐步推出各项免费送货试验。能够推出会员制，也得益于亚马逊扎实的基础设施。亚马逊日益完善的订单履行体系构成了支撑这个项目的底层架构。

首先，威尔克的团队在履行中心建立了可以快速分拣、包装、运输优先级包裹的系统；其次，德国和英国公司对于邮寄 DVD 业务建立了会员订阅工具，这项工具经改进很快被推广到美国。Prime 会员制要做的就是把前期所有这些投入整合起来。

在最后的决策上，贝索斯力排众议是 Prime 会员制得以实施的直接原因。最关键的一个问题是如何确定会员费的价格，考虑的方案包括 49 美元和 99 美元。贝索斯选择了 79 美元，因为要达到一个临界点：让用户感觉不是一笔大钱因而愿意尝试。不过，由于没有任何先例，而且实际上的运行费用又确实很高，在做基本测算时，成本已经超过了一年 79 美元的水平，因此，贝索斯的提议遭到了管理层的集体反对。

皮亚琴蒂尼说："尽管每个单独的财务分析都证明两天免费送货实在是太疯狂了，但我们还是做了这个决定。从很多方面来看，当时这项决定都是'基于信念的行动'。"[7] 贝索斯在回忆 Prime 会员服务的想法时也承认，说："你必须用心和直觉，要承担风险。所有好的决定都是这么做出来的。"[8]

贝索斯认为，"亚马逊 Prime 会员服务是'自助餐式'的快递服务，尽管短期内会增加费用，但从长期来看，这将推动需求的增长。有了亚马逊 Prime，就没有最低消费的顾虑，也没有合并订单的问题，两天送货变成了一种日常体验，而不是偶尔的放纵"。[9] 事实正如拉温德兰（Ravindran，后任《华盛顿邮报》的数字化总监）评论的那样，"绝不是 79 美元的问题，这实际上是对人们思维方式的改变，这样他们就不会去其他地方买东西了"。[10] 亚马逊开始用这种方式构建独特的生态系统和盈利模式。

同一天，亚马逊还宣布，到 2005 年 3 月 7 日将提前赎回原本 2010 年到期的利率为 6.875% 的 2 亿欧元次级可转债的本金（按 2005 年 1 月 31 日欧元兑美元汇率计算的 2.61 亿美元），加上包括 2005 年 2 月 16 日至 3 月 6 日在内的累计未支付利息。[11]

3月

3月11日，亚马逊决定支付2750万美元，通过协议的方式，了结2001年3月的那场股东集体诉讼。[12] 该诉讼指控亚马逊在三年时间里对其财务健康状况做出虚假或误导性陈述，在此期间，亚马逊股价跌至不到其市值的一半。这起诉讼指责亚马逊及其三名高级官员——贝索斯、詹森和加利，特别指责亚马逊未披露从其合作伙伴处获得的补偿是价格可疑的股票而不是现金。如果得到法院的批准，和解协议将把这笔钱，在扣除税金和原告律师费后，分配给那些在1998年10月29日至2001年10月23日期间购买了亚马逊股票的投资者。

亚马逊发言人史密斯表示："我们达成和解是为了避免继续诉讼的费用和负担。和解符合公司股东的最大利益。"

4月

4月4日，亚马逊宣布收购了BookSurge公司。BookSurge是一家位于南卡罗来纳州查尔斯顿的无库存图书印刷和销售公司，有数千种图书的目录，图书可以按需印刷，并在亚马逊网站上出售。

该公司出版了许多绝版图书，也允许作者自行出版他们的书。亚马逊媒体产品副总裁格里利表示："我们与BookSurge的新关系将为亚马逊用户提供其他渠道无法提供的书，让用户有更多的选择。"BookSurge的目录里包括一些其他语种的图书，如畅销书《达·芬奇密码》(阿拉伯语版本)。

4月5日，贝索斯发表新一年的股东信。在信中贝索斯对"自由现金流"这个概念做了深入讨论。这与1997年第一封信中强调的

“自由现金流至上”的理念形成呼应。

4月15日，亚马逊收购了巴黎软件公司 Mobipocket SA。这是一家电子书销售商，专门销售让顾客在电脑和手持设备上下载和阅读书籍的软件。亚马逊此前在其网站上提供的电子书和100多万份电子文档，使用的都是来自微软公司和 Adobe 系统公司的软件。收购 Mobipocket SA 后，亚马逊就有机会用自己的软件，使产品分销方式多样化，而不必依赖第三方供应商。[13]

4月28日，在收购卓越网7个月后，亚马逊宣布王汉华加盟公司并担任中国区 CEO。王汉华曾任摩托罗拉亚太区副总裁、手机业务及销售总经理。

5月

5月6日，亚马逊一站式婚礼服务上线，为新人提供婚礼登记和婚庆建议，同时在亚马逊网站上提供大量的产品以供选择，包括从瓷器到摄像机等。[14]

6月

6月15日，亚马逊宣布已经与 UPS 和美国邮政局合作，将在7月16日星期六，即《哈利·波特与混血王子》公开发行的第一天，向全美哈利·波特的粉丝派送，并表示虽然距离正式发售还有一个月时间，但预售量已经达到56万册。[15]

7月

7月6日，亚马逊宣布收购 CustomFlix Labs 公司，后者是一家根据需求生产 DVD 的小公司。亚马逊不愿透露交易条款。三个月前，亚马逊刚刚收购了从事图书按需出版业务的 BookSurge 公司。[16]

CustomFlix Labs 位于加州圣克鲁斯，成立于 2002 年，公司将电影或电视节目的拷贝转换成数字文件，进行压缩处理，并为章节和特殊功能创建菜单。当有人订购 DVD 时，该公司会做一份拷贝，组装包装，然后出货。美盛集团的高级分析师斯科特·德维特（Scott Devitt）说，随着完成对 CustomFlix Labs 和 BookSurge 的收购，亚马逊“在文本和视频分销方面几乎跳过了中间商”。

7月16日美国西部时间晚上5点，亚马逊10周年庆典在西雅图金碧辉煌的贝纳罗亚音乐厅隆重举行。活动由 HBO《马赫脱口秀》的主持人比尔·马赫（Bill Maher）主持，还请来了美国著名的创作型歌手鲍勃·迪伦和歌手诺拉·琼斯。鲍勃·迪伦从 1961 年发布首张专辑开始，在流行音乐界和文化界引起了很大影响，而他的大多数著名作品都来自 20 世纪 60 年代的反抗民谣，他被广泛认为是美国当时新兴的反叛文化的代言人。这场声势浩大的活动虽然不公开售票，但在亚马逊网站上向全球用户直播，与此同时亚马逊随机选取了一些用户的订单，由演员、音乐家、运动员或者作家亲自进行“特别配送”。

庆典背后，外界对亚马逊历经 10 年成长后的前景看法不一，更多的是质疑和担忧。当时，谷歌正是华尔街的新宠，在上市不到一年的时间里市值已经是亚马逊的四倍多。这引来越来越多的人对亚马逊薄利多销的营运模式提出质疑。在接受投资研究和数据服务公司 Thomson First Call 调查的 23 位金融分析师中，有 18 位对亚马逊的股票进行了持有或卖出评级。[17] 也有人认为，现在贝索斯应该让位，像之前许多科技公司那样，找一个受过专业训练、有深厚运营背景的CEO来掌舵。[18]

有人以雅虎为例。雅虎的创始人大卫·费罗和杨致远仅仅在经营公司几个月后，就聘请了一位职业经理人来接任CEO一职。eBay和谷歌也采取了同样的做法。此外，很多投资者对亚马逊的股价表示不满。有人看到了日益激烈的竞争，有越来越多像网上购物平台overstock.com这样的竞争对手出现。这些由实体巨头建立的网站都给亚马逊的盈利带来了压力。[19]

在股价表现上，亚马逊则被拿来和当年一起主导电子商务的eBay做比较。eBay的业绩和股价已经超过了互联网泡沫时代的高点，但亚马逊的股价却仍比1999年12月创下的每股113美元的股价高点低了约70%。公司股价在7月8日收于每股34.74美元，继2004年下跌16%之后，2005年已经下跌了近22%。有些人戏称应该把Amazon.com改为Amazon.con。“con”在英文中的意思是不好、反对。

贝索斯对这些评论一笑置之，在接受媒体采访时说：“我们的股票正在经历各种波动，当然，你可能还记得，不仅仅是我们的股票。

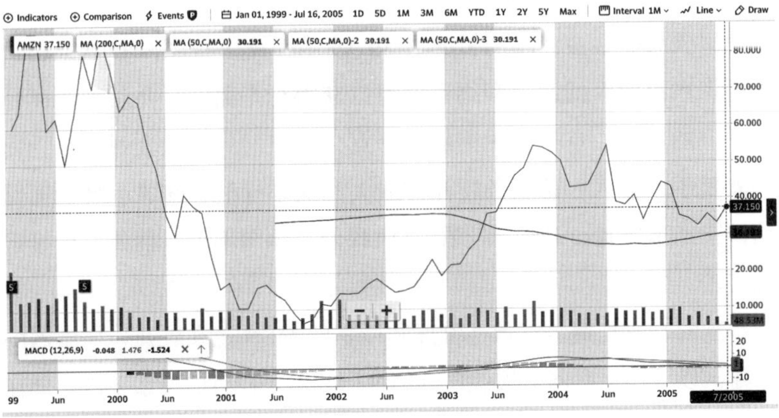

2005年成立10周年时亚马逊股价未恢复到历史水平
图片来源：https://finance.yahoo.com

亚马逊的表现经常低于华尔街的预期，就像我们在过去四个季度中的三个季度一样。不过，尽管股价直线下跌，我们的收入却在继续增长。那些专注于我们公司的人，明白亚马逊业务基本面正在逐年改善。”贝索斯嘲笑怀疑论者说，亚马逊拥有极好的客户服务，并且有精彩的创新，比如“一键下单”等。他说：“我们做出了自己的决定，对结果非常满意。”与昨天相比，贝索斯更喜欢谈论明天。[20]

在亚马逊内部，贝索斯和其他高层的确在为公司的发展路径不断探索和努力。贝索斯在创业时就将亚马逊定位为一家科技公司，而不是一家零售商。但是，当下亚马逊似乎还没有足够支撑这一目标的明显成果，至少在外界看来还没有。

8月

8 月 16 日，亚马逊在此前 A9 网站黄页“街区视图”的基础上推出了地图功能，并表示即将推出 A9 网站地图测试版，让人们查看所在地的街道照片，并获得行车路线。[21]

这项服务集成了交互式地图和 A9 的“街区视图”技术，用户通过点击地图上的起点和终点便可以获得行车路线，并看到光标位置对应的照片。点击地图上的一个点，相应的地址就会弹出来，而不需要手动输入。该服务还允许放大和缩小导航，并显示哪些道路拍摄了街道照片。乌迪 · 曼伯说：“我们让地图不那么抽象，更接近现实。”

当时，亚马逊、谷歌、雅虎和微软的 MSN 正在展开一场激烈的竞赛，以求在互联网上提供最好的地图和基于位置的搜索工具。就在前一个月，MSN 推出了“虚拟地球”测试版，谷歌也推出了自己的“混合”网站，展示在道路地图上叠加位置的鸟瞰图。

在这个月，贝索斯曾经到内华达州亨德森去拜访一家叫 Zappos 的公司，并且表示了收购的意向，但被坚定地拒绝了。

Zappos成立于1999年，由英国人尼克·斯威姆（Nick Swinmurn）与美籍华人谢家华、林君睿在旧金山共同创办。谢家华和林君睿用他们的投资公司 Venture Frogs 向 Zappos 投入了 50 万美元作为初始投资，而谢家华在互联网泡沫时个人出资 150 万美元，让这家网站避免了破产，并于 2001 年担任该公司的 CEO。

2004 年，Zappos 得到了红杉资本 4800 万美元的投资，业务逐渐步入正轨。谢家华的管理理念很多与贝索斯如出一辙，最主要的是他非常强调客户体验。该网站的客户可以在一年内免费退货，并且可以一次性订购 4 双鞋，试过之后再保留满意的一双，其他的退回。对美国主要大城市的客户，它都可以在两天内免费送货。

Zappos 的销售额从 2001 年的 860 万美元上升到 2004 年的 1.8 亿美元，2005 年已经增长到 3.7 亿美元。亚马逊的高层认为可以出资 5 亿美元收购 Zappos，但贝索斯认为不值这个价。[22]

9 月

9 月 13 日，亚马逊宣布计划于 2005 年晚些时候在华盛顿州肯纳威克开设一个客户服务中心。该中心每周运营 7 天，预计在未来几个月内将创造 120 个新的客户服务职位。[23]

9 月 14 日，AWS 和微软在微软职业开发者大会上联合举办了微软“Visual Studio 2005/Amazon Web Services Developer”大赛。截至 2005 年 12 月 31 日，软件和网络开发人员将通过使用 Visual Studio 2005 工具集来构建创新的创业应用程序，以竞争奖项，这些应用程序使用了来自 AWS 平台的产品数据和技术。[24]

10月

10 月 11 日，Alexa Internet 在 AWS 上正式推出 AWIS。

Alexa Internet 是亚马逊在 1999 年收购的，由布鲁斯特·卡勒（Brewster Kahle）和布鲁斯·吉利亚特（Bruce Gilliat）于 1996 年 4 月创立。公司取名 Alexa 是为了向埃及托勒密王朝的亚历山大图书馆致敬，亚历山大图书馆是当时世界最大的知识宝库，而互联网将有望成为类似那样的知识宝库。

在被亚马逊收购之前，Alexa Internet 的专长是提供每个被访问网站的来龙去脉：谁注册了这个网站、这个网站有多少页面、有多少其他网站指向它，以及网站的更新频率等，由此来追踪网站的访问记录，并且向这些访问者推荐他们可能感兴趣的其他东西。Alexa Internet 的业务后来发展到用网络爬虫对网页进行归档。1998 年，该公司向美国国会图书馆捐赠了一份 200 万兆字节的档案副本，并继续为互联网档案馆提供网络爬虫服务。[25]

当以 2500 万美元收购这家公司的时候，亚马逊并没有透露收购该网站的具体目的，也许它当时对如何整合这家公司的目标和应用场景并不是太明晰，但在 5 年后，这个收购展现出了价值。

10 月 21 日，亚马逊宣布将在印度金奈开设一个软件开发中心，研发如何创新网站功能。[26] 此前，亚马逊已经在印度班加罗尔开设了一个软件开发中心，这也是亚马逊继 2004 年以来在苏格兰爱丁堡、南非开普敦和印度班加罗尔之后，在全球设立的第四个软件开发中心。

10 月 27 日，亚马逊宣布结束与 Drugstore.com 的订单履行服务协议，但仍保留其 14% 左右的股份以及在 Drugstore.com 董事会的席位。亚马逊负责消费品的副总裁道格·赫林顿（Doug Herrington）说：“我们现在已经与大多数主要品牌建立了直接的关系，包括宝洁公司、强生、联合利华、拜耳、葛兰素和其他几十个品牌。直销可以让我们以更优惠的价格采购更多产品，从而为客户提供更多价值。”[27]

11 月

11 月 2 日，亚马逊推出了机器土耳其人（Mechanical Turk，也称 MTurk）。[28] 这是一个众包网站，帮助企业远程雇用“众包工作者”来执行零散的按需任务。这些任务大多是计算机无法有效完成，而人类可以轻松解决的，比如识别图像或视频中的特定内容、撰写产品说明、回答问题等。雇主发布“人类智能任务”，设定工资，工人们（通常被称为 Turkers）接受并完成工作，获取报酬。为了便于放置作业任务，请求程序使用了开放的 API 。

这项服务最初是由文基·哈里纳拉扬（Venky Harinarayan）在 2001 年提交的一项“人机混合计算安排”专利中构思的。亚马逊创造了“人工智能”（artificial intelligence）这个术语，指的是将计算机程序的某些部分外包给人类的过程，因为这些任务由人类执行的速度远远快于计算机。哈里纳拉扬是 Junglee 公司的联合创始人之一。1998 年 8 月，该公司被亚马逊以 2500 万美元收购了 160 万股的股份，而哈里纳拉扬加入了亚马逊，负责开发“市集”项目。而收购时，亚马逊看中的是 Junglee 虚拟数据库的比价功能。

“机器土耳其人”这个名字的灵感来自 18 世纪的象棋“机器人”“土耳其人”（The Turk）。这个“机器人”由沃尔夫冈·冯·肯佩伦制造，在欧洲巡回演出，击败了拿破仑和本杰明·富兰克林。后来人们发现，“土耳其人”根本不是机器人，实际上是一位藏在棋盘下方柜子里、控制人形假人运动的国际象棋大师。[29] 机器土耳其人在线服务使用隐藏在电脑界面背后的远程人工来帮助雇主完成那些用真机器不可能完成的任务。

11 月 3 日，亚马逊宣布了两项创新计划，新计划在此前推出的“书内搜索”基础上，使客户能够在线访问任何页面、章节或书籍，甚至整本书。第一个项目叫“亚马逊页码”（Amazon Pages），允许客户仅购买他们需要的图书页数，不捆绑销售。第二个项目叫“亚马逊升级”（Amazon Upgrade），客户在亚马逊网站上购买实体书后，还可以获得电子版访问权限。[30]

11 月 7 日，亚马逊宣布将在罗马尼亚首都布加勒斯特和雅西开设软件开发中心。[31]

11 月 10 日，亚马逊卓越网被中国电子商会呼叫中心与客户关系管理专业委员会授予 2005 年度卓越客户体验奖与卓越管理创新奖，也是唯一获此殊荣的 B2C 电子商务网站。[32]

11 月 30 日，亚马逊卓越网宣布将免运费服务的门槛从 200 元大幅降低到 99 元。这项测试预计将持续 3~6 个月，测试结束后，亚马逊卓越网决定是否将这一服务永久化。[33]

12 月

12 月 26 日，亚马逊宣布完成了有史以来销量最好的假日销售季，Delight-O-Mete 记录显示首次订单量超过 1.08 亿件。在 12 月 12 日这一天，单日销售 360 万件商品，相当于每秒销售 41 件，创造了新的单日销售纪录。[34]

在这个月，亚马逊不得不面对一个问题，就是谷歌将目光瞄向了 A9 最宝贵的资产——乌迪 · 曼伯。谷歌当时在搜索引擎上的热度已经让 A9 望尘莫及，谷歌有几百人的研发团队，而亚马逊这边，曼伯的团队只有十几个工程师，力量单薄。这时，A9 的搜索引擎被很多人看作是一场失败的实验。[35]

对于谷歌的邀请，曼伯最开始拒绝了。他和贝索斯在几年间已经建立了很深的默契和信任。但同时，曼伯也在权衡——谷歌的研发条件和丰厚报酬的确诱人，而 A9 除了研发的困境，工作中的人际关系问题也让曼伯感到不快。杰弗里·霍尔登（Jeffrey Holden）是 A9 的另一位支柱性人才，也是贝索斯在 DESCO 的同事。霍尔登是一位少年黑客天才，比亚马逊管理团队里任何人都更资深，他和贝索斯的个人关系也被公认极好。霍尔登一开始非常支持曼伯主持 A9 的研发工作，但在工作过程中发现他们的理念不合，于是拉人另起炉灶，秘密地利用开源工具 Lucene 和 Solr 为亚马逊搭建另一套搜索引擎系统。

霍尔登非常自信地请求贝索斯支持他进一步完善基于 Solr 的搜索引擎。贝索斯没有立即答应，而曼伯知道后却非常不满，认为霍尔登在背后跟自己抢地盘。这场搜索引擎的争斗在曼伯和霍尔登的心里都形成了很深的芥蒂。[36]

2006年　科技之翼

1月

1月10日，亚马逊官网表示，卓越网已经是世界上最大的中文书店，[1]上面提供的书籍、音乐、视频和DVD产品多达30万种，其中图书超过10万种、有34个大类。卓越网还将让满99元免运费这个服务常态化。

1月13日，Alexa Internet在AWS推出了Alexa顶级网站（Alexa Top Sites）服务。[2]软件和网络开发人员使用该项服务，可以访问

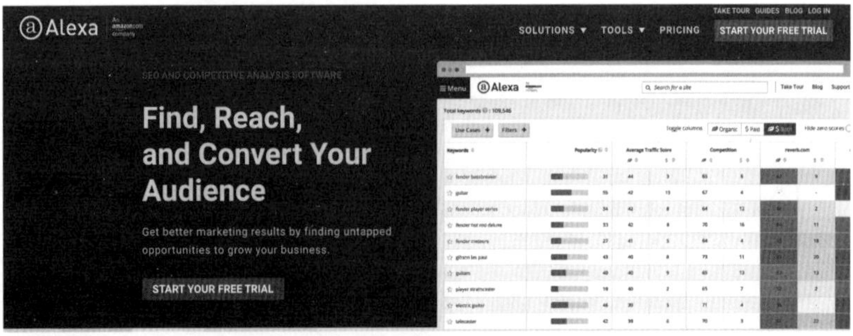

Alexa Traffic Rank 的网站排名列表（Aleax 官网截图）

Alexa Traffic Rank（Alexa 流量排行）的网站排名列表，进而将这些数据用于产品和服务，如广告投放决策等。

1 月 19 日，亚马逊宣布它的首档原创节目《亚马逊鱼缸与比尔·马赫》，将从 6 月 1 日开始每周四晚上在亚马逊网站主页上直播。这个脱口秀节目由 UPS 赞助、喜剧演员比尔·马赫主持，每集 30 分钟。每集会为随机挑选的顾客呈现一个令人惊喜的 UPS 特殊投递。这个节目一共播出了 12 集。[3]

在这个月的一天晚上，在帕洛阿尔托市中心一家叫作 Il Fornaio 的意大利餐厅里，谷歌员工精心策划了一场会面。拉里·佩奇和亚马逊的首席算法官、A9 负责人曼伯先后进入餐厅，谢尔盖·布林中途加入，而谷歌 CEO 埃里克·施密特则在吃甜点的时候出现。这场会面坚定了曼伯离开亚马逊的想法。除去丰厚的报酬，加入谷歌顶尖的网络团队对任何像曼伯这样的人来说都极具吸引力。[4]

2 月

2 月 2 日，亚马逊公布了 2005 年第四季度和全年财务情况。全年净销售额为 84.90 亿美元，净利润为 3.59 亿美元，每股净利润 0.81 美元。2005 年的自由现金流较上年的 4.77 亿美元增长了 11%，达到了 5.29 亿美元，首次突破 5 亿美元，这也是亚马逊当时引以为傲的业绩亮点。

第四季度净销售额和全年净销售额均维持了增长态势，分别较上年同期增长了 17%、23%，达到 29.8 亿美元、84.9 亿美元。由于在税收优惠上存在着 2 亿多美元的差额，第四季度净利润和全年净利润均较同期有明显下滑，分别同比下降了 43% 和 39%，至 1.99 亿美元、3.59 亿美元。

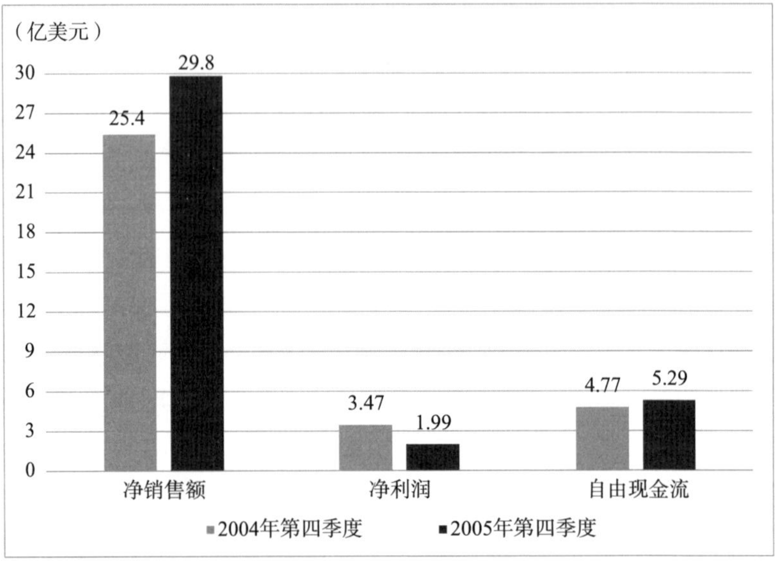

2005 年第四季度与去年同期数据比较

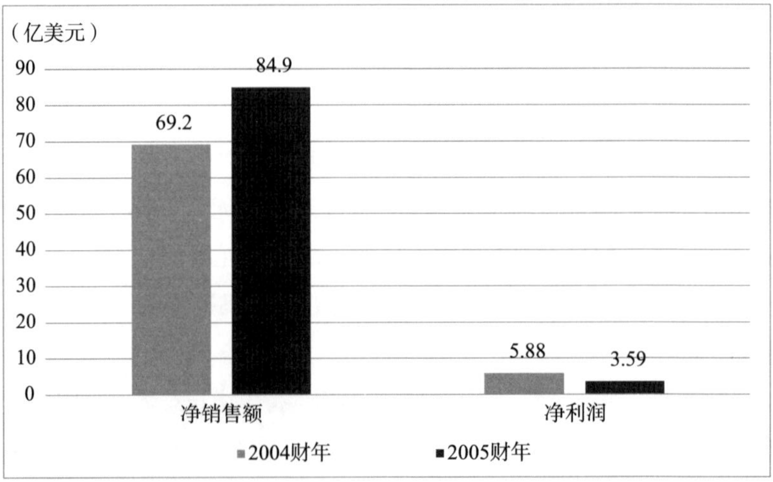

2005 财年与去年同期数据比较

但贝索斯表示，从 11 月到 12 月，亚马逊 Prime 会员服务的订阅量增长了一倍多。

亚马逊同时宣布，将于 2006 年 3 月 7 日赎回 2.5 亿欧元（折合 3.04 亿美元）的本金，其中包括 2010 年到期的、利率为 6.875% 的次级可转换债券的本金，以及 2006 年 2 月 16 日至 3 月 6 日期间累计未支付的利息。[5]

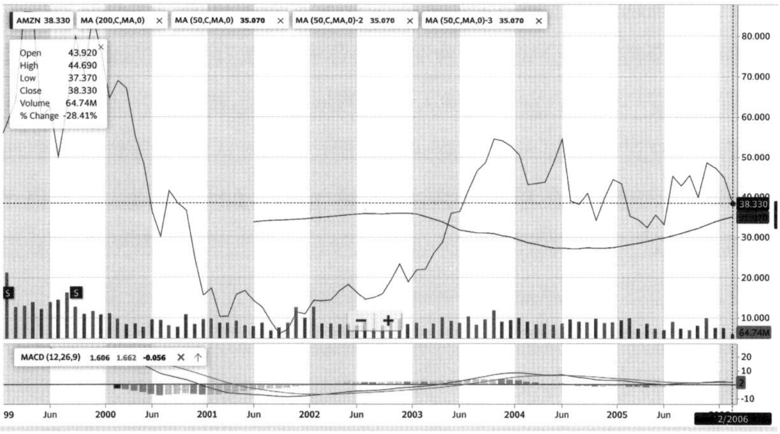

亚马逊 2006 年初的股价仍未回归到历史水平

图片来源：https://finance.yahoo.com

2 月 7 日，A9 的负责人曼伯离开亚马逊加入谷歌。[6] 亚马逊没有直接公开此消息，但宣布戴维 · 田纳豪斯博士（Dr. David Tennenhouse）为 A9 的新任 CEO。

田纳豪斯是一位技术专家和经验丰富的管理者。加入 A9 前，他在英特尔公司担任公司技术集团的副总裁和研究总监。加入英特尔之前，田纳豪斯是美国国防部高级研究计划局信息处理技术办公室主任，指导了多个领域的项目，包括搜索、数据挖掘、信息管理、机器学习和分布式计算。[7]

2 月 27 日，亚马逊宣布收购 shopbop.com。这是一家为女性提供时尚服装、鞋子和配饰的零售商。Shopbop.com公司成立于2000年，位于美国威斯康星州的麦迪逊，当时已成长为领先的在线时尚零售商，销售品牌包括马克·雅可布、橘滋和 Diane Von Furstenberg 等。

这项收购被视为亚马逊面对快速扩张的在线时尚市场所做的持续努力。长期以来，亚马逊一直努力进入时尚领域，依靠第三方零售商如诺德斯特龙百货公司和梅西百货公司来扩大产品范围，但这些合作方都已越来越侧重于投入自家网站，强化独立品牌形象。

弗雷斯特研究公司零售业分析师苏查丽塔·穆尔普鲁指出："长期以来，亚马逊一直在努力进入时尚领域，但一直在挣扎，因为许多品牌认为它过于依赖大众渠道。"[8] 此时，shopbop.com 每年的销售额为 2000 万至 3000 万美元，并在美国建立了在线时尚网络，自然很受亚马逊青睐。

3月

3 月 2 日，玩具反斗城赢得了 2004 年 5 月对亚马逊提起的诉讼。新泽西州高级法院玛格丽特·玛丽·麦克维法官以一份 133 页的判决书裁定，亚马逊违反了 2000 年 8 月的合同，损害了玩具反斗城制定战略的独特地位和能力。法院允许玩具反斗城建立自己的网站，并终止了其在亚马逊网站上产品的销售。[9]

3 月 14 日，AWS 简易存储服务（Simple Storage Service，也称 S3）面市。[10] S3 提供了一个简单的 Web 服务界面，可用于随时从 Web 的任何位置存储和检索任何数量的数据，从而让开发人员访问可伸缩数据存储基础设施。这是 AWS 最早具有可伸缩性元素的服务，而亚马逊正是使用这些基础设施来运行自己的网站。

AWS 副总裁安迪·贾西表示，S3"帮助开发人员摆脱了对数据存储位置的担忧，以及这些数据是否安全可靠、在需要时是否可用、与服务器维护相关的成本，或者是否有足够的可用存储空间等问题”。[11]

贝索斯对 S3 的研发非常关注，两年来经常询问开发人员细节并且不断要求工程师简化底层架构。负责这项工程的艾伦·阿特拉斯（Alan Atals）和十几位工程师每次和贝索斯开会都会心惊胆战，因为他不仅会毫不客气地指出问题，而且会对低于他预期的工作大发脾气。十几个工程师则是尽可能地待在办公室里，每天一起吃午饭，晚上下班后一起打牌，近乎与世隔绝。

S3 在发布后的几个月里并没有引起太大关注，有一次系统瘫痪了 9 个小时，外界竟然没什么人察觉到。[12] 这一状况一直持续到几个月后，AWS 的代表性产品 EC2（Elastic Compute Cloud，弹性云计算）推出测试。

与此同时，亚马逊高层开始讨论 AWS 整体业务的负责人问题。[13] 贝索斯提议由时任首席技术官的阿尔·韦尔默朗来负责，但韦尔默朗认为自己不适合做行政工作，只想安心搞技术。丹泽尔于是推荐了安迪·贾西。贾西 1997 年从哈佛大学毕业后加入亚马逊，曾在亚马逊内部担任过一个令人羡慕的角色——“技术助理”①，在 2003 年作为贝索斯的“影子”顾问，跟随他出席了所有的会议，包括一对一式的会议。

贝索斯在 20 世纪 90 年代末就开始采用“技术助理”这种方式来培养新入职的高管，比如 DESCO 的工程师约翰·欧文德克（John Overdeck）和 Accept.com 的创始人丹尼·沙德尔（Danny Shader），但“技术助理”从来没有过全职的角色，自贾西之后这个职位开始固定下来。“对我来说，能够看到贝索斯每天如何工作，是很有价值的。”

① 正式的职位名称为“技术顾问”（technical adviser）。

贾西说,“贝索斯是一个非同寻常的领导者，有着令人难以置信的天赋，在这 18 个月里我学到了很多。”[14]

自他之后，这个“贝索斯影子”的角色被认为是“准参谋长”。有了这样一个角色，贝索斯不仅可以有一个随时讨论重要问题的得力助手，还由此培养了深谙其领导思维且具有相当稳定性的核心管理层团队，这样的管理层团队后来被称为“S team”。

当时，亚马逊的高层对 AWS 的未来和贝索斯的热情投入，意见是不统一的。董事会成员、资深投资人约翰·杜尔便提出了“健康的怀疑”（healthy skepticism）。在当时的情况下，很多人都会问：“亚马逊目前很难雇到工程师，还要加快国际扩张，为什么要搞这个与核心业务看上去毫无关系的事？”贝索斯回答说，因为他们自己也需要 AWS，而这背后有着极大的市场需求。约翰·杜尔私下里对贾西说：“你真是非常幸运，可以在敢于这么大胆地做投入的公司里工作。”[15]

3 月 21 日，亚马逊宣布计划于 2006 年第三季度在德国萨克森的莱比锡开设一个新的物流中心。新物流中心将在未来 36 个月内创造多达 400 个长期工作岗位。[16]

4 月

4 月 12 日，亚马逊服务公司和美国畅销手表品牌天美时宣布合作，天美时将使用亚马逊的解决方案来支持其新的在线服务。根据两者的多年协议，亚马逊将利用其技术和电子商务方面的专业知识，开发和管理一个天美时冠名的网站。[17]

4 月 21 日，贝索斯随 2005 年年报发送了股东信。这封信提到了亚马逊战略决策的特点：如何平衡好数据模型的定量分析和凭借直觉及经验甚至冒险精神做出决定。这也是亚马逊公司文化的一个组成部分。

5 月

5 月 4 日，A9 的另一位天才工程师霍尔登被媒体爆出已经离开亚马逊，创办了自己的公司 Pelago。霍尔登在亚马逊工作了近 10 年，担任过消费者应用程序高级副总裁和供应链系统总监等职务，最近几个月创办了这家新公司。他拒绝谈论有关创业公司的细节，称“在达到某些里程碑之前，我们有充分的理由保持秘密状态”。[18]

在官方消息里，亚马逊对此事没有提及，但霍尔登和曼伯有矛盾是导致他另立门户的直接原因。事实上，在曼伯离开亚马逊之前，霍尔登已经向贝索斯提出了辞职。[19]

6 月

6 月 6 日，趁着根据劳伦·维斯贝格尔的畅销书改编的新电影《穿普拉达的女王》的热度，亚马逊推出了“穿普拉达的女王”精品店（www.Amazon.com/devilwearsprada）。这部电影在 6 月 30 日上映，汇集了梅丽尔·斯特里普和安妮·海瑟薇等明星。[20]

7 月

7 月 5 日，亚马逊宣布其新的玩具和婴儿用品商店开业。亚马逊官网称这是有史以来亚马逊网站上关于玩具和婴儿产品有最多选择的地方，而且玩具和婴儿产品第一次可以享受免费邮寄，消费者在购买时可以省下更多的钱。[21] 这一天距离亚马逊终止与玩具反斗城的合约仅 4 个月。

7 月 17 日，亚马逊宣布推出新的杂货商店（www.Amazon.com/Grocery），提供多种选择且免费送货。[22]

7 月 18 日，塔吉特和亚马逊企业解决方案公司（Amazon Enterprise Solutions）宣布将现有的电子商务合作进一步延长，时间至 2010 年 8 月。根据修订后的协议条款，亚马逊将继续提供全面的电子商务技术解决方案，此外还将提供塔吉特网站的部分订单履行和客户服务业务。[23]

7 月 31 日，亚马逊推出了图书馆处理服务，使其图书馆机构用户能够收到机读编目格式标准记录（Machine-Readable Cataloging，也称 MARC）。这种端到端处理服务将大大减少图书馆的管理费用，并减少从“箱子到书架”的时间，以便图书馆读者能够更快地获得新订购的媒体书目。[24]

8 月

8 月 24 日，亚马逊 AWS 的核心产品 EC2 面市。EC2 是一个在云中提供可调整计算能力的网络服务，其设计目的是让开发人员更容易地进行网络规模的计算。正如亚马逊 S3 支持在云中存储一样，亚马逊 EC2 支持在云上进行计算。

亚马逊 EC2 的简单网络服务接口允许开发人员以最小的阻力获得和配置服务器容量。[25] 这实际上允许开发人员在亚马逊的系统上远程运行程序，与 S3 相得益彰，形成协同效应，EC2 仅在测试阶段就使得原本无人问津的 S3 突然备受欢迎。据主要研发人员之一克里斯·布朗（Chris Brown）回忆，亚马逊先在美国东岸开放第一批服务器给用户，在准备开放给西岸用户之前，东岸的开发人员已经把第一批资源占满了。[26]

EC2 之所以如此吸引人，除功能方面的吸引力之外，它的商务模式也有优越性。亚马逊 EC2 让计算更经济，允许用户只为实际使用的容量支付费用。用户可以随时根据需要来增加或减少他们的消费需求。贝索斯把这个营业模式比做发电和用电的关系。他说："最合适的类比是电网。回到 100 年前，如果你想用电，就得自己建一个小型电厂，很多工厂也是这么做的。当电网出现后，大家就抛弃了原来的发电站，开始从电网购电，这就合理多了。这就开启了基础架构计算（infrastructure computing）的模式。"[27]

EC2 的定价是关键决策。贝索斯再次展现了其敏锐的商业直觉和长期主义的底层思维。当时，EC2 的一位研发工程师威廉·范·比林（Willem van Biljon）曾建议将 EC2 应用实例定价在每小时 15 美分，贝索斯在高管会前将定价单方面改到了每小时 10 美分。当威廉·范·比林提醒他说这样做意味着在很长时间都会亏钱时，贝索斯回答说"很好"。

贝索斯认为，亚马逊在成本结构和能力方面具有天然的优势，能够在低利润的氛围中生存下来。他怀疑像 IBM、微软和谷歌这样的公司会犹豫是否进入这些市场，因为这会压低它们的整体利润率。贝索斯认为，高利润率为竞争对手投入这个方面的研发提供了合理的依据，因而会吸引越来越多的竞争对手；而低利润率则吸引了用户，因此更具防御性。

亚马逊刻意的低价策略得到了实践中的成功。谷歌董事长埃里克·施密特说，至少过了两年，他才注意到，他访问过的几乎每一家创业公司的创始人都告诉他，他们正在亚马逊的服务器上构建自己的系统。施密特表示："突然之间，全部都是亚马逊的业务。当每个快速增长的公司都在你的平台上开启业务时，你就会获得巨大的收益。"[28]

直到2010年，微软才发布了类似的云服务Azure。2012年，谷歌发布了自己的搜索引擎Google Compute Engine，作为谷歌云平台的基础设施即服务（Infrastructure as a Service，也称IaaS）组件。亚马逊的低价策略让EC2开拓早期市场时占得先机，低价将竞争对手挡在了门外。

遗憾的是，EC2的主要开发者克里斯·平卡姆在EC2面市后不久就离开了亚马逊，开创了自己的新公司Nimbula，专注于云计算软件的开发。[29]

8月28日，亚马逊宣布，董事会授权在未来24个月内，通过一次或多次公开市场交易、私下协商交易、投资银行机构结构化交易或上述交易的组合，回购了上限为5亿美元的公司普通股。该计划允许亚马逊根据市场价格回购其股份。如果亚马逊认为其股票价值被低估了，就可以回购。[30]

9月

9月7日，Prime视频（Prime Video）在美国以Amazon Unbox的形式首次亮相。这是一项新的数字视频下载服务，为用户提供大量电视节目、电影和其他视频内容。Unbox的用户可以下载的内容既包括头一天晚上刚刚播出的电视节目，也包括他们喜欢的几十年前的节目。Unbox提供的视频质量和传输速度都是领先于同业的。

由于使用渐进式下载，用户无须等待整个视频下载后才能观看，而是在订购后5分钟内即可开始观看任何Unbox上的电视节目或电影。Unbox 的用户为此需要支付的费用标准是每集电视剧 1.99 美元，电影可以以 7.99 美元到 14.99 美元的价格购买，或者以 3.99 美元的价格租借。[31]

9 月 19 日，亚马逊推出了 FBA 和“亚马逊网店”（WebStore by Amazon，也称 WBA）两项服务，旨在让中小型企业能够获得亚马逊的订单履行、客户服务、客户送货优惠和基础网站技术。

其中 FBA 允许其他企业使用亚马逊的订单履行和售后客户服务基础设施，亚马逊的客户在从使用 FBA 的第三方销售商那里买东西时，可以享受亚马逊提供的送货优惠。

FBA 的产品经理乔·瓦洛夫斯基（Joe Walowski）说：“我们创造了 FBA，因为它对亚马逊的客户有好处，对我们的第三方销售商也有好处。随着亚马逊 Prime 会员数每天都在增长，越来越多的用户希望获得划算的运费和快捷的运输。FBA 让卖家可以为亚马逊的客户提供这种便利。”当然，第三方销售商需要给亚马逊缴纳手续费和存储费。从后续反映的经验看，付给亚马逊的费用大概占销售额的 1/3。

WBA 让企业可以使用亚马逊的技术创建自己的私人品牌电子商务网站。企业可以选择各种网站布局选项，并可以对自己的网站进行定义，包括设计和品牌。企业为亚马逊用户通过亚马逊网站购买的每件产品支付 7% 的佣金（费用包括信用卡处理费和欺诈保护费），月费为 59.95 美元。[32]

10 月

10 月 23 日，亚马逊宣布其汽车零部件及配件商店开业，该店拥有超过 100 万个来自主要零部件及配件制造商的新零部件、二手零部件及再制造零部件。[33]

同一天，IBM 向得克萨斯州东区的两个联邦法院提起诉讼，称亚马逊对其五项专利造成侵权。IBM 表示，亚马逊的侵权范围很广，一位 IBM 发言人称侵权费用可能高达数亿美元。“这些专利是现代电子商务的核心，”IBM 负责技术和知识产权的高级副总裁约翰·凯利三世（John E. Kelly III）说，“亚马逊的大部分业务（如果不是全部的话）都建立在这些技术之上。”[34] 这些诉讼涉及的 5 项专利包括用于在互联网商务网站上存储、检索和显示信息的，用于提供购买建议的，以及处理在线交易的基于软件的技术。IBM 称 5 项专利中有 4 项是在 1994 年至 1998 年期间推出的，具体为：以交互式服务提交申请，在交互式网络中储存数据，调整用户加权目标和活动的超文本链接，使用电子目录订购物品方面的专利，以及以互动服务展示广告；第五项专利是 2006 年发布的关于在线广告呈现方面的专利。[35]

11 月

11 月 2 日，A9 发布了按点击付费的广告程序 Clickriver 的贝塔测试版，[36] 它将使广告能够出现在亚马逊网站的搜索结果和产品详细信息页面旁边。亚马逊称“Clickriver 广告程序测试版提供了在亚马逊网站上创建、跟踪和优化链接广告的唯一直接方式”。

有了 Clickriver，一系列相关产品和服务就可以在客户有可能感兴趣的场景下进行宣传。比如，银行的广告可以显示在金融和投资类图书的页面上；照片打印服务的广告可以显示在相机和三脚架搜索结果的旁边；酒店、租车公司和旅行社的广告可以显示在亚马逊网站上出售旅游书、太阳镜、手提箱、便携式 DVD 播放器和其他旅游配件的页面上。这也是 A9 在搜索引擎方面的一个重要服务创新。

11 月 2 日，美国零售联合会（NRF）/ 美国运通客户服务调查结果显示，亚马逊在美国所有零售商中排名第一。这项调查于 2006 年 9 月 6 日至 13 日对 8001 名消费者进行了调查，问题是：“哪家零售商提供的客户服务最好？”NRF 授予亚马逊“客户的选择”奖，以表彰其在客户服务方面的卓越声誉。[37]

11 月 3 日，亚马逊卓越网宣布，其第二大运营中心已经在中国的苏州工业园区开业。未来几年，新中心将创造 500 个就业机会。[38]

12 月

12 月 4 日，时年 56 岁的马克·奥内托（Marc A. Onetto）加入亚马逊担任国际运营高级副总裁，直接向贝索斯汇报。

奥内托是法国人。作为通用医疗集团全球供应链的副总裁和总经理，奥内托率先使用六西格玛管理工具，进行全球化和质量转型。六西格玛是一套用于分析、检修产品质量和客户服务的管理工具与技术。韦尔奇在他的自传中肯定了奥内托的贡献，这让奥内托感到自豪。有趣的是，奥内托从来没有正式学过电脑。[39]

根据美国证监会披露的聘书，奥内托在亚马逊的初始年薪为 15 万美元，第一年的签约奖金为 200 万美元，分 12 个月支付；第二年奖金为 80 万美元，分 12 个月支付；如果聘用期间被解雇，则所有款项终止。[40]

奥内托的到来，将体系化的精益生产思想在亚马逊进行应用、推广。在借鉴精益生产方式的过程中，奥内托有时会把日本咨询师请到亚马逊现场办公。在奥内托的监督下，工程师们再次改写了亚马逊的物流软件，并发明了 Mechanical Sensei（机械老师）系统。

这个无所不知的计算机程序运行着亚马逊的供应链。它跟踪亚马逊系统中的所有商品和订单，并做出数百万个小决定，比如亚马逊应该购买多少特定产品，以及考虑到特定需求的地理动态，如何在亚马逊庞大的配送中心网络中存储这些产品；它也可以通过模拟整个物流过程来决定在哪里建立履行中心最为合适。

12 月 6 日，Wikia 公司宣布完成了第二轮融资，亚马逊对其进行了战略投资。亚马逊是 Wikia 第二轮融资中的唯一投资者，也是第一个企业投资者。Wikia 网站由吉米 · 威尔士（Jimmy Wales）和安杰拉 · 贝丝蕾（Angela Beesley）在 2004 年建立，它提供基于社群的“维基百科”，允许团体共享维基百科内容范围之外的信息、新闻、故事、媒体和观点。其灵感来自由吉米 · 威尔士创建的免费开源百科全书——维基百科。[41]

2007年　Kindle

1月

1月3日，亚马逊发布了其独立品牌的线上鞋店 Endless.com，主营鞋和包。与亚马逊网站相比，endless 网站为用户购买鞋子提供了更好的浏览体验。例如，视觉搜索更好，用户可以按价格、样式、颜色、尺寸或品牌来完善搜索。Endless 网站的另一个特点是免费次日运送，每页上都有一个倒计时时钟，让用户知道交货时间。

Endless 网站的发布并非心血来潮。亚马逊一直想更多地吸引年轻女性客户，他受到了 Zappos 的启发。当收购 Zappos 的建议被拒绝之后，贝索斯就提出要自己建立售鞋卖包的独立网站，并且决定对其投入不设置上限。经过 2006 年的研发和准备，endless 网站于 2007 年初正式推出。

1月29日，endless 网站宣布促销活动：2月28日之前在网站上下单，就可以获得5美元奖励，而且免费隔夜送货、免费退货、365天内退货和110% 的价格保证。[1] 这种奇特的促销方式相当于付钱让客户在网站上买东西。Endless 网站的销售策略给 Zappos 带来了不小的压力。

2 月

2 月 1 日，亚马逊公布了 2006 年第四季度和全年的营业业绩，延续了 2005 年收入同比上升、利润却降低的趋势。其中，2006 年全年的净销售额为 107.11 亿美元，比 2005 年的 84.90 亿美元增长了 26%。2006 年经营利润下降 10% ，为 3.89 亿美元，低于 2005 年的 4.32 亿美元，主要原因是亚马逊在技术和内容方面的支出增加。2006 年净利润为 1.90 亿美元，即每股收益 0.45 美元，而 2005 年净利润为 3.59 亿美元，每股收益调整后为 0.84 美元。

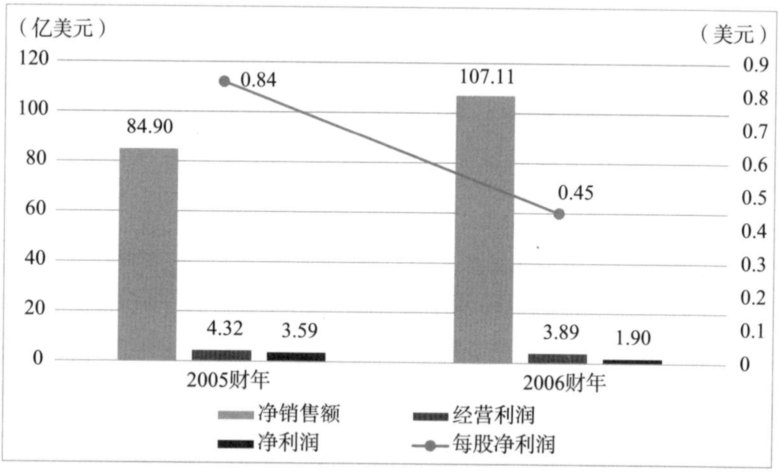

2006 财年与去年同期数据比较

2006 年第四季度业绩表现高于分析师的预期。净销售额为 39.9 亿美元，同比增长 34%；经营利润同比增长 20% ，达到 1.97 亿美元；

净利润为 9800 万美元，即每股收益 0.23 美元，而 2005 年第四季度净利润为 1.99 亿美元，每股收益 0.47 美元。

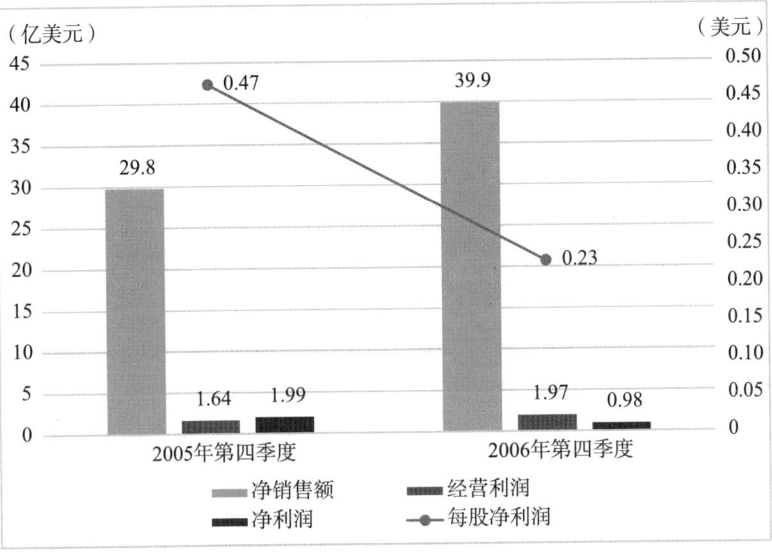

2006 年第四季度与去年同期数据比较

E. K. Riley Advisors 顾问公司的分析师罗伯特·图米（Robert Toomey）评论说："那些有长远眼光的人会发现，这是一个稳健的季度。"亚马逊第四季度全球电子产品和其他一般商品销售额飙升 55%，达到 14 亿美元，占其全球销售额的 35%。与亚马逊 Unbox 数字下载服务相关的媒体销售额在第三季度增长了 25%。

然而，仍有分析师对亚马逊的业绩持谨慎态度。比如，市场研究公司 BWS Financial 的分析师哈米德·霍尔沙德（Hamed Khorsand）表示，尽管亚马逊为其付费的 Prime 会员提供免费送货服务，但这些好处尚未落实成利润。"亚马逊在美国的毛利率略有下降，而且在国际业务方面下降幅度相当大，因为亚马逊在这些区域也推出了免运费优惠政策。"[2]

年报显示，亚马逊根据其先前宣布的回购 5 亿美元普通股的授权，在 2006 年内回购了 800 万股股票，回购金额为 2.52 亿美元。

3 月

3 月 22 日，博德斯结束了自 2001 年起与亚马逊的合作，双方转为竞争关系。博德斯报告第四季度亏损 7360 万美元，而 2006 年的盈利为 1.191 亿美元。斯迪富金融公司的分析师斯科特·德维特估计，博德斯的离开可能会让亚马逊每年损失 0.8 亿至 1.6 亿美元的营业收入。双方都没有证实或否认这些数字。

对亚马逊来说，2006 年取得了 107 亿美元的总收入和 1.9 亿美元的净利润，因此，这件事的影响不算太大。德维特认为，亚马逊在图书销售方面的市场份额可能会逐渐增加，因为它比博德斯有优势，博德斯对所销售的图书要收税。[3]

4 月

4 月 24 日，亚马逊公布了 2007 年第一季度的业绩。在本季度中，净销售额首次突破 30 亿美元，达到 30.2 亿美元，同比增长 32%；经营利润同比增长 38%，达到 1.45 亿美元。净利润增长 115% ，达到 1.11 亿美元，即每股收益 0.26 美元，上年同期净利润为 5100 万美元，即每股收益 0.12 美元。[4]

4 月 25 日，亚马逊股价上涨了 27%，创下五年多以来最大的单日涨幅。上一次股价上涨还是 2001 年 11 月 26 日，由于对当年假日购物季的乐观情绪，亚马逊股价曾创造过单日上涨 34% 的纪录。三

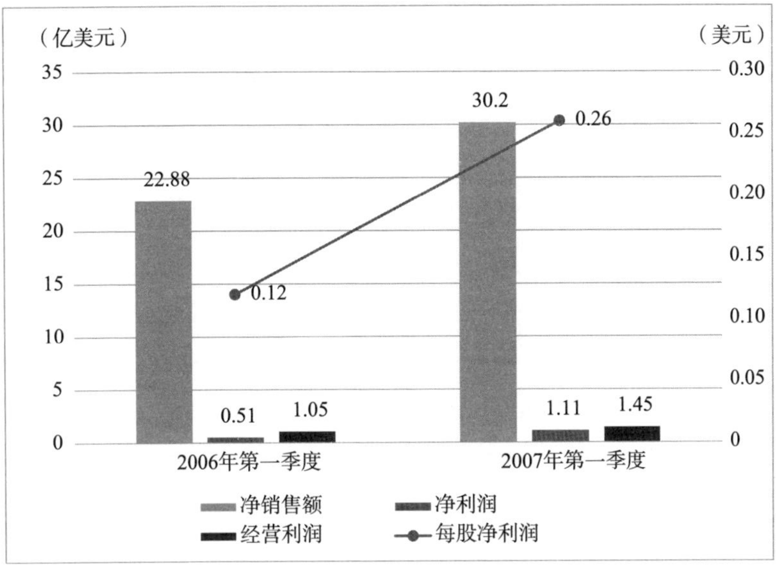

2007 年第一季度与去年同期数据比较

家券商——花旗集团、Cowen 公司和派杰公司，提高了对亚马逊的评级，至少有五家机构投资人提高了目标股价。

斯迪富金融公司的分析师斯科特·德维特写道："这个季度的业绩令人印象深刻，我们相信，这些结果大大印证了我们的观点，即亚马逊正在打造全球最具主导地位的电子商务特许营业网络。"[5] 德维特早在 2007 年 1 月便将亚马逊股票评级升级为"买入"，他长期以来一直认为，华尔街没有考虑到亚马逊的长期利润潜力，2006 年初，他曾表示"亚马逊不仅仅是另一家零售商"。[6]

然而，大家并不都这样看好亚马逊。根据纳斯达克 4 月 10 日的数据，超过 4850 万股的亚马逊股票被短期持有，约占已发行股票的 12%。4 月，亚马逊的空头利率比前一个月上升了 4%。但第一季度报告的结果改变了这种情绪。分析师们开始将亚马逊股票的评级从"表现不佳"上调至"中性"，或是上调至"持有"。有分析师表示，自己以前提出的“卖出”策略不再适用于亚马逊，“我们曾经以为亚马逊第三方销售可能带来的利润率上升已经终结……但我们错了”。[7]

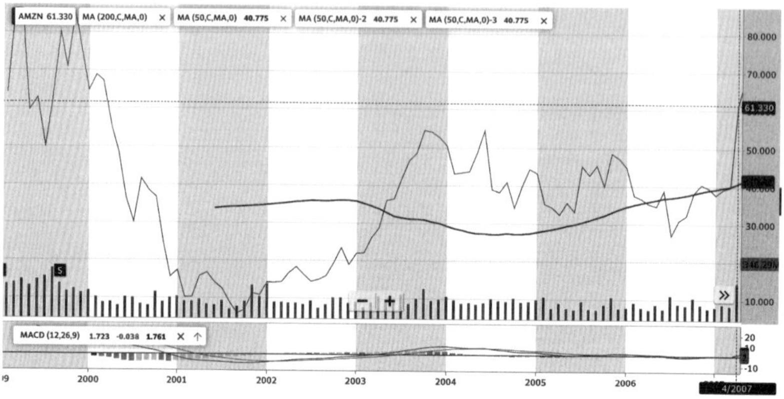

2007 年 4 月亚马逊股价快速反弹
图片来源：https://finance.yahoo.com

4 月 30 日，贝索斯在 2006 年年报中继续致信股东。这封信论述了亚马逊鼓励创新的公司文化，列举了近年来几项重要的创新举动，并认为这是亚马逊的竞争优势之根本源泉。

5月

5 月 8 日，亚马逊和 IBM 表示，已经解决了所有的专利侵权诉讼，并签署了一项长期专利的交叉许可协议。根据协议，亚马逊将向 IBM 支付一笔款项（具体金额未透露），下属每家公司将分享 IBM 部分技术。亚马逊的发言人帕特里夏·史密斯（Patricia Smith）表示，和解协议不会影响亚马逊的财务业绩，公司已将这笔资金纳入其第二季度和整个财年的财务指南中。[8]

5 月 23 日，亚马逊宣布收购美国最大的有声读物独立出版商华晨音频（brillianceaudio.com），借此与图书出版社紧密合作，进一步扩大有声书产品的数量。[9] 华晨音频的产品是基于音频或 MP3 格式的有声书 CD，在其网站上提供约 10 万种有声读物，其中 1000 种由华晨音频制作。亚马逊于 2005 年收购的 CustomFlix Labs 公司也支持有声书，且允许出版商按需出版，而无须预先支付库存成本，还可以印刷已经绝版的图书。两次收购可以产生协同效应。

6 月

6 月 5 日，卓越网正式改名为“卓越亚马逊”（Joyo Amazon）。这一消息是卓越网总裁王汉华和贝索斯在北京举行的新闻发布会上宣布的。[10] 卓越网的标志底下加上了“Amazon.cn”的标志，卓越网将同步启动并且面向用户推出零元免费送货活动，以及“我的卓越网”等服务。

2006 年卓越网营收仅为 1.8 亿元，而亏损高达 9000 万元。有人认为，此次贝索斯充当的是“救火员”，访华的主要目的是针对目前卓越网所表现出来的不景气做出新的战略调整。但随后这一数据被王汉华否认，并称卓越网的业绩一直以超过 100% 的速度成长。[11] 发布会上，贝索斯回避了这一问题，并表示对卓越网是长期投资，中国 B2C 市场非常巨大，他对中国团队感到满意，以后还会追加投资。当时在中国 B2C 市场，当当网正逐渐发展壮大，和卓越网保持激烈竞争。面对各种评论，贝索斯说：“让他们去说吧，给我们钱的不是我们的对手，而是我们的客户。”[12]

6 月 6 日，Alexa Internet 推出了新版 AWIS。新版 AWIS 单次查询可返回多达 100 万个搜索结果，允许涉及数千个搜索词的复杂查询，并可以以编程的方式访问匹配查询的文档之实际页面内容。这样，任何开发人员都可以利用 Alexa Internet 的搜索引擎抓取亚马逊的基础网络服务，在网络搜索方面进行创新。[13]

7月

7月3日，亚马逊宣布，计划于2007年第三季度在亚利桑那州菲尼克斯开设一个大约60万平方英尺（约合5.58万平方米）的履行中心。[14]

7月24日，亚马逊公布了第二季度营业业绩。净销售额为28.9亿美元，同比增长35%；经营利润较上年同期的4700万美元增长147%，达到1.16亿美元；净利润同比上年同期的2200万美元增长

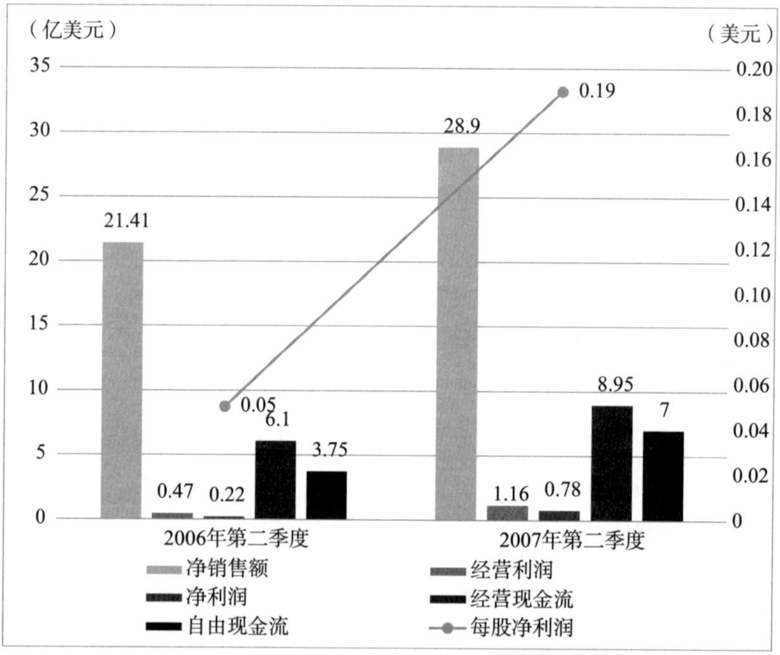

2007年第二季度与去年同期数据比较

了 255%，达到 7800 万美元，即每股收益 0.19 美元，上年同期每股收益为 0.05 美元。截至 2007 年 6 月 30 日的前 12 个月中，经营现金流为 8.95 亿美元，上年同期为 6.1 亿美元；同期自由现金流为 7 亿美元，较上年同期的 3.75 亿美元增长了 87%。

强劲的财务表现，让华尔街立刻闻风而动。亚马逊股价在次日上涨了 16.93 美元（涨幅 24%），达到每股 86.18 美元。各大投行机构纷纷上调评级。瑞士信贷的分析师希斯·特里（Heath Terry）将亚马逊股票评级从“中性”上调为“增持”，并表示：“过去的两个季度标志着亚马逊对利润率扩张的态度发生了重大转变，再加上亚马逊 Prime 会员服务的成功，推动了美国国内业绩加速增长，以及欧洲第三方经营的进一步增长，从而获得强劲的自由现金流，我们重新评估了对亚马逊的长期态度。”摩根大通相对保守，将评级从“减持”上调至“中性”，表示虽然亚马逊在 2007 年和 2008 年的收入增长强劲，但其估值“上行空间有限”。加拿大皇家银行将亚马逊股票的目标价从 75 美元提高到 99 美元，此外还将评级从“行业一般”提升到“优于同业”。分析师乔丹·诺汉（Jordan Rohan）在一份报告中称：“虽然股价看起来很高，但我们相信还有进一步上涨的可能。我们还认为，亚马逊是一家最优秀的互联网公司，其溢价倍数是合理的。”[15]

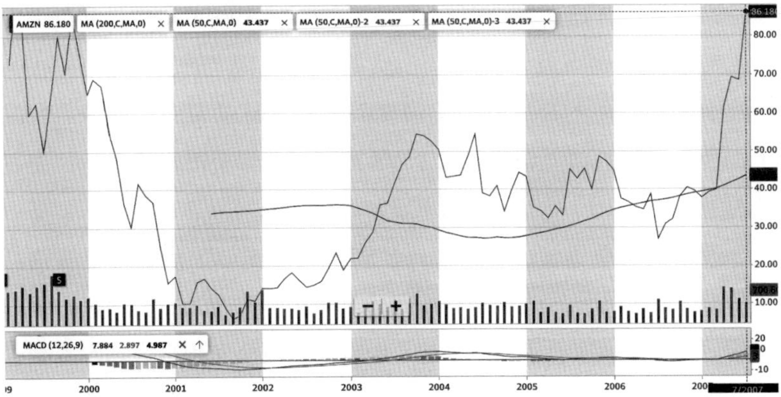

2007 年第二季度的营业业绩让亚马逊股价飞涨
图片来源：https://finance.yahoo.com

8月

8月3日，亚马逊旗下的CustomFlix Labs宣布将更名为CreateSpace。这个新名字代表了公司使命的新方向，即向独立内容创作者提供一系列按需进行的自助发布服务。[16] 4天后，也就是8月7日，CreateSpace宣布推出新的在线图书按需出版服务（Books on Demand service）。作家、电影制作人和音乐家可以在亚马逊网站、CreateSpace网站和他们自己的免费定制网站eStore上向顾客提供作品。[17]

CreateSpace帮助自助出版单位自行在亚马逊平台上出版发行图书，整合了BookSurge和CustomFlix Labs的业务，使其离终端用户更近一步。

8月，售卖生鲜食品的亚马逊生鲜（Amazon Fresh）上线。[18] 消费者下单购买的商品可以在指定时间内被送到家中，最初这项服务仅限于华盛顿州默瑟岛，随后扩展到西雅图、贝尔维尤、柯克兰等区域。亚马逊称，最终的目标是扩大到其他社区，像销售电子产品、服装和书那样销售食品。

然而，网上杂货店距离成功还有很大的障碍。此时距互联网的第一家杂货店开始送货已有17年之久，但线上购买杂货用品仍未成为主流趋势。网上杂货销售额仍然只占所有网上产品零售额的5%，且网上购买杂货的开支只占美国食品开支总额的很小一部分。2006年，食品杂货的网上销售额为55亿美元，不到美国食品杂货销售总额的1%。

进入食品杂货领域将带来一系列挑战，比如如何处理易腐物品。亚马逊汲取了其他在线杂货商的经验与教训，先在人口密集区小规模试点。为了向顾客提供高质量的易腐物品，亚马逊用自家新鲜冷藏卡车直接向顾客运送物品，而不是依赖UPS或美国邮政局等第三方服务机构。亚马逊拒绝就其生鲜业务的财务目标发表意见，但建立在线食品杂货服务确实是进一步加强客户关系的有效方式。

9月

9月25日，亚马逊自营的网上音乐商店（Amazon MP3）推出公测版，出售可下载、无数字版权保护的MP3格式的音乐。亚马逊销售的音乐来自EMI、环球唱片、华纳兄弟唱片等大型唱片公司，同时也包含了一些独立制作的音乐，合计超过200万首歌曲。[19] 该格式音乐可以在任何媒介上播放，包括iPod。

亚马逊音乐商店既是对亚马逊网站销售CD的补充，也是向当时风头正盛的苹果iPod音乐的宣战。亚马逊音乐商店中大多数歌曲的价格从0.89美元到0.99美元不等，而当时iTunes对每首音乐的定价是0.99美元或1.29美元。亚马逊似乎不在意线上音乐销售可能给实体CD销售带来的影响，大多数实体专辑的售价从5.99美元到9.99美元不等，排名前100的畅销实体专辑售价为8.99美元或更低，还有一些实体专辑售价为3.96美元、2.67美元或者更少。

许多人表示，他们其实愿意为没有数字版权代码保护的歌曲支付更高的价格，而且很快发现了亚马逊音乐商店相对于iTunes的优势。当时，iTunes软件兼容性差，仅限在iPod播放器上播放，并且用户体验不佳。而亚马逊音乐商店的用户可利用已有亚马逊账号直接下载，且享受价格优势。

资深"果粉"（苹果产品粉丝）、Daring Fireball科技博客的知名博主约翰·格鲁伯（John Gruber）也不由得给亚马逊点赞，表示："你可以发现亚马逊和iTunes对于相同音乐的价格有一些显著的差异。读者苏尼尔·卡普尔指出，查尔斯·明格斯的《康奈尔1964》专辑在iTunes

上售价为 16.99 美元，在亚马逊上售价为 8.99 美元。平克·弗洛伊德的专辑《墙》也是如此——iTunes 上售价为 16.99 美元，亚马逊上售价为 8.99 美元。”当天亚马逊的股价上涨了 65 美分，达到每股 93.24 美元。[20] 在 2003 年春天和乔布斯那场略显尴尬的会谈后，亚马逊的高管现在终于可以长出一口气了。

10 月

10 月 16 日，AWS 宣布为亚马逊 EC2 开发者推出多种实例类型，从而让亚马逊 EC2 变得更加灵活。用户可以选择计算实例，处理流行的用户请求，其功能最多可以达到先前可用实例的 8 倍。此外，以前限制新注册人数的 EC2 测试版，将向所有开发人员开放。[21]

同一天，亚马逊宣布计划在印第安纳州蒙斯特开设新的履行中心。[22]

11 月

11 月 5 日，圣诞季前夕，亚马逊英国网站推出了 Prime 会员服务，为顾客提供无限量的免费一日送货服务，年费为 49 英镑。[23]

11 月 6 日，AWS 推出了 S3 的欧洲版本，允许软件开发人员和企业在欧洲存储数据。[24] 基于欧盟的存储服务定价略高于美国的价格。[25]

11 月 6 日，亚马逊首席信息官兼高级副总裁里克·丹泽尔宣布退休。里克·丹泽尔自 1997 年 8 月加入亚马逊以来，一直担任着重要职责，任劳任怨，贝索斯对他的离开非常不舍，除了携家人为他举办了让他惊喜的退休旅行，还在亚马逊官网上写了一封信致敬。现在，我们仍然可以在亚马逊体育用品网页上看到贝索斯的这封信。信的大致内容如下：

> 十年前，在拜访里克的时候，我无意中尝试了用很多方法来吓跑他。首先，在我们第一次见面的十分钟内，我就把咖啡倒在了他的衬衫上。接下来，我给他看了我们的履行中心。他没有被打动。无论如何，他来到这里是对他的远见和脚踏实地的品质的最好证明。在过去的十年里，里克一直是黏合剂，把我们的工程组织团结在一起，并推动我们取得成功。他不断地承担新的角色，并引进人才来填补旧的角色。他一直是我们许多人的教练和导师。没有人能取代里克，未来，我们必须要用完全不同的方式来面对挑战了。
>
> 里克，我们都非常感谢你许多令人惊奇而且持久的贡献。谢谢你！

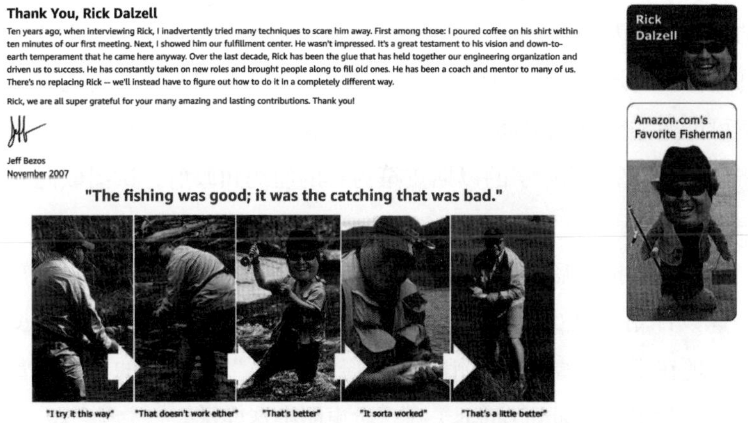

贝索斯为里克·丹泽尔的退休在亚马逊官网上贴出了致谢信（亚马逊网站截图）

11 月 12 日，Prime 会员服务登陆亚马逊德国网站，年费仅为

29 欧元。这是继在美国、日本和英国成功推出后在一个新地域的尝试。[26]

11 月对亚马逊来说，注定不平静。11 月 13 日纽约州州长艾略特·斯皮策（Eliot Spitzer）提议，要求亚马逊开始缴纳销售税。[27] 这项税收方案的提议某种程度上是受到美国最高法院 1992 年一项裁决的启发。在奎尔公司诉北达科他州一案中，美国最高法院裁定，网上零售商如果在其买家所在的州没有实体店，那么就不需要缴纳州销售税。法院认为，迫使商人遵守州和地方税法的复杂性，会给州际贸易带来不合理的负担。这项法案也是贝索斯当年选择亚马逊总部所在地时所考虑的重要因素。

如今，纽约州对奎尔案的裁决拟采取强硬立场，表示亚马逊这样的零售商应看作在纽约州有实体店，因为它通过位于纽约州的分支机构实现销售。斯皮策为首的州政府将纽约州“应税实体”的范围扩大了。

亚马逊当年为了增加流量推出了亚马逊联合营销项目，有很多网站加入了该项目，通过推荐亚马逊销售链接赚取佣金。而斯皮策为首的州政府认为这些相关公司都相当于亚马逊的销售代表，从而认定亚马逊在纽约州有应税实体。这意味着亚马逊当初选择总部时的避税方案可能落空，其商品将在售价上可能增加 5%~10% 的消费税。次年将面临 43 亿美元赤字的以斯皮策为首的纽约州政府，试图以此来稍稍弥补亏空。

该方案报道后的第二天，以斯皮策为首的纽约州政府宣布暂时搁置该计划，至少要等到圣诞购物季结束后再说。“斯皮策州长认为，现在不是提高纽约人销售税的合适时机。”斯皮策的预算主管保罗·弗朗西斯（Paul Francis）在一份声明中这样说。[28]

11 月 19 日，在纽约联合广场 W 酒店的大厅里，贝索斯手持一款外形像黑莓手机和平板电脑结合体的产品站在演讲台上，向公众展示了亚马逊三年磨一剑、意图引领阅读方式变革的便携式阅读器——Kindle。

“为什么书是产品数字化浪潮下最后的堡垒？”贝索斯在向台下的观众提问后接着说，“书籍对数字化有极强的抵抗能力，我认为这是有很好的理由的，那就是，书这种东西已经发展得如此成熟，其形式完美契合它的功能，以至于很难被取代。”贝索斯认为书有一个非常特别的性质，就是“会消失”——当人们手拿一本书，专注于其中的故事时，会忘记书的本身、纸张的质量甚至印刷字的墨迹，而这就是他们研发电子书阅读器的目标。他们希望让阅读器也“消失”。

这款售价为 399 美元的 Kindle 能做什么呢？第一，用户可以下载海量图书和其他的阅读资料。Kindle 商店里有超过 9 万本图书，其中包括了当时《纽约时报》排行榜上大部分的畅销书，用户不用借助电脑，仅需支付 9.99 美元，就可以直接用 Kindle 随时下载一本自己想看的书。此外，从《纽约时报》到法国《世界报》，数十家报纸、杂志以及 300 个最受欢迎的博客，都可以在 Kindle 上阅读。贝索斯说：“在 Kindle 上，你睡觉的时候报纸会自动送到你手里。”第二，Kindle 内置有电子词典和维基百科，可以随时查询。第三，大量储存。Kindle 的重量是 10.3 盎司（约等于 292 克），可以储存 200 本书，用一个标准的 SD 存储卡可以将容量增加到存储大约 1000 本书。第四，也是亚马逊非常自豪的特点之一，Kindle 采用“电子墨水”技术来模仿纸张，可以带给读者纸质书的阅读体验。第五，Kindle 电池续航时间将持续几天到一周，且充电器可以在两个小时内给电池充满电。第六，Kindle 最大的卖点是无线数据接口。Kindle 通过亚马逊 Whispernet 3G 无线网络连接到其专门的亚马逊商店，该网站建立在 EV-DO（Evolution-Data Optimized）网络之上，无线下载一本书仅需要“不到一分钟”的时间，它也不需要任何数据包月计划，读者可以随时随地购买电子书。

“我们研发 Kindle 已经三年多了。”贝索斯说，“我们的首要设计目标是让 Kindle 消失在你的手中，让它不再碍事，这样你就可以享受阅读的乐趣。我们还想超越纸质书。Kindle 是无线的，所以不管你是躺在床上还是坐在火车上，当你想到一本书，你就可以在 60 秒之内拿到它。不需要电脑，你可以直接在 Kindle 上购买。我们很兴奋，Kindle 终于在今天面市了。”[29]

Kindle 面市的确值得贝索斯和亚马逊兴奋。他们在这个过程中克服了许多意料之中和意料之外的困难，让产品最终得以成形。在此之前，还没有一款电子书设备有过成功的经验。贝索斯早在 1997 年就开始关注电子书设备，但他认为时机尚不成熟。作为书籍的狂热爱好者，贝索斯一方面坚信电子化是未来的趋势，另一方面认为电子化的技术要非常完美才可以达到他想要的效果。

当终于在高管会上提出亚马逊要自己生产一款长时间阅读的电子书阅读器时，贝索斯遭到了一致的激烈反对。有制造业背景的杰夫·威尔克首先认为这项工作极具挑战，怀疑这个业务方向是否跟亚马逊的资源相匹配。迭戈·皮亚琴蒂尼也提出异议，他从苹果曾经的挣扎中发现这是项非常有风险的工程。

当然，贝索斯心意已决说：“我们将用自己的方式聘用人才，我绝对知道这很难。我们要学习如何做到。”在他的带动下，亚马逊的高管对哈佛教授克莱顿·克里斯坦森所写的《创新者的窘境》（*The Innovator's Dilemma*）一书进行了激烈、深入的讨论。

书中提出，很多大公司失败是因为它们想避免破坏性的变化，而不愿意拥抱潜在的新市场，因为那可能会给它们的传统业务造成破坏，并且不会满足它们短期业绩增长的需求。而那些破解了困局的公司，最终会因为利用颠覆性创新建立全新、独立的业务而获得巨大成功。

自 2004 年 126 实验室秘密成立以来，其团队在技术和内容方面进行了很多努力，这很大程度上源自贝索斯各种新奇且坚决的要求。可以说，Kindle 的技术是很多先进科技的综合应用。为了让屏幕显示效果像真正的纸张一样，在日光下仍可以看清楚，长期阅读也不会让眼睛感觉疲劳，亚马逊采用了麻省理工学院媒体实验室的电子墨水技术。1997 年，电子书阅读器的最早期开发者马丁·埃伯哈德（Martin Eberhard）在其发明 Rocketbook（一款智能笔记本）时曾考虑过电子墨水技术，该技术当时还在研发中，成本很高，而在亚马逊采用的时候已经相对成熟和稳定。

另一项先进的技术是无线网络接入。贝索斯非常坚持要让读者可以随时随地下载、购买想要的图书，又要求这个阅读器必须足够简单易用，而 Wi-Fi（无线通信技术）对很多不熟悉网络技术的人来说还是太复杂，唯一的选择是将数据接口植入硬件中，相当于在每个机器里嵌入一部无线电话。

面对这个要求，来自著名的五角星设计公司（Pentagram）的团队称做不到，建议贝索斯采用 iTune 的做法，将设备联入台式机进行下载，贝索斯否定了这个方案。他坚持一定要以最方便的形式实现这一功能。最终，Kindle 成功植入了免费 3G（第三代移动通信技术）蜂窝数据网络，实现了让读者可以毫不费力地快速下载一本电子书的目标。其他还包括诸如撞击实验、黑莓键盘设计等要求。每项工作都为了让这个设备完美地实现贝索斯所谓“让 Kindle 消失在手中”的目标。

在内容上，贝索斯的目标是 Kindle 上至少要有 10 万种电子书，这项浩大工程的难度绝不亚于 Kindle 本身的研发。当时，纸质图书已经有一条完美的产业链。出版商仅把一些畅销书转化成了数字格式，总共约 2 万种。要让传统的出版商意识到这一电子化的趋势并有动力配合，绝非易事。

贝索斯要求团队逐一去和出版商做工作，邀请他们加入电子书。2006 年初，接受这个任务的丹·罗斯（Dan Rose）和杰夫·斯蒂尔（Jeff Steele）感觉面临极大挑战。当时 Kindle 还属于高度机密，在和出版商谈判时，他们不能提及 Kindle。罗斯和斯蒂尔只好迂回地从“书内搜索”和收购 Mobipocket 开始，谈起亚马逊的电子书策略，试图说服出版商加入。

很多出版商已经和索尼、Adobe、微软、Palm 合作转化了一些畅销书，因此没有动力合作。2006 年秋，他们终于说服了贝索斯同意展示 Kindle 的样机给出版商，但当时 Kindle 并没带来什么惊喜，一些大的出版商（如西蒙-舒斯特公司）不想再增加对亚马逊的依赖，只有一些小型出版商同意合作。

直到 2007 年初，他们可以把带有无线接口的 Kindle 公之于众时，一些大型出版商（如麦克米伦出版公司）才开始认识到让读者随时随地下载电子书、获得即时满足这件事有巨大的潜力，并同意加入。亚马逊同时用强硬的谈判方式，如通过修改底层算法推荐目录，来争取更多的出版商。

在定价方面，贝索斯想到了 9.99 美元，在没有模型数据支持下，只是直觉上认为应该比纸质图书便宜。为了防止出版商反对，亚马逊一开始并没有透露这个定价方案，直到 2007 年秋，Kindle 图书馆里有了 9 万种图书，接近了贝索斯最初的目标。

11 月 19 日的产品发布会上，贝索斯手拿 Kindle，向在场观众（其中不乏出版商朋友）发表了长达 40 分钟的演讲。正如克莱顿 · 克里斯坦森在《创新者的窘境》里所预测的那样，技术创新会引发公司及整个行业的阵痛，而出版商对此最有体会。此刻，出版商对于 9.99 美元的定价方案实施多久仍迷惑不解，但亚马逊无可奉告，等他们不久后得知这将是一项长期计划时，为时已晚。Kindle 已经开启了图书数字化的序幕。

罗马建成非一日之功。Kindle 上市之初，亚马逊加强了宣传力度，把 Kindle 放在亚马逊官网的首页，贝索斯参加电视访谈推广 Kindle 带来的新阅读理念。第一批 Kindle 在几小时内售空，但亚马逊没有透露数量，由于无线设备的重要零件供应商断供，第二批 Kindle 在次年秋天继续供应。到 2009 年 Kindle 2 面市时，大众对它的认知逐渐积累到认可，这才真正拉动了销售势头。[30]

Kindle 要改变的不仅是人们的阅读模式，还有出版模式。伴随 Kindle 的问世，亚马逊的新数字文本平台（Digital Text Platform，缩写为 DTP）也发布了测试版本。出版商和作者可以通过该平台提交自己的内容，并将其提供给 Kindle 用户。借助 DTP 这个快速、简便的自助出版工具，任何人都可以在 Kindle 商店上传和销售自己的书。[31]

12 月

12 月 21 日，西雅图市、亚马逊网站与投资和项目管理公司 Vulcan、商业地产公司 Schnitzer West 宣布，西雅图的联合湖南区将成为亚马逊新公司总部的所在地。[32]

2008年　变与不变

1月

1月27日，亚马逊宣布，将于2008年开始在全球推出亚马逊无数字版权保护的数字音乐商店，这是继该业务于2007年9月在美国成功推出后的又一项举措。亚马逊没有公布每个国家推出的具体时间。经过不到一年的努力，亚马逊音乐商店有超过27万名歌手的330万首歌曲。[1]

1月30日，亚马逊公布了2007年第四季度和全年业绩，现金流表现成为公司最大的亮点。2007年的经营现金流从上年度的7亿美元翻了一番，达到14.1亿美元；自由现金流在2007年增长了141%，从上年的4.9亿美元增长到11.8亿美元，这也是亚马逊的自由现金流首次突破10亿美元。

第四季度收入和利润表现突出。净销售额为56.7亿美元，较上年同期的39.9亿美元增长了42%；经营利润增长38%，达到2.71亿美元；净利润增长112%，达到2.07亿美元，即每股收益0.48美元，而上年同期净利润为9800万美元，即每股收益0.23美元。本季度利润表现与汤姆森金融调查分析师预测的每股盈利 0.48 美元基本一致；[2] 收入表现好于此前华尔街的预期 53.7 亿美元。[3]

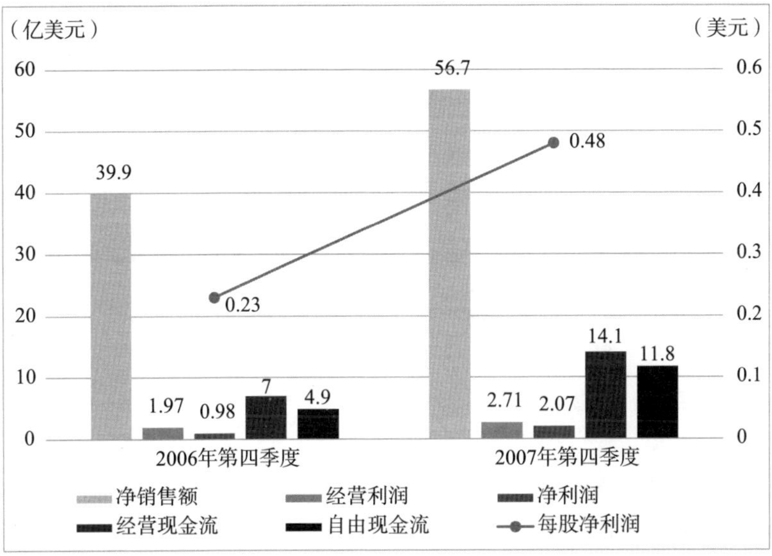

2007 年第四季度与去年同期数据比较

2007 年第四季度业绩增长受国际业务拉动较大。第四季度国际部门的销售额为 25.9 亿美元，同比增长了 46%，其中包括英国、德国、日本、法国和中国网站。扣除外汇汇率因素同比变化的有利影响，国际销售额同比也增长了 35%。美国和加拿大网站在内的北美分部第四季度销售额为 30.8 亿美元，比 2006 年第四季度增长了 40%。云服务也逐渐扩大影响，超过 33 万开发者注册使用 AWS，比上季度增加 3 万多人。

全年来看，2007 年亚马逊净销售额为 148.4 亿美元，比上年的 107.1 亿美元增长了 39%；经营利润较上年的 3.89 亿美元增长了 69%，达到 6.55 亿美元；净利润较上年的 1.9 亿美元增长了 150%，至 4.76 亿美元，即每股收益 1.12 美元。

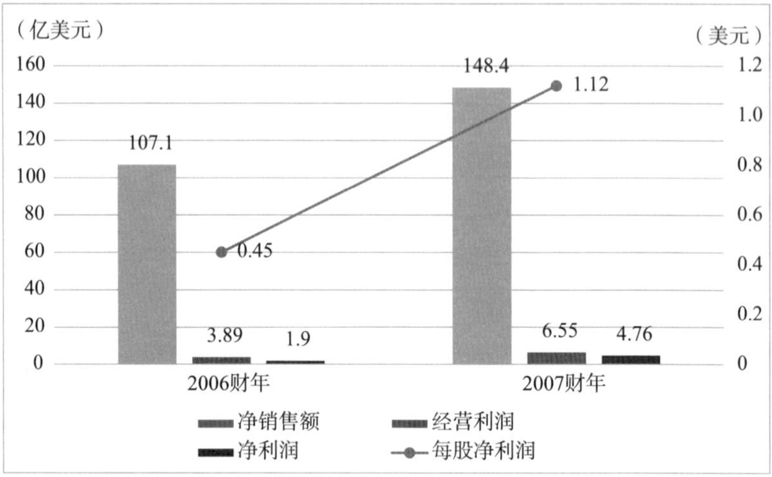

2007 财年与去年同期数据比较

亚马逊还给出了超出华尔街预期的销售预期，表示预计 2008 年第一季度净销售额将在 39.5 亿美元至 41.5 亿美元之间，高于分析师预计的 39.2 亿美元。但预计毛利率为 20.6%，低于去年的 21.3%，低于分析师的预期。业绩发布后，亚马逊的股价最初飙升，但由于毛利率低于预期，盘后交易后下跌超过 12%。[4]

1 月 31 日，亚马逊宣布将收购有声读物公司 Audible，预计于 2008 年第二季度完成。[5] 收购价格为每股 11.50 美元，相对于 Audible 前一天每股 9.33 美元的收盘价溢价 23%，总价 3 亿美元。Audible 两个月前的交易价高达 14.22 美元。根据协议，亚马逊将启动一项现金收购要约，以购买 Audible 的所有流通股，并将承担 Audible 公司基于流通股的奖励。该协议包括了 Audible 的现金投资和短期投资。[6]

Audible 成立于 1997 年，服务范围主要在美国和英国，为用户提供超过 80000 种图书、报纸和杂志的有声版本，以及电视和广播内容。当时 Audible 在新泽西州纽瓦克拥有 160 名员工，在伦敦办公室有 15 名员工。Audible 的有声读物内容在苹果的 iTunes 在线音乐商店中销售，占 Audible 收入的 25%~30%，所以，有分析师猜测，“因为两家公司之间的密切联系，我们一直怀疑苹果最有兴趣收购 Audible”。

至此，亚马逊在数字内容市场的布局已逐渐清晰。斯迪富金融公司的分析师斯科特·德维特认为，“Audible 已经是提供数字音频服务的亚马逊独家合作伙伴。Audible 将受益于快速的品牌推广活动，并成为 Kindle 非常光明的、未来不可或缺的一部分”[7]。

1 月 18 日，美国股市的表现暗示着这一年的不同寻常。这天，随着债券保险公司 Ambac 的信用评级被下调，股市跌至年度低点。道琼斯工业平均指数下跌 0.5%，收于近 10 个月新低。标准普尔 500 指数下跌 0.6%，收于近 15 个月低点。纳斯达克综合指数普尔 500 指数下跌 0.3%，收于近 14 个月低点。

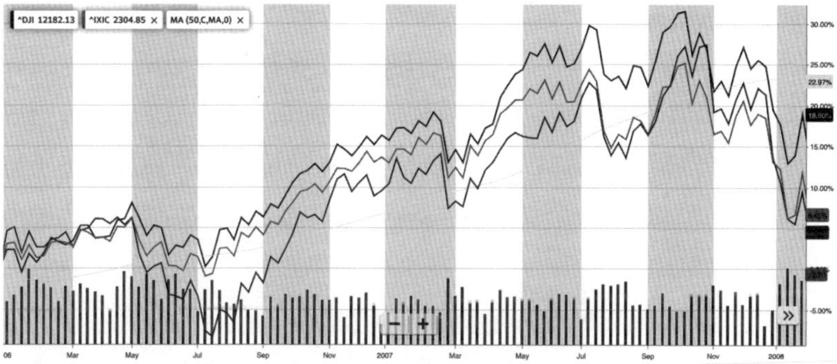

美股三大指数在 2008 年 1 月 18 日齐跳水

图片来源 https://finance.yahoo.com

2 月

2 月 8 日，亚马逊宣布董事会批准了一项回购计划。根据该计划，亚马逊可不时回购、赎回或以其他方式清偿其所有未偿还的、2009

年到期、利率为 4.75% 的次级可转换债（其中未偿还本金为 8.99 亿美元），以及 2010 年到期、利率为 6.875% 的次级可转换债（其中未偿还本金为 2.4 亿欧元）。亚马逊同时宣布，董事会已授权在未来 24 个月内，通过一次或多次交易，回购价值最多达 10 亿美元的公司普通股。[8]

2 月 13 日，纽约州扩大征税的计划再次被提起。斯皮策在预算中估计，如果向亚马逊这样的互联网巨头征收州销售税，州政府将获得 4700 万美元的收入。“我们不是要求亚马逊做任何纽约供应商没有做的事情。”州税务专员罗伯特·梅格纳（Robert Megna）说。[9] 亚马逊对此表示反对，发言人戈登说：“他们将提案结果纳入财政预算，以便立法机关能够对其进行权衡。”

3 月

3 月 19 日，亚马逊宣布完成对 Audible 的收购。[10] 该项目于 1 月 31 日宣布，当时预计在第二季度完成，但贝索斯希望尽快将 Audible 纳入囊中。

3 月 27 日，AWS 发布了弹性 IP（互联网协议）地址和在多个可用区域中发布计算实例的功能，这两个新功能使得亚马逊 EC2 开发者可以在云端构建更强大和容错率更高的应用。

与传统的静态 IP 地址不同，弹性 IP 地址可以动态地重新映射。借助弹性 IP 地址，用户可以快速将地址重新映射到账户中的另一个实例，从而屏蔽掉实例故障。[11]

第二个新功能使得 EC2 可以在多个可用区域中以编程的方式放置实例。以前，仅大公司才有能力在多个地点分发应用程序，现在这一过程变得像在 API 调用中更改参数一样简单。[12]

4 月

4 月 10 日，经过激烈的辩论后，纽约州预算案通过，该法案将要求网上零售商对运往该州的商品征收销售税，即使它们在当地没有运营实体或雇员。斯皮策的继任者、纽约州州长戴维·帕特森（David Paterson）据说将签署这项法案。[13]

有人将对通过联合营销项目获得销售额的网络零售商征税，称为“亚马逊税”，认为这将堵住互联网零售商的一个漏洞。在为该法案游说时，代表纽约零售商的行业组织认为，免除销售税征收给了州外在线零售商不公平的竞争优势。

专家预测，纽约州开了先例后，很多同样亟需现金的州也会加入修改税法的行列。果然，伊利诺伊州、北卡罗来纳州、夏威夷、罗德岛和得克萨斯州相继宣布附属网站也等同于实体店。对此，亚马逊的策略是断绝与每个州内附属关联网站的联系。一场变局由此开始。

4 月 18 日，贝索斯发布致股东的信。这一年的信中，贝索斯全篇隆重介绍了三年磨一剑的第一款硬件产品——Kindle，这是贝索斯坚信可以改变人们消费思维模式的产品。在这一年的信里，贝索斯第一次将开头对股东的称谓从“shareholders”（股份的持有者）改成“shareowners”（股份的所有者）。

4 月 23 日，亚马逊公布第一季度财务数据。截至 2008 年 3 月 31 日的前 12 个月经营现金流为 10.4 亿美元，上年同期为 7.3 亿美元。同一时间，自由现金流增长了 51%，达到 7.9 亿美元，上年同期为 5.2 亿美元。[14]

第一季度净销售额为 41.3 亿美元，同比增长了 37%；经营利润增长 36%，达到 1.98 亿美元；净利润较上年的 1.11 亿美元增长了 30% 至 1.43 亿美元，每股收益自上年同期的 0.26 美元增至 0.34 美元。

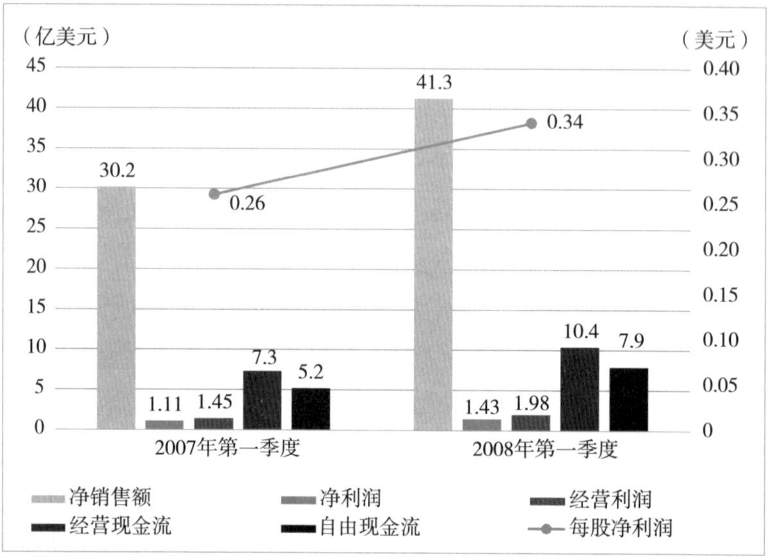

2008 年第一季度与去年同期数据比较

5 月

5 月 9 日，亚马逊宣布将赎回本金为 5 亿美元、利率为 4.75% 的次级可转换债券，该债券原来在 2009 年到期。赎回价为到期本金额的 100.475%，加上累计及未偿还的利息。在本次赎回后，未偿还债券的本金总额约为 3.99 亿美元。[15]

5 月 19 日，亚马逊宣布将在宾夕法尼亚州的黑兹尔顿开设一个新的履行中心。该中心占地 60 万平方英尺，主要服务于美国东北部地区。至此，亚马逊在全球大致有 17000 名员工。[16]

5 月 30 日，亚马逊和美国六大出版商之一的西蒙—舒斯特公司达成协议，后者将在 2008 年再为 Kindle 提供 5000 种电子书。[17] 加上已有的图书，Kindle 商店已经有 12.5 万种图书。据亚马逊官网表示，

Kindle 的发布和热销没有影响纸质图书的营业，相反，Kindle 重新点燃了人们对阅读的热爱：在购买了 Kindle 之后，消费者平均购买了与之前同样多的纸质书，而他们在亚马逊上的书籍购买总量增长了 2.6 倍。

6月

6 月 2 日，亚马逊联合 overstock. com 公司对纽约州政府提起诉讼，控告该州的新法律要求网上零售商向居住在该州的消费者征税。[18] 就在前一天，纽约州的新税法刚刚生效。亚马逊和 overstock.com 坚持认为，它们在纽约州没有实体店，因此根据 1992 年美国最高法院的裁决，它们不需要向州政府缴税。

然而，根据纽约州的说法，一家互联网公司如果通过当地分支机构运营，就会视同其存在实体，而当地公司作为该互联网公司的联营附属公司，通过将联属代码放到其网站上、为互联网公司导流来赚钱，就等于这个互联网公司在纽约州有了实体存在。

6 月 18 日，亚马逊宣布计划于 2008 年第三季度在亚利桑那州的嘉年市开设新的履行中心，中心拟占地超过 50 万平方英尺（约 4.6 万平方米）。这也是亚马逊在亚利桑那州开设的第二家履行中心（第一家是 2007 年开在菲尼克斯的履行中心）。[19]

6 月 23 日，亚马逊宣布推出办公用品商店（Office Supplies Store），提供来自数千家制造商的 50 多万种产品。[20]

6 月 25 日，亚马逊宣布收购 fabric.com。这是一家在线面料商店，提供定制的量身裁剪面料，以及样板、缝纫工具和配件。Fabric.com 成立于 1999 年，专业提供综合面料系列，包括服装、缝纫和家居装饰三大面料类别。这次收购将使 fabric.com 能够进一步扩大其面料和配件的选择范围，同时使亚马逊网站能够在缝纫、工艺和业余爱好领域为用户提供更多种类的产品。[21]

7月

7月8日，亚马逊在其网站引入了便捷信用支付Bill Me Later。[22]Bill Me Later是当时应用最广泛的即时信用支付方式之一。在结账时，顾客只需提供生日和社会保险号码的最后四位数字，接受条款，便可完成交易。这样便捷的信用支付方式，让消费者购物更容易。根据统计，在三个月的时间里，Bill Me Later用户比美国的网上购物者平均花费高出大约25%。[23]

Bill Me Later推出后，商家的销售额和复购额都有所提升。而且这些用户大多较为富裕的，Bill Me Later用户平均家庭收入为82300美元，而美国家庭收入的中位数为51914美元。优质用户获得了支付灵活性、即时信贷和促销融资，商家自然可以期待更多的消费。

7月23日，亚马逊公布第二季度财务数据，业绩稳步提升。[24]截至2008年6月30日的前12个月中，经营现金流为10.9亿美元，而上年同期为8.9亿美元；同一时间自由现金流增长了16%，达到8.2亿美元，上年同期为7亿美元。

第二季度净销售额为40.6亿美元，较上年同期的28.9亿美元增长了41%；经营利润增长86%，达到2.17亿美元，上年同期为1.16亿美元。净利润增长102%至1.58亿美元，即每股收益0.37美元，而上年同期净利润为7800万美元，即每股收益0.19美元。

亚马逊同时提出了对第三季度和全年销售额的预计。第三季度净销售额预计将在42亿美元至44.25亿美元之间，同比增长29%至36%；经营利润预计在1.15亿至1.6亿美元之间，较2007年第三

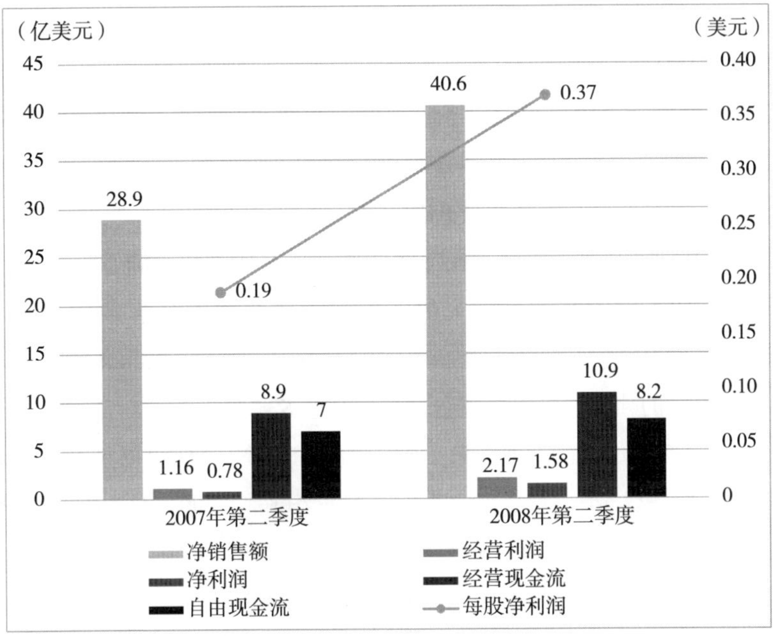

2008 年第二季度与去年同期数据比较

季度下降 6% 至增长 31%。2008 年全年净销售额预计在 193.5 亿至 201.0 亿美元之间，较 2007 年增长 30% 至 35%；全年经营利润预计在 7.45 亿美元至 9.2 亿美元之间，较 2007 年增长 14% 至 40%。

8 月

8 月 1 日，亚马逊宣布已经与 AbeBooks 达成收购协议，最终收购预计将在第四季度完成。[25] AbeBooks.com 自 1996 年以来在网上销售稀有及绝版图书，总部设在加拿大不列颠哥伦比亚省维多利亚市，在德国和美国有分支机构。在该网站上，世界各地独立书商列出了超过 1.1 亿种绝版图书。收购完成后，AbeBooks 将继续作为一个独立的运营机构。

8 月 21 日，AWS 发布了 EC2 的持久存储功能弹性块储存（Elastic Block Store，缩写为 EBS）。在发布 EBS 之前，EC2 实例中的存储被绑定到实例本身，因此当实例终止时，实例中的数据会丢失。使用 EBS，开发人员可以通过编程方式创建独立于 EC2 的存储卷（storage volumes）。为了实现更持久的备份和创建新卷的简单方法，EBS 提供了创建时点一致备份卷（point-in-time，consistent snapshots of voluems）的功能，可以无缝对接到亚马逊 S3。[26]

8 月 25 日，亚马逊收购了位于西雅图的图书社交网站 Shelfari。亚马逊长期以来一直是这家创业公司的支持者，2007 年 2 月在该网站上投资了 100 万美元，持有其部分股份。Shelfari 由 RealNetworks 前开发人员凯文·博克曼（Kevin Beukelman）和乔希·哈格（Josh Hug）联合创立，允许用户创建虚拟书架，并与朋友分享书名。[27]

9 月

9 月 3 日，亚马逊用户可以通过亚马逊视频点播（Amazon Video On Demand）在电脑上即时观看无广告的电影和电视节目。[28] 以前，用户只能通过亚马逊 Unbox 把节目下载下来观看或者是安装 TiVo box 机顶盒观看。现在，该服务正式更名为“亚马逊视频点播”。[29]

9 月 15 日，亚马逊推出了摩托车和全地形车（ATV）零件商店，该店可以提供数十万种摩托车和 ATV 零配件及保护装置。目前有来自 500 多家制造商的 30 多万种产品，包括的品牌如 AlpineStars、雅马哈、Fox Racing Shox、哈雷戴维森等。[30]

9 月 23 日，亚马逊音乐商店将预装在手机 T-Mobile G1 上，

T-Mobile G1 的用户可以从亚马逊音乐商店上搜索、下载、购买和播放音乐。T-Mobile G1 是由 T-Mobile 公司与谷歌合作开发的全球首款安卓手机。

但该项合作没有比 iPhone 显示出更强大的功能性：与 iPhone 一样，用户虽然可以利用手机自身信号浏览、试听和购买音乐，但需要连接 Wi-Fi 才能下载音乐。

10 月

10 月 9 日，AWS 降低了亚马逊 S3 的价格，从 11 月 1 日起生效。新的分级定价将提供大量的批量折扣，用户成本将随着存储量的增长而持续下降。[31]

10 月 22 日，亚马逊宣布第三季度业绩。[32] 第三季度净销售额为 42.6 亿美元，同比增长 31%；经营利润同比增长 26%，达到 1.54 亿美元；净利润增长 48% 至 1.18 亿美元，即每股收益 0.27 美元，上年同期为 8000 万美元，即每股收益 0.19 美元。

截至 2008 年 9 月 30 日的前 12 个月经营现金流为 12.7 亿美元，上年同期为 10 亿美元；同一时间自由现金流较上年同期的 8 亿美元增长了 21%，达到 9.7 亿美元。

亚马逊同时公布了第四季度和全年收入的预期。第四季度的净销售额预计将在 60 亿美元至 70 亿美元之间，与 2007 年第四季度相比增长 6% 至 23%；经营利润预计将在 1.45 亿美元至 3.05 亿美元之间，较 2007 年第四季度下降 46% 至增长 13%。全年预计销售额将在 184.6 亿美元至 194.6 亿美元之间，与 2007 年相比增长 24% 至 31%；经营利润预计将在 7.16 亿美元至 8.76 亿美元之间，与 2007 年相比增长 9% 至 34%。

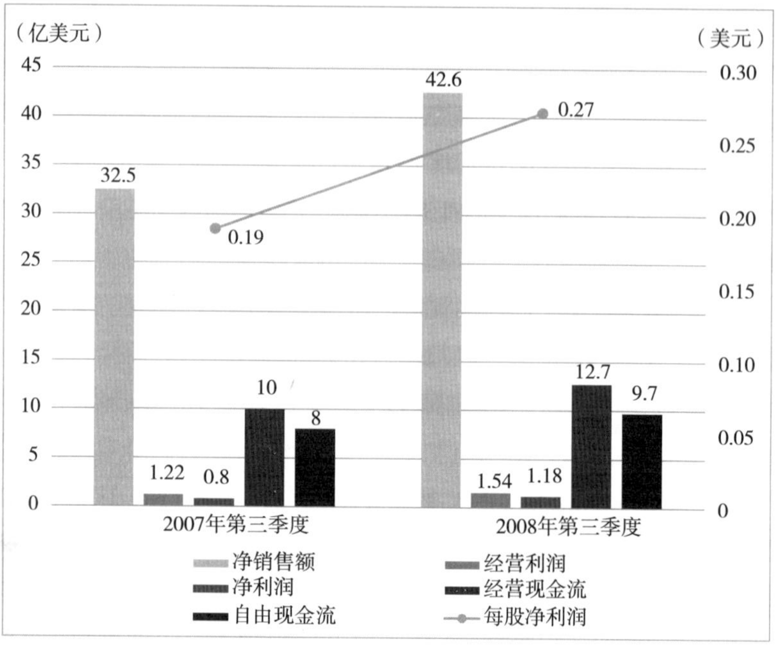

2008 年第三季度与去年同期数据比较

亚马逊第三季度的销售额同比增长 31%，这一数据并没有让市场兴奋，相反，其第四季度预计净销售额低于第二季度预测的 72 亿美元，预计年销售额也低于 7 月份预测的 201 亿美元。业绩发布后，亚马逊股价在正常交易中先是下跌了 0.24 美元至 49.99 美元，随后在盘后交易中暴跌 7.01 美元（跌幅 14%）至 42.98 美元。股价和近 52 周高点 101.09 美元相比下跌了 57% 以上。

首席财务官斯库塔克表示，鉴于“可预见性有限”，亚马逊选择“适当的保守和谨慎”的姿态。华尔街将亚马逊视为互联网行业的领头羊，多数分析师此前预计到在线零售增长将在这个假日季首次放缓，但很少有人预料到亚马逊会如此降低预期。分析师和投资者对亚马逊悲观而模糊的销售预期感到非常不安，认为这预示着经济低迷的状况将会持续很久。

斯坦福·伯恩斯坦公司的分析师杰弗里·林赛（Jeffrey Lindsay）表示："如此宽泛的业绩指引，增加了该行业的不确定性。这可能为重新设定互联网估值和重新考虑 2009 年做好了准备。"[33]

在亚马逊公布业绩的前一周，eBay 预测自己将首次出现季度销售下滑，并下调了年度盈利预期。沃尔玛等大型零售商也发出预警称，在全球经济衰退不断加剧的情况下，消费者已收紧了钱袋。贝索斯表示，如果经济衰退持续两年，亚马逊将会谨慎行事。他说："我们认为在这种宏观环境下，这是明智的。"

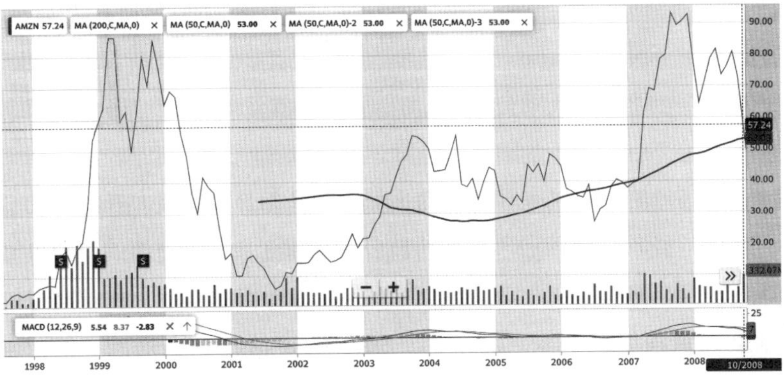

2008 年 10 月亚马逊股价受金融危机悲观预期影响下跌
图片来源：finance.yahoo.com

电商曾被看作是金融危机的避风港，但此刻的金融市场已风雨满楼。9 月 15 日，雷曼兄弟在美联储拒绝向其提供资金援助后提出破产申请，当天道琼斯工业平均指数狂跌 504 点，成为七年来最差的情况；而在同一天为了避免破产，美林证券宣布以 500 亿美元被美国银行（BOA）收购。

这两件事拉开了 2008 年 9 月全球股市大崩盘的序幕，在 9 月 15 日（星期一）和 9 月 17 日（星期三）全球股市发生了市值暴跌。在

9 月 16 日，美国国际集团（AIG）因持有许多信用已经违约的到期合约而被调低信用评级，该保险集团自身也陷入了一场清偿危机。

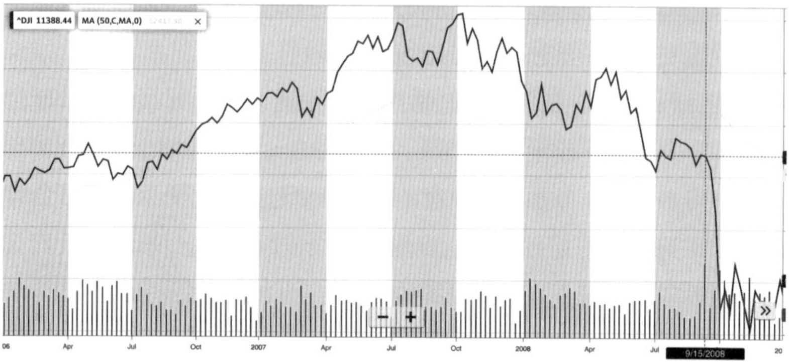

道琼斯指数 2008 年 9 月暴跌
图片来源：https://finance.yahoo.com

亚马逊的主要同业和竞争对手都已经开始显现困境。在过去的三个月里，谷歌、微软和苹果等科技公司蒸发了 1/5 到一半的市值。而一直被拿来和亚马逊做比较的 eBay 此刻显得前途未卜，和亚马逊的竞争关系却越发明显。2005 年，eBay 的市值是亚马逊的 3 倍，当时华尔街喜欢它零库存的营业方式，也乐见其创造巨大利润的能力。2008 年，eBay 的股价已经跌去了一半以上，2008 年 7 月亚马逊的估值首次超过了 eBay。2005 年，eBay 的活跃用户还比亚马逊多 30%；而现在，eBay 有 8450 万活跃用户，亚马逊在 6 月报告其有 8100 万活跃用户，两者已经相差无几。

2007 年 11 月，从 1998 年起带领 eBay 把销售额从 570 万美元冲到 80 亿美元的 CEO 梅格 · 惠特曼退休。她的继任者约翰 · 多纳霍（John J. Donahoe）想把公司带出停滞的困境。9 月末，多纳霍解雇了 eBay 公司 16000 名员工中的 10%，同时表示，eBay 已经感受到了经济衰退的影响。

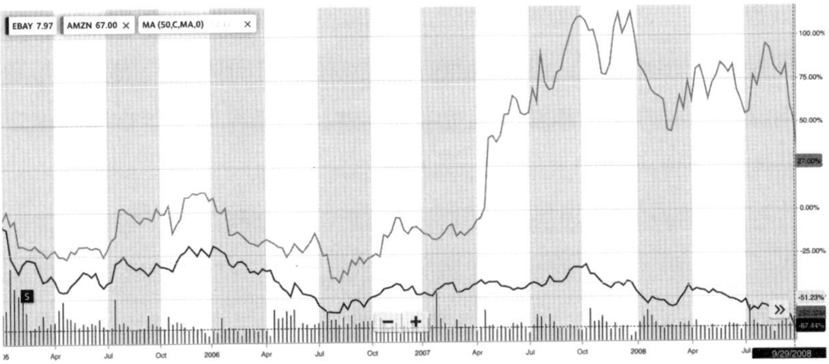

2005—2008 年亚马逊和 eBay 的股价走势对比（灰色为亚马逊）
图片来源：finance.yahoo.com

在一系列采访中，多纳霍承认，eBay 没有足够快地适应电子商务风向的转变。他现在拥护“转型思维”，并将 eBay 线上市场重新聚焦于那些不想在网上拍卖中浪费时间的购物者。“这看起来将是一个影响消费者支出的更为典型的经济周期，我们也不能幸免。”他说，“有时候我真希望可以把公司关掉，再去开一家新店，但我们不能。我们需要对 eBay 的生态系统进行更大胆、更积极的改革，即使这些改革不受欢迎。”

eBay 在捕捉市场机会和公司核心业务转型方面的问题在金融危机前就已经存在，面对机会和挑战，它和亚马逊采取了截然不同的态度和策略。据说，2004 年夏天，在 eBay 内部人士称为“Telluride”的年度高管聚会上，一个产品战略团队曾提出，eBay 需要打入前景光明的数字媒体世界。这个产品团队认为，Napster 音乐软件和苹果新 iTunes 音乐商店等服务的流行，意味着书籍、音乐和电影等媒体将不可避免地通过网络进行数字化发行。这个团队的提议几乎和亚马逊大力投入数字化媒体战略实施的时间相同，但是 eBay 内部却没有任何动作。

曾经有十多位 eBay 现任高管和前任高管表示，eBay 未能重新定位其核心业务。他们认为，eBay 总是避免调整自己的拍卖模式，是因为担心这样做会打破买家和卖家之间长期存在的有利可图的平衡。但多年来，eBay 一直知道用户在寻找一种不同的体验，拍卖参与者苦于低信誉度的卖家和隐性运费问题，并且越来越倾向于立即以固定价格购买物品。

尽管 eBay 的管理层意识到并经常承认这个问题的存在，但他们从未采取大胆、直接的措施来解决这个问题。一位前 eBay 的管理人员曾在产品战略团队工作，他匿名评论说“公司太痴迷于发布季度业绩”。[34]

eBay 曾创建了一个全新的网站 eBay Express，想满足用户简单的购物需求。eBay Express 自动将 eBay 上所有固定价格、非拍卖的物品列表收集起来，将它们更有条理地呈现出来，并且只使用一种支付系统 PayPal。但在长达两年的时间里，eBay 从未给 eBay Express 任何有意义的流量，担心后者会干扰自己利润更高、更受欢迎的拍卖导向型模式。eBay 于 2008 年关闭了 eBay Express，把一些创新功能转移到 eBay 网站上。

eBay 也没有对其放缓的业务发展模式进行关键性修复，而是在别处寻找短期内高增长的业务，比如收购在线电话服务 Skype、票务网站 StubHub，以及一系列分类广告网站。

在 eBay 收购分类广告、在线支付和互联网电话业务的同时，亚马逊花了数亿美元打造品牌，让自己成为“客户至上”的典范。eBay 放弃了数字媒体业务，而亚马逊则不惜重金投入研发，虽然利润率因庞大的研发预算而下降，让华尔街失望，但其结果却是创造了在线音乐商店和 Kindle。

两家公司的薪酬体系也反映了其管理思想的重大差异。亚马逊每年对其高管进行评估，并根据绩效发放股票。直到多纳霍上任，eBay 都是根据季度业绩发放现金和股票奖金，奖励符合华尔街短期预期的经理人。

更麻烦的是，eBay 内部在对自身定位上长期存在分歧。一方认为，eBay 必须不断地以买家想要的任何购物方式向他们提供交易，并提供折扣；另一方则认为，要坚持拍卖的本行，不应让传统购物摧毁 eBay 的独特之处。而前 CEO 梅格 · 惠特曼对此不置可否。

多纳霍上任后力图进行一系列改革，包括以年而不是以季度发放高管奖金，防止员工离职，这是意在鼓励长远考虑；他还将公司的重心转向买家，取消了与 eBay 商家举行的年度 eBay Live 会议并试图调整 eBay 收费，以吸引卖家用固定价格出售更多产品；他还新增了一个固定价格的 30 天挂牌交易，等等。但这些改革在短期内很难出现效果。

就在 eBay 纠结于是否转型以及如何转型的时候，亚马逊此前的尝试和失败正让它逐渐夺取了 eBay 的主战场。在经历了早期拍卖网站的失利后，亚马逊重新整合了第三方卖家业务，推出了“市集”平台。在 2006 年，又推出了 FBA，努力吸引中小企业在亚马逊网站上售货，其中不乏 eBay 曾经的用户。第三方供应商销售额现在占亚马逊销售额的 29%。在此之前，亚马逊经受住了长期以来各方面对其固定成本居高不下的批评，坚持了很长时间。

10 月 23 日，AWS 发布了运行微软 Windows 服务器和 SQL 服务器的 EC2 公测版，为在 AWS 云中部署解决方案提供了更大的灵活性。另外，AWS 宣布 EC2 已经成功地结束了贝塔版测试期，可以正式通用了。[35]

10 月，亚马逊在法国推出了 Premium 会员服务，年费 49 欧元，会员可以享受更快的送货服务。[36]

11 月

11 月 3 日，亚马逊推出了“环保包装”（Frustration-Free Packag-

ing）服务。这项举措首先采用两种方式：一种是用硬塑料外壳进行包装，这种包装被称为“翻盖式”；另一种是用塑料包裹的铁丝捆扎的，通常用于玩具包装。“环保包装”被首先应用在美国 19 个畅销品制造商商品上，包括费雪玩具（Fisher-Price）、美泰玩具（Mattel）、微软和电子制造商创见（Transcend）等。

亚马逊统一了这些产品的包装，并从 2009 年开始在亚马逊国际网站上推广这一做法。除了使包装更容易打开，“环保包装”的一个主要目的是通过使用更少的包装材料来保护环境。[37]

11 月 18 日，AWS 发布了 CloudFront，这是一个自助式、按需付费的内容传递网络服务。借助 CloudFront，开发人员和企业可以通过遍布全球的边缘位置网络分发内容，这些网络可提供低延迟和高速数据传输。CloudFront 与亚马逊 S3 等其他 AWS 服务无缝对接，并且不需要预先承诺和长期合同，采用先使用后付费的定价模式（pay-as-you-go pricing）。[38]

11 月 25 日，距离传统的黑色星期五销售日开始前的倒数第三天，亚马逊上线了黑色星期五交易网页。[39]

12 月

12 月 1 日，AWS 发布了分布式数据库亚马逊 SimpleDB 无限制条件的公开测试版。SimpleDB 提供了通过简单的 API 进行索引和查询的核心数据库功能。该功能允许企业和开发人员轻松地扩展数据库处理规模，将开发人员从许多复杂的容量规划中解放出来，同时节省资金成本。SimpleDB 可与其他 AWS 服务（如亚马逊 S3 和 EC2）无缝对接。[40]

12 月 3 日，亚马逊适用于 iPhone 和 iPod touch 的应用程序在苹果应用商店上架。[41] 第一款 iPhone 手机自 2007 年 6 月推出以来，迅速风靡全美，亚马逊果断抓住了智能手机飞速发展带来的即时消费的机会。

12 月 10 日，AWS 将 EC2 扩展到欧洲。欧洲的开发人员可以利用 EC2 的最新特性，包括多个可用性区域、弹性 IP 地址和 EBS 等功能。在不久的将来，EC2 还将在欧盟增加对微软 Windows 服务器和 SQL 服务器的支持。[42]

12 月 26 日，亚马逊表示在此次圣诞季创下了历史销售纪录。在 12 月 15 日这一天，全球订购量超过 630 万件，创下了每秒下单 72.9 件的纪录。[43]

2009年 “线上沃尔玛”

1月

1月29日，亚马逊公布2008年第四季度和全年的财务数据，2008年全年销售额和盈利都保持了上升趋势。[1] 第四季度净销售额为67亿美元，同比增长18%；排除外汇汇率同比变化带来的3.2亿美元的不利影响，净销售额同比增长24%。第四季度经营利润为2.72亿美元，去年同期为2.71亿美元；扣除外汇汇率同比变化带来的2600万美元的不利影响，经营利润将较2007年第四季度增长10%。净利润增长9%，达到2.25亿美元，即每股收益0.52美元；2007年第四季度净利润为2.07亿美元，即每股收益0.48美元。2008年的经营现金流为17亿美元，而2007年的为14.1亿美元；自由现金流在2008年增长了16%，达到13.6亿美元。

2008年全年净销售额较上年的148.35亿美元增长了29%，达到191.66亿美元；经营利润同比增长28%，达到8.42亿美元；净利润较上年的4.76亿美元增长了36%，至6.45亿美元，即每股收益1.49美元，2007年每股收益为1.12美元。

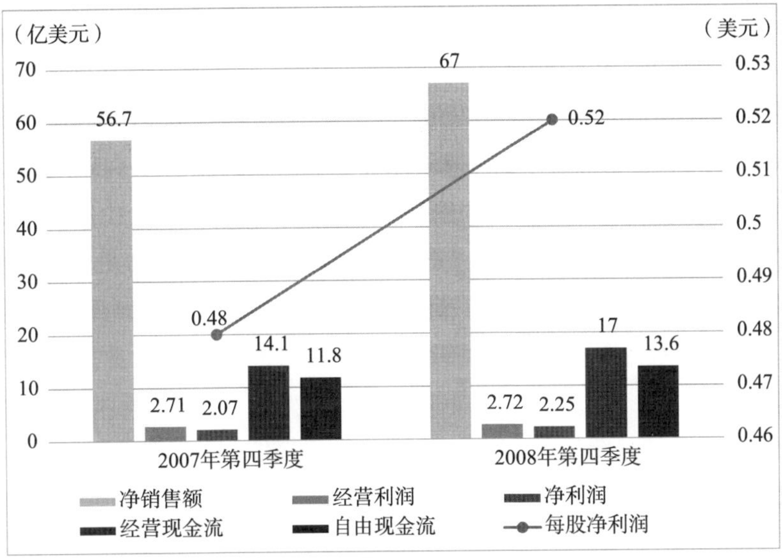

2008 年第四季度与去年同期数据比较

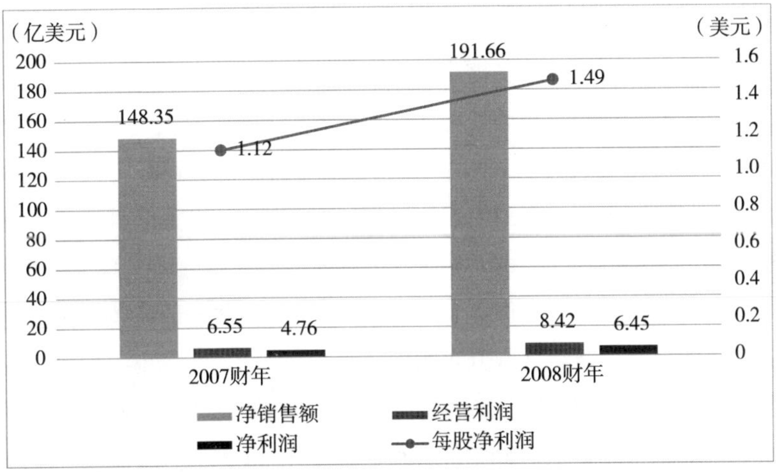

2008 财年与去年同期数据比较

亚马逊同时给出了 2009 年第一季度的销售预期。净销售额预计将在 45.25 亿美元至 49.25 亿美元之间，或同比增长 9% 至 19%；经营利润预计将在 1.25 亿美元至 2.1 亿美元之间，同比下降 37% 至增长 6%。

亚马逊的成绩多少有一些让人出乎意料。同样在西雅图，还有波音、微软和星巴克等著名公司，这些公司都宣布计划通过裁员度过经济危机。亚马逊当时在全球拥有超过 22000 名员工，是西雅图当地最大的雇主之一，但却没有宣布裁员计划，与其他公司形成了鲜明的对比。有评论称亚马逊“已经成功发展成了在线销售的沃尔玛”。[2]

2月

2 月 5 日，亚马逊支付推出了亚马逊灵活支付（Amazon Flexible Payments Service，下称 FPS）和 Quick Starts（快速启动）服务，将各种亚马逊便捷支付服务聚合成一组简化的 API，从而减少了开发人员在其网站上启用交易处理所必须采取的步骤。开发人员可在几小时内推出常见的支付交易，如一次性支付、经常性支付和预付款。FPS 自 2007 年 8 月进入测试阶段，是第一个专门为开发人员设计的支付服务。[3]

2 月 9 日，贝索斯向公众发布了 Kindle 2，并邀请畅销书作家史蒂芬·金站台，介绍这款升级版的电子书阅读器。[4] 在第一代 Kindle 的基础上，新机型采用了新的超薄设计，电池寿命更长，翻页速度更快，拥有超过 7 倍的存储空间，可以储存 1500 本书，图像也更清晰。此外，一个新的“给我读”功能，可以将页面上的单词转换为朗读单词，提供了“从文本到语音”的创新性转换功能。这样，用户就可以选择阅读还是聆听。

Kindle 商店里有超过 23 万种图书，包括新书和 110 种《纽约时报》畅销书中的 103 种，每种售价依然是 9.99 美元。Kindle 2 售价为 359 美元，将于 2 月 24 日发售。在谈到与纸质书的对比和电子书的前景时，贝索斯称："在 14 个月内，我们为 Kindle 增加了 23 万种图书，其中 Kindle 的单位销量额已经占亚马逊网站上这 23 万种图书总销售额的 10% 以上。我们花了 14 年时间建立实体图书业务，而在短短 14 个月内，Kindle 电子书业务已经占其 10%。因此，我们自己都为如此迅速地完成了工作而感到非常惊讶。"[5]

Kindle 在美国上市不到两年就成为一个惊喜，用"横空出世"来描述并不为过。有专家认为亚马逊仅在美国就卖出了几十万台 Kindle。人们开始认为，Kindle 已经彻底改变了出版业和读者阅读书籍的方式。在 2009 年 10 月前，亚马逊占据了美国 90% 的数字阅读市场。[6]

许多出版商开始热情地欢迎电子书的发展，并表示期待扩大国际读者群。美国六大出版商之一企鹅出版社的 CEO 约翰 · 梅金森（John Makinson）说："我们很高兴将这种成功的伙伴关系扩展到世界其他地区，美国的出版业正在经历电子书销售的爆炸性增长，我们希望通过在新设备上广泛提供我们的内容来刺激其他地方的数字购买。"[7]

贝索斯在发布会当天表示，Kindle 将于 10 月 19 日在全球范围内发售，通过亚马逊的美国网站进行销售，并以 279 美元（175 英镑）的价格运往英国。

Kindle 的成功自然引来了竞争对手的关注。在 Kindle 2 发布半月后，加拿大图书销售商 Indigo Books & Music 表示将推出电子书阅读和购买应用程序 Shortcovers。该应用程序适用于 iPhone、黑莓手机和安卓手机等智能手机设备，被称为"Kindle 杀手"。[8]

2 月 24 日，亚马逊宣布，将于 3 月 27 日赎回 2010 年到期的、利率为 6.875% 的次级可转换债券的全部剩余本金，赎回价为到期本金额的 100%，加上累计及未偿还的利息。[9]

3月

3月3日，AWS在欧盟地区推出了运行微软Windows服务器和SQL服务器的亚马逊网络服务器EC2，EC2允许用户访问在欧洲基于Windows服务器上的计算资源，并在AWS云上运行。AWS管理控制台将在欧盟为EC2提供支持，使开发人员能够使用一个简单的点击式的网页界面来管理他们在欧盟地区的EC2资源。[10]

3月9日，亚马逊宣布在法国官网上推出FBA，使在亚马逊“市集”平台上销售产品的中小型企业能够访问并使用订单处理、客户服务、特殊投递优惠和网站的技术。[11]

3月12日，AWS推出了保留实例（Reserved Instances）。这是亚马逊EC2的一个额外定价选项，也是对按需随用随付定价模式的扩展，用户可以选择通过一次性支付低价保留容量，进一步降低每小时的使用成本。与按需实例（On-Demand Instances）一样，用户仍将只为他们实际使用的算力买单。[12] 为了获得较大折扣，用户往往选择签订较长期的固定合约，支付较多的预付款。

3月26日，亚马逊证实，其位于印第安纳州蒙斯特第45大道101号的履行中心开业不到18个月就将关闭，约有75人失业。亚马逊公司发言人帕蒂·史密斯说，即使蒙斯特履行中心提前关闭，其员工的工资也将持续到5月25日，员工将有机会转移到亚马逊的其他履行中心。史密斯同时表示，亚马逊还将关闭位于内华达州红石和宾夕法尼亚州钱伯斯堡的履行中心，以此来精简它在北美的配送网络。[13]

4月

4月17日，贝索斯发表2008年的致股东信。时值全球金融危机，贝索斯强调了亚马逊秉承的“长期主义”理念，并以实例证明亚马逊如何以不变应万变，对抗变局和不确定性。

4 月 23 日，亚马逊公布第一季度财务数据，本季度销售额和利润均保持增长，现金流充裕。净销售额为 48.9 亿美元，同比增长 18% 。如果排除外汇汇率同比变化带来的 2.68 亿美元的不利影响，净销售额同比增长 25% 。经营利润同比增长 23% ，达到 2.44 亿美元，扣除外汇汇率同比变化带来的 3200 万美元的不利影响，经营利润同比增长 39%。净利润同比增长 24% ，达到 1.77 亿美元，即每股收益 0.41 美元，而 2008 年第一季度净利润为 1.43 亿美元，即每股收益 0.34 美元。表现最为突出的还是现金流，截至 2009 年 3 月 31 日的前 12 个月的经营现金流为 17.6 亿美元，而上年同期为 10.4 亿美元；截至 2009 年 3 月 31 日的前 12 个月中，自由现金流增长了 81% ，达到 14.3 亿美元，上年同期为 7.9 亿美元。

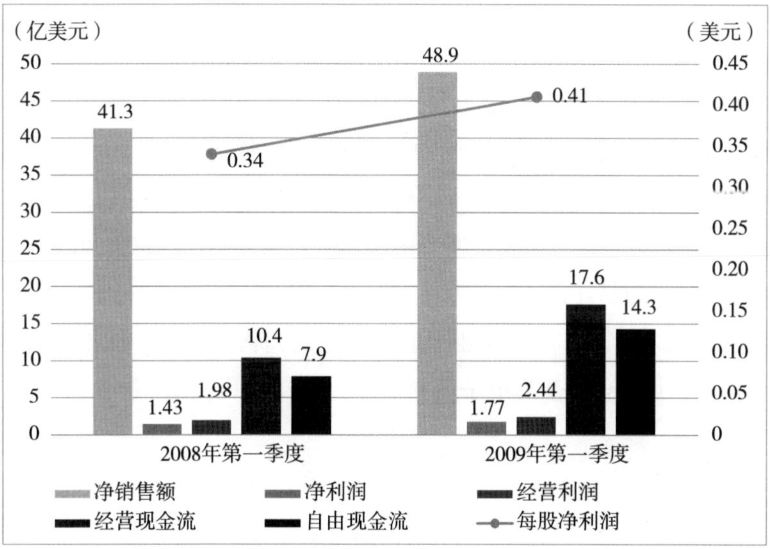

2009 年第一季度与去年同期数据比较

在经济衰退期，这样的业绩非常亮眼，特别是该业绩延续了亚马逊一直以来的发展趋势。有分析师认为，在经济衰退期间，消费者转向网上购物，这对亚马逊产生了积极的影响。[14] 但亚马逊对外发布的预期还是相对谨慎，预计第二季度经营利润可能较上年同期下降 12%~49%。

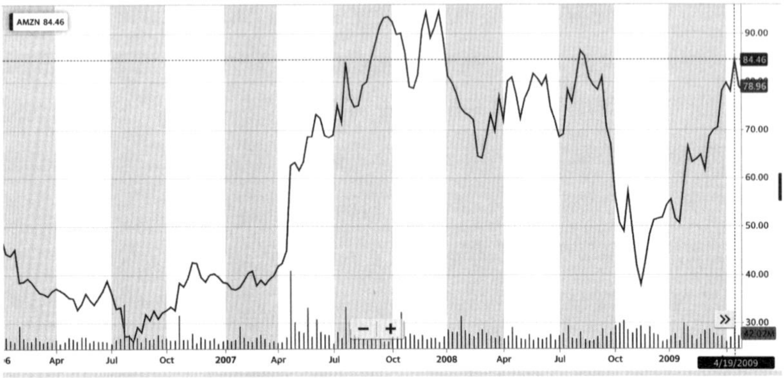

2009 年初亚马逊股价受业绩拉动快速回升
图片来源：https://finance.yahoo.com

亚马逊成为互联网最大商店的战略之一是引入第三方卖家。就在这个月，它进一步增加来自卡尔弗城在线珠宝零售商 Bidz 的商品。Mercent 是一家帮助零售商在亚马逊和谷歌产品搜索（Google Product Search）等电子商务网站上实现销售最大化的公司。这家公司的 CEO 埃里克·贝斯特（Eric Best）在发表评论时说，由他们拉到亚马逊平台上的客户发现，自己在亚马逊平台上的销售额比上年同期增长了 41%，这比他们在所有电子商务平台上 12% 的增长速度要快得多。[15]

5 月

5 月 6 日，距离 Kindle 2 面市仅两个多月，亚马逊又推出了

Kindle DX。这款阅读器采用 9.7 英寸①电子纸质显示屏，内置 PDF 阅读器，有自动旋转功能，可存储多达 3500 本书，电池待机时间也更长。Kindle DX 售价为 489 美元，原 6 英寸屏的 Kindle 降价到 359 美元。[16]

5 月 18 日，EC2 的新功能云监控（Cloud Watch）开始进行公测。这是一个用于监控 AWS 云资源的网络服务，用户根据需求自动扩大和缩小 EC2 容量，以及保持在 EC2 计算实例之间分配传入流量的弹性负载平衡。总之，这些功能让企业和开发人员随时监控 AWS 计算资源的健康状况和使用情况，从而提高应用程序的性能，进一步降低成本。[17]

6 月

6 月 13 日，历时 5 年的亚马逊和玩具反斗城之间的诉讼，以亚马逊赔偿 5100 万美元告终。亚马逊在一份监管文件中披露，和解协议赔偿金将在第三季度支付，所有索赔和反索赔的请求都将被驳回。[18] 玩具反斗城计划推出一个独立的互联网商店销售其产品。[19]

7 月

7 月 9 日，亚马逊无线网站（AmazonWireless.com）测试版发布。该网站销售手机并提供相关手机服务，免费送货，两天送达。亚马逊无线网站当时提供包括 AT&T、威瑞森等品牌的超过 120 款手机，其

① 1 英寸约等于 0.254 米。——编者注

中包括大量的智能手机和最新机型。用户可以通过搜索运营商、手机功能、价格、颜色和品牌等来选购手机。[20]

亚马逊无线网站的巧妙之处在于填补了用户日常需要的服务空白，比如用户可以参加手机以旧换新的换购计划、买手机绑定话费套餐等。值得注意的是，在诸多机型里并不包括苹果手机。

7 月 14 日，亚马逊推出户外运动商店，提供数千种顶级品牌户外用品和服装，户外商家品牌包括 Altrec、Backcountry 和 Mountain Gear 等。亚马逊还推出订单满 299 美元免费送美国国家公园通票的促销优惠。[21]

7 月 22 日，亚马逊宣布将以 1000 万股股票收购售鞋网站 Zappos.com，以当时的股价计算，这些股票价值将近 9 亿美元。亚马逊表示，它还将向 Zappos 员工额外提供 4000 万美元的现金和股票。这是亚马逊历史上最大的一次收购。[22] 到 11 月完成收购时，以股票计价，实际收购价格达到了 12 亿美元。亚马逊在收购方面以精打细算著称，当年高层们建议以 5 亿美元收购时，贝索斯尚且犹豫，为何此刻如此慷慨呢？

最主要的原因是 Zappos 的发展势头惊人。Zappos 自 2004 年搬迁总部到内华达州以来，三年内年收入翻了一番，总销售额达到了 8.4 亿美元。到 2007 年，其业务已经扩展到包括手袋、眼镜、服装、手表和儿童用品领域。2008 年，Zappos 的年销售额达到了 10 亿美元。一年后，并首次登上《财富》百强企业榜，排第 23 位。[23]

相比之下，亚马逊重金投入的售鞋网站 endless.com 却没有带来预期的收益。据当时亚马逊高层估计，两年多来亚马逊已经投入了 1.5 亿美元，而 endless.com 的业务始终不温不火。金融危机发生后它的经营越来越难见起色。而 Zappos 在金融危机下，库存受到信贷资源的约束，被迫裁员 80%。于是，亚马逊再次发出邀约。在和贝索斯一个小时的会谈中，Zappos 的 CEO 谢家华坚持要让公司独立运营，贝索斯同意了。

这次收购让贝索斯和亚马逊高层汲取了教训，并准备好了与新兴对手的持久战。当被问及是否要关闭 endless.com 时，亚马逊表示将继续运营。

7 月 30 日，密歇根州谢尔比镇一名 17 岁的高中生贾斯汀 · 高隆斯基（Justin D. Gawronski）和一名来自北加州米尔皮塔斯市的读者安东尼 · 布鲁盖尔（Antoine J. Bruguier），在西雅图地方法院对亚马逊提起诉讼。高隆斯基起诉称，他大学先修课程的暑假作业是阅读《1984》一书，并且需在暑假结束返校时，提交对每 100 页的“读后感”，然后参加考试。他花 0.99 美元在 Kindle 上购买了这本书，但读到一半的时候，这本书从他的 Kindle 上消失了，而他的笔记也“变得毫无用处，因为他看不到这些笔记对应的书中内容了”。布鲁盖尔的起诉理由是在丢失了《1984》之后，他多次向亚马逊投诉，要求将这本书或授权版本恢复到他的 Kindle 上，但没有被同意。他写道：“我以为一旦购买，这些书就是我的了。”[24] 布鲁盖尔称亚马逊从来没有告诉他为什么删除了他在 Kindle 上《1984 年》的副本，并且没有提供一个替代版本。

贝索斯对 Kindle 远程删除电子书而道歉。他解释说，公司是在得知电子版本是盗版后才这样做的，他承诺给予购买者自动退款，但亚马逊的确没有事先通知读者。[25]

在这个月，巴诺书店在其网站上创建了一家电子书店，销售可以在 iPhone 或黑莓手机、电脑上阅读的电子书。[26]

8月

8 月 24 日，AWS 宣布推出亚马逊虚拟私有云（Virtual Private

Cloud，缩写为 VPC），作为企业现有 IT 基础设施和 AWS 云之间的桥梁。亚马逊 VPC 使企业能够通过虚拟专用网络（VPN）将其现有的基础设施连接到一组独立的 AWS 计算资源，从而扩展其现有的管理能力，如安全服务、防火墙和入侵检测系统等。VPC 和 EC2 进行了整合。与所有的亚马逊网络服务一样，VPC 不需要长期合同、最低支出或先期投入。[27]

在这个月，曾让亚马逊运营其网站长达 10 年的塔吉特公司宣布，在 2011 年合同到期时，将终止与亚马逊的合作关系。[28]

9 月

亚马逊历经金融危机却逆势上涨的表现，越来越引起公众的关注。9 月 19 日，《一网打尽》作者布拉德·斯通（Brad Stone）在《纽约时报》发表了一篇题为“亚马逊会成为线上沃尔玛吗？”（Can Amazon Be the Wal-Mart of the Web?）的专题文章，引起更多讨论。[29]

这篇文章认为，亚马逊的扩张战略使其在经济衰退期间能够繁荣发展，尽管它的传统媒体业务已经停滞不前。在过去的一年里，消费者购买书籍、CD 和 DVD 越来越少，在许多情况下，他们选择了更便宜的数字下载。例如，在 2009 年第二季度，亚马逊全球媒体销售额仅增长了 1%，达到 24 亿美元，主要原因是视频游戏销售放缓；但在同一季度，其他产品的销售额增长了 35%，达到 20.7 亿美元。

Prime 会员服务和第三方销售为亚马逊带来了稳定的收入来源。除了会员数量显著增长，亚马逊“市集”平台也吸引了越来越多的第三方小企业在亚马逊网站上出售产品。对每笔销售亚马逊收取大约 15% 的分成。这样的第三方交易额占亚马逊网站销售额的 30% 。

与此同时，亚马逊先进的“寄售”库存管理方法和市场优势地位开始发挥作用。虽然销售的商品数量如此之大，但亚马逊却可以准确地预测客户需求，通常在65天内就卖出产品，然后才需要向供应商支付费用。这种被分析师称为“负营运资本”的模式，在杂货店以外的地方并不常见，它使亚马逊能够避免购买和储存巨大的库存所带来的数额庞大的资金占用。亚马逊也因此增加了自己的现金流，把债务从2000年的20亿美元偿还到仅剩1.09亿美元，并且得以扩充更多的产品。

亚马逊先进的库存管理方法也让华尔街对它刮目相看。亚马逊的利润一直很微薄：2008年，它的利润只有6.45亿美元，比前一年增长了36%，而同年沃尔玛的利润为134亿美元，同比增长了5%。但华尔街更看重亚马逊的发展前景，给出了60倍的估值，对沃尔玛的估值却只有15倍。分析师杰弗里·林赛说：“亚马逊不必承担巨大的库存持有成本，而且几乎可以无限增加产品种类。就库存管理而言，亚马逊拥有一种近乎神奇的商业模式。”[30]

这篇文章立刻引起了沃尔玛等相关方的关注和反击。沃尔玛CEO劳尔·巴斯克斯（Raul Vazquez）在采访中表示，如果说有一个“线上的沃尔玛”，那就是Walmart.com。沃尔玛将允许其他零售商在沃尔玛网站上销售产品，模仿亚马逊的第三方市场，以让自己网站上的在售商品更丰富、选择更多。分析人士认为，美国零售商凯马特的母公司西尔斯也准备允许外部卖家进入其网站。竞争才刚刚开始。[31]

9月25日，亚马逊以15万美元和解了夏天由于远程删除引起的集体诉讼。和解协议显示，亚马逊在9月向那些书籍被删除的消费者提供了一份新的免费电子书以及30美元。[32]

2009年9月，卓越亚马逊总裁王汉华在西雅图参加各国分公司年度预算会。做完陈述，王汉华略带紧张地回答了来自总部高层的问题，因为他带来了一份“非常激进”的中国业务扩张计划。听完王汉华的陈述，贝索斯先是一阵沉默，随后对他说：“你做的（预算）还不够大，还可以更大些。”结果，贝索斯给了王汉华一个相比上一年翻倍的预算。

10月

10月7日，亚马逊Kindle开始面向100多个国家的用户销售。亚马逊官网以英、德、法、日和西班牙语五种语言公布了这一消息。[33]

10月15日，亚马逊推出“本地快递”（Local Express Delivery）服务，在纽约、费城、波士顿、巴尔的摩、拉斯维加斯、西雅图和华盛顿等七个主要城市为顾客提供当日送达服务，并宣布在接下来的几个月里，这项服务将扩展到芝加哥、印第安纳波利斯和菲尼克斯。Prime会员需为此多支付5.99美元。[34]

10月16日，沃尔玛对亚马逊发起了一场价格战。沃尔玛表示将通过沃尔玛网站以每本10美元的价格出售10本备受期待的新书。几个小时后，亚马逊也将价格降到了10美元。沃尔玛很快做出反击，承诺在周五早上之前将价格降至9美元，并在周四傍晚之前兑现了这一承诺。这个价格都是包含运费的。[35]

沃尔玛没有透露这种销售方式是否会赔钱。但有分析认为，对于精装书来说，零售商的进货价格一般是图书标价的一半。假设沃尔玛是这种情况，《穹顶之下》（*Under the Dome*）原价是35美元，10美元的售价再加上运费就相当于原价的71%，这意味着每卖出一本书，沃尔玛会损失7~7.5美元。

10月19日，巴诺书店宣布将推出自己的电子书阅读器Nook。该设备具有彩色触摸屏控制和灰白色的阅读显示，同样采用电子墨水技术，也具有无线下载功能，售价为259美元。[36]巴诺书店的Nook不仅在硬件上对标Kindle，在内容上也摆出了一决高下的架势。Nook的广告称，客户将能够“阅读超过100万种电子书、报纸和杂志”。巴诺书店与谷歌达成了协议，谷歌可以提供从大学图书馆扫描的公共图书电子版，巴诺网站上大约 50 万本图书也可以免费下载。这些版本都不能在 Kindle 上阅读。

Nook 的加入，使得 Kindle 几乎独占的电子书阅读器市场开始出现分化。当时，索尼的 Reader 是第二受大众欢迎的电子书阅读器，此外还有其他几款阅读器正在研发中，包括 iRex 和 Plastic Logic。当时，电子书的市场规模仍然很小，但增长迅速。出版业顾问公司 Codex Group 当时预测，到年底，拥有电子书阅读器的人数将大约翻一番，从 8 月的 160 万左右增至 380 万左右。

10 月 22 日，亚马逊发布了 Kindle 电脑版。这款免费的应用程序，可以让读者在个人电脑上阅读 Kindle 电子书。美国 Kindle 商店提供了超过 36 万种书，包括新书和 112 种《纽约时报》畅销书中的 101 种。Kindle 电子书可以在 Kindle、Kindle DX、iPhone、iPod touch 和电脑上阅读。[37]

10 月 27 日，AWS 推出了亚马逊关系数据库服务（Amazon Relational Database Service，也称 RDS）。这是一种“在云中”运行的 Web 服务，旨在简化用于应用程序的关系数据库的设置、操作和扩展。RDS 提供了经济高效且可调整大小的容量，同时可以简化大量通常与数据库相关的耗时管理任务。与所有的亚马逊 Web 服务一样，用户不需要先期投入，只需为使用的资源付费。AWS 同时宣布降低 EC2 价格，并引入一系列新的高内存实例。[38]

11 月

11 月 12 日，AWS 表示将于 2010 年进军亚洲市场。亚马逊称在 2010 年上半年，软件开发者和企业将能够从新加坡的多个可用性区域访问 AWS 的基础设施服务；2010 年下半年将把 AWS 服务推广到亚洲的其他可用区域。亚马逊在亚太地区推出的 AWS 服务将包括 EC2、S3、SimpleDB、RDS、SQS、EBS 和 CloudFront。[39]

12 月

12 月 1 日，巴诺书店在其网站上宣布，电子书阅读器 Nook 在 2009 年全部售罄。但很快有消息说，巴诺书店其实没寄出任何一个 Nook 设备，这么做在很大程度上是为了向 Kindle 宣战。

《纽约时报》的 Bits 博客引用弗雷斯特研究公司分析师莎拉·罗特曼·埃普斯（Sarah Rotman Epps）的话，称巴诺书店为了与亚马逊竞争而匆忙发布了自己的产品，而它还没有真正准备好在今年开始销售自己的设备，至少没准备好大量销售。埃普斯表示："即使供应链没有问题，新产品的制造过程也需要时间，从他们向工厂下订单到真正发货，可能需要 3 个月时间。"[40] 巴诺书店网站上显示，12 月 1 日下单，将在 1 月 4 日之前收到货。

12 月 14 日，AWS 宣布推出了竞价实例（Spot Instances），给用户购买和消费 EC2 的计算资源提供了一种新的方式。利用竞价实例，用户可对 EC2 中闲置的计算能力进行竞价，并在竞价超过当前价格时运行这些实例。现货价格根据供求情况周期性变化，出价超过现货价格的用户可访问可用的现货实例。竞价实例是对按需实例和保留实例的补充，提供了获得 EC2 计算能力的另一种方式。[41]

同一天，亚马逊宣布用户可在 60 多个国家的苹果应用商店下载 Kindle for iPhone（iPhone 版 Kindle）应用程序，在 iPhone 和 iPod touch 上使用。Kindle for iPhone 应用程序采用了亚马逊的 Whispersync 技术，可以在用户的 Kindle 设备和 Kindle 跨平台应用程序之间保存和同步用户的书签。[42]

12 月 15 日，沃尔玛推出新型运输方式，与亚马逊争夺网上零售份额。顾客在沃尔玛网站上购买特定商品后，可以选择直接到当地的沃尔玛超市前台自取。在芝加哥郊区，沃尔玛正在测试一个全新的概念：免下车窗口——类似于美国药店和快餐店的窗口，购物者可以开车通过窗口提取他们在网上订购的商品。

沃尔玛的 CEO 劳尔·巴斯克斯说："曾经有一段时间，线上和线下的业务被认为是不同的。现在我们意识到，由于拥有数千家门店，我们实际上拥有实体优势，并可以利用这一优势成为第一网店。"沃尔玛表示，在圣诞节到来之际，40% 的网上订单是通过实体店送达的。[43]

这是继 10 月价格战之后，沃尔玛向网上零售进军的又一举措。十年前，沃尔玛的线上业务作为一个副业在加州推出，办公地点远离其在阿肯色州本顿维尔的总部。该业务在早期出现了一些失误，比如客户买一个 25 美分的塑料杯却要支付 8 美元的运费，因此业务一直增长缓慢。

沃尔玛在十年间三次重新设计了沃尔玛网站。根据 comScore 公司的跟踪服务，沃尔玛网站这时已经跻身电子商务网站的前列。但据《互联网零售商》杂志估计，沃尔玛网站的在 2009 年的销售额仅为 17 亿美元，远远落后于亚马逊，后者的年销售额在前一年已经达到了 191.7 亿美元。截至 12 月 12 日，沃尔玛的假日访问量仅增长了 7%，相比之下，亚马逊增长了 34%。

沃尔玛真正开始重视网上业务的原因有两个：第一是亚马逊的发展势头太过迅猛；第二是人们在消费习惯上的改变显而易见。这两个原因都让这家传统零售巨头感到不安。尽管电子商务在美国零售支出中所占的比例不到 5%，但大家已经发现，即使是技术不成熟的消费者，也开始通过电脑或手机购物、浏览产品评论和价格比较网站。

comScore 公司调查发现，从 11 月 1 日到 12 月 11 日，网上订单总额与去年同期相比增长了 3%，达到 199 亿美元。[44]

12 月 22 日，亚马逊宣布对 12 月 23 日在美国本土发货的所有 Kindle 订单提供免费的一日到货服务，同时表示，Kindle 最近打破了历史上最好的销售纪录，依然是亚马逊网站上最畅销的产品 Kindle 在 10 月底开始降价，从 279 美元降到 259 美元。[45]

2010年　临界点

1月

1月6日，亚马逊宣布推出带有全球无线接口的Kindle DX。新版Kindle DX拥有9.7英寸的电子纸显示器、自动旋转功能，可以存储多达3500本书。Kindle DX单价为489美元，将于1月19日首次全球同步发售。[1] 此时，Kindle商店已有超过40万本书。

1月15日，亚马逊网站宣布Kindle数字文本平台向全球开放，世界各地的作者和出版商都可使用该自助服务在Kindle商店上传和销售书籍，此前该功能仅在美国适用。[2]

1月28日，亚马逊公布2009年第四季度和全年的业绩。其中，第四季度的收入和利润均大规模增长。第四季度净销售额为95.2亿美元，较上年同期的67亿美元增长了42%；经营利润较上年同期的2.72亿美元增长了75%，达到4.76亿美元；净利润较上年同期的2.25亿美元增长了71%，至3.84亿美元，即每股收益从0.52美元增长至0.85美元。[3] 根据弗雷斯特研究公司的数据，亚马逊网站的市场份额已经超过了eBay等竞争对手。[4]

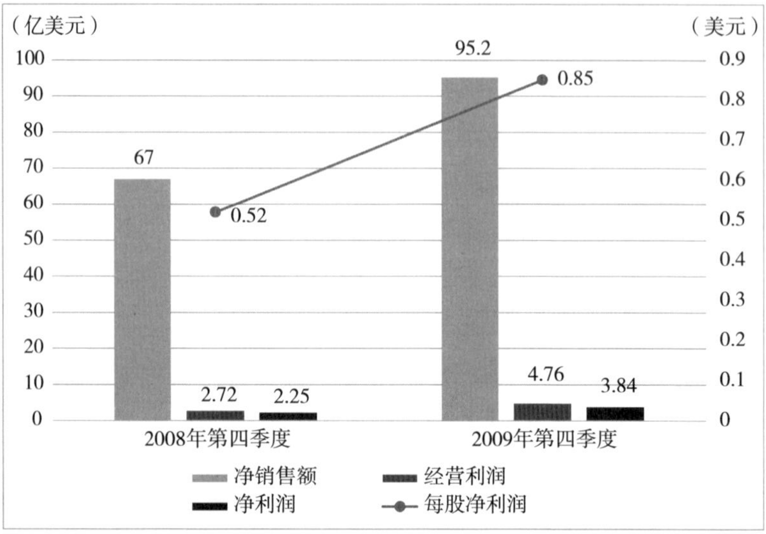

2009 年第四季度与去年同期数据比较

这样的业绩超过了大部分华尔街投资人的预期，但和一些特别乐观的预期还有一些差距。此前彭博社调查的分析师预计每股收益为0.72美元，收入为90.4亿美元。报告发布后亚马逊股价出现短暂下跌，但随后在尾盘交易中上涨2.78美元至128.45美元，涨幅为2.2%，股

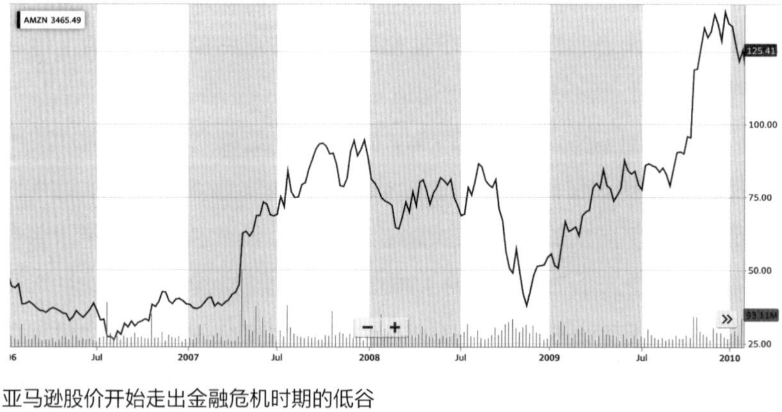

亚马逊股价开始走出金融危机时期的低谷
图片来源：finance.yahoo.com

价收于每股 125.41 美元。

2009 年的全年业绩也呈现了大幅增长。净销售额较 2008 年的 191.66 亿美元增长了 28%，至 245.09 亿美元；经营利润较 2008 年的 8.42 亿美元增长了 34% ，达到 11.29 亿美元；2009 年净利润较上年的 6.45 亿美元增长了 40%，至 9.02 亿美元，即每股收益 2.04 美元，而 2008 年每股收益 1.49 美元。2009 年经营现金流较上年的 17 亿美元增长达到 32.9 亿美元；自由现金流较上年的 13.6 亿美元增长了 114% ，达到 29.2 亿美元。[5]

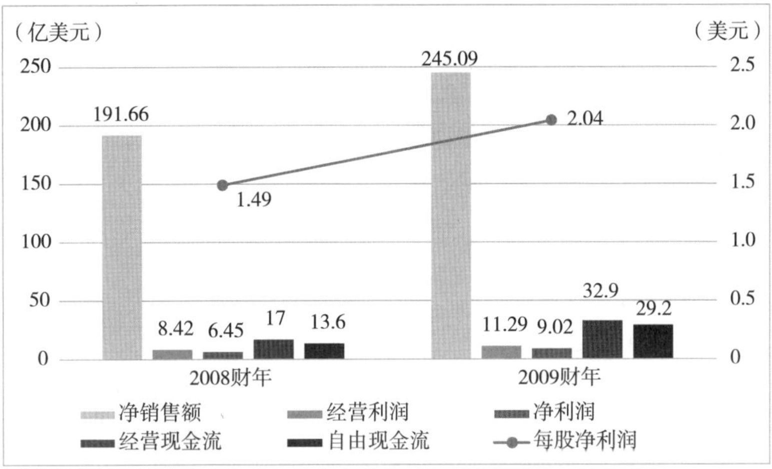

2009 财年与去年同期数据对比

亚马逊同时发布了 2010 年第一季度的财务预期。净销售额预计将在 64.5 亿美元至 70 亿美元之间，与 2009 年第一季度净销售额相比增长 32% 至 43%；经营利润预计将在 2.75 亿美元至 3.65 亿美元之间，与 2009 年第一季度净利润相比增长 13% 至 50% 。

亚马逊当天还公布了新的股票回购计划：2008 年初，公司称计划回购 10 亿美元股票，现改成最多可回购 20 亿美元的股票。

2月

2 月 18 日，亚马逊推出了黑莓手机专用的 Kindle 软件（Kindle for Black Berry）。[6]

2 月 19 日，Kindle 数字文本平台开放了上传西班牙语、葡萄牙语和意大利语书籍，此前该平台支持上传英语、法语和德语书籍。[7]

虽然亚马逊一直努力强化 Kindle 的功能和内容，但市场还是感受到了竞争和压力。除了同业书商如巴诺书店的进场，还有苹果、谷歌也在酝酿新产品。瑞士信贷分析师斯宾塞·王（Spencer Wang）在一份研究报告中写到，随着苹果以及谷歌等其他公司进入电子书市场，预计亚马逊在未来 5 年内的电子书销售份额将从 90% 降至 35%。1 月 27 日，苹果宣布将推出 iPad，该设备只有 0.5 英寸厚，重量仅有 1.5 磅，比任何笔记本电脑或上网本都要轻薄，可以用来浏览网页、阅读和发送电子邮件、欣赏照片、观看视频、听音乐、玩游戏、阅读电子书等。

与其他走高端定价的产品不同，苹果这款设备定价仅为 499 美元。分析师怀疑 iPad 和新的电子书代理定价模式会使亚马逊提高 Kindle 设备零售价格，从而降低其市场份额。也有传闻称，谷歌将和 HTC（谷歌 Nexus One 手机制造商）合作，推出电子书阅读器之外的平板设备。谷歌 Chromium 网站上出现了一张关于一款新平板设备上 Chrome 操作系统的图片，引发了人们对谷歌平板电脑可能早于预期发布的猜测。[8]

3月

3 月 18 日，苹果电脑专用的 Kindle 软件（Kindle for Mac）正式

发布。亚马逊表示不久还会推出适用于 iPad 的 Kindle 阅读软件。[9]

4月

4 月 2 日，在 iPad 正式上市的前一天，亚马逊发布了适用于 iPad 的 Kindle 软件。[10] 几乎同时在苹果应用商店推出的还有 IMDb 电影和电视应用程序，从而让 iPad 用户可以在移动端访问亚马逊的电影和电视数据库。

4 月 6 日，本周第一批亚马逊员工开始搬进公司位于西雅图联合湖南区的新总部园区。搬迁工作将分阶段进行，直到 2013 年全部完成。[11]

新总部园区第一期包括两栋建筑和有百年历史的 Van Vorst 大厦，整个亚马逊园区由 11 座建筑组成，总面积达 170 万平方英尺（约 15.8 万平方米），另外还有 18 万平方英尺（约 1.67 万平方米）租用的办公区。亚马逊员工数量一直在稳步增长，2009 年底全球已有 24300 名全职和兼职员工，其中很大一部分在西雅图。

4 月 7 日，AWS 发布简单通知服务（Simple Notification Service，缩写为 SNS）的测试版。开发人员利用 SNS 可以从云端设置、操作和发送通知，并立即将其传递给订阅者或其他应用程序。[12]

4 月 14 日，贝索斯发出新一年的致股东的信，信中第一次提到了目标管理。客户至上、以终为始、长期主义的理念仍作为主旨，被多次强调。

4 月 22 日，亚马逊公布 2010 年第一季度财务数据，该季度延续了收入、利润和现金流的高速增长趋势。第一季度净销售额较 2009 年同期的 48.9 亿美元增长了 46%，达到 71.3 亿美元；经营利润较 2009 年同期的 2.44 亿美元增长了 62%，达到 3.94 亿美元；净利润较上年同期的 1.77 亿美元增长了 68%，达到 2.99 亿美元，即每股收益 0.66 美元，而 2009 年第一季度为每股收益 0.41 美元。截至 2010 年 3 月 31 日的前 12 个月经营现金流为 27.8 亿美元，去年同期为 17.6 亿美元；自由现金流较上年同期的 14.3 亿美元增长了 62%，达到 23.2 亿美元。[13]

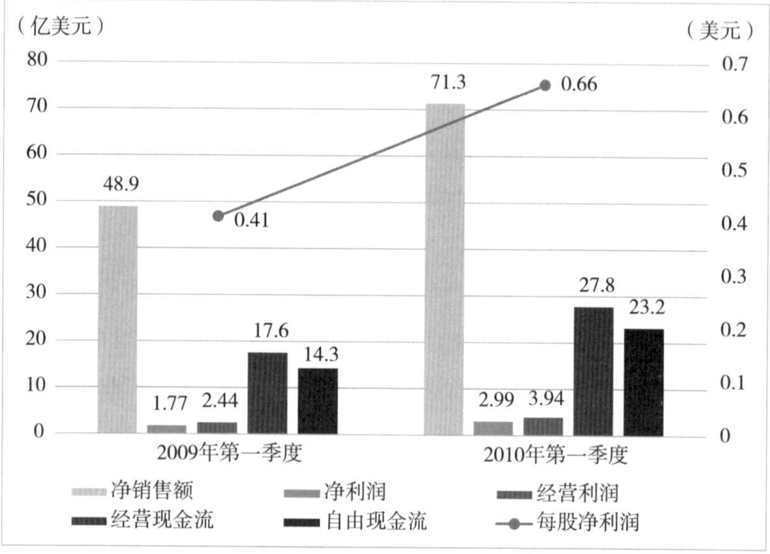

2010 年第一季度与去年同期数据比较

在本季度，电子产品和一般商品的销售额增长了 72%，这宣告了亚马逊不再仅是一家在线书籍和媒体零售商。这个季度是亚马逊收购 Zappos 的第一个完整季度，但亚马逊没有透露具体的细节。亚马逊没有披露 Kindle 的具体销售量，只表示 Kindle 的销售仍然“非常强劲”，目前已有 50 万本电子书待售。

同样，亚马逊没有回应 iPad 上市前 Kindle 的销售情况，但首席财务官斯库塔克表示，亚马逊也可以从其他手持设备的移动客户端中获益。他说：“我们感到兴奋的是，世界可能会转变为每个人都有一个 3G 连接的设备来浏览网页。”Majestic 研究公司的分析师约翰·艾肯表示，Kindle 设备销售额目前占亚马逊总收入的 2%，而电子书销售额则占 1.5% 。他表示："我们原本以为，iPad 上市后，Kindle 的销售会有所放缓，但我们真的没有看到这一点。"[14]

消息公布后，亚马逊股价尾盘下跌约 6% ，反映出投资者对本季度的高预期。随后，亚马逊股价上涨 2.5% ，达到每股 150.09 美元的历史新高。[15]

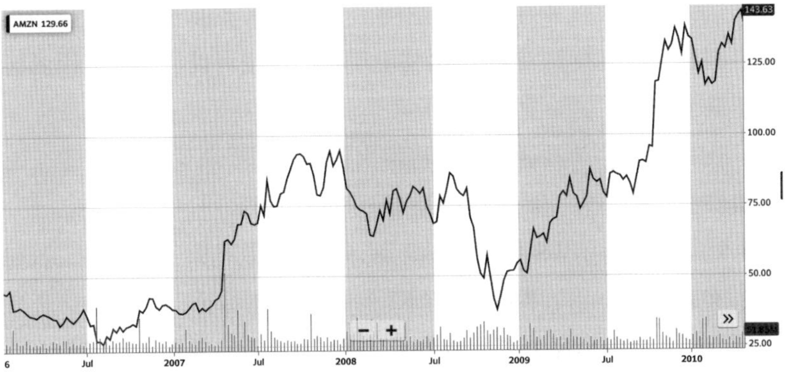

2010 年第一季度亚马逊股价再创新高
图片来源：https://finance.yahoo.com

4 月 28 日，AWS 正式登陆亚太地区。AWS 亚太中心位于新加坡。[16]

5 月

5 月 4 日，AWS 在欧盟推出了亚马逊虚拟私有云（Amazon VPC）。[17]

5 月 7 日，AWS 宣布与网飞达成协议，由 AWS 负责处理技术基础设施，完成网飞的各种关键任务，面向客户和后端支持提供应用程序。[18]

同一天，博德斯集团宣布其正在销售 Kobo 电子书阅读器。Kobo

售价仅为 149 美元，被《连线》杂志称为“Kindle 杀手”。该设备不是博德斯唯一的电子书阅读器，博德斯会在网上和商店里出售多个品种的电子书阅读器。更引人注目的是，博德斯表示正在创建电子书商店，里面有“100 万本书”，而且有适用于苹果手机、黑莓手机、安卓手机和 iPad 的应用程序。[19]

5 月 12 日，继 4 月初发布适用于 iPad 的 Kindle 和 IMDb 应用程序后，亚马逊宣布其 iPad 版购物应用程序已经可以在苹果应用商店上下载了。[20]

5 月 18 日，亚马逊宣布即将推出兼容安卓手机的 Kindle 电子书阅读软件。目前 Kindle 商店已经有 54 万多本书。[21]

5 月 19 日，AWS 再推新功能——S3 低冗余存储（Reduced Redundancy Storage，RRS）。与 S3 的标准存储相比，它可以让客户以较低的冗余级别存储非关键的、可重复的数据，从而降低成本。[22]

	标准	标准 - 低频率访问	低冗余存储
持久性	99.999999999%	99.999999999%	99.99%
可用性	99.99%	99.9%	99.99%
并行设施容错	2	2	1
SSL 支持	是	是	是
首字节延迟	毫秒	毫秒	毫秒
生命周期管理策略	是	是	是

S3 低冗余存储与 S3 标准版本的性能对比
图片来源：亚马逊官网

6 月

6 月 10 日，AWS 推出应用于 S3 的导入与导出服务。它有一个新的 Web 服务接口，可让用户方便地管理数据传输和迁移，加速了大量数据进出 AWS 的速度。对于大型数据集，AWS 导入 / 导出速度通常比互联网传输快得多，且比升级网络连接更具成本效益。[23]

6 月 16 日，美国专利局批准了亚马逊的一项“社交网络系统”（Social Networking System）专利。该系统“提供了一种机制，让用户有选择地与其他用户建立联系，并自动通知用户各自联系人的个人信息更新”。[24]

这项专利的两位发明者是 PlanetAll 社交网络的创始人布莱恩 · 罗伯逊和沃伦 · 亚当斯。亚马逊在 1998 年收购了 PlanetAll，并在 2000 年将其关闭。亚马逊在 2008 年 5 月才为这些技术申请专利。外界对亚马逊申请此项专利的用意不甚清楚，或许从 1998 年那场收购开始，亚马逊就没有为这个社交平台找到合适的应用场景。

有关专利内容是这样写的：“联网的电脑系统提供各种服务，协助用户寻找其他用户，并与他们建立联系。例如，在一个已实施的案例中，用户可以基于其与特定学校或其他组织的关系来识别其他用户。该系统还提供了一种机制，使用户能够有选择地与其他用户建立联系，并授予这些其他用户查看该用户个人信息的权限。该系统还可能包括一些功能，使用户能够确定某联系人的其他联系人。此外，系统可能会自动通知用户其联系人的个人信息更新。”[25]

有人评论说，贝索斯花了八年时间才意识到自己的错误，且为时已晚。当时拥有社交网络专利的已不止一家，且专利也不止一项。脸书拥有一项被称为 News Feed 的专利，该专利被部分描述为“一种通过社交时间轴管理社交网络中关系信息的计算机实现方法”；2002 年创办的社交平台 Friendster 拥有多项专利，其中包括一项“社交网络”专利；甚至拍卖巨头 eBay 也拥有“在基于网络的社交平台上共享购物信息”的专利。[26]

这一时期，由于社交网络渐成气候，脸书迅速成长，势头迅猛。

2007 年 5 月，脸书开放了 Marketplace（市集）功能，允许用户发布分类广告来销售产品和服务。随后，脸书应用开发者平台推出，为开发者打开了创建自己的应用程序和游戏的大门，这些应用程序和游戏与脸书社交平台整合在一起，使得其用户数飞速上涨。2008 年 4 月，脸书推出 Facebook Chat 对话功能，用户数量几近破亿，已经超过了当时最流行的社交网站 MySpace 的用户数。[27]

6 月 21 日，亚马逊大幅降低了 Kindle 售价，价格从此前的 259 美元降到了 189 美元。此时，Kindle 商店有超过 60 万本书籍。[28] 该降价与上月博德斯发布的售价为 149 美元的电子书阅读器 Kobo 不无关系。

6 月 30 日，亚马逊宣布推出一项在 Kindle 平台出版图书的新选择：70% 版税。在 Kindle 数字文本平台发布作品的作者和出版商，可以从其销售的每一本 Kindle 电子书中获得销售收入的 70%。[29]

这项选择并没有取代原来的版税计量方式，只是在满足一定条件的情况下增加了。这些条件为：

- 作者或出版商确定的电子书价格必须在 2.99 美元至 9.99 美元之间。
- 电子书价格必须比相应实体书的最低价格至少低 20%。
- 该书可在作者或出版者拥有权利的所有地区出售。
- 该电子书将包括在 Kindle 商店一系列功能里，如从文本到语音播放。
- 在此版税选择下，图书的价格，包括实体书的价格，必须与竞争对手的价格等同或低于竞争对手的价格。[30]

6 月 30 日，亚马逊以 1.1 亿美元现金收购在线电商 woot.com。Woot 成立于 2004 年，总部位于得克萨斯州的达拉斯，拥有 275 万名注册用户。与 Zappos、亚马逊以竭诚服务吸引用户不同，Woot 网站建议有疑问的购物者咨询谷歌或 Magic-8 Ball①，如果他们不喜欢自己购买的商品，可以在 eBay 上出售。[31]

Woot 以独特的方式吸引用户，它是第一个提供单件商品在 24 小时内销售、直到售罄的网站。比如，它会在 24 小时内只销售 iPod nano 音乐播放器，但是售价可以低到 99.99 美元，而亚马逊网站上的价格是 122.54 美元。这种销售模式很受欢迎，对购物者来说，在像 Woot 这样的网站上购物就像一场游戏，他们与时间和其他消费者竞争，挤在电脑前寻找最划算的交易；对零售商来说，这类网站是一个快速消耗多余库存、吸引用户的方式。Woot 在 2008 年的收入为 1.64 亿美元，2007 年为 1.174 亿美元。

这种独特的销售模式是亚马逊所没有的。弗雷斯特研究公司负责电子商务的首席分析师苏查丽塔 · 马尔普鲁说，尽管亚马逊长期以来一直有日常促销活动，但 Woot 吸引冲动购物者的本事是亚马逊所不及的。“亚马逊专注于购买的目标，当你在寻找一些非常具体的东西时，它会带你去那里；而 Woot 则是说服用户买一些他们甚至不知道自己需要的东西。”[32]

收购计划在第三季度结束。按照计划，Woot 在收购之后仍会保持独立运营。

7月

7 月 1 日，亚马逊推出了最新一代的 Kindle DX，价格从 2019 年 5 月的 489 美元降到了 379 美元，还提供免费的 3G 无线服务——没

① Magic-8 Ball，也译魔力 8 号球，一种随机出答案的玩具。——编者注

有月费和年费。这款新品较此前的版本，对比度提高了 50%，文字和图像显示更加清晰。[33]

Kindle 商店已有超过 62 万本书。在过去的六个月里，美国的 Kindle 商店里增加了 20 多万本图书。超过 180 万本 1923 年以前的、版权过期的图书可以在 Kindle 上免费阅读。

7 月 13 日，AWS 发布了亚马逊 EC2 的集群计算实例（Cluster Compute Instances for Amazon EC2）。该实例专门为高性能计算应用程序和其他高要求的网络绑定应用程序设计。有复杂计算工作负载（如紧耦合并行处理）的用户或对网络性能敏感的应用程序用户，可以获得与定制基础设施相同的高计算性能和网络性能，同时受益于亚马逊 EC2 的弹性、灵活性和成本优势。[34]

在集群计算实例模式下，应用程序的网络吞吐量是当前最大的亚马逊 EC2 实例类型的 10 倍。如亚马逊 EC2 总经理彼得·德·桑蒂斯（Peter De Santis）所说："长期以来，企业和研究人员一直在利用亚马逊 EC2 来运行高度并行的工作，从基因组学、序列分析、汽车设计到金融建模。这些客户告诉我们，很多最大、最复杂的工作需要额外的网络性能。"集群计算实例便是为实现以更低的成本来解决更复杂难题的目标而开发的。

7 月 19 日，Kindle 电子书的销量首次超过了精装书。亚马逊表示，无论是从同比还是从环比来看，Kindle 设备在第二季度的销售每个月都在加速。贝索斯说："Kindle 的新价格已经达到了一个引爆点——自从我们将价格从 259 美元降至 189 美元以来，Kindle 设备的销量增长了两倍。尽管我们的精装书销量持续增长，但 Kindle 电子书的销量现在已经超过了精装书。亚马逊网站的用户现在购买 Kindle 电子书比购买精装书更多——当你想到我们已经卖了 15 年的精装书，而 Kindle 电子书只卖了 33 个月时，你会感到惊讶。"当时，每售出 100 本精装实体书会卖出 143 本电子书，而这个比例到 6 月底至 7 月初时进一步拉大，达到 100 ： 180。[35] 美国的 Kindle 商店这时有超过 63 万种电子书。[36]

7 月 22 日，亚马逊公布了第二季度营业业绩。第二季度净销售额为 65.7 亿美元，较上年同期的 46.5 亿美元增长了 41% 。经营利润同比增长 71%，达到 2.7 亿美元，2009 年第二季度经营利润为 1.59 亿美元。净利润同比增长 45% 至 2.07 亿美元，即每股收益 0.45 美元，而 2009 年第二季度净利润为 1.42 亿美元，即每股收益 0.32 美元。

尽管销售额、利润都在增长，但分析师预计情况会更好，并且密切关注亚马逊的利润情况，以观察加剧的竞争压力是否会使这家电子商务巨头退出竞争。[37] 当天盘后交易中，亚马逊股价暴跌 13%。

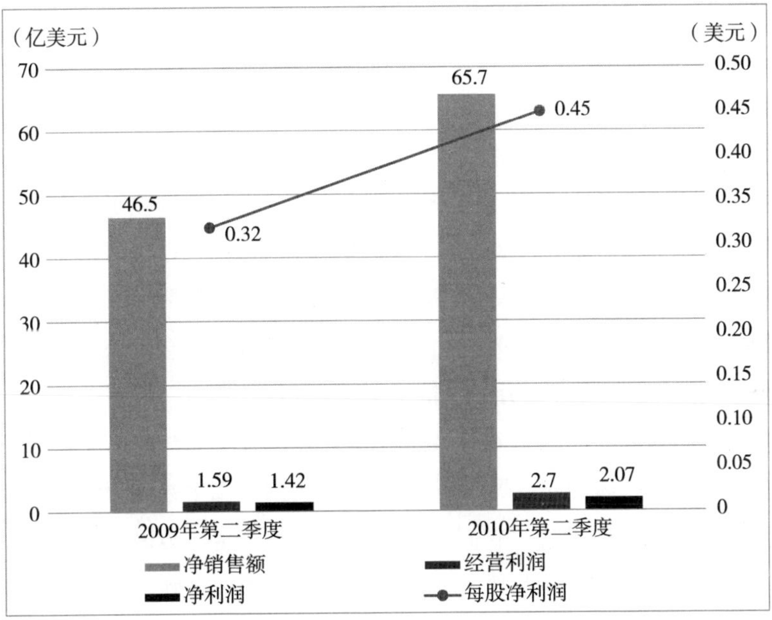

2010 年第二季度与去年同期数据比较

7 月 28 日，亚马逊推出了新一代 Kindle。新一代 Kindle 在功能上更人性化，体积小了 21% ，同时保持了 6 英寸大小的阅读区域，

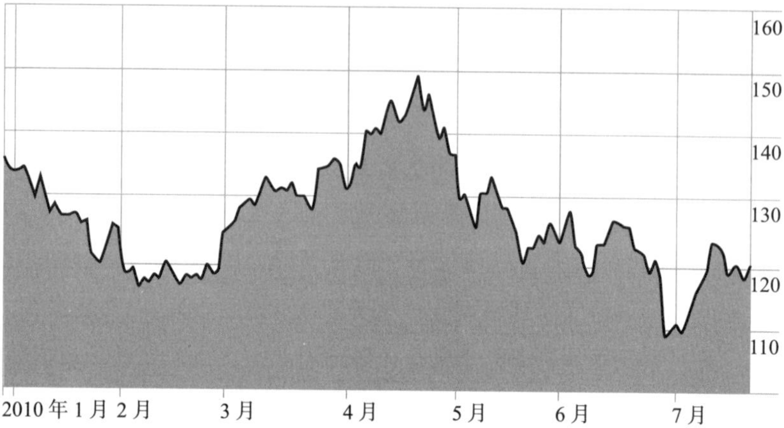

亚马逊股价在 2010 年第二季度业绩发布后大幅下滑
图片来源：https：//money.cnn.com

重量轻了 15%，仅有 8.7 盎司（约为 247 克）。新款 Kindle 的翻页速度提高了 20%，电池续航时间长达一个月，存储空间增加了一倍，可储存 3500 本书，以及内置无线网络连接、石墨色选项等，而价格只需 189 美元。新一代 Kindle 仍然可以使用免费的 3G 无线网络，不需要每月支付账单或签订年度合同。同时，亚马逊还推出了不带 3G 配置仅可无线联网的 139 美元的 Kindle，来满足仅需要在家里或其他有无线网络的环境下使用的 Kindle 读者的需求。

虽然新版 Kindle 有很多改进，但它并没有添加与读书无关的功能，比如多媒体功能。贝索斯说："对绝大多数图书来说，添加视频和动画是没有帮助的。它们只会分散注意力，而不会提高效率。你不会觉得加点儿视频片段会让海明威的作品变得更好……我喜欢打造一个特制的阅读设备。我认为，这是我们能够真正做出贡献的地方。"[38]

此时，巴诺书店的电子书阅读器 Nook 已经准备好了和 Kindle 展开价格战。6 月，巴诺书店将 NooK 售价从推出时的 259 美元降低到

199 美元，几小时后亚马逊将 Kindle 的价格降至 189 美元。而只支持无线联网模式的 Nook，售价为 149 美元，接着，亚马逊就将推出的同款新机型售价降低了 10 美元。

8 月

8 月 25 日，亚马逊表示，新一代 Kindle 在上市前四周的订单数量超过了其他版本 Kindle 发布后的同期订单数量，成为有史以来销量最快的一版 Kindle，售价 139 美元的新机型展现了强大的市场吸引力。[39]

9 月

9 月 8 日，亚马逊推出了一个新的免费会员计划“亚马逊妈妈”（Amazon Mom），为新手父母提供独家促销和特别折扣。通过注册“亚马逊妈妈”，会员可以就相关产品获得为期三个月、无限免费的两天送货服务。“亚马逊妈妈”会员购买纸尿裤和湿巾时还可以享受 30% 的优惠。[40]

9 月 9 日，亚马逊推出了新的结账方式——亚马逊支付（Checkout by Amazon，缩写为 CBA），用户无须离开商家网站就可以直接利用亚马逊账户里的地址和支付方式结账。这意味着结账步骤和结账时间减少，从而降低了放弃购物的可能性。根据订单管理云服务平台 Demandware 公司的调查，CBA 把交易与支付的过程整合在一起，速度比以前快了 60%。CBA 还可以自动支持商家的促销、税收和送货安排等所有方面的事情。[41]

9月28日，亚马逊继续拓展Kindle平台，推出了网页版Kindle（Kindle for the Web）的测试版。亚马逊将允许用户在浏览器上免费阅读一本书的第一章，然后直接从该浏览器上进行购买。这些章节还可以通过脸书、推特和电子邮件共享。[42]

10月

10月1日，亚马逊推出了针对Adobe InDesign软件的Kindle插件测试版。这个新工具让出版商可以很容易地将Adobe InDesign格式的文件转化为Kindle电子书，从而方便Kindle商店获得更多的图书。[43]

10月7日，亚马逊宣布已经与西班牙互联网零售商BuyVIP.com达成协议，以7000万欧元（约合9650万美元）进行收购。BuyVIP网站是一个融合时尚与生活方式的在线购物社区，以低廉的价格为客户提供顶级时尚和生活方式品牌的限时折扣活动，在西班牙、德国和意大利等七个国家拥有600多万个会员。[44]

BuyVIP网站提供杜嘉班纳、路易威登、李维斯等品牌的大幅折扣库存商品。该公司本身并没有存货，而是利用其营销和在线分销渠道，充当时尚品牌与消费者之间的经纪人。BuyVip网站具有巨大的发展潜力。该公司2009年的销售额为6000万美元，目前预计销售额超过1.3亿美元。BuyViP网站主要由私募股权公司组成的财团拥有，其中包括Cipio Partners、Kennet Partners、西班牙基金Debaeque和德国贝塔斯曼综合媒体的风险投资部门。[45]

10月21日，AWS宣布开发人员和企业将可以免费使用一整年的新使用层。具体方式是：从11月1日开始，新用户可以在一年内免费使用一个亚马逊EC2实例，由此也可以免费使用亚马逊S3、EBS、弹性负载均衡（Amazon Elastic Load Balancing，ELB）和AWS

数据传输。这就形成了一个新使用层，开发人员可以发布新的应用程序，扩展他们对 AWS 的了解，而不需要支付任何费用。[46]

10 月 25 日，亚马逊表示今年 7 月推出的新一代 Kindle 是有史以来最畅销的一版 Kindle，也是亚马逊网站最畅销的产品。新一代 Kindle 自推出三个月以来，销量已经超过了 2009 年 10 月到 12 月的 Kindle 设备总销量。[47]

10 月 28 日，亚马逊为新款微软智能手机 Windows Phone 7 发布其第一个电子书应用程序 Kindle for Windows Phone 7。该程序包括用户喜爱的所有 Kindle 应用程序的功能，同时增加了一些新功能，比如 Kindle 应用程序主屏幕上的个性化图书推荐功能，以及不用离开应用程序就可以将图书馆中的任何一本书发送给朋友的“图书推荐”功能。[48]

11 月

11 月 2 日，亚马逊几大履行中心开始招聘季节性员工，为购物季做准备。

同一天，亚马逊推出了一种发送礼品卡的新方法。客户可以将亚马逊账户和脸书账户关联，创建个性化的礼品卡，发送到收件人的脸书主页上。[49] 为了鼓励人们尽早使用这一功能，亚马逊向前一万名顾客赠送了 5 美元的礼品卡，这些顾客可以向他们的五个朋友赠送以音乐为主题的礼品卡。

11 月 8 日，亚马逊宣布已经与 Quidsi 公司达成收购协议，估计收购价为 5.4 亿美元。该公司拥有经营纸尿裤、肥皂和日用品的专业网站 diapers.com、soap.com 和 beautybar.com。[50]

11 月 10 日，亚马逊网站的服务器都迁移到了 AWS 上。这一举动解决了网站流量季节性变化对服务器资源的占用问题，网站运行的灵活性大大增强。[51]

11月15日，AWS发布了亚马逊集群GPU（图形处理器）实例（Amazon Cluster GPU Instances），旨在提供云计算中的GPU处理能力。GPU正越来越多地被应用于一般性计算问题的加速运行，然而，对很多组织来说，由于独特的基础设施困难和高昂的技术成本，GPU处理一直无法实现。集群GPU实例通过为开发人员和企业提供了即时访问高度优化的GPU计算性能的机会，而无须有先期投入或签订长期合约，从而消除了障碍。[52]

11月16日，AWS获得了资讯安全管理标准ISO 27001的认证。这个认证包括AWS基础设施、数据中心和服务，以及亚马逊EC2、S3和VPC。ISO 27001是一套全球性安全标准，提出了资讯安全管理系统的要求。为了获得认证，亚马逊必须证明自己有一个系统的和持续的方法来管理敏感的公司和客户信息。[53]

11月16日，亚马逊推出了亚马逊工作室（Amazon Studios），专门从事电视剧的开发以及电影的发行和制作。这个工作室意在发现优秀的电影制作人和编剧，将为截至2011年12月31日前收到的最优秀剧本提供高达270万美元的奖金，并与华纳兄弟合作将其开发成商业故事片。[54]

根据亚马逊工作室的发展协议，如果一个电影制作人或编剧创建了一个原创剧本，并且该剧本作为剧情片由亚马逊工作室发行，提交者将获得20万美元的版权费；如果该电影在美国票房收入超过6000万美元，原始电影制作人或编剧将获得40万美元的奖金。如果华纳兄弟公司并不倾向于开发某个特定的项目，亚马逊工作室可以与其他工作室合作开发这个项目。电影制作人被邀请提交全时长测试版影片。测试版影片必须是完整时长的（超过70分钟），但不必是“全额预算”的，也不用达到院线上映的效果。[55]

亚马逊工作室从诞生开始就有一种草根理想主义者的情怀。创始董事、前迪士尼电视动画创意高管罗伊·普莱斯把它定位成“未来的电影工作室”—— 一种反好莱坞的工作室，它可以帮助有抱负的电影制作人，并让他们获得亚马逊平台上的影响力。普莱斯在一段面向业余演员和编剧的宣传视频中说：“如今，电影业的组织套路已经固化，几乎都是在好莱坞这个地方做出决定。在亚马逊工作室，我们希望发现那些在其他方式下可能听不到的声音。”[56]

虽然任何人都可以对提交的作品进行评论和批评，但亚马逊工作室评审的标准却很高。电影和剧本将由业内人士进行评判，评审人包括曾任米拉麦克斯影业的高管马克·吉尔、南加州大学电影和电视制作项目主席迈克尔·泰勒等。[57]

11 月 22 日，亚马逊发布了一款基于 iPhone 的比价软件，为消费者提供了用最简单的方法来比较店内价格与亚马逊网站上和其他在线商家的低价。消费者使用该应用程序扫描条形码、拍照，说出或输入产品名称，就可以从亚马逊网站和其他在线商家获得该产品的即时价格。当然，如果决定从亚马逊网站上下单，用户就可以一键购买。[58]

同一天，亚马逊推出黑色星期五的交易页面。黑色星期五优惠页面上的所有产品都可以享受免费的超级优惠寄送。[59]

11 月 23 日，亚马逊意大利语网站正式上线，包括 Prime 会员服务，会员可以享受无限量的 2~3 天免费送货服务，会员年费为 9.99 欧元。[60]

12 月

12 月 2 日，LivingSocial 获得了亚马逊 1.75 亿美元的投资。LivingSocial 是一个在线市场，总部设在华盛顿特区。它允许用户分享所在城市的消费体验，还可以邀请他人参加，从而在餐馆、温泉浴场、体育赛事、酒店和其他主要城市景点上省下 50%~70% 的钱。该网站拥有 1000 万订阅用户。[61] 亚马逊意图将其培养成 Groupon 的竞争对手。

12 月 6 日，AWS 推出了亚马逊云域名系统 53（Route 53）——一个可伸缩、可用性高的域名系统（DNS）服务。它通过将网络名字转换成计算机间交流用的数字 IP 地址，为开发人员和企业提供了一种高可用性和可靠性的方法，以将互联网流量迁移到网络应用上。亚马逊云域名系统与其他 AWS 服务无缝对接，包括 EC2、ELB、S3 等。[62]

12 月 7 日，AWS 表示已经达到了支付卡行业（PCI）数据安全标准（DSS）中的一级标准。用户可以使用 AWS 云基础设施来构建其持卡人环境，并为其应用程序获得 PCI 认证。[63]

12 月 17 日，亚马逊再次完善 Kindle 的多维度运营平台，安卓版 Kindle 成为第一个接收更新的 Kindle 应用程序，用户能够购买、阅读和同步 100 多份 Kindle 上的报纸和杂志。安卓版 Kindle 是第一个在安卓平台上提供期刊服务的主要电子书应用程序。[64]

12 月 27 日，亚马逊表示第三代 Kindle 已经成为亚马逊历史上最畅销的产品，在 11 月 29 日的销售高峰期，全球各类产品的订购量超过了 1370 万件，创下了每秒下单 158 件的销售纪录。[65]

2011 年　多点进军

1 月

1 月 4 日，继去年推出 iPad 专用的应用程序后，亚马逊宣布将专门为基于安卓系统和 Windows 系统的平板电脑量身定制 Kindle 应用程序。[1]

1 月 19 日，AWS 推出 Elastic Beanstalk 作业平台。这是基于“平台即服务”（Platform as a Service，缩写为 PaaS）理念的产品。通过 Elastic Beanstalk，用户可以在 AWS 云上快速、简单地部署和管理应用程序，而无须了解运行这些应用程序的基础结构。开发人员只需上传应用程序，Elastic Beanstalk 便会自动处理容量供应、负载均衡、自动缩放和应用程序健康状况监视等运作细节。通过 Elastic Beanstalk，开发人员可以控制为其应用程序提供动力的 AWS 资源，大量减少部署时间。[2]

1 月 20 日，亚马逊宣布与 LoveFilm 公司已经达成协议，收购 LoveFilm 剩余股份。LoveFilm 是一家位于英国，向英国、瑞典、德国等国家提供 DVD 邮寄、流媒体视频服务的公司，当时有 160 万订阅用户。交易价格约 2 亿英镑（约合 3.17 亿美元）。LoveFilm 在

2008 年收购了亚马逊在英国、德国的 DVD 租赁业务，而亚马逊当时已经拥有了 LoveFilm 42% 的股份。

LoveFilm 被视为"欧洲的网飞"是因为它是参照网飞开创的模式发展起来的。这家公司在英国提供无上限的 DVD 邮寄租赁服务，通过每月 9.99 英镑的较低订阅费，创造了稳定的收入。据透露，亚马逊此时正准备在美国推出在线电影订阅业务，与网飞的流媒体服务竞争。这项收购发生时，网飞正准备利用其快速增长的数字订阅业务，成为向欧洲和其他国际市场扩张的平台。[3]

1 月 26 日，亚马逊推出了 Kindle Singles 版块，用来发布非小说类和新闻类的一次性作品。[4]

1 月 27 日，亚马逊公布 2010 年第四季度和全年财务数据，这一年收入大幅增长，利润上升。2010 年全年净销售额较上年的 245.09 亿美元增长了 40%，达到 342.04 亿美元，创造了亚马逊自 2000 年以来最高的收入增幅；经营利润较上年的 11.29 亿美元增长了 25%，达到 14.06 亿美元；净利润较上年的 9.02 亿美元增长了 28%，达到 11.52 亿美元，即每股收益 2.53 美元，而 2009 年每股收益 2.04 美元。

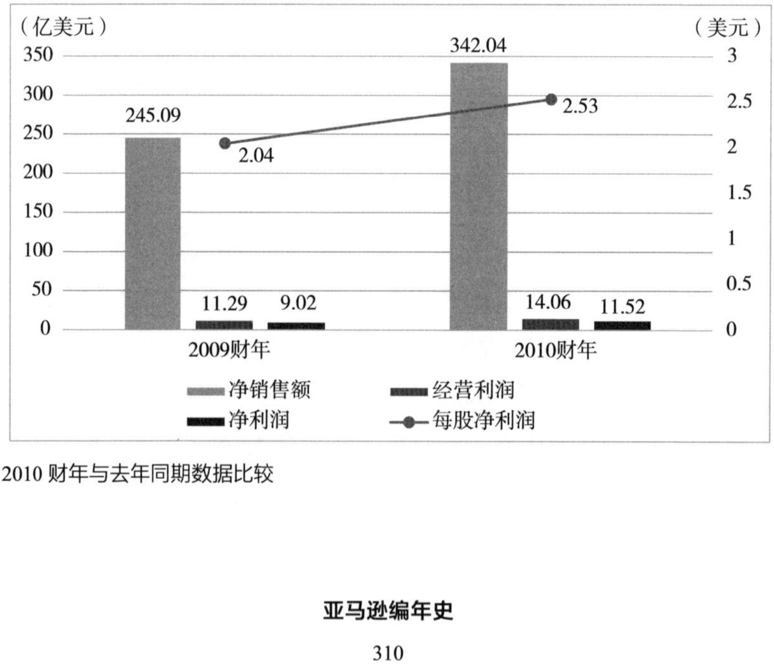

2010 财年与去年同期数据比较

分部门看，北美的净销售额为 187 亿美元，比 2009 年的 128 亿美元增长了 46.1% 。北美净销售额占 2010 年全年净销售额的 54.7%。根据美国商务部和加拿大统计局的相关数据估计，亚马逊几乎占据了 2010 年北美在线零售总额的 10% 以上。亚马逊在 2010 年的惊人增长并不仅限于北美地区，其国际市场净销售额达到 155 亿美元，较 2009 年的 117 亿美元增长了 32.5% 。2010 年，国际市场净销售额占据了全年净销售额的 45.3% 。

亚马逊 2010 年第四季度净销售额为 129.5 亿美元，较 2009 年同期的 95.2 亿美元增长了 36% 。经营利润为 4.74 亿美元，而 2009 年第四季度为 4.76 亿美元。净利润较 2009 年同期的 3.84 亿美元增长了 8%，达到 4.16 亿美元，即每股收益 0.91 美元，上年同期为每股收益 0.85 美元。[5] 贝索斯表示，尽管亚马逊继续奉行不披露 Kindle 和 Kindle 相关内容销售情况的政策，但电子书阅读器和电子书仍是亚马逊第四季度销售额激增的一大原因。[6]

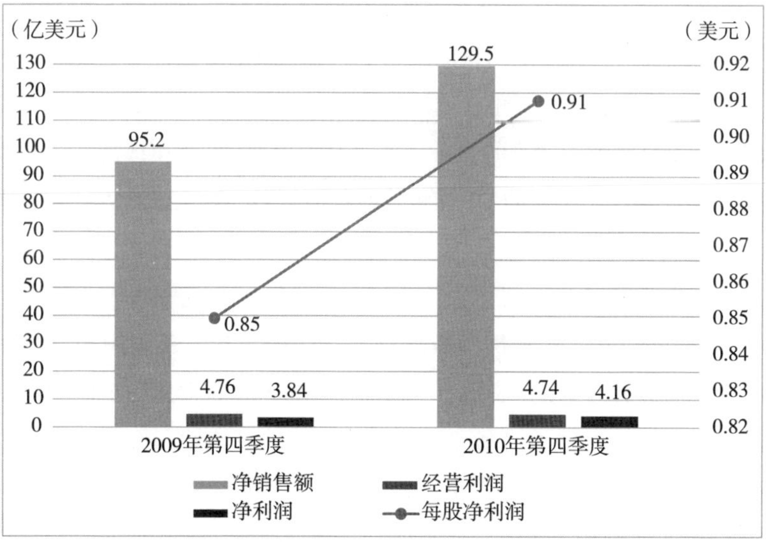

2010 年第四季度与去年同期数据比较

2月

2月10日，亚马逊发布了专门适用于 Windows Phone 7 手机的购物软件，继续扩展其购物终端平台。[7]

2月22日，亚马逊视频点播（Video on Demand）更名为亚马逊即时视频（Amazon Instant Video），向公众在线提供租借、购买视频的服务。同时，在9万部电影和电视节目中选取了5000余部，对会员实行全免费即时观看。[8]

亚马逊此举被看作是和网飞开始在线流媒体市场的正面竞争。2010年，网飞达到了一个里程碑：其2000万订阅者中大多数人不是通过邮寄 DVD，而是通过流媒体在线观看电视节目和电影。网飞拒绝透露自己提供了多少电影和电视节目供用户即时观看，只是说其网站目录包括“成千上万”的内容选择。

亚马逊当时的在线流媒体市场份额远远落后于网飞，甚至赶不上视频网站 Hulu.com。上个月对 LoveFilm 的收购，让亚马逊在欧洲市场暂下一城，但在美国的正面战场上，亚马逊的流媒体业务还面临着包括网飞等主要竞争对手在内的诸多竞争。就在亚马逊进一步进军流媒体市场的时候，网飞的另一个竞争对手 Redbox 也在计划发动猛攻，Redbox 公司以1美元的 DVD 租赁服务而闻名，它正在全力准备提供在线流媒体服务。[9]

2月25日，AWS 推出了 CloudFormation 服务。用户可以使用 CloudFormation 上的示例模板或创建自己的模板，来调用和安排其应用程序所需的 AWS 资源。[10] CloudFormation 的意义在于使用模板来简化流程，提供了控制和管理基础设施的灵活性，云计算模板具有与普通软件代码完全相同的优点，从而开创了“基础设施即代码”（Infrastructure as Code，缩写为 IaC）的模式。

3月

3 月 2 日，AWS 在日本推出基础设施网络服务，这是 AWS 在全球部署云计算平台的第五个地区，也是亚太地区继 2009 年进军新加坡之后进军的第二个地区。[11]

3 月 19 日，苹果公司一纸诉状把亚马逊告上了加州奥克兰的联邦法庭，控诉亚马逊侵犯其商标权。苹果公司的法庭文件显示，亚马逊在 2011 年 1 月开始接收开发人员的素材，苹果公司曾三次就亚马逊使用“Amazon Appstore”（亚马逊应用商店）一事与其联系，但亚马逊从未“做出实质性回应”。

苹果公司在诉状中称：“最近，亚马逊开始不正当地使用苹果的‘Appstore’标志，这与它的移动软件开发程序有关。亚马逊还采取了一些行动，这些行动证明亚马逊有意在其移动软件下载服务中不正当地使用苹果公司商标。亚马逊目前和计划中的用途是未经授权和非法的。”[12] 苹果公司在诉讼中说，它的主要竞争对手都找到了避免使用“Appstore”的称谓而销售移动应用程序的方法。苹果公司发言人克里斯汀 · 休格特（Kristin Huguet）告诉媒体，苹果公司担心在使用“Appstore”这个名称后，亚马逊的产品会“迷惑和误导消费者”。[13]

3 月 22 日，亚马逊推出了适用于安卓系统的亚马逊应用商店，最初有约 3800 个免费或付费应用程序。[14]

3 月 29 日，亚马逊推出亚马逊云驱动（Amazon Cloud Drive）、亚马逊网页版云播放器（Amazon Cloud Player for Web）和亚马逊安卓版云播放器（Amazon Cloud Player for Android）。通过这些服务，消费者可以在云中上传、存储音乐，并在任何安卓手机、安卓平板电脑、苹果电脑或其他电脑上播放。[15]

4月

4月11日，亚马逊推出了Kindle3，售价创历史新低为114美元。为了弥补Kindle3的低售价，亚马逊推出了“AdMash”来吸引赞助商。购买Kindle3的用户会看到一对对的广告屏保，并被要求选择喜欢的一个。获得最多优先选票的屏保有资格成为赞助商屏保。[16]

4月20日，亚马逊推出了Kindle图书馆借阅服务（Kindle Library Lending），用户可以从美国11000多家图书馆借阅Kindle电子书。该服务可让读者在书上记笔记，且在下一次阅读时笔记自动同步，但却不会显示在其他借阅人的同一电子书上。[17]

4月21日，AWS发生了一次严重故障。EBS服务的某些部分出现宕机，无法满足读写请求，导致大量其他网站瘫痪，其中包括Reddit、HootSuite、Foursquare和Quora。

这个意外发生在亚马逊位于弗吉尼亚州北部的数据中心，该数据中心是支持EC2的五个全球站点之一。当天中午，亚马逊的工程师正在维护其中的一个可用区域，对其进行网络配置更改。根据亚马逊的程序，更改路由器需要将流量从该路由器移到备份路由器上，以避免服务中断。但是，这一步没有操作正确。亚马逊工程师没有将流量转移到备份路由器上，而是转移到了一个辅助的、低容量的网络上。这个网络是为节点间通信而设计的，不能进行大规模的节点复制或将数据传输到EC2和RDS系统中。这一操作将所有流量转移到辅助网络上，导致网络饱和，填满了亚马逊可用的存储容量，并引发了一系列连接问题。[18] 服务到4月24日才恢复。

同日，亚马逊德国网站宣布推出了Kindle商店，里面包括65万本图书。[19] 此外，世界各地的作者和出版商都可以通过Kindle直接出版服务（KDP）在亚马逊德国的Kindle商店里发售图书。

4月25日，亚马逊多个履行中心开始扩大招聘，包括位于宾夕法尼亚州黑泽尔顿、卡莱尔、艾伦镇、刘易斯堡的履行中心，以及位于特拉华州纽卡斯尔、堪萨斯州科菲维尔、亚利桑那州菲尼克斯堡和嘉年、内华达州芬利和拉斯特加斯的履行中心。[20]

4月26日，亚马逊公布2011年第一季度财务表现，本季度收入增长，而利润和现金流下降。净销售额为98.6亿美元，较上年同期的71.3亿美元增长了38%；经营利润为3.22亿美元，而2010年第一季度为3.94亿美元；净利润为2.01亿美元，即每股收益0.44美元，同比下降33%，而2010年第一季度净利润为2.99亿美元，即每股收益0.66美元。截至2011年3月31日的前12个月，经营现金流增长了9%，达到30.3亿美元，而上年同期为27.8亿美元；同期自由现金流减少了18%，为19亿美元，而上年同期为23.2亿美元。[21] 由于投资者对亚马逊业绩不佳感到不安，股价盘后下跌近6%，但随后有所反弹，跌幅减小到2%，总体上影响不大。

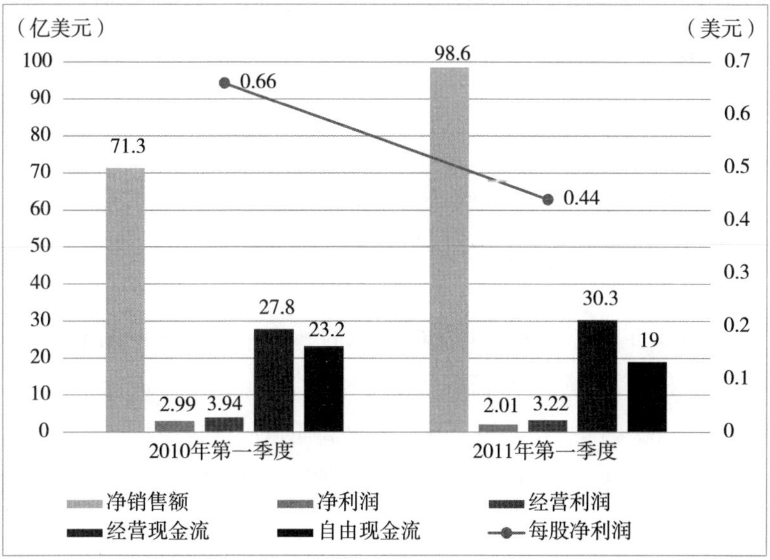

2011年第一季度与去年同期数据比较

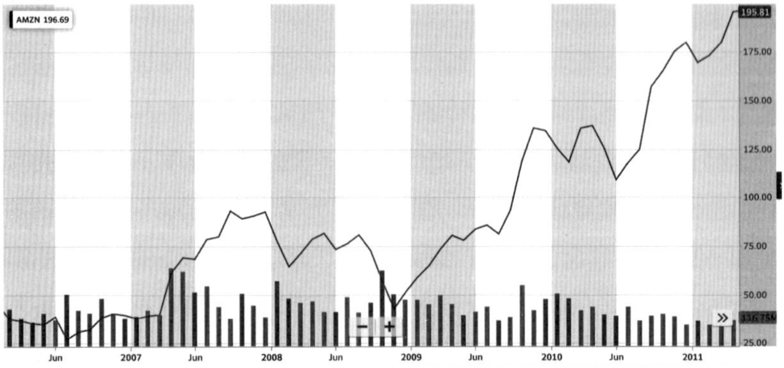

亚马逊在 2011 年第一季度的股价表现
图片来源：https://finance.yahoo.com

4 月 28 日，贝索斯随年报发出新一年致股东的信。与以往的信明显不同的是，这封信显得非常“硬核”，接连抛出了各种专业技术用语，连贝索斯都觉得股东在阅读中可能会睡着。这封信显示亚马逊作为科技巨头的底层架构已经日趋完善，而支持它的是不变的创新精神和客户至上的理念。

5 月

5 月 3 日，亚马逊推出会员专用的私人销售时尚网站 myhabit.com，直接出售设计师和精品品牌的时尚商品，对一些流行品牌提供最高可达 60% 的折扣。该网站将提供高质量的现场模特服装照片和视频，提供免费、即时注册会员，四天免运费和包退货服务。[22] 该网站计划和谷歌的 boutiques.com、eBay 的时尚商店，以及专门的私人销售网站如 Vente Privée 这样的网站竞争。

5 月 4 日，亚马逊宣布计划在华盛顿州萨姆纳市开设一个面积约

50 万平方英尺（约 4.7 万平方米）的履行中心。[23]

5 月 9 日，亚马逊宣布，计划在印第安纳波利斯开设一个面积约 90 万平方英尺（约 8.4 万平方米）的履行中心。这将是亚马逊在印第安纳州的第三个履行中心。同一天，其在亚利桑那州菲尼克斯的履行中心宣布扩建大约 40 万平方英尺（约 3.72 万平方米）。一旦完工，该中心将拥有超过 100 万平方英尺（约 9.3 万平方米）的规模，从而成为北美最大的履行中心之一。加上在菲尼克斯中心区域运营的另外两个履行中心，亚马逊在亚利桑那州的履行中心总占地面积将超过 300 万平方英尺（约 27.9 万平方米）。[24]

5 月 16 日，亚马逊宣布，其位于田纳西州布拉德利县和汉密尔顿县的两个新履行中心招聘几百名全职员工，这些员工将享受全面的医疗保健福利，新履行中心预计将于 2011 年秋季开业。此外，亚马逊正在评估田纳西州新地点，将该州履行中心增至 3 个，创造多达 2700 个全职工作和 4000 个季节性工作。[25]

5 月 19 日，亚马逊宣布在 Kindle 电子书上市不到四年之后，亚马逊网站的用户所购买的 Kindle 电子书的数量超过了所有纸质书（包括精装书和平装书）的销量。而在不到一年前，也就是在 2010 年 7 月，Kindle 电子书的销量刚刚超过精装书的销量。[26]

同一天，亚马逊推出了 Kindle 广告版（Kindle with Special Offers），这是 Kindle 家族的一个新成员，Kindle 3G 版只需 164 美元，并且可以立即发货，是所有 3G 电子书阅读器中价格最低的。[27]

6 月

6 月 8 日，亚马逊宣布其位于南卡罗来纳州的列克星敦履行中心招聘几百名全职员工，预计该中心将于 2011 年秋季开业。[28]

7月

7月6日，亚马逊宣布计划在印第安纳州普莱恩菲尔德开设一个面积约90万平方英尺的履行中心，并将于年内在该中心创造几百个全职和季节性工作岗位。这将是亚马逊在印第安纳州开设的第四个履行中心。[29] 同时，亚马逊表示，其位于宾夕法尼亚州布里尼格斯维尔的履行中心正在招聘几百名拥有全面医疗福利的全职工作人员。[30]

同一天，亚马逊推出音乐云存储服务，其中包括无限音乐空间的存储计划、所有在亚马逊音乐商店上购买音乐免费存储以及支持iPad上的云播放器。[31]

7月7日，亚马逊宣布计划在亚利桑那州菲尼克斯开设一个面积约120万平方英尺（约11.16万平方米）的履行中心，并于年内创造几百个全职和季节性工作岗位。这将是亚马逊在亚利桑那州的第四个履行中心。当日，亚利桑那州州长简·布鲁尔（Jan Brewer）和亚马逊高层一起出席活动，庆祝亚马逊为当地创造了超过3000个工作岗位，投资总额约为1.5亿美元。[32]

7月20日，哥伦比亚广播公司和亚马逊达成内容授权合作协议，亚马逊用户能够从哥伦比亚广播公司的大型数据库中收看电视节目。[33] 这一举动也被看作是亚马逊加大了向网飞、Hulu的挑战。虽然这项协议并非独家，哥伦比亚广播公司于当年早些时候和网飞达成了类似协议，但该协议还是让亚马逊Prime会员得以观看18部、2000集的哥伦比亚广播公司电视节目。亚马逊没有透露与哥伦比亚广播公司的交易条款。分析师估计，亚马逊将为此向哥伦比亚广播公司支付的金额超过了1亿美元。[34]

7月26日，亚马逊公布了第二季度财务数据，延续了第一季度销售额上升、利润下降的趋势。净销售额为99.1亿美元，较上年同期的65.7亿美元增长了51%；经营利润为2.01亿美元，而2010年第二季度为 2.7 亿美元；净利润下降 8% 至 1.91 亿美元，即每股收益 0.41 美元，而 2010 年第二季度净利润为 2.07 亿美元，即每股收益 0.45 美元。[35]

虽然利润下降了 8%，但投资者却从不断上涨的销售额、强势扩张的履行中心中看到了亚马逊股价的发展潜力。在盘后交易中，投资者一度将亚马逊股价推高了 13.57 美元，达到每股 227.75 美元。亚马逊的股价近年来翻了两番。

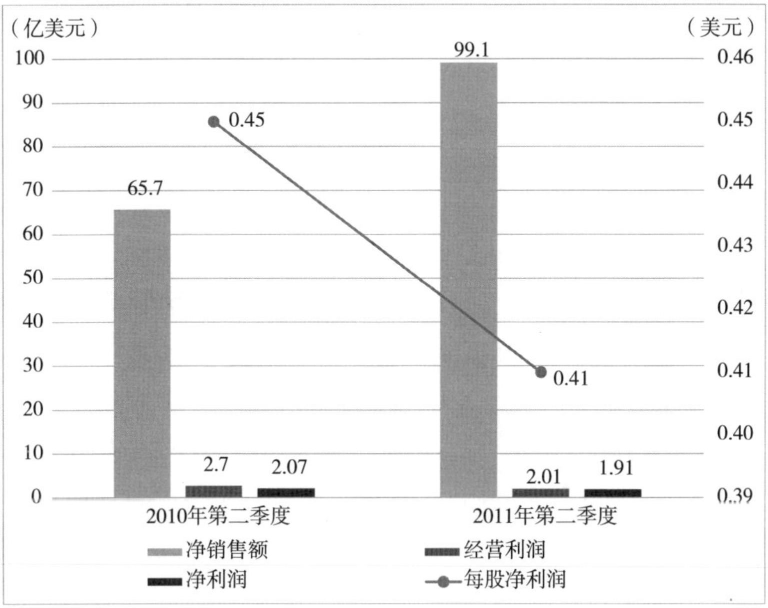

2011 年第二季度与去年同期数据比较

7 月 28 日，亚马逊宣布与 NBC（美国全国广播公司）环球国内电视发行公司达成授权协议，Prime 会员可以通过 Prime 即时视频在线观看环球电影公司的电影。这项交易将使 Prime 会员即时视频的可观看量超过了 9000 部电影和电视节目。[36]

同一天，亚马逊宣布，计划在田纳西州中部的莱巴嫩市开设一个

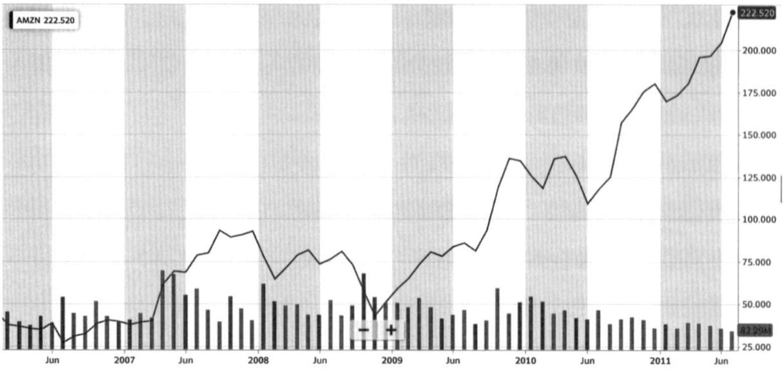

2011 年亚马逊股价一路上扬
图片来源：finance.yahoo.com

面积约 50 万平方英尺（约 4.65 万平方米）的履行中心，在年内创造几百个全职和季节性工作岗位。莱巴嫩履行中心将成为亚马逊在田纳西州的第三个履行中心。同时，亚马逊宣布将于秋季在田纳西州的查塔努加和克利夫兰增设两家履行中心。[37]

8 月

8 月 4 日，AWS 已将亚马逊虚拟私有云扩展到所有 AWS 业务区域，允许企业在美国东西海岸、欧洲、新加坡和东京以及每个地区的多个 AWS 可用区域得到亚马逊 VPC 的服务。

AWS 同时还发布了直连服务（Direct Connect）。通过这项新服务，企业可以绕过互联网，通过私有网络连接向 AWS 传输数据。使用专用连接，企业可以提高带宽吞吐量，减少网络延迟和成本，在 AWS 和数据中心之间移动数据时获得更稳定的网络体验。[38]

8 月 10 日，亚马逊发布了 Kindle 云阅读器（Kindle Cloud

Reader），一款网络版 Kindle 阅读应用程序。用户用浏览器即可阅读 Kindle 电子书，而无须下载或安装软件。[39]

Kindle 云阅读器是应对苹果公司商业条款变更的无奈之举。2011 年，苹果公司向发布商发出通知，表示将取消将用户导到发布商内部支付处理器的功能，而由苹果公司处理所有应用内支付并将从每笔销售中抽取 30% 的佣金。2011 年 7 月，苹果公司的新政策正式出台，但亚马逊已经做好了转移阵地的准备。[40]

8 月 16 日，AWS 宣布推出政府专用云服务（AWS GovCloud），旨在通过解决美国政府机构和承包商的具体监管和合规要求，将更敏感的工作负载转移到云上。此前，受到政府机构规定约束的数据，无法在云中处理和存储。AWS 政府专用云服务新区域提供了与其他 AWS 区域相同的服务功能和更高的安全性，并支持现有 AWS 安全控制和认证。[41] 该项新服务的推出还得到了美国喷气推进实验室首席技术官的认可。[42]

8 月 23 日，AWS 发布了分布式云缓存服务（ElastiCache）。该服务基于内存的缓存来改善网络应用程序的性能，这样就避免频繁访问较低速的硬盘资源，用户能够从云端内存缓存系统中检索信息。分布式云缓存适合处理大量读取的工作，比如用于社交网络、游戏和媒体共享网站；以及有大量计算的工作，如推荐引擎。[43]

9月

9 月 14 日，亚马逊西班牙域名 amazon.es 建立，此举被看作是亚马逊新一轮国际扩张的开始。[44]

9 月 15 日，AWS 宣布已经收到了美国总务管理局颁发的《联邦信息安全管理法案》（FISMA）的适度授权和认证。该认证涵盖 EC2、

S3、VPC 以及它们运行的基础设施。[45] FISMA 是联邦机构为它的数据和基础设施开发、记录和实施而建立的一套信息安全体系。由此，政府部门既可以使用 AWS 基础设施服务，同时又满足 FISMA 对应用程序安全使用的要求。

9 月 26 日，亚马逊与福克斯达成一项授权协议，允许 Prime 会员即时收看福克斯数据库里的电影和电视节目。Prime 即时视频数据库再度扩容，覆盖的电影和电视节目超过了 11000 部。[46]

9 月 28 日，贝索斯再次站在纽约高高的舞台上，自豪地向台下的记者和公众推出了全新的 Kindle 系列：79 美元的新 Kindle、99 美元的 Kindle Touch、149 美元的 Kindle Touch 3G 和 199 美元的平板电脑 Kindle Fire。这不仅标志着 Kindle 价格进入了两位数时代，也标志着亚马逊正式进入了炙手可热的平板电脑市场。[47]

贝索斯计划以 Kindle Fire 复制 Kindle 电子书阅读器所取得的成功。这款设备基于谷歌安卓系统，售价为 199 美元，而当时最便宜的 iPad 售价为 499 美元。与 iPad2 和其他平板电脑设备不同，Kindle Fire 没有摄像头和移动互联网接入。但贝索斯认为这不会影响客户的需求，仍可抢占苹果公司广受欢迎的平板电脑的市场份额。

据报道，Kindle Fire 的生产商是台湾硬件制造商广达电脑，亚马逊曾经合作过的富士康因为正忙于生产 iPad，拒绝了这个订单。亚马逊转而求助于广达电脑，后者曾为索尼和 Research in Motion（黑莓公司前身）公司生产产品。据估计，亚马逊到年底将制造 300 万部 Kindle Fire。

亚马逊的此项举动引起了市场的关注和猜测，因为当时还没有生产商可以撼动苹果平板电脑的主导地位：上个月，惠普在其平板电脑 TochPad 上市仅 49 天后就折戟沉沙；Research in Motion 在 4 月发布了 PlayBook 平板电脑，但却受到了严厉的批评。两款基于安卓系统的平板电脑——三星的 Galaxy Tab 和摩托罗拉的 Xoom，上市时的价格都高于

iPad 的 499 美元而且销售业绩令人失望。[48]

在 Kindle Fire 上，亚马逊还推出了自己研制的分离式浏览器 Silk。它利用 AWS 的计算速度和能力来优化移动设备硬件的能力。具体来说，它使用 SPDY 协议维持与 AWS 托管服务的单一连接，在 AWS 上提前加载和准备网络页面，再推送到设备上。用户感受到的效果就是：浏览速度更快、设备功耗更低。Silk 浏览器软件不仅存在于 Kindle Fire 上，还存在于由亚马逊 EC2 组成的庞大的服务器群中。[49]

10月

10 月 7 日，亚马逊法国版 Kindle 商店上线，它还发布了第一款法语版 Kindle，在亚马逊法国网站上仅售 99 欧元。[50]

10 月 11 日，亚马逊储物柜（Amazon Locker）悄然推出。通过输入取货密码，用户可以在指定的取货点提取订购的商品。延续一贯作风，亚马逊没有公布任何信息或做任何宣传，亚马逊储物柜只是偶尔被公众在西雅图安妮女王山上的 7-11 便利店角落里发现，所以，实际的启用时间可能更早。[51] 由于太过低调，一年后《华尔街日报》才正式报道，并将其称为“亚马逊的新型秘密武器”。[52]

通过增加储物柜，亚马逊解决了一些城市公寓居民的担忧，他们担心自己会错过送货时间或者物品会在家门口被偷走。亚马逊借鉴了传统零售商如沃尔玛和百思买的方法，增加了取货点，并找到了合作伙伴，为储物柜提供空间。

10 月 13 日，一场非公开听证会上，国会议员乔·巴顿非常愤慨地表达了对亚马逊新浏览器 Silk 收集用户数据的担忧。此前一周，马萨诸塞州民主党人、众议院议员、国会两党隐私权预备会议联合主席爱德华·马基曾给贝索斯写信要求知道亚马逊将如何处理从 Silk 用户那里收集到的数据。乔·巴顿的发难，是继爱德华·马基之后关于新款 Kindle Fire 和 Silk 浏览器用户隐私问题的大爆发。[53]

两周前，亚马逊开发的新浏览器 Silk 利用亚马逊在云计算方面的优势，实现网页浏览的高速化，却也引发了对侵犯用户隐私的猜测。根据该浏览器的运行机制，用户使用 Kindle Fire 浏览网站时，在真正连接到用户所指定的网页之前，首先要连接到亚马逊的云计算服务器。用户在浏览网站期间，与亚马逊云服务器之间的连接会被一直保持着，亚马逊会对用户在网络上的行为，如访问的网址、IP 地址、MAC 地址等信息进行记录，并最长保存 30 天。

马基在一份声明中说："消费者可能会购买新款 Kindle Fire 阅读《1984》，但他们可能没有意识到，这款平板电脑的'大浏览器'可能会在他们上网时监视他们的每一次点击。随着移动设备，特别是平板电脑的使用变得无处不在，我们必须确保用户的隐私受到保护，并且提供适当的保护措施，以便消费者知道他们的个人信息是否以及何时被用于何种目的。"

根据亚马逊的解释，对于这些数据的记录，是"为了解决和诊断浏览器的技术问题"，用户数据在保存和使用时不会与用户个人身份产生关联。此外，用户还可以自主选择使用云计算平台的 Cloud 模式，或者不连接到云端直接访问网页的 Off-cloud 模式。不过，如果选择了 Off-cloud 模式，用户便无法享受到 Silk 浏览器所提供的对网页内容传输的优化、加速等好处。

为此，马基向亚马逊提出了一系列问题，限其三周内给出答复：亚马逊计划收集有关 Kindle Fire 用户的哪些信息？亚马逊打算如何使用这些信息？亚马逊将如何向 Kindle Fire 和 Silk 浏览器用户传达其隐私政策？如果亚马逊计划收集用户上网习惯的信息，用户是否能够肯定地选择参与数据共享计划？[54]

对于马基议员所提出的大部分问题，亚马逊在其公开的"Silk 使用协议”中都已经涉及了，因此这次的质询并未造成很大的混乱。不过，这一质询引发了人们对为用户提供便利所必需的数据收集与隐私权两者之间关系的关注。[55]

几天后，电子前线基金会公开表示对系统的隐私设计表示满意。关于传输层安全（SSL），Silk 浏览器不能拦截任何 SSL 通信，因此不会向亚马逊发送 https/SSL 请求。关于日志，亚马逊只会记录请求资源的网址、时间戳和标志会话的令牌，而这些信息将在 30 天后被删除。诸如 IP 和 MAC 地址之类的单个标志符与浏览历史无关，只有在排除故障时才会收集。而且 Silk 浏览器不像一个匿名代理，它不屏蔽用户的 IP 地址，也不从中剥离信息。[56]

10 月 25 日，亚马逊发布 2011 年第三季度财务数据。第三季度净销售额为 108.8 亿美元，较上年同期的 75.6 亿美元增长了 44%；经营利润为 7900 万美元，而 2010 年第三季度为 2.68 亿美元；净利

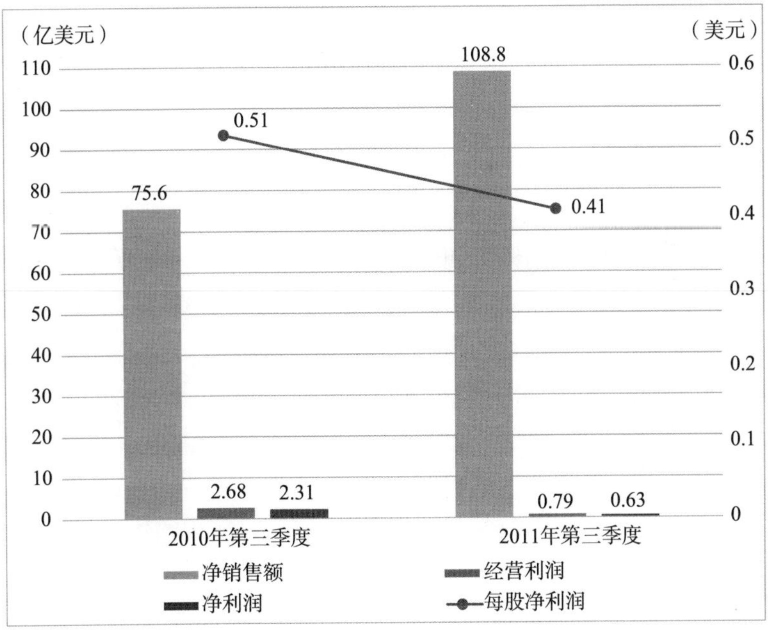

2011 年第三季度与去年同期数据比较

润下降了 73% ，至 6300 万美元，即每股收益 0.41 美元，而 2010 年第三季度净利润为 2.31 亿美元，即每股收益 0.51 美元。

第三季度的利润同比下降了 73%，算是出现大幅下滑，而亚马逊对于第四季度（购物季）业绩的预计也非常保守。预计第四季度的净销售额将在 164.5 亿美元至 186.5 亿美元之间，与 2010 年第四季度的净销售额相比增长 27% 至 44% ；预计经营利润（或经营亏损）在 2 亿美元至 2.5 亿美元之间，与 2010 年第四季度的经营利润相比下降 142% 至 47% 。

亚马逊首席财务官斯库塔克把亚马逊的支出增加归结为必须跟上其强劲增长的步伐。他在讨论季度业绩的电话会议上说："我们正在大力投资容量，包括履行中心和云存储业务的容量，以及支持视频流等内容。"总体而言，亚马逊第三季度的运营费用增至 108 亿美元，比去年同期的 73 亿美增长了 48% 。亚马逊在 2010 年底拥有 52 个履行中心或仓库，并表示，到 2011 年底，有望再开设 17 个履行中心，高于它在上一次财报电话会议中预计的 15 个。因此，亚马逊第三季度的经营利润率从去年同期的 3.5% 下滑至 0.7% 。

亚马逊股价在盘后交易中下跌 12% ，即 28.17 美元，收于每股 198.98 美元。[57]

10 月 27 日，亚马逊在中国的网站取消了"卓越"的名称，统一使用亚马逊全球品牌。外媒称，从中文角度讲这是一个重大的变化。[58] 除了更改名称，亚马逊将亚马逊中国主页的网址简化为 http：//z.cn，该主页仍然由 http：//Amazon.cn 主办。

11 月

11 月 2 日，亚马逊在官网表示，强烈支持今天上午由美国参议员麦克·恩齐、迪克·德宾和拉马尔·亚历山大提出的联邦法案（即《市场公平法案》，Marketplace Fairness Act）。该法案将建立一个在线收取销售税的宪法框架，填补网上零售商在没有实体店的情况下可以免缴销售税这一法规的漏洞。[59]

这项法案如果实行，便意味着亚马逊享受了十几年的税收红利将要消失，亚马逊一直是极力反对该举措的公司之一。就在几个月前，亚马逊还对加州等州进行了严厉批评，这些州试图让这家互联网零售商对运入该州的商品征收销售税。对于该转变，媒体都表示非常惊讶。但实际上，亚马逊公开支持该法案，很大程度上是因其已经通过加大投资建设履行中心、支持就业的方式与一些州达成协议，允许它继续不缴纳销售税。

相比于亚马逊的转变，eBay 仍然坚持抗争，称这一方案将会伤及小零售商。eBay 副总裁托德·科恩（Tod Cohen）对《洛杉矶时报》表示："这是又一项互联网销售税法案，它未能保护使用互联网的小企业零售商，并将打破大型零售商和小企业竞争对手之间的竞争平衡。在我们希望企业家创造就业和经济活动的时候，增加小企业的网络销售税负是没有意义的。"[60]

12月

12 月 1 日，亚马逊宣布开设西班牙语的 Kindle 商店，为顾客提供超过 22000 本西班牙语的 Kindle 电子书。[61]

12 月 14 日，AWS 宣布其全球云计算平台将新增第八个可用地理区域——南美（圣保罗）地区，这也是 AWS 在南美洲可用的第一个地区。[62]

12 月 22 日，田纳西州州长比尔·哈斯拉姆（Bill Haslam）和亚马逊联合宣布，亚马逊计划在田纳西州开设两个新的履行中心，为该州创造超过 1300 个新的就业机会和 1.35 亿美元的投资。加上威尔逊县、汉密尔顿县和布拉德利县的现有设施，亚马逊在田纳西州将创造了 3300 个就业机会和投资超过了 2.7 亿美元。[63] 2011 年，亚马逊共计新开设了 15 个履行中心。截至 2011 年 7 月，亚马逊在全球大约有 65 个履行中心。[64]

2011 年底，亚马逊通过其附属公司亚马逊资本服务公司（Amazon Capital Services Inc.）推出了贷款业务，以较低的价格向小商户进行短期融资。商户可以获得 1000 美元至 38000 美元不等的贷款，一些亚马逊的商户可以获得高达 80 万美元的融资。贷款利率从低于 1% 到 13.9%（大多数）不等。当时，小企业信用卡的利率通常在 13%~19%。

通过贷款给自己的合作伙伴，亚马逊将获得可观的回报。对于合作伙伴在亚马逊平台上的销售，亚马逊一般收取 6%~15% 的佣金，并每月向较大的卖家收取会员费。如果通过贷款计划，亚马逊可以帮助商户增加销售额，那么除了贷款利息，亚马逊还能获得更多的佣金收入。而在该项目之前，亚马逊已经为在其网络平台上销售商品的 200 万商家中的大多数进行了信用卡支付，为掌握商家的收入和资信收集了详实数据。弗雷斯特研究公司分析师安迪 · 霍尔评论称："如果亚马逊真的利用这些贷款进行分析。他们一定可以确切地知道这些商家卖了多少，赚了多少钱。"而在亚马逊网站上，第三方的销售占比正在越来越高。[65]

2012年　re：lnvent

1月

1月6日，亚马逊旗下公司LoveFilm与BBC（英国广播公司）环球公司、英国独立电视台分别达成了协议，允许其会员能够在线观看相关电视节目。[1]

1月18日，支持键值存储和文档型数据结构的NoSQL（非关系型数据库）亚马逊DynamoDB发布。这款全托管式无服务器数据库服务，可以满足数据库无缝的扩展，保证数据的持久性以及高可用性。DynamoDB允许用户对数据表采取自定义的扩展策略，按需增加读取和写入的容量，并可自动将数据表和流量分布到足够多的服务器中，以处理用户指定的请求容量和数据存储量，同时保持一致的性能和高效的访问。所有数据项目均存储在固态硬盘中，并在区域的多个可用区间自动复制，以提供内置的高可用性和数据持久性。[2]

1月25日，AWS存储网关（AWS Storage Gateway）面市。这项混合云存储服务可以帮助用户实现在混合架构环境中将本地数据中心内的设施与AWS云端存储进行无缝集成，这简化了本地IT环境与云端存储间数据移动的方式。[3]

1 月 31 日，亚马逊公布 2011 年第四季度和全年财务数据，二者均呈现销售额上涨明显而利润大幅下降的趋势。第四季度净销售额为 174.3 亿美元，较上年同期的 129.5 亿美元增长了 35% ；经营利润为 2.6 亿美元，而 2010 年第四季度为 4.74 亿美元；净利润下降 58% 至 1.77 亿美元，即每股收益 0.38 美元，而 2010 年第四季度净利润为 4.16 亿美元，即每股收益 0.91 美元。

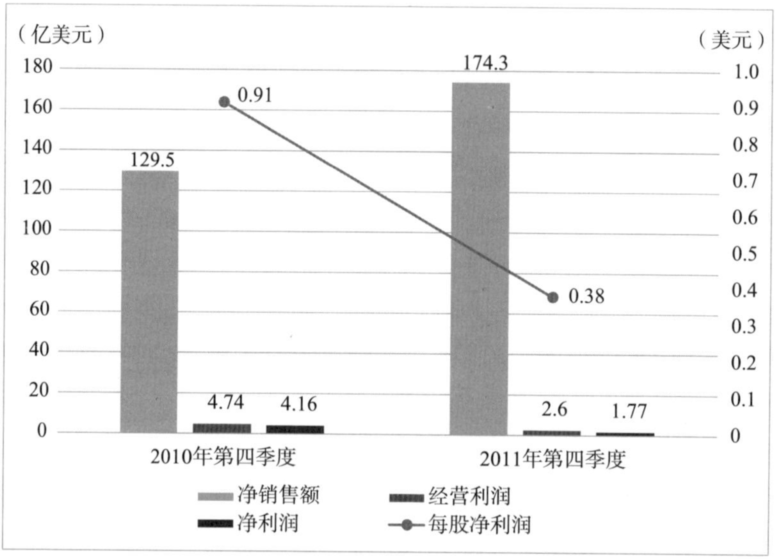

2011 年第四季度与去年同期数据比较

2011 年全年销售额较 2010 年的 342.04 亿美元增长了 41% ，达到 480.77 亿美元；经营利润为 8.62 亿美元，较 2010 年的 14.06 亿美元下降了 39%；2011 年净利润下降 45%，至 6.31 亿美元，即每股收益 1.37 美元，而 2010 年净利润为 11.52 亿美元，即每股收益 2.53 美元。

亚马逊销售额增加而利润锐减与其持续的低价策略有关。2011 年 12 月，亚马逊鼓励消费者使用价格查询应用程序，然后再回到亚

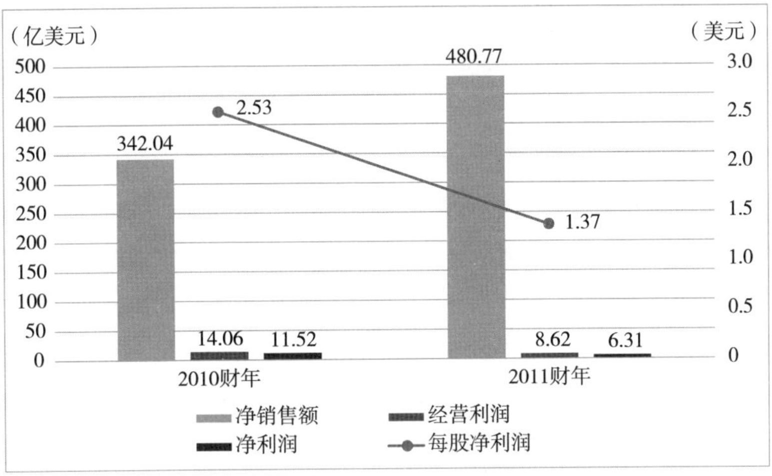

2011 财年与去年同期数据比较

马逊寻求更优惠的交易，这引起了轩然大波，那些长期以来一直被零售商盯上的书商对此尤其感到不满。但亚马逊销售额伴随着市场占有率的提高也不断增加，并且产品逐渐贴近生活的各个角落——向大众销售运动鞋、纸尿裤和 Kindle 。

野村证券估计，从 2011 年到 2016 年，亚马逊将大致增加相当于 450 家开市客连锁店。分析师布赖恩·诺瓦克在报告中表示："电子商务是一个长期发展的故事。我们的渗透率仍然只有 5%，所以还有很多机会。"[4]

2月

2 月 2 日，亚马逊宣布开设体育收藏品商店（Sports Collectibles Store），提供来自主要体育联盟和体育赛事的 200 多万件独特收藏品。[5]

2月14日，亚马逊宣布计划在特拉华州米德尔敦开设一个占地100万平方英尺的履行中心。这将是亚马逊在特拉华州的第二个履行中心。[6]

2月22日，AWS推出适用于搭建可伸缩分布式应用的编排式云服务——亚马逊简单工作流服务（Simple Workflow Service，也称SWF）。通常，一个应用中会包含多个不同的任务，它们要在动态环境驱动下按特定次序执行。SWF促使后台作业阶梯式逻辑的流程控制与包含唯一业务逻辑的实际工作单元相互分开，有助于执行各种能够反应业务流程或与业务流程存在某种关联的活动。喷气推进实验室在火星漫游者计划等任务中使用了SWF。[7]

该服务的发布，结合此前的Elastic Beanstalk服务、NoSQL数据库DynamoDB，可见亚马逊正在进军PaaS市场。[8] PaaS在当时被看作是云服务的未来发展方向，谷歌、威睿、IBM、微软、红帽（Red Hat）、Engine Yard等公司都在该领域进行了大量投资。[9]

3月

3月19日，亚马逊以7.75亿美元协议收购Kiva系统公司（Kiva Systems，Inc.）。Kiva系统公司开发的相互连接的硬件和软件包，旨在简化电子商务产品的拣选、包装和发货流程。该公司为零售商提供了一个配送系统，包括数百个自主移动机器人和一个复杂的控制软件。利用该系统，机器人可以在地板上快速定位单个物品，然后自动抬起相应的货架并把它运送给打包和运输的工人。该公司创始人米克·蒙茨（Mick Mountz）称，“（Kiva系统）每小时处理的订单量是传统方式的2~4倍”。

收购完成后，亚马逊将把Kiva系统公司的机器人协调系统添加到自己的履约操作中。[10]Kiva 系统公司的总部仍将设在马萨诸塞州的北雷丁。

3 月 27 日，亚马逊宣布计划在印第安纳州的杰斐逊维尔建立一个新的履行中心，这将成为亚马逊在印第安纳州的第五个履行中心。[11]

3 月 29 日，AWS 和美国国立卫生研究院在白宫大数据峰会上宣布，研究者可以在 AWS 上免费访问完整的千人基因组计划公共数据集。[12] 千人基因组计划是一个由 75 家公司和组织组成的联合协调执行的国际研究项目，目的是建立最详细的人类遗传变异科学目录。这个项目已经发展到拥有 200TB 的基因组数据，包括 1700 多个个体的 DNA（脱氧核糖核酸）测序。

4 月

4 月 12 日，AWS 推出了完全托管的自定义搜索服务——亚马逊云搜索（Amazon CloudSearch），可迅速为开发者的网站或应用程序添加搜索功能。开发者无须操作烦琐的基础架构，只需创建一个搜索域名，上传想要提供搜索的数据，亚马逊云搜索就会自动提供所需的技术资源，并部署所需的搜索引擎。随着可搜索数据量的增加和查询速率的变化，亚马逊云搜索可以无缝扩展，而且企业可以随时更改搜索参数，微调搜索相关性和应用新设置，无须再次上传数据。该服务只收取较低的小时费率，开发者只需为所使用的资源付费。[13]

4 月 13 日，贝索斯发表 2011 年致股东的信。他首次给信加了标题，叫作“发明的力量”。这封信从用户视角出发，介绍了 AWS 等多个服务平台如何以颠覆性创新改变传统行业运营模式，进而赋能用户。

4 月 19 日，AWS 发布了 AWS Marketplace 在线商店。AWS Marketplace 是一个数字化产品目录，用户可以使用它来查找、购买、对比、部署和管理构建解决方案及运营其业务。对于用户来说，它就是一个可以借力的第三方软件，包含了数据和服务。[14] 通过运行在AWS 云上的软件和 SaaS 内容，可以用 AWS Marketplace 来管理门户，创建和管理产品页面。

4 月 23 日，亚马逊宣布成立 AmazonSupply.com，一个为商业、工业、科学用户提供零部件和供应品的新网站。顾客可购买 14 类、50 余万件商品，包括实验室科学工具、研磨及精加工用具、液压气动与水暖等。亚马逊还提供 365 天免费退货、企业信用额度和专门的客户服务。[15]

4 月 26 日，亚马逊公布 2012 年第一季度财务数据，本季度净销售额增加而利润下降。净销售额为 131.8 亿美元，较上年同期的 98.6 亿美元增长了 34%；经营利润为 1.92 亿美元，而 2011 年第一季度为 3.22 亿美元；净利润较上年同期的 2.01 亿美元下降 35%，至 1.3 亿美元，即每股收益 0.28 美元。

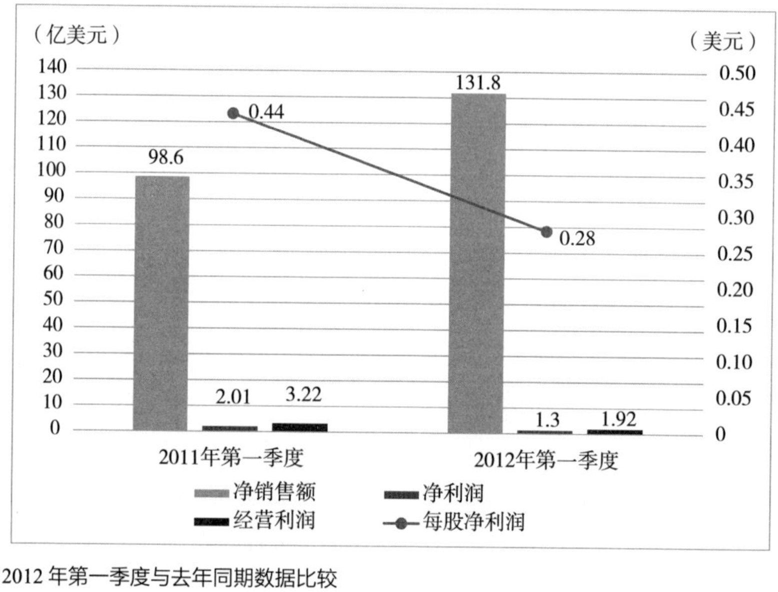

2012 年第一季度与去年同期数据比较

经营利润和净利润的下降并没有让华尔街过于惊讶，华尔街甚至认为这好于预期。密切关注这一数字的分析师被告知，由于对新业务进行投资，亚马逊可能会出现 2 亿美元的经营亏损，也可能会出现 1 亿美元的经营利润。贝索斯对此评论说，相对于从更小的用户中获得更大的利润，亚马逊更倾向于为庞大的用户服务，当然，这会让投资者的利润空间变薄一点。[16]

在这个季度，根据先前宣布的回购最多价值 20 亿美元普通股的计划，亚马逊回购了 530 万股股票（合 9.6 亿美元）。

5 月

5 月 4 日，亚马逊表示将在未来一年左右的时间里，在加州开设至少两个新的履行中心。此前，亚马逊与加州签订了一项在线销售税协议，协议要求亚马逊扩大在加州的配送业务。

在此之前，加州州长杰里 · 布朗（Jerry Brown）在 2011 年 9 月签署了一项法律，要求大型网上零售商次年开始向该州居民征收销售税，除非新的联邦法律规定不征收销售税。这项法律适用于年销售额在 50 万美元以上、销售对象是加州居民的零售商。在该项法律制定和实施前，亚马逊已经获准将销售税征收要求推迟到 2012 年之后执行。作为回报，亚马逊承诺在加州建立仓库，到 2015 年底至少创造 1 万个全职工作岗位，并雇用 2.5 万名季节性工人。[17]

5 月 8 日，AWS 在全球推出支持微软 SQL Server 和 ASP.NET① 的亚马逊关系数据库服务（Amazon Relational Database Services，缩写为 RDS）。企业现在可利用托管式数据库和应用程序服务，使用他们

① ASP.NET 是微软公司推出的一种脚本语言。——编者注

熟悉的微软工具来部署、管理和扩展 SQL Server 数据库及 ASP.NET 应用程序。[18]

使用 RDS 的新用户可以在免费使用层下使用支持 SQL Server 的 RDS（精简版）一整年。一年后，用户可以使用多种许可模式下的服务，价格最低为每小时 0.035 美元。

5 月 9 日，肯塔基州州长史蒂夫·贝希尔和亚马逊联合宣布，亚马逊将在该州的温彻斯特开设一个新的面积为 7 万平方英尺（约 6510 平方米）的客户服务设施。[19]

5 月 14 日，AWS 发布了 Amazon CloudFront 上的动态内容支持（Dynamic Content Support）功能。这一新功能为 AWS 用户使用亚马逊云搜索交付动态内容提供了一种简单、经济有效的方式。[20]

动态内容是指所有基于数据、用户行为和偏好而改变的数字或在线内容，可以是文本、音频或视频格式的。该技术对于企业市场开发有重要作用。比如，用户在下次登录 YouTube 账户时，会发现网页上显示的视频推荐与其偏好非常一致，这便是根据其历史行为和偏好动态生成的推荐。用这种方式，网站可以最终满足用户所有可能的需求。市场营销人员会因此非常关注探索动态内容，形成以用户为中心的营销模式，提供个性化的即时用户体验。

动态内容的另一个应用是基于标题的动态搜索引擎广告。比如，谷歌允许 Adword 管理器创建广告，这些广告可以根据用户搜索生成动态标题。应用这项技术的最终目的是使产品广告与用户搜索更加相关，从而提高广告点击率，增加 Adword 活动的转化率。[21] 亚马逊推出此项功能将解决企业在开发市场中的工具问题，从而拓展亚马逊云服务的适用范围，增强客户黏性。

5 月 30 日，LoveFilm 宣布与 NBC 环球国际电视发行公司签署多年期的数字许可协议，向 Prime 会员提供环球影业影片的独家流媒体播放服务。[22]

6月

6月12日，亚马逊推出了适用于 iPhone 和 iPod touch 的亚马逊云播放器应用程序，用户可以在应用商店购买该应用程序，并将云播放器中存储的音乐流媒体下载到 iPhone 或 iPod touch 上进行播放。[23]

6月14日，AWS 扩大对所有用户的免费支持，降低高级支持计划（premium support plans）的价格，并推出多项新功能，以帮助用户更好地与 AWS 进行互动并改进用户的使用。AWS 支持（AWS Support）是一个快速响应的支持渠道，全天候配备技术支持工程师。[24]

7月

7月19日，AWS 推出高 I/O（input/output，即输入/输出）实例，一组针对需要低延迟访问高速存储应用程序的 EC2 实例。该新实例由固态硬盘支持，能够提供超过12万个读取 IOPS（Input/Output Operations Per Second，每秒输入/输出操作）和1000~85000个写入 IOPS 任务，非常适合事务处理、时间序列分析、移动和流式应用程序。这个新家族的第一个成员是 Quadruple extra Large 实例。[25]

高 I/O 实例的典型用户之一是网飞。网飞正在将开源分布式 NoSQL 数据库系统 Cassandra 作为其全球分布式流媒体产品的关键基础组件。它使用高内存实例在亚马逊 EC2 上运行一个高性能 Cassandra 基础设施，利用固态硬盘支持的实例来提供大量 IOPS，从而提高 Cassandra 集群的性能和整体服务能力。

7月20日，亚马逊与华纳兄弟娱乐公司签订了一项授权协议。通过该协议，华纳兄弟娱乐公司会给 Prime 即时视频增加流行的电视节目，包括《危机边缘》和《白宫风云》等。[26]

7月23日，亚马逊推出了职业选择计划（Amazon Career Choice Program），旨在为亚马逊的员工在未来职业生涯中提供更多的能力。亚马逊提供预付95%的课程费用，让其员工可以参加包括飞机机械、计算机辅助设计、机床技术、医学实验室技术、护理和许多其他领域的课程，很多课程与员工的本职工作并不相关。[27]

7月31日，亚马逊宣布与索尼音乐娱乐公司、百代唱片公司、环球唱片集团、华纳音乐集团以及超过150个独立发行商和音乐出版商签订了云播放器授权协议，为亚马逊云播放器带来扫描、匹配技术和音频质量升级等多种更新。亚马逊的音乐数据库已有2000万首曲目。[28]

8月

8月1日，AWS宣布在亚马逊EBS上推出预置IOPS，以满足在云上运行高速数据库的开发人员的需求。预置IOPS是一种新的EBS卷类型，适用于要求最苛刻的I/O密集型、事务性工作负载和大型关系，以及EMR①和数据密集型分布式应用程序Hadoop工作负载等。[29]存储容量为1GB，容量从10GB到1TB不等。

8月7日，随着脸书上的一款社交游戏“Living Classics”上市，亚马逊新成立的游戏工作室Amazon Game Studios也随之公开。新的亚马逊游戏网站上的一篇博客文章中提到，“亚马逊游戏工作室正如其名：亚马逊的一个新团队，专注于创造创新、有趣和精心制作的游戏”，工作室开始招聘新人。

亚马逊没有透露太多关于进入游戏市场的动机，但游戏市场具有足够的吸引力。当时在社交游戏领域，Zynga公司仍然占据着主导地

① EMR指Elastic MapReduce，是亚马逊提供的一个托管集群平台。——编者注

位。Zynga 公司的一些游戏如“农场乡村”(Fram Vile ）和“填字游戏”(Words With Friends)，以及它们的各种衍生产品都很受欢迎。[30]

8 月 21 日，AWS 推出亚马逊 Glacier——一个极低成本的存储解决方案，被设计用于数据存档和备份。该服务专为存储那些不经常访问但将来仍具参考价值的数据而设计，例如数字媒体档案、金融和医疗记录、原始基因组序列数据、长期数据库备份等。[31]

8 月 22 日，亚马逊推出印度版 Kindle 商店，该商店包括印度最畅销图书和价格最低的电子书，同时推出的还有针对印度独立作者和出版商的直接出版服务。[32]

8 月 27 日，亚马逊通过 Prime 会员“两天免费送达计划”运送的货物量，超过了“超级省钱免费送货”服务运送的货物量。在 7 年多的时间里，亚马逊将 Prime 会员服务的商品数量从 100 万增加到了 1500 万，增长了 14 倍，并扩张了 Kindle 用户的图书馆借阅数量和 Prime 即时视频的附加功能。Prime 会费仍维持在每年 79 美元。[33]

8 月 30 日，亚马逊在英国、德国、法国、意大利和西班牙推出亚马逊应用商店（Amazon Appstore）。[34]

同一天，亚马逊表示 Kindle Fire 已售罄，并且未公布出售的台数，但称仅仅 9 个月的时间，Kindle Fire 就占据了美国平板电脑市场 22% 的份额。而不知是否巧合，这一天刚好在亚马逊神秘产品发布会举办的前一周。[35]

9 月

9 月 4 日，亚马逊和美国 EPIX 电视达成一项多年授权协议，将为 Prime 即时视频增加多个新版本经典电影和原创节目。Prime 即时视频现已拥有超过 25000 部电影和电视剧，会员可在不增加会员费用的情况下随时观看。[36]

9月6日，亚马逊在加州举行的发布会上，推出了三款Kindle Fire产品：Kindle Fire HD7、Kindle Fire HD8.9，以及原标准 Kindle Fire 的大屏版平板电脑。[37]

同一天，亚马逊推出了第五代 Kindle 电子书阅读器 Kindle Paperwhite。该电子书阅读器较以往最大的改进在于拥有专利的内置前置光源，用户可以在所有光线条件下进行阅读。Kindle Paperwhite 的售价为 119 美元；Wi-Fi + 3G 版本的价格为 179 美元。[38]

9 月 12 日，AWS 推出了保留实例市集（Reserved Instance Marketplace），为 AWS 客户提供向其他企业和组织出售其亚马逊 EC2 实例的灵活性。对于某些预期性较强的应用场景，亚马逊 EC2 的保留实例允许用户通过一次性支付较低的费用来为指定的期限保留计算能力，用户从而降低成本，并以此获得该实例每小时收费的大量折扣。该类预留实例一般会签订较长时间（如一年甚至三年）的合约，如果合约期内，用户不再需要保留实例，则可以在保留实例市集上出售其剩余的保留实例。[39]

9 月 18 日，亚马逊宣布关闭 endless.com，自 9 月 27 日起，该网站会成为亚马逊网站时尚类目下的一部分。[40]

9 月 26 日，亚马逊发布 Vine.com。该网站销售绿色商品，只要是纯天然的、有机的或者环保的东西，它都有售，包括家居用品、服饰、百货等几乎所有商品品类在内。该网站将作为 Quidsi 公司的一部分进行运营。[41]

10 月

10 月 10 日，亚马逊在华盛顿举行 AWS 公共部门峰会，公布超过 300 个政府机构和 1500 个教育机构正在利用 AWS 进行包括大数据分析、高性能计算、网络和协作应用、存储等工作。AWS 同时公布了政府云计算（美国）的新服务和功能，其中包括提高了高性能计算能力。[42]

10 月 23 日，Kindle 推出了一款新软件 Kindle FreeTime。该软件不是像网飞和 Hulu Plus 软件那样提供视频子菜单，而是类似于 Windows Phone 8 手机中的儿童角落启动器（Kid's Corner launcher）——通过密码限定儿童可以浏览的内容，同时，父母可为孩子提供个性化的登录和书签，并可以根据类别设置使用时间限制等。[43]

10 月 24 日，亚马逊日本网站宣布 Kindle Paperwhite 即将登陆日本，同时还表示将在亚马逊日本网站上开设 Kindle 商店。[44]

10 月 25 日，亚马逊推出了一款为 Windows 8 系统量身定做的 Kindle 应用程序。[45]

同一天亚马逊公布了本年第三季度财务数据，本季度出现亏损。净销售额为 138.1 亿美元，较上年同期的 108.8 亿美元增长了 27%；经营亏损为 2800 万美元；净亏损 2.74 亿美元，即每股亏损 0.6 美元。这是亚马逊数年来第一次出现季度亏损，上次出现季度亏损还是在 2003 年的第三季度。[46]

对于第四季度的财务预期，亚马逊给出的是，净销售额预计将在 202.5 亿美元至 227.5 亿美元之间，或与 2011 年第四季度净销售额相比增长 16% 至 31%；经营利润预计在亏损 4.9 亿美元至赢利 3.1 亿美元之间。

在第三季度的经营亏损中，有 1.69 亿美元是因分摊亚马逊投资的公司 LivingSocial 的报告亏损所致，其余则与亚马逊巨大的投资支出有关。

亚马逊在新的履行中心和技术上投入巨资，以支持其云计算业务 AWS。它还持续投资数亿美元购买数字内容，以在 Kindle 平板电脑

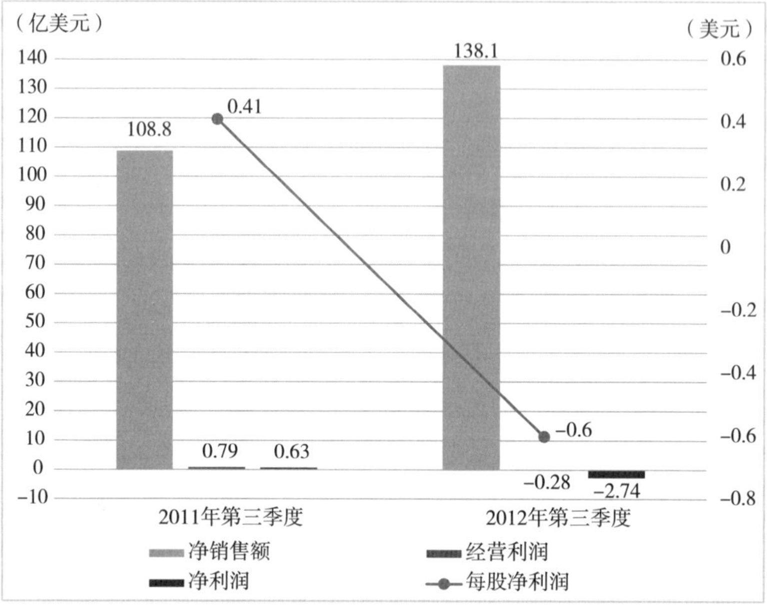

2012 年第三季度与去年同期数据比较

和电子书阅读器上销售。第三季度亚马逊在运输和仓储方面的支出为 15.1 亿美元，高于去年同期的 11.2 亿美元；技术和数字内容方面的支出达到 11.9 亿美元，高于去年同期的 7.69 亿美元。亚马逊首席财务官斯库塔克表示，亚马逊将继续在技术、基础设施和数字内容方面大举投资。

另外，Kindle 系列的电子产品是以成本价销售的，这在短期内给亚马逊的收益带来压力。亚马逊在 9 月发布了新的 Kindle Fire 平板电脑，首席财务官斯库塔克表示产品需求非常旺盛。亚马逊仍然没有提供任何具体的设备销售数据，只是提到 Kindle Fire HD 是亚马逊全球销量第一的产品，并列全球排名第二的两款畅销产品是 Kindle Paperwhite 和售价为 69 美元的 Kindle。亚马逊希望，当顾客使用这些设备从亚马逊购买更多的实体和数字产品时，亚马逊能够赢利。

从外部看，日益激烈的同业竞争和欧洲市场的消费衰退也是造成亚马逊经营亏损的因素。亚马逊在这个假日季将面临来自塔吉特和百思买等大型零售商的更多竞争，这些零售商正计划在网上以与亚马逊相当的价格出售商品。全球最大的零售商沃尔玛也于这个节日期间在一些城市试行当日送货，而塔吉特正在低价销售更多网上买不到的独家产品。此外，欧洲主权债务危机和经济衰退正在弱化消费者需求，这引发人们担心，即使是快速增长的互联网公司也可能会受到影响。

分析师对此评论不一。私人金融和投资咨询公司 Motley Fool 的分析师贾森·莫泽说："亚马逊正在对许多企业产生重大影响，我们知道，贝索斯相当有耐心，而且拥有丰富的财务资源，看来他的策略奏效了。第三季度的损失不大，长期影响一如既往。我的信心丝毫没有受损。"而金融服务公司 BGC Partners 的科林·吉利斯在财务报告公布前称："净销售额这么多，运输成本这么高，利润却这么少。在我们的科技公司的覆盖范围内，亚马逊的经营利润率最低，估值最高。随着数字平台投资成本的增加，亚马逊不太可能从净销售额增长中获得实质性的杠杆效应。亚马逊核心业务的本质是折扣，这限制了利润上行。"[47]

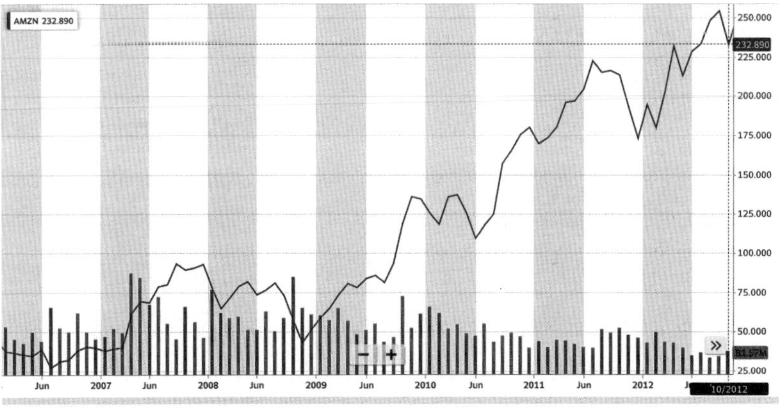

亚马逊 2012 年第三季度的亏损并未给其股价带来负面影响
图片来源：https://finance.yahoo.com

第三季度业绩公布后，亚马逊股价在盘后交易中微跌至220.75美元，但随后上扬。

11月

11月8日，亚马逊推出亚马逊酒类业务（Amazon Wine），开始在网上提供酒类销售。[48]

11月12日，AWS宣布推出其新的亚太地区适用区——悉尼区，这是AWS在全球部署云计算平台的第九个地区。[49]

11月21日，亚马逊宣布为任天堂的Wii U家庭控制台推出亚马逊即时视频应用程序。[50]

11月28日，亚马逊在日本推出亚马逊应用商店，为日本用户提供了一系列高质量的安卓应用程序。[51]

同一天，AWS推出全托管PB级别云数据仓库产品亚马逊Redshift的有限预览。该产品基于大规模并行处理数据仓储公司ParAccel的技术，可用于处理大规模数据集和数据库迁移。与AWS其他托管数据库相比，它能处理基于列式数据库原理存储的大数据数据集分析工作。[52]

11月27日到29日，AWS在拉斯维加斯举办了首次“AWS re：Invent”盛会。该活动在一个现场舞台环境下，介绍了AWS的产品和理念，并由被选中的初创公司首次公开介绍如何开展业务或应用程序。贝索斯在现场发言中讨论了新的AWS服务，以及云迁移的最佳实践、为规模设计架构、高可用性运行和让云应用程序安全等话题。安迪·贾西做了主题演讲。会议的重头戏在于亚马逊的云合作伙伴项目，11月27日专为合作伙伴设计的半天活动[53]吸引了6000多名参会者。

12月

12月6日，亚马逊巴西域名 amazon.com.br 建立，同时发布的还有 Kindle 商店，提供超过 140 万本图书。亚马逊宣布，未来几周 Kindle 将在巴西上市，建议零售价为 299 雷亚尔（巴西货币单位）。但此时，亚马逊并没有直接进行全产品销售。[54]

12月13日，亚马逊扩大了亚马逊云播放器在流媒体播放器上的应用，先后和流媒体平台服务商 Roku 以及三星智能电视合作，嵌入它们的视频播放平台。[55]

12月14日，亚马逊宣布计划在华盛顿的杜邦开设一个面积为 100 万平方英尺的履行中心。[56]

12月21日，AWS 发布了高存储实例（High Storage Instances）。这个新的 EC2 实例系列，为需要快速访问大量数据的应用程序进行了优化。这些新实例为用户提供了 35 个 EC2 计算单元（ECU）的计算能力、117GB 的随机存取存储器（RAM）、跨 24 个硬盘驱动器的 48TB 存储空间，并且能够以每秒 2.4 GB 以上的连续 I/O 性能提供服务。由于每个实例都有大量的直接附加存储，这些高储存实例非常适合数据密集型应用程序，包括 Hadoop 工作负载、日志处理和数据仓库，以及用于处理和分析 AWS 云中大型数据集的并行文件系统。[57]

12月27日，根据美国研究公司 ForeSee Results 年度假日电子零售满意度指数，亚马逊连续 8 年在假日购物季顾客满意度的排名中位列第一。[58]

2013年 “Wow”

1月

1月4日，亚马逊与A & E电视网达成内容授权协议，将A&E电视网、Bio、HISTORY和Lifetime等公司的热门剧的前几季添加到Prime即时视频服务中。目前Prime即时视频已经为Prime会员提供超过33000部免费电影和电视剧。[1]

1月22日，AWS发布了高内存集群（High Memory Cluster）实例。这个专为内存密集型应用设计的EC2实例，适合需要在单个实例上占用大量内存或需要利用分布式内存架构的应用程序。[2]

1月24日，亚马逊宣布收购了文本语音技术公司IVONA。IVONA公司已有10年的历史，提供“从文本到语音”“语音指南”和“探索通过触摸”等功能的技术支持，这些功能已在Kindle Fire平板电脑上有所体现。亚马逊未披露收购价格。

该收购广受关注。一是因为亚马逊通过该技术增强了现有Kindle Fire平板电脑产品的竞争力；二是外界对该技术的应用能力猜测纷纷。有人认为亚马逊可能正寻求开发更多类似于苹果公司Siri语音搜索产品的服务。也有分析认为该技术可以帮助亚马逊将其电子书市场扩大到更多的残疾人群体，如盲人。还有分析指出，这一收购为亚马逊涉足平板电脑之外的硬件领域铺平了道路，比如，通过增加语音服务，亚马逊下一步可能会进一步杀向智能手机领域。亚马逊的声明中没有特别对手机发表评论，但是有意含糊地提到了未来的产品，这在不经意间又激发了外界的各种想象。[3]

1月29日，AWS推出了亚马逊弹性转码器（Amazon Elastic Transcoder），用于在不同的数字媒体格式之间转换视频文件。例如，用户可以将大型高分辨率“Master”视频文件转换成更小的版本，以便在视频平台上播放。[4]

同一天，亚马逊公布了2012年第四季度和全年的财务表现，出现了自2002年以来的第一次年度净亏损。第四季度净销售额为212.7亿美元，较上年同期的174.3亿美元增长了22%；经营利润较上年同期的2.6亿美元增长了56%，达到4.05亿美元；净利润较上年同

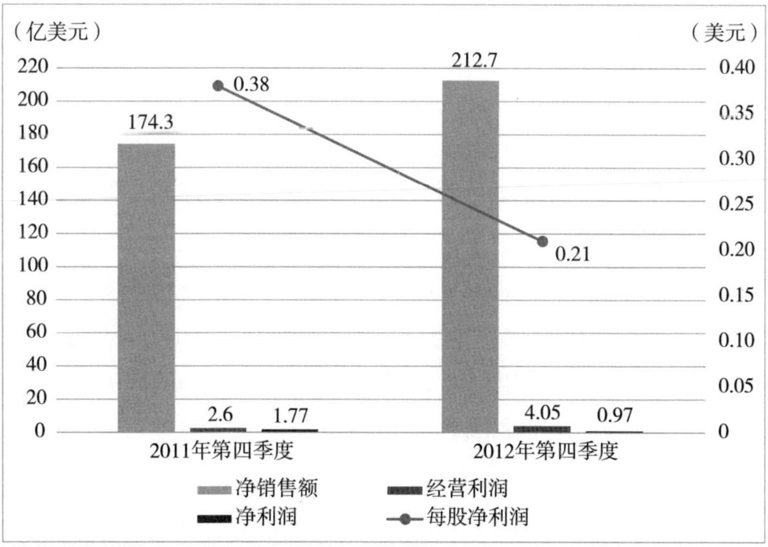

2012年第四季度与去年同期数据对比

期的 1.77 亿美元下降了 45%，至 9700 万美元，即每股收益 0.21 美元，上年同期为每股收益 0.38 美元。

2012 年全年净销售额较上年的 480.77 亿美元增长了 27%，达到 610.93 亿美元；经营利润同比下降 22%，为 6.76 亿美元，低于 2011 年的 8.62 亿美元；全年净亏损为 3900 万美元，每股亏损 0.09 美元，而 2011 年净利润为 6.31 亿美元，每股盈利 1.37 美元。

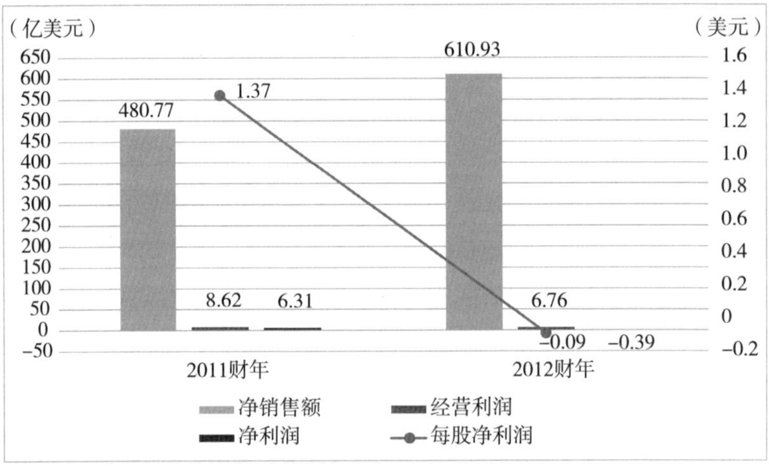

2012 财年与去年同期数据对比

年度净销售额增加而经营利润下降，这看起来矛盾，贝索斯却认为在意料之中。这种差异是由于用户的阅读习惯改变所致，贝索斯称这是亚马逊所期待的。Kindle 电子书的下载量一直在快速增长，但传统纸质书的销量在 12 月仅增长了 5%，是亚马逊历史上最低的。[5] 经营利润的下降在很大程度上也是因为亚马逊更大规模的减值、股权投资和所得税拨备，税收政策红利消失的作用正逐渐显现。

1 月 30 日，亚马逊宣布计划在得克萨斯州科佩尔、哈斯莱特和谢茨开设三个新的履行中心，创造超过 1000 个就业机会。[6]

2月

2月1日，在网飞发布其原创剧《纸牌屋》（*House of Cards*）预告片后几天，亚马逊表示与PBS（美国公共电视网）达成了一项独家协议，将热播电视剧《唐顿庄园》（*Downton Abbey*）的几季免费提供给Prime会员。从7月1日开始，仅Prime即时视频可以在线播放《唐顿庄园》，而此前在网飞和Hulu Plus平台上的剧集将停播。这笔交易是亚马逊为了扩大数字内容，在美国在线视频订阅服务市场与网飞竞争的最新努力。[7]

2月5日，亚马逊宣布将推出虚拟货币亚马逊币（Amazon coin），用于在Kindle Fire上购买应用程序、游戏和应用内置产品。[8]对于亚马逊此刻发币的意图，外界有多种猜测，如为了吸引用户、激励软件和游戏开发人员等。最有可能的是，亚马逊拟通过自营货币构建自营经济生态环境，从而打开相关市场，视频游戏经济便是常见的应用场景。Valve公司经济顾问雅尼斯·瓦鲁法克斯指出，对于游戏制造商来说，自有货币有许多优势，如果亚马逊币流行起来，亚马逊将极大受益。[9]

2月13日，哥伦比亚广播公司扩大对Prime即时视频的内容授权范围。[10]

3月

3月18日，美国中央情报局与亚马逊签订云计算合同，在未来10年内合作价值高达6亿美元。[11]AWS将帮助情报机构建立一个私有云基础设施，以成本效益比更高的方式跟上诸如大数据等新兴技术的发展。该项目处理得非常低调，当时很少有媒体报道。

这项合作对亚马逊而言来之不易，首先是美国中央情报局面对云计算的改革路径有争议，争论的焦点在于究竟是内部创新还是向外购买。美国国家安全局前承包商雇员爱德华·斯诺登泄露的预算文件显示，2013 年美国情报机构的 IT 支出达到 80 亿美元。美国中央情报局和其他机构本可以花费数十亿美元建立自己的云基础设施。显然，金钱不是主要因素。一位前情报官员表示："我们真正关注的是任务和创新的时间，我们的目标是，能否像企业界中的大型企业那样购买我们没有的东西？能否赶上商业周期？"

到 2012 年中，美国中央情报局最终决定向外寻求解决方案，这引起了科技界的广泛关注。美国中央情报局第一次向工业界发布的征求意向书（RFP），遭到了微软和 AT&T 提出的投标抗议，这些抗议集中在征求意向书所要求的规范过于狭隘。为此，美国中央情报局后来修改了要求。2013 年初，在考虑了亚马逊 AWS、IBM 和第三家未透露名字的供应商投标后，中央情报局终于决定将一份价值 6 亿美元的合同给了 AWS，为期 10 年。这项秘密处理的交易，在整个科技行业掀起了波澜，反应最大的即为该合同竞争者的 IBM。[12]

3 月 28 日，亚马逊与图书推荐分享型社交网站 Goodreads 达成收购协议。收购完成后，Goodreads 的总部仍将设在加州的旧金山。

Goodreads 成立于 2007 年，由伊丽莎白·库里·钱德勒（Elizabeth Khuri Chandler）及其丈夫奥蒂斯·钱德勒（Otis Chandler）创立。多年来，Goodreads 一直是个相当"中立"的读者中心——出版商和作者可以在这里推销自己的书，而不必与特定的零售商挂钩。[13] 由于客观中立，Goodreads 在读者圈的影响力不断扩大，当时已经拥有超过 1600 万个会员和超过 3 万个读书俱乐部。在被收购之前，Goodreads 在发现图书的途径方面是亚马逊的竞争对手——基于朋友的分享、评论，Goodreads 积累了可靠的、独立推荐来源的声誉。

除了给亚马逊带来更多的社交功能，Goodreads 还为亚马逊带来了一系列附加好处，这些好处都是亚马逊一直非常感兴趣的。一是数据挖掘，Goodreads 提供了 1600 万可识别的、经常购书者表达偏好的深层次数据；二是影响者定位，作为一个社交网络，Goodreads 很容易通过好友数量和推荐来识别影响者，构建一个具有统计学意义的图书影响者的社交网络；另外，Goodreads 已经发展成为一个促销中心，可以和 Kindle 的直接出版功能融合为促销和互动平台。[14]

亚马逊没有披露具体的交易条款，但据称，这笔交易给 Goodreads 带来了价值 1.4 亿到 1.5 亿美元的现金和股票。

3 月 28 日，纽约州最高法院驳回了亚马逊关于其应该免征州销售税的诉讼请求。[15]

在过去的几年里，围绕互联网税收的斗争愈演愈烈。实体零售商越来越坚持认为，亚马逊逃避了其确保顾客缴纳销售税的责任，这非常不公平。其他州开始讨论像纽约州这样的措施。作为回应，亚马逊已经同意在其拥有配送中心的 16 个州支付销售税，并表示支持一项联邦法律，该法律将赋予各州对州外销售额在 100 万美元以上的在线零售商征收销售税的权利。此外，亚马逊与加州、新泽西州和其他几个州达成协议，在这些州建立履行中心，以换取较好的税收条款。[16]

此案开了一个先例，在全球范围内，亚马逊因为没有缴纳足够的税款而受到抨击。其英国子公司 2012 年缴纳了 240 万英镑（合 390 万美元）的企业税，尽管销售额为 43 亿英镑。在法国，因为卢森堡的税率较低，政府限制了亚马逊对图书的折扣程度，并禁止免运费。[17]

4 月

4 月 12 日，贝索斯发表致股东的信。这封信贯穿始终的主题是亚马逊的立身之本在于以客户为中心驱动创新。

4月17日，亚马逊继续对其应用商店进行全球扩张，开发者提交的应用可以在近200个国家发行，甚至包括巴布亚新几内亚和梵蒂冈。[18]

4月30日，亚马逊推出AWS认证项目（AWS Certification Program），为认证IT专业人员的AWS云上技能提供了标准。该项目也是云计算和AWS云技术加速运营的体现。[19]

5月

5月16日，亚马逊与NBC环球有线电视和新媒体分销公司（NBC Universal Cable & New Media Distribution）达成内容授权协议，这份协议将为Prime即时视频带来多种流行的节目。至此，Prime即时视频已有超过4万部免费电影和电视剧。

5月21日，AWS政府云计算（美国）和所有其他AWS在美国区域的服务，从美国卫生与公众服务部获得了代理商营业权限。有了这一授权，AWS证明它可以满足联邦风险和授权管理计划（FedRAMP）的安全要求，更多的政府客户可以利用AWS的安全环境来存储、处理和保护政府敏感数据。

5月22日，亚马逊出版公司发布了Kindle Worlds——该公司的第一个允许任何作家创作同人小说的商业出版平台。

6月

6月4日，亚马逊和维亚康姆公司传媒集团宣布了一项为期多年的跨国数字视频授权协议，为 Prime 即时视频的资料库添加数百个电视节目和数千集电视剧。[20]

6 月 5 日，亚马逊印度网站（www.amazon.in）上线。2012 年 2 月，亚马逊首次进入印度市场，推出 Junglee.com，但仅允许顾客在线比较价格，不能直接购买商品。亚马逊印度网站最初将只销售书籍、电影和电视节目，计划在数周内推出销售手机和相机。[21]

由于印度法规禁止多品牌零售商直接在网上向消费者销售产品，亚马逊不能进货和销售自己的产品，第三方零售商将使用“市集”模式通过亚马逊的网站销售他们的商品。卖家把他们的商品送到亚马逊在孟买附近的仓库。订单下达后，亚马逊将订单商品打包并寄送给客户。印度当时有超过 5000 万的活跃互联网用户，其中大约 40% 在网上购物。

6 月 26 日，亚马逊网站宣布与 PBS 发行公司签订的多年授权协议，这将允许 Prime 会员免费即时收看过去几季的 PBS 节目。[22]

7 月

7 月 9 日，美国加州奥克兰地区法官菲利斯·汉密尔顿下令，应苹果和亚马逊这两家公司的要求，撤销原定于 8 月 19 日进行的审判。苹果公司和亚马逊结束了两年前开始的关于“Appstore”名称使用权的诉讼。

对于撤诉，苹果公司发言人克里斯汀·休格特表示：“我们不再认为有必要追究该案件。我们拥有超过 90 万个应用程序和 500 亿次下载，用户知道他们可以在哪里购买他们喜欢的应用程序。”[23]

7 月 25 日，亚马逊推出了“Kindle Singles Interview”，旨在充分利用 Kindle Singles 平台，推出对重要世界领袖的长篇访谈。

7月31日，亚马逊宣布将对奥巴马总统进行独家深度采访，内容涉及经济问题、政府计划的必要性，以及奥巴马认为这些计划将大有可为。前一天奥巴马总统参观了位于田纳西州查塔努加的亚马逊履行中心，讨论了如何推动私营部门就业增长和提高美国竞争力的相关建议。[24]

8月

8月3日，贝索斯以个人名义支付2.5亿美元收购《华盛顿邮报》，并将其私有化。《华盛顿邮报》为格雷厄姆家族所有，历经80年、四代人，一致被认为是塑造美国政治和政策的强大力量。收购后，《华盛顿邮报》依然独立运营。

当时，很少有人知道这笔交易。当在总部举行的员工会议上，董事长兼CEO唐纳德·E. 格雷厄姆（Donald E. Graham）向员工透露这个出售消息时，几名老员工甚至哭了起来。

这笔交易代表了《华盛顿邮报》和时代的惊人变化。《华盛顿邮报》的报道内容上到总统，下到小的社区新闻，它曾因报道水门事件以及披露美国国家安全局监视计划而受到全世界的关注。但在过去10年的大部分时间里，互联网的兴起以及印刷技术向数字方向的划时代转变，传统新闻机构面临更大的竞争浪潮。《华盛顿邮报》在过去6年中营业收入下降了44%。尽管《华盛顿邮报》是网上极受欢迎的新闻来源之一，但印刷版的发行量已经减少，在2013年上半年，每日发行量又下降了7%。

面临巨大的竞争和运营危机，格雷厄姆非常秘密地聘请投资公司Allen & co. 寻找买家，他第一次与贝索斯联系是在3月或4月，直到7月中旬才恢复合作。贝索斯与格雷厄姆保持着长期的友谊，多年来他们一直非正式地为对方提供咨询。例如，格雷厄姆曾向贝索斯提出建议，告诉他如何在亚马逊流行的电子书阅读器 Kindle 上强化报纸功能。[25]

这项收购在科技、传媒等各界引起了轰动。虽然当时贝索斯已拥有 252 亿美元的净资产，却从未对报纸业表现出任何明显的兴趣。就在一年前，贝索斯对德国报纸《柏林日报》(*Berliner Zeitung*) 表示，有一件事他非常肯定，“20 年后报纸将不再出版，也许只能作为一些酒店的奢侈服务”。在《华盛顿邮报》的执行编辑马丁·巴伦（Martin Baron）看来，贝索斯此刻的收购显示了其深谋远虑。“他确信新闻业的使命，认为新闻业对民主制度非常重要；同时他相当坚定地相信民主制度，认为确保像《华盛顿邮报》这样的机构能有一个光明的未来和可持续的商业模式从而正常运营，是非常重要的。”[26]

8 月 6 日，亚马逊艺术网站（Amazon Art）发布，顾客在此可以买到来自 150 多个画廊和经销商的 4 万多件艺术品。[27]

8 月 20 日，一场诉讼首次浮出水面。AWS 与美国中央情报局在 3 月交易公开的一个月后，IBM 向美国政府问责署（GAO）提出了投标抗议，并在 6 月通过收购云计算公司 SoftLayer Technologies 宣示其不断增长的发展云计算的意图。在接下来的裁决中，监督机构明确表示，在美国中央情报局评估人员看来，AWS 的解决方案在技术上是优越的，所以美国中央情报局选择了 AWS，而 IBM 的优势是便宜，IBM 试图以较低的成本为整个情报界建立一个内部的私有云。

监管机构最终支持了 IBM 的抗议，让美国中央情报局重新向两家公司提出合同投标。于是，AWS 在 2013 年 7 月对联邦政府提起诉讼[28]。诉讼认为，IBM 对亚马逊和美国中央情报局签订的价值 6 亿美元的云计算合同进行抗议，既“不合时宜”又“毫无价值”，并将 79 页文件摆在美国联邦索赔法院法官托马斯·惠勒面前。

8 月 27 日，亚马逊推出了 Kindle Fire 平板电脑和其他安卓设备专用的移动联营模式 API。这一举措实际上是亚马逊长期运行的亚马逊联合营销项目向移动应用程序开发领域的扩展。这次，该联合计划通过移动联营模式 API 提供给参与的开发人员，用户如果通过嵌入的应用程序广告和链接买到亚马逊产品，那么开发人员将获得销售提成，比例最高可达 6%。[29]

8 月 29 日，亚马逊墨西哥网站（Amazon.com.mx）发布，它首先推出的是 Kindle 相关业务。[30]

9 月

9 月 25 日，亚马逊推出了第三代 Kindle Fire 平板电脑——全新的 Kindle Fire HDX。Kindle Fire HDX 有 7 英寸和 8.9 英寸两款，每款又根据内存和性能有价格区分。Kindle Fire HDX 增加了“求助”（Mayday）按钮，一个一周 7 天、全天 24 小时的免费服务，希望由此帮助用户解决问题，允许用户随时联系亚马逊的支持人员。[31]

10 月

10 月 7 日，AWS 的政府诉讼案进行口头辩论。美国联邦索赔法院法官托马斯·惠勒站在亚马逊这边，推翻了美国联邦审计总局迫使美国中央情报局重新出价的决定。当 IBM 于 4 月提出投标抗议时，AWS 为美国中央情报局云基础设施所做的建设工作都被叫停，而且很可能美国司法部和美国中央情报局已经同意，在投诉得到解决之前，不会继续推进。在采购首次公布近 18 个月后，美国中央情报局和亚马逊才开始后续工作。[32]

10 月 10 日，亚马逊宣布协议收购初创的科技教育企业 TenMarks。TenMarks 公司使用结构化的练习方法，利用视频课程和实时结果提供个性化的在线数学教育。

亚马逊收购 TenMarks 公司一方面是看好低幼教育市场，希望通过进入教育内容领域来扩大其数字媒体业务的范围；另一方面，由于学校为学生购买平板电脑的预算普遍增长，这也是推销 Kindle Fire 系列的机会。[33]

10 月 22 日，亚马逊与美国米高梅电影公司达成扩大内容许可协议，电影《维京人》可在 Prime 即时视频上进行观看。

10 月 24 日，亚马逊公布 2013 年第三季度财务数据，本季度重演了 2012 年同期的经营亏损，也是这一年来首次出现季度亏损。本季度净销售额为 170.9 亿美元，较上年同期的 138.1 亿美元增长了 24%；经营亏损为 2500 万美元，而 2012 年第三季度的经营亏损

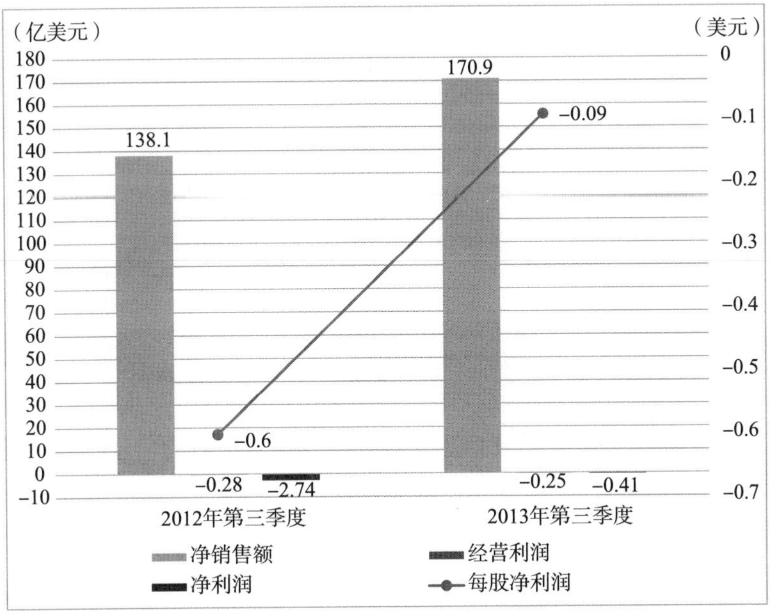

2013 年第三季度与去年同期数据比较

为 2800 万美元；净亏损为 4100 万美元，即每股亏损 0.09 美元，而 2012 年第三季度净亏损 2.74 亿美元，即每股亏损 0.6 美元。

这虽然是亚马逊又一个季度出现了亏损，但却超出了华尔街预期。分析师曾预计亚马逊每股亏损 0.1 美元，销售额为 168 亿美元。[34] 不仅如此，投资者看到了亏损的部分原因是由于花费了 3.5 亿美元用作股票报酬和无形资产的摊销。在盘后交易中，亚马逊股价强劲增长了 7%。

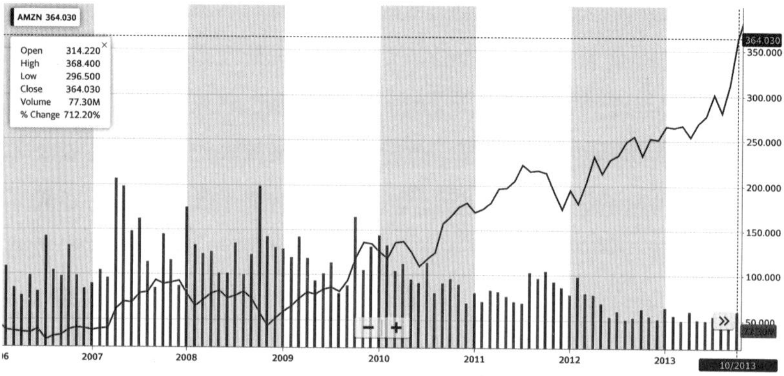

2013 年亚马逊股价在持续亏损的情况下持续上涨
图片来源：https://finance.yahoo.com

10 月 29 日，亚马逊宣布将在加州的莫雷诺谷新建一个面积为 120 万平方英尺（约 1.11 万平方米）的履行中心。这将是亚马逊在该州的第四个履行中心。

11 月

11 月 1 日，亚马逊宣布在威斯康星州的基诺沙建立一个 100 万平方英尺的履行中心。

11 月 5 日，AWS 宣布推出为需要 3D（三维）图形功能的应用程序而设计的 EC2 实例——G2。这个新实例由高性能 NVIDIA GRID 图形处理器支持，拥有 1536 个并行处理核心，适用于视频创建服务、3D 可视化、流图形密集型应用程序和其他需要大量并行处理能力的服务器端图形工作任务。

11 月 11 日，亚马逊与美国邮政局合作，开始周日配送服务。该服务先在洛杉矶和纽约大都会地区开始实行，后续拟在 2014 年向达拉斯、休斯敦、新奥尔良和菲尼克斯等地区推出。

11 月 12 日，亚马逊首次涉足澳大利亚，推出亚马逊澳大利亚网站 amazon.com.au，同时发布的还有 Kindle 自助出版业务和 Kindle 商店。

同一天，第二届“AWS re：Invent”盛会在拉斯维加斯召开。一直以来，AWS 被看作是开发人员、初创公司和中小企业发展的良好资源，但它似乎并没有真正准备好支持“企业”。这次会议告诉大家，AWS 多年来一直在关注企业需求方面做出了积极努力，并传递一个主题：“是的，我们服务企业”。最让观众震撼的是，AWS 推出了一批重量级新产品和服务，其中包括 AppStream、Kinesis、CloudTrail、WorkSpaces 和 RDS。

AppStream 解决的是移动应用可视化工具问题，尤其针对游戏流媒体服务行业。企业在进军火热的移动端流媒体行业时，常被不同设备和数据中心之间数据往来的复杂性所困扰，在移动应用程序中，视频的爆炸式增长更让这种情况雪上加霜。AppStream 允许移动应用程序将计算和图形处理下载到 AWS 上，终端用户仍可享受流畅、高清晰度的体验，而且即使低规格的设备也可拥有丰富的应用程序。

Kinesis 全托管式平台提供了实时处理大容量流数据服务功能，支持实时指示板、生成警报和驱动实时商业决策，适用网站点击流、营销和金融交易、社交媒体供稿、日志和计量数据以及位置跟踪事件等场景。该平台被看作是亚马逊涉足物联网领域的第一步。[35]

CloudTrail 每天记录和评论对 AWS API 的调用情况。这些情况反映了由 AWS 账户或代表 AWS 账户进行的用户活动，日志文件会被传递到亚马逊 S3 上加以储存。用户可以在 AWS 账户中查找 API 的调用情况，回答一些重要问题，如谁进行了特定的 API 调用、何时进行的、API 调用的源 IP 地址是什么，以及 API 调用对哪些资源起作用等。

WorkSpaces 提供了全托管的云端桌面计算服务，允许用户轻松配置基于云的虚拟桌面架构（VDI），便于用户利用各种设备终端访问所需的文档、应用程序和资源，且价格是传统 VDI 的几乎一半。该产品发布让 VDI 提供商思杰系统公司股价暴跌。

RDS 具备跨可用区域复制的功能，通过这种复制，用户可以在一个区域中保护他们的应用程序不受 AWS 中断的影响。如果 2011 年 AWS 大停机的情况再次出现，企业便可以从容应对。

到这个时候，AWS 已有 235 项新产品与服务，而在 2010 年只有 61 项服务，2011 年有 82 项，2012 年有 159 项。

本届盛会引来了各界关注，其中不乏来自竞争对手，包括输掉美国中央情报局 6 亿美元大单的 IBM 的关注。IBM 在拉斯维加斯各地行驶的公交车上贴满了 IBM 云服务的广告，广告文案是“IBM 云服务所拥有的顶级网站比这个世界上的任何人都多出 30%”。

安迪·贾西把公交车上的广告做成一页幻灯片，搬到了主题演讲的大屏幕上，并戏称 IBM 为守旧派，认为对手如此煞费苦心地散布“FUD”实在是幼稚得可以。FUD 是一种心理策略，由 Fear（恐惧）、Uncertainty（不确定性）和 Doubt（怀疑）这三个单词缩写而成。这个词最早指 IBM 销售人员对客户灌输竞争对手产品的负面观念，从而在顾客的头脑中注入疑惑与恐惧，使顾客误以为除了 IBM 的产品，自己别无选择的销售手法。

11月21日，亚马逊宣布计划在美国东岸康涅狄格州的温莎开设一个面积为100万平方英尺的履行中心。

12月

12月1日，在哥伦比亚广播公司的访谈节目《60分钟》采访结束后，贝索斯带着记者查理·罗斯和节目组走进亚马逊办公室里的一间密室。贝索斯对制片人说："如果你能猜到是什么，我就把我一半的财产给你，然后把你送到拉斯维加斯去。"

查理·罗斯走进密室，看到展示台上的Prime Air无人机，发出惊呼并说："乍看之下，我不知道它的用途是什么。"制片人米哈伊洛维奇（Mihailovich）认为"它们看起来像巨大的、会飞的狼蛛"，像菲利普·K.迪克（Philip K. Dick）科幻小说里的东西。于是，亚马逊"octcopter"的秘密项目（即无人机运货服务项目）第一次被呈现出来。

贝索斯为节目组播放了一段Prime Air无人机的演示视频，展示了无人机如何在亚马逊履行中心提起装在小黄桶里的包裹，并在顾客点击亚马逊网站上的"购买"按钮30分钟后，在空中呼啸着将物品送到顾客手中。贝索斯说，这是一个大胆的计划，需要更多的安全测试和美国联邦航空管理局的批准，估计最快4~5年后，亚马逊的Prime Air无人机送货服务就会面向客户开放。[36]

12月18日，AWS云计算平台中国区的有限预览发布，AWS进入中国市场。这将是亚太地区的第4个AWS地区，也是全球第10个AWS地区。安迪·贾西出席了在北京的发布会，代表AWS与北京市政府、宁夏回族自治区政府签订备忘录。

AWS将在宁夏、北京两地共同建设、发展和推广云服务。通过

“前店（北京）后厂（宁夏）”的方式，为中国各个地区的用户提供服务。

在接受中国媒体采访时，安迪·贾西反复提到“这个市场足够大”。有两组数据值得关注：一是有研究发现，2013 年只有 60% 的企业预计采用某种形式的云计算，且实现范围有限；二是咨询公司高德纳（Gartner）预测，云计算收入于 2015 年将突破 2500 亿美元，相比之下，企业的全部 IT 支出在 2013 年预计达到 3.7 万亿美元——云计算收入仅占全部 IT 市场收入的 6.7%。[37]

亚马逊表示，已有数千家公司成为其用户，如小米、奇虎 360 等。这也使得亚马逊与阿里巴巴的竞争更加激烈。阿里巴巴也在采取更多举措，成为中小企业在线商务的一站式服务平台，其中包括提供商品买卖市场、电子商务的后端商业服务，以及推出自己的云计算平台——阿里云。[38] 而在合作签署当天，微软 Azure、IBM、阿里云、腾讯云、金山云、天翼等公有云玩家集体发力，要么发布重要联盟合作，要么启动年末营销活动，这些都侧面证明了 AWS 的影响力。[39]

12 月 20 日，AWS 推出了 I2 实例，这是基于亚马逊 EC2 存储优化的高 I/O 升级版实例。它基于固态硬盘技术，为用户提供非常高的随机 I/O 性能。该实例适合于事务系统、高性能的 NoSQL 数据库（如 Cassandra 和 MongoDB）以及其他受益于高磁盘 I/O 性能的应用程序。

2014年　继续下注

1月

1月30日，亚马逊公布2013年第四季度和全年的财务数据，净销售额和利润均有回升。第四季度净销售额为255.9亿美元，较上年同期的212.7亿美元增长了20%；经营利润较上年同期的4.05亿美元增长了26%，达到5.1亿美元；净利润增长到2.39亿美元，即每股收益0.51美元，高于上年同期的9700万美元，即每股收益0.21美元。

2013年全年销售额较上年的610.93亿美元增长了22%，达到744.52亿美元；经营利润增长10%，达到7.45亿美元，高于2012年的6.76亿美元；净利润为2.74亿美元，即每股盈利0.59美元，而2012年净亏损3900万美元，即每股亏损0.09美元。

亚马逊传统零售业务的强劲表现被认为是亚马逊表现出色的原因之一，同时，虽然报告未单独分类显示，但有分析指出AWS在2013年为亚马逊贡献了大约30亿美元的收入，且随着几家大型中国公司和政府机构预计开始使用该服务，AWS在2014年有望进一步扩大规模。[1]

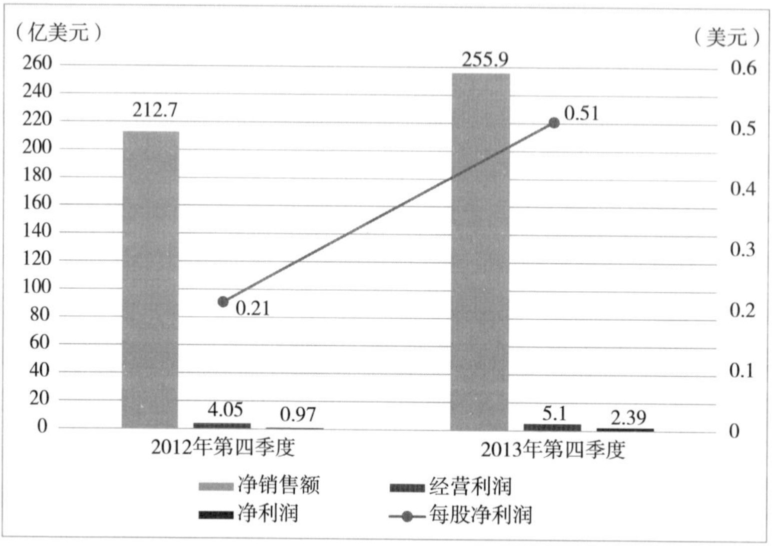

2013 年第四季度与去年同期数据比较

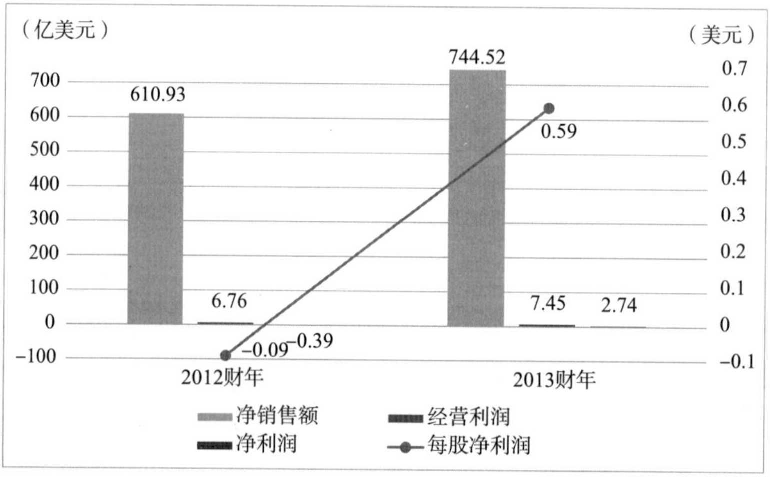

2013 财年与去年同期数据比较

2月

2月6日，亚马逊工作室在美国 Prime 即时视频和英国 LoveFilm 平台上推出了喜剧、戏剧和儿童原创节目免费试播。[2]

3月

3月13日，亚马逊将美国 Prime 会员的会员年费从 79 美元提高到 99 美元，并以电子邮件的形式将涨价消息告知 Prime 会员。

Prime 团队在邮件中表示："尽管燃料和运输成本有所上升，Prime 会员价格 9 年来一直保持不变……我们还增加了对 4 万多部电影和电视剧的不限次数的访问权，包括访问 Prime 即时视频和 Kindle 图书馆可借阅的 50 多万本书。"[3] 亚马逊未公布 Prime 会员的订阅率。晨星（Morningstar）分析师 R. J. 霍托维估计，美国大约有 1500 万 Prime 会员，海外有 500 万。[4]

3月14日，亚马逊宣布在华盛顿州肯特市计划开设面积近 100 万平方英尺的履行中心，这将是亚马逊在该州的第四个履行中心。[5]

3月26日，AWS 宣布其所有四个基础设施区，包括政府云（美国），已获得美国国防部（DoD）临时授权，适用于影响级别 1~2 的 DoD 云安全模型（Cloud Safety Model，CSM）。凭借该授权，AWS 表明其能够满足国防部严格的安全和合规要求。[6]

4月

4月2日，亚马逊 Fire TV 面市，售价为 99.99 美元。Fire TV 是

个电视机顶盒，可以插入高清电视，让用户在线观看网飞、Prime 即时视频、Hulu Plus、WatchESPN、SHOWTIME 等平台的视频。同时，Fire TV 还提供由亚马逊游戏工作室、艺电、Gameloft 等公司开发的游戏。[7] 同一天，亚马逊游戏工作室推出了为 Fire TV 制作的第一款游戏 Sev Zero。[8]

亚马逊并不是市面上第一个推出此类产品的。谷歌于 2013 年 7 月推出的 Chromecast 与 Fire TV 功能非常类似，当时售价为 35 美元。苹果公司也早在 2006 年就推出了第一代 Apple TV，2012 年已经将其更新到第三代。亚马逊在推出这款产品时表示，Fire TV 比竞争对手的产品都要成熟，用户适用性更好。比如，遥控器上有一个麦克风，可以更好地检测语音命令，视频播放也更加流畅，以及 Kindle 上的 X 光功能在 Fire TV 上也适用。[9]

4 月 10 日，亚马逊协议收购数字漫画平台 ComiXology。它的 Guided View（引导视图）阅读技术将漫画媒介转变为一种身临其境的电影体验，也让 ComiXology 成为 2011 年和 2012 年十大卖座的 iPad 应用程序之一，是 2012 年和 2013 年最卖座的非游戏 iPad 应用程序。2013 年，ComiXology 还推出了漫画自助出版平台，允许漫画创作者上传和销售自己的作品。[10]

4 月 10 日，贝索斯发布 2013 年的股东信。这封信长达 7 页纸，是历年来篇幅最长的。贝索斯在信中列举了 21 项亚马逊的发明创新和业务领域。

4 月 23 日，亚马逊与 HBO 达成内容授权协议，允许 Prime 即时视频独家订阅播放 HBO 的一些节目。这是 HBO 第一次把节目授权给在线订阅的流媒体服务平台。[11]

同一天，亚马逊推出了 Prime Pantry 杂货店，用户可以网购不易变质的家用必需品。该服务先是在美国全面推广，随后在英国、德国、奥地利、印度、日本、意大利、西班牙和法国推出。[12]

4 月 29 日，亚马逊推出可穿戴技术商店（Wearable Technology store），提供各种可穿戴设备，包括活动跟踪器、智能手表、可穿戴相机等。[13]

5 月

5 月 5 日，亚马逊与推特联手推出“#AmazonCart”功能，推特用户可以从推文直接购物。[14] 借此，亚马逊不仅进一步拓展了电子商务平台，而且可以更好地衡量其当天的产品和闪购销量。

5 月 8 日，亚马逊宣布扩大其周日配送服务范围，增加了得克萨斯州奥斯汀等美国的 15 个城市。[15]

5 月 19 日，亚马逊将向总部位于上海的生鲜电商平台美味 77（Yummy 77）投资 2000 万美元，以换取少数股权。美味 77 将继续作为一个独立的实体营业。美味 77 成立于 2013 年，提供季节性新鲜产品，可网上订购。以少数股的方式投资，显示了亚马逊对生鲜品类投资的谨慎。[16]

6 月

6 月 12 日，亚马逊推出了 Prime 音乐（Prime Music）。这也是继推出无限制条件的两天免费送货服务、Prime 即时视频、Kindle 所有者免费借阅图书馆资料等服务后，Prime 会员获得的又一项附加服务。自此，Prime 会员可享受到无限制条件、无广告访问超过 100 万首歌曲的权利，而不需要额外增加的会员费。[17]

Prime 音乐推广活动距离亚马逊推出一款包含 3D 功能的智能手

机只有几天时间，更多人猜测这款智能手机将成为消费者访问亚马逊应用商店和产品生态系统的另一载体。[18]

6月13日，AWS在旧金山开设了第一家实体店Pop-up Loft，该实体店提供了一系列服务，包括从开放式工作空间和咨询服务到网络交流和演讲、会议。这家实体店位于科技企业扎堆办公的旧金山中端市场区925市场街，有三层楼高，占地近5000平方英尺（约465平方米）。砖墙和时髦的装饰营造出创业工作空间的气氛。

Pop-up Loft的大部分区域是开放的工作空间，对所有公众开放。实体店的福利之一是提供免费的AWS咨询，包括技术和价格方面的建议。二楼有厨房区域，提供一些免费的小吃。三层的活动中心几乎每天晚上都会组织免费演讲，参与者来自网飞、Slack和爱彼迎之类的科技公司。[19]

6月17日，AWS推出SSD（通用型固态硬盘）卷——基于固态硬盘的EBS，以低成本提供高性能存储。SSD卷的设计可用性为99.999%，旨在为各种工作负载提供可预测的性能，包括个人生产力、中小型数据库、测试和开发环境以及启动卷。[20]

SSD卷是在EBS的标准硬盘存储选项和更昂贵的预置IOPS存储卷之间提供了一个中间选项。亚马逊希望将这些新的基于固态硬盘的通用卷变成开发者的标准选项。以前的“标准”硬盘存储卷改称为“EBS磁盘卷”（EBS Magnetic volumes）

亚马逊的这项新服务，只收取简单的固定费用。开发人员长期以来一直抱怨亚马逊复杂的定价结构，有人认为这可能标志着亚马逊开始向单一收费模式转变。[21]

6月18日，亚马逊自主设计的第一款智能手机Fire隆重登场。根据亚马逊员工的说法，Fire手机项目始于苹果公司2010年发布iPhone 4之后，代号为“Tyto”。Tyto是一种猫头鹰的名字。

贝索斯设想了一系列出色的功能：近距离通信（NFC）的非接触

支付功能、免提交互功能、允许用户通过半空中的手势和力度感应手柄来浏览界面。其中大部分设想都没有出现在最终产品中，但贝索斯亲力亲为地关注设计的每一个细节，他经常让设计师产生挫败感。在2012年、2013年中，有媒体从蛛丝马迹中猜测亚马逊正在进军手机领域，贝索斯认为亚马逊要有一款能让自己与众不同的手机，才能与苹果等老牌手机制造商展开竞争，一款低成本、简单易用的手机将损害亚马逊品牌。[22]

这款智能手机有两大卖点：一是有动态透视（Dynamic Perspective）功能，二是有Firefly智能按键。动态透视使用了一个新的传感器系统来响应用户握住、查看和移动Fire手机的方式。Firefly智能按键能够快速识别现实世界中的东西：网络和电子邮件地址、电话号码、二维码、条形码、电影、音乐和数以百万计的其他产品。

媒体对该手机反应平平，甚至有人直接发表评论，认为Fire手机注定失败。《福布斯》指出该产品存在四大问题。一是价格过高，非合约机售价为650美元，比配备类似功能的谷歌Nexus 5手机（399美元）贵了63%，几乎与三星Galaxy S5手机（700美元）或iPhone 5S（750美元）一样贵。这背离了亚马逊低价的基本策略。二是不够轻巧，这是所有同等价格范围内最重、最厚的智能手机。三是缺乏差异化。这款手机的两个关键特点中，类似3D的动态透视最终成了一个不错的耗电噱头，而Firefly智能按键则是一个应用程序，它最终可能会出现在其他智能手机上。四是应用程序过少。亚马逊的应用程序商店大约有24万个应用程序，且通常不是最新的——相比之下，谷歌应用程序商店或苹果应用程序商店拥有120多万个应用程序。[23]

事实证明了这种判断。接下来的几个月中，市场并没有出现亚马逊预期中的火爆，消费者并不买账，亚马逊被迫减记1.7亿美元的设备相关费用。与此同时，还有价值8300万美元的Fire手机没有售出，只能放在仓库中。[24]

7月

7月1日，AWS推出了新的EC2实例类型T2。这是成本最低的EC2实例选项，生产环境仅适用于做网络服务器或小型数据库。[25]

7月10日，AWS推出了亚马逊Zocalo，正式挤进云存储的企业终端市场。Zocalo在西班牙语中是“城市广场”的意思，亚马逊Zocalo向企业用户提供高安全级别的全托管式云存储共享服务。团队成员可对文档提出反馈，如可以在共享网页或PDF文档的特定区域添加批注等。[26]这是继可视化桌面服务Workspaces后，AWS推出的第二款面向企业用户的协作服务。Zocalo按计划会被整合到亚马逊Workspaces中，这意味着企业用户不需要新建账户，只需根据其原有认证信息即可登录。

当时，云存储与协作领域已经有谷歌Docs、Box、Dropbox、微软Office365等竞争对手。Dropbox同日宣布为其专业用户下调费率，同时增加存储空间。前一天，微软宣布为企业用户提供每年2TB的免费存储空间。亚马逊给Zocalo的定位是服务于安全敏感型企业，即大多数大型公司。面向企业、与企业现有系统形成集成、保证安全性，这也是亚马逊Zocalo的卖点。

企业用户利用其原有的认证信息即可登录，这可以为最终用户带来便利，并可确保只有授权用户才能访问服务。此外，亚马逊Zocalo的所有文档均存储在云存储服务S3上，所有数据在传输和存储时均被加密。

7月24日，亚马逊公布了第二季度财务数据，迎来2014年首次亏损。净销售额为193.4亿美元，较上年同期的157亿美元增长了23%；经营亏损为1500万美元，而2013年第二季度的经营利润为7900万美元；净亏损为1.26亿美元，即每股亏损0.27美元，而2013年第二季度净亏损700万美元，即每股亏损0.02美元。

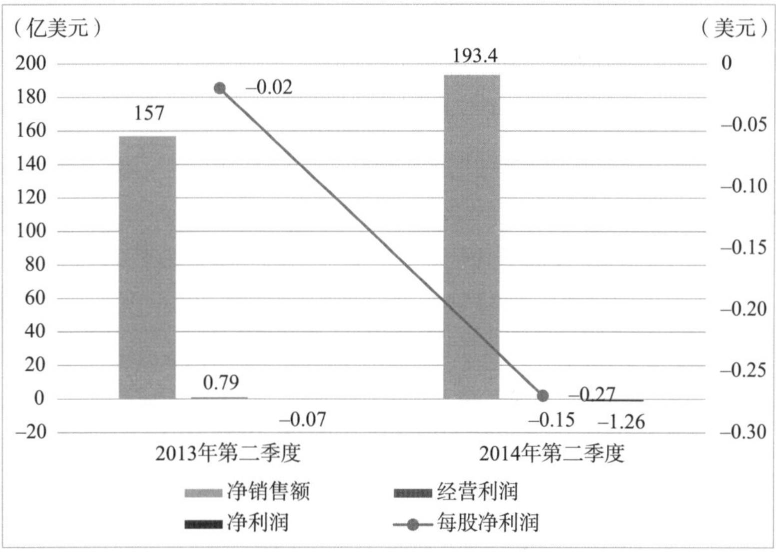

2014 年第二季度与去年同期数据比较

这是继 2012 年第三季度、2013 年第二季度和第三季度后的又一次季度亏损。亚马逊对 2014 年第三季度的预期也不算乐观。净销售额预计在 197 亿美元至 215 亿美元之间，同比增长 15% 至 26% ；经营亏损预计在 8.1 亿美元至 4.1 亿美元之间，而 2013 年第三季度实际经营亏损为 2500 万美元。

亚马逊的业绩表现，特别是每股亏损 0.27 美元，低于华尔街预期，当时华尔街预计的每股亏损是 0.15 美元。虽然长期以来，投资者一直对亚马逊亏损或微薄的利润率不太在意，但亚马逊的股价自 2014 年以来已下跌了近 10% ，一些投资者对亚马逊的长期增长潜力越来越持怀疑态度。

弗雷斯特研究公司分析师苏查丽塔 · 穆尔普鲁将这一损失完全归咎于亚马逊的 Prime 会员服务：“谷歌、苹果和脸书一直在创新上投资，却没有这样的损失……最大的区别在于，亚马逊花了大量的钱在运费上。”[27] 业绩公布后，亚马逊股价在盘后交易中跌幅高达 5% 。

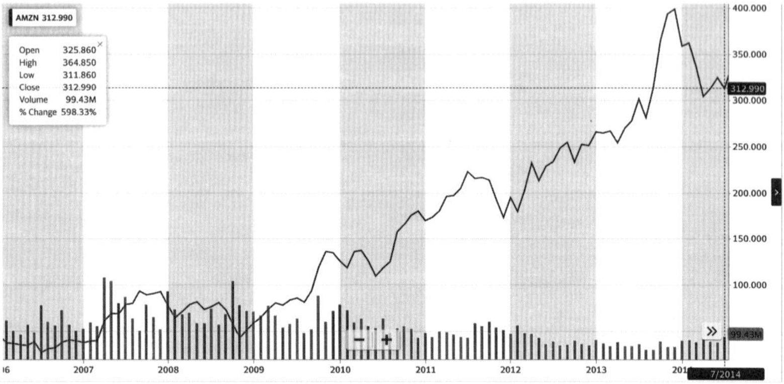

亚马逊股价在 2014 年持续下跌
图片来源：https://finance.yahoo.com

苏查丽塔 · 穆尔普鲁的确道出了亚马逊营业模式的特殊性。从近几年来的经营利润来看，亚马逊的发展趋势不像科技公司，而与一些低成本的零售业竞争对手如开市客和沃尔玛类似。不过，从利润指标综合来看，亚马逊的毛利润率上升，经营利润率和净利润率有所下降，又与一般零售商很不同。

亚马逊利润的减少与其成本的增加有直接联系，但是从细项来看，亚马逊的销售成本在不断减少，增加的都是各类营业成本；而对营业成本再细分，与运送活动相关的投入支出其实在减少或基本持平，是履行中心以及技术和内容的支出在增加。换言之，亚马逊重金投入的是电子商务和云服务这两大业务的基础架构。

亚马逊细分成本中增幅最大的是履行中心成本，占比从 8.5% 上升到 11.8%；其次是技术和内容成本，占比从 5.1% 上升到 9.6% 。

7 月 28 日，3D 打印产品商店登录亚马逊网站，提供超过 200 种按需打印产品。[28]

8月

8月6日，亚马逊扩大了当日送货服务的范围，为巴尔的摩、达拉斯、印第安纳州波利斯、纽约、费城和华盛顿特区的客户提供了“当日送达”服务，超过100万件符合条件的商品可以当日送货。[29]

8月13日，亚马逊 Local Register 读卡器面市。该产品为企业提供了从手机或平板电脑上接受信用卡和借记卡并跟踪其业务所需的工具。除了免费应用程序和仅10美元的读卡器，亚马逊还推出了每笔交易仅收取1.75%手续费的限时优惠。当时亚马逊在移动支付上的主要对手 Square，对每次刷卡交易收取2.75%（手动输入收取3.5%）的手续费。[30] 此外，亚马逊强调了其强大的客户服务支持和基础设施安全优势。

亚马逊希望以读卡器业务推动企业主通过其平台进行所有的在线和离线销售。从8月19日开始，这款读卡器在美国的史泰博商店上市。

8月20日，亚马逊进军上海自由贸易区。它不仅希望留在中国，还希望扩大在中国的电子商务客户基础，扭转在中国市场的不利局面。

亚马逊进入上海自贸区的合作备忘录，将允许中国消费者从其全球供应链中获得产品，并帮助中国中小企业将产品出口到其他国家。上海市政府在一份声明中表示，亚马逊还将开设一个物流仓库，以扩大中国企业的商品出口。声明显示，该合作将赋予亚马逊更强的跨境支付能力，并使亚马逊能够利用贸易区进行金融创新实验。[31]

由于对手强大的竞争力，亚马逊在中国市场的地位远不及其在美国和欧洲电子商务市场上那么具有主导性。2013年，中国在线购物总额约为3000亿美元，其中80%来自阿里巴巴。根据 iresearchchina.com 的数据，2014年第一季度中国 B2C 市场价值为750亿美元，亚马逊仅占2%。2014年第二季度亚马逊中国亏损1.26亿美元。2014

年7月，亚马逊任命前亚马逊全球副总裁道格·古尔（Doug Gurr）为亚马逊中国的新总裁。本次进军自由贸易区的协议，也意味着亚马逊要正式面对中国互联网巨头阿里巴巴和京东控制的主要市场。[32]

8月21日，AWS宣布获得临时授权，可以在影响级别为3到5级的DoD云安全模型下运行，由此成为第一个被授权处理DoD最敏感的非机密数据的商业云提供商。[33]简言之，除了6级工作负载，DoD机构都可以使用AWS政府云的兼容基础设施。[34]

8月25日，亚马逊以9.7亿美元现金收购了流行游戏玩家直播视频平台Twitch。虽然在科技和游戏领域之外鲜为人知，但成立于2011年的Twitch是美国第四大互联网流量来源，仅次于网飞、谷歌和苹果。[35] Twitch占据了美国所有直播互联网内容的40%以上。去年10月，有3200万人通过各种流媒体服务观看了拳头游戏公司的冠军游戏《英雄联盟》。[36]

收购Twitch有几个好处：第一，可以帮助亚马逊加快进军网络视频市场，与网飞和YouTube（当时已被谷歌收购）展开竞争；第二，可以帮助亚马逊拓展羽翼未丰的在线广告业务。收购完成后，Twitch将作为亚马逊的一个独立子公司运营，由31岁的联合创始人兼CEO埃米特·希尔（Emmett Shear）领导，同时保留旧金山办事处。据说，除了协议价格，亚马逊同意在Twitch达到某些业绩目标时支付超过1亿美元的额外款项，这可能使最终的收购价格超过了10亿美元。[37]

9月

9月3日，亚马逊宣布其高级副总裁兼首席财务官托马斯·斯库塔克将于2015年6月退休。公司全球消费者业务的财务副总裁布莱恩·T.奥尔萨夫斯基（Brian T. Olsavsky）将接替斯库塔克担任该职。[38]

9 月 17 日，亚马逊推出第四代 Fire OS 系统，代号为“Sangria”，同时推出了该系统支持的一系列新设备，包括新的 Kindle 阅读器和 Kindle Fire HD 平板电脑。[39]

Sangria 系统利用云平台优势，并将服务智能化。例如，ASAP 尽可能地改善流媒体播放速度，做到预测用户接下来想看什么，事先在后台进行缓存；智能化地根据用户使用习惯，在不使用时切断 Wi-Fi 连接，节约耗电，但不时又会同步邮件信息。[40]

新款 Kindle 定价为 79 美元，具备更快的运转速度、更大的存储空间，并首次更新成触屏操作界面。

10 月

10 月 23 日，AWS 进军法兰克福地区，这是 AWS 全球第 11 个技术基础设施区，也是继爱尔兰地区后 AWS 进军的第二个欧盟地区。

同一天，亚马逊公布第三季度财务数据，本季度出现了 2014 年以来最大单季净亏损。本季度净销售额为 205.8 亿美元，较上年同期的 170.9 亿美元增长 20%；经营亏损为 5.44 亿美元，而上年同期的经营亏损为 2500 万美元；净亏损 4.37 亿美元，即每股亏损 0.95 美元，上年同期净亏损 4100 万美元，即每股亏损 0.09 美元。

亏损趋势持续扩大的原因有如下几点。第一，亚马逊在新产品开发、音乐和视频授权以及其他扩张战略方面的支出激增。其在技术和内容方面的支出在最近一个季度增长了 40%，占总收入的 12%。据估计，亚马逊 2014 年将在流媒体视频内容上花费 15 亿美元，2015 年将花费 20 亿美元。[41] 第二，收购 Twitch 视频游戏网站大约支出了 11 亿美元；发布读卡设备，与 eBay 公司旗下的 PayPal 和 Square 公司在支付市场展开竞争。第三，在三季度扩大了当日送达服务的范围，业务的增长也伴随着人员的扩张。亚马逊员工数量在第三季度增加了36%，达到149500人。

除了业务拓展层面的开支，Fire手机的投入产出失衡也是亚马逊本季度出现亏损的重要原因。这款手机发布两个月后，首次出现了销售疲软的迹象，当时亚马逊将与运营商签订为期两年的合约机价格降至接近于零。截至第三季度末，库存手机价值达8300万美元，而亚马逊已经为其支付了1.7亿美元的费用。

首席财务官斯库塔克在记者电话会议上语气更为谨慎。他说，第四季度净销售额预计在273亿美元至303亿美元之间，同比增长7%至18%，经营亏损预计在5.7亿美元至收入4.3亿美元之间，而2013年第四季度经营利润为5.1亿美元。

投资者这次对亚马逊业绩非常失望，在盘后交易中，亚马逊股价下跌12%，至每股279.75美元，跌了33.43美元，为自2013年6月以来的最低水平。

10月27日，亚马逊推出Fire TV电视机顶盒的轻巧版Fire TV Stick遥控器，售价仅为39美元。[42]

同一天，亚马逊还推出了新的Kindle Scout出版计划，即通过读者投票来确定未发行书籍的出版。Kindle Scout是亚马逊又一次尝试改变行业惯例的举措，可以消除亚马逊直接出版图书的噪声和绝对数量，同时为作者提供比大多数大出版社更好的条件。[43]

11月

11月4日，Prime照片（Prime Photos）服务面市。Prime会员可以在亚马逊云驱动中享受免费的无上限数量的照片存储。[44]

11月6日，一款黑色圆柱形智能音箱面市。用户只要对其喊一

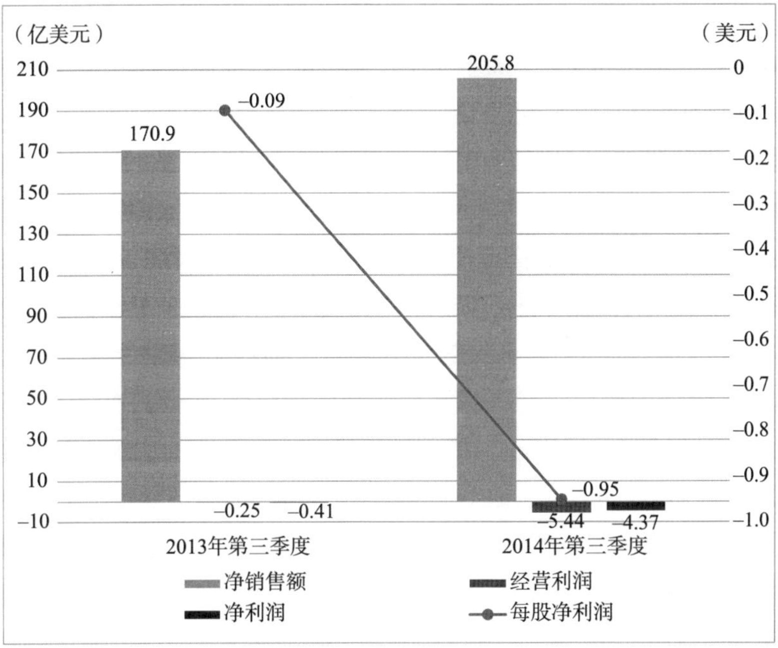

2014 年第三季度与去年同期数据比较

声“Alexa”，智能音箱便能执行用户的命令，从“播放泰勒·斯威夫特的音乐”到“在我的购物清单上添加冰激凌”。这款音箱便是 Echo。

这个产品让市场有些出乎意料，因为产品理念本身就很新奇。外界开始将这款智能音箱和飞利浦 Hue 智能灯泡、Nest 智能恒温器联系起来，设想如果 Echo 音箱能够更广泛地连接到类别不断增长的智能家居设备上，则可以蜕变为全家智能中心。[45]

11 月 12 日，一年一度的“ AWS re：Invent”盛会开幕，这届的主题是“新常态”，即云作为一种新的 IT 模式，已渐成常态。亚马逊针对新常态的种种努力，在 AWS 的创新数量上已明显体现出来：截至 2014 年 11 月 10 日，AWS 已经发布了 442 项创新，预计到年底，创新总数将超过 500 项。在这次盛会上便发布了一系列重量级应用。

与 MySQL 数据库兼容的数据库引擎亚马逊 Aurora 被隆重推出，这让亚马逊 RDS 如虎添翼。一直以来，对关系数据库进行扩展并同时保持容错能力、缩小故障影响面，是管理员面临的主要挑战。亚马逊 Aurora 提倡“日志即数据库”the log is the database，数据库实例将恢复日志记录写入分布式的存储层，管理员可从日志中恢复出用户的数据，无须再独立备份。[46] 其架构设计最大的亮点在于计算节点和存储节点分离，二者分别位于不同的 VPC 中。通过这样的设计，存储有机会成为独立的服务，便于跨数据中心时实现数据的容错、自我恢复和快速迁移。[47]

11 月 13 日，在盛会的第二天，AWS 发布了亚马逊 EC2 容器管理服务（Container Service）。AWS 用户长期以来一直在亚马逊 EC2 上部署 Docker 和其他轻量级 Linux 容器。然而，为了在亚马逊 EC2 实例集群中大规模使用，用户必须开发自己的软件或使用开源工具，用来为每个容器分配适当的资源，安排容器的放置，并监视已部署的容器。[48]

EC2 容器管理服务包括一组强大的 API 来运行和管理容器，允许用户使用服务作为应用程序的核心构建块。它可以协调和自动进行容器部署，并根据应用程序的需求、用户的隔离策略和用户的可用性需求调度容器以找到最佳实例位置。用户可轻松地从一个容器启动、管理和扩展到跨托管集群的多个容器亚马逊 EC2 实例。

同时推出的还有 AWS Lambda，一项用户无须预先配置或管理服务器即可运行任何代码的计算服务。用户只需上传代码，Lambda 便会处理运行和扩展高可用性代码所需的一切工作。简言之，该功能使得构建和管理快速响应新信息的应用程序变得容易。[49] 这也被亚马逊首席技术官沃纳·威格尔称作“AWS 最酷的发明”。[50]

11 月 20 日，《华盛顿邮报》推出平板电脑应用程序，该应用程序开始只面向亚马逊平板电脑用户，并提供 6 个月的免费使用权限。[51]

12 月

12 月 1 日，亚马逊推出了其第八代订单履行中心，新中心利用机器人技术、视觉系统以及软件和机械创新技术来完成购物季订单。这些履行中心不仅有 Kiva 机器人，还有当时最大的机械臂之一 Robo-Stow，为满足客户订单而运送大量库存货物，新的视觉系统可以在短至 30 分钟内卸下和接收整个拖车的货物。[52]

12 月 4 日，高端产品线 Amazon Elements 上市。Amazon Elements 主打信息透明，每个 Amazon Elements 包装都有一个独一无二的代码，用户可以通过手机购物应用程序进行扫描，以追踪其产品原料及其来源、生产日期、生产地点、交货日期等。[53]

12 月 18 日，亚马逊推出了 Prime Now，为会员提供日常必需品的一小时送达服务。该服务先在纽约曼哈顿的一些地区推出，所有 Prime 会员都可以通过下载 Prime Now 应用程序来享受该服务。[54]

12 月 26 日，亚马逊表示第 20 个假日购物季给其快速免费送货计划带来了创纪录的增长，全球有超过 1000 万的新会员首次尝试了 Prime 会员服务。[55]

2015 年　十年之功

1 月

1 月 11 日，亚马逊自制剧《透明人生》（*Transparent*）荣获金球奖最佳音乐剧 / 喜剧系列奖，其主演杰弗里 · 塔伯获得音乐剧 / 喜剧类最佳男演员奖。[1]

1 月 22 日，亚马逊协议收购以色列一家神秘的芯片设计公司——Annapurna Labs。Annapurna Labs 于 2011 年由阿维格多 · 维伦茨（Avigdor Willenz）创建，位于以色列北部城市约克尼穆。Annapurna Labs 没有透露它正在开发的技术。有消息称，它在为数据中心开发中端网络芯片，用于传输更多数据和减少功耗。作为全球云服务和网络购物服务市场的领导者，亚马逊可能会在其大量数据中心中使用 Annapurna Labs 的设计来降低营业成本。[2] 传闻中的收购价格可能是 3.75 亿美元。

1 月 28 日，AWS 推出了亚马逊 WorkMail 云端商务电子邮件和日历服务，让用户可以在云平台使用现有的电子邮件应用程序。WorkMail 与现有的企业目录集成，提供企业控制和保护数据所需的安全功能。[3]

1月29日，亚马逊公布2014年第四季度和全年的财务数据。全年的净销售额为889.88亿美元，经营利润为1.78亿美元，净亏损为2.41亿美元，每股亏损0.52美元。第四季度净销售额为293.3亿美元，较上年同期的255.9亿美元增长了15%；经营利润为5.91亿美元，而上年同期为5.1亿美元；净利润为2.14亿美元，即每股收益0.45美元，而上年同期为2.39亿美元，即每股收益0.51美元。

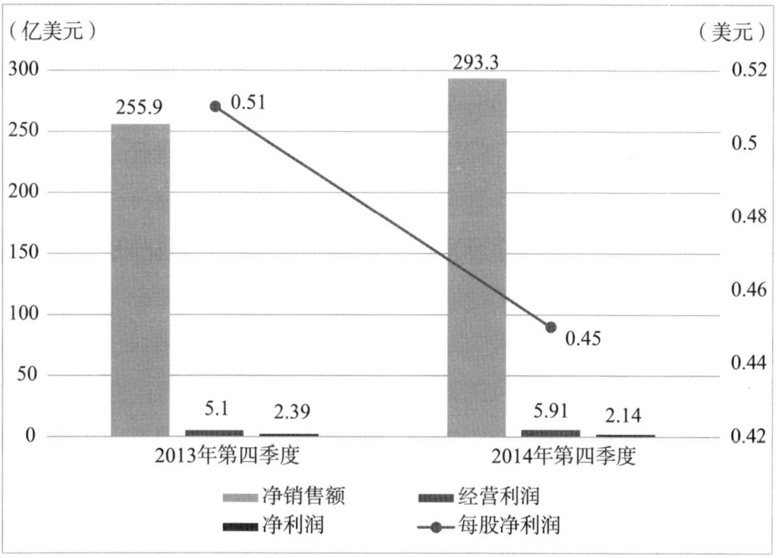

2014年第四季度与去年同期数据比较

在2014年第三季度遭遇2014年来的最大亏损后，2014年第四季度的盈利情况超出了华尔街预期，受到了投资者的欢迎。据汤森路透报道，分析师预计第四季度净销售额为296.7亿美元，每股收益仅为0.17美元。[4] 亚马逊股价在盘后交易中大幅上涨，一度上涨了14%。

奥本海默控股公司的分析师杰森·赫尔夫斯坦（Jason Helfstein）表示，亚马逊采用寄售库存的销售模式，而不是直接从制造商处进货，这可能是其利润上升的原因之一。赫尔夫斯坦说："亚马逊并不

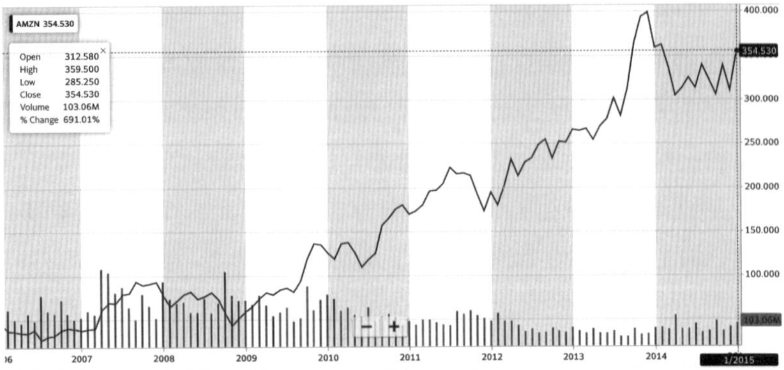

亚马逊股价在 2014 年第四季度财务数据公布后回升
图片来源：https://finance.yahoo.com/

购买这些商品，当出售这些商品时，佣金就是纯粹的利润。”亚马逊称，目前约 40% 的单位销售额来自第三方供应商。[5]

2 月

2 月 3 日，Amazon@Purdue 自提点在印第安纳州普渡大学正式开放，成为亚马逊第一个由员工接送客户订单的地点。[6]

这一天也是 Prime 会员服务推出十周年。亚马逊表示，目前在美国已有超过 2000 万个项目实施了无限制两天免费送货服务，配套服务也在不断扩充。[7]

3 月

3 月 12 日，亚马逊低调收购了初创企业 2lemetry，这被认为是在发布 Kinesis 数据流式处理平台后，亚马逊又向物联网行业迈进了一步。2lemetry 是一家总部位于丹佛市的创业公司，成立于 2011 年。该公司已经开发出了以企业为中心的平台，可以跟踪和管理支持 IP 的计算机以及其他连接的设备；此外，其研发领域还包括将平台用于商业部署以及人脸识别技术。该公司指出："人脸识别技术可以触发环境变化，以及基于识别的年龄和性别的'现实生活'分析。"[8]

近年来，亚马逊一直在消费者面前强化其在物联网领域的信誉。它在线上销售家庭自动化硬件，比如智能锁和恒温器，并开始在 Echo 智能音箱上连接家庭助理硬件。2013 年推出的 Kinesis 平台，可用于处理和实时分析来自任何数据源的大数据流，被看作是亚马逊首次涉足物联网业务。现在，把 2lemetry 的团队和技术整合进已有工作，可以是增强该解决方案功能，并为机对机部署特别配置该解决方案的一种方法。

亚马逊首席技术官沃纳·威格尔解释说，新的 AWS 物联网平台将使开发者更容易地创建连接到设备的应用程序。到目前为止，他们不得不构建、定制"中间件"（middleware），允许设备相互通信并处理来自它们的大量数据。[9]

3 月 18 日，亚马逊宣布将关闭亚马逊网络商店（Amazon Webstore）。关闭的原因未披露，但近年来，专注于中小型企业的电子商务软件业务更具竞争力，Shopify 和 BigCommerce 等年轻企业筹集了大量风险资本，扩大工具集，吸引了更多客户。2014 年夏天，eBay 宣布计划停止为小型在线商店提供 Magento Go 软件，并建议它们将业务转移到 BigCommerce。[10]

3 月 19 日，Prime Now 服务扩展到巴尔的摩和迈阿密，为 Prime 会员提供超快配送服务，该服务最早在纽约曼哈顿推行，提供必需品的一小时送货。[11]

3 月 26 日，亚马逊在印度第三大城市班加罗尔推出 Kirana Now，利用印度街区商店，快速提供日常需要的消费品。Kirana 是印度常见的街边夫妻店，它将产品目录上传到亚马逊平台上，送货将由亚马逊、商店和第三方物流共同负责。下单后 2~4 个小时内送达。[12]

3 月 31 日，亚马逊推出了一个奇特的小物件——一键订购按钮（Dash Buttons）。它可以连接无线网络并粘贴在物品上，只要按下按钮，亚马逊网站便会向用户的手机发送确认提醒，且已经将用户的信用卡信息存档，用户确认后即可下单。最初发布时包括 18 个合作品牌的 255 种商品。[13]

4 月

4 月 9 日，AWS 发布亚马逊机器学习（Amazon Machine Learning），一项让开发人员可以轻松地使用历史数据来构建和部署预测模型的全托管式服务。亚马逊机器学习的 API 和向导会引导开发人员通过创建和调整机器学习模型的过程，来支持大规模的预测。这些模型可以用于检测有问题的交易、防止用户流失，以及改善用户支持等广泛场景。[14]

同一天，AWS 推出了市集的桌面应用程序（AWS Marketplace for Desktop Apps）。亚马逊 WorkSpaces 的虚拟桌面用户可以访问该市集，市集中有 11 个类别的 100 多个应用程序可供选择。同时推出的，还有为简化这些桌面应用程序的部署而设计的服务——亚马逊 WorkSpacse 应用程序管理（Amazon WorkSpaces Application Manager，简称 WAM）。其功能是用户将应用程序打包并交付给 WAM，由 IT 管理员集中控制，以简化维护和审核，像本地安装一样运行。[15]

4 月 22 日，亚马逊与物流公司 DHL 和奥迪公司联合发布了一项“送货到车”试点计划。如果客户拥有奥迪车，且住在慕尼黑，Prime

会员服务将直接把客户订购的货品送达客户的汽车后备箱。该计划在5月开始试点，并最终在全球范围内、其他车型上全面推广。亚马逊同时表示其正在研究一种利用汽车后备箱处理退货的方法。[16]

4月23日，亚马逊发布2015年第一季度财务数据，并首次披露AWS的营业情况。第一季度净销售额较上年同期的197.4亿美元增长了15%，达到227.2亿美元；经营利润较上年同期的1.46亿美元增长了74%，达到2.55亿美元；净亏损为5700万美元，即每股亏损0.12美元，上年同期净利润为1.08亿美元，即每股收益0.23美元。

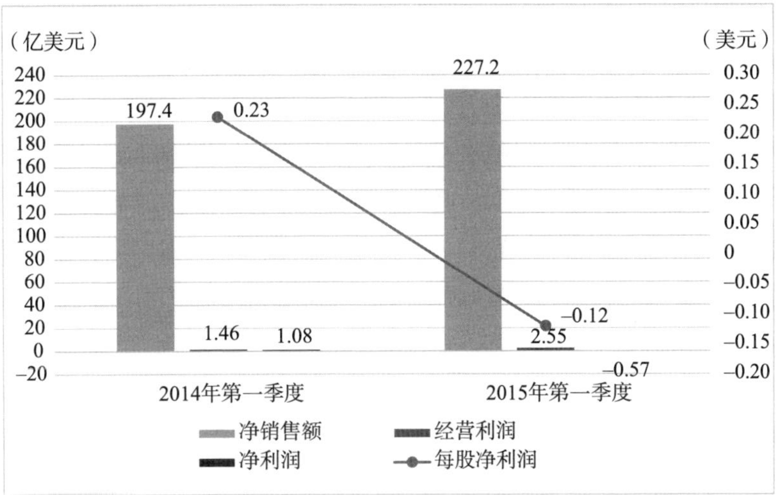

2015年第一季度与去年同期数据比较

亚马逊首次公布了AWS的财务数据，此前AWS的财务数据一直被归入“其他”类别。2015年第一季度，AWS净销售额为15.66亿美元，同比增长49%；盈利为2.65亿美元。这意味着它的规模可能等于或大于IBM、微软或谷歌的云服务部门。[17]贝索斯表示：“AWS是一项价值50亿美元的业务，而且仍在快速增长，实际上也正在加速增长。”

4 月 24 日，贝索斯发布新一年的股东信。

4 月 28 日，亚马逊推出亚马逊商务（Amazon Business），为企业客户提供一站式服务，以新平台进军 B2B 电子商务市场。该业务将取代 2012 年推出的 amazonsupply.com，以及亚马逊网站的商业、工业和科学品类。[18]

亚马逊商务服务将数百万的买家和卖家与数百万的产品进行匹配。企业主需要注册才能使用这项服务，订单满 50 美元的用户可享受两天免运费，并享受企业特有商品和折扣，以及用企业信贷额度支付。亚马逊将根据产品类别和订单规模，向第三方卖家收取 6%~15% 的佣金。亚马逊表示还计划推出一个“实时专家”项目，使制造商更容易地与潜在买家联系，回答有关产品的问题。[19]

弗雷斯特研究公司的电子商务分析师安迪·霍尔表示：“随着亚马逊商务服务的推出，亚马逊正在明确自己在 B2B 市场的定位。这次重组将使它得以整合 B2B 资产，并简化其对 B2B 买家的价值主张。”[20]

5 月

5 月 20 日，2012 年收购的仓库机器人制造商 Kiva 系统公司，将更名为 Amazon Robotics。机器人技术是亚马逊建设新型履行中心的关键技术，凭借自动化仓库，亚马逊得以跟上电子商务的快速增长，消化物流业务的压力。[21]

5 月 21 日，亚马逊扩大了 Prime Now 的服务范围，除了亚马逊的商品，当地商店也被纳入一小时送货服务网络。该服务先在纽约曼哈顿的特定社区启动。[22]

5 月 28 日，亚马逊开始在美国 14 个大都市地区为 Prime 会员提供当日免费送货服务。对在线零售商而言，当日送货是一项进展缓慢的试验。亚马逊从2009年开始努力，沃尔玛和谷歌分别在2012年、2013年紧随其后。2014年8月，科技零售商新蛋网（Newegg）也进入了当日送货模式，而苹果公司正在一些特定地区试行当日送货模式。亚马逊近期以来的扩张使其领先于其在线竞争对手。[23]

6月

6月9日，云资源调用记录服务AWS CloudTrail可以在北京使用。AWS用户可以使用CloudTrail解决操作和安全事故，跟踪AWS资源的更改，并展示遵守内部或外部策略的情况，对AWS账户进行监管、合规性检查、操作审核和风险审核。[24]

6月10日，AWS宣布已经与美国社区能源公司（Community Energy, inc.）合作，支持其在弗吉尼亚州建设和运营一个80兆瓦的太阳能发电场。该太阳能发电场将成为弗吉尼亚州最大的太阳能发电场，为AWS云数据中心提供电能。[25]

6月11日，AWS推出新一代的EC2通用M4实例，这是AWS首次向通用实例提供亚马逊EC2功能。该实例适合于各种应用程序，旨在为开发人员提供内存、网络速度和处理能力之间的平衡，对关系数据库、内存数据库、游戏服务器、缓存系统、批处理，以及SAP和微软SharePoint等应用程序尤为有效。[26]

6月17日，亚马逊推出了新版Kindle Paperwhite，售价为119美元。新版阅读器显示屏像素更高，浏览界面和响应速度也更快。[27]

6月25日，亚马逊推出了Alexa和Echo语音设备的周边配套工具。Alexa技能工具包（Alexa Skills Kit，缩写为ASK）是一个自助API和工具的集合，开发人员可以更方便地为Alexa创建新的语音驱动功能。亚马逊负责所有听、理解和处理用户口头请求的工作，开发人员则不需要语音识别或自然语言理解方面的经验。同时推出的还有 Alexa 语音服务（AVS），硬件开发商借此可方便地将 Alexa 整合到其互联网连接设备中。[28] 亚马逊同时宣布成立 Alexa 基金，投资高达 1 亿美元，用于支持各种规模的开发人员、制造商和初创企业围绕人声进行设计研究。[29]

6 月 30 日，亚马逊墨西哥网站扩大了服务范围，开始销售实体商品。同时推出的还有“亚马逊销售”（Selling on Amazon）和 FBA。

同一天，AWS 宣布将于 2016 年在印度开设 AWS 基础设施区，用于其云计算平台。亚马逊的 AWS 服务在印度已经支持 Hike、Paytm、ZEDO、Freshdesk 等众多公司，并构建了完整的生态系统，支持的公司中包括在 AWS 平台上构建云实践和创新技术解决方案的合作伙伴，如咨询合作伙伴埃森哲、Blazeclan、Frontier 等，技术合作伙伴 Adobe、Druva、微软、思爱普等。[30]

6 月，亚马逊推出了亚马逊第三方 Prime 履行服务（Amazon Seller Fulfilled Prime，也称 SFP），引起卖家和消费者的关注。参加该项目的第三方卖家，如果能够证明自己可以满足 Prime 会员服务运送时限的要求，即使货物不是从亚马逊的仓库发出，也可以在 Prime 会员服务两天送达的保证下销售。[31] 入选该项目的卖家，其商品可以贴上 Prime 标志，直接从卖家仓库发货，卖家从而省下了 FBA 下的运输和仓储费，这种模式尤其适合大型商品的卖家。据统计，该项目可以拉动卖家收入平均增长 30~40%。[32]

第三方卖家要满足严格的条件才可以入选该项目。首先，在过去 30 天内，特快专递订单的按时交货率不低于 92%；使用特快专递有效跟踪的订单不少于 94%；特快专递订单取消率不高于 1.5%。卖家至少满足其中一个条件，才可以开始进入该项目的试用期。试用期为 90 天，如果表现特别突出，可以提前结束试用。

7月

7月6日，在距离亚马逊网站成立20周年的前一周，亚马逊宣布将于7月15日推出Prime Day（会员日）。在活动当天，将为Prime会员提供比“黑色星期五”更多的特惠产品。[33]第一个Prime Day超出了所有人的预期。当天尝试用Prime会员服务的人数创了新纪录，全球订单增长比上年同期增长了266%，而通过FBA获得产品符合Prime会员服务要求资格的卖家，其销售额创历史新高，增长率接近300%。

7月9日，AWS推出全托管式服务亚马逊云网关（Amazon API Gateway），使用户可以轻松地创建、发布、维护、监控和保护各种规模的API。[34]

此前，客户端直接把请求发给API可能会产生诸多问题，比如调用代码复杂、需产生多次网络调用并增加延迟等。云网关作为用户端和API之间的单点入口，可有效提升安全性和运行效率。其安全认证功能可以保护后端API免受分布式拒绝服务攻击（DDoS），通过AWS Cloudtrail记录审计日志并持续监控服务调用情况；而节流和缓存功能则提供缓存及流量管理，保护后端API经受得住峰值流量的考验。[35]

7月23日，亚马逊公布2015年第二季度财务数据，扭转了2014年第二季度以来的亏损局面。本季度净销售额较上年同期的193.4亿美元增长了20%，达到231.8亿美元；经营利润为4.64亿美元，而2014年第二季度的经营亏损为1500万美元；净利润为9200万美元，即每股盈利0.19美元，而2014年第二季度净亏损为1.26亿美元，即每股亏损0.27美元。

虽然只有9200万美元的盈利，但这却证实了华尔街分析师和投资者的希望和预期，亚马逊股价在当天盘后交易中一度上涨了17%，至每股566美元，5月24日收盘价为每股529.42美元，较上一个交易日的收盘价每股428.18美元增长了23.6%。该上涨拉动亚马逊的

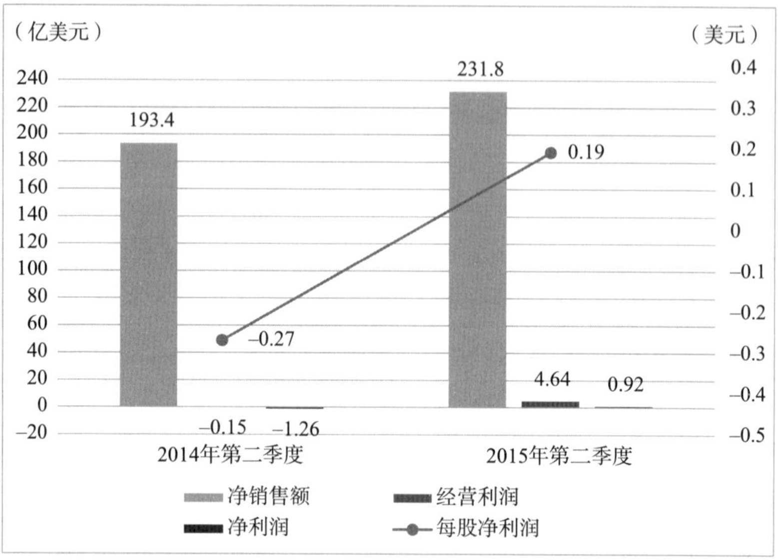

2015 年第二季度与去年同期数据比较

市值增加了大约 400 亿美元，达 2500 亿美元，次日股市开盘时亚马逊市值首次超过沃尔玛市值（2300 亿美元），创造了电子商务和互联网历史上极具象征意义的时刻。[36]

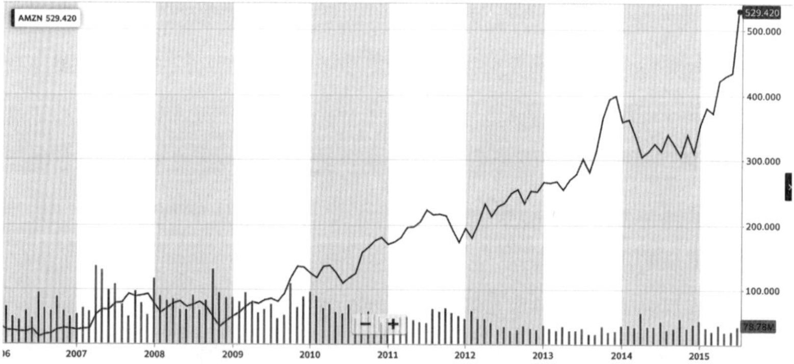

亚马逊股价在 2015 年第二季度业绩公布后暴涨

图片来源：https://finance.yahoo.com

AWS 的销售额提高了 81%，达到 18.2 亿美元，高于第一季度 49% 的增幅。在其核心性的北美市场上，销售额增长了 25%，达到 138 亿美元。经营利润达到 7.03 亿美元，是上年的两倍多。海外销售额仅增长 3%，达到 76 亿美元，经营亏损为 1900 万美元。

亚马逊拒绝透露 Prime 会员的数量。分析师估计这个数字在 4000 万左右，相当于 40 亿美元的会员费。亚马逊也成了一个主要的雇主，第三季度员工总数增加了 38%，达到 183100 人。这是两年来最大的员工人数季度增长，很大程度上是由于其仓库网络的扩张。截至 2014 年底，亚马逊拥有 109 个配送中心和 19 个包裹分拣设施。[37]

7 月 28 日，AWS 正式推出了与开源关系数据库管理系统 MySQL 兼容的云关系数据库亚马逊 Aurora。Aurora 架构的计算节点和存储节点分离，使得存储有机会成为独立的服务而存在。有观点认为，这是 Aurora 用实践为数据库架构技术的发展指出的可行方向。在此种思路下，AWS 已经走在了发展万能数据库引擎的道路上。[38]

亚马逊 Aurora 的可扩展性、耐用性，也使其可以运行从大规模物联网应用程序，到关键任务的电子商务网站等苛刻的企业级和互联网规模的应用程序。[39]

同一天，亚马逊推出了 Launchpad 商店，来展示初创企业的产品，并为制造商提供营销和分销支持。亚马逊与超过 25 个众筹平台（包括 Indiegogo 和 Y Combinator）以及风险投资公司合作，帮助经过审查的初创公司销售其产品。每个创业公司都有自己的产品页面，可向包括亚马逊 Prime 会员用户在内的几百万用户宣传产品。初创企业可以为其 Prime 会员用户提供免费送货服务。[40] 相应的，亚马逊从创业公司的销售中抽取佣金。[41] 通过这种方式，亚马逊既满足了顾客对独特产品和定制商品日益增长的需求，同时又可以继续吸引尽可能多的用户。Launchpad 商店当时已提供了大约 200 种产品。[42]

7 月 31 日，亚马逊推出亚马逊 Acoustics，一个专门用于 Prime

Music 的流媒体播放和购买服务。[43]

当时，随着苹果音乐的发布，其竞争对手Spotify、Rdio、Rhapsody和其他一些公司都在努力争夺日渐分流的用户群体，但在竞争激烈的音乐流媒体领域，亚马逊很少被提及。但随着 Acoustics 音乐系列的推出和名为“All is Bright”圣诞专辑的发行，业内开始认为其可能成为流媒体领域的黑马。[44]

8月

8 月 10 日，AWS 在美国西部时间凌晨 12：08 到 3：40 发生了一次中断，导致许多热门网站下线。问题起源于弗吉尼亚州北部的 AWS 数据中心。亚马逊的状态页面报告了其 EC2 及 S3 的“错误率上升”。

根据合作伙伴账户和推特上的报告，这两个 AWS 主力服务平台在当时并没有为过多的客户服务。亚马逊报告称，S3 服务在其美国标准区域遇到了麻烦，“原因是亚马逊 S3 用于管理请求流量的一个系统出现了配置错误”。EC2 故障导致 RunInstances（用于启动实例）和 CreateSnapshot（用于在 S3 中存储 EBS 卷）的 API 错误率增加。后来的一条消息显示，这些问题直到早上 7 点以后才影响到用户指标。[45]

8 月 17 日，游戏业务干将克林特·霍金（Clint Hocking）离开了亚马逊游戏工作室，他曾是游戏《分裂细胞：混沌理论》和《孤岛惊魂 2》的创意总监，同时离开的还有另外两位游戏工作室的高管埃里克·尼伦德（Eric Nylund）和奥纳森·哈默尔（Jonathan Hamel）。尼伦德当时担任亚马逊游戏工作室的叙事设计总监。他在微软工作了 13 年，曾经在“光晕”系列游戏部门工作。哈默尔的职责相对神秘，一直参与亚马逊的“机密项目”，此前他在游戏开发商晶体动力

（Crystal Dynamics）里做了将近六年的《古墓丽影》游戏的设计师。

重要员工的离职引发了外界的猜测，不知是因为亚马逊游戏工作室的战略变动，还是他们自行创业的动机使然。[46]

8 月 25 日，Prime Now 一小时送达服务已经进入西雅图地区。[47]

9 月

9 月 3 日，亚马逊收购元素科技（Elemental Technologies）公司。这是一家提供视频处理服务的初创公司，业务主要是将传统视频内容重新调整为数字格式。[48] 收购价格后来公布，为 2.96 亿美元。

在过去的四年中，元素科技公司已经是亚马逊的合作伙伴。通过这次收购，亚马逊计划将科技公司的视频解决方案和 AWS 云平台，提供视频基础设施的集成解决方案有机地联系在一起。收购完成后，元素科技公司将继续作为一家独立公司运营。

9 月 9 日，亚马逊表示要向全世界更多的作者和读者扩展其 Kindle Scout 出版平台。Kindle Scout 自推出以来，已经有 75 本书被 Kindle 出版社选中出版。[49]

9 月 16 日，亚马逊宣布 Prime Now 一小时送达服务已经扩展到加州洛杉矶和奥兰治县。亚马逊已经在南加州建立了四个 Prime Now 中心。[50]

9 月 17 日，亚马逊发布了与在线新媒体平台相关的系列产品。新版的 Fire Kids（儿童版平板电脑）配备了一年的亚马逊无限免费时间（Amazon Free Time Unlimited），价格从上年推出时的 149 美元降低到 99.99 美元。新版 Kindle Fire HD 平板电脑配备了第五代 Fire OS 系统——“Bellini”，界面设计力求让用户尽可能容易地发现、访问应用程序和新内容。[51]

最让市场意外的是，亚马逊推出了一款售价仅为 49.99 美元的平板电脑。这款电脑无论从反应速度、屏幕质量、打字体验还是笨重程度来看，都很难说是一款好用的平板电脑。但亚马逊将该产品定位成日用消耗品，比如把它当作一本电子食谱、临时在车里哄孩子开心的玩具等。[52] 这款超低价格的平板电脑，反映了亚马逊抢占硬件市场的决心，贯彻了贝索斯的一贯理念：“我们不从你购买的设备中赢利，我们会在你使用它的时候赚钱。”

同一天，亚马逊推出了新的 Fire TV 和语音遥控的 Fire TV Stick，除了丰富的媒体库和较低的价格，Alexa 语音控制现在可以在 Fire TV 设备上使用，用户可以要求其播放音乐、信息、天气状况、交通状况等。亚马逊同时完善了 Fire TV 的游戏设计。[53]

9 月 20 日，亚马逊原创系列电视剧《透明人生》在第 67 届黄金时段艾美奖上获得了 5 项大奖。[54] 这是第二部获得艾美奖的亚马逊电视剧，当年早些时候，亚马逊原创儿童系列电视剧《飘零叶》（*Tumble Leaf*）获得了包括最佳学龄前儿童动画节目在内的 5 项日间艾美奖。

9 月 26 日，贝索斯宣布，蓝色起源公司将把佛罗里达州的太空海岸作为其可重复使用的火箭发射母港。贝索斯还展示了新的轨道运载火箭“very big brother”（大哥大）的概念图，新火箭将垂直发射和着陆，以重复使用其第一级。2014 年 4 月，蓝色起源公司成功试飞了 New Shepard 火箭，载人部分成功地与火箭助推器分离，但火箭本身没有恢复。[55]

9 月 29 日，亚马逊悄悄地在西雅图推出了新的 Amazon Flex 包裹递送服务，该服务借鉴了优步的做法，让普通司机用自己的车送包裹。根据这项新服务，司机通过应用程序注册、轮班，根据程序提示从迷你仓库取包裹，然后在最短一小时内把包裹送到客户家中。亚马逊支付给司机每小时 18~25 美元的运费。[56] 亚马逊为其日益壮大的快速配送网络又添加了一个新工具，目前该网络包括全职司机、自行车骑手和类似优步模式的司机。

9 月，亚马逊低调收购了位于美国旧金山的一家制作商用线上通话和视频会议工具的初创企业——比巴系统公司（Biba Systems）。该收购进行得极为隐秘，媒体一年多后才在一份提交给特拉华州秘书长的文件中发现了蛛丝马迹。后来，一篇关于 IBM 的文章中提到亚马逊在 2015 年收购了比巴系统公司，并暗示它有可能与元素科技公司结合起来。[57]

比巴系统公司创立于 2011 年，联合创始人兼 CEO 卡林·威格纳（Carlin Wiegner）此前是商业社交网络 CubeTree 的创始 CEO。公司旨在让使用智能手机参加电话会议变得更加容易，后来业务逐渐发展成为开发其他协作工具，如视频会议、屏幕共享和商务聊天。[58]

比巴系统公司申请并获得了两项专利，一项与视频会议有关，另一项与流媒体音频技术有关。收购前的两个月，这两项专利的所有权都被让渡给亚马逊科技（Amazon Technologies）。有消息称，亚马逊最近有人展示了一款视频会议产品。[59]

10 月

10 月 1 日，亚马逊“一键订购按钮”的补充计划（Amazon Dash Replenishment Service），缩写为 DRS 计划，将一系列新的设备品牌加入通过按钮来销售的产品系列中，这其中包括通用电气、三星等品牌的产品。[60]

10 月 7 日，一年一度的“AWS re：Invent”会议在拉斯维加斯召开，这届的主题是“掌握命运”，来自全球约 19000 人参加了本次大会。跟 2014 年一样，本次主题演讲由 AWS 高级副总裁安迪·贾西主讲，贾西透露：AWS 的年增长速度保持在 80%，规模已达 73 亿美元；在过去的几年里，EC2 用户数每年增幅为 95%，S3 用户数每年增加 120%；AWS 每月在 190 个国家拥有超过 100 万的活跃用户，包括近 2000 个政府机构、5000 个教育机构和超过 17500 个非营利性组织。在一个半小时的演讲中，贾西强调最多的是“自由”，AWS 怎样帮助用户更加不受束缚地使用云计算服务。而这一理念，也贯穿在其推出的系列新产品中。

基于云计算的商业智能服务亚马逊 QuickSight，让用户获得挖掘数据的自由。该服务可以自动识别和整合各种不同的数据源，提供实时交互式的数据查询方式，并且自动进行数据可视化。开发人员可以通过 QuickSight 轻松地构建可视化商业分析，甚至不需要有代码能力。[61]

数据存储与传输的新功能 AWS Snowball 和亚马逊 Kinesis Firehose 结合起来，赋予数据在云间穿梭的自由。它们帮助用户更快、更经济地将数据传输到 AWS 云端。AWS Snowball 是一个 PB 级别的数据传输服务，AWS Snowball 之间可以通过 100G 网络互联，它支持加密、防篡改、防撞击等安全特性。实时数据流工具亚马逊 Kinesis Firehose 是一个完全托管式的自动化服务，用于将流数据加载到 S3 和 Redshift 等 AWS 数据存储平台。[62]

此外，AWS 还要给用户带来数据库选择自由。数据库迁移服务（Database Migration Service）让用户在几乎不需要停机的情况下，将他们的 Oracle、SQL Server、MySQL 和 PostgreSQL 的产品数据库迁移到 AWS；AWS 模式转换工具（AWS Schema Conversion Tool）使用户可以轻松地切换数据库引擎。RBS 将支持其第六个数据库引擎，即兼容 MySQL 的开源数据库 MariaDB。

10 月 8 日，“AWS re：Invent”会议第二天，AWS 物联网（AWS IoT）是主角。亚马逊介绍它是一个受管理的云平台，“可以让连接的设备轻松、安全地与云应用程序和其他设备交互，并且能够处理和上传这些消息到 AWS 端点和其他设备，可靠、安全。”AWS 物联网提供了软件开发工具包，开发人员可以容易地从连接设备以及移动和网络应用程序中使用 AWS 的物联网功能。[63]

鉴于 AWS 对于进入物联网早已有相关举措（例如收购了初创企业 2lemtery 等），此次业界对 AWS 发布物联网没有太过惊讶，而亚马逊的一些竞争对手，如微软，最近已经将物联网作为其云计算战略的基石之一。

10 月 21 日，亚马逊宣布将把 Prime 会员免费当日送达服务扩展到芝加哥和奥兰多两个主要城区，以及纽约市、新泽西州北部和费城地区的新店。至此，该项目的服务已经覆盖 16 个大都市区的 750 多个城镇。[64]

10 月 22 日，亚马逊宣布一小时送到的快递服务 Prime Now 已经扩展到得克萨斯州的圣安东尼奥和加州的湾区。[65]

同在 10 月 22 日，亚马逊公布 2015 年第三季度财务数据。第三季度净销售额为 254 亿美元，较上年同期的 205.8 亿美元增长了 23%；经营利润为 4.06 亿美元，而 2014 年第三季度的经营亏损为 5.44 亿美元；净利润为 7900 万美元，即每股盈利 0.17 美元，而 2014 年第三季度净亏损为 4.37 亿美元，即每股亏损 0.95 美元。

第三季度业绩增长中 AWS 表现亮眼。财务数据显示，第三季度 AWS 净销售额为 21 亿美元，同比增长了 78%；经营利润为 5.21 亿美元，几乎与亚马逊该季度在北美零售业务中创造的 5.28 亿美元经营利润相等；利润率在 25% 左右。

新任首席财务官布莱恩·奥尔萨夫斯基表示，Prime Day 为亚马逊全球净销售额增长贡献了 2%，也让单日新增 Prime 会员数量创下了历史新高。[66]

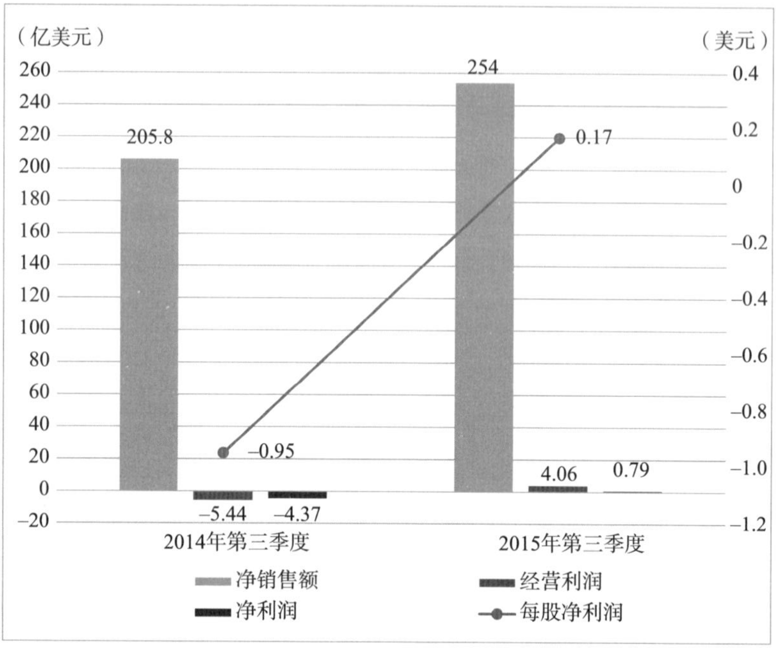

2015 年第三季度与去年同期数据比较

11 月

11 月 3 日，美国西部时间早 9:30，亚马逊成立 20 年来的第一家实体书店在西雅图的大学村开业了。这家店叫作亚马逊书店（Amazon Books），零售空间 5500 平方英尺（约 511.5 平方米），存储空间 2000 平方英尺（约 186 平方米），木头货架上摆放着 5000~6000 本畅销书。店内一共 15 名员工，其中包括图书管理员、零售店员和一名前台接待员。

亚马逊认为，它通过在线零售获得的大量数据，让它在实体书店的选址方面拥有其他书店无法比拟的优势。它将利用大数据来选择最吸引西雅图购物者的书目。与大多数图书零售商相比，亚马逊对顾客的购买习惯有着深刻的洞察。与传统书店不同，亚马逊书店的每本书都封面朝外，而不是只露出书脊那样紧紧地堆放着。一个架子上面放着亚马逊网站上最畅销的书，还有一个架子上放着被顾客评为 4.8 星以上的书。书的评论也会显示在每本书的旁边。[67]

11 月 10 日，亚马逊宣布，Echo 智能音箱将在包括家得宝、史泰博、西尔斯等美国 3000 多家商店发售。这些商店有广泛的线下零售网络，可以方便用户体验后进行购买。[68]

11 月 18 日，亚马逊宣布计划在俄亥俄州的奥贝茨和埃特纳开设履行中心。[69]

11 月 19 日，亚马逊宣布将 Prime Now 一小时送达服务扩展到圣地亚哥及周边地区。[70] 同一天，AWS 与 EDP 可再生能源公司签订合同，成立美中亚马逊风力发电场。该电场位于俄亥俄州波尔丁县，将为 AWS 云数据中心提供电力。[71]

12 月

12 月 3 日，亚马逊平板电脑 Kindle Fire 开始在中国销售，售价仅 499 元人民币。该版 Kindle Fire 专门为中国用户打造了一系列英语学习功能。[72]

12 月 7 日，亚马逊推出了第八代 Kindle Fire HD 阅读版平板电脑。这款平板电脑具有一项名叫“蓝色阴影”（Blue Shade）的功能，可以调整和优化屏幕亮度，减少睡前蓝光曝光，从而带来更舒适的夜间阅读体验。[73]

12 月 10 日，亚马逊宣布 Prime Now 一小时送达服务增加了 4000 多种商品。[74]

12 月 14 日，西雅图市中心的亚马逊新办公楼群多普勒办公大楼启用。[75]

AWS 在 2015 年宣布了 722 种重要的新功能和服务，比 2014 年增加了 40%。

2016年 Day 1

1月

1月6日，AWS推出亚太首尔区，这也是AWS在亚太地区的第五个技术基础设施区。至此，AWS云可以在32个可用区域中使用。[1]

1月10日，亚马逊原创电视剧《丛林中的莫扎特》(*Mozart in the Jungle*)获得金球奖最佳音乐剧/喜剧系列奖，其主演盖尔·贾西亚·贝纳(Gael García Bernal)获评最佳男演员。[2]

1月19日，亚马逊推出第一批可以使用亚马逊DRS的设备，包括Brother打印机、GE洗衣机和Gmate SMART血糖监测仪。[3]

1月28日，亚马逊公布了2015年第四季度和全年的财务数据。2015年的净销售额为1070.06亿美元，经营利润为22.33亿美元，净利润为5.96亿美元，每股收益1.25美元。第四季度净销售额为357亿美元，较上年同期的293.3亿美元增长了22%；经营利润较上年同期的5.91亿美元增长了88%，至11亿美元；净利润为4.82亿美元，即每股收益1美元，而2014年第四季度净利润为2.14亿美元，即每

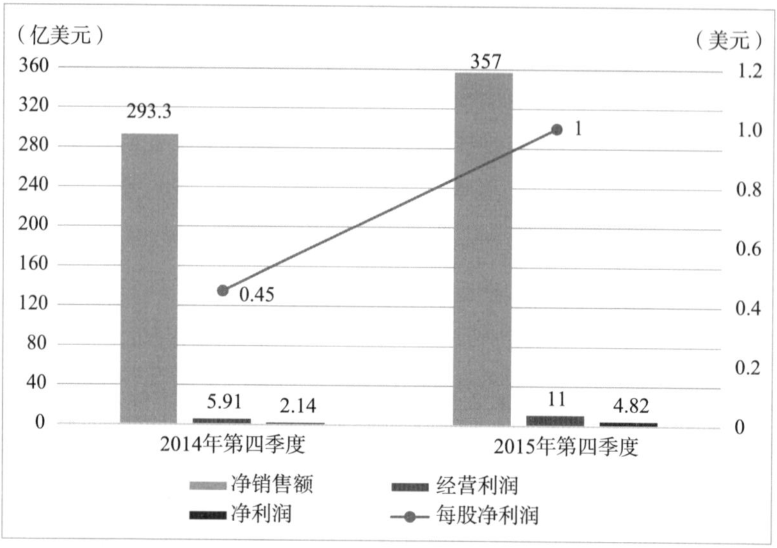

2015 年第四季度与去年同期数据比较

股收益 0.45 美元。

虽然净销售额持续增长，但第四季度的业绩却没有达到华尔街的预期。第四季度每股收益 1 美元，而华尔街预期为 1.56 美元；净销售额 357 亿美元低于华尔街预计的 359 亿美元。亚马逊的股价在盘后交易中下跌超过 12%。

未达预期的原因很大程度上与 AWS 增长放缓有关，AWS 云计算服务的营业收入同比增长了 69% ，达到 24 亿美元，但投资者显然根据前两个季度的表现产生了更高的预期。在过去的两个季度，AWS 的营业收入同比增长了大约 80% 。

在随后的电话会议上，首席财务官奥尔萨夫斯基表示，AWS “略低”于先前预计的 100 亿美元运行速度。此外，亚马逊的履行中心成本同比增长 33%，也引起了部分人士对配送成本上升的担心。[4]

从财报其他相关披露中，可以看出亚马逊的一些亮点或特色。

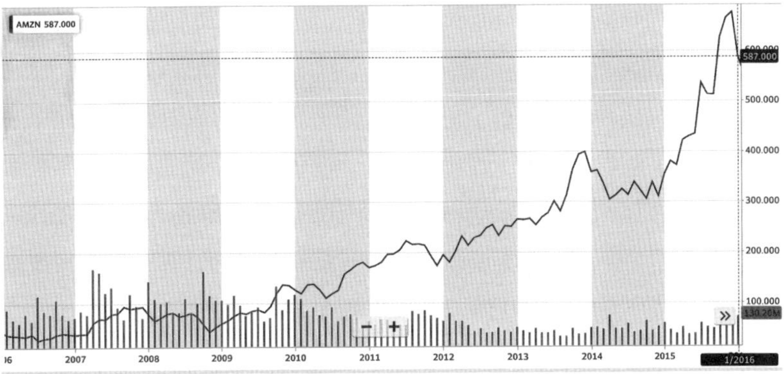

亚马逊股价在 2015 年第四季度业绩公布后下跌
图片来源：https://finance.yahoo.com

一是 Prime 会员数量的快速增长。虽然亚马逊从未公布其 Prime 会员的确切数字，但市场研究机构 CIRP 估计会员数为 5400 万，比上年增长了 35% ，也有几份报告称，当时几乎一半的美国家庭都是 Prime 会员；[5] 亚马逊在新闻稿中表示，Prime 会员在 2015 年增加了 51%，美国的增多了 47%。[6] 除了免费的两天内送货，Prime 会员权益已经包含了更多的附加福利，包括免费访问大量视频和音乐内容，一小时送达的 Prime Now 服务已经发展到美国、英国、意大利和日本的 25 个大都市中。

二是 FBA 模式的快速增长。在 2015 年，由 FBA 帮助卖家完成了超过 10 亿件商品的销售。使用 FBA 的活跃卖家数量增长了 50% 以上。在第四季度，FBA 部门几乎占到了第三方部门总数的 50%。[7]

三是云服务 AWS 服务区域的持续扩张，可在 32 个可用区域使用。[8]

2月

2月9日，AWS发布了免费的、跨平台3D游戏引擎Lumberyard。该产品能够为个人电脑、游戏机、移动设备，甚至是虚拟现实平台构建高质量的游戏。Lumberyard最大的特点在于可集成AWS和Twitch直播平台的优势，一方面可以将游戏与亚马逊云的计算和存储系统连接起来，另一方面可以让游戏直接嵌入Twitch中进行直播。[9]

亚马逊进军游戏市场已经数年，但并不顺利。Lumberyard的发布也表明公司不再试图与其他开发者直接竞争，而是提供它们开发游戏所需的资源，让亚马逊摆脱了制造和营销产品的定位，而只作为供应商在市场上进行竞争。

3月

3月3日，Alexa语音设备又添了两个新成员——Echo Dot和Amazon Tap，两者售价分别是89.99美元和129.99美元，都比179.99美元的Echo要便宜。[10]

Echo Dot是Echo的原型机，最初的计划是让用户在各房间都放置Echo Dot，以防止智能音箱无法接收走动中发出的指令，但后来亚马逊的麦克风阵列技术取得了突破，便发布了Echo。[11] 两者区别仅在于音箱功能的强弱。Amazon Tap没有“唤醒词”设置，用户在发出命令之前需要按下设备上的麦克风按钮。Amazon Tap也是Echo系列中唯一一款由电池供电的语音设备。[12]

3月15日，全托管式AWS数据库迁移服务（Database Migration Service）正式发布，可让客户在不停机的情况下将其Oracle、SQL Server、MySQL、MariaDB和PostgreSQL数据库从本地数据中心迁移到 AWS。[13]

3 月 23 日，亚马逊机器学习的年度盛会在加州棕榈泉举行，活动名为“MARS”（机器学习、家庭自动化、机器人技术和太空探索英文首字母缩写）。活动为期三天，有点儿神秘，只有受邀者能够参加，邀请卡上写着一句话：“许多伟大的真人都会参加（更不用说一些非凡的机器人了）。”数百名来自商业、娱乐界和机器人领域的嘉宾出席会议，演讲嘉宾包括英特尔 CEO 布莱恩·科兹安尼克（Brian Krzanich）、August 联合创始人伊凡·贝哈尔（Yves Behar）和丰田研究所 CEO 迈克尔·塞勒斯（Michael Cyrus）。[14]

4 月

4 月 4 日，亚马逊宣布推出全球支付伙伴计划（Amazon Global Payments Partner Group），推动电子商务平台供应商和开发人员为各自的用户增加“Pay with Amazon”（选择亚马逊支付）的选项，从而抢占支付市场。[15] 作为合作伙伴，这些企业将能够利用各种各样的亚马逊服务，包括“白手套”快递增值服务、账户管理、规划支持、技术资源和培训等。

4 月 6 日，亚马逊宣布将把免费当日送达服务扩展到美国更多城市。至此，免费当日送达服务已经覆盖了美国 27 个大都市、1000 多个城镇。[16]

同一天，贝索斯发表当年的致股东的信。在 2015 年，亚马逊的员工总数从 2010 年的 3 万名发展到 23 万多名。在这封信中，贝索斯大讲特讲“大企业病”，希望亚马逊继续保持创业第一天（Day 1）的活力。

4 月 7 日，亚马逊宣布执行董事安迪·贾西担任 AWS 业务的

CEO，杰夫·威尔克担任全球消费者业务的 CEO。

此举引发了外界的各种猜测。一是这可能预示着这两个人是贝索斯的潜在继任者，时年 52 岁的贝索斯一直把接班人计划视作秘密，未曾对外谈起；二是有些人开始猜测亚马逊是否会剥离其日益壮大的 AWS 部门。[17]

贝索斯发表对安迪·贾西和杰夫·威尔克的祝贺

4 月 13 日，第八代 Kindle 电子书阅读器 Kindle Oasis 面市，这也是 Kindle 系列的高端版。新款 Kindle 感觉和纸张一样轻，比其他任何一款 Kindle 平均轻 20%，薄 30%，厚度逐渐减少到 3.4 毫米，没有皮革外壳的机身重量只有 131 克。最大的升级是电池寿命，Kindle Oasis 使用了一种新的双充电系统，皮革外壳可以自动为 Kindle 充电，新的休眠模式可以在不阅读的时候最大限度地减少耗电。价格为 289.99 美元。[18]

4 月 17 日，Prime 会员费推出月付模式选项，会员有两种选择：

每月付 8.99 美元，用户可以通过其 Prime 会员服务的新版本视频平台观看电影和电视节目；每月付 10.99 美元，将享有 Prime 会员服务的全部权益，包括视频流、亚马逊订单两天送达、音乐流和其他服务。[19] 该计划宣布六个月后，CIRP 的一项研究估计，在亚马逊的 6500 万名 Prime 会员中，有 19%（即 1230 万用户）会选择月付模式。[20]

4 月 19 日，AWS 推出了两款低成本硬盘驱动器（HDD）支持的存储选项：吞吐优化 HDD 卷（Amazon EBS Throughput Optimized HDD，ST1）和 Cold HDD 卷（Amazon EBS Cold HDD，SC1）。吞吐优化 HDD 卷提供低成本的磁性存储，该存储以吞吐量而不是 IOPS 定义性能，适合大型顺序工作负载。Cold HDD 卷提供低成本的磁性存储，适合大型顺序冷数据工作负载。[21]

同一天，亚马逊自动安全评估服务（Amazon Inspector）完成测试，并正式启用，该服务可识别潜在的安全问题、漏洞或偏离安全标准的情况。

4 月 20 日，亚马逊宣布计划于哈斯莱特开设在得克萨斯州的第 6 个履行中心。[22]

4 月 27 日，亚马逊宣布在新泽西州的佛罗伦斯和卡特雷特开设两个新的履行中心。

4 月 28 日，亚马逊公布了 2016 年第一季度的财务表现，其中净利润表现突出。第一季度净销售额为 291 亿美元，较上年同期的 227 亿美元增长了 28%；经营利润为 11 亿美元，经营利润率达到 5 年多来的最高值 3.7%，而 2015 年第一季度经营利润为 2.55 亿美元；净利润为 5.13 亿美元，即每股盈利 1.07 美元，而 2015 年第一季度净亏损为 5700 万美元，即每股亏损 0.12 美元。

AWS 云业务表现强劲，第一季度净销售额同比增长了 64%，达到 25.7 亿美元，AWS 贡献了亚马逊本季度经营利润的 67%，经营利润率达 28%，已成为亚马逊最赚钱的业务。贝索斯预计 AWS 2016 年

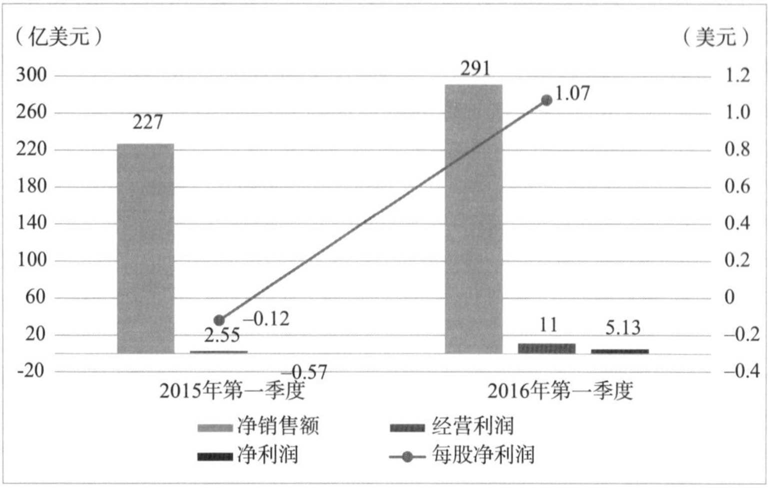

2016 年第一季度与去年同期数据比较

的净销售额将达到 100 亿美元，尽管它面临着来自微软、谷歌和其他公司不断加大的销售压力。[23]

除了 AWS，Prime 会员是亚马逊重点投入发展的另一大业务。一方面，亚马逊不断加大投入，提升运输服务的效能，导致季度运输成本急剧上升了 42%，达到 32.8 亿美元。亚马逊已租赁 20 架飞机在美国各地运送商品，并在其仓库安装机器人助理，在市中心附近装备了大量新的储存设施。另一方面，亚马逊继续扩充 Prime 会员的附加福利，通过流媒体视频的专有电视内容和阅读优惠计划吸引新会员。

该季度亚马逊在技术和内容方面的支出达到 35.6 亿美元，增加了 28%，高于营业支出的总体增速 25%。其中一部分支出用于产品开发，包括诸如 Echo Dot 和 Amazon Tap 智能语音音箱等新设备，以及最近刚发布的 Kindle Oasis 电子书阅读器。

受业绩表现带动，亚马逊股价盘后上涨超过 12%。总体看，2016 年股价下跌了 11%，但在过去的 12 个月里上涨了 39%。

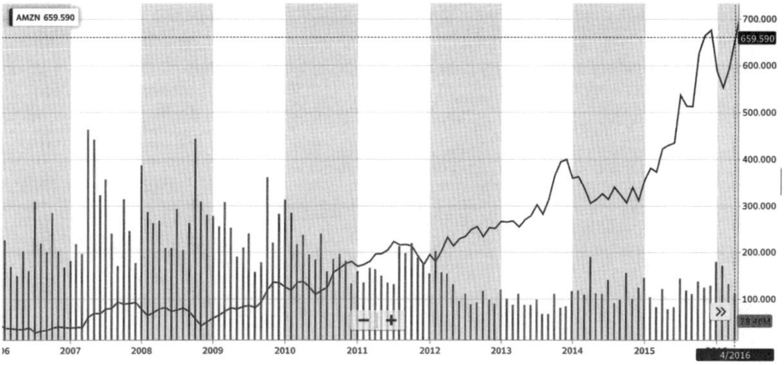

2016 年一季度股价受业绩带动上升
图片来源：https://finance.yahoo.com

5 月

5 月 10 日，亚马逊推出“亚马逊视频直通车”（Amazon Video Direct，缩写为 AVD）服务，创作者和讲述人可以自助向亚马逊用户提供视频内容，并从他们上传视频的版税和广告收入中获得抽成。这一举措被看作是针对 YouTube 的直接竞争。[24]

5 月 17 日，美国达拉斯的 Prime 会员利用 Prime Now 手机应用程序，享受了当地餐馆一小时免费送达外卖服务。[25]

5 月 18 日，AWS 推出了具备新的内存优化的亚马逊 EC2 实例——X1 实例。该实例有 2TB 的内存，是当时所有经思爱普认证的云实例中可用内存最大的一个。X1 实例还为 EBS 提供速度高达每秒 10GB 的专用带宽，适合支持大规模内存数据库、大数据处理和高性能计算。[26]

X1 实例的发布时间看起来是精心策划的。在 5 月 17 日举行的年度思爱普全球蓝宝石大会上，微软和思爱普分享了新合作伙伴关系的细节，其中的一点是能够在 Azure 虚拟机上运行 SAP HANA 内置数据库管理系统。然而，就在微软刚刚承诺支持 SAP HANA 工作负载的新虚拟机即将到来之际，AWS 就率先发布了 X1 实例。当时，为了推动企业发展，思爱普正积极寻求建立合作伙伴关系，云供应商竞相展示自家作品与思爱普需求的契合度。[27]

5 月 25 日，亚马逊宣布计划在伊利诺伊州的乔利埃特以及加州的特雷西和伊斯特韦尔建立履行中心。[28] 同一天，AWS 成为用户关系管理平台公司 Salesforce 首选的公共云基础设施供应商。[29]

6 月

6 月 2 日，亚马逊宣布将在伊利诺伊州的爱德华兹维尔开设两个履行中心。[30]

6 月 3 日，亚马逊表示开发人员已经为 Alexa 语音服务发布了 1000 多种技能。[31]

6 月 23 日，AWS 表示其政府云计算（美国）地区已根据联邦风险和授权管理计划从联合授权委员会（JAB）获得了临时操作授权（P-ATO）。美国政府机构能够利用 AWS 云处理高度敏感的工作负载，包括个人身份信息、敏感的患者记录、财务数据、执法数据以及其他受控未分类信息。[32]

6 月 27 日，在美国丹佛召开的 2016 年美国教育技术协会（ISTE）大会上，亚马逊宣布将在 8 月底或 9 月推出开放教育资源平台——Amazon Inspire。[33]

Amazon Inspire 网站的外观和运营方式与亚马逊网站的风格非常相似。内容上则整合了教师和其他教育工作者通过与亚马逊直接出版平台类似的界面上传的“众筹”资源，以及由第三方如福尔杰莎士比亚图书馆发布的内容。在盈利模式上，亚马逊不直接从该平台获得收入，而是以这项服务支持对亚马逊业务至关重要和具有战略意义的产品。

亚马逊选择在大约有 16000 名教师和学校官员参加的活动上公布新产品显然是精心策划的，彰显了它进军中小学教育科技市场的野心。当时美国的中小学教育市场已经引起各大科技巨头的关注。报告显示，2015 年，美国中小学在平板电脑、笔记本电脑和台式电脑上的花费为 49 亿美元，购买了 1080 万台苹果、谷歌 Chrome 和微软 Windows 的设备。因为苹果公司的设备价格更高，所以，它占据了学校电脑销售市场的最大份额，销售额达到 22 亿美元。从 2016 年 3 月起，亚马逊一直在悄悄地向 Amazon Inspire 社区添加用户。到宣布之时，该程序已经有了相当数量的用户。[34]

6 月 28 日，AWS 在印度进军孟买，这是 AWS 在亚太地区的第六个技术基础设施区。至此，AWS 在全球拥有 35 个可用区域。[35]

AWS 印度区域的落地是亚马逊进军印度市场的布局之一。对亚马逊来说，在经历了中国市场的挫败后，印度是一个不能失去的市场。根据摩根士丹利的一份报告，到 2020 年，印度的电子商务市场的规模有可能会膨胀到 1370 亿美元。6 月初，贝索斯在印度总理纳伦德拉·莫迪（Narendra Modi）出席的华盛顿特区活动上宣布，除了在印度推出利润丰厚的 AWS 业务，亚马逊还将向亚马逊印度分公司再注资 30 亿美元，不久后会在印度中部城市海得拉巴开设其除美国以外的最大的软件工程和开发中心。

亚马逊在印度市场的表现也显示出它有很大潜力。2015 年，亚马逊市场份额从 14% 上升到 21%，而当地竞争对手 Flipkart 的市场份额从 43% 下降到 37%，Snapdeal 的市场份额从 19% 下降到 14% 左右。当亚马逊宣布扩张的消息传出后，Flipkart 和 Snapdeal 的估值都出现了高达 40% 的“跳水”，由于 Flipkart 的产品系列、用户体验和用户服务似乎远远落后于亚马逊，其危机更加突出。[36]

6月29日，AWS发布亚马逊弹性文件系统（Amazon Elastic File System，缩写为EFS），一种让用户可在AWS云中设置和扩展文件存储的全托管式服务。EFS提供简单、可扩展、完全托管式的弹性网络文件系统（NFS），可在不中断应用程序的情况下按需扩展到PB级。EFS提供两种存储类型：标准存储类和不频繁访问存储类（EFS IA）。[37]

7月

7月11日，亚马逊宣布将在堪萨斯州的堪萨斯城开设一个新的履行中心。[38]

7月13日，第二次Prime Day活动的表现创造历史新纪录。当天全球的客户订单超出2015年Prime Day的60%。亚马逊硬件设备包括Fire TV、Kindle Fire平板电脑、Kindle电子书阅读器和支持Alexa语音服务的设备，日销售量也刷新了历史纪录。[39]

7月15日，亚马逊宣布将在加州的萨克拉门托开设其在加州的第10个履行中心，这也是它在四个月内宣布的第4个加州履行中心。[40]

7月22日，亚马逊宣布计划在休斯敦开设其在得克萨斯州的第7个履行中心。[41]

7月25日，亚马逊与英国政府建立合作伙伴关系，探索实现小型无人机运送包裹所需的步骤，对其运送系统的新方法进行测试。虽然协议并没有给予无人机送货的权限，但它标志着亚马逊在这一领域的雄心向前迈进了一大步。

进行测试的无人机重量不到55磅，用电池供电，可以在10英里的视线范围内运行，飞行高度在400英尺（约120米）以内，时速超过50英里。该无人机可以在30分钟或更短的时间内，将2千克以下的包裹运送到目的地。在这段旅程中，它将与该地区其他飞行的无人机进行通信，以帮助自己进行路线规划。

7 月早些时候，一项专利获得批准。这个专利要解决的是在灯柱或塔楼之类的高层建筑上建造“停靠站”，在那里，无人机可以充电或捡拾包裹。[42] 因为政策管制，无人机运输在美国一直进展得很慢，所以，亚马逊开始在其他国家寻求突破。

亚马逊的 Prime Air 部门已经在英国建立了基地，并测试了一段时间，此外也已在加拿大、荷兰开始进行测试。亚马逊发言人表示：“通过 Prime Air，公司正开发一个安全、对环境无害的快速配送系统。我们正在与许多国家的监管机构和政策制定者合作，以便让无人机配送成为现实”。[43]

7 月 26 日，亚马逊宣布计划在伊利诺伊州的罗密欧维尔建立一个新的履行中心，专门用来打包和运送大件物品。[44]

同一天，Prime 会员服务登陆印度。该服务每年收费 499 印度卢比（约 7.5 美元），后续将升至 999 印度卢比（约 14.8 美元），但 Prime 视频服务还未在印度发布。[45]

7 月 27 日，亚马逊宣布计划在佛罗里达州杰克逊维尔建造面积超过 80 万平方英尺的履行中心。[46]

7 月 28 日，亚马逊公布 2016 年第二季度业绩表现，远超华尔街预期。第二季度净销售额较上年同期的 231.8 亿美元增长了 31%，达到 304 亿美元；经营利润为 13 亿美元，而上年同期为 4.64 亿美元；净利润为 8.57 亿美元，即每股收益 1.78 美元，而上年同期为 9200 万美元，即每股收益 0.19 美元。

亚马逊同时给出了第三季度的营业预期。净销售额预计在 310 亿美元至 335 亿美元之间，或同比增长 22% 至 32%；经营利润预计在 5000 万美元到 6.5 亿美元之间，而 2015 年第三季度的经营利润为 4.06 亿美元。

根据汤森路透的分析数据，亚马逊第二季度每股收益 1.78 美元，超出华尔街预计的 1.11 美元；净销售额 304 亿美元，也超过了华尔

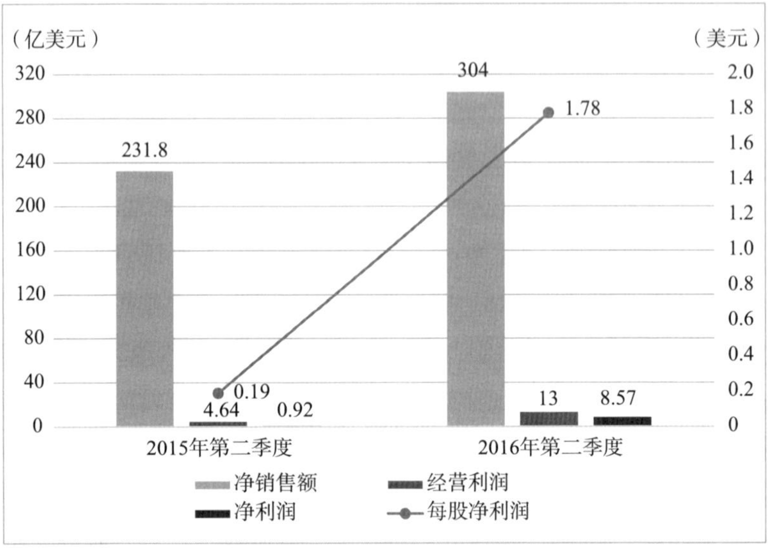

2016 年第二季度与去年同期数据比较

街 295.5 亿美元的预期。由于第三季度经营利润低于华尔街预期，在数字公布之后亚马逊股价开始下跌，但随后又反弹上涨。亚马逊的股价自 2 月以来上涨了 50%。[47] 不断飙升的股价使亚马逊一度成为美国第五大最有价值的公司，并使贝索斯成为世界第三富豪。[48]

亚马逊没有透露任何关于其 Prime Day 的新消息，只称与去年相比，订单增长了 60%，第三方销售在当日几乎增加了三倍。

AWS 仍然是亚马逊增长最快、利润最高的业务。其净销售额同比增长 58%，达到 28.8 亿美元；经营利润为 7.18 亿美元，高于北美零售业务的 7.02 亿美元，但北美零售业务的净销售额为 176.7 亿美元，相比之下，AWS 的赢利能力可见一斑。贝索斯在其财报发布会上重点介绍了亚马逊在印度的扩张，上个季度亚马逊承诺在印度投资 50 亿美元。

亚马逊在利润增多的同时，并没有在投资方面变得吝啬。首席财

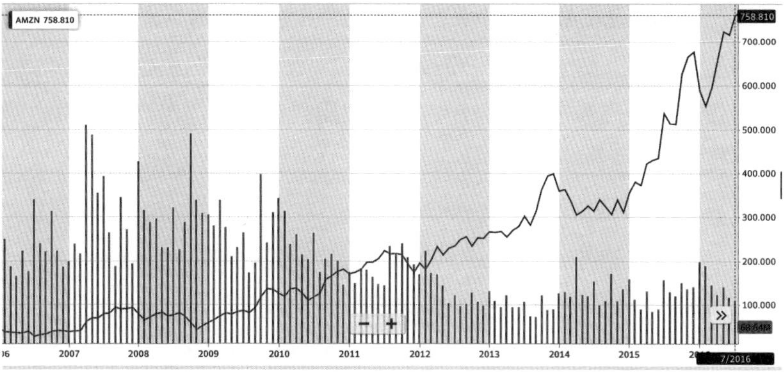

亚马逊 2016 年 7 月的股价受业绩带动持续上涨
图片来源：https://finance.yahoo.com

务官奥尔萨夫斯基在电话会议上表示，亚马逊将在第三季度新开 18 个履行中心，新开数量是去年同期的三倍。同时，随着扩大类似于网飞的流媒体服务，亚马逊计划 2016 年下半年的数字视频支出费用将增加近一倍。[49]

8 月

8 月 11 日，全托管式无服务器流式数据处理服务亚马逊 Kinesis Analytics 发布。基于 AWS 的 Kinesis Analytics 实时流数据平台，运用 Kinesis Analytics 的开发人员能够提取流数据并加以运用，即可以通过运行连续的 SQL 查询来过滤和操作到达的实时数据，从而改进了定期数据库查询的静态数据分析方法。[50]

8 月 25 日，亚马逊宣布推出汽车枢纽平台 Amazon Vehicles。该平台为用户搭建了汽车社区，让用户可以分析、对比各种汽车和零部件的规格、图片和评论。Amazon Vehicles 平台还将把用户引向亚马逊汽车（Amazon Automotive）专卖店，引导他们购买汽车座椅等配件和替换零件。这不是亚马逊第一次涉足汽车业务。本周早些时候，亚马逊还与现代汽车公司合作，让潜在用户直接从现代汽车公司的网站上订购试驾。[51]

9月

9月8日，全新的平板电脑第八代 Kindle Fire HD 发布，该平板电脑首次嵌入了基于云计算的 Alexa 语音服务。[52]

9月13日，亚马逊表示自 Alexa 技能工具包和 Alexa 语音服务推出一年多以来，已有越来越多的开发人员在开发 Alexa 技能，现在有超过 3000 种 Alexa 技能可供用户使用，是 6 月时 1000 种技能的 3 倍。[53]

同一天，亚马逊和 Audible 联合宣布，为美国 Prime 会员提供一项新的高级语音服务，美国 Prime 会员可以无限免费地使用新的短格式数字音频服务—— Audible Channels。[54]

至此，Prime 会员服务已经形成了一个多元化的服务组合，除了 Audible Channels，还包括免费送货，以及无限访问 Prime 即时视频、Prime 音乐、Prime 照片等。

9月15日，位于得克萨斯州斯卡里县的亚马逊风力发电场计划于 2017 年底开业，这将是亚马逊迄今为止最大的可再生能源项目。[55]

9月30日，在美国加州圣克拉拉召开的 AWS 峰会上，通用 GPU 计算应用程序 AWS P2 实例发布。该加速计算实例拥有多达 16 个英伟达 Tesla K80 GPU，64 个 vCPU 和 732GiB 主机内存，使用协同处理器来执行浮点数计算、图形处理或数据模式匹配等功能，比使用在 CPU 上运行的软件更高效。该服务适用于计算密集型应用，包括人工智能、计算流体力学、金融工程、抗震分析、分子建模、基因组学等。同时，AWS 宣布引入深度学习服务亚马逊机器映像（Amazon Machine Image，缩写为 AMI），用于在亚马逊 EC2 中创建虚拟机。[56]

同一天下午，Twitch 开启了它的年度 TwitchCon 会议，主题演讲中宣布 Twitch Prime 即将发布。Prime 会员的权益包括平台每月提供的视频游戏和"免费战利品"、无广告收视、每月一次免费频道订阅、享有新发行游戏折扣等。[57]

2016 年秋冬之际，在收购三年后，《华盛顿邮报》迅速走上了数字化转型之路。在贝索斯的领导下，它的网络流量已翻了一番，记者日均发帖量远远超过了《纽约时报》、BuzzFeed。此外，通过向其他新闻机构授权使用其内容管理系统，《华盛顿邮报》可以获得 1 亿美元的年收入。贝索斯正在把管理亚马逊的经验应用到《华盛顿邮报》上，强调"客户至上"，关注网络流量和参与度指标，并将这些看的比同业竞争和报纸否赚钱更重要。[58]

贝索斯选择的《华盛顿邮报》数字化领导者是两位风格迥异却非常合拍的搭档：首席信息官谢利什·普拉卡什（Shailish Prakash）和乔伊·马伯格（Jocy Marburger）。普拉卡什是技术专家出身，五年前加入《华盛顿邮报》时没有任何媒体经验，曾在微软和网景通信公司任职；马伯格是位记者，因曾担任朋克乐队贝斯手而被称为《华盛顿邮报》的"朋克摇滚明星"，从《普渡大学学生报》的专题编辑到待过《印第安纳波利斯星报》（Indianapolis Star）和甘乃特（Gannett）报业集团，2010 年加入《华盛顿邮报》。二人是公司里包括主编在内向贝索斯汇报最为频繁的人。[59]

此刻，《华盛顿邮报》正与谷歌合作，积极加快移动网站载入新闻的速度，认为这关乎读者是否选择新闻网站。公司还采纳了网络日程安排工具，自动追踪错过截止日期的记者。

10月

10月5日，Prime 会员的福利清单上又添加了一项：Prime Reading，会员可以在 Kindle 上阅读滚动推送的电子版书籍、杂志、漫画等。[60]

10月12日，音乐流媒体服务亚马逊音乐无限（Amazon Music Unlimited）启动，与 Spotify、苹果音乐和谷歌音乐等服务形成竞争。Prime 会员可以通过每月 7.99 美元或者每年 79 美元的价格使用该服务，比 Spotify 或苹果音乐高级选项的价格便宜。此外，拥有亚马逊 Echo 智能音箱的用户，每月支付 3.99 美元即可享受附加语音控制功能，从而可以用语音向亚马逊音乐无限服务请求播放歌曲。[61]

除音乐库之外，亚马逊音乐无限服务还有推荐新音乐的算法，可以在后台自动下载其认为用户会喜欢的音乐。[62]

10月13日，云计算与硬件虚拟化的软件服务公司威睿与 AWS 宣布合作，将共同建立一款无缝集成混合云服务 VMware Cloud™ on AWS，为用户提供软件定义数据中心（Software-Defined Data Center，SDDC）服务。[63]

10月17日，AWS 推出美国东部（俄亥俄州）基础设施区。至此，AWS 已在全球 14 个技术基础设施区提供了 38 个可用区域。[64]

10月26日，亚马逊生鲜配送推广至芝加哥和达拉斯。至此，亚马逊生鲜配送已覆盖美国的七个地区和英国伦敦。[65]

10月27日，亚马逊公布 2016 年第三季度财务数据。第三季度净销售额为 327 亿美元，较上年同期的 254 亿美元增长了 29%；经营利润为 5.75 亿美元，而 2015 年第三季度为 4.06 亿美元；净利润为 2.52 亿美元，即每股收益 0.52 美元，而 2015 年第三季度为 7900 万美元，即每股收益 0.17 美元。

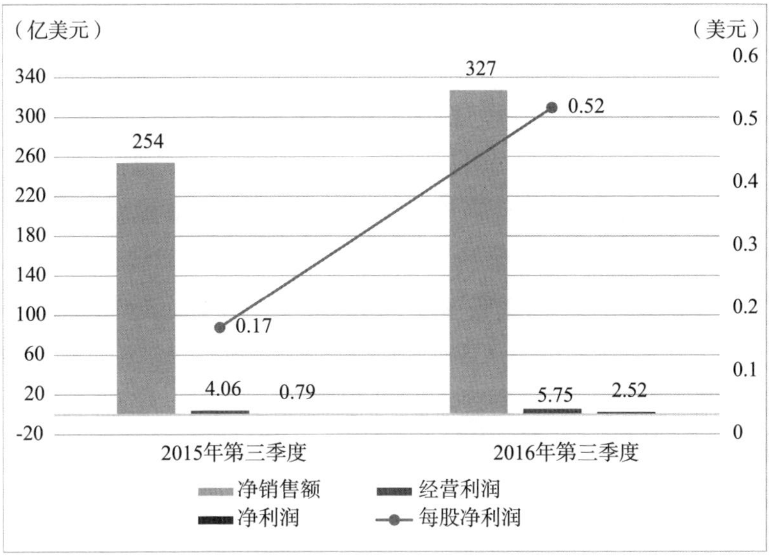

2016 年第三季度与去年同期数据比较

本季度的业绩表现虽然与亚马逊自身预期大体一致，但部分指标未达到华尔街分析师的预期。而且，亚马逊对第四季度预期偏低。北美零售的净销售额为 188.7 亿美元，低于分析师预计的 190.9 亿美元；尽管国际业务的净销售额为 106.1 亿美元，高于华尔街预计的 104.4 亿美元，但其亏损也达到 5.41 亿美元，比一年前 2.08 亿美元的亏损更为严重。

亚马逊给出的第四季度预期是：净销售额在 420 亿美元至 455 亿美元之间，同比增长 17% 至 27%；经营利润在 0 到 12.5 亿美元之间，而 2015 年第四季度的经营利润为 11 亿美元。亚马逊净销售额预测区间的中点低于分析师对第四季度净销售额的预期（约为 445.8 亿美元）。

由于投资者担心亚马逊支出增加，以及假期销售数据低于预期，盘后交易中，亚马逊股价下跌超过 6%。[66]

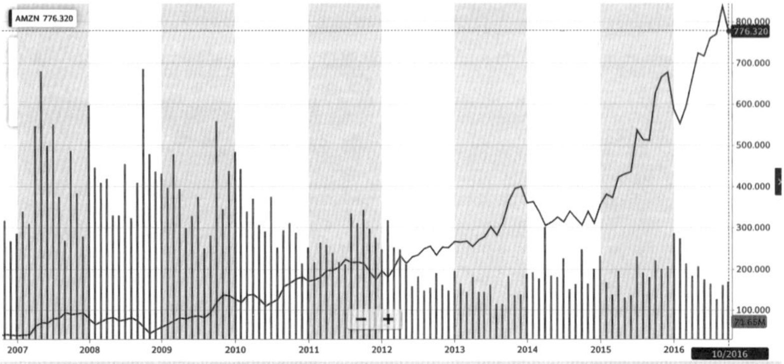

受成本增加影响，2016 年第三季度亚马逊股价下跌
图片来源：https://finance.yahoo.com

支出增加的主要原因之一是运输成本增加。随着 Prime 会员数量的增加，亚马逊的运输系统面临着较大的压力和挑战。自 7 月以来，亚马逊在全球开设了 23 家履行中心以满足订单配送，而上半年仅开设了 3 家。同时，这家零售巨头已经开始为自己的航运业务做铺垫，以便在节日期间提升送货能力。它租赁了 40 架飞机来运输货物，并购买了品牌卡车、拖车。第三季度的运送支出增加了 43%，达到 39 亿美元。

其他支出显著增加的领域还包括视频内容的推广费用。还有就是为 AWS 云计算部门、Echo 智能音箱和 Alexa 人工智能助手建立团队，以及对印度业务的投资，这些都增加了第三季度的支出。[67]

11 月

11 月 7 日，亚马逊新办公大楼 Day 1 正式启用。亚马逊社区专家艾利森·弗里克（Allison Flicker）谈到大楼的命名时说：“贝索斯的意思是，你每天来上班，都有新的东西可以尝试、创新、发明。你永远不会在任何一天重复做同样的事情。”[68]

11 月 16 日，AWS 宣布其用户可以直接通过 AWS 市集订阅 SaaS 应用程序，以简化 AWS 市集上众多 SaaS 产品的访问和计费流程。在某些方面，这意味着 AWS 将更直接地与帮助终端用户的管理服务商和经销商竞争，后者提供 SaaS 采购和支付服务。[69]

11 月 17 日，AWS 宣布将在美国弗吉尼亚州建立 5 个新的太阳能电场。[70]

11 月 29 日，第五届“AWS re：Invent”年度盛会召开，本届主题是“超能”（Super Powers），亚马逊再次以丰富的新产品和服务展示了其在云计算领域的超能力。这些超能力大致体现在企业应用、人工智能、定制硬件及网络这三大方面。

在企业应用方面，AWS Greengrass 软件允许客户在连接的设备上运行 AWS 计算、消息传递、数据缓存和同步的功能。借助 AWS Greengrass，设备可以运行 AWS Lambda 功能以在本地执行任务，使设备数据保持同步并与其他设备通信，同时利用 AWS 云的全部处理、分析和存储能力。[71]

AWS Snowball Edge 是一种构建在之前的 Snowball 基础之上的应用，专注于以物理方式大规模地将数据迁移至云数据中心。[72] Amazon Athena 是一种无服务器的查询服务，可以使用标准的 SQL 语言直接在亚马逊 S3 中分析数据。

AWS 还宣布新一代内存优化、计算优化和高 I/O 的 EC2 实例，并为数据库引擎亚马逊 Aurora 加强了对于关系数据库管理系统 PostgreSQL 的兼容性。

在人工智能方面，亚马逊推出了三项服务：Lex、Polly 以及 Rekognition。Polly 是可以实现 24 种语言从文本到语音转换的云服务；Rekognition 管理的服务“已经在每天分析数十亿张图片了”；而 Lex

则可以从 Echo 智能音箱中提取语音识别引擎 Alexa，并提供给开发人员使用。[73]

定制的硬件和网络服务，则是 AWS 的秘密武器。当时互联网或软件公司设计硬件以提升竞争力的趋势已经显现，亚马逊显然走得更远，不仅设计了自己的路由器、芯片、存储服务器和计算服务器，还设计了自己的高速网络——AWS 要让网络设备成为一种商品。这些内容的震撼和冲击不亚于其新推出的其他产品和服务。[74]

AWS 使用定制的路由器，可以节约成本、提升稳定性和提供个性化服务。AWS 工程师詹姆斯·汉密尔顿（James Hamilton）说，如果使用标准的商用路由器，一旦出现问题，最可靠、最正规的公司都需要 6 个月时间来解决问题。所以，AWS 运行自己定制的路由器，按照自身规格制作，并且有自己的协议开发团队，这不仅可以获得更好的稳定性，还可以节约成本。[75]

AWS 路由器运行定制的 Broadcom Tomahawk 专用集成电路，该专用集成电路芯片有 70 亿个晶体管、128 个接口，提供 25GB 带宽。

路由器选择带宽这件事虽小，但我们从中可以看到亚马逊的经营思路，AWS 选择的是 25GB，而行业标准是 10GB 和 40GB。一个光波可载 10GB 数据，40GB 就是 4 个光波，成本是 10GB 的 4 倍。而一个光波也可以载 25GB 数据，成本相对 10GB 略高一些，但价格却差不多。在这样的比较之下，AWS 路由器是两个光波，带宽就是 50GB，但成本相对于 40GB 带宽却低了很多。

AWS 还生产了自己定制的芯片组，上面印有“Annapurnalabs”。亚马逊在 2015 年 1 月收购以色列芯片制造商 Annapnurna 时，就在为这一步布局。

此外，亚马逊是夏威夷海底电缆的投资者之一，该电缆长达 14000 千米，连接澳大利亚、夏威夷、新西兰和俄勒冈。AWS 有时会自己铺设电缆以节约成本、提升效能。

如果说未来的网络抽象来说是数据中心加超宽带网络，那 AWS 就是朝这个方向去发展的。这次会议让业界看到了 AWS 基础设施自定制、自建设、自管理、自优化的野心。[76]

12月

12 月 5 日，亚马逊宣布推出充满了新技术的无人商店 Amazon GO，主打买东西免排队结账、“拿了就走”的概念。[77]

位于西雅图的 Amazon GO，占地 1800 平方英尺（约 167.4 平方米），提供预制食品，包括新鲜的早餐、午餐、晚餐和小吃，并出售烘焙食品、奶酪和牛奶等杂货食品。顾客进入商店时扫描手机上的 Amazon Go 应用程序，一些传感器、计算机视觉和深度学习的组合随即会跟踪在虚拟购物车中被取下或放回货架的商品。购物完成后，购物者只要走出去，亚马逊就会向他们的亚马逊账户收费，并附上一张收据。这家无人商店最早只对内部员工开放，计划于 2017 年向公众开放。[78]

12 月 8 日，AWS 推出加拿大（中部）基础设施区。至此，AWS 在全球有 40 个可用区。

12 月 13 日，AWS 推出欧洲（伦敦）基础设施区。至此，AWS 在全球有 42 个可用区，AWS 欧洲（伦敦）地区是 AWS 部署的第三个欧洲地区，另外两个在爱尔兰和德国。[79]

12 月 14 日，亚马逊即时视频登陆印度市场，为印度的 Prime 会员提供宝莱坞和其他印度地区大片，以及好莱坞电影、电视节目和儿童节目等。[80]

12 月 23 日，亚马逊自有品牌 Wickedly Prime 推出。顾名思义，这是亚马逊 Prime 会员的专有品牌，目标是“美食家”群体，产品包括亚马逊自产的系列零食，比如爆米花、玉米片和软壳杏仁等。[81]

2017年　走向线下

1月

1月11日，亚马逊和摩根大通联合推出了Prime会员奖励签名卡，提供返现优惠。[1]

1月12日，亚马逊宣布计划于未来18个月内在美国再创造10万个全职、全福利工作岗位。此举也被看作是对新任总统唐纳德·特朗普的就业目标做出响应。[2]

1月19日，虚拟的“一键订购”按钮（Dash按钮）并开始出现在亚马逊主页和亚马逊应用程序主屏幕上。[3]

1月31日，亚马逊宣布计划在肯塔基州建立一个中央空中枢纽，以支持规模不断增加的Prime航空运输机队，该项目投资规模为15亿美元。此外，亚马逊还在海运领域首次亮相，处理中国企业在其网站上出售的货物运往其美国仓库的事宜。亚马逊正在不断完善自己的海陆空运送体系，承担起以前货运公司的角色。[4]

2月

2月2日，亚马逊公布2016年第四季度和全年财务数据。第四季度净销售额为437亿美元，较上年同期的357亿美元增长了22%；经营利润较上年同期的11亿美元增长了13%，至13亿美元；净利润为7.49亿美元，较上年同期的4.82亿美元增长了55%，即每股收益1.54美元，较上年同期的1美元增长了54%。

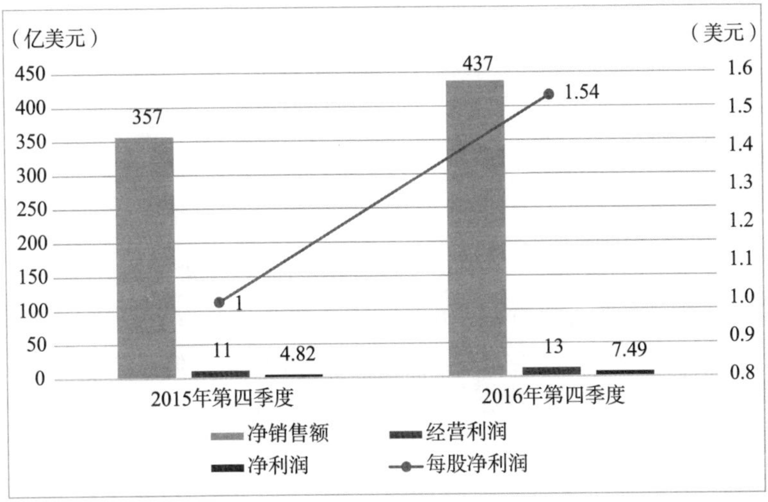

2016年第四季度与去年同期数据比较

2016年全年净销售额较上年的增长了27%，达到1359.87亿美元；经营利润为41.86亿美元，而2015年的全年经营利润为22.33亿美元，增幅为91%；净利润为23.71亿美元，是上年同期5.96亿美元的4倍；每股盈利4.90美元，较上年末每股盈利1.25美元增长了292%。

尽管2016年第四季度净利润增长了55%，超过了亚马逊发布的业绩预测，但亚马逊第四季度的净销售额增长了22%，至437亿

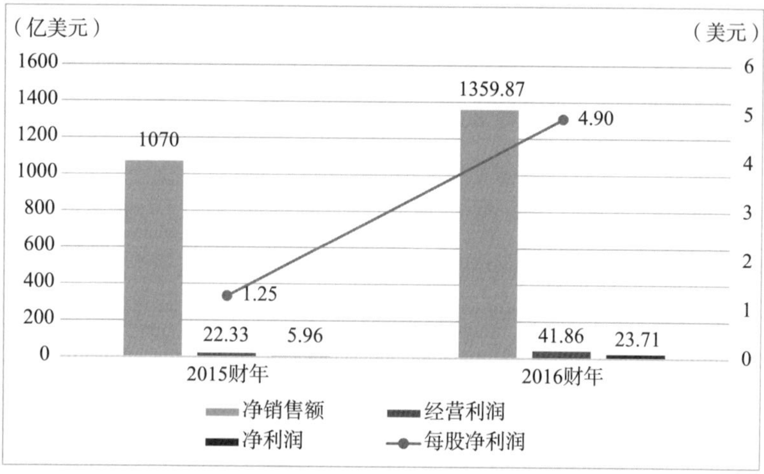

2016 财年与去年同期数据比较

美元，达到了亚马逊目标的中位数，但由于比分析师预计的 446.8 亿美元略低，加之亚马逊给出的 2017 年第一季度业绩预测低于分析师预期，亚马逊股价在盘后交易中下跌超过 4% 。但亚马逊股价在近三个月内上涨了近 10% ，这也是对亚马逊连续七个季度保持盈利的回报。[5]

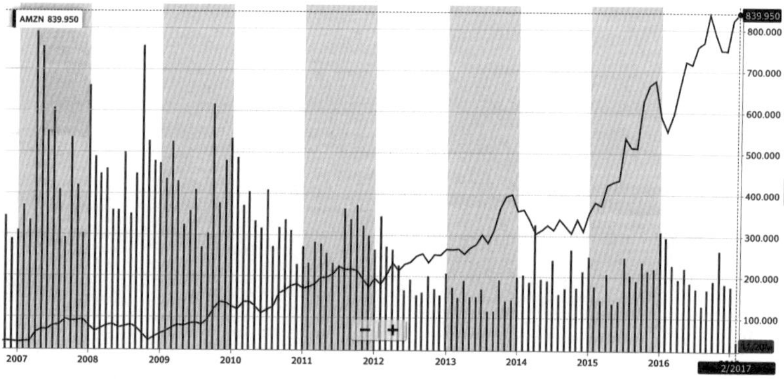

2017 年初亚马逊股价受业绩带动呈上升态势
图片来源：https://finance.yahoo.com

在这次业绩披露中，亚马逊第一次提供了细分产品收入。收入被划分为五个类别，包括零售产品、零售第三方服务、零售订阅服务、AWS和其他收入。零售产品销售仍是目前为止亚马逊收入的最大组成部分，但是其在销售收入总额中的占比正在下降，从2014年的77%下降到2016年的67%，而其他类别的销售收入占比正在快速上升。

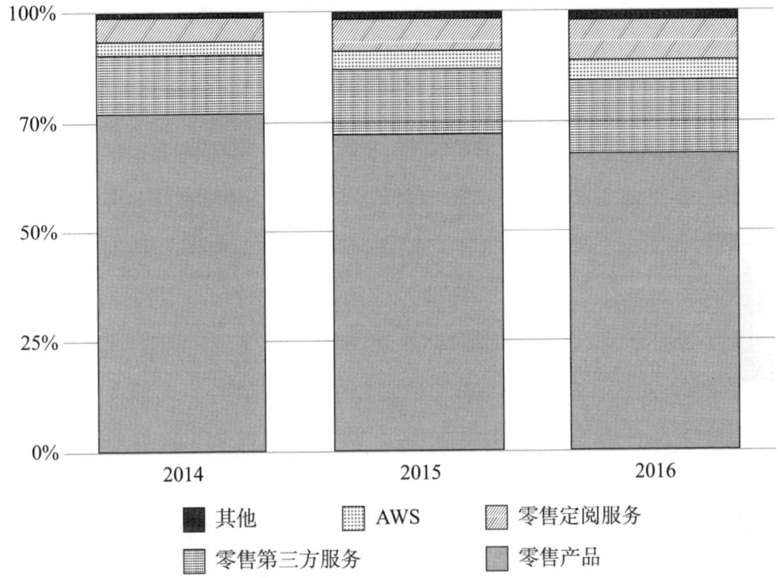

资料来源：*Amazon*，*Jackdaw Research*

亚马逊2014—2016年的细分产品收入，占比最大的部分是零售产品

从各个品类在2015年到2016年的增速来看，增长最快的首先是神秘的“其他”部分，有分析认为这主要是源于广告业务，该业务规模虽小但却发展迅速；零售第三方服务，主要是亚马逊从第三方零售商处获得的收入，包括佣金、相关订单履行费用和运费，服务形式主要为FBA，该业务近年来已成为与AWS并驾齐驱的利润驱动；亚马逊直销零售产品与所有其他类别相比增长最慢；零售订单量和AWS的增长率都有所下降，但这两个部分的基数都已相当大。

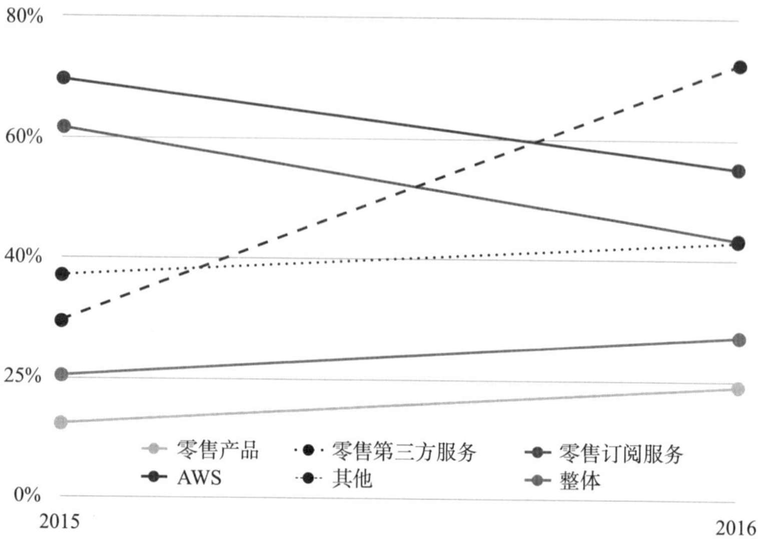

资料来源：*Amazon*，*Jackdaw Research*

2015—2016 年亚马逊各产品细分的收入年增长率

由于亚马逊从未披露过 Prime 会员数，有分析根据披露的产品细分，结合对人均付费的假设，推测出 2013 年 Prime 会员数在 2100 万左右，到 2014 年为 3300 万，2015 年为 5000 万，2016 年已经增长到 7000 万，增速虽然放缓，但基数却在不断扩大。[6]

2 月 7 日，使用亚马逊支付的用户超过 3300 万人。2016 年，用亚马逊支付的交易量几乎翻了一番。[7]

2 月 14 日，AWS 设计的商务通信服务 Amazon Chime 上市。2015 年低调收购比巴系统公司的战略意义浮出水面。[8]

2 月 22 日，在年度哈里斯企业声誉调查中，亚马逊连续第二年排名第一，且获得了 18 年来的最高分 86.27。[9]

2 月 28 日，在美国北弗吉尼亚州地区，AWS 经历了一次大规模的 S3 服务中断。[10] 与 2011 年相比，亚马逊此次表现出了较好的应对能力，在四小时内将服务恢复正常。同时，当北弗吉尼亚州数据中心宕机的时候，S3 在其他 13 个地区仍然保持运行。[11]

尽管如此，服务中断还是造成了负面影响。美国一家从事网络风险经济影响建模的创业公司 Cyence 估计，四个小时的 AWS 服务中断导致标准普尔 500 指数成分股公司损失了 1.5 亿美元，美国金融服务公司损失了 1.6 亿美元。

3月

3 月 2 日，亚马逊宣布将在其全球履行中心设施上安装太阳能电池板来生产清洁能源。到 2017 年，亚马逊将在美国超过 15 个履行中心的屋顶上部署大型太阳能系统；到 2020 年将在全球 50 个履行中心中加以部署。[12]

3 月 6 日，亚马逊收购了 Thinkbox 软件公司。该公司的业务主要是开发、销售媒体设计和内容创作解决方案，它的解决方案都是为在线工作和基于云的工作而设计的。亚马逊未公布收购的具体条款，也没有提及收购意图。外界猜测，鉴于全球流媒体数字视频内容的激增，亚马逊托管了大量此类内容（网飞是它的大客户），亚马逊已经认识到潜在的业务机会，正在为已向亚马逊寻求后端支持的开发人员和企业提供更多服务。另外，Thinkbox 可以为本地架构提供解决方案，这种双重路径的业务方式有利于企业使用混合部署和满足 AWS 灵活性的需求。[13]

3 月 7 日，在亚马逊墨西哥网站开业两年后，Prime 会员服务登陆墨西哥市场。墨西哥版的 Prime 会员服务不像美国版那样功能齐全，而主要致力于提供免费送货服务，包括在某些地区提供次日送达或当天送达服务，以及提供 Prime 即时视频服务。

墨西哥是拉丁美洲第二大经济体，仅次于巴西。到 2018 年，亚马逊墨西哥网站的在线销售额预计达到60亿美元，高于2015年的29亿美元。看中这块市场的不仅有亚马逊，2016年12月，沃尔玛宣布将投资13亿美元改善其在墨西哥的物流，包括为其电子商务业务和实体店建立新的配送中心。[14]

3月23日，亚马逊协议收购SOUQ.com。SOUQ.com成立于2005年，是中东地区最大的电子商务公司，被称为“阿拉伯世界的亚马逊”。中东是亚马逊全球征程中的最新目标之一。这次以6.5亿美元的价格收购SOUQ.com，让从未在中东开展过业务的亚马逊得以规模化运营。

SOUQ.com不仅业务体量大，而且自身已有成熟的履行体系，而物流和订单履行服务是亚马逊在其他地方扩张的关键部分。此外，SOUQ.com还拥有在线支付网关Payfort，这有助于亚马逊获得本地化的支付专业知识和技术。[15]

3月29日，亚马逊关闭在2010年收购的电商平台Quidsi，因其盈利低于预期。[16]

4月

4月12日，贝索斯致股东的信随2016年年报发表。在这封信中，贝索斯强调如何保持创新与活力，永葆Day 1的状态。

4月13日，亚马逊发布Alexa 7-Mic Far-Field开发工具包，首次为希望将Alexa智能语音体验融入产品的硬件制造商提供相关技术，其中包括Echo智能音箱中的高性能远场麦克风阵列和语音处理技术。[17]

4月24日，发布亚马逊订阅（Subscribe with Amazon）这一数字订阅平台。该自助订阅平台汇集了各种包括第三方商家在内的服务和内容，从流媒体服务到基于订阅的应用程序，从餐饮计划服务到在线健身课程等，应有尽有。[18]

4 月 27 日，亚马逊公布 2017 年第一季度财务表现。净销售额为 357 亿美元，较上年同期的 291 亿美元增长了 23%；经营利润为 10 亿美元，较上年同期的 11 亿美元下降了 6%；净利润为 7.24 亿美元，较上年同期的 5.13 亿美元增长了 45%，即每股收益 1.48 美元，而上年同期每股收益 1.07 美元。这个表现超出了华尔街预期，汤森路透的分析师预计，亚马逊的本季度净销售额为 353 亿美元，每股收益 1.12 美元。财报发布后，亚马逊股价在盘后交易中上涨了约 4%。[19]

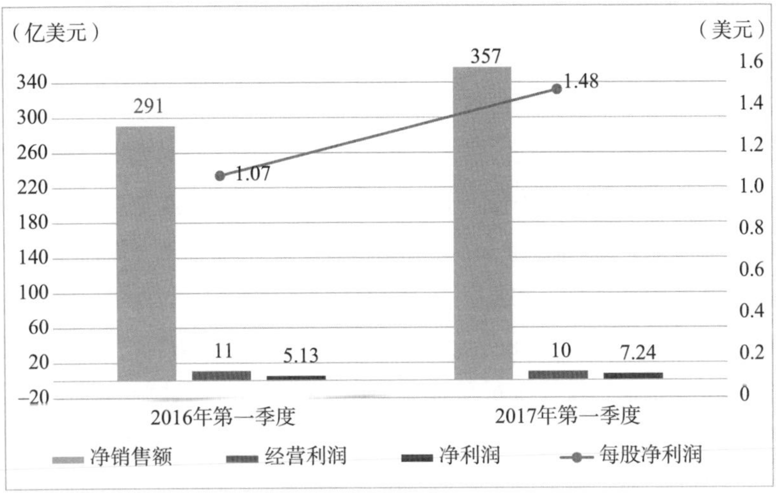

2017 年第一季度与去年同期数据比较

这项亚马逊自 2012 年以来最长的盈利增长纪录激发了投资者的信心，他们相信亚马逊已经变成了一台利润机器和增长机器。过去一年，亚马逊股价已经上涨了 53%。AWS 正在吸引更多的小型企业和大型企业使用它的云平台。即使在亚马逊大幅降价的情况下，AWS

的净销售额也增长了 42%，达到 36.6 亿美元。投资者预期，AWS 和 Echo 智能音箱等消费产品在人工智能方面的新进展，将为亚马逊带来更多的收入。

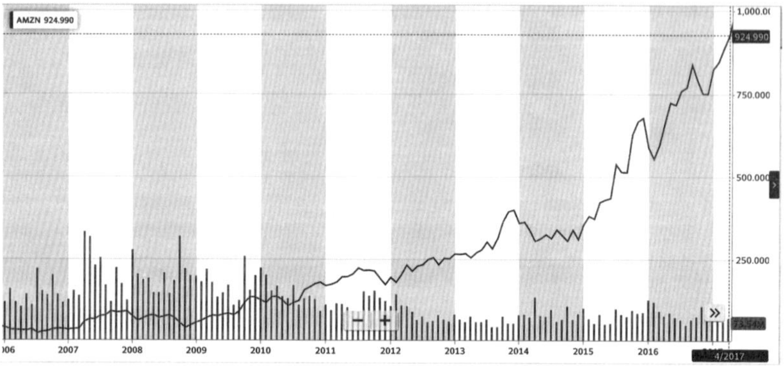

亚马逊股价在 2017 年增长显著
图片来源：https://finance.yahoo.com

不过，也有分析对亚马逊的上升空间表示担心。一方面，亚马逊仍在维持扩张投资的态势，支出庞大。近年来，亚马逊在墨西哥、印度和澳大利亚加速布局，虽然 2016 年的国际零售销售额为 439.8 亿美元，比 2015 年增长了 24%，约占总销售额的 1/3，但经营结果却是出现亏损。这让分析师对亚马逊为海外增长而进行的高投资感到担忧。[20]

另一方面，亚马逊在改善运输系统方面投入巨大，无论是其打造肯塔基州的空中枢纽，还是建立从中国进货的海运部门，都显示出它正以端到端运输供应商的身份进入市场。还有一点是，AWS 业务的增长速度也有放缓的趋势，在过去的三个季度里，AWS 净销售额同比增幅分别是 47%、55% 和 58%，而本季度为 42%。

5月

5 月 2 日，开源解决方案提供商红帽公司和 AWS 达成一项扩展战略联盟，将对 AWS 服务的访问在本地整合到红帽公司 OpenShift 的容器平台中。通过该产品，红帽公司将使客户可以直接在其 OpenShift 容器平台上访问 AWS 服务。[21]

6月

6 月 6 日，亚马逊宣布，将给参与政府援助项目的用户提供 Prime 会员费用优惠：对于领有美国电子福利卡（EBT）的客户（这部分人占美国人口的 20%），其加入 Prime 会员的费用仅需每月 5.99 美元，而其他消费者的 Prime 会员费为每月 10.99 美元或每年 99 美元。这一举措被视为亚马逊向沃尔玛发起了新一轮电子商务战，瞄准的正是沃尔玛的核心客户群——那些低收入消费者。[22]

长期以来，沃尔玛大部分的销售额都来自那些获得政府救助的消费者。2016 年，沃尔玛通过美国补充营养协助计划（SNAP），创造了约 130 亿美元的销售额，约占该计划全美支出的 18%。

根据咨询公司 Kantar Retail 的数据，从 2009 年到 2016 年，低收入消费者在网上购物的比例增长了 28%，增速高于高收入家庭网购的增长速度。但是，近一半的美国家庭消费者表示他们从未或很少在亚马逊网站上购物。

2017 年上半年，沃尔玛大力推进在线市场的竞争，双方的紧张关系有所加剧。2016 年 8 月，沃尔玛斥资 33 亿美元收购了 Jet.com，并由 CEO 马克 · 洛尔（Marc Lore）负责电子商务业务。在 2010 年亚马逊与 Quidsi 达成收购交易时，洛尔曾任 Quidsi 的 CEO。亚马逊于近期关闭了 Quidsi 网站，洛尔更是将亚马逊视为竞争对手。就在一周前，沃尔玛表示将测试一个项目，让商店员工在沃尔玛网站或 Jet.com 上下订单，以完善其送货服务。[23]

6 月 7 日，AWS 表示其物联网服务软件 Greengrass 向所有公众开放。这款软件可以让用户在所连接的设备上运行 AWS 计算、消息传递、数据缓存和同步的功能。[24]

在这个时期，主要的云供应商都提供一些物联网服务来帮助企业利用所连接的设备，而 AWS 是首批为边缘计算提供一般可用的第一方服务的公司之一，对客户和硬件合作伙伴具有较大吸引力。[25] Greengrass 云服务将首先在 AWS 的北弗吉尼亚州和俄勒冈数据中心提供，随后是在法兰克福和悉尼地区，进而在全球范围内部署。[26]

6 月 8 日，亚马逊贷款业务 Amazon Lending，自 2011 年启动以来，已向小企业提供超过 30 亿美元的贷款。[27]

6 月 16 日，亚马逊和全食超市宣布达成最终合并协议。根据协议，亚马逊将以每股 42 美元的价格，全现金收购全食超市，交易价值约为 137 亿美元，其中包括全食超市的净债务，这是亚马逊历史上规模最大的一笔收购。[28]

美国的食用杂货市场规模高达 6740 亿美元，但一则由于消费者仍然倾向于在商店购买食品，二则因为冷藏物品对供应链的要求很高，亚马逊便一直难以在该领域站稳脚跟。根据贝恩资本旗下市场研究公司 Kantar 的数据，2016 年网上购物支出仅占食品杂货销售总额的 2%。在亚马逊宣布这次收购之前，这一份额预计到 2021 年增长到 3%。据科文公司估计，2016 年亚马逊食品饮料杂货商店的市场份额为 1.1% ，而全食超市的市场份额为 1.7%。这笔收购将让亚马逊获得超过 460 家实体店的销售网络，从而快速进军线下零售。投资顾问公司 Robert w. Baird 的分析师科林 · 塞巴斯蒂安指出："亚马逊将食品杂货视为其零售部门增长最重要的长期驱动力之一。"如果单靠亚马逊自己的力量，要想达到这次收购给它带来的销售规模和水平，“还要花上好多年”。[29] 亚马逊这一收购举动也再次表明，它在押注实体零售业。在收购时，亚马逊已经有八家线下书店、两家免下车的杂货店，并一直在努力开设没有收银员的无人商店 Amazon Go。

全食超市于 1981 年在美国得克萨斯州奥斯丁建立第一家门店，提供比传统食品杂货店更多的天然和有机食品。起初，两家公司的营业理念并不匹配：亚马逊是低价的领导者，而全食超市则出售高端产品。花旗分析师指出，全食超市的经营利润率为 5.5%，高于亚马逊北美零售业务 3% 的利润水平。不过，高端路线也让全食超市遭遇了营业困境，自 2013 年达到顶峰以来，该公司股价已跌去近一半，开业一年以上的门店销售额也大幅下滑，由此给亚马逊的并购带来了好时机。

根据科文公司的分析，以市场份额计算，合并后的公司将成为美国第五大杂货零售商，仅次于沃尔玛、克罗格、开市客和阿尔伯森。无疑，亚马逊与全食超市的合并对其他零售商来说是一个很大的冲击，尤其是沃尔玛，因为沃尔玛一半以上的销售额来自食品杂货业，而且正在艰难地做着线上业务。

并购宣布的当天，零售类股包括沃尔玛、塔吉特和开市客等股价集体下跌。其中，沃尔玛股价下跌 4.4%，市值缩水约 120 亿美元，与亚马逊收购全食超市的总支出相去不远。克罗格公司股价下跌 12%，超价商店（SuperValu）股价下跌 14%，塔吉特股价下跌 7%，开市客股价下跌 5.8%。而亚马逊股价上涨超过 2%，收于每股 987.71 美元，接近历史最高水平。[30]

6 月 21 日，亚马逊和零售业巨头沃尔玛的战争转移到了云计算领域。几家科技公司表示，沃尔玛告知它们，要想获得沃尔玛的业务，就不能在 AWS 上运行沃尔玛的应用程序。据称，沃尔玛不愿将任何业务交给亚马逊，称其大部分数据都保存在自己的服务器上，并使用

AWS 竞争对手的服务，如微软旗下的 Azure。[31]

6 月 28 日，亚马逊在纽约曼哈顿为使用 FBA 的小企业主和企业家举办了首次峰会“Boost With FBA”。该活动汇集了 1000 多名企业家和小企业主，让他们有机会与亚马逊的相关团队专家面对面会晤，了解如何提高商业战略、增加销量、接触新客户，并在新的市场开展销售。[32]

2016 年，FBA 部门代替小企业和企业家交付了超过 20 亿件商品，使用 FBA 的全球活跃卖家数量增长了 70% 以上，美国以外由 FBA 部门发货的商品量增长了 80% 以上，假期期间，FBA 业务全球出货量同比增长超过 50%。[33]

6 月 29 日，耐克 CEO 马克·帕克（Mark Parker）表示与亚马逊达成协议，亚马逊将试点性销售一部分耐克产品，包括鞋类、服装和配件。此前，两家公司已经进行了近十年的会谈，耐克曾长期抵制亚马逊的推荐。近期运动服装零售业不断萎缩，加上亚马逊第三方销售商的市场不断扩大，便推动了该协议的达成。[34]

亚马逊在这个月还有一个动作意味深长，就是它开始着手涉足实体营业领域。它在西雅图开设了两家实体杂货店。[35]

7 月

7 月 14 日，AWS 推出了 EC2 G3 图形加速实例。该实例适合 3D 可视化等图形密集型应用程序、应用程序流式处理、视频编码、游戏以及其他服务器端图形工作负载。[36]

7 月 26 日，亚马逊在新加坡推出两小时快送服务 Prime Now。新加坡有 500 多万居民，也是亚马逊在东南亚的第一个市场。该快递服务（不是全面的 Prime 会员服务）的推出，将使亚马逊开始直接面对东南亚市场上的竞争对手，其中最主要的是阿里巴巴持股支持的电子商务公司来赞达（Lazada Group）。[37]

7 月 27 日，亚马逊公布 2017 年第二季度财务数据。第二季度净销售额较上年同期的 304 亿美元增长了 25%，达到 380 亿美元；经营利润为 6.28 亿美元，较去年同期的 13 亿美元下降了 51% 。AWS 业务仍然是主要增长动力，经营利润同比增长 42%，达到 9.16 亿美元，是北美零售业务经营利润 4.36 亿美元的两倍多。而国际零售业务继续亏损，经营亏损为 7.24 亿美元。第二季度总体的净利润为 1.97 亿美元，即每股盈利 0.4 美元，而 2016 年第二季度净利润为 8.57 亿美元，即每股盈利 1.78 美元。

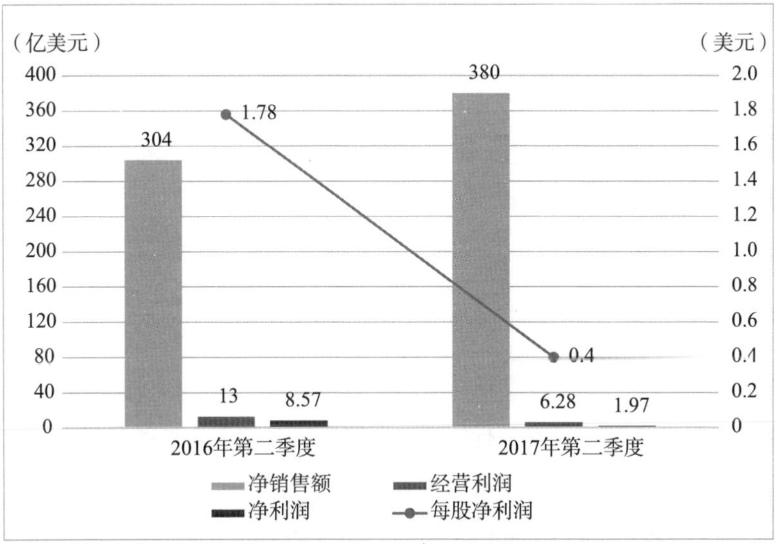

2017 年第二季度与去年同期数据比较

亚马逊给出的第三季度业绩预测是净销售额在 392.5 亿美元至 417.5 亿美元之间或同比增长 20% 至 28% ；经营利润在亏损 4 亿美元至盈利 3 亿美元之间，而 2016 年第三季度的经营利润为 5.75 亿美元。导致这种差异的主要原因是，亚马逊的“技术和内容”支出最近一直在飙升，第二季度花费超过 55 亿美元，同比增长 43%。[38] 亚马逊的首席财务官奥尔萨夫斯基表示，第三季度的经营利润通常较低，亚马逊肯定还会做一些有益的投资，并且必须为假日高峰季节做准备。[39]

在财报发布的当天早些时候，投资者普遍看好亚马逊这次公布的业绩，因此给亚马逊股价带来了一次大幅上涨，贝索斯也一度超过比尔·盖茨成为全球首富。但在业绩公布后，投资者发现利润还不到华尔街预计的 1/3。不过，与此前不同的是，投资者也许从以往的经验中汲取了经验，并未大规模抛售，在盘后交易中，亚马逊股价仅下跌约 3% 。[40]

华尔街克班资本市场公司分析师爱德华·伊鲁玛表示：“亚马逊似乎又进入了一个新的投资周期，类似于 2014 年第二季度和 2015 年第一季度。”投资者认为，本次的财报可能证明：收入稳定增长、利润全部用来投资的亚马逊又回来了。[41]

8 月

8 月 1 日，在日本举行的第三届亚马逊机器人大赛落下帷幕。大赛于 7 月 27 日开始，16 支队伍进入决赛。最终，澳大利亚机器人视觉中心（Australian Centre for Robotic Vision）成功地完成了综合任务，赢得了比赛；新加坡的南洋理工大学赢得了分拣任务；美国的普林斯顿大学和麻省理工学院赢得了存放任务。[42]

8 月 14 日，AWS 发布了新的安全服务亚马逊 Macie。新服务利用机器学习，通过自动发现、分类和保护 AWS 中的敏感数据，帮助用户防止数据丢失。相比于其他云服务安全提供商，该服务的优势在于可以帮助企业保护自己免受内部威胁，因为授权用户的异常访问会被标记下来，即使他们的访问没有造成实质性损失。[43]

同一天，AWS Glue 正式发布。AWS Glue 是完全托管式的数据目录和 ETL（提取、转换和加载）服务，可简化和自动进行数据发现与转换，以及作业计划中难度较大且耗时的任务。它提供一个无服务器环境，为 AWS 提供统一的元数据中心。[44]

8 月 15 日，亚马逊宣布将发行 160 亿美元无抵押的优先级债券，希望利用此次发行所获得的资金，为其收购全食超市和一般公司用途的开支提供全部或部分对价。分析师表示，这些债券分为七个部分，范围从 3 年期到 40 年期不等。这次发行获得了市场的热烈回应，抢标的资金金额甚至达到 490 亿美元。[45]

8 月 28 日，完成对全食超市的收购。到 2017 年 12 月 31 日，全食超市在北美地区的门店数为 465 家，另有 7 家在世界其他地区。

同一天，威睿和 AWS 联合在 AWS 上发布威睿云（VMware Cloud）。该服务将威睿的软件定义数据中心应用程序带到 AWS 云中，用户只需在 AWS 上利用现有的威睿工具，便可在威睿 vSphere 私有、公共和混合云环境中运行应用程序，并优化对 AWS 服务的访问。[46]

亚马逊刚推出 AWS 公有云时并不看好私有云市场的发展，不善于提供私有云解决方案一直是 AWS 无法迅速扩张大企业客户市场的最大问题。面对企业需求的变化趋势，AWS 选择和私有云巨头威睿在 2016 年结成联盟，弥补了这一弱势。亚马逊希望由此迅速切进最大的企业数据中心市场，与已经在混合云市场表现不错的竞争对手（如微软、IBM、谷歌等服务商）抗衡。[47] 无疑，这一发布意味着这个努力取得了成果。

在这个月，亚马逊还悄悄上线了系列非处方保健品 Basic Care，涵盖 60 种非处方保健药。技术层面上，亚马逊并不拥有这些产品，而是由自有品牌制造商 Perrigo 生产，但这一服务让各大实体药店感到压力，亚马逊此举或许表明其正在认真考虑进军医药市场。如同以往，该业务进行得相当低调，直到 2017 年 2 月才有媒体报道。[48]

9 月

9 月 7 日，亚马逊宣布计划在北美开设第二个亚马逊总部，并公开招标。亚马逊预计将投资超过 50 亿美元，提供多达 5 万个高薪工作。[49]

9 月 12 日，亚马逊的“一键下单”专利到期，该专利是其在美国市场主导地位的竞争优势之一。根据网络用户体验研究机构 Baymard Institute 的数据，网上购物车的弃置率平均为 70%。结账流程越长越烦琐，可能流失的买家就越多。“一键下单”很好地解决了这个问题。同时，“一键下单”给亚马逊提供了丰富的消费者信息数据库，为其他业务（如市集平台）的发展起到了至关重要的作用。尽管没有官方数据表明“一键下单”对亚马逊的直接帮助有多大，但据估计，它为亚马逊带来了 5% 的销售增长，即 24 亿美元的收入。[50]

对于该项专利到期，整个线上零售业都非常兴奋，特别是那些寻求降低购物车弃置率的零售商。2016 年，万维网联盟（World Wide Web Consortium）中的一些公司，包括苹果、脸书和美国运通（American Express），开始制定实现一键式购买的标准，谷歌也在研发一键式支付解决方案，[51] 可见会有更多的零售商采用该付款模式。再加上智能手机的广泛普及、人工智能的发展与应用，“一键下单”会有更多用武之地。某种程度上，这是一个时代的终结，也意味着一个新局面的开始。

9月13日，亚马逊进一步强化了在印度的订单运送网络。至此，亚马逊在320个城市拥有350个“服务伙伴节点”，比2016年的250个增加了40%。[52]

9月18日，亚马逊曾经的合作伙伴、也是曾经的诉讼对手玩具反斗城宣告破产。

9月25日，AWS宣布计划于2019年初在中东开设一个基础设施区，新的AWS中东（巴林）区域将包括三个可用区。至此，AWS在全球16个基础设施区提供了44个可用区域。[53]

9月27日，Echo Spot面市，售价为129.99美元。它融合了Alexa的语音功能和一个圆形屏幕，可以显示比如天气、视频消息、时间等相关信息。同一天推出的还有Echo升级版、Echo Plus。凭借其内置的智能家居集线器，Echo Plus使连接到兼容的智能家居设备变得容易。[54]

10月

10月10日，亚马逊宣布《了不起的麦瑟尔夫人》(*The Marvelous Mrs. Maisel*)将于11月29日在Prime即时视频独家播出。[55]

10月11日，新一代Kindle Oasis电子书阅读器面市。这是第一款防水的Kindle，内置了Audible有声读物数据库，用户可以在阅读和收听之间切换，通过蓝牙耳机或扬声器播放音频。售价为249.99美元。[56]

10月12日，AWS和微软联合推出开源深度学习库Gluon，帮助开发人员更轻松、更快速地构建机器学习模型。通过Gluon接口，开发人员可以使用简单的Python API和一系列预先构建的、优化的神经网络组件来构建机器学习模型。[57]

10 月 25 日，智能门锁和亚马逊云摄像头套装 Amazon Key 面市，旨在为客人和服务预约提供安全的家庭访问，提高收货的便利性。用户可以实时监控或回看送货及访问过程。亚马逊家用钥匙套件起价为 249.99 美元。[58]

10 月 26 日，亚马逊公布 2017 年第三季度财务数据，这也是首次将全食超市的业绩合并进来的报表。整体上看，财务数据呈现了净销售额历史性增长，而净利润持平的状态。净销售额为 437 亿美元，其中包括了全食超市的 12.8 亿美元，较上年同期的 327 亿美元增长了 34%，这一增速超过了华尔街的预期，也创下了亚马逊非圣诞季的季度销售新纪录；经营利润为 3.47 亿美元（包括来自全食超市的 2100 万美元），较上年同期的 5.75 亿美元下降了 40%；净利润为 2.56 亿美元，即每股收益 0.52 美元，上年同期为 2.52 亿美元，每股收益也为 0.52 美元。

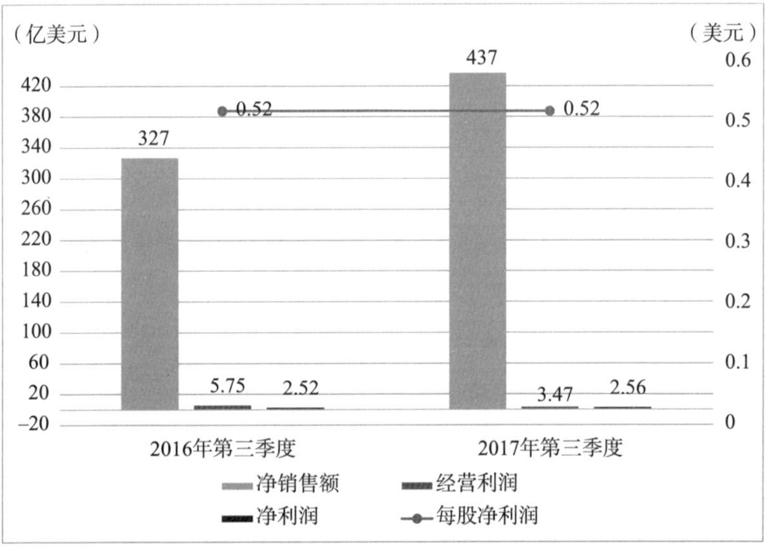

2017 年第三季度与去年同期数据比较

2017 年第三季度的利润结构反映了亚马逊扩大的成本支出。首席财务官奥尔萨夫斯基表示："随着我们在一些非常关键的领域进行投资，成本正在上升。"他列举了 AWS、硬件设备业务和订单履行等领域的相关情况。此外，由于增加了全食超市的员工和 8 月招录的 5 万名仓库工人，亚马逊员工总数比上年同期增加了 77% ，达到 541900 人。

销售额的增加主要来自以下方面：第一，7 月的 Prime Day，随着 Prime 会员数量的增加，拉动了销售增长；第二，全食超市带来了收益；第三，AWS 的净销售额增长了 42%，达到 45.8 亿美元，云计算部门已经成为亚马逊近期盈利能力的一个主要方面。

值得关注的是亚马逊的新业务领域。其中，高利润率的广告业务和联名信用卡业务在第三季度增长了 58%。分析师预计，该业务将保持增长，成为这家零售巨头盈利能力的重要推动力，并最终成为谷歌和脸书的潜在威胁。

当天，亚马逊股价在盘后交易中上涨了 8%，至每股 1050.5 美元。与一年前相比，股价上涨了约 30%。[59]

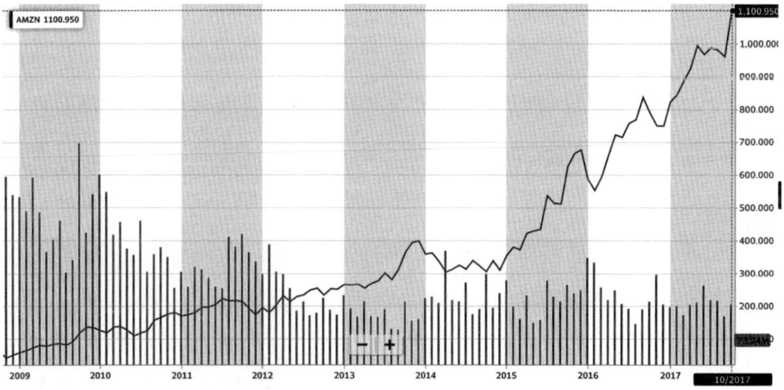

亚马逊股价在 2017 年 10 月突破 1000 美元
图片来源：https://finance.yahoo.com

就在同一天，AWS 推出了 EC2 P3 实例，即新一代经过 EC2 计算优化的 GPU 实例。该实例可在云中提供高性能计算，适用于机器学习、计算流体力学、金融工程、基因组学和无人机系统等领域。事实证明，EC2 P3 实例可以将机器学习训练时间从几天缩短为几分钟，并可以使用于高性能计算完成的模拟数量增加 3~4 倍。[30]

11 月

11 月 6 日，AWS 推出新一代 EC2 计算优化型实例系列中的 EC2 C5 应用实例，这是适用于运行高级计算密集型工作负载的新实例，应用场景包括高性能网络服务器、高性能计算（HPC）、视频编码、科学建模、分布式分析和深度 / 机器学习等。[61]

11 月 13 日，亚马逊以 2.5 亿美元获得了 J. R. R · 托尔金所创作的《指环王》电视剧第五季的全球播放权。亚马逊为整部电视剧最终花费超过了 10 亿美元。该剧将扩展到指环王前传的故事线，拍摄地在新西兰。[62]

11 月 22 日，在“AWS re：Invent”年度盛会开始的前一周，AWS 公布了两项重要举措。其一是亚马逊机器学习解决方案实验室（Amazon ML Solutions Lab）成立。该实验室将亚马逊机器学习专家与希望使用人工智能技术构建解决方案的客户相匹配，将实践教学研讨会与头脑风暴会议结合起来，开发基于机器学习的解决方案。其二是 AWS 在其基于深度学习的图像识别平台 Amazon Recognition 上发布了新功能：实时人脸识别和图像文本识别。这两项新举措，以及 AWS 上月宣布的将与微软合作开发 Gluon 深度学习界面，显示出亚马逊和 AWS 向人工智能领域进军的战略性投入倾斜。[63]

11 月 27 日午夜，第六届“AWS re：Invent”盛会开始，43000

名观众来到拉斯维加斯现场。主题演讲中，安迪·贾西将开发人员比作作曲家，并借着五首音乐表达了主题。亚马逊证明，AWS 已经成熟化、体系化、多样化，并以更快的速度加快创新。会上介绍了 24 项新产品，除了应用实例或新功能，最为亮眼的是 AWS 在物联网、机器学习方面提供的服务进展。

为进军物联网服务，AWS 宣布了六项边缘连接设备的服务和功能，包括 AWS 一键物联网（IoT 1-Click）、AWS 物联网设备管理（IoT Device Management）、AWS 物联网设备安全防护（IoT Device Defender）、AWS 物联网分析（IoT Analytics）、适用于物联网微控制器的操作系统 Amazon FreeRTOS，以及训练和优化机器学习模型 AWS Greengrass ML Inference。这套发明使得用户进入物联网的起步非常简单，可以让用户快速搭载并容易地管理大量设备、审计并执行一致的安全策略，以及大规模地分析物联网设备的数据。[64]

AWS 还推出了五项新的机器学习服务，包括构建、培训、部署和管理机器学习的模型 Amazon SageMaker，以及允许开发人员模仿人类的认知能力来开发应用程序的工具：用于将语音转换为文本的 Amazon Transcribe、用于在不同语言之间翻译文本的 Amazon Translate、用于理解自然语言的 Amazon Comprehend 和用于计算机视觉服务的 Amazon Recognition Video。[65]

新产品和功能主要有在网页上创建虚拟现实体验的工具 Amazon Sumerian、五项 AWS Elemental Media Services 云视频服务、云安全服务 PrivateLink 和 GuardDuty 以及一批新的 EC2 实例。

12 月

12 月 8 日，亚马逊音乐无限服务扩展到全球 28 个国家，提供超过 4000 万首歌曲。[66]

12 月 11 日，AWS 与我国云服务提供商宁夏西云数据科技有限公司宣布建立战略技术合作伙伴关系，并推出由宁夏西云数据科技有限公司运营的 AWS 中国（宁夏）区域。[67]

12 月 21 日，亚马逊收购了智能相机和门铃制造商 Blink，进一步扩充其智能家居版图。亚马逊没有披露交易条款，但据路透社报道，收购价格为 9000 万美元。[68] Blink 的最大卖点在于它的相机只需一对 5 号电池就可以使用两年，价格也相对便宜，只要 99 到 129 美元。亚马逊将居家设备视为关键，此前推出的产品 Cloud Cam 和 Echo 都需要一个插入式电源来运行，而 Blink 刚好提供了有益补充。

然而，Blink 却不仅仅是一个相机行业中的企业。它的母公司 Immedia Semiconductor 鲜为人知，这家公司由芯片行业的资深人士在马萨诸塞州创立，其 CEO 彼得 · 贝森（Peter Besen）和两位联合创始人来自被博通公司收购的 Sand Video 公司，该公司在 21 世纪初设计芯片，解码了一种新的、经过改进的视频标准。[69]

12 月 26 日，亚马逊表示这是收获最大的购物季，世界各地消费者的购买规模再次创下亚马逊的历史纪录。仅仅在一周内，就有超过 400 万人开始了 Prime 会员服务免费试用或者成为付费会员。[70]

12 月 28 日，AWS 被报道正启动在沙特阿拉伯提供服务的进程。亚马逊是三大云服务公司中第一个意图在中东建立业务的公司。[71]

2018年　新起点

1月

1月7日，亚马逊出品的《了不起的麦瑟尔夫人》获得金球奖最佳音乐喜剧类电视剧奖，其主演瑞秋·布罗斯纳安（Rachel Brosnahan）获得最佳电视剧女演员奖。[1]

1月10日，亚马逊表示，2017年超过30万家美国中小企业加入了亚马逊“市集”。在亚马逊全球销售的商品中，有一半来自通过亚马逊“市集”提供产品的中小型企业，其中许多企业还选择利用FBA进入亚马逊的全球物流网络。2017年，FBA为全球中小型企业运送了数十亿件商品。[2]

1月17日，AWS Auto Scaling面市。该应用提供了一种平衡成本和可用性的方法，开发人员可在统一的界面中跨组配置AWS服务的自动缩放，让管理云基础设施变得更加容易。[3]

1月18日，亚马逊第二总部候选名单公布。自邀约发出后，亚马逊收到了来自美国、加拿大和墨西哥的238份申请书，从中选择了20个大都市区进入下一阶段的流程，主要有纽约、华盛顿、阿灵顿、波士顿、芝加哥、洛杉矶等。[4]

1 月 29 日，亚马逊表示 FBA 现场版（FBA Onsite）进入邀请公测阶段。该活动在三个月前已正式启动试点项目，只邀请了不到 50 名卖家。FBA Onsite 将为卖家提供更高效的存储和运输选择，并允许卖家将亚马逊的软件和物流添加到自己的仓库中，这也被看作是亚马逊解决仓库拥挤问题的最新尝试。据统计，当时适用于 Prime 会员服务的存货单位（SKU）数量大致为 5000 万，占总 SKU 数量的 12.5%，而其中第三方卖家发到 FBA 仓库的 SKU 要占到 90% 以上。[5] 随着 Prime 会员需求的扩张，FBA 的仓库容量可能会成为制约 Prime 会员适用产品的瓶颈。

FBA Onsite 的核心逻辑在于把卖家仓库变成 FBA 仓库，实现 FBA 仓库容量和 SKU 供给的跳跃式增长。具体来说，亚马逊会派出代表参观卖家的仓库，帮其重新配置布局和一般订单履行过程。参与该计划的卖家还可以安装亚马逊自己的仓库管理程序，从而大大缩短产品上传到亚马逊数据库和网站的时间。对卖家来说，因为不再需要把商品送到亚马逊的仓库，会节省费用。

亚马逊还通过让卖家利用亚马逊从运输公司获得的低价优势，大大降低了两天送货的运费成本。一位卖家表示，他使用亚马逊的 UPS/ 联邦快递 / 美国邮政局的运输账户，得到的折扣比通常高出 85% 。通过这一系列操作，亚马逊实际上将一个个卖家仓库接入 FBA 网络，变成 FBA 仓库节点，从而形成巨大的云仓储体系。最终，更多的商品适用于 Prime 会员服务运输要求，亚马逊以低成本的方式扩容、快速补货和移除，从而满足日益增长的 Prime 会员需求。[6]

1 月 30 日，亚马逊、伯克希尔·哈撒韦和摩根大通宣布正在联合组建一家公司，研究如何为它们数十万美国员工降低医疗保健成本。[7] 新公司将专注于技术解决方案，以更低的成本为三家公司的美国员工提供简化和透明的医疗保健服务，从而直接减少医疗成本的负担。

这个想法来自摩根大通董事长兼 CEO 詹姆斯·戴蒙（James Dimon）。戴蒙与巴菲特和贝索斯私交很好，他们在此之前曾进行多次讨论。

2 月

2 月 1 日，亚马逊公布 2017 年第四季度财务数据及全年财务数据。合并全食超市的报表，净销售额为 1778.66 亿美元，经营利润为 41.06 亿美元，净利润为 30.33 亿美元，每股净利润 6.15 美元。第四季度净销售额为 605 亿美元，较上年同期的 437 亿美元增长了 38% ；经营利润较上年同期的 13 亿美元增长了 69%，至 21 亿美元；净利润为 19 亿美元，即每股收益 3.75 美元，而 2016 年第四季度净利润为 7.49 亿美元，即每股收益 1.54 美元。

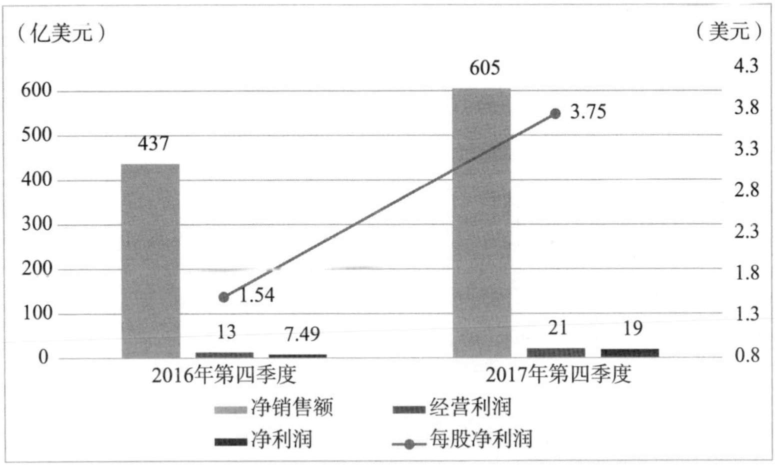

2017 年第四季度与去年同期数据比较

第四季度的业绩表现超出了预期，且单项业务表现可圈可点。季度总收入增长了 38% ，达到 605 亿美元，超过大多数华尔街分析师的预期；净利润翻了一番多，达到 19 亿美元，这也是亚马逊历史上的净利润最高点。包括 Prime 会员在内的订阅费收入增长了 49%，达到 32 亿美元。

路透社估计，超过一半的美国家庭拥有 Prime 会员资格。[8] AWS 的收入增长了 45%，达到 51 亿美元。根据《华尔街日报》，新版 Echo 的定价比之前版本的低了 45%，2017 年亚马逊共售出“数千万台 Echo”，已占据大约 3/4 的智能音箱和购物助手市场。[9]

此时，亚马逊全职和兼职员工总数已达到 566000 人，比上年同期增长了 60%。受业绩带动的影响，亚马逊股价在 1 月上涨了 24%，收于每股 1450.89 美元；在过去 12 个月里亚马逊股价上涨了 76%，2017 年的回报率达到了 56%。[10]

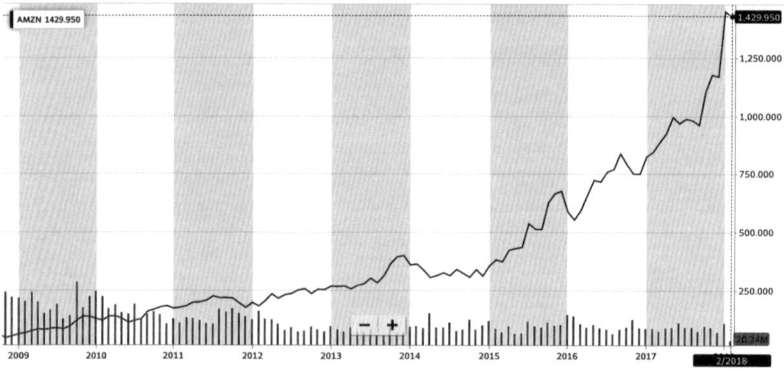

亚马逊股价快速增长
图片来源：https://finance.yahoo.com

2 月 8 日，全食超市将通过 Prime Now 服务对天然和有机产品提供免费两小时送达服务，并计划于 2018 年在美国全境推广。[11]

2 月 20 日，亚马逊、摩根大通银行和全食超市宣布，Amazon Rewards 信用卡会员在全食超市购物时可享受更多的奖励。[12]

2 月 20 日，在美国得克萨斯州西部的一座山里，贝索斯的“万年钟”开始安装。这个时钟建成后将高 500 英尺（约 152 米），由一个巨大的齿轮驱动，并由山上昼夜温度变化所产生的热能提供动力，参观的人也可以给钟上发条。时钟一年滴答一次，世纪指针每百年前进一次，布谷鸟每千年出来一次。该时钟还将包括 10 个铃铛和一个“旋律发生器”（由摇滚音乐家布莱恩·伊诺创造），旨在每次铃声响起时产生一种独特的编钟模式。[13]

时钟的想法来自美国发明家和企业家丹尼·希利斯（Danny Hillis）。他最初于 1995 年在《连线》杂志上提出万年钟的想法，以此来引发人们思考人类和地球的长远未来。这个想法后来发展成为 Long Now 时钟，由 Long Now 基金会支持。为了向世人展示自己一直引以为豪的“长期主义”，贝索斯投资了这个基金，希望其可以存世一万年，像金字塔那样流芳百世。[14] 目前贝索斯已经在这个项目上投资了 4200 万美元。

3 月

3 月 22 日，在哈里斯民意调查主持的年度企业声誉调查中，亚马逊连续第三年被顾客评为第一名。[15]

4 月

4 月 2 日，时任总统特朗普在推特上持续抨击亚马逊，之后，亚马逊的股价下跌了 5.2% 。特朗普一周内连续四次发文声讨亚马逊正在诈骗美国邮政局服务，并补充说，美国邮政局由于为这个电商巨头运送包裹而损失了“数十亿美元”。

Tweet

Donald J. Trump @realDonaldTrump · Mar 29, 2018

I have stated my concerns with Amazon long before the Election. Unlike others, they pay little or no taxes to state & local governments, use our Postal System as their Delivery Boy (causing tremendous loss to the U.S.), and are putting many thousands of retailers out of business!

47.9K 34.9K 107.8K

3 月 29 日，特朗普发文称其在当选前就对亚马逊不满，“他们很少交税并且把美国邮政系统当成他们的搬运工（导致了邮政系统的大量损失），让很多零售商失业”。

Tweet

Donald J. Trump @realDonaldTrump · Mar 31, 2018

While we are on the subject, it is reported that the U.S. Post Office will lose $1.50 on average for each package it delivers for Amazon. That amounts to Billions of Dollars. The Failing N.Y. Times reports that "the size of the company's lobbying staff has ballooned," and that...

22.2K 19.2K 67.5K

3 月 31 日，特朗普发文称美国邮政局每运送一个亚马逊的包裹就损失 1.5 美元，加起来就是损失了数十亿美元。

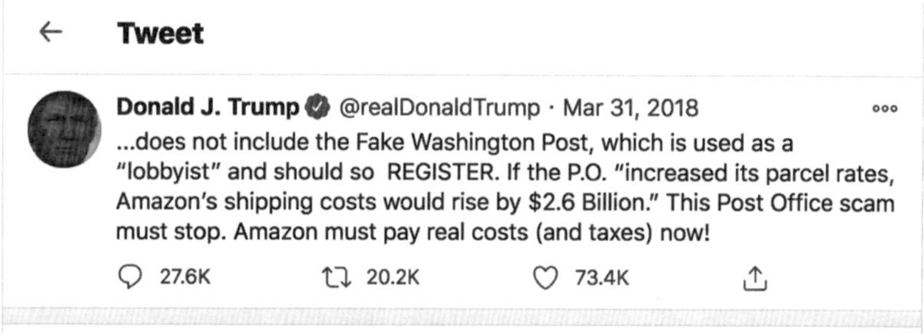
Tweet

Donald J. Trump @realDonaldTrump · Mar 31, 2018

...does not include the Fake Washington Post, which is used as a "lobbyist" and should so REGISTER. If the P.O. "increased its parcel rates, Amazon's shipping costs would rise by $2.6 Billion." This Post Office scam must stop. Amazon must pay real costs (and taxes) now!

27.6K 20.2K 73.4K

3 月 31 日，特朗普再次发文称亚马逊让美国邮政系统损失了 26 亿美元，这种“骗局”必须尽快停止。

事实上，美国邮局管理委员会发布的一份报告显示，2017 年 11 月，邮政服务净亏损为 27 亿美元，但其市场类服务在 2017 财年实现了 70 亿美元的利润。[16] 虽然无法细分出亚马逊的部分，但至少可以看出电商业务整体上是有利于其业务的。巨额亏损的背后除了头等舱邮件的减少，还有其混合营业模式带来的低效率，总之，亏损的原因比仅指责亚马逊复杂得多。[17]

对于特朗普的连续抨击，美国的短新闻网站 Axios 发表的一篇专题报道称，特朗普想要对付的科技巨头是亚马逊。“他痴迷于亚马逊，真的痴迷。”“总统想法的背后是：特朗普的富人朋友告诉他，亚马逊正在摧毁他们的生意。他的房地产伙伴告诉他，亚马逊正在扼杀购物中心和实体零售商，他对此表示同意。”[18]

4 月 4 日，AWS 表示其机器学习服务的用户规模正在快速扩大，上年活跃用户数增长了 250% 以上，这很大程度上是受到机器学习平台服务“Amazon SageMaker”的带动和影响。亚马逊的机器学习工具正在不断地丰富中。[19]

4 月 12 日，亚马逊以 10 亿美元收购了视频门铃制造商 Ring。Ring 公司的门铃配备了摄像头和音频设备，并能和语音智能家居设备一起工作。谷歌在 2014 年以 32 亿美元收购了在智能家居安全领域处于领先地位的 Nest Labs。[20] 这是亚马逊在 2017 年 10 月 25 日发布 Amazon Key、在 2017 年 12 月 21 日收购 Blink 公司的后续动作。

4 月 18 日，贝索斯发布致股东的信。这封信中，贝索斯介绍了亚马逊取得成功的又一秘诀：高标准。

4 月 19 日，亚马逊推出了 Alexa 技能蓝图（Alexa Skill Blueprints），为个人用户提供了20余套简单的模板，用户只需填写空白，就可以在几分钟内为 Alexa 语音服务创建个性化体验。[21]

4 月 24 日，亚马逊推出了车内送达（In-Car Delivery）服务，利用嵌入的连接技术让快递员进入用户的个人车辆，将包裹放入车内。目前合作的两家主要汽车制造商是通用汽车和沃尔沃。这对于那些家里有两辆车，可以把其中一辆作为移动储物柜的家庭尤为有吸引力。[22]

亚马逊一直在完善其最后一英里的供应链。弗雷斯特研究公司的分析师詹姆斯·麦克奎维表示，正如当年的“一键下单”，亚马逊多年来一直在不遗余力地扫除一切障碍，以确保消费者在网上购买更多的商品，“亚马逊知道，你和它之间的障碍越少越好”。[23]

4 月 26 日，亚马逊公布 2018 年第一季度财务数据。该季度净销售额为 510 亿美元，较上年同期的 357 亿美元增长了 43%；经营利润较上年同期的 10 亿美元增长了 92%，至 19 亿美元；净利润为 16 亿美元，即每股收益 3.27 美元，而 2017 年第一季度净利润为 7.24 亿美元，即每股收益 1.48 美元。AWS 的净销售额同比增长了 49%，且创造了 14 亿美元的经营利润，占亚马逊总经营利润的 73%。值得注意的是，“其他”收入主要来自广告业务，比上年同期增长了 139%，创造了 20.3 亿美元的净销售额；包括 Prime 会员在内的订阅服务收入也增长了 60%，达到 31 亿美元。

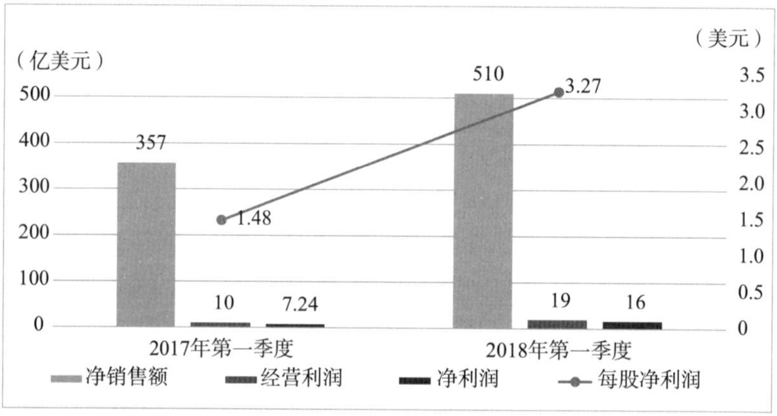

2018 年第一季度与去年同期数据比较

亚马逊第一季度的财务表现全面超出了华尔街预期。关于净销售额，华尔街的预期为 497.8 亿美元，实际为 510 亿美元；每股收益预期为 1.26 美元，实际为 3.27 美元；AWS 的净销售额预期为 52.5 亿美元，实际则为 54.4 亿美元。亚马逊的股价在盘后交易中上涨了大约 7%，超过了历史最高点。[24]

首席财务官奥尔萨夫斯基在随后的电话会议上宣布，亚马逊计划自 6 月 16 日起将其美国 Prime 会员年费从 99 美元提高到 119 美元。这也是亚马逊自 2005 年推出 Prime 会员以来第二次提高会员费用，第一次是在 2014 年 3 月 13 日，会员费从 79 美元提高到 99 美元。贝索斯在上周致股东的信中表示，在推出 Prime 会员服务 13 年后，亚马逊在全球范围内已拥有超过 1 亿付费会员。[25]

5 月

5 月 3 日，亚马逊发布了《小企业影响力报告》(*Small Business Impact Report*)，首次系统地介绍了其助力中小企业的相关情况。报告显示，在亚马逊上销售产品的中小型企业来自全美 50 个州和 130 多个国家；2017 年，亚马逊全球有 2 万多家中小企业的销售额突破 100 万美元；2017 年，亚马逊通过亚马逊贷款计划，向美国的中小企业提供了超过 10 亿美元的贷款等。[26]

5 月 9 日，亚马逊与美国最大的房屋建筑公司莱纳房地产公司合作，选择 8 套样板房作为交互式亚马逊体验中心。这些样板间外表看上去与普通住宅无异，内部却设计并配置了由 Alexa 操控的智能家居，展示了用户如何在日常生活中使用 Alexa 智能系统。每个房子都将配备两个 Alexa 智能音箱：Echo Show 和 Echo Dot，用户可以要求 Alexa 控制电视、电灯、恒温器、窗帘等。消费者可以亲自参观样板房，通过实际在房子中走动，来了解更多信息。[27]

随着市场渗透率增加，亚马逊、谷歌和苹果公司在奋力争夺智能音箱的市场份额，它们都断定消费者为了生活便利会慢慢让渡部分日常习惯，为此都大力投资于智能家居领域。

数字营销公司 eMarketer 调查发现，2018 年，大约 18% 的美国人每月至少使用一次智能音箱。而这个市场里，亚马逊占有 66.6% 的份额，谷歌占有 29.5% 。苹果公司不甘落后，已经采取了类似的做法，与房屋建筑商布鲁克菲尔德等合作，开发出配有智能家居产品的样板房，而这些产品可以通过苹果的 Siri 语音助手从 iPhone 或 iPad 上发出控制指令。[28]

6 月

6 月 19 日，在实施一年后，亚马逊官网正式公开了公寓交货柜服务 Hub by Amazon。这是一个为公寓带来便捷和一致性送货体验的解决方案，交货柜可以在美国各地安装。储物柜外表与此前的 Amazon Locker 类似，不同的是，储物柜安装在公寓楼内，用户可以通过电子屏操控打开柜子，取走包裹。而且，不仅自家送货交易可以如此进行，亚马逊表示还将与“任何发件人”合作。亚马逊将为该系统提供 24 小时支持。[29]

从纽约到旧金山等地，已经有 50 多万居民在使用该项服务，设施主要安装在由 AvalonBay、Fairfield Residential、Pinnacle、摩根大通资产管理公司、WinnResidential 和 Equity Residential 这几家公司管理或拥有的建筑中。[30]

6 月 28 日，亚马逊宣布收购线上药店 PillPack。具体交易价格没有公开，据估计在 10 亿美元左右。知情人士透露，亚马逊是击败了沃尔玛才拿下这笔收购的。

PillPack 总部位于美国新罕布什尔州曼彻斯特，它是 2013 年由 T. J. 帕克和埃利奥特 · 科恩（Elliot Cohen）在波士顿的孵化器公司

Techstars 里创立的。两位联合创始人是在参加麻省理工学院 $100k 创业大赛①时认识的，在那里，他们深入地交换了各自的想法和心得，并于 2012 年一起参加了麻省理工学院的 Hacking Medicine 竞赛项目，获了奖。

PillPack 是帮助管理病人数据和找出如何为客户平衡药物安全剂量的平台，旨在为每天服用多种处方药的人提供方便的递送服务。它预先分类剂量包装药物，协调补充和更新，并确保按时发货。PillPack 拥有在美国所有 50 个州运营的许可证，并获得了如 URAC 和 VIPPS 等网上药房的开业认证。联合创始人兼 CEO T. J. 帕克在 2017 年 11 月表示，该公司拥有数以万计的客户，年收入有望超过 1 亿美元。[31]

这个收购意味着亚马逊不必从头搭建 PillPack 花费几年时间构建起来的体系和能力，就可以在全美范围内运送处方药了。一夜之间，这个动作对价值超过 4000 亿美元的药品行业构成了直接威胁。药品连锁店和零售商，包括 CVS 和沃尔玛，在处方药市场占有重要地位。当天，CVS、沃尔格林联合博姿集团（Walgreens Boots Alliance Inc.）和来爱德公司（Rite Aid Corp.）的股价暴跌，这三家公司的市值损失超过 110 亿美元。[32]

7 月

7 月 17 日，美国职业棒球大联盟选择 AWS 作为其机器学习、人

① 麻省理工学院 $100K 创业大赛是全世界最大的，也是最有影响力的创业计划比赛之一，每年的奖金总额是 30 万美元。从比赛开办至今，已有 160 多个项目最终成功创办企业，吸引了十几亿美元的风险投资，创业公司的市值已经达到了 100 多亿美元。

工智能和深度学习工作负载的官方供应商。[33] 同日，媒体公司 21 世纪福克斯扩大了与 AWS 的战略合作范围，合作覆盖了大部分关键平台和工作负载。[34]

7 月 26 日，亚马逊公布了 2018 年第二季度财务数据，净利润创历史新高。该季度净销售额为 529 亿美元，较上年度的 380 亿美元增长了 39%；经营利润增至 30 亿美元，较上年同期的 6.28 亿美元增长了 378%；净利润增至 25 亿美元，即每股收益 5.07 美元，而 2017 年第二季度净利润为 1.97 亿美元，即每股收益 0.4 美元。

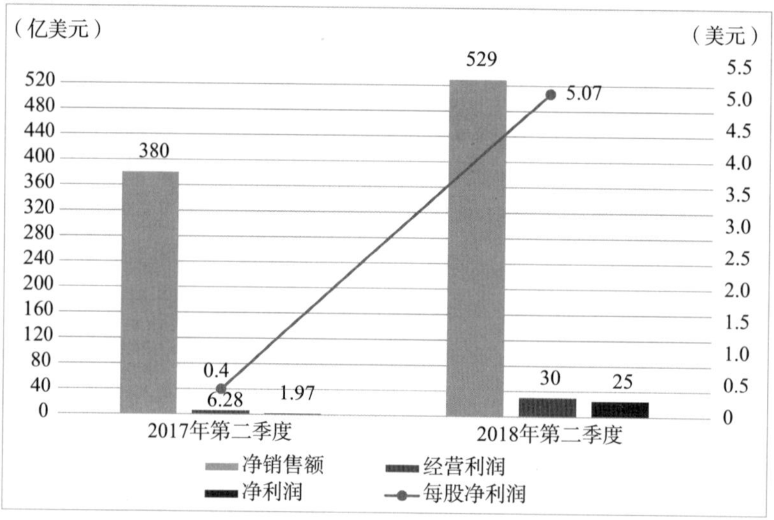

2018 年第二季度与去年同期数据比较

在这个季度，亚马逊的净利润首次突破 20 亿美元，连续三个季度的净利润超过 10 亿美元，并持续三年赢利，而利润增长主要来自新的服务业务，这标志着亚马逊的业务增长模式进入了一个新的阶段。Amplify ETFs 公司的 CEO 兼基金投资组合经理克里斯蒂安 · 马古恩表示："他们现在更加关注投资者群体，而在过去，他们似乎更注重长期投资。"[35]

从业务领域的细分研究可以清晰地看出亚马逊盈利模式的变化。亚马逊在电子商务领域已经占据了主导地位。据估计，目前在美国每一美元的在线支出中，大约有一半属于亚马逊，但其在线零售业务增长正在放缓，净销售额增长 12%，至 271.7 亿美元，增幅小于过去几个季度。

亚马逊也一直寻求在多个方向上扩张，这些新的增长点也表现亮眼。首先，独立第三方卖家贡献了很多的销售额。2018 年第二季度销售的产品中，约有 53% 来自网站上的第三方商家，亚马逊可从这些销售中获得大约 15% 的收益；此外，借助 FBA 寄售模式等，亚马逊通过将产品纳入其快速的运输和仓储网络来收取额外费用，这比自己拥有库存更有优势。其次，该季度 AWS 业务持续高速增长，收入增长了 49%，达到 61 亿美元。再次，“其他”类别的收入比一年前翻了一番多，达到 21.9 亿美元，这部分收入主要来自广告业务。亚马逊正在从谷歌和脸书手中逐渐争到了在线广告份额，其优势在于可以将广告带来的购买量即时反馈给商家。

首席财务官奥尔萨夫斯基将盈利能力同时归功于成本节约。他说：“我们在仓库、数据中心以及市场营销等领域的大量投入都取得了高于预期的效率。这正在转变为大量的运营效率。”[36]

亚马逊第二季度的业绩推动了股价在盘后交易中上涨 3.2%，至每股 1866 美元。在发布报告之前，亚马逊在 2018 年股价上涨幅度已达 55%，市值在 8600 亿美元左右，仅次于估值为 9460 亿美元的苹果公司。

亚马逊面临的挑战，除了时任总统特朗普一再发文攻击，还有就是一些国会议员对亚马逊不断增长的规模和实力表示担忧。特朗普的许多推文都使股价下跌，因为这些发言会让投资者担心监管会更加严格，甚至国家会采取反垄断行动。

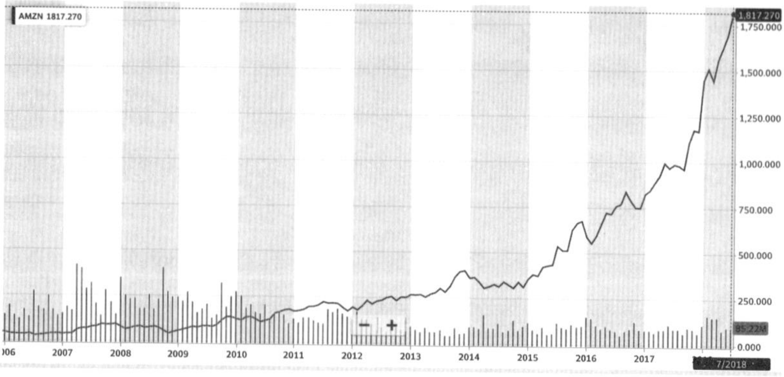

亚马逊股价在 2018 年高速上涨

图片来源：https://finance.yahoo.com

8 月

8 月 27 日，AWS 和威睿宣布推出在威睿上运行的亚马逊关系数据库服务（Amazon RDS on VMware）。该服务将亚马逊关系数据库的优势融入本地虚拟化环境、混合环境以及 AWS 和威睿的混合云服务，用户可在几分钟内预置新的本地数据库实例，备份到本地存储或基于云的存储，并建立在本地或 AWS 云中运行的只读副本。[37]

RDS 的意义在于代表了混合云服务潜在的发展方向。[38] 此前，亚马逊一直致力于将工作负载转移到公共云上；2016 年推出的威睿云也侧重将遗留工作负载转移到别处。而 RDS 的发布，表明亚马逊正试图在数据中心的范围内提供公共云服务，用户可以在亚马逊的公有云中运行威睿本地基础设施，从而实现公共云、私有云和混合云的共生。

这件事还有一个值得提及的背景，就是几经波折之后，在 2017 年 7 月公开试运行的微软 Azure Stack 也提供混合云解决方案。[39]

8 月 30 日，亚马逊股价首次突破每股 2000 美元，市值接近一万亿美元。当天，亚马逊的股价峰值达到每股2025.57美元（总市值达9880亿美元），收于每股2002.22美元，当年的涨幅达到71%。本月，苹果公司成为历史上第一家突破一万亿美元市值大关的美国上市公司。[40]

9月

9月17日，小企业商品专营平台Amazon Storefronts发布。该项目在亚马逊网站上构建了一个子网站，指引购物者到美国近两万家“夫妻店”购物。亚马逊网站还提供小企业老板和关于他们故事的视频。[41]

为了支持这次发布，亚马逊播出了它的第一个全国性电视商业广告，主角是在亚马逊网站上销售商品的“夫妻店”。[42]亚马逊表示，广告试图传达亚马逊是一个“聚少成多”（big collection of small）的商业平台。[43]

多年来，亚马逊与小企业的关系比较微妙：一方面，亚马逊为它们提供了广泛的销售渠道，但另一方面，鉴于被亚马逊光环笼罩，以及平台营业的标准化要求，小企业难以脱颖而出。Amazon Storefronts通过对店主、店面、员工和产品的介绍与推广，为交易过程带来一些个性化的东西。如果中小企业碰巧有自己或自己实体店的主页，亚马逊不要求强制建立链接，因此，这项活动也被看作是亚马逊向中小企业示好的举措。该活动首先在美国开展，大约有30万家小企业在亚马逊网站上销售产品，只有近两万家得以入选。

9月20日，一系列新的Echo设备、Echo配套设备和亚马逊智能家居设备面市。除了新版的Echo Dot、Echo Show、Echo Auto，亚马逊还提供了其他硬件设备（如智能微波炉、智能插座等）适用Alexa

操控的场景。亚马逊向全方位的智能家居生活市场又迈进了一步。[44]

9月27日，亚马逊又一类型的实体店4-Star开业。该实体店所有出售商品都被评为四星及以上，换言之，4-Star的商品都是亚马逊网站上最畅销的商品。该店位于纽约最具活力的街区之一苏豪区，在克罗斯比街和拉斐特街之间的斯普林街上。商品种类从亚马逊网站上一些最受欢迎的类别开始，包括设备、消费电子产品、厨房用品、家居、玩具、书籍和游戏等。[45]

9月27日，AWS推出了亚马逊EC2内存增强型实例，专用于运行大型内存数据库，包括SAP HANA内存数据库在云中的生产部署。内存增强型实例使用户能够与其他企业应用程序在同一VPC中运行内存数据库。这意味着他们可以扩展自己的内存数据库并连接到存储、网络、分析、物联网或机器学习服务之中。[46]

随着企业处理更多的实时数据，内存数据库的部署变得越来越普遍，比如快销品牌优衣库便已开始在亚马逊EC2 X1e实例上运行HANA，获取实时数据和分析。AWS注意到了这一趋势，通过提供服务支持其快速增长的业务需求。在亚马逊这一行动之前，谷歌曾表示，它将利用英特尔即将推出的傲腾持久内存（Optane DC Persistent Memory），加强对谷歌云平台上SAP HANA和其他工作负载的支持。[47]

10月

10月17日，为迎接购物季，亚马逊准备招募10万名季节性员工。同时，亚马逊决定将仓库和客户服务人员每小时最低工资提升到15美元。摩根士丹利分析师预计，这将使亚马逊第二年增加30亿美元的支出。

亚马逊提高工资的原因，部分是为了应对包括参议员伯尼·桑德斯（Bernie Sanders）在内的各路政客的批评。桑德斯最近提出了一项贝索斯法案（BEZOS Act），旨在向仍有雇员依赖联邦福利维持收支平衡的大公司征税。桑德斯赞扬了亚马逊上调工资的举措，称这可能是“全世界都听得到的枪声”。[48]

截至 10 月，亚马逊员工（不含全食超市员工）数量同比增长约 13%，达到 61.33 万人，较去年同期增长了 38%。

10 月 24 日，全食超市的 Prime Now 两小时送达活动继续扩展到 12 个美国城市和地区，自 2018 年 2 月推出以来，它已经在美国 63 个城市提供配送服务。[49]

10 月 25 日，亚马逊公布 2018 年第三季度财务数据，该季度利润同比大增，但净销售额增长有负众望。第三季度净销售额为 566 亿美元，较上年同期的 437 亿美元增长了 29%；经营利润较上年同期

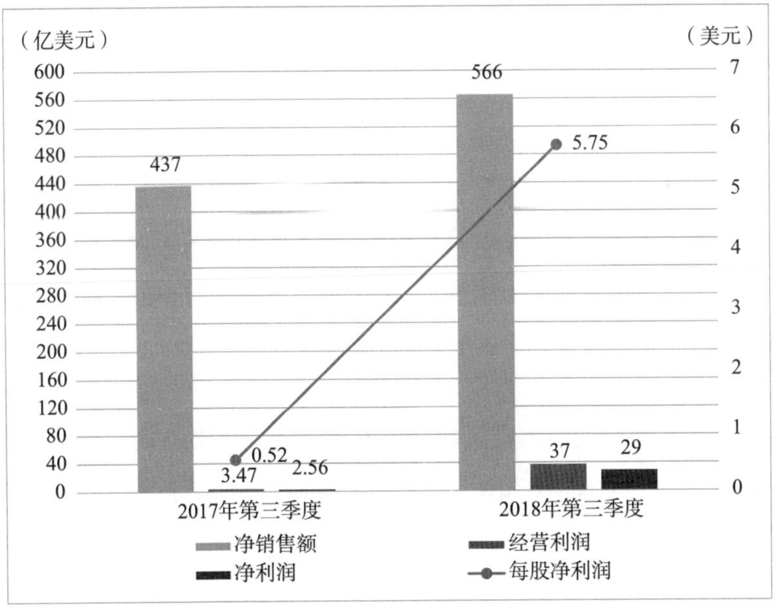

2018 年第三季度与去年同期数据比较

的 3.47 亿美元增长了 966%，至 37 亿美元；净利润增至 29 亿美元，即每股收益 5.75 美元，而 2017 年第三季度净利润为 2.56 亿美元，对应的每股收益 0.52 美元。

虽然净利润增长较快，但这却是亚马逊一年多来净销售额增长最慢的一个季度，566 亿美元的净销售额低于分析师平均预测的 571 亿美元。净销售额增速放缓有多方面的原因。一是全食超市开始被全面纳入，与上年相比较，拉低了亚马逊整体增速。与 2018 年第二季度相比，亚马逊实体店（主要是全食超市）的销售额从三个月前的 43.1 亿美元轻微下降至 42.5 亿美元。二是随着竞争对手微软和 Alphabet 公司逐渐蚕食市场份额，AWS 也显示出了面对高期望的乏力。亚马逊的国际零售业务增速也趋于放缓，主要是因为规模占比较大的印度业务将一些假日销售转移到了第四季度。

亚马逊给出的下一季度业绩预计也较为保守。预计净销售额在 665 亿美元到 725 亿美元之间，低于 Refinitiv 调查分析师预测的 738.9 亿美元，同比增幅在 10%~20% 之间。该结果导致亚马逊股价在盘后交易中下跌 7.7%，至每股 1644 美元。

同一天，AWS 表示将于 2020 年上半年在南非开设一个基础设施地区。新的 AWS 非洲（开普敦）地区将包括三个可用区域。目前，AWS 在全球 19 个基础设施地区提供了 55 个可用区域。[50]

10 月，亚马逊股价暴跌 20.2%，创下 2008 年 11 月以来的最大跌幅。[51] 10 月 31 日，亚马逊股价上涨 4.4%，收于每股 1598.01 美元。分析师将此归因于第三季度的业绩表现。

与此同时，还有来自同业的竞争压力。沃尔玛旗下的山姆会员店在得克萨斯州达拉斯也推出了类似 Amazon Go 的无人商店，允许顾客使用智能手机上的应用程序进行支付，不用排队就可以走出商店。[52] 而 10 月 28 日，IBM 同意以 340 亿美元溢价 63% 收购云软件分销商红帽公司，让投资者感受到了云服务日益激烈的市场竞争。[53]

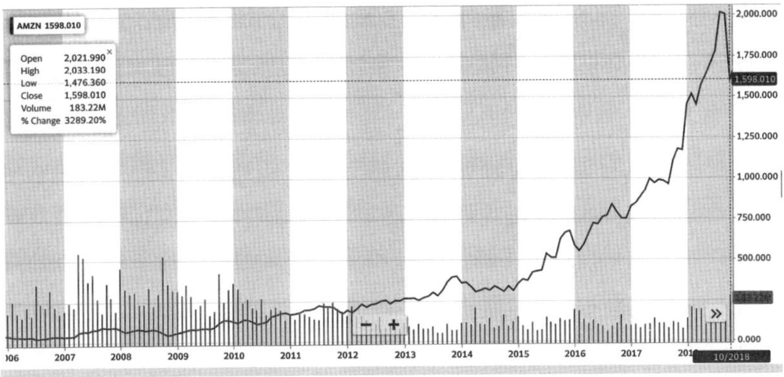

2018 年 10 月亚马逊股价暴跌
图片来源：https://finance.yahoo.com

11 月

11 月 13 日，亚马逊宣布选择纽约市和弗吉尼亚州的阿灵顿作为公司新总部所在地。[54]

11 月 20 日，亚马逊在加拿大多伦多的伊顿中心（Eaton Centre）开设了第一家 Alexa 智能家居快闪店，通过沉浸式购物环境让客户体验 Alexa 操控的闭环智能家居系统。[55]

11 月 26 日，AWS 发布基于开源机器人软件框架 ROS（Robot Operating System，机器人操作系统）的云机器人平台 RoboMaker。RoboMaker 自动提供底层基础设施，可实现大规模开发、测试和部署智能机器人应用程序。[56] 喷气推进实验室、史丹利百得等公司这时已经使用 RoboMaker 构建了太空火星车、工业检测无人机等。[57]

11 月 27 日，第七届“AWS re：Invent”年度大会在拉斯维加斯开幕，参会人数再创新高，达 5 万。这次会议的重头戏在于机器学习和人工智能。安迪·贾西在近三个小时的主题演讲中，长时间介绍了

AWS 在这方面的努力，并自豪地表示，过去一年有各行业的 10 万个活跃用户在 AWS 上执行机器学习模型。会上 AWS 一口气发布了 13 项机器学习的服务和功能。

最为亮眼的是基于 ARM 处理器架构的 Graviton 处理器以及云端人工智能芯片 Inferentia。Graviton 处理器的意义在于，它可能会开始打破产业链的稳定性，不再完全依赖于英特尔的服务器芯片。该处理器支持 AWS 的 EC2 A1 实例的多核 ARM 处理器，处理器性能几乎与 AMD 公司基于 ARM 处理器的芯片相当。AWS 表示该芯片将于 2019 年上市。

谷歌在 2016 年发布了它的第一个张量处理器（TPU），阿里巴巴也发布了一款人工智能芯片。[58] Inferentia 芯片的推出表明随着各公司云计算市场渗透率的提升，AWS 等云计算厂商开始朝着更高价值链上的环节迈进，进行垂直整合，亚马逊力图走一条自己的“云端芯”一体化路线。

此外，AWS 在物联网和区块链领域也有了创新，发布了四项方便物联网应用程序的服务和功能：（1）便于从工业设备中收集、组织和搜索数据的 IoT SiteWise；（2）用于检测和响应来自大量物联网传感器和应用程序的事件的 IoT Events；（3）通过可视化连接设备和服务以及定义交互来为构建新的物联网应用程序提供便利的 IoT Things Graph；（4）无须编写代码的连接服务 AWS IoT Greengrass Connectors。[59]

亚马逊看好企业云端区块链商机，推出量子账本数据库（Quantum Ledger Database，也称 QLDB）和亚马逊区块链管理服务（Amazon Managed Blockchain）。其中，亚马逊量子账本数据库是一个透明、不可变、加密的可验证账本，将允许用户在“中心化且可信的实体”的帮助下实现多方安全的交易数据共享。它主要用于需要中央授权的应用程序，以提供永久和完整的交易记录。[60] 亚马逊区块链管理服务旨在打造一个由亚马逊管理的区块链平台，便于用户使用开源的以太坊和 Hyperledger Fabric 框架来创建和管理可扩展的区块链网络。

12月

12 月 12 日，AWS 宣布进入欧洲斯德哥尔摩地区。至此，AWS 布置了全球 20 个基础设施区的 60 个可用区域。[61]

12 月 18 日，曾负责亚马逊国际业务的最资深高管之一迭戈·皮亚琴蒂尼离职。[62] 据知情人士透露，他在 2016 年休了两年假，为意大利政府工作，但在项目结束后，决定不再回到亚马逊。皮亚琴蒂尼的离职引人注目，不仅仅是因为他为亚马逊服务了 18 年，更因为他是亚马逊管理核心"S Team"的成员。

"S Team"是一个由不足 20 人的高层领导组成的关系紧密的团队，以人员流动少而著称。皮亚琴蒂尼是继 3 月市场高级副总裁塞巴斯蒂安·甘宁汉（Sebastian Gunningham）之后，选择在 2018 年离开的第二位核心管理人员。

表 1　2018 年从亚马逊离职的主要高职人员去向（根据网络资料整理）

序号	高管	亚马逊职务	去向
1	迭戈·皮亚琴蒂尼	国际业务高级副总裁	未知
2	塞巴斯蒂安·甘宁汉	亚马逊市集高级副总裁	WeWork 副主席
3	格雷格·格里利（Greg Greeley）	Prime 会员业务副总裁	爱彼迎住宅业务总裁
4	戴夫·斯蒂芬森（Dave Stephenson）	全球消费者业务首席财务官	爱彼迎首席财务官
5	吉姆·弗里曼（Jim Freeman）	Alexa 通信副总裁	Zalando 工程高级副总裁

（续表）

序号	高管	亚马逊职务	去向
6	蒂姆·斯通（Tim Stone）	财务副总裁	Snap 首席财务官
7	阿萨夫·罗南（Assaf Ronen）	语音和 NUI 购物副总裁	SoFi 产品总监
8	克雷格·伯曼（Craig Berman）	全球通信副总裁	未知
9	皮特·法里西（Peter Faricy）	亚马逊市集副总裁	Discovery 全球 DTC 首席执行官
10	马克·米查克（Mark Mitchke）	市场业务副总裁	达美牙科公司 CEO
11	艾伦·帕克（Allen Parker ）	亚马逊设备和应用商店财务副总裁	Zillow 首席财务官
12	德里克·安德森（Derek Anderson）	亚马逊数字视频业务财务副总裁	Snap 财务副总裁
13	杰夫·尤尔西辛（Jeff Yurcisin）	软线自有品牌副总裁	Zulily CEO
14	桑杰伊·沙赫（Sanjay Shah）	北美履行中心副总裁	特斯拉能源运营高级副总裁
15	达西·彭尼克（Darcy Penick）	Shopbop/East Dane（亚马逊子公司）CEO	Bergdorf Goodman 总裁
16	贾森·沃尼克（Jason Warnick）	全球财务副总裁	Robinhood 首席财务官
17	杰瑞米·戈尔曼（Jeremi Gorman）	全球广告销售主管	Snap 首席业务官
18	阿什温·拉姆（Ashwin Ram）	Alexa 人工智能高级经理	谷歌云人工智能技术总监

2019年　科技帝国

1月

1月9日，AWS推出全托管式文档数据库服务——兼容Mongo DB数据库的亚马逊DocumentDB，以支持现有的MongoDB数据库服务工作负载。开发人员在DocumentDB上可以像现在一样使用MongoDB数据库的应用程序代码、驱动程序和工具，来运行、管理和扩展工作负载。该服务基于开源MongoDB 3.6版本构建，只支持MongoDB 3.6版本。[1]

MongoDB是最常用的NoSQL关系数据库之一，最早在2009年发布，是早期大数据时代的数据库代表。MongoDB服务器端公共许可证本质上要求任何提供MongoDB服务的云提供商必须开放与该服务相关的所有代码，但这不是所有云提供商都愿意接受的。这也是DocumentDB数据库的研发动因之一。在DocumentDB发布之后，MongoDB的股价暴跌。[2]

1月23日，AWS推出全托管式支持远程办公的WorkLink服务。公司用户可以通过移动设备为员工提供安全的一键访问内部网站和网络应用程序的服务，而无须连接到 VPN 或使用自定义浏览器。[3]

1 月 31 日，亚马逊公布 2018 年第四季度和全年财务数据。全年净销售额为 2328.87 亿美元，经营利润为 124.21 亿美元，净利润为 100.73 亿美元，每股净利润为 20.14 美元。第四季度净利润创历史新高。第四季度净销售额为 724 亿美元，较上年同期的 605 亿美元增长了 20%；经营利润较上年同期的 21 亿美元增长了 81%，至 38 亿美元；净利润增长了 58%，至 30 亿美元，即每股收益 6.04 美元，而上年同期为 19 亿美元，即每股收益 3.75 美元。

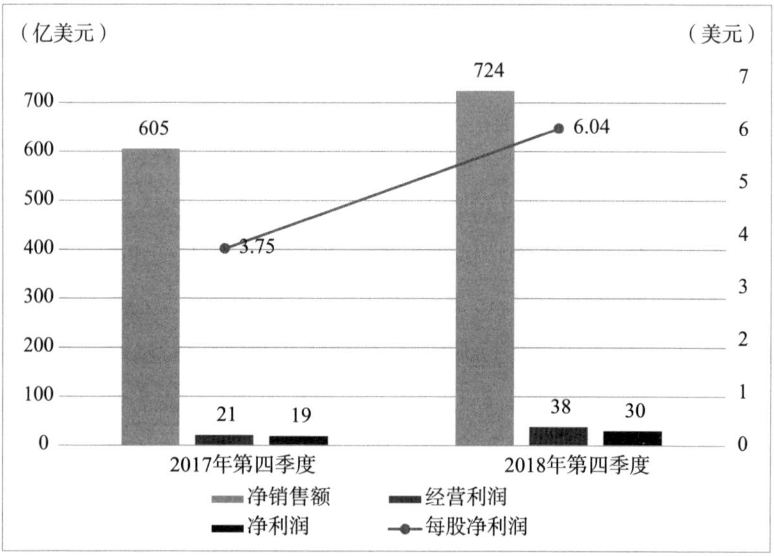

2018 年第四季度与去年同期数据比较

业绩亮点主要有三个方面。第一，第三方卖家表现突出。2018 年第四季度销售的产品中，有 52% 来自第三方。第四季度第三方销售服务的收入增长了 27%，达到 133.8 亿美元。第二，AWS 和新型数字广告业务强势增长。第四季度 AWS 的净销售额增长了 45%，达到 74.3 亿美元。主要来自广告收入的“其他”类别，收入几乎翻了一番，达到 33.9 亿美元，亚马逊显然正在从谷歌和脸书手中夺走数字广告业务的市场份额。第三，国际零售销售额在第四季度的增长速度从三个月前的 15% 提高到了 19%。

不过，印度市场还是一个不稳定因素。印度政府正在收紧对外国电子商务公司的限制，禁止其持有或运输自己的库存，并于 2 月 1 日消除了原来规定中允许非印度籍网上卖家通过当地附属公司进行销售的漏洞。此时，亚马逊已经在印度市场上投入了 50 亿美元。

亚马逊在给出 2019 年第一季度业绩计划时，预测第一季度的净销售额为 560 亿到 600 亿美元，低于分析师普遍预测的 608.3 亿美元。分析师认为，亚马逊在业绩预测方面往往比较保守，但在分析师电话会议之后，亚马逊的股价在盘后交易中下跌了近 5%。资产管理公司 Blockforce Capital 的高级分析师基恩 · 塞尔希扎德表示："他们的预测令人失望。"当然，投资者还担心"亚马逊将面临全球宏观经济下行，以及与提高最低工资相关的成本的影响"和其他因素。[4]

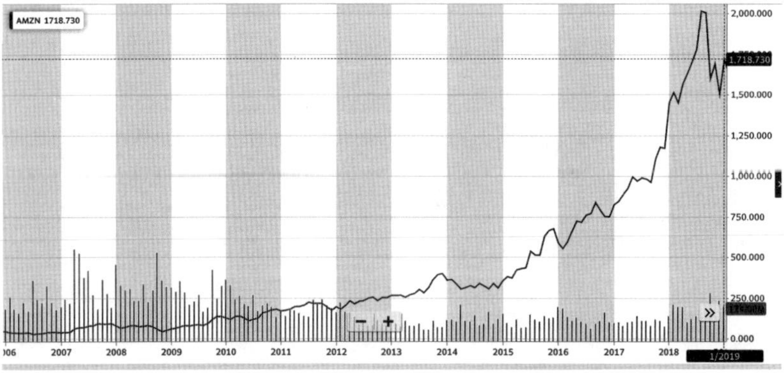

亚马逊 2019 年的股价从上年 10 月的低点回升

图片来源：finance.yahoo.com

2月

2月11日，亚马逊以9700万美元协议收购无线路由器制造商Eero。Eero公司由斯坦福大学的韦弗、哈迪森和夏里奇于2014年创立，很快便成为网状网络（mesh network）的先驱。网状Wi-Fi系统不再是一个由中央调制解调器和路由器组合的系统，而是在一个家庭中的多个设备之间进行通信的系统，这使得最快的Wi-Fi信号能够穿过更多的物理屏障，在几分钟内建立家庭无线网络系统，用高性能、可靠的Wi-Fi覆盖用户家中的每个房间。Eero的第一款产品在2016年发布时受到了热烈欢迎，谷歌和三星等公司也发布了类似的产品。[5]

本次收购中，亚马逊再次显示出其高超的谈判能力，收购价格远低于产品发布初期公司2.77亿美元的估值。这背后更深层的原因还在于Eero经营上面临的困境。Eero虽然可能是第一个使用网状Wi-Fi系统的公司，但面临着多重竞争，最大的挑战来自谷歌。谷歌在2016年末推出了自己的网状Wi-Fi设备，售价仅为299美元，而Eero产品的售价为500美元。Eero的成功之处也是其最大的问题，为了保持一款硬件的市场竞争力，这个初创企业不堪重负。

2月14日，面对越来越强烈的反对，亚马逊放弃了在纽约皇后区长岛市建立第二总部的计划。亚马逊发表声明说，调查显示70%的纽约民众支持他们的投资，但一些州和地方政客反对这笔交易，一直在发起反对行动。[6]反对者对亚马逊有资格获得近30亿美元的政府激励措施感到不满。

3月

3月1日，《华尔街日报》援引匿名消息人士的话称，亚马逊计划在美国开设数十家杂货店，第一家商店最早将于 2019 年底在洛杉矶开业，亚马逊正在旧金山、西雅图、芝加哥、华盛顿特区和费城等地的购物中心为开设店面进行谈判。亚马逊还在探索收购区域性杂货店的想法。[7]

3 月 27 日，AWS 推出 S3 Glacier Deep Archive 存储服务，用于长期保存很少被访问的数据。S3 Glacier Deep Archive 服务提供的云存储成本最低，其价格大大低于存储和维护场内磁带库或场外归档数据的价格。[8]

4 月

4 月 11 日，贝索斯发表致股东的信。这封致股东的信谈论了很多理念性的东西：直觉、谨慎、徘徊力，以及想象那些不可能的事情。

4 月 24 日，AWS 推出亚太地区（香港）区域，至此，AWS 在全球范围内已有 21 个基础设施区的 64 个可用区域。[9]

4 月 25 日，亚马逊公布 2019 年第一季度业绩数据，表现为销售增长平缓却利润丰厚。净销售额为 597 亿美元，较上年同期的 510 亿美元增长了 17% ，这也是自 2015 年第一季度以来的最低增幅，其中国际市场的增长率从去年的 34% 下降到了 9% ；经营利润为 44 亿美元，较上年同期的 19 亿美元增长了 132%，其中云计算部门的经营利润为 22 亿美元，同比增长 59% ，占亚马逊第一季度经营利润的一半左右；净利润增至 36 亿美元，即每股收益 7.09 美元，而上年同期为 16 亿美元，即每股收益为 3.27 美元。

2019 年第一季度盈利远超预期，主要来自亚马逊对于支出的控制——收入同比增长 17% ，但销售成本仅增长了 10%。[10]

尽管盈利表现远超华尔街预期，但亚马逊给出的第二季度预测却

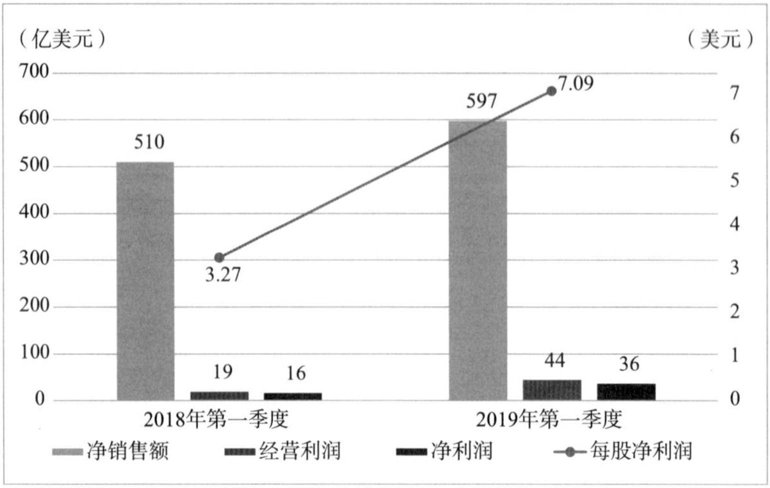

2019 年第一季度与去年同期数据比较

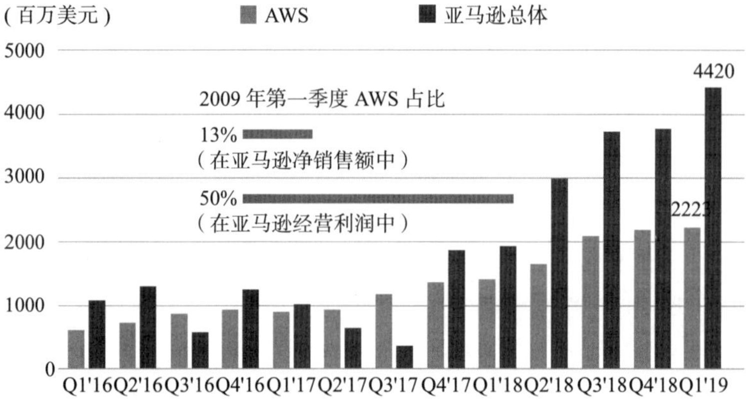

数据来源：亚马逊

AWS 云服务经营利润与亚马逊总体经营利润比较

图片来源：https://salesbenchmarkindex.com

非常保守。净销售额预计在 595 亿美元至 635 亿美元之间，同比增长 13% 至 20%；经营利润预计在 26 亿美元至 36 亿美元之间，2018 年第二季度的经营利润为30亿美元，而华尔街的普遍预期为42亿美元。因此，亚马逊股价在盘后交易中仅上涨了1%，至每股1930.26美元。首席财务官奥尔萨夫斯基在分析师的电话会议中表示，下调业绩目标的部分原因是亚马逊投资了8亿美元，准备将Prime会员的默认免费送达时间改为一天。[11]

4月30日，亚马逊区块链管理服务结束了预览阶段，正式对公众开放启用。这项全托管式服务旨在帮助企业快速建立可扩展、易管理的区块链网络。AT&T、雀巢和新加坡交易所等公司和组织已经签约使用该服务。[12] 随着这项服务的发布，AWS加入了微软的Azure和IBM的行列，正式进军区块链服务市场。

5月

5月23日，亚马逊宣布了AWS卫星接收地面站（AWS Ground Station）的普遍可用性。这项云服务让用户可以使用由全球12个地面站天线组成的全托管式网络，从卫星下载数据到AWS全球基础设施区。卫星接收地面站实现了地面站即服务，用户依靠卫星接收地面站的全球地面站点，随时随地下载数据，按需为天线访问时间付费，从而在AWS节省多达80%的地面站运维成本，同时更快地获得数据，试验新的应用程序。例如，用户可以将天气预测或自然灾害图像等应用程序的数据处理和分析时间从几小时缩短到几分钟，甚至几秒钟。[13]

5月29日，AWS宣布了亚马逊Textract的普遍可用性。这项全托管式服务使用机器学习自动提取文本和数据。使用亚马逊Textract，用户能以自动化的方式处理文档工作流、索引和目录等重要信息，以在下游应用程序中使用。该服务能够在几小时内处理完数百万个文档页面。[14] 这也标志着亚马逊正式进军企业的内容管理领域。

6月

6月3日，亚马逊推出Prime会员一日送达服务。美国的Prime会员不需要满足最低购买金额就可以免费享受一天送达的服务，该服务覆盖1000余万件产品。当四月份最初发布这个消息时，沃尔玛和塔吉特的股价就开始暴跌，因为它们将被迫跟上亚马逊的配送速度。不到一个月之后，沃尔玛宣布，订单满35美元即可享受免费次日送达服务，但它依然无法与亚马逊相提并论，因为亚马逊的服务无最低购买额限制。[15]

亚马逊强大的物流网络使其大大减少了运输时间和客户成本。加拿大皇家银行资本市场公司（RBC Capital Markets）在几个月前的一份报告估计，亚马逊已经有能力向美国总人口的72%提供当日和次日送达服务。加拿大皇家银行资本市场公司表示，亚马逊在过去四年中投入大量资金扩张其履行中心，现在体现出了效率。[16]

6月3日到7日，亚马逊首届机器学习、人工智能、机器人和太空会议——“Amazon re：MARS”开幕。数千人来到拉斯维加斯，一睹亚马逊在业务中如何使用机器人和人工智能技术，并与一些顶尖的机器人和人工智能专家交流。活动上充满了机器人，许多高校来此展示它们的产品。

该活动实际上是之前“MARS”活动的公开版。以往的“MARS”活动都是以邀请制的方式低调进行，而贝索斯则会以吸引人眼球的方式出现。

亚马逊表示已经在全球部署了20万个机器人驱动器，并公开了两款名为Xanthus和Pegasus的仓库机器人。

6月10日，AWS将亚马逊网站自身使用的、人工智能驱动的Amazon Personalize个性化服务向公众开放使用。在应用程序中实现个性化服务的最大困难之一是缺少个性化算法，Amazon Personalize

免除了应用程序开发人员创建、更新和维护这些算法的需要，它的机器学习技术接收来自应用程序的活动流和产品库存推荐的输入。该服务会随着时间的推移而学习，并且处理的数据越多，能提供的建议就越好。开发人员不需要学习机器学习，输入和输出都通过亚马逊个性化的 API 处理。[17]

这项服务可以帮助实现一系列个性化的应用场景，例如产品推荐、个性化搜索结果或定制的直接营销。[18]

6 月 24 日，自 2018 年 11 月公开发布后，经过七个月的预览，AWS 控制塔（AWS Control Tower）和 AWS 安全中心（AWS Security Hub）向用户全面开放，二者旨在帮企业用户更容易地建立、保护和监控云环境。这些新服务是亚马逊降低大型企业进入门槛、转向云计算的又一努力，解决了大量不同第三方的整合性难题。其中，AWS 安全中心提供 AWS 自己的安全工具以及第三方安全服务的仪表板视图。AWS 控制塔利用数据访问、安全性和遵从性等领域的最佳实践，使建立多账户 AWS 环境的过程自动化。亚马逊的竞争对手同样注意到了这一网络安全市场，推出的类似服务有微软的 Azure 安全中心和谷歌云安全指挥中心。[19]

6 月 27 日，亚马逊宣布在美国推出柜台取货点网络，顾客可以选择在亚马逊合作伙伴的店内取货。全美超过 100 个柜台参与该网络，还有数以千计的新店即将开张。[20]

7 月

7 月 16 日，德国联邦卡特尔局（Germany's Federal Cartel Office）表示，在亚马逊同意修订一项适用于数十万商家在其平台上进行交易的商业服务协议之后，它将放弃对其为期七个月的调查。在新的服务条款中，亚马逊将遵守欧洲关于商业伙伴在欧洲平台上的责任这一规则。例如，亚马逊从平台上剔除商家应提前 30 天通知并告知理由。这些变化不仅适用于德国这个仅次于美国的亚马逊第二大市场，也适用于亚马逊在英国、法国、意大利和西班牙的市场，以及亚马逊在美国和亚洲的其他网站。[21]

同一天，欧盟竞争委员会对亚马逊展开了正式的反垄断调查，以调查其是否利用销售数据，获得对亚马逊市集平台上规模较小的卖家来说不公平的竞争优势。[22]

7 月 23 日，亚马逊宣布与美国最大的住宅地产代理商 Realogy Holdings 合作，宣布 TurnKey 计划进军房地产领域。潜在的购房者只要访问亚马逊下属的 TurnKey 网站，回答关于住在哪里、想买什么样的房子等问题，亚马逊就会很快把线索指向一家 Realogy Holdings 代理商。如果购房者通过 Realogy Holdings 代理商找到的房子价格在 70 万美元以上，还可以获得亚马逊家庭服务和智能家居产品的优惠券。[23]

此前 Zillow、Redfin 和 Opendoor 等网站“即时购买”算法和简便购房流程已严重威胁到了 Realogy Holdings 的业务，因此这次与亚马逊的合作对它来说意义重大。亚马逊则获得了推动其家居服务和智能产品的机会，与谷歌和苹果及细分市场的竞争对手 Thumbtack、TaskRabbit 和 Handy 等争夺市场份额。TurnKey 项目将有 3000 名房地产经纪人参与，先在华盛顿、旧金山、芝加哥等 15 个城市推出。[24]

7 月 25 日，亚马逊公布 2019 年第二季度财务数据，销售水平基本符合预期，但净利润增长缓慢。净销售额为 634 亿美元，较上年同期的 529 亿美元增长了 20%；经营利润自上年同期的 30 亿美元增加至 31 亿元，其中 AWS 业务经营利润为 21 亿美元，占比超 2/3；净利润为 26 亿美元，即每股收益 5.22 美元，而上年同期为 25 亿美元，即每股收益 5.07 美元。

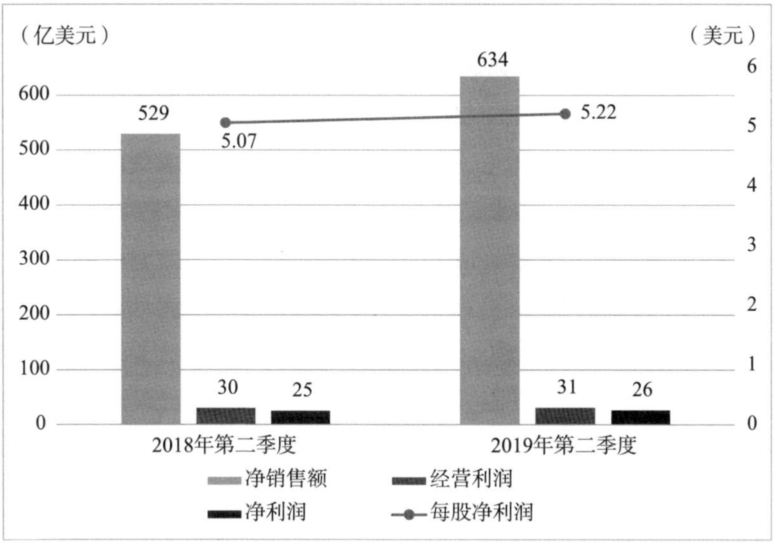

2019 年第二季度与去年同期数据比较

导致净利润增速放缓的因素，除了 Prime 会员服务运输提速导致的成本增加，增加的员工数量和基础设施支出也是重要原因。亚马逊第二季度员工总数增长了 13% 。通过融资租赁（某种程度上代表了其基础设施支出）购买房地产和设备的支出较上年同期增长了 41% ，达到 33 亿美元，在第一季度，这项支出仅增长了 16% ，而 2018 年全年仅增长了 10%。

亚马逊预计 2019 年第三季度经营利润在 21 亿美元至 31 亿美元之间，远低于 FactSet 公司估计的 44 亿美元。首席财务官奥尔萨夫斯基在财报电话会议上表示，第二季度为实现“次日免费送达”的扩张计划，支出略高于 8 亿美元。同时他说，亚马逊第三季度还会发生类似的成本增加，因为它增加了适用 Prime 会员服务次日送达的商品数量，并将该项目扩展到美国以外的地区。奥尔萨夫斯基拒绝透露具体的增量支出数字，但表示将“接近”亚马逊预计的 8 亿美元。[25]

穆迪亚马逊分析师查理·奥谢（Charlie O'Shea）表示："（亚马逊）第二季度的业绩受到 Prime 会员服务次日送达支出的影响，北美地区利润率压缩，但我们仍认为这是短期受苦、长期获益的事情。"[26]

因为亚马逊给出的第三季度利润预期远低于市场预期，亚马逊的股价在盘后交易中下跌超过 2%，但在 2019 年整体已上涨了 32%，超过了标准普尔 500 指数 20% 的涨幅。

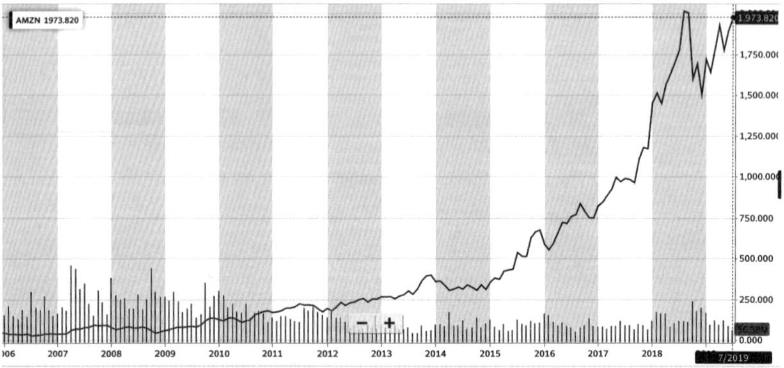

亚马逊股价在 2019 年上半年增幅较大

图片来源：https://finance.yahoo.com

8月

8 月 8 日，亚马逊宣布 AWS 数据湖（AWS Lake Formation）全面开放。利用该服务，用户可在几天内建立安全的数据湖。数据湖是一个安全的集中式辅助存储库，以数据原始形式和可用于分析的形式存储。[27] 利用数据湖，用户可以分解数据孤岛并组合不同类型的分析，从而获得指引业务决策的建议。

松下航空电子公司、埃森哲、眼部护理产品巨头爱尔康以及生物科技公司安进都是 AWS 数据湖的早期用户。[28]

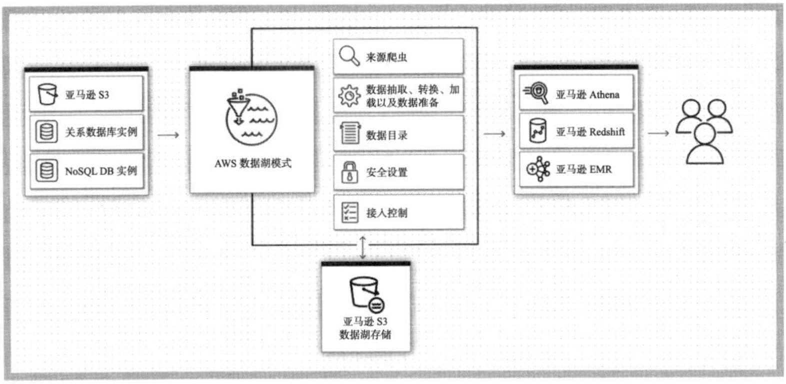

AWS 数据湖工作流程
图片来源：亚马逊官网

8 月 21 日，AWS 宣布亚马逊预测（Amazon Forecast）服务全面开放。这项用于时间序列预测的全托管式深度学习服务，基于与亚马逊网站相同的技术，可以用来进行精确预测，包括预测产品需求和销售、基础设施需求、能源需求和人员配备水平。Amazon Forecast 服务的意义在于它把亚马逊数十年的个性化预测经验普及化。[29]

8 月 23 日，美国海军宣布，本周内海军六个司令部向 AWS 云系统派出 7.2 万名用户，这是为期三年、耗资 1 亿美元的行动的第一步。美国海军已经朝着将所有数据和分析功能转移到云计算方向迈出了一大步，为从分散、断开的网络和数据库过渡到单一的云计算系统奠定了基础。美国海军其余的采购、后勤和后勤数据将在未来两年内转移到云端。[30]

9 月

9 月 20 日，AWS 宣布 G4 实例全面开放。这项以英伟达 T4 Tensor

Core GPU 驱动的 EC2 实例，旨在帮助提升机器学习推理和图形密集型工作负载的速度。T4 GPU 是世界上极其先进的推理加速器，可以用于运行机器学习驱动的应用程序，如添加元数据的图像、目标检测、推荐系统，以及自动语音识别或语言翻译。G4 实例也是构建和运行图形密集型应用程序的经济、有效的平台，包括远程图形工作站、视频转码或照片真实感设计等类型的应用程序。后续 G4 实例将支持 Amazon Elastic Inference，使开发人员能够通过平台为他们的工作负载提供适量的 GPU 性能来降低成本。[31]

9 月 25 日，亚马逊推出了 Eero 系列新产品。全新的 Eero 网状 Wi-Fi 系统为流媒体、游戏和在家工作提供了简单可靠的无线网络，定价仅为 99 美元。

9 月 28 日，《华盛顿邮报》数字版对 Prime 会员提供一个月的免费订阅服务，过后他们可以以每月 3.99 美元的价格优惠订阅。此外，美国军人和政府雇员只需要提供有效的“.MIL”或者“.GOV”后缀邮箱地址便可以永久性免费订阅。[32]

9 月 30 日，AWS IQ 服务全面开放。该服务帮助云用户为特定项目聘用专业人员。通过张贴项目公告，用户可从亚马逊认证的专家处征求投标，进而聘用相关专家进行相关培训、咨询或获得专业支持。[33] 这对中小型供应商来说是一个有价值的工具，因为这些供应商可能缺乏在 AWS 服务方面寻求帮助的专业知识。微软 Azure 也提供了自己的门户网站来连接用户和服务提供商，以及第三方应用和咨询的服务平台。[34]

10 月

10 月 8 日，亚马逊的新加坡域名正式发布。所有客户享受满 40

新元免费 2~3 天送货；注册 Prime 会员服务的客户可以在当地免费享受次日送达服务。亚马逊进军新加坡除了看重其 20%~30% 的互联网经济增长率，还因为该国一直在试验用无人机运送物品。[35]

10 月 24 日，亚马逊公布 2019 年第三季度财务数据，自 2017 年以来首次出现了净利润下滑。第三季度净销售额为 700 亿美元，较上年同期的 566 亿美元增长了 24%；经营利润较上年同期的 37 亿美元减少了 14%，至 32 亿元；净利润较上年同期的 29 亿美元下降了 28%，为 21 亿美元，即每股收益 4.23 美元，低于上年同期的每股收益 5.75 美元，也低于分析师预期的 4.59 美元。

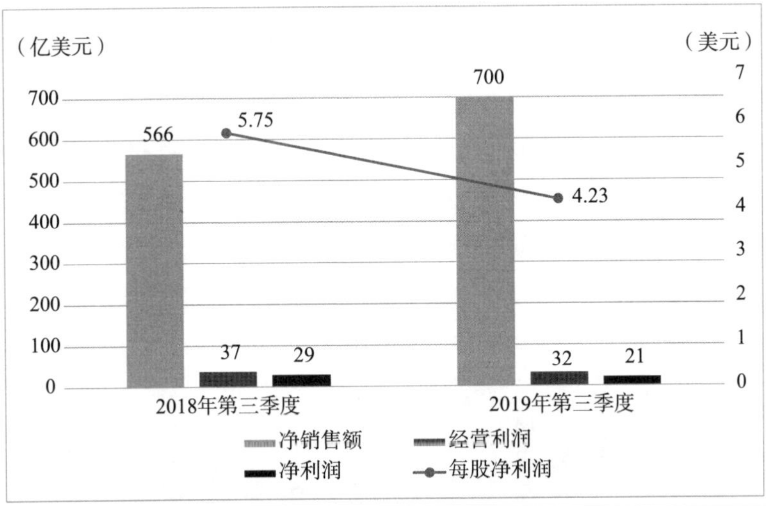

2019 年第三季度与去年同期数据比较

利润下滑的主要原因是亚马逊继续推进 Prime 会员当日送达效率而产生的高成本。第三季度亚马逊的全球运输成本比前一年同期增加了 46%，达到 96 亿美元。不过，随着对当日送达服务的加大投入，在线销售增长已经加速，2019 年第三季度网上商店的销售额增长了 22%，是去年同期的 2 倍。除了投入到履行中心的成本，员工人数也急剧增加到 75 万。

另外，亚马逊净利润的主要来源 AWS 业务也显示出增长放缓的迹象。该部门第三季度实现了 90 亿美元的净销售额，同比增长 34.7%。增幅虽然相对于其同等规模的业务来说仍然很快，但低于上一季度的 37%，而上一季增幅本身也低于该部门通常的 40% 或更高的增幅。

摩根大通证券分析师罗恩·乔西（Ron Josey）表示，随着亚马逊在运输网络上的支出增加，投资者将越来越多地期待亚马逊的利润率能够得益于 AWS 业务的增长。加之市场竞争的日益激烈，分析师开始关注高速增长的可持续性。恰好微软早些时候公布了其云服务部门收入增长 36%，达到 116 亿美元的季度业绩新高。

在未来业绩预期上，亚马逊给出的 2019 年最后一个季度（包括购物季）的利润前景较为保守，预计经营利润从去年同期的 38 亿美元降到 12 亿至 29 亿美元之间，低于分析师预计的 42 亿美元。首席财务官奥尔萨夫斯基表示，亚马逊仍在研究一日送达的长期成本结构，但表示该投资符合亚马逊长期以来形成的商业模式。[36]

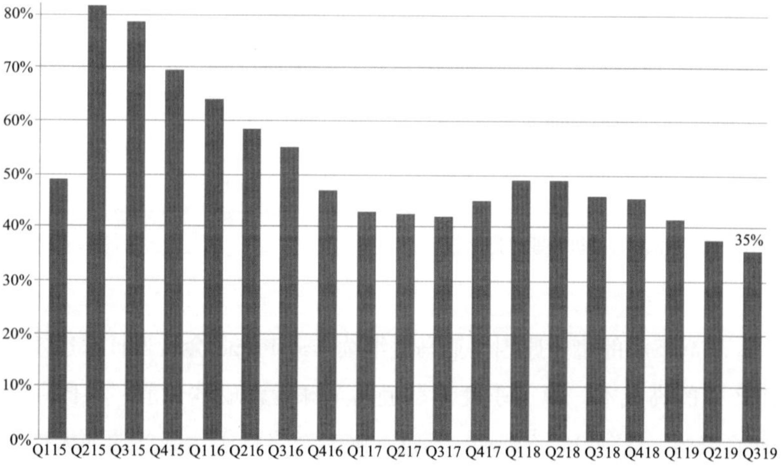

AWS 近五年的收入增速
图片来源：FactSet

利润减少加上保守的财务预期，导致亚马逊股价在盘后交易中下跌超过 7%。而在发布财报之前，亚马逊股价在 2019 年整体上涨了近 18%，略低于标准普尔 500 指数 20% 的涨幅。[37]

10 月 29 日，亚马逊在全美 2000 多个城市提供免费生鲜送货服务。Prime 会员可以享受免费的亚马逊生鲜服务。以往，该服务需要每月支付 14.99 美元。[38]

11 月

11 月 6 日，亚马逊表示将耗资 4000 万美元在美国马萨诸塞州韦斯特伯鲁构建一个占地 35 万平方英尺（约 32550 平方米）的机器人技术创新中心（Amazon Robotics Innovation Hub）。新中心将于 2021 年投入使用。[39] 机器人技术部副总裁布拉德·波特（Brad Porter）称亚马逊已在美国 25 个履行中心中拥有 10 万个机器人系统。[40]

11 月 13 日，耐克表示将放弃与亚马逊的合作试点。有报道称，与很多其他大品牌终止与亚马逊合作的原因类似，耐克终止合作也是因为亚马逊未能承诺“积极主动地监管其网站上的假冒产品”。[41]

11 月 14 日，AWS 推出数据交换服务（Data Exchange），旨在帮助用户查找、订阅和使用云中的第三方数据。该项目有超过 80 个合作的数据提供商贡献了 1000 多个数据产品，例如路透社精选了超过 220 万条多种语言的独家新闻报道，邓白氏（Dun & Bradstreet）开放了超过 3.3 亿条全球商业记录的语料库。AWS 数据交换服务的用户从 AWS 市集中的第三方数据源中进行选择。一旦订阅，他们就可以使用 AWS 数据交换 API 或控制台将数据直接输送到亚马逊 S3。简单说，即 AWS 数据交换服务为快速集成第三方数据到既有的云端工作负载中提供了便利。[42]

12月

12月2日至6日，第八届“AWS re：Invent”大会在拉斯维加斯举行，约有65000人参会，技术分享会议超过2500场。安迪·贾西以“re：Invent”名字的由来作为开场，传递出通过云计算塑造“全新世界”的愿景。四场主题分享围绕AWS底层基础架构与底层安全、AWS生态和行业展望、AWS合作伙伴分享以及新产品介绍进行。[43]

延续精细化操作的宗旨，AWS推出了基于Arm N1架构的系列新实例，更为重要的是，这些实例利用的是新一代Graviton2处理器。亚马逊称这些新实例的性价比与基于x86处理器的Skylake实例相比，高出了40%。这意味着IaaS、PaaS和SaaS服务的性能较原来有40%的改进。这对企业和开发人员而言，有着非常重要的意义。亚马逊也在向英特尔和AMD公司明确表明，它不再需要大量的x86处理器来运行大量工作负载了。[44]

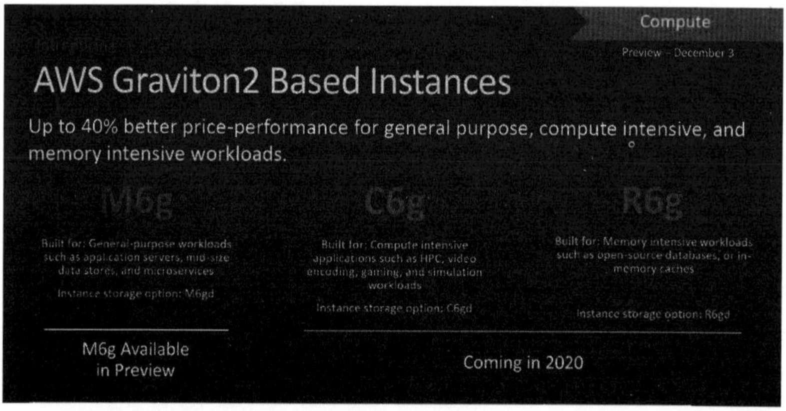

AWS提升服务精细化操作的应用实例截图
图片来源：AWS

另一大亮点是混合云服务，支持计算资源边缘下沉。AWS发布了三项新服务：Outposts、本地区域（Local Zones）和近 5G（第五代移动通信技术）运营商末端节点服务 Wavelength。其中，Outposts 是全托管式和可配置的、AWS 设计的硬件机架，使用熟悉的 AWS 或威睿的控制平面和工具将本地 AWS 能力带到场地内的地点；本地区域服务的任务则是将选择的 AWS 服务放置在人口、行业和 IT 中心较多的地方，以便以单位数字的毫秒延迟交付应用程序；Wavelength 把运营商合作伙伴的 5G 基站改造成计算节点，允许开发者在 5G 网络的边缘部署 AWS 计算和存储，以支持新兴的应用，如边缘机器学习、工业物联网等。[45]

同时，AWS 通过加强“计算密集 + 网络密集”的能力，让“超算即服务”成为其产品。[46] 该方向由搭载了最新款 Nitro 系统的几款 EC2 实例引领，包括 C5n、P3dn、Inf1 等系列。

此外，机器学习仍是亚马逊专注的服务领域。亚马逊意图让机器学习变得更加容易，已经发布了 17 项机器学习和人工智能工具。这次发布的 AWS 机器学习启动（AWS Machine Learning Embark）服务，可以帮助用户构建新一代的机器学习体系。

12 月 21 日，沃尔玛 CEO 道格 · 麦克米伦（Doug McMillon）透露了与亚马逊等电商竞争的秘密武器：超级购物中心。他认为，这些占地 18 万平方英尺（约 16740 平方米）的超级购物中心可以成为商业网络的核心，有助于扩大服务范围、提升利润。2018 年，亚马逊的经营利润增长了两倍，达到 124.2 亿美元，而沃尔玛的经营利润增长了 8%，达到 220 亿美元。[47]

2020年　重塑

1月

1月31日，亚马逊公布2019年第四季度和全年财务业绩，表现超华尔街预期。第四季度净销售额为874亿美元，较上年同期的724亿美元增长了21%；经营利润较上年同期的38亿美元略增至39亿美元；净利润增至33亿美元，即每股收益6.47美元，而上年同期为30亿美元，即每股收益6.04美元。每股收益和净销售额分别超过了华尔街预计的4.04美元和860亿美元。最重要的是，39亿美元的经营利润超出分析师预期的水平。[1]

2019年全年的销售和利润较上年均有较大增长。净销售额增长20%，达到2805.22亿美元；经营利润增长至145.41亿美元；净利润增至115.88亿美元，即每股收益23.01美元，而2018年净利润为100.73亿美元，每股收益20.14美元。

首席财务官奥尔萨夫斯基在新闻发布会上说，由于亚马逊在运输基础设施的使用方面变得更加聪明，亚马逊第四季度在运输提速上的支出低于预期的15亿美元。尽管如此，该提速计划还是导致了本季度创纪录的 129 亿美元的运输成本，同比增长了 43%。

但这些投资也起到了作用，特别是带来了更多的 Prime 会员。贝索斯指出亚马逊目前拥有 1.5 亿 Prime 会员用户，这距离他于 2018 年 4 月披露其在全球拥有 1 亿 Prime 会员的时间还不到两年。[2] 在过去一年里，亚马逊的订阅服务收入稳步攀升，其中包括 Prime 会员费在内的订阅服务收入，以及来自亚马逊音乐无限和 Prime 视频频道的收入为 52.4 亿美元，同比增长了 32%。在收益报告中，亚马逊表示，2019 年亚马逊音乐无限的用户数增长超过 50%。[3]

同时，第三方卖家服务业绩尤其强劲。在 2019 年第四季度里，第三方销售额的增长是亚马逊自身在线销售额增长的两倍，且利润率更高，因为亚马逊无须取得这些商品的所有权，多以寄售模式赚取提成和佣金。

亚马逊的“其他”类别的收入增长了 41%，达到 47.8 亿美元，这主要来自广告业务。但亚马逊没有公布这些产品的确切销售数据。[4]

受业绩拉动，亚马逊股价在盘后交易中上涨了 203 美元，涨幅约为 11%，股价再次突破每股 2000 美元。

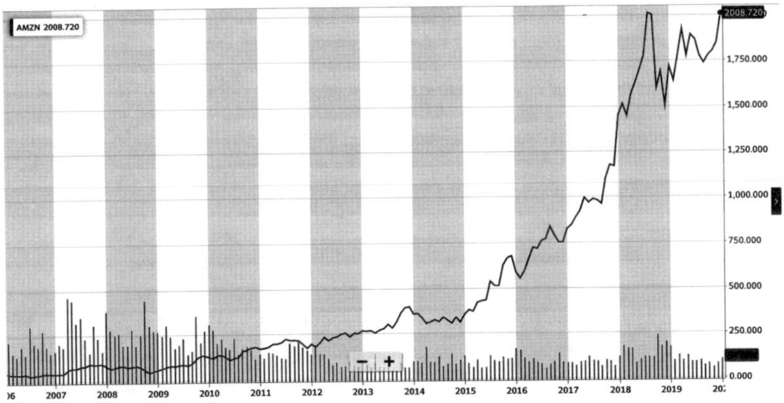

2020 年 1 月亚马逊股价大涨
图片来源：https://finance.yahoo.com

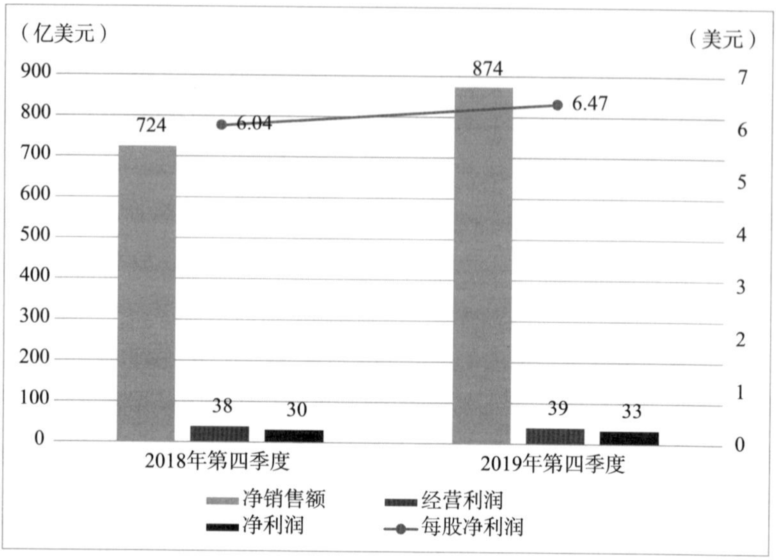

2019 年第四季度与去年同期数据比较

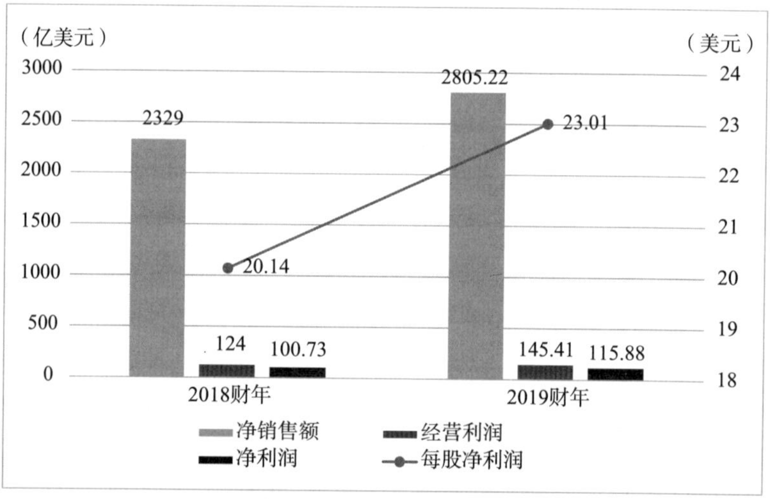

2019 财年与去年同期数据比较

2月

2月4日，亚马逊发布称，它在2019年推出了超过225种工具和服务，以帮助第三方卖家。美国本土的第三方数量也在这一年创下了新纪录：有超过1.5万家企业在2019年的销售额超过了100万美元，近2.5万家企业的销售额超过了50万美元。在全球范围内，2019年销售额过10万美元的中小企业近22.5万家，而2018年是近20万家，2017年是14万余家。[5]

2月17日，亚马逊宣布3M公司正在将其企业IT基础设施移至AWS上。作为全公司IT转型计划的一部分，3M正在将其企业资源计划（ERP）系统，包括会计、供应链管理、制造、产品生命周期管理和电子商务，以及对业务至关重要的企业IT应用，迁移到云计算上。[6]

3月

3月3日，亚马逊宣布了加快送货速度的又一举措。亚马逊已在美国一些城市（包括费城、菲克尼斯、奥兰多和达拉斯）建立了“迷你履行中心”。这些中心的面积约为10万平方英尺（约9300平方米），约为传统履行中心面积的1/10，且位置离客户更近，使得亚马逊能够将这些地区当天送达的时间减少到几个小时。

该措施让亚马逊可以更好地与沃尔玛和塔吉特等对手竞争。沃尔玛和塔吉特都在利用密集的线下商店网络方便其网购运输。[7]

3月10日，亚马逊荷兰网站正式上线，提供多个产品种类，并将与当地的电商bol. com、Coolblue和Wehkamp竞争市场。[8]

3月22日，受新型冠状病毒肺炎（以下简称“新冠”）疫情的影响，美国市场上多种商品原本1~2日送达的Prime会员快递服务，现在可能要一个月甚至更久。亚马逊表示在新冠疫情期间，将优先处理最重要的关键物资。

由于新冠疫情在全球范围内的大规模爆发，消费者纷纷转向了网上购物。面对如此意想不到的网购潮，亚马逊承认面临着挑战。其声明中说道："为了服务有需要的客户，同时确保员工的安全，我们改变了物流、运输、供应链、采购和第三方销售流程，以保障储存和交付客户更优先考虑的物品。"

亚马逊表示，除了保健和家庭用品、医疗用品等六大基本产品，其他产品类别在4月初之前一概不再进货。在北美，亚马逊将每小时的薪酬提高了2美元，试图招聘10万名新员工，以帮助客户分类、包装和送货。[9]

此时，亚马逊面临着如何保护好内部员工的问题。鉴于其与民众生活的密切联系，如果亚马逊运送食品杂货的员工不幸感染，则会动摇公众的信心。而这个风险已经越来越明显，意大利圣乔瓦尼堡、西班牙巴塞罗那和马德里附近仓库的工作人员中陆续有人检测呈阳性。亚马逊采取了在假日购物高峰时的订单处理方式，将订单从负担过重的履行中心转移到附近的其他中心，直到积压的订单清理完毕；同时启动了在自然灾害（如洪水和龙卷风）期间保持运营的应急系统。[10]

4月

4月16日，贝索斯发布股东信，环保成为重要话题。

4月22日，数据集成服务亚马逊AppFlow发布。开发人员可以用它来创建、管理在AWS和第三方SaaS应用程序（如Google

Analytics、Marketo、Salesforce、ServiceNow、Slack、Snowflake 和 Zendesk 等）之间的双向数据流，而无须编写定制的集成代码。该服务有助于解决数据分散于多个不同数据孤岛的问题。AppFlow 服务还与 AWS PrivateLink 云安全服务合作，使路由数据流通过 AWS 网络而不是公共互联网传输，以提高安全性。[11]

有分析师表示，该做法节省了开发人员的时间，但开发人员应该注意，AppFlow 服务会将他们更多地锁定在亚马逊云上。[12]

同日，AWS 非洲（开普敦）地区宣布开放。至此，AWS 已经拥有了全球 73 个可用区域。[13]

4 月 23 日，AWS 宣布亚马逊 Keyspaces 服务面向用户开放。Keyspaces 构建在 Apache Cassandra 之上，是完全托管式的无服务器数据库。[14] 使用 Keyspaces，用户可以轻松地将本地 Cassandra 工作负载迁移到云中。由于是无服务器产品，这意味着无须管理任何服务器，也无须配置大型集群。[15]

Apache Cassandra 是一套开源分布式 NoSQL 数据库系统，最初由脸书开发，用于改善电子邮件系统搜索性能的简单格式数据，集谷歌 BigTable 的数据模型与亚马逊 Dynamo 的完全分布式架构于一身。[16]

4 月 24 日，亚马逊宣布增强人工智能服务全面开放。该服务可轻松构建和管理机器学习应用程序的人工审核，消除了从事与此相关的工作人员其千篇一律的繁重工作。[17]

4 月 28 日，AWS 欧洲（米兰）地区开放。至此，AWS 在全球有 76 个可用区域。[18]

4 月 30 日，亚马逊公布 2020 年第一季度财务数据，表现为净销售额大幅上升而利润下行。净销售额为 755 亿美元，较上年同期的 597 亿美元增长了 26%；经营利润为 40 亿美元，低于 2019 年第一季度的 44 亿美元；净利润为 25 亿美元，即每股收益 5.01 美元，而 2019 年第一季度净利润为 36 亿美元，相当于每股收益 7.09 美元，25

亿美元同样低于当时分析师普遍预计的 32.6 亿美元。

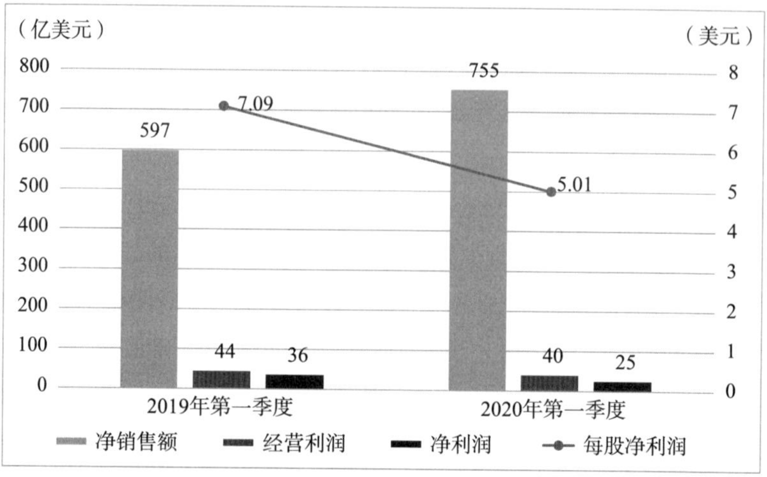

2020 年第一季度与去年同期数据比较

利润下行的主要原因是运输和人力成本的增加。在 2019 年第一季度，全球航运成本为 109 亿美元，同比增长 49%；同时，亚马逊为其仓库和配送网络雇用了 10 万多名员工，将关键员工的时薪暂时提高了 2 美元，并计划再招募 7.5 万人。亚马逊表示，截至 5 月 16 日，小时工的额外工资将耗资 7 亿美元。贝索斯在一份声明中说："当前的危机向我们展示了亚马逊业务前所未有的适应性和持久性，但这也是我们所面临的最艰难的时刻……这种流行病正在造成许多不确定……亚马逊将把第二季度预计盈利的 40 亿美元全部用于应对新冠疫情的相关支出。"

亚马逊首席财务官奥尔萨夫斯基预计亚马逊在 2020 年全年会花费上亿美元用于员工的新冠病毒检测。[19] 亚马逊表示，这将导致公司第二季度经营利润在赢利 15 亿美元至损失 15 亿美元之间，低于去年同期的 31 亿美元。亚马逊公布财报后，股价在盘后交易中下跌了 5.2%。[20]

亚马逊的云服务仍然是公司的主要利润来源，财报显示第二季度AWS经营利润为30亿美元，占亚马逊总经营利润的77%，并首次突破了100亿美元的季度收入大关，比去年同期增长了33%。广告业务近乎没受到疫情影响，净销售额增长了44%，达到39亿美元，是亚马逊增长最快的业务。[21]

5月

5月5日，适用于亚马逊弹性云搜索服务（Amazon Elasticsearch Service）的UltraWarm全面推出。UltraWarm是一个性能优化的暖存储层，可为用户提供历史数据的快速、交互式分析，而成本仅为现有存储选项的十分之一。以往，为了防止存储成本失控，亚马逊弹性云搜索服务的用户需要依靠复杂的解决方案实现跨数据层管理，由此导致某些情况下无法快速访问这些数据。AWS通过新型低成本存储层UltraWarm有效地解决了这一难题。[22]

5月11日，由人工智能和机器学习技术驱动的企业搜索服务亚马逊Kendra全面上市。该服务使用机器学习算法来深入理解上下文，从而提供相关性高、准确性高的答案，适用于专业性行业企业搜索。[23]长期以来，如何找到所需信息一直是较难解决的问题。第一方面的原因是大多数企业数据是非结构化的，因此很难准确定位所需的信息；第二方面的原因是，数据通常分布在各个组织孤岛；还有就是，基于关键字的搜索系统需要计算出正确的关键字组合，通常会返回大量结果，而其中大多数与查询无关。

利用Kendra服务，开发人员可给不同后端（例如文件系统、应用程序、内部网和关系数据库）存储的结构化和非结构化数据建立索引。经过优化的Kendra，可以理解各个领域的复杂用语，适合在专业性较强的问题上发挥作用。[24]

该服务代表了以人工智能为动力的 SaaS 产品的兴起。此前，微软推出了 Project Cortex 服务，利用人工智能来自动分类和分析组织的文档、对话、会议和视频；谷歌云搜索（Cloud Search）从本地和云中运行的一系列第三方产品和服务中提取数据，依靠机器学习来提供查询建议并显示最相关的信息结果。[25]

6月

6 月 17 日，AWS 发布便携、坚固且安全的小型边缘计算和数据传输设备 Snowcone。“边缘计算”一词意味着有一个小型数据中心，它通常会连接到物联网设备并部署在企业网络的边缘。Snowcone 是 AWS 规格最小的设备产品，规格约为 9 英寸 × 6 英寸 × 3 英寸，重 4.5 磅，具有两个虚拟 CPU、4GB 的随机存取存储器和 8TB 的存储空间，主要用于边缘数据存储和传输。用户使用 Snowcone 在边缘部署应用程序，从而收集处理数据，再将数据移动到 AWS 上。该设备可以应用在医疗保健、工业物联网、无人机等多个领域。[26]

6 月 18 日，亚马逊和意大利奢侈品牌华伦天奴宣布联合起诉 Buffalo、纽约 Kaitlyn Pan Group 公司和纽约居民 Hao Pan，指控他们仿冒华伦天奴的标志性产品华伦天奴 Rockstud 鞋，并在 kaitlynpanshoes.com 和亚马逊网站上销售侵权产品，这违反了亚马逊的政策，侵犯了华伦天奴的知识产权。[27]

Kaitlyn Pan 网站上目前销售的许多鞋类商品，其款式都是基于 Rockstud 鞋的这一基本款。通常情况下，正版华伦天奴的鞋零售价在 425 美元到 1100 美元之间，而 Kaitlyn Pan 版的售价大约只要 100 美元。亚马逊表示，它在 2019 年 9 月关闭了亚马逊网站上名为 Kaitlyn Pan

的卖家账户，但没有具体说明在此之前有多少双盗版鞋通过亚马逊网站销售出去。[28]

这是亚马逊首次与奢侈品牌联手在法庭上追究造假者。亚马逊通过此举来表明它打击仿冒产品的决心，希望增强与知名品牌的合作。

6 月 24 日，亚马逊 Honeycode 服务发布，允许客户无须编程即可快速构建移动和网络应用程序。该服务包含一些用于构建常见应用程序的模板，用户可以使用简单的可视化应用构建器来创建高度交互的应用程序。[29]

6 月 29 日，由机器学习提供支持的开发人员工具亚马逊 CodeGuru 全面开放。它是用于自动代码审查和应用程序性能分析的工具，机器学习模型由亚马逊自有的代码库进行训练所得，是其几十年软件开发知识和经验积累的精华。[30]

亚马逊 CodeGuru 服务中有两个重要的组件：一个是静态代码分析器 CodeGuru Reviewer，它通过扫描关键问题、识别错误并推荐如何纠正错误来帮助提高代码质量；另一个是 CodeGuru Profiler，用于探查在 EC2、ECS、EKS 以及 Fargate 上运行的由 Java 开发的应用程序，帮助开发人员找到应用程序中最昂贵的代码行，并给出关于如何修复代码的建议。该工具使用方便，用户只需要为他们实际使用的部分支付费用。[31]

亚马逊表示，CodeGuru 服务已被内部用于优化 8 万个应用程序，从而节省了数千万美元。它可以大幅减少处理器的占用，提高 CPU 的利用效率，有的团队一年内成本降低了 39%。[32]

7月

7 月 9 日，AWS 物联网网站 IoT SiteWise 全面推出。该网站可从工厂车间收集数据，构建和标记这些数据，并生成实时关键绩效指标（KPI）和量化指标，帮助工业企业用户做出更好的数据驱动型决策。[33]

7月29日，一场近六小时的美国国会听证会在线上举行。众议院反垄断小组委员会的成员对亚马逊、苹果、谷歌和脸书的CEO进行了一系列的盘问，指责他们利用自己的市场力量打压竞争对手，积累数据、用户和天价利润。在此之前，立法者收集了数百个小时的采访，并获得了超过130万份相关文件。此次听证会是自20年前试图分拆微软以来，美国政府针对科技巨头最激进的一次行动。当时的世界首富贝索斯因首次向国会提供证词而备受关注。

听证会上，亚马逊被指控滥用其作为零售商兼第三方销售平台的市场地位。贝索斯回应称，国会在考虑反垄断法规时，应该广泛地审视所有零售业。这一点对分散衡量亚马逊在零售业的影响力非常重要。亚马逊在电子商务市场占有大约38%的份额，但却仅占美国零售总额的4%。

贝索斯在国会听证会上的表现的确显示了他与其他三位截然不同的风格。[34]在其他CEO往往否认或反对指控时，贝索斯却对一些指控表示了关切或部分承认。比如，他对竞争对手对亚马逊的指控及委员会获得的文件表示惊讶和关切；对调查指控亚马逊不正当地使用数据与在其网站上销售的商家竞争，他承诺向反垄断小组委员会提供的调查结果；在共和党人杰米·拉斯金的质询下，贝索斯承认，亚马逊确实利用平台来推销自己的产品，而竞争对手没有这种能力；面对亚马逊网上假冒商品泛滥的指责，贝索斯表示，国会应该颁布更严厉的法律，打击假冒商品。

听证会第二天，即7月30日，亚马逊公布了第二季度财务表现，数据堪称惊艳。净销售额为889亿美元，较上年同期的634亿美元增长了40%；经营利润较上年同期的31亿美元增长了87%，至

58 亿美元；净利润翻倍增至 52 亿美元，即每股收益 10.3 美元，而上年同期净利润为 26 亿美元，即每股收益 5.22 美元。值得注意的，亚马逊的“其他”业务（主要是广告）收入增长了 41%，达到 42.2 亿美元。

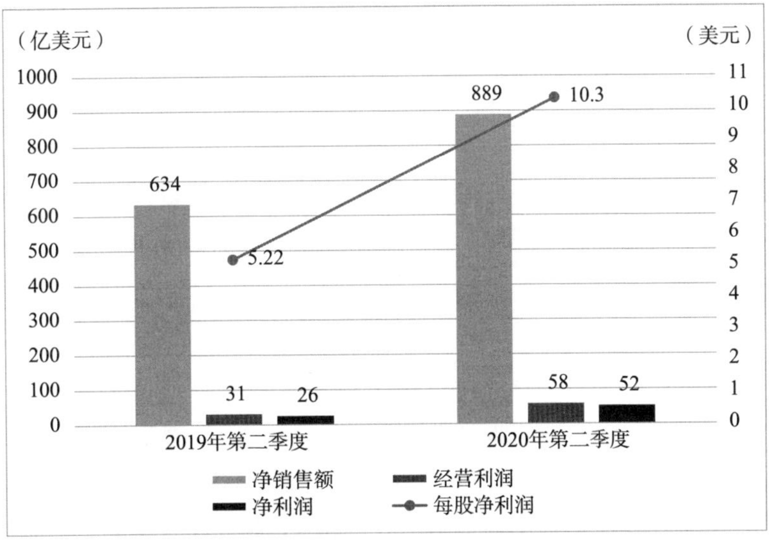

2020 年第二季度与去年同期数据比较

随着疫情导致经济停摆，亚马逊在 3 月和 4 月一直举步维艰，公司在应对新冠疫情上的花费超过 40 亿美元；此外，亚马逊还雇用了数十万名工人，提高了工资水平，并采取了一系列措施确保仓库安全等。[35] 首席财务官奥尔萨夫斯基表示，亚马逊做到了提升物流中心的产能，以消化用户需求，而这些产能是“在 2021 年之前我们认为不需要的产能”。[36]

根据 FactSet 公司的数据，亚马逊的股价在 2020 年上半年飙升了 60% 以上，是苹果公司等其他科技巨头股价涨幅的两倍以上，也是家得宝等主要实体零售商股价涨幅的三倍以上。[37]

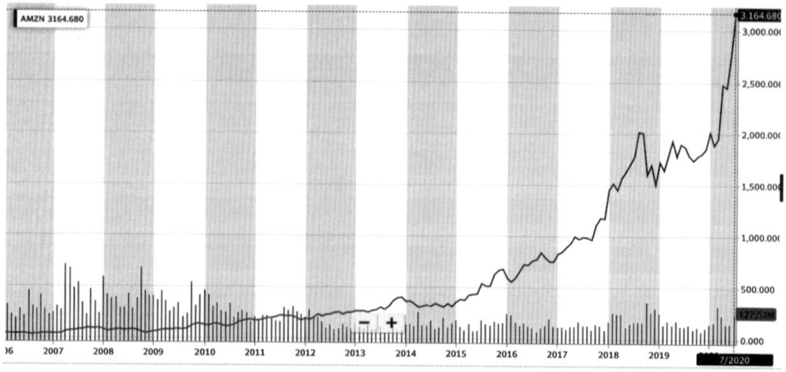

亚马逊股价在 2020 年快速上涨，突破每股 3000 美元

图片来源：https://finance.yahoo.com

8 月

8 月 7 日，成都—亚马逊 AWS 联合创新中心全面启动，将为入驻的高科技创新企业提供 AWS 云技术相关的科技增值服务。[38]

8 月 21 日，亚马逊在一份监管文件中宣布，其全球消费者业务的 CEO 杰夫 · 威尔克将于 2021 年退休；负责零售业务的高级副总裁戴夫 · 克拉克（Dave Clark）将接替他的职位。威尔克曾被认为是贝索斯的潜在继任者。[39]

现年 53 岁的威尔克曾主持亚马逊现代运输体系架构的重塑，对物流体系甚至整个亚马逊飞轮的构建功不可没。他和克拉克都是“S Team”高管团队的成员。

8 月 13 日，亚马逊 Braket 服务全面开放。该服务提供了一个开发环境，让用户可以在基于 AWS 计算资源运行的模拟量子计算机上进行测试和故障诊断，以帮助他们验证其实施效果。[40]

8 月 27 日，亚马逊 Halo 健康手环面市，亚马逊正式进军可穿戴设备市场。这款手环搭配手机应用程序使用，提供包括活动量评估、睡眠监测、体脂测量等在内的五项健康监测功能。与市场已有的 Fitbit 等手环不同，Halo 手环可通过聆听用户的语调来追踪其情绪状态，根据估算的体脂百分比来提供身体的三维渲染。其底层技术包括了计算机视觉和机器学习等。[41]

此外，与 Apple Watch 或 Fitbit 手环不同的是，Halo 手环并不单独售卖，而只能作为订阅服务的一部分。消费者可以购买 Halo 手环 +6 个月的订阅服务，预付价格为 64.99 美元。

9 月

9 月 16 日，有超过 30 万人参加了在线上举办的亚马逊职业日（Amazon Career Day）。在此前一星期内，大约 384000 人申请了亚马逊在美国和加拿大的工作，这是创纪录的。在活动上，亚马逊的招聘人员完成了超过 2 万次一对一职业指导课程，6000 人参加了分组讨论会。

9 月 17 日，亚马逊第一家生鲜杂货店向公众开放。该商店位于洛杉矶的伍德兰希尔斯，每天早上 7 点到晚上 10 点之间营业。商店引入了 Dash Cart 购物车，采用智能感应技术，配有条形码读取器、传感器和秤，可以自动感应和识别放入的商品，免去排队结账的环节。此外，店内还配置了 Alexa 语音助手，可以指引顾客寻找想要的商品。

9 月 28 日，亚马逊表示年度会员优惠日 Prime Day 活动将于 10 月 13 日和 14 日举行，这是亚马逊连续第二年选择将活动期延长至两天，且首次在第四季度进行。投资公司 Cowen 的分析师指出，亚马逊“将把 Prime Day 作为一次‘试运行’，以应对前所未有的假期之前购物需求再次飙升的局面”[42]。

9 月 29 日，亚马逊推出了 Amazon One 支付功能，利用新的生物识别技术，让用户可以用手掌支付以加快购物的速度。购物者首先需要把手掌连接到信用卡，然后将手掌放在扫描设备上，进入商店便可无卡支付。Amazon One 首先在亚马逊西雅图总部附近的两家 Amazon Go 无人商店里运用，随后在更多实体店中运用。[43]

9 月 30 日 ，时间序列数据库 Timestream 全面推出。该服务通过对时间序列进行分析，找出样本内时间序列的统计特性和发展规律，构建时间序列模型，来进行预测。Timestream 数据库适用于物联网和运营应用程序。[44]

10 月

10 月 28 日，新的 EC2 功能 AWS Nitro Enclaves 向用户开放。该服务可以在同一物理主机的不同实例之间创建额外的 CPU 和内存隔离，进一步保护亚马逊 EC2 实例中高度敏感的数据，例如个人身份信息、金融数据、医疗保健数据等。[45]

10 月 29 日，亚马逊公布第三季度财务数据，净销售额和净利润均远超华尔街预期。净销售额为 961 亿美元，较上年同期的 700 亿美元增长了 37%；经营利润增至 62 亿美元，较上年同期的 32 亿美元几乎翻了一番；净利润为 63 亿美元，每股收益 12.37 美元，而上年同期为 21 亿美元，每股收益 4.23 美元。华尔街对每股收益的预期是 7.41 美元，净销售额预期为 927 亿美元。[46]

从营业部门来看，AWS 销售额为 116 亿美元，同比增长 29%，与分析师的预期相符，经营利润为 35.4 亿美元，超过预期的 34.5 亿美元；“其他”业务（主要为广告业务）收入同比增长 51%，至 54 亿美元；包括 Prime 会员在内的订阅服务收入增长了 33% ，达到 65.8 亿美元；第三方商家的销售额增长了 55% ，再次超过了亚马逊直营业务，后者销售额增长了 38%；包括全食超市在内的亚马逊实体店销售额下降了 10%。

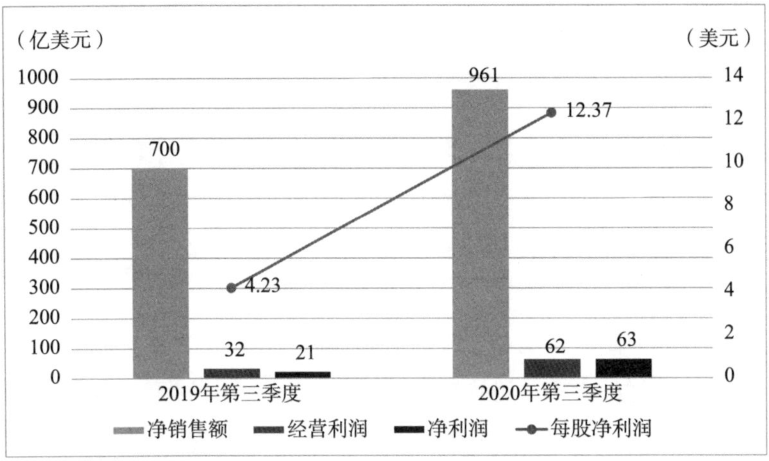

2020 年第三季度与去年同期数据比较

在预计第四季度业绩时，亚马逊考虑了 40 亿美元的与新冠疫情相关的成本，导致其利润预期低于华尔街预期，股价在盘后交易中下跌了约 1% 。亚马逊的股票价格在 2020 年整体增长了超过 70% 。亚马逊也是少数几家在疫情期间的经济衰退中仍然保持人员增长的公司之一，目前在全球拥有 112 万名全职员工，员工数同比增长 50%。112 万还不包括亚马逊的承包商和临时工人数。根据 CIRP 公司的最新估计，截至 2020 年 9 月，亚马逊网站在美国拥有 1.26 亿 Prime 会员，第三季度亚马逊的 Prime 会员人数约占亚马逊全部购物者的 65% 。[47]

11 月

11 月 5 日，AWS 宣布将于 2022 年中前在特伦甘地建立其在印度的第二个基础设施区，据估计投资将达28亿美元。[48]根据市场研究集团IDC的预测，到2024年，印度的公共云市场规模将达到70亿美元。微软目前在印度已有三个数据中心区域，谷歌有两个。[49]

11月10日，欧盟委员会向亚马逊发出了“异议声明”，表示亚马逊为了自身利益而使用第三方卖家的数据，违反了欧盟反垄断规则。欧盟委员会还宣布将对亚马逊的电子商务流程进行第二次正式调查，主要调查其如何选择哪些卖家通过Prime会员服务提供产品、亚马逊自营业务，以及使FBA的卖家相对于其他卖家可能享受到的优惠待遇。[50]

11月17日，亚马逊药店（Amazon Pharmacy）登陆美国市场，为客户提供送处方药上门的新服务。亚马逊药店允许顾客在亚马逊网站或应用程序上购买药品并进行价格比较，接受大部分保险要求，并为Prime会员提供大量折扣。[51]

Jefferies Equity Research的分析师称，在过去的两年里，亚马逊一直在努力获得更多的国家许可证，以便在全美范围内运送处方药，获得许可一直是其向药品供应链扩张的障碍。亚马逊药店推出的当天，连锁药店、药品批发商的股价应声下跌，亚马逊的股价上涨了近1%。[52]

12月

12月1日，第九届“AWS re：Invent”年度盛会开幕。由于疫情原因，今年的大会首次采用线上形式，以“巅峰科技，重塑未来”为主题，长达三周的会议内容全部对公众免费开放。在大会第一天，安迪·贾西发表了三个多小时的开幕主题演讲，演讲中50多次提到“重塑”。

贾西表示，疫情期间，他对“重塑”思考良多，发现很多人、很多企业是面临绝境才想到重塑，但这时候往往为时已晚，就像借钱，业务越不好公司越借不到钱，重塑也是同样的道理。眼下，很多企业就处于非常危险的境地。这场演讲发人深省，在新冠疫情带来巨大震撼和深远影响的特殊时期，每个企业、每个人都开始重新思考“重塑”的意义。

大会第一天总共发布了 43 项新服务和功能，其中四项被看作是改变游戏规则的动作，也体现了 AWS 的发展趋势。

一是继续推进混合云战略，AWS 推出了提升企业混合云场景平台交付能力的产品和服务。例如推出 1U 和 2U 小尺寸的 Outposts 服务器，让用户可以在空间受限的本地机房内访问 AWS。其中 1U 的 Outposts 服务器其体积只是经典型号的 1/40，却具有相同的功能。“迷你版”Outposts 适应性更强，可以部署在餐馆、医院、零售商店、工厂等设备空间受限的场所，真正将云带到了边缘。[53]

二是深化 5G 和工业物联网领域的布局。与运营商合作推出了加速 5G 全程的 Wavelength 服务。比如，与威瑞森电信公司合作的 Wavelength 服务已经在美国的八个城市上线。[54]

三是在一直备受瞩目的机器学习和人工智能领域，AWS 机器学习服务 SageMaker 迎来了一系列功能更新。其中包括提升机器学习数据准备速度的服务——SageMaker Data Wrangler，它内置超过 300 种数据转换，开发者只需将数据指向合适的 AWS 数据存储或第三方存储即可完成数据转换、自动识别数据类型等工作。[55]

四是在数据库领域，延续精细化服务，为企业提升效率、降低成本。其中，Aurora Serverless v2 是亚马逊 Aurora 无服务器数据库的新版本，可以做到实时按需扩容，在不到一秒内扩展至支持几十万个数据处理事务，让用户最多可节省 90% 的成本。该产品将从整体上促进数据库服务的演进。[56]

12月14日，历经6年的研发探索，Zoox终于推出了其首款自动驾驶机器人出租车（robotaxi）。这款全自动四轮车外形如马车车厢，长3.63米，没有方向盘，四名乘客面向而坐。车没有严格的前后区分，这也是Zoox一直致力于的“双向”的驱动器结合四轮转向功能，即无须在紧凑的空间倒车和导航，可以随意改变方向。Zoox称，它能够处理精确的如“路边停车”和“U形转弯”等任务，时速可以达到75英里。车辆由133千瓦时的电池组提供动力，该电池组比目前特斯拉最大功率车辆所使用的电池组还要大一些，可以连续使用16个小时。[57]

第二部分

阅读贝索斯

——基于贝索斯致股东的信

01　长期主义

1997年，亚马逊上市。从此之后，亚马逊每年发布年报时，贝索斯都会给股东写一封信。到2020年为止，已经写了24封。

1997年的信，发表于1998年4月。这封信并不长，其中，第一个主题，也是后来最有影响力的主题，是“一切都关乎于长期”（It’s All About the Long Term），这就是我们今天广为传播的“长期主义”的来源。贝索斯写道：

> 我们坚信，亚马逊取得成功的根本标志就是在长期创造股东价值。这种价值将直接来自我们巩固并拓展我们市场领导地位的能力。我们的市场领导地位越强有力，我们的经济模型就会越强大。市场领导地位可以直接转化为更高的收入、更高的盈利性、更快的资金周转速度，与之相对应，就有更高的投资回报率。
>
> 我们的所有决策都要协调一致地聚焦在这一点上。我们首先要用最能说明市场领导地位的种种指标来衡量我们自己的工作：

用户增长与收入增长、用户复购的程度，以及亚马逊品牌的力量。我们进行投资，而且还要加大投资力度，以便扩张和撬动我们的用户基础、品牌和基础设施，逐渐建立一个有持续性的业务网络。

因为我们着眼于长期，所以，我们在做决策和权衡拿捏的时候，就会和其他企业有所不同。与此相对应，我们希望和你分享我们的基本管理理念和决策方法，以便作为股东的你可以明确判断这些内容是不是和你的投资理念相一致：

- 我们将坚持不懈地专注于我们的客户。
- 我们将继续从追求长期市场地位的角度进行投资决策，我们的考量不是追求短期盈利，也不会按照华尔街的反应来行事。
- 我们将继续分析性地判断我们的项目和投资活动的有效性，如果收益上不可接受，就要停止；如果运转不错，就要加码投资。我们要继续从成功和失败两个方面去学习。
- 只要看到有获得市场领导地位的足够可能性，我们将会大胆地做出投资决策而不会怯懦。在这些决策中，有的可能不错，有的可能不太行，不管结果怎样，我们都会得到宝贵的经验。
- 当我们必须要在财务报告上当期表现最优化和未来现金流的现值最大化这两个目标上做取舍时，我们会选择后者。
- 在竞争压力允许的前提下，如果我们进行大胆尝试，我们会和你分享战略思考过程，以便你自己可以评估我们是不是理性地在为追求长期领导地位而投资。
- 我们将努力工作，把钱花到点子上，保持我们的精益文化。我们明白：持续强化一个关注成本的文化是多么重要，特别是在那些烧钱的业务中。
- 我们要在那些可获得长期盈利能力增长的措施，与资本管理之间建立平衡关系。在当前这个阶段，增长是要优先考虑的，这是因为，要让我们的商业模式成功，我们相信：规模是关键。

- 我们将继续专注于聘用和留住有才智、有天分的员工，会继续多发期权、少发现金。我们知道：我们是不是能够吸引和保留一支激励充沛的员工队伍，员工是不是能够像股东一样思考，是不是实际上也是股东，在很大程度上影响着我们能否成功。

我们不会大胆到声称以上内容就是"正确"的投资哲学，但这是我们的经营哲学。如果我们不清楚自己奉行并坚守了怎样的哲学，我们就是失职的。

以上是贝索斯关于亚马逊在长期应该秉持何种观念、应该如何行事的原则性描述。一个人如果只是偶尔一次谈到这些观点，偶尔一年或者几年坚持这样做事，他是不配被称为"长期主义者"的。贝索斯厉害的地方就在于他为此坚持了二十几年。

1997 年的信，是他写给股东的第一封信，有点宣言的意味。而此后到 2020 年为止的 24 封信中，每封信的最后部分，贝索斯都会提到 1997 年的第一封信，并且在后面附上这封信。这件事，贝索斯做了 24 年，表现出了空前的一致性，这很了不起，配得上"长期主义"这个称谓。

举几个例子。

我们有了很多新的股东。去年的信印制了 13000 份，今年的股东却多过 20 万人。我请股东们阅读上一封信中"一切都关乎于长期"那一小节。即使读过一遍，再读一遍也许可以帮你确认：我们就是你想投资的那种公司。我们并不标榜自己的经营哲学绝对正确，但那确实是我们要追求的。

（本段摘自1998年的信，1999年贝索斯几乎原封不动地重复了这段话，以告知大量涌入的新股东）

一如既往地奉上1997年给股东的信。比对那封信，你会发现Kindle彰显了我们在那封信中提到的长期主义的哲学理念和业务方法。

（本段摘自2007年的信）

一如既往地奉上1997年给股东的信。我们做事的套路没变，一切都像是在创业第一天。

（本段摘自2009年的信，同样的话似乎成了之后每一年的经典结束语，直到2019年）

2020年，是新冠在全世界肆虐的一年。贝索斯在当年4月给股东的信中，讲了在疫情中，亚马逊是如何关注客户、关注员工、关注技术、关注未来的。在讲了所有这一切之后，最后一段是这样写的：

现在，我把自己的时间和思考继续集中在新冠疫情上，以及当我们深陷其中之时，亚马逊如何能够帮上忙。我极其感谢亚马逊的同事在经历疫情的过程中，所展示出来的全部勇气和创造力。你可以依靠我们这些人超越当下的危机，获得见识和经验，以及应用新技术走向前方。

这就像西奥多·苏斯·盖斯（Theodor Seuss Geisel）的名言："当坏事情发生时，你有三种选择：你可以让它定义你，让它摧毁你，或者让它使你变得更强。"

我对人类文明将做出何种选择，非常乐观。

即使在这种情况下，现在仍然是第一天。一如既往，再次奉上 1997 年第一封信原件的副本。

显然，“长期主义”并不仅仅是一种营业哲学，一种商业价值观。它的真正含义是超越商业意义的。在本质上，它是一种精神，是一种生存状态。

02 客户至上

在亚马逊的价值观中，“客户至上”是排在第一位。在流行的看法里，取悦客户（delight customers）是大家都认为应该做的事情，在1997年的致股东信中，贝索斯强调了一个新的说法：痴迷于客户（obsess over customers）。他写道：

> 从公司开张之日起，我们就全力盯准客户，为客户创造价值，并且让他们感到这种价值是无可拒绝的。我们意识到，互联网过去是、现在仍然是处于“全网等待”（world wide wait）状态。因此，我们向客户提供他们从其他渠道无法获得的东西，我们开始向他们销售图书。我们给客户提供了比实体书店丰富得多的选择（现在，我们的商店相当于6个足球场大的实体店），把这些商品以一种有用的、便于搜索、容易浏览的形式呈现出来，而且，一年365天、每天24小时，全年无休。我们持续提升客户的购买体验，在1997年进行了大幅度优化改善。我们目前给客户提供礼券、开发了“一键下单”功能，也为客户提供更大量的评论、

内容、浏览选择和推荐。我们大幅降价，进一步提升顾客价值。口碑（word of mouth）一直是我们吸引客户最强大的工具，我们非常感激顾客给予我们的信任。复购和口碑，共同铸就了亚马逊在线上图书销售市场中的领导者地位。

在1998年的致股东的信中，贝索斯再一次强调了他对于客户重要性的认识。他写道：

> 我们力图成为全世界最以客户为中心的公司。我们把以下事实作为公理：客户是有感知力的、聪明的，品牌必须名副其实，不要和客户耍滑头。客户告诉我们，他们选择亚马逊，并且会向朋友推荐我们，不是因为别的，而是因为我们可以提供丰富的选择、便捷的使用、低价，以及服务。
>
> 我们没有懈怠的空间。我不断地提醒员工要心存敬畏，每天早上要诚惶诚恐地醒来——不是因为竞争对手而惶恐，而是因为我们的客户。是客户成就了我们的事业，他们是与我们息息相关的人，是我们要背负责任的人。只要没有其他什么人可以提供更好的服务，客户就会始终对亚马逊保持忠诚。
>
> 我们必须要在每一个方面都坚持改善、试验和创新。我们喜欢做先行者，因为这是亚马逊公司的基因。这也是件美好的事情。只有具备先驱精神，我们才会走向成功。通过不断地创新、不懈地聚焦在用户体验上，我们已经与众不同，对此我们深感自豪。我们相信自己在1998年所做的一切反映了这一点：和亚马逊的美国书店一样，我们的音乐、视频，以及位于英国和德国的店铺，都是最好的东西。

那么，在疫情中，亚马逊又是如何坚守“客户至上”这个原则的呢？2020 年 4 月发布的致股东的信是这样写的：

新冠危机，让我们知道了亚马逊对我们的客户有多么重要。我们希望你知道我们正在认真地履行责任，我们骄傲于整个团队都在帮助客户度过这段艰难的日子。

亚马逊人全天候地工作，就是要把生活必需品直接送到需要它们的人的家门口。我们看到，对于基础产品的需求一直很强烈，但不像以前圣诞节的假期需求是可以预测的，现在的激增没有任何预警，这给我们的供应商和配送网络带来了极大的挑战。我们迅速地提升了家庭的基础必需品、医疗产品和其他关键产品在库存和配送方面的优先级。

我们的全食超市依然开门营业，为用户提供新鲜食品和其他重要商品。我们正在采取措施帮助那些易感人群，在全食超市每天的营业时间里，第一个小时是留给老年人的。我们暂时关闭了亚马逊的实体书店、4-Star 店和 Pop-up Loft 店，因为这些店不卖生活必需品。关店后，我们为这部分员工提供了在亚马逊其他部门工作的机会。

亚马逊正在积极采取行动，以保护我们的客户免受危机中种种不良行为的伤害。我们已经从商店中剔除了超过 50 万个报价，因为这些报价是在利用疫情进行价格欺诈；我们也在全球暂停了 6000 多个销售账户，因为这些账户违反了我们的公平定价政策。亚马逊把那些可能利用疫情进行产品价格欺诈的卖家信息转交给了 42 个州的检察长办公室。为了加快我们对价格欺诈事件的反应，我们为各州检察长开启了一个特殊的沟通渠道，以便他们能够快速又便捷地把消费者的投诉转给我们。

显然，即使面对疫情这样严峻的挑战，亚马逊依然坚守了自己的价值观。这在某种意义上，也呼应了我们前面所讨论的“长期主义”。到 2020 年为止，亚马逊员工已经有了 120 万之多，把“客户至上”的原则贯彻在这样一个巨大的团队中，很不容易。

03 客户体验

在 2001 年和 2002 年的股东信中，贝索斯两次提到“客户体验”。“客户至上”是亚马逊的核心价值观；在亚马逊飞轮中，客户体验是最关键的一个环节。2000 年前后，是亚马逊快速扩张时期，贝索斯反复强调“痴迷于客户”，强调客户体验，为亚马逊后来的快速发展立下一个样本，打下了坚实的底子。

在 2001 年致股东的信中，贝索斯写道：

> 在 7 月之前，亚马逊为客户体验搭起来两根柱子：可供选择的产品丰富（选择性）和购买过程舒适（便利性）。而在 7 月，我们增加了第三根柱子：大幅度降价。我们承诺大幅度降价，并不会影响选择性和便利性这两个已有的客户体验，这两个支柱会和原来一样坚实。

亚马逊最先做出的是开发“一键下单”功能。这一技术早在 1997 年推出，在 1999 年获得了专利。这一技术直接改变了客户体验，让客户避免了每次输入信息的麻烦，由此鼓励了客户的复购行为。具体来说，当你成为亚马逊的客户之后，只要发生了购买，或者成为注册用户，就不再需要接下来每一次进行购买的时候都输入个人信息、邮寄地址、信用卡卡号等。借助于“一键下单”技术，用户只要有一次购买记录，接下来的所有复购，都只需要在相应位置用鼠标点击一次，就可以了。

订单提醒功能，严格意义上并不属于客户的显性需求，但却是客户体验环节上非常重要的一个部分。从理论上说，客户要为自己的下单失误承担责任，商家对此并没有责任。但下错单会增加客户的麻烦，客户会感到不爽。于是，对客户进行可能的提醒，就是必要的。这也构成了亚马逊独特而有优势的购物体验。比如，在线下书店，买书很多的时候，如果没有即时阅读，会导致重复购买。而借助技术手段，线上书店可以避免这类事情。贝索斯写道：

> 人们经常由于忙碌，会忘记自己已经买过什么产品，当你对同一个产品再次下单的时候，我们就会对你发出提醒。
>
> 我们已经迅速提高了客户自助式服务的能力。客户现在能很容易地找到、取消或修改自己的订单。只要你登录网站，进行认证，网站识别到你进来了，你就可以在自己的订单页面上搜寻任何商品。而在你的产品细节介绍页面上会有一个链接，帮你轻松进入自己的订单页面。
>
> 我们还建立了一项新的特色服务，叫“图书试读”（Look Inside the Book）。借助这个功能，读者不仅可以看到封面，还可以看到封底、索引、目录，以及合理数量的正文。这让读者在购买之前，就可以浏览内容。在一个典型的线下书店，大约有 10 万本书可供读者翻阅，而在我们线上书店所销售的数以百万计的书中，读者可以浏览内容的书超过 20 万本。

亚马逊改善客户体验的工作，也成了改善变动成本运营效率的重要推力：我们从根本上消除错误与失误的努力，不仅让客户节省了时间，也为我们自己减少了成本。自从亚马逊成立以来，我们在减少错误和失误方面越做越好。

贝索斯接着总结道：

我们的客户网络是我们最宝贵的财富，我们珍视这一财富的方法就是创新和努力工作。

在2002年的致股东的信中，贝索斯继续着他在2001年信中的思路，谈论客户体验。他写道：

从各方面看，亚马逊都是一家不寻常的商店。我们不受货架空间的限制，有着丰富的选择。我们在一年中把库存增加了19倍。我们为每一位消费者建立了他个性化的商店。我们用技术的方式替代了实体店面，而技术是会越来越便宜的，而且技术的潜力是无穷的。我们向客户提供关于我们产品的客户评论，客户可以在几秒钟时间里，点击一下就完成购买。我们也会在新品旁边放上二手产品供客户选择。我们把自己最重要的“店铺资源”，也就是那些最棒的产品细节页面分享给第三方，如果他们能够给客户带去更好的价值，我们就让他们做。

到2002年为止，亚马逊的客户体验主要追求以下方面的内容：

第一，改善周转时间，提升订单履行中心处理订单所用的时间；逐步改善每一个订单在配送过程中的客户满意度指标。

第二，在保持客户满意度的情况下，大幅度降低价格。我们的降价涉及非常多的品类；同时，对于消费金额超过25美元的订单，我们提供全年免费的送货服务。

……可以断言，你肯定有理由在实体店里购物，比如当急需的时候，但你为此要付出高价。而如果你想省钱并节省时间，最好就是在亚马逊购买。

第三，我们保持客户体验并以低价售卖产品的决策，已经带来了财务业绩。2001年的净销售额增加了26%，达到了创纪录的39亿美元，销售量增长得更多，为34%。我们最在意的财务指标自由现金流达到了1.35亿美元，比前一年增加了3.05亿美元。简言之，对客户好的事情，对股东也一定有利。

最后一段话很有信息量，很多公司财务数据很好，是通过烧钱来实现的。而亚马逊在客户体验不断改善以及收益和利润这些指标不断向好的同时，自由现金流在不断增加，这非常了不起。

04 重视员工

亚马逊的价值观中，第一条是“客户至上”，紧接着的第二条就是强调要发挥员工的“主人翁精神”。贝索斯在 1997 年给员工的信中，核心谈了四件事：第一，长期主义；第二，客户至上；第三，重视员工；第四，强化基础设施。

关于员工，贝索斯是这样写的：

> 过去一年的成功，归功于我们这个群体。这是一群有天分、聪明，而且努力工作的人，我很骄傲成为这个群体中的一员。设定招聘过程中的高门槛，找到优秀的人，是我们过去取得成功唯一重要的因素，也是我们未来成功的不二法门。我们必须坚持这样做。
>
> 在亚马逊工作，并不轻松。在招聘面试的时候，我会对应聘人说：“你可以仗着自己工作时间长，也可以仗着比别人更努力，还可以仗着更聪明在企业中生存，但在亚马逊这三样你都要具备，你既要工作时间长，也要很努力，还要更聪明。”亚马逊之所以

提出这样的全面要求，是要创造出对客户更重要、更有价值的东西，创造出将来可以向儿孙炫耀的东西。干出这样的事，肯定不容易。毫无疑问，我们幸运地拥有了一群全心投入的员工，正是他们的奉献和热情成就了亚马逊。

在1998年给股东的信中，贝索斯再次强调了人的重要性。事实正如他所预见的，互联网是一个高速变动、具有极高不确定性的领域，要在这样一个领域里面取得成功，创造出一番非凡的事业，必须要仰仗一群超乎寻常的人。

在用人标准这个方面，贝索斯并不虚伪，他总是单刀直入，从工作难度出发去解释为什么要高标准选人。

在1998年的信中，贝索斯把前一年信里提到的“设定招聘过程中的高门槛，是我们过去取得成功唯一重要的因素，我们必须坚持这样做”这句话，又重写了一遍。接着，他更明确地提出了选人的“三个标准”，也就是选人者要先问自己三个问题，之后再下决策。他写道：

在我们的招聘期间，我请大家在下决心之前先问自己三个问题。

第一，你会佩服这个人吗？什么人在你的生活中是你所佩服的，请想一下这个问题。你所佩服的人，就是那些你向他们学过东西，或者是拿他们举过例子的人。我自己就愿意和我所佩服的人一起工作，我希望各位同事也按照这个要求来做。生命太短暂了，我们不选择那些值得佩服的人一同工作，就很难成事。

第二，你准备把要录用的人放进哪个团队？这个人的进入能提升该团队的平均效能水平吗？我们要反熵（entropy）增，进人的门槛就必须要持续提升。我请公司的同事从现在向未来看五年，在那时，公司的每一个人都应该在环顾四周之后说："现在的标准真高，我真庆幸自己能进入这家公司。"

第三，这个人在哪个方向上发展，可以成为明星员工？许多人都有独一无二的天分、兴趣和发展方向，这些东西可以让我们的整个工作环境更加丰富。这些东西并不一定与现有的工作相关。公司有一位员工是全国拼字比赛的冠军，我很怀疑这种能力对于她的日常工作能有什么帮助，但如果你偶尔在楼里碰见她，快速挑战她一下，她的这种能力就会使我们的工作场景变得充满趣味。

在这次应对新冠疫情的过程中，亚马逊又是如何对待员工的呢？在2020年4月发布的致股东的信中，贝索斯写下了如下一段话：

在提供基本服务的同时，我们关注我们在全世界的员工和合作商的安全——我们对他们英雄式的工作深深致敬，也要致力于保护他们的健康和福祉。通过频密地向医学专家和卫生当局咨询，我们对运营网络和全食超市的流程做了超过150次的重大变革，以保证团队的健康，每天都对已采取的措施进行检查。我们已经在全球范围的运营场地发放口罩、测量体温，以保护员工和辅助人员的健康。我们定期对门把手、楼梯扶手、储物柜、电梯按钮，以及触摸屏进行消毒，消毒湿巾和洗手液是我们整个网络的标配。

我们还全面引入了社交距离措施，以帮助保护我们的同事。我们已经取消了交接班时要进行站立会议的做法，转而用公告栏的方式让大家共享信息。我们错开了工休时间，在休息室里也把椅子之间的距离扩大。虽然在新的社交距离要求下，培训新员工的工作面临挑战，但我们还是继续确保每个新员工都要接受六个小时的安全培训。我们改变了训练规程，这样我们就不会让员工聚集在一处。我们调整了招聘流程，以满足保持社交距离的要求。

保护员工的下一步，是要对所有亚马逊人进行定期检测，包括那些没有症状的人。在全球范围内、不分行业的定期测试，既有助于确保人员安全，又有助于经济恢复和运转。为了达到这个目标，我们需要远大于目前水平的检测能力。如果每个人都可以接受定期测试，那么，我们与该病毒斗争的方式将会大为不同。测试结果呈阳性的人可以被隔离和照顾，而测试结果呈阴性的人可以满怀信心地重返工作。

我们已经开始着手逐渐提高检测能力。一组亚马逊人，包括研究科学家和项目经理，还有采购专家和软件工程师，已经停止了日常工作，专门组成一个全时团队来开展这个项目。我们已经开始组装建设第一个实验室所需要的设备，并希望不久后可以为我们的少量一线员工做检测。我们不确定在这件事上还需要走多远，但我们认为这值得一试，也会分享自己知道的一切。

与此同时，我们还要实实在在地帮助员工。到 4 月底，我们提高最低工资、调高加班费。截至 4 月底，这些额外支出将超过 5 亿美元，而且后面只会更多。我们知道这些支出是昂贵的，但我们相信在此时这样做，无疑是正确的。我们还建立了亚马逊救济基金——启动资金为 2500 万美元，这笔钱用来支持独立从事送货服务的合作伙伴和他们的司机，以及那些陷入财务困境的临时雇员。

3 月，我们在整个订单履行和配送网络中提供了 10 万个新工作岗位。本周初，在前面的工作岗位招满之后，我们又宣布再创造 75000 个工作岗位以满足客户需求。这些新员工正帮助那些依赖于我们满足基本需求的客户。我们知道，由于失业或停职，世界上有许多人正陷入财务困境，我们很高兴这些人可以加入亚马逊，直到一切恢复正常，他们过去的雇主可以请他们回去，或者找到新的工作。

无疑，亚马逊这样对待员工，员工很自然地会接受它的价值观，把“客户至上”的观念落到实处。这也就是亚马逊的竞争力之所在，也是其可以坚守“长期主义”的根本。

05 高标准

即使亚马逊的选人标准设置得很高，贝索斯仍希望这些高素质的人以高标准投入工作。在2017年给股东的信中，贝索斯很细致地解释了亚马逊的高标准文化。他深入地解释了亚马逊领导原则中的这样一句话：尽管很多人认为这些标准高得没有道理，但领导者必须坚持高标准。贝索斯写道：

为满足客户日益增长的需要，我们采用了很多办法，并综合运用了这些办法。不过，采用高标准肯定是其中一个非常重要的部分。那么，如何在一个组织中建立广泛而深入的高标准文化呢？有几个原理值得分享。

第一，必须弄清一个基本问题：做事情上讲求高标准，究竟是与生俱来的，还是可以被教会的？如果你把我招入你的棒球队中，你肯定可以教会我很多东西，但你无法教会我如何长高。所以，如果高标准是与生俱来的，那就意味着我们要招聘到有“高标准”要求的人，但我以为并非如此。我认为，高标准做事的习惯是可以调教出来的。事实上，高标准具有传染性，所以，只要把人放在高标准的环境中，他很快就会适应高标准文化。反之亦然。如果一个团队做事情的风格是得过且过，每个人也会很快降低对自己的要求。不过，虽然参与到高标准的团队之中很重要，但同样重要的是列明高标准的核心要点，这样做有利于提高高标准团队的学习速度，把人调教出来。

第二，必须要搞清楚：一个人选择高标准，是普遍性的行为，还是只在特定领域中才会有的行为？换句话说，如果一个人在某一个方面注重高标准，会不会自动地在所有事情上都坚持高标准的态度？我认为，一个人的高标准往往是在特定领域中的，所以，必须要在那些标准不高的领域，学习建立较高的标准。当刚开始创办亚马逊时，我在发明、在对待客户、在聘用员工方面，具有高标准。但我在运营过程上，没有采取高标准，包括怎样把已经解决了的问题加以固化、怎样从根本上消除瑕疵以及怎样检查流程，还有更多其他方面。我后来向同事学习如何建立高标准，他们都是我的导师。

明确这一点极其重要，这样可以让我们内心充满敬畏。通常，人们会自认为自己是一个具有高标准的人，但我们仍要审视自己的盲点。在那些你没有意识到自己的标准很低甚至还没有建立起标准之处，或者在肯定不是世界顶级标准的地方，你都要努力建立和提高标准。要做到这一点，秉持开放的心态，最为根本。

第三，必须要清楚在一个特定的方面，什么才算是达到了高标准。首先，你必须要认识到在某个特定领域里，什么才算是真正的好。其次，你要知道为了达到这个目标，要做多少工作，这个过程有多难。也就是要形成现实的预期，真正了解需要努力跨过的距离。

为了解释第三点，贝索斯举了两个例子。一个是学习徒手倒立，另一个是亚马逊使用的六页纸备忘录。他写道：

> 我有一个好朋友最近决定学习徒手倒立，是完全的徒手倒立，不是靠墙的那种。她在瑜伽俱乐部里参加了一个倒立培训班。她练了一阵子，并不能达到她期望的结果。于是，她请了一位专门的教练。教练在第一节课上就劝告我的这位朋友说："绝大多数人都以为只要够努力，大约花上两个星期的时间练习，就能够徒手倒立。但现实的情况是，即使每天练习，也要花上大约6个月的时间，才有可能做到。如果你的计划是花两周时间来实现目标，最好立刻停止学倒立这个念头。"所以，对于现状和目标——需要努力来实现目标——之间的距离，如果有不切实际的认识，是会妨碍追求高标准的。而这种不切实际的认识，常常隐藏在后面，很少被讨论。这就是说，要想达到高标准，绝对不能自以为是，凭空想象，必须要像这位教练一样把丑话说在前面，让大家对于未来需要做什么和它有多难，形成一个预期，而且还要有预先的沟通。这一点，无论对于个人追求高标准，还是对于团队成员一起争取达到高标准，都一样。
>
> 在亚马逊，我们不使用PPT（演示文档）或者其他任何使用幻灯片来主导报告的过程。所有上会的材料都要写成叙述形式的备忘录。备忘录的文体是结构化的，长度不能超过六页。每次开会都在所谓的"学习厅"，会议的第一步就是大家安静地阅读一份备忘录。备忘录的质量千差万别。有的备忘录宛若天使歌唱般清晰，充满智慧和想法，一下子就为高质量的讨论奠定了基础。而也有一些备忘录差得太多，完全处在另一个极端。
>
> 在徒手倒立的例子中，你可以很直接地认识到什么是高标准，即使要从细节上列出一个完美的徒手倒立应该达到什么标准，可

能也不难。接下来就是你自己来判断能不能做得到了。然而，在写作的例子中，情况就非常不同。好的备忘录和写作平平的备忘录之间的差异，是模糊不清的。我们几乎不可能做出一个说明，列举出写下一个高质量的备忘录要处理好哪些细节。不过，我发现在很多时候，读者对于好的备忘录都有相同的反应。这意味着标准虽然很难描述，但还是有的，读者看到好的备忘录，心中的标准立刻就被激活了。他们按照心中的标准做评判，然后会说："写得好。"

这就是我要说明的。通常，如果一个备忘录写得不够好，不是作者不知道备忘录的高标准在哪里，而是对于如何能够写出好的备忘录，缺乏正确预期，低估了做好这件事的难度。他们可能花一到两天甚至几个小时就把备忘录写完了。然而，真正写好一个备忘录，可能要花上一周甚至更多的时间。这就像人们想通过两周时间就做出漂亮的徒手倒立一样，我们也没有告诫他们这种认识是不对的。好的备忘录要反复修改；要和同事们分享、讨论，几易其稿；还要把半成品先放在一边，放两天，等自己冷静了再把稿子拿过来，用清醒的头脑去加工、修改。这些事都不是在一两天之内能够完成的，所以，核心要点是要让大家认识到"差距"这件事。做了这个动作，大家就能自动去完善工作了。也就是说，一定要明确地告诉大家：好的备忘录需要一周或者更多的时间。

贝索斯接着写道：

第四，在认识到标准以及对花多少努力才能达到高标准有一个预期之外，技巧是不是也很重要？要写出世界级的备忘录，你是不是也要成为一位超有技巧的写作者呢？技巧是另外一个必要的因素吗？在我看来，倒不一定，至少对处于团队情境中的个人是这样。这正如足球教练不一定下场比赛，电影导演不必能演戏。但是，他们都要能够对各自领域中什么是高标准有认识，并且可以帮助别人建立达到高标准的客观预期。即使在写六页纸备忘录这个例子中，也可以是团队作业。团队中需要让某一个人具备这个技能，但不必是你。按照亚马逊的传统，作者的名字从不出现在备忘录上，备忘录出自整个团队之手。

在谈了如何建立高标准文化之后，贝索斯这样总结了高标准对于企业的好处：

努力建立高标准的文化，是非常值得的，有许多好处。这种文化很自然地，也会显而易见地帮助你为客户打造更好的产品。这就足够了！或许没有那么明显的是：人们会被高标准所吸引，这有助于招聘和保留人才。更微妙的是，高标准的文化会在每一家公司里保护着正在进行的、“无形”但至关重要的工作。我谈的是那些没人看得到的工作。这些工作完全是在无人监督的情况下完成的。在高标准的文化中，把这种工作做好，本身就是它的回报。这也是我们所谓“成为专业人士”的一部分含义。

最后，高标准的有趣之处还在于：一旦尝到了高标准的“甜头”，就再也不会降低标准了。

06 员工的进出

到 2020 年底，亚马逊的员工总数达到 130 万，而在 3 年前，它的员工人数只是 56 万。也就是说，只用了 3 年时间，亚马逊的员工数量就翻了一倍还多。长期以来，亚马逊最受诟病的，就是它的劳资纠纷。很多人认为，亚马逊是以客户至上的名义在搞血汗工厂。贝索斯在他的股东信里，没有对此做过任何反驳。他主要讲亚马逊做了什么，越是在最近几年，对这个话题讲得越多。

在 2013 年的股东信中，贝索斯第一次大篇幅提及员工问题。这时的亚马逊，所面对的问题主要还是在员工激励和赋能方面，而不在劳资冲突方面。他写道：

> 我们要花精力把内部的事情处理好。这些事情可以让我们更有效率，也可以让我们分散在全球的几千名员工受益。
>
> 亚马逊推行了一个“职业选择”项目，在一些需求非常明显的领域，比如飞机机械修理、护理等，开设一些职业培训课程。这些课程所教授的技能并不一定和雇员在亚马逊的工作相关，但

亚马逊鼓励雇员参加，并为雇员先行支付95%的学费。做这件事是为了让员工能做出选择。我们知道，对履行中心的很多雇员而言，在亚马逊的工作可能是他们的职业；而对另外一些人而言，亚马逊的工作只是他们为了在其他地方工作而获取技能的一个垫脚石。如果恰当的培训可以帮助他们有所变化，我们愿意这样做。

亚马逊推行的第二个项目，是“付钱离职”（Pay to Quit）。这个项目是由Zappos公司的聪明人创建的，亚马逊履行中心借鉴了这种做法。“付钱离职”很简单。我们每年会有一次机会，向离职的同事付离职金。工作了一年离职的，付其2000美元，之后每多工作一年，便增加1000美元，5000美元封顶。离职金的名目叫“请不要接受”，即我们希望员工不要拿这笔钱，希望他们留下。那又为什么要搞这么一个项目呢？目的就是希望员工花点时间想想自己真正想要的是什么。从长期来看，如果员工是在自己都不愿意待的地方工作，对员工和公司都不好。

第三个项目是内部的一个创新，叫“虚拟联络中心”。我们几年前开始有这样的想法，并且尝试的效果还相当不错。在这个项目中，员工在家工作，为亚马逊和Kindle用户提供客户服务支持。有些员工家里有小孩，有些人因为其他原因，他们要么是不能，要么是不愿意离开家外出工作，那么，这种弹性的工作制度对他们就很理想。“虚拟联络中心”是我们在美国成长最快的“站点”，目前已发展到十多个州。我们会促进它的成长，希望在2014年将站点所在州的数量翻一番。

我们需要这样的领导者，他们创新、有格局、肯于行动，能站在客户的角度上去交付成果。在军人身上，我们往往更容易看到这些原则；而且他们带队伍的经验在我们快节奏的工作环境中也更有价值。去年，我们的军人团队参加了50多场招聘会，帮助退役军人在亚马逊找到工作机会。在2013年，我们招聘了

1900多位退役军人。当退役军人加入亚马逊后，我们提供了一些项目，帮助他们更容易地完成角色切换，适应民间的工作环境。这些项目也把他们带入我们内部的退役军人网络中，以便更好地辅导和支持他们。

在2014年的股东信中，贝索斯再次提到了“职业选择”项目。这个项目似乎更像是给配送业务领域从业者的一个福利。贝索斯写道：

我们的项目先后在八个不同的国家里开设过，到目前为止，已经有超过2000名员工参加了培训。由于大家兴趣盎然，我们现在正着手建立线下（onsite）教室，这样就可以在履行中心里教授大学课程和技术课程了。我们的同事要达到相关目标也就更容易了。

现在，在八个履行中心里，我们专门建设了具有高端技术支持的教室，在其中教15门课程。这些教室采用玻璃墙，目的是激发其他人也愿意参与，或者是创造来自同事之间的相互鼓励。我们相信，职业选择对履行中心和客户服务中心更好地激发员工的潜力、服务好客户，是非常重要的。在亚马逊走向全世界的过程中，这些工作可以使亚马逊成为通向众多职业的入口，也可以让我们的员工有机会在那些需求巨大的技术领域里发挥他们的热情。我们第一个“职业选择”项目的毕业生，后来成了一名护士，在社区里开始了新的职业。

在随后各年度的致股东信中，贝索斯不断地补充有关这个项目的信息，这个项目俨然已经成了亚马逊的标志性工作。在2017年的信中，他介绍道：

> 对于按小时付费的员工，工龄超过一年者，公司会预付95%的学费、杂费和书本费（上限是12000美元），支持他们在飞机机械、计算机辅助设计、机床技术、医学实验室技术和护理等高需求职业领域获得证书和相关学位。我们为高需求领域的教育进行捐资，无论这些技能与亚马逊的工作是否相关。项目自2012年启动以来，扩展到了10个国家，美国有12000名、海外有4000名员工参加了这个项目。其中，商用卡车驾驶、医疗护理和信息技术是最热门的学习领域。亚马逊为此在各地的履行中心里建立了39个教室。

在疫情期间发布的2019年致股东信中，贝索斯再次提及了这个标志性项目，并报告了到2019年为止参加项目学习的累计人数是25000。从2018年开始，贝索斯的致股东信都要提及员工的报酬状况。在2018年的信中，贝索斯写道：

> 去年，我们将美国所有的全时员工、兼职员工、临时工以及季节性雇员的最低工资标准提高到每小时15美元。这次加薪使超过25万名亚马逊员工，以及超过10万名于上个购物季、在全国各地为亚马逊工作的季节性员工受益。我们非常相信，这种对于员工的投入会让我们的业务受益，但这不是做出相关决策的关键。我们提供的工资一直有竞争力。现在，我们认为是时候引领潮流了，要提供超出一般竞争力水平的工资。

超出一般竞争力水平的概念，在2019年的股东信中有了更进一步的表达。贝索斯写道：

> 在亚马逊工作，时薪是15美元，还有全面福利，这在行业

内是领先的。超过4000万的美国人收入比我们的员工要低，很多人接受的是联邦最低时薪7.25美元。2018年，当我们将起步最低时薪提高到15美元的时候，它立刻对在亚马逊履行中心工作的数十万人产生了有意义的影响。我们希望其他的大企业和我们一道提高最低工资标准，我们会继续游说联邦政府，争取把最低时薪标准提高到15美元。

我们也希望在薪酬之外改善员工的生活。亚马逊为每位全职员工提供了健康保险、401K计划、20周的带薪产假，以及其他福利。员工和亚马逊最高级别管理人员的福利范围是一样的。经济生活正发生快速变化，我们比以往任何时候都更清楚地认识到员工该如何同步提升自己的技能，才能跟上技术的变化。这是我们花费7亿美元为10万多亚马逊人提供培训项目的原因。这些培训包括医疗、云计算和机器学习等高需求领域，培训地点就在员工工作的地方。

2020年，是贝索斯作为CEO给股东写信的最后一年。在这封致股东的信里，他明确提出了“要成为全球最好的雇主，要建设全球最安全的工作场所”，并把这个目标和“客户至上”的公司目标相提并论。另外，贝索斯花了很大篇幅介绍了亚马逊在员工保健方面的工作。他写道：

关于愿景的事情，我们是坚定的、毫不犹豫的。当下定决心要做什么事的时候，我们还从来没有失败过。在员工的问题上，我们也一定不会失败。

下面，我们深入讨论一下安全问题。比如，在亚马逊有大约40%的工伤是与骨骼肌疾病（MSD）有关，重复性动作会导致扭伤或拉伤。MSD在我们这个行当中很常见，在员工入职的头六个月最有可能出现。许多新员工都是第一次做体力工作，我们必须要为他们找到减少患 MSD 的办法。

WorkingWell（好好工作）是这方面的一个项目。我们在 2020 年向北美和欧洲 350 个工作地点的 85.9 万名员工推出了这个项目。我们以小组的形式教员工掌握有关身体力学、预先防护和安全方面的知识。除了减少工伤，这些概念也对工作以外的日常生活产生积极的影响。

我们正在开发新的、自动生成的员工排期方法。这种方法使用复杂的算法来让员工轮换工作，这样，员工可以轮换使用不同的肌腱组，以减少重复性动作，降低患 MSD 的风险。2021 年，我们将推出工作轮换计划，这项新算法是整个计划的核心。

我们增加了对早期 MSD 在预防上的关注，并已经取得了成果。从 2019 年到 2020 年，MSD 的总体发病情况减少了 32%，在工作时间外出现 MSD 的情况也减少了一半以上。

亚马逊聘请了 6200 名安全方面的专业人士。他们使用安全科学来解决复杂的问题，并且建立了新的行业最佳实践规范。2021 年，我们计划在安全项目上投入 3 亿美元以上的资金，其中包括第一步投入 6600 万美元，用于开发新技术以防止叉车碰撞，以及其他类型工业车辆的碰撞。

07 业务模式

前面，我们讲了客户至上、重视员工这两个亚马逊的业务支点，但这两个支点必须要有机地嵌入一个有效运作的业务模式之中，才有意义。

从贝索斯 1997 年的致股东信中，我们可以看到这个业务模式的大致轮廓。从今天的结果看，这个轮廓在逻辑上是清晰的、合理的，是可以通过努力实现的，这才会有后来的“长期主义”。而如果这个轮廓从最开始就是错的，那么，“长期主义”就只能是一个愿望。

这个轮廓的两个基础：一个是网络基础设施，另一个是物流基础设施。前者后来演变成了 AWS；后者就是强大的 FBA。

在 1997 年的信中，贝索斯写道：

今天，线上交易可以帮助客户省钱，可以节约客户宝贵的时间。而在未来，通过线上进行商业活动可以在非常强调保持客制化方式的同时来加速这个“独一无二”的发现过程。亚马逊就是用互联网来为客户创造真正的价值，由此建立一个专营体系，就算是在那些已经建成的巨大市场里，这都是可以持续的。

我们碰巧赶上了一个机会窗口，大商家们都在投入资源去追求线上的机会，而客户也开始在线上进行购买，这正在形成一种可以被大家接受的、新的关系。这种关系快速向前演化，不断出现有竞争力的标志性事件。许多大商家对线上交易，投入了大量的精力和资源去展现意愿、建立通路、形成销售，这些举措都让人相信它们不是在开玩笑。所以，我们的目标就是快速地巩固我们的地位，扩展我们的领域，我们也要开始追求在其他领域的线上交易机会。我们看到了在我们锁定的这个大市场中持续性的机会，我们就是要战胜那些渠道中现有的领导者。我们要认真地投入，要果断地执行战略。

贝索斯认为基础设施极为重要。自建物流体系，是贝索斯在创业之初最重要的决策，也是最正确的决策。所以，他在 1997 年的股东信中特别强调：西雅图的履行中心扩充了将近 70%，以及即将在特拉华州建立第二个履行中心。在那个时候，亚马逊的履行中心还被称为配送中心。贝索斯特别在 1998 年的这封信中把“基础设施”拉出一个小标题来论述。他写道：

我们幸运地从我们的业务模式中获益，这个模式高效使用现金，让资本高效运转。我们不需要建立实体店面，并在这些店面中分别占用库存。亚马逊集中管理的仓储物流让我们可以用 3000 万美元的库存和 3000 万美元的厂房和设备，就能够创造 10 亿美元级别的销售额。

在信的最后，谈及 1999 年的任务时，贝索斯提到了业务模式的五个要素：第一，配送能力；第二，系统能力；第三，品牌承诺；第四，扩张产品与服务；第五，强化优势和制度。这是贝索斯第一次为亚马逊的业务模式找到了一些要点，并对这些要点做了简单描述。

和画画的道理一样，构图合理，后边的每一笔都会画在正确的地方。1998 年的致股东的信标志着贝索斯第一次在亚马逊的底稿上画上了最基础的线条。这些线条后来被不断地细化，位置都对，没有根本性改动。这就是事半功倍。

贝索斯写道：

> 1. 配送能力：我们打算建立一个重要的集散基础设施，以保证我们可以支持所有的客户需求，实现和大量产品库存进行快速对接。
>
> 2. 系统能力：我们将提升系统的能力，与业务成长相匹配。系统团队有个重要的任务，即扩张的速度必须满足当期业务增长；同时，为达到实现几十亿美元的营收规模、服务几千万客户这样的目标，对系统进行重构；勾勒出有利于促进新的发展方向和创新的特色及体制；提高运营的卓越性和效率。
>
> 3. 品牌承诺。
>
> 4. 扩张产品和服务。
>
> 5. 强化优势和制度。

这五点要素的后三条都不属于基础设施中的硬件内容，而订单履行服务和计算服务体系作为亚马逊后来核心竞争力中的关键两点，被列在最开始的两条，被明确地标了出来。

正是因为有了对业务模式这样的愿景，在 2000 年的致股东的信中，贝索斯第一次清晰地对亚马逊做出了定义，他写道：

> 最近，在斯坦福大学的一次校园活动中，一位年轻的女士用

话筒问了我一个大问题："我有 100 股亚马逊的股票，那我到底拥有了什么呢？"

我从来没有听到过这种问题，至少没有这么简单直接。你拥有什么呢？你拥有一家领先的电子商务平台的一点点。

亚马逊平台包含了品牌、客户、技术、配送能力、深入的电子商务能力，还有一支热衷于创新、热衷于给客户提供良好服务的优秀团队。到 2000 年初，我们已经有了 1700 万用户，"客户至上"的理念誉满全球，我们还有最好的电子商务的软件系统，以及有针对性建设的、用来进行配送和提供客户服务的基础设施。所以我相信，我们已经到了一个引爆点。与其他任何公司比，我们的平台现在都可以更快地推出新的线上业务、创造更高质量的客户体验，同时拥有更低的边际成本，以及达到规模性和获得盈利能力的更快途径。

显然，从贝索斯 2000 年的这段话来看，到那个时点，他已经把事情想得很清楚了。贝索斯和亚马逊抓住了互联网发展的大机会。在起跑阶段，他就领先了，而后面的动作无疑是把领先的差距越拉越大。

08 看到本质

2000 年的致股东信，是在互联网泡沫崩溃的大背景下发出的。不知道有多少人能像贝索斯一样，在困境中依然可以看到事物的本质，而不是简单地被环境和恐惧情绪所困扰。

在这封致股东的信中，贝索斯试图传递两个信息。第一个信息可被称为“战略定力”，是一种看到事物本质的能力。没有这种基本能力，是很难在复杂环境中依然可以保持正确方向的。贝索斯写道：

> 为什么你应该对电子商务的未来和亚马逊的未来充满信心？
>
> 因为关于未来，一定要记住：实体世界没有摩尔定律这回事儿。
>
> 产业的发展和新客户的进入，一定是由客户在线上购物体验的改善所驱动，而这种改善是不可逆转的。道理很简单。可得到的带宽、磁盘空间，以及处理能力，这一切都会急剧增加，而且会越来越快地变得廉价。这将会更容易引发创新，创新会进一步驱动客户体验的改善。这是大趋势。

按照摩尔定律，处理能力的性价比每隔18个月就会翻上一番，磁盘空间的性价比大约每12个月翻一番，带宽的性价比每9个月翻一番。所以，落实到亚马逊，如果我们控制客均带宽成本不变，未来5年每个客户将享受到60倍的带宽。磁盘空间和处理能力方面的性价比改善也是类似的，基于此，我们可以把网页上的实时个人化做得更多、更好。

在实体商店里面，商家当然也会使用各种技术去降低成本，但它们无法对客户体验进行转型。使用技术、降低成本的事，我们也会做，但更大的效应会体现在吸引新客户、增加收入方面。我们仍然相信：大约15%的零售业务最终会转到线上。

现在，一切都没有定论，但我们有大量证据可以证明亚马逊今天是一份独一无二的资产。我们有品牌，我们有客户关系，我们有技术，我们有订单履行的基础设施，我们有财务优势和人力资源，总之，我们有诸多的决定性元素可以帮助我们在这个初现的行业中扩大领导地位，从而建成一家重要的、有持续性的公司。

当然，贝索斯在这封信中对一些问题做了检讨，比如说对于“跑马圈地”的冷静分析。不过，他并不认为亚马逊作为互联网企业早期发展依靠“跑马圈地”来快速发展自己的策略有什么不对，相反，他认为这些都是战术性问题。战术是需要调整的，而战略是要坚定的。

这封信传递的第二个信息是“决断力”，一种只有经过本质思考，才可能具有的决断力。他写道：

许多人听我谈起过“大胆下注”的说法。作为一家公司，我们已经这样做了，而且还会继续这样做。从投资于数字技术和无线技术的开发，到投资于生活网站和宠物网站这些小的电子商务公司，我们都是在大胆投资。我们后来关闭了上述那两家小公司，作为这两家公司的主要股东，我们为此损失了大量的金钱。

我们之所以对这两家公司进行投资，是因为我们自己不会在近期进入这两个细分市场，而我们确实相信互联网发展中“跑马圈地”的重要性。1994 年以来的几年，互联网发展的历史已经证明了“跑马圈地”是非常有用的辅助决策原则，当然在过去这两年，这条原则不那么有用了。回头来看，我们确实大大低估了进入这些细分市场需要的时间，也大大低估了在单一细分市场中做电子商务并且达到成功规模的难度。

相对于传统业务，线上业务是一个讲求规模的生意。其特征是固定成本高，而变动成本相对较低，这就使得规模只有中型水平的电子商务公司很难活下来。靠着烧钱和财务上的推力，前面所讲到的两家公司可以获得达到必要规模的客户数量，但当资本市场关上给互联网公司的融资大门之后，这些公司除了跟着关门，也不会有第二种选择了。我们这时不能犯更大的错误，不能再赔上自己的钱让它们苟延残喘。毕竟，长痛不如短痛。

贝索斯在这段话中提到了“规模”这个概念，这是在他以前的信中比较少强调的概念，但却是互联网企业成长过程中的关键要素。当互联网企业的融资比较好解决的时候，规模的价值并不容易被认识到。但当互联网泡沫崩溃之后，规模的价值则得到了凸显，而贝索斯选择通过缩小业务规模来维持在核心业务领域的“规模经济”。

在发出 2000 年的这封股东信时，亚马逊的市值跌去了 80%。在这个背景下，贝索斯表现出了无比的自信，这种自信来自我们前面讲到的两层意思：第一，因为大逻辑没错，贝索斯更有战略定力；第二，在细节上，他看到了问题来自何处，也主动做出了调整。他写下了后面这段后来影响深远的话。他写道：

著名的投资家本杰明·格雷汉姆说过，“在短期，股票市场就是一台投票机；而在长期，它则是一台称重机”。很显然，在1999年的股市繁荣中，大家都来投票，很少人是来称重的。而无论是在今天，还是在长期，我们都是一家希望被称重的公司，必须能够经受时间的考验。在称重这件事上，任何一家公司都不会是例外。所以，我们必须要埋头苦干，成为一家越来越有重量的公司。

09　发展逻辑

1999年的致股东信是非常重要的，从中我们可以看到贝索斯对亚马逊2000年工作的规划，这个描述实际上是后来被凝练出的亚马逊飞轮的基础。而当亚马逊飞轮被总结出来之后，亚马逊的发展逻辑就更加清晰了，剩下的就是细节的深化和规模的扩展。

在这封信中，贝索斯非常清晰地描述了亚马逊在2000年的前进方向和目标，这些目标和企业发展的大逻辑高度一致。保持这种高度一致，是贯彻“长期主义”的关键。我们可以把亚马逊每一年的动作都和亚马逊飞轮联系起来，进而可以发现，“长期主义”就是发展逻辑的预见性、自洽性和一致性。

贝索斯在信中写道：

> 亚马逊有六个目标：第一，追求客户数量的增长，同时强化与客户的关系；第二，继续快速扩张亚马逊的产品和服务；第三，在公司内部各个领域追求卓越运营；第四，进行国际化扩张；第五，扩大合作伙伴项目；第六，也是重要的，在每个亚马逊所介

入的业务领域，都要驱动盈利能力的增长。

第一，追求客户数量的增长，同时强化客户关系。我们将继续大力投资，以引入新的客户。尽管有时难以想象，在过去5年多的时间里，我们身边发生了那么多变化，但对电子商务来说，现在还是像在创业的第一天，这一类生意还处于形成过程的早期阶段，许多客户还是第一次尝试这种新的购物体验。我们必须努力工作，增加我们的客户数量，增加他们购买我们产品的数量，增加他们的购买频率，而且在他们购物的过程中提升他们的满意度。

第二，扩张产品和服务的种类。我们一直致力于打造一个平台，让客户随时随地可以找到、发现任何他们要买的产品。我们所推出的每一种新产品和新服务，都能使我们更贴近一大批客户，增加他们来我们网店进行访问的频率。当我们扩张产品规模，我们就为整个生意创造了一个业务循环。客户到访我们的店铺频率越高，我们让他们再次光顾所花的时间、精力以及营销投入就会越少。他们会看在眼里，记在心上。

进一步来讲，随着我们的扩张，每个新店都会有专门的团队，来提供在这一品类中最优的产品。这样，每一家新店都是向客户展示亚马逊“客户至上”理念的新机会。于是，每次投放新的产品和服务，都是在撬动我们在配送、用户服务、技术、品牌方面的投入，都会带来杠杆效应，提升利润。

第三，追求运营的卓越性。对我们来讲，运营的卓越性包括两个方面：首先是不断完善客户体验；其次是驱动所有业务的生产率、利润率、效率以及资产流动速率。

通常，实现某一个目标的最好方式，是去促进另一个目标的实现，从而相互促进。例如，更高效的配送，可以减少商品的配送时间，进而就会降低每单的接触成本和客户服务成本。这些反过来会提升客户体验、建立品牌，而其结果又会反过来降低获取和保留客户的成本。

第四，进行国际化扩张。我们认为，相比于美国国内客户，美国之外的消费者有需求却缺少供给。因为我们的平台——亚马逊已经在成为全球领先的零售商方面拥有了很大的优势。我们已经在近5年的时间里把产品销往150多个国家，在全球拥有了较强的品牌、销售额和客户基础。我很高兴地报告，我们在英国和德国的网站已经开了好头，它们都在当地网站排名中进入了前十，并成为各自国家中的第一电商品牌。基于此，我们在全世界的客户和股东都可以期待亚马逊继续扩张自己的版图。

第五，扩大合作伙伴项目。借助我们的平台，亚马逊可以为合作伙伴带来巨大的价值。事实上，我们的过往经验表明，亚马逊是我们的合作伙伴在拓展业务方面最便捷、最有效的手段。在许多地方，专注服务客户、有效节省成本且同时快速扩张自己的最佳方法，就是合作，就是合作。值得强调的一点是，在我们挑选合作伙伴时，它们给予客户的体验质量是唯一重要的标准。我们绝不会和那些不能像我们一样热情为客户服务的公司建立伙伴关系。

我们喜欢这样的合作，因为这种合作关系让客户满意、让我们的合作伙伴满意，同时财务上还具有吸引力，让我们的股东满意。

第六，驱动我们进入的每个业务领域都朝向赢利前进。以上所列出的每一个目标，都会贡献于我们的长期目标，我们的目标就是建立最好的、最有营利性的、最高资本回报的、长期的营业网络。所以，实现盈利是实现上述所有目标的基础。通过驱动与供应商之合作关系的持续改善，通过我们自身生产率和效率方面的改善，通过我们对于固定成本和营业成本的管理，通过管理产品组合和价格方面的专业能力，我们期望可以大幅提升利润、降低成本。

我们陆续推出的产品和服务都将基于我们的平台，这样，我们的投资曲线就会趋于平缓，每一项业务达到盈利的时间总体上就会缩短。

以上六点看完后，建议大家再把亚马逊飞轮找来，看看这六点和亚马逊飞轮的关系。对比之后，我们会毫无疑问地说，细节和大逻辑是一致的。这是保持“长期主义”的关键。正是因为这个原因，贝索斯在 1999 年的这封信结尾，再次单拉出一个小标题，还是那句老话：一切都关乎长期。

10　降价、成本与现金流

2001年，是亚马逊飞轮加速运转的关键年份。在这一年中，亚马逊进行了一次大降价，降价幅度前所未有，当然，这基于之前长期降低成本的努力。贝索斯把低价作为最重要的客户体验之一。他写道：

在我们花了四年时间一心一意地专注于增长，又花了两年时间心无旁骛地降低成本之后，亚马逊终于到了一种可以把增长和成本改善进行平衡的时点，我们有能力调度资源和安排项目团队服务于这两个目标。正是基于此，我们在7月进行了大减价。这是一个标志性的时点，我们大减价行动体现了这一转折。我们对售价超过20美元的书进行降价，折扣幅度都在30%。

在1999年第四季度，追求增长和降低成本之间的平衡，开始显现出效果。我们超过了利润目标，同时也让我们的业务增长重新得以加速。2001年1月，我们再次进行降价，这一次降价的做法是：当客户的订单在一年里消费金额超过99美元之后，我们免除运费。我们对于成本改善的专注，让我们可以承担降价的结果，同时，降价才可以促进增长。业务增长可以让固定成本得以分摊，使之更低，降低了单位成本，又会使进一步降价成为可能。消费者喜欢降价，降价对股东也有好处，请让我们持续这样做下去。

在2002年的致股东信中，他进一步解释了其中的逻辑：

我们要提供世界领先的客户体验，而且产品价格可能也是最低的，但这两个目标对于很多人来说都是相悖的。传统的店铺如果一方面要在和客户密切接触时，提供好的客户体验，另外一方面又要价格最低廉，几乎是不可能的。它们必须要在两个目标之间做取舍。那么，亚马逊又如何可以做到两者兼顾呢？

答案就是我们可以把客户体验中的绝大部分转换成固定支出，比如无以匹敌的选择性、丰富的产品信息、个性化推荐，以及其他新的、有特色的软件服务。于是，这样就把客户体验变成了成本，这更像是出版模式而不是销售模式。当我们的业务在不断增长时，我们的成本支出在销售收入中的占比就会越来越小。当然，还有些客户体验成本是变动的，比如说订单履行成本中变化的部分，当我们不犯错误的时候，这个部分也会改善。所以，在我们的业务模式中，消除瑕疵就会改善成本和提高客户体验。

显然，这就是亚马逊飞轮所显示的逻辑。不过，很多互联网企业也有飞轮，也在驱动飞轮运转，但靠的是烧钱。而贝索斯在信中用了一个词“afford”，意思是亚马逊自己不用烧钱、不用外部融资也可以做得到。

在2001年的致股东的信中，贝索斯再次提到了“经营现金流”这个概念。自己能够承受，就是“afford”，就是在保持现金流健康的情况下，完成上述循环。贝索斯在这封信中对现金流做了明确解释。他写道：

为什么要关注现金流呢？因为每一股股票，就是一股公司在未来的现金流，因此，只有现金流而不是什么其他的指标可以最有效地解释公司在长期的股价。

要想对公司今天的股票价格究竟值多少钱有所理解，你就必须要理解两件事：第一，公司在未来的现金流状况；第二，公司在未来所发行股票的数量。（你最好也要懂得恰当的折现率，如果你准确地了解公司的未来现金流，就可以容易地确定该使用怎样的折现率，而且确定的方式是合理的。）做到这一点不容易，不过，通过研究一家公司过去的业绩，并且通过考察公司业务模型中的诸如杠杆水平、规模能力等因素，你就可以对公司的未来现金流做出非正式的预测。而要预测公司在未来所发行的股数，则需要预测给员工以及其他潜在的资本关联方所发放期权的数量。最后，你就可以确定每股现金流，这就是你愿意为任何一家公司的每一股股份所要付出价格的最强参考指标。

我们期望即使亚马逊的业务量有大规模的增长，只要保证固定成本不发生较大变化，亚马逊会在几年内产生出有意义的、可持续的自由现金流。我们计划在2002年实现这个目标，当然，第一步是在2001年产生正的经营现金流。两者之间的差距是7500万美元的资本支出。

限制股权数量，意味着每股可以有更多的现金流，股东就有更多的长期价值。我们当下的目标是在未来五年把通过员工持股计划稀释股权的数量控制在平均每年3%左右。当然，有些年份多一点，有些年份少一些。

总之，正如亚马逊飞轮中所描述的，低价是客户体验的关键部分。而要让低价策略可以持续，就需要有尽可能低的成本，低成本来自庞大的用户数量，来自规模，来自获客。获客的方式可以靠烧钱，很多公司也是从烧钱起步，但获得正的经营现金流并且让公司尽早产生持续的自由现金流，是企业成长的关键。

这段话也反映了贝索斯的财务理念和“量入为出”的企业发展原则，形成了亚马逊发展过程中非常有特色的地方。后来，贝索斯主要用经营现金流中的盈余去做投资，即使是对履行服务体系这种战略性业务的投入，贝索斯也坚持他的原则不动摇。当然，除了早期阶段，贝索斯更愿意选择发长期债和发行可转债的方式去获得融资，而不是选择股权融资，也是令人印象深刻的一点。

11 股东的长期价值

随着互联网泡沫的崩溃，亚马逊在资本市场上呈现出极其难看的面相。2001 年 4 月，贝索斯在当年致股东的信中开篇就说：

> 对资本市场上的很多人来说，过去的一年可能是残酷的一年；但对亚马逊的股东来说，这一年肯定是残酷的。在我写这封信的时候，和上一年写信时相比，亚马逊的股价跌去了超过 80%。

我们在前面提到的“追求客户体验”“降低价格”以及“追求自由现金流”等说法，都是贝索斯在这个大背景下提出和做到的。显然，在环境恶劣时期，这些想法和做法在直觉上都与企业快速扭亏的方向不相一致。但事实证明，这是唯一正确的做法。

在 2003 年的致股东信中，贝索斯把隐藏在所有这一切行动背后的指导思想和盘托出，这封信读起来很让人有快意恩仇的感觉。贝索斯写道：

真正掌握所有权者，需要长远地思考问题；反过来，长远地看问题，也是真正所有权指向的必然结果。房主和租客想问题的角度是不同的。我认识一对夫妻，他们把自己的房子出租给别人，租客竟然把圣诞树钉在房子的木地板上，而不是用一个固定圣诞树的架子。怎么方便怎么来。毫无疑问，这是坏租客的套路，房主绝不会这么短视地做决策。投资者的情况与此类似。有些投资者就是短期的租客，他们非常快地变换投资组合。他们暂时“拥有”股权，实际上就是在“租”这只股票。

在 1997 年亚马逊成为公众公司的时候，我开始给股东写第一封信，在那封信中我们强调长期主义的观点。这种观念确实左右着我们做具体决策时的想法。在公司做决策的时候，我们让“客户体验”这个词无处不在，从产品定价到选择的丰富性，从网站的用户界面是否友好到我们怎样包装和寄送产品，我们在业务中每一个涉及客户的细节都强调客户体验。到目前为止，我们所创造的客户体验确实也成了驱动公司业务发展的动力。

当我们在设计客户体验的时候，我们会按照长期股东的角度、想法去做事。无论决策事情的大小，我们始终按照这样的思考框架去做决策。

这封信读到这里，“客户至上”的底层依据跃然纸上。关注客户体验，就是在为公司创造价值，而真正的股东应该关心公司的长期价值，所以，时时处处以客户为中心，就是在为真正的股东创造价值。

贝索斯还写道：

在我们为了改善客户体验所进行的种种努力中，承诺免费送货和不断进行产品降价是重点。我们把消除缺陷、提高生产率和节约成本的收获，都以降价的方式返还给了客户，而且，这是一项长期决策。增加的流量需要时间来兑现，但降低价格立刻就会伤及当下的业绩。然而，从长远来看，坚持不懈地推进“价格—成本结构上的循环”会让我们的业务更强大，也更有价值。因为我们的许多成本，比如软件工程的成本，是相对固定的；而变动成本中的大部分也可以因为规模效应而得到更好的控制，也就是说，成本结构的变化可以带来更大的用户量，而这些量可以减少成本在销售收入中的占比。

我们的定价策略并不追求把利润占比最大化，而是追求为客户提供最大的价值，从而创造更多的长期利润。比如说，我们在珠宝销售上追求的毛利水平大大低于行业标准，我们相信随着时间的推移，客户看清楚了一切，我们就会为股东带来更多的价值。

其实，在贝索斯的一系列致股东的信里，关于客户体验与股东长期价值之间的关系，逻辑上和阐述上是一以贯之的，他不止一次地提到这一点。比如，他曾写道：

我们坚信“股东的长期利益是与客户的利益紧密相关的”。我们的工作做得越到位，今天的顾客在明天就会买得更多。随着我们的客户大军越来越壮大，一切也都会增厚我们的现金流，进而创造更多的股东价值。为客户造福，是提高我们在电子商务时代市场领导地位的方式，做到这一点，投资者的利益也就有所保证了。这两者是一体两面的。

（摘自 2001 年的信）

无论我们成长了多少，无论互联网怎样进化，我们做生意的基本信条始终不变。这一点值得大家注意。

（摘自 2002 年的信，这一年亚马逊实现了业绩较大增长）

亚马逊正在持续成长，我们要让所有的新业务都植根于我们的文化。我们会始终紧盯收益、潜在规模、创造客户所关注的产品和服务的差异化能力，这是做生意的纪律。我们不能每一次都做对，也不能永远保持成功，但是，我们小心且挑剔，努力并耐心。我一如既往地奉上 1997 年的那封信，你会看到我们的逻辑和方法都没变。

（摘自 2006 年的信，亚马逊这时已经有了包括 AWS 这样的产品，有了几个达到几十亿美元的业务）

12 追求“自由现金流”

2001年的致股东信发表时，亚马逊的财务状况并不乐观，处于净亏损状态。贝索斯在这封信里，花了一些笔墨重申亚马逊追求的目标是“自由现金流”，而不是财务报表上的数字。之所以说是重申，因为在1997年的致股东信中，贝索斯曾经强调过：亚马逊追求的目标是未来现金流的现值最大化。

不过，无论如何，在亚马逊报表业绩不佳、经营前景不明朗的背景下，追求“自由现金流”在一些人看来，像是“狡辩”。

随后几年，现实的情况逐渐证实了贝索斯的预见。亚马逊先是经营现金流转正，然后是自由现金流转正。2004年，亚马逊的报表盈利为正，而且成长的趋势还不错。在这种情况下，贝索斯发出了当年给股东的信。

贝索斯在2004年的信中，并没有“沾沾自喜”地谈论成绩。相反，他花了很大的篇幅对“自由现金流为什么重要”这个问题做了解释。所以，这封信更像是一个极简版财务讲义。在信中，贝索斯开宗明义地强调：

我们最终要达成的财务指标，是“每股自由现金流”，这也是我们在长期驱动公司发展的关键指标。

许多人追求的是盈利、每股盈利，或者是盈利增长，但亚马逊并不把这些东西作为最重要、首要的东西。为什么呢？因为盈利并不会直接转化为现金流，而股票的价值就是未来现金流的折现值，而不是未来盈利的折现值。未来盈利固然是未来每股现金流的一个部分，但并不是唯一重要的部分。当然，运营资本和资本支出也很重要，因为它们会稀释股票价值。

当然，有人觉得这是反直觉的。公司利润增加，怎么可能会损害股东价值呢？实际上，在某些情况下，这确实会发生。当公司增长要求的资本投资比从这些投资中获得现金流的折现值更大时，就会这样。

为了说明这个道理，贝索斯举了一个简单但又非常直接的例子。正是因为这个例子占了整封信的绝大部分篇幅，2004 年的股东信才看上去像一堂财务课。贝索斯举的例子是这样的：

某个企业家发明了一台运输设备，可以快速地把人从一个地方运送到另外一个地方。这台设备的造价是 1.6 亿美元，可以说是价格高昂，设备可以用四年。这台设备的运送能力是每年 10 万人次。乘客的票价是 1000 美元，其中，消耗能源和其他物料成本是 450 美元，还有另外 50 美元的人工成本和其他成本。

假定这个生意兴隆。该设备第一年运送了 10 万人，利用率达到了 100% 的状态。扣除折旧以及其他运营费用之后，净利润达到了 1000 万美元，利润率为 10%。如果公司把首要目标放在盈利上，于是就会根据前面的结果去增加设备投入，以便使销售增加，利润也增加。这就形成了下面这张利润表。

	利润			
	第一年	第二年	第三年	第四年
销售收入	100000	200000	400000	800000
销售量	100000 人	200000 人	400000 人	800000 人
销售增长率	N/A	100%	100%	100%
毛利润	55000	110000	220000	440000
毛利率	55%	55%	55%	55%
折旧	40000	80000	160000	320000
人力和其他成本	5000	10000	20000	40000
利润	10000	20000	40000	80000
净利率	10%	10%	10%	10%
利润增长率	N/A	100%	100%	100%

注：表中财务数字的单位均为千美元。

报表挺好看的。企业的复合利润增长率是100%，累计利润是1.5亿美元。股东仅看这张表，会欢欣鼓舞。

然而，如果看看企业的现金流状况，事情就是另外一番样子了。四年下来，这个运输业务的自由现金流累计为负，是5.3亿美元。现金流量表呈现了这一切。

	现金流			
	第一年	第二年	第三年	第四年
利润	10000	20000	40000	80000
折旧	40000	80000	160000	320000
营运资金	—	—	—	—
经营现金流	50000	100000	200000	400000

（续表）

	现金流			
	第一年	第二年	第三年	第四年
资本开支	160000	160000	320000	640000
自由现金流	（110000）	（60000）	（120000）	（240000）

注：表中财务数字的单位均为千美元。

贝索斯说：

当然你可以做出其他的模型，让盈利更接近于现金流。但我想通过这个例子说明的是：单从利润表是不能肯定地判断出是创造股东价值，还是毁损股东价值。

同样请大家注意的是，就算用 EBITDA（息税折旧摊销前收益）这个指标来衡量业务是否健康，也会导致同样的错误结论。这几年，该企业的 EBITDA 分别是 5000 万美元、1 亿美元、2 亿美元和 4 亿美元，连续三年都是 100% 的增长率。但由于没考虑到 12.8 亿美元的资本支出，而这些资本支出必须要产生现金流，所以我们也就没有看到完整的故事。EBITDA 也不是现金流。

如果我们对应地调整增长率和资本开支的数字，现金流是会恶化，还是会得到改善呢？

第二、三、四年销售额和利润增长率	第四年设备数	第一到四年累积利润（千美元）	第一到四年累积自由现金流（千美元）
0%，0%，0%	1	40000	40000
100%，50%，33%	4	100000	（140000）
100%，100%，100%	8	150000	（530000）

从前面这个表中，可以看到结论自相矛盾。从现金流的角度来看，业务增长的速度越慢，现金流的状况就越好。当最初的投入花在第一台机器之后，理想的增长轨迹就是尽快让运营规模达到 100%，然后停止扩张。虽然只有一台机器在运营，我们也容易地看到直到第四年，累计的总现金流才超过初始的机器投入，并且，如果资本成本为 12%，这一系列现金流的净现值还是负值。

总之，这个运输业务从根本上就有缺陷，因为它不存在一个对于初期投资或后续资本投入都有意义的增长率。我们的例子简单、清晰，显而易见。投资者应该学会使用经济学方法进行净现值分析，以便可以快速判断一个项目是不是划算。现实世界的情况更加微妙和复杂，在盈利和现金流之间的二元性问题总是会出现。

现金流量表通常没有得到应有的关注。眼光敏锐的投资者不应只在意利润表。

显然，贝索斯是想通过这个例子，让股东理解他为什么那么执着于关注现金流的现值，为什么现金流状况比其他财务指标对公司来说更加重要。贝索斯的这种观念，反映在亚马逊的年报上，就是排序第一的报表不是资产负债表或者利润表，而是现金流量表。

在这封信中，贝索斯进一步写道：

亚马逊的自由现金流主要来自不断增加的经营利润，同时还要靠对营运资本和资本支出的有效管理。经营利润的增加主要靠两条：第一，专注于改善方方面面的客户体验，这样就可以增加销售收入；第二，维持一个精益的成本结构。

“运营周期”是一个天数的概念，指库存天数，加上应收账

> 款的天数，减去应付账款的天数。我们使用"现金生成性运营周期"的概念，这是因为我们让库存周转得更快，以及在向供应商付款之前就从客户那里预收款，就会产生更好的现金效率。如果我们提高库存周转率，就意味着我们在库存中占用的投资可以维持在相对低的水平上。按照 2004 年底的数字，我们有 70 亿美元的净销售额，但我们的库存占用投资只有 4.8 亿美元。我们在固定资产上的投资并不大，只有 2.46 亿美元，占 2004 年净销售额的 4%，由此可见在我们商业模式中资本的效率。

总之，这一年的股东信非常技术化，但它令我们印象最深的是贝索斯此时已经形成了自己的经营哲学。他的经营哲学非常坚实、自洽，而且有财务层面的逻辑支撑。

13 经营哲学

我们可以把企业家简单地分为两类：一类是逐渐能够对自己的经营行为有哲学层面认识和反思的企业家；而另一类，则是一直没有完成这种升华的企业家。经历了这种升华的企业家，到了一定境界，都是“哲学家”。

无疑，贝索斯是前者。贝索斯的出手水平很高，但更能表现他不断“破茧成蝶”的是他在每年给股东的信中逐步反映出来的认知升级和境界提升。其中，2005 年的致股东信是典型代表，从这封信中，我们可以较为完整地看到贝索斯经营哲学的系统深化。

在这一年的致股东信中，贝索斯辩证地讨论了一个重要的问题，就是如何看待数据分析。一方面，他大讲亚马逊是如何基于数据分析进行决策；另一方面，他也讲到了要对数据分析进行超越，要善于用大的方向感和判断力取代简单的数据分析。一句话，数据分析是重要的，但数据并不能替代经营理念。这一年的股东信非常值得细细品味。

贝索斯写道：

亚马逊的很多重要决策都是基于数据分析做出的。答案是对是错，是更好还是更差，数据分析可以让我们一目了然。

比如，是否设立一个履行中心，就是依靠数据分析做决策的例子。我们用配送网络中的历史数据去估计季节波动的峰谷，然后用模型去探索如何发展新的配送能力。我们研究预期中的产品组合，包括产品的尺寸和重量，来决定我们到底需要多大的运输空间，判断我们是不是需要用新设备去把小一点的、"可归类的"物品集中运输，变成"大件"；还是大件就是大件，单独运输。我们根据与客户之间的距离、运输的枢纽，以及现有设施的情况，分析如何进行物品的调度，以便达到缩短运送时间、减少运输成本的目的。使用数据分析，无疑会改善客户体验和我们的成本结构。

同样，绝大多数存货采购决策也是通过数字化建模和分析之后做出的。一方面，我们希望产品库存充足，能够立即提供给客户；但另一方面我们也希望把库存总量压到最低，从而保持相关的持有成本最低，进而给客户提供低廉的价格。要同时达到这两个目标，一定存在着一个恰当的库存量。我们用历史上的购买数据去预测客户对某个产品的需求，并预测需求的可能变化程度。同时，我们用供应商过去的数据来判断补货时间。这样，我们就可以根据入库和出库的运输成本、仓储成本和期望中的客户位置，来决定把产品储存在我们履行中心网络中的合适位置。用这种方法，我们把100多万种完全不同的商品完全掌控起来，做到可以立即发送给客户。就这样，我们每年的库存周转超过14次。

为了做出上述决策，我们必须要做出某些假设和判断。但在这类决策中，判断和看法只能发挥一些比较初级的作用，大量繁重的工作必须要用数学工具来完成。

不过，贝索斯在充分强调了数据分析的价值之后，话锋一转，讲起了数据分析的局限性。他说：

> 当然，并非所有重要决策都能用这种令人羡慕、以数据分析为基础的方式完成。有时因为没有历史数据，有时因为数据很少，我们无法由数据分析来引领决策。还有很多时候，尽管可以进行前瞻性试验，但在数据分析和应用数学工具之后，影响决策的主要因素还是判断。

这段话的背景资料是明茨伯格等学者的一篇论文，这篇论文作为这封致股东信的注脚一直放在亚马逊的网站上。明茨伯格等学者的基本观念是：一些运营决策更容易获得有效数据，做定量分析，然后依据分析结果进行决策；但有些决策是战略性的、非结构化的，一方面影响因素众多，另一方面关键性数据并不充分。在这种情况下，硬是要使用数学工具来做分析，并依照分析的结果去做决策，就有可能南辕北辙。

用明茨伯格的话说，就是“任由管理科学家过分地注意运营决策，可能会极快地让组织走上一条不恰当的行动路径”。为了说明这个观点，贝索斯现身说法地举例说明：

> 正如股东们所知，我们做出了决定：每年都会为客户持续降价，而且降价的幅度是显著的。之所以有这样的决定，是因为我们的效率和规模使其具备可能性。这是非常重要的决策，但这个决策不是基于数学方式做出的。实际上，当我们决定降价时，我们正在违背数据分析的结论。按照模型分析，聪明的做法应该是

提价。我们有大量与价格弹性相关的数据。这意味着我们可以相当精准地预测到当价格降低一定程度，产品的销量会增加到什么程度。几乎没有例外，短期增加的销量永远不足以补偿下调价格的损失。

然而，我们关于价格弹性的定量化理解是短期性的，我们可以由此预计降价会在当周和当季产生什么影响，而不能从数量上估算出持续降价在未来五年、十年或者更长时间里对我们的业务产生什么影响。在这种情况下，我们的“判断”是：降价反映了我们对改善回报率的坚定追求，反映了客户所带来的规模经济；降价会建立一种良性循环，会在长期带来数额巨大的自由现金流，因此让亚马逊更具有价值。我们在“超级省钱免费送货”服务和Prime会员服务方面的种种行动也是基于类似的“判断”。这两方面的举措在短期内都是代价高昂的，但我们相信它们从长期来看会非常重要，非常有价值。

还有一个例子，就是我们在2000年邀请第三方卖家在我们“优先零售”的产品明细页面上直接与我们自己展开竞争。把亚马逊的零售商品和第三方商品发布在同一个产品明细页面上打擂台，这看上去肯定有风险。公司内外的朋友都担心这样做会蚕食我们自己的零售业务，以客户为中心的创新常常会这样，让人事先没办法验证这样做能不能奏效。负责采买的人也说，邀请第三方卖家进入亚马逊网站，会导致库存预测更加困难；而且，如果我们打不过任何一个第三方卖家，就会造成库存过剩的麻烦。然而，我们做出判断的逻辑很简单：如果某个产品在第三方的店里更便宜或更易得，那么，我们的客户就更容易买到他们想要的商品，这也是我们乐见其成的。时间长了，第三方销售也会因此成为我们业务的一部分，这也意味着亚马逊的成功，因此同样重要。

把产品明细页面开放给第三方卖家，是一种胸怀，也是一种胆识，并非出于鲁莽。贝索斯的话让我们理解了他做出这种“判断”的背后逻辑，这种逻辑体现了他对商业世界基本规律的尊重。

然而，生意毕竟是生意。尊重规律的结果怎样呢？在2018年的致股东的信中，我们看到了把产品明细页面开放给第三方的结果。在那封信的开篇，贝索斯列举了第三方卖家的销售业绩。然后，他写道：

> 第三方卖家（主要是中小型企业）在亚马逊网站上的销量占比已经从3%增长到了58%。直接地说，就是第三方卖家狠狠地打败了我们自己。
>
> 我们自己做得也不错，业务急剧增长，销售额从1999年的16.4亿美元增长到去年的1170亿美元。在这段时间里，我们的业务复合年增长率是25%。但与此同时，第三方的销售额已从1亿美元增长到1600亿美元，复合年增长率是52%。我们再看看其他人的情况，算是提供一个外部基准。eBay在同时期的商品销售总额年复合增长率是20%，规模从28亿美元增长到950亿美元。

结果显而易见：第三方业务成功了，它的成功很自然地带来了亚马逊生态的成功。在2005年致股东的信的最后一部分，贝索斯总结道：

> 以数学为基础的决策很容易获得大家的赞同，而以判断为基础的决策往往会引起辩论，因为它通常是有争议性的，至少要到付诸实践并被证实之后，争议才会平息。正是因为大家都不愿意承担争议所对应的责任，所以一个组织很容易把自己局限在只做第一类决策的情境中。在我们看来，这样做固然没有争议，但也大大地限制了创新，限制了长期价值的创造。

14 物流体系

亚马逊从上市不久就开始筹备配送中心网络的建设，自建物流，这也许是贝索斯最正确的决策。亚马逊这样做的理由其实很简单，因为配送环节的效率与服务水平，是电子商务企业保证客户体验最重要的部分，这个工作，必须要放在自己手里，并且把它做好。

在 1998 年的致股东信中，贝索斯第一次提及这种“中心化分销模式”，以区别于实体店的分散库存方式，但没有展开论述。在 2006 年的致股东信中，贝索斯首次详细描述了 FBA 的基本逻辑。他写道：

> FBA 是一系列网络服务的 API，它们把面积达到 1200 万平方英尺（约 111.6 万平方米）的履行中心实体网络连接进了一个庞大而复杂的电脑上。使用履行中心空间的费用是每立方尺空间每月租金 45 美分，只要付了租金，租户就可以把他的商品放在亚马逊的网络中。租户可以通过网络指令告诉亚马逊什么时候货物会到达，告诉履行中心出库或包装商品，然后再通知我们把这些货物送到什么地方。一件或是多件商品，都没有问题。租户

不和亚马逊进行联络。FBA 是差异化运营的，差异化可以很大，我们也不想从中获利。

显然，最初的亚马逊履行服务就是这样一种现代仓储物流的基础设施。但它是用高技术做支撑的，有巨大的规模优势，所以，后来开放给了第三方。这一点，我们不得不佩服贝索斯及其团队的远见。在 2008 年的致股东信中，贝索斯写道：

快捷、可靠的配送，对顾客来说非常重要。2005 年我们推出了亚马逊 Prime 会员服务项目。会员每年只需花费 79 美元，就可以获得无限量的、两天免费送达的配送服务，如果再支付 3.99 美元，就可以升级到一天送达。2007 年，我们把 FBA 推向第三方卖家。借助 FBA，卖家可以将其库存放在我们的全球履行中心网络中，由我们对产品进行分拣和包装，并以卖家的名义把货物运送给顾客。只要由 FBA 经手的商品，就如同亚马逊自己在卖货一样，商品完全符合 Prime 会员服务和“超级省钱免费配送”服务的标准。FBA 不仅提高了客户体验，也推动了卖家的销售。在 2008 年第四季度，我们代表那些使用 FBA 的卖家处理了 300 多万件商品，实现了用户和卖家的双赢。

这哪里是双赢，分明是“三赢”，亚马逊也是大赢家。不要忘了，亚马逊商业模式的核心要素之一是规模。向第三方卖家开放 FBA 服务，一方面可以促进亚马逊自己更好地追求由规模带来的“网络效应”，另一方面，也让亚马逊深度绑定了客户和第三方卖家，形成了一种亚马逊生态。在 2013 年的致股东的信中，贝索斯写道：

使用 FBA 的卖家，去年增幅超过了 65%。如此大规模的增长是不寻常的。在很多方面，FBA 都独一无二。一个项目通常不会让身处买卖双方的两个客户群同时满意。但通过 FBA，我们做到了。在一个方面，卖家把产品放在我们的履行中心中，由亚马逊对这些产品进行挑拣、包装、配送，并且提供客户服务，卖家就从 FBA 这个世界最领先的履行网络中受益，轻而易举地把业务规模做大，达到百万级的客户量。而在另一个方面，比如说是 Prime 会员，第三方卖家的产品进入了 FBA、由 FBA 履行，同样享受两天免费送达服务。会员就由此受益，得到了更多的选择，这就让 Prime 会员资格更加超值。不出所料，在加入 FBA 之后，卖家的销售额增加了。在 2013 年的一次调查中，几乎 3/4 的 FBA 受访者都表示自从加入 FBA 后，其在亚马逊网站上的销量有了超过 20% 的增长。这实现了双赢。

贝索斯在信中还引述了两位卖家的话，作为例证。

FBA 是我遇到的最好雇员……有一天早晨，当我醒来后，我看到 FBA 已经发送了 50 件产品。于是，我意识到：原来睡觉时也可以卖东西，做生意变得更简单了。

——桑尼·舒克 (Thanny Schuck)，Action Sports 公司

作为品牌没有知名度的创业者，我很难找到哪个零售商愿意为我们的产品提供库存。亚马逊不一样。亚马逊的魅力就在于：只要有人想创业，就可以在亚马逊的网络中起步，不用租门店，甚至开始的时候连雇员都不用请，创业者可以自己动手搞定一切。我就是这么做的。

——温黛尔·莫瑞斯（Wendell Morris），YogaRat 公司

让第三方卖家和客户同时受益，为亚马逊演化成一个生态奠定了

坚实基础。在 2014 年的致股东信中，贝索斯对此做了说明。他写道：

FBA 如此之重要，它把我们的销售平台也就是亚马逊市集与 Prime 会员服务紧密地联系在一起。正因为有了 FBA，市集和 Prime 会员服务不再是彼此独立的两件事。这种紧密联系，让我真的无法孤立地去思考它们中的任何一部分。现在，它们之间的经济性和客户体验顺畅而又深入地锁定在一起。

对于市集上的卖家，FBA 是一种服务。当一个卖家决定使用 FBA 的时候，他们会将库存放在我们的履行中心。我们负责所有的后勤、客户服务和退货等事务。如果客户同时订购了 FBA 物品和亚马逊自有库存的物品，我们会把两件东西装在一个盒子中运送给客户，这极大地提高了效率。更重要的是，如果卖家加入了 FBA 体系，他们的商品就适用我们 Prime 会员服务的同等待遇。

对显而易见的事情保持坚定的信念，其实比我们想象的要更加困难。不过，试着这样做，总是有益的。如果你要问，卖家想要什么？答案当然显而易见：他们肯定要获得更多的销售。那么，当卖家加入 FBA，并且他们的商品一下子获得了 Prime 会员服务才能有的待遇，那又会发生什么呢？无疑，他们会卖得更多。

当然，我们也要注意从 Prime 会员的角度来看发生了什么。每一次，当一个新卖家加入 FBA 时，我们的 Prime 会员都获得了更多的选择，而且新产品依然适用会员待遇。会员的价值实际上是增加了。这让我们的飞轮转起来更有力量。FBA 实现了一个闭环：市集为 Prime 会员体系注入了能量，反过来，会员体系也将能量回馈市集。

2014 年，对亚马逊美国第三方卖家的一份调查显示，71% 的卖家在加入 FBA 后，它们的销售量增长了 20% 以上。假日期间全球 FBA 的发货量比上一年度增长了 50%，占第三方销售发货量的 40% 以上。去年，美国的 Prime 付费会员人数增长超过了 50%，全球范围内增长 53%。FBA 对用户和卖家来说是双赢。

到此，我们可以看到物流配送体系在亚马逊整个事业发展中所扮演的角色。这也从另外一个角度，让我们看到了贝索斯的预见性，以及"长期主义"的战略定力和坚持精神。在 2013 年的致股东信中，他写了如下一段文字，这段文字发人深省。

> 19 年前，我每天晚上都会开着雪佛兰 Blazer 去邮局寄包裹，亚马逊的货物就放在汽车的后座上。我那时只希望有朝一日能有一辆叉车，愿望不过如此。公司快速发展到今天，我们已经拥有了 96 个履行中心，中心的设计也已经迭代到了第七代。我们的运营团队做事有条不紊，充满天分，非常不一般。我们借鉴日文中的"Kaizen"（改善）命名我们自己的项目，员工们以小团队的方式来简化流程、减少缺陷，从而避免浪费。我们的"改善地球"（Earth Kaizen）团队设定了节能、回收和其他的绿色发展目标。在 2013 年，超过 4700 名同事参与了 1100 项改善活动。
>
> 在我们的履行中心里面，复杂的软件是关键。今年，我们在履行网络体系中滚动推出了 280 项主要的软件升级。我们的目标是在这些基础设施中持续地迭代和改善设计、布局、技术及运营，以确保我们的每一个新设施都比上一个更好。我邀请你亲自来看看。我们的履行中心对六岁以上的公众开放，有专门的参观安排。我自己到履行中心时，都会感觉惊讶，希望你也能来看一看。我想你会留下深刻印象的。

15 业务标准

亚马逊从线上图书销售业务起步，接着进入音乐、视频等内容领域，很多人不知道的是，著名的《华盛顿邮报》也是亚马逊业务的一部分。而云服务产品 AWS 目前更是占据了亚马逊收入的很大一部分。那么，贝索斯是怎样思考业务选择和业务发展的呢？在 2006 年的致股东信中，贝索斯第一次提到了这个问题。他写道：

> 在亚马逊目前的规模下，要让一个种子业务生长成有意义的新业务需要遵守纪律，需要耐心，以及需要培育型的文化。
>
> 我们已经投入的业务就像小树苗，根扎得比较深，正在生长，享受着较高的资本回报率，并且在非常大的市场范围中运营。这些特征为我们要启动的任何新业务都设定了很高的门槛。在我们把股东的钱投到一个新业务之前，我们必须要让自己相信：这个新机会可能产生的资本回报，一定要超过股东在投资亚马逊时的期望。我们也必须要让自己相信：这项新业务可以在亚马逊内部发展出举足轻重的业务规模。

更进一步说，我们还必须要相信：这个机会当前还没有被完全满足，我们有能力面对客户、提供高度差异化的产品。不符合这些标准，我们就不可能在这项新业务中成气候。

贝索斯又写道：

某些大型公司，可能很难从种子阶段去培养一个新业务，因为它们缺少必要的耐心去精心培育。在我看来，亚马逊的文化超乎寻常地适合那些具有大潜力的小业务，我相信这是亚马逊竞争优势的一个来源。

和其他公司一样，亚马逊的文化不仅植根于我们的意愿，也是亚马逊发展进程的结果。亚马逊的历史虽然短，但幸运的是，公司历史中包含了几个从小种子长成大树的例子。公司中的许多人都见证了这些业务从千万美元级别发展成数十亿美元级别。在我看来，围绕着这些成功所积累的一手经验和公司文化，是我们能够白手起家的一个重要部分。这种文化要求我们发展的新业务必须要有很大潜力，要求它们具有创新性和差异化，但并不要求它们一开始规模就有多大。

我还记得在1996年图书销售额突破1000万美元时，我们是多么兴奋。这很难让人不兴奋，因为我们是从零起步走过突破1000万美元这一步的。但在今天，当亚马逊的某项新业务增长到1000万美元时，整个公司的销售额也就是从100亿美元增长到100.1亿美元。一般人会认为这对于那些现在操盘着十亿美元级别业务的高管来说，连一碟小菜都算不上。但，我们的人不会。高管会审视新业务的增长率，然后发个电子邮件表示祝贺。这很了不起，我们很自豪这是亚马逊文化的一部分。

基于我们的经验，一项新业务即使取得迅猛的发展，也往往要在三至七年之后才会对公司局面的业绩有点意义。我们的国际业务、早期的非媒体业务，以及第三方卖家业务都印证了这个时间架构。今天，我们的销售有45%来自国际业务，34%来自非媒体业务，28%来自第三方卖家业务。如果我们正在播下的新业务种子也能有如此斩获，我们会非常高兴。

从我们庆祝销售额首次突破1000万美元时起，到现在我们又走了一大段路。我们在继续成长，但还努力保持着积极拥抱新业务的公司文化。这种文化会呈现为一种纪律：关注回报、关注潜在规模、关注创造差异化的能力。差异化是客户最为关心的。我们并不能永葆正确，也不会总是成功，但会谨慎选择、努力工作和保持耐心。

以上文字，是2006年致股东的信的主要内容，也是贝索斯对业务发展和业务选择的早期思考。过了8年，贝索斯在2014年的致股东信中重提此事，明确地把亚马逊选择新业务的标准概括为“四条”。贝索斯写道：

一个梦幻般的业务至少有四个特征：客户喜欢；这个业务具有非常大的增长空间；资本回报率够高；经久不衰，产品的潜力可以持续几十年。当你看到一个业务具备上面的特征时，千万不要随手就把它略过，要考虑“结婚”。

我很高兴地向股东报告，亚马逊收获了不止一个这样的业务。经过20年时间的努力，我们承担风险，加强团队合作，也借助一路上慷慨地陪伴着我们的好运气，娶了三个“生活伴侣”，有了三个梦幻般的核心业务：市集、Prime会员体系和AWS。发展这三大业务，最开始都是大胆下注，谨慎的人（经常）担心这些业务不太行。但现在一切都相当明朗了，这些业务都特别棒，我们幸运地拥有了这些业务。当然，我们也很清楚在商业上没有一劳永逸。

我们还会坚守这些基本的商业方法。我们会痴迷地探索客户需求，而不是把精力都花在看竞争对手在干什么；我们要对发明创造充满热忱；我们要全心全意地追求卓越运营；我们要坚守长期主义的思考方式。总之，凭借好的执行力，以及接连不断的好运气，市集、Prime 会员和 AWS 这三个业务肯定可以在未来很多年里为客户提供良好服务，并获得财务上的收益。

在这三段话中，贝索斯除了进一步总结和强调了梦幻一般的业务的四个标准，还提出了形成这三个梦幻般的业务的基础是承担风险、团队合作和好运气这三个因素。

16 市集业务

亚马逊的第一个核心业务是它的市集业务，也就是 Marketplace。这是一个销售平台业务，而培育这个平台生态的关键一步是向第三方卖家开放平台服务。在 2014 年致股东的信中，贝索斯回忆道：

> 市集业务的早期岁月很不容易。我们最先发布的是亚马逊拍卖网站。算上我的父母和那些亲戚，一共有七个交易者。这个网站后来改叫 zShops，后者基本上就是拍卖网站的固定价格版本。不过，我们还是没有客户。后来我们把 zShops 变成了市集平台。在公司内部，市集被称为 SDP，是单个产品明细页面（single detail page）的英文首字母缩写。我们的想法是把我们最有价值的零售店面，也就是“产品明细页面”拿出来，让第三方卖家和我们自己的零售直营经理之间进行竞争，这可以给客户带来更多的便利。果然，在一年的时间里，它占到了商品销售量的 5%。今天，在全球范围内，超过 200 万第三方卖家在市集上占据了 40%的销售量。2014 年，客户从第三方卖家订购了超过 20

亿件产品。

这个混合模式的成功让亚马逊飞轮加速旋转。客户起初是被亚马逊平台所销售产品的选择性吸引，而且，选择越来越多，价格都很便宜，同时又有很好的客户体验。第三方卖家和我们一起在这个平台上卖产品，这让市集对客户更有吸引力，反过来也吸引了更多的卖家。这一切都增强了规模经济性，我们接下来有机会通过降低价格和对那些符合条件的订单降低运费。在美国采取这些行动之后，我们又将它们尽可能地快速推广到其他业务区域。我们就这样促成了与我们在全球所有网站的密切整合，形成了一个市集。

显然，在市集业务的发展中，有两个动作是关键的。第一，是邀请第三方卖家加入；第二，就是尽可能快地发展业务的范围和规模，把业务从美国推向世界。那么，在这两个方面，贝索斯又是怎么想的呢？在 2014 年和 2015 年的致股东信中，他写道：

在 15 年前推出市集之前，我们有两个尝试，即分别推出了拍卖网站 Auctions 和 zShops，但二者都在经历了摇摆之后，最终失败。我们从这些失败中汲取了教训，坚持住了愿景，今天，第三方卖家在亚马逊平台上卖出的商品量接近亚马逊网站销售总量的 50%。市集对客户来说，是重要的，因为它带来了独特的选择性。市集对于第三方卖家也很重要，因为有超过 7 万名企业家在这个平台上实现了一年的销售额超过 10 万美元，他们创造了超过 60 万个新的工作岗位。得益于 FBA 的助力，卖家的库存可以适用 Prime 会员服务的待遇，于是，亚马逊飞轮转得更快。这样，Prime 会员身份对客户更有价值，而卖家也因此卖出更多商品。

今年，我们创建了一个新项目，叫作“卖家履行优先”（Seller Fulfilled Prime）。我们设置了一个配送速度和服务一致性的高标准，邀请那些能够满足这个标准的第三方卖家加入这个项目，并直接以Prime会员的配送速度来运送他们的订单。这些卖家已经看到了销售额上的显著增长，该项目也让美国、英国和德国的亚马逊会员通过两日免费送达或次日送达的方式获得了几十万个额外的商品。

（摘自2015年致股东的信）

我们努力减少第三方卖家的工作负担，促进他们的生意走向成功。通过“销售教练”计划，我们源源不断地对他们进行“助推”，典型的情况下，一周会有超过7000万人参与了这个自动化的机器学习过程。“助推”包括向卖家发出机会预警，提醒他们避免脱销、增加所销售商品的丰富程度、让他们的产品价格更有竞争力。这些“助推”工作的价值体现为卖家的销售额增加了几十亿美元。

（摘自2014年致股东的信）

为了帮助卖家成长，我们还建立了亚马逊贷款项目。自该计划启动以来，我们已经提供了总额超过15亿美元的资金，以短期贷款的形式发放给美国、英国和日本的微型企业和中小型企业，其中未偿还的贷款余额总计约为4亿美元。史蒂芬·阿斯托就是一位受益者。他的公司已经成为圣地亚哥地区发展最快的公司之一，在很大程度上就是得益于这个贷款项目的帮助。点击页面就能获取资本支持的方式，有效地帮助了这些小企业发展，客户有了更多的商品选择，因而受益，亚马逊也很受益，因为我们的市集收入与卖家的销售量同步增长。我们希望扩大亚马逊贷款的范围，目前正在探讨把银行也引入合作，银行可以利用它们的专业能力来承担和管控大量的信用风险。

（摘自2015年致股东的信）

除了扶持第三方卖家，亚马逊市集业务发展还靠不断向海外拓展壮大规模。如果前一种手段是做深耕，海外扩展则是做扩张。对此，贝索斯在2015年致股东信中写道：

我们致力于业务全球化。市集为世界任何地方的卖家创造了接触买家的机会。过去，许多卖家只局限在母国做生意，进行国际化销售时会面临种种现实中的问题。为了让市集业务全球化，也为了扩大卖家可以触达的机会，我们开发了销售工具，为172个国家的企业家进行赋能，从而让他们的生意在去年覆盖了189个国家中的客户。现在，这些跨境销售已经达到亚马逊第三方销售额的1/4。为了实现这一目标，我们翻译了数以亿计的产品列表，并提供了44种货币之间的转换服务。即使利基市场上的中小卖家也可以利用我们的全球客户群和全球后勤网络。卖方只是一次性地自己打理跨境业务和使用我们的体系，他们的斩获与此前完全不同。一家公司的CEO伯尼·汤普森说："当你能将货物批量运输到位于欧洲或者日本的仓库，并在一两天的时间内就完成配送时，整个模式真的是全变了。"

通过对客户的痴迷和对发明的热情，我们将类似市集这样的业务进行全球化，在这方面，印度有一个好例子。去年，我们开展了一个名为Amazon Chai Cart的项目，是一个利用三轮手推车在城市商业区中穿行，帮助小商户卖茶、水和柠檬汁的项目。我们帮助这些小业主学习如何在线销售。在四个月的时间里，这个团队在31个城市中行驶了15280千米，卖了37200杯茶，和

10000多个卖家进行互动。通过这个项目以及在其他场合与卖家的交流，我们发现人们对在线购买兴趣浓厚，但卖家却纠结于线上销售的过程既耗时又烦琐，而且复杂。针对这种现象，我们发明了亚马逊Tatkal，它可以让小商贩在60分钟之内就上线。亚马逊Tatkal是专门为小商贩设计的车载工具，为他们提供了一整套包括注册、影像和编目等功能的服务，而且还有基本的卖家培训设计。从这个工具在2月17日发布起，已经覆盖了25个城市的卖家。

我们正在推动亚马逊物流的全球化，以便使服务适应当地客户的需求。在印度，我们还投入了一个叫作Seller Flex的项目。这个项目的目的是把亚马逊的后勤能力和在当地市场卖家的产品丰富性结合起来。卖家在其仓库中留出一部分空间，用来存储将在亚马逊平台上销售的产品，亚马逊把它们当成履行中心接入自己的网络中，这样，就可以接收和履行客户订单了。亚马逊的团队对仓库的布局、IT系统和运营基础架构提供指导，并对卖方现场的标准化作业程序进行训练。现在，我们已经在十个城市投入了25个Seller Flex项目。

显然，通过这段描述，我们对贝索斯反复强调的FBA在整合卖家和客户之间的关系方面所发挥的特殊作用，以及FBA作为战略性基础设施的作用，有了更进一步的理解。贝索斯在2014年的信中曾说：

为了将市集业务进一步全球化，我们正在帮助亚马逊业务区域中的卖家触达其母国之外的客户，甚至在我们还没有开展业务的国家，我们也在帮助那里的商家。去年，我们接待了来自100多个不同国家的商人，帮助他们与185个国家的客户建立联系。

在第三方销售中，有1/5左右是发生在卖家母国之外的，因此，我们电商去年的跨境销售额几乎翻了一番。在欧盟，卖家可以只开设一个单一账户，以多种语言来管理业务，通过我们在欧盟的五个网站出售产品。就在前不久，我们开始为卖家巩固跨境运输，帮助他们获得用大宗商品的特惠费率，实现从亚洲到欧洲和北美海运。

由于第三方卖家解决了产品的丰富性，所以，以市集为中心的印度业务得到快速发展。现在，亚马逊的印度网站提供了比当地其他电商网站更多的选择，超过21000个卖家提供了2000多万种产品。通过便捷运输服务（Easy Ship Service），我们可以从卖方提货，然后负责配送给最终的客户。基于便捷运输服务，印度团队最近又在试点Kirana Now，这是将日常必需品从当地的夫妻店在两到四个小时之内就送给客户的服务。这个服务让客户购物更便捷，参加这项服务的商店都因此销售大增。

17　深耕技术

贝索斯技术素养深厚，或者说他就是一位“技术控”，这一点我们可以从贝索斯的讲话和他的经历中了解到。由于创始人的缘故，亚马逊本质上是一家技术公司，这一点，在其创建最初十年里，却少有人注意到。

虽然在最初的几封致股东信中，贝索斯偶尔也会提到技术方面的内容，但都是一带而过。比如，在1998年的致股东的信中，他隐晦地提到要强化公司的“系统能力”，提到用技术手段改善客户体验。在2000年的致股东信中，在与实体店进行比较的时候，他提到要用技术来促进客户数量的增长、促进营业收入的增加。在2005年的股东信中，他强调通过有效利用数据分析的方式来辅助决策。这些讨论都是蜻蜓点水式的，还是不能让一般读者对亚马逊的技术能力产生足够的认识。

在2006年的致股东的信中，贝索斯第一次提及后来在亚马逊业务版图中占据重要地位的AWS，可以说是真面目毕现。他写道：

依靠 AWS，我们正在构建一个新的业务领域，这个业务领域服务于软件开发者这样一个新的客户群体。现在，我们提供了 10 种不同的网络服务，建立了超过 24 万注册开发者参与的社区。我们正在针对开发者普遍面临的广泛需要，比如在存储和计算能力方面去做些事情。这是因为，在这些领域，开发者需要获得帮助，而我们在过去 12 年里伴随着亚马逊的发展，也积累了很深的专业能力。我们做这件事有优势，可以把这项业务做成高度差异化的业务，随着时间推移，它也会成为财务上很有吸引力的业务。

当然，写这些话时，AWS 正处于开端之年，贝索斯此时恐怕也还没有意识到这个被作为例子的业务，后来在互联网领域会引发怎样的变化。2015 年，AWS 推出十周年。在这一年的致股东信中，贝索斯写道：

大约 10 年前，AWS 在美国开启了它的第一个主要服务，就是一个简单的存储服务。今天，AWS 已经在计算、存储、数据库、分析、移动、物联网和企业应用等领域提供了 70 多种服务。我们也在全球范围内的 12 个基础设施区中提供了 33 个服务区，未来会在加拿大、中国、印度、美国和英国五个区域中再提供 11 个服务区。AWS 从服务开发者和初创公司起步，现在已经有超过 100 万用户在使用，他们来自各种规模的组织，遍及各行各业，包括像 Pinterest、爱彼迎、通用电气、意大利国家电力公司、Capital One、Intuit、强生、菲利普、Hess、Adobe、麦当劳和时代公司，等等。

AWS 比十岁时的亚马逊网站还要大，而且增长的速度更快。我认为更值得重视的是它的创新步伐在持续加快。在 2015

年，我们发布了722种重要的新功能和新服务，比2014年增长了40%。

在我们刚开始决定做AWS的时候，许多人都认为这是一个大胆的、不同寻常的赌注。“这和卖书有什么关系？”在艰难探索的过程中，我们很可能会停步，但令人高兴的是，我们坚持了下来。坚持前行，就是我们成功的方法。AWS坚持深耕用户，注重发明和试验，以长期为导向，同时深入地关注运营的卓越性。

十年的时间里，我们无数次迭代，这种方式让AWS迅速扩张成了世界上最复杂、被采用最多的云服务。和我们在零售业务中的情况相似，AWS的开发是由许多小团队完成的，每个小团队都负责某个单线程的功能，这有助于快速创新。这些团队几乎每天都在这70种服务里面创造新的功能，新功能会自动“呈现”在用户眼前，而用户并不需要升级。

2015年的致股东的信中，贝索斯在回顾AWS发展过程时，用了“Knitting”（编织）这样一个单词，而且把小团队比喻成single-threaded owner（单线拥有者）。这背后是有故事的，涉及贝索斯的管理观念。

亚马逊内部有一个“two-pizza team”的说法，贝索斯认为“如果一个团队用两个比萨还不能让成员吃饱，就说明这个团队太大了”。这句话的深意，并不仅仅停留在管理学层面，它是由互联网企业底层的技术架构或者服务架构所决定的。这背后是一种“微服务”的技术逻辑。这就像乐高游戏，每个团队都是一个部件，用很多部件就可以拼接出不同的形状、适应不同的场景。亚马逊的这套组织建构的套路，非常适合快速迭代和局部创新。

亚马逊在很多领域都要面对快速变化的市场，销售区域分散，产品种类多而且复杂，在这种情况下，组织必须要有分权决策，至少是有多元化的建议声音。贝索斯把组织拆成多个小团队，让员工能够把局部做优、做精，同时又能适时地拼接在一起，可以针对不同的情况集思广益，进行创新，测试想法，从而深度参与公司决策，以达到复杂场景下的应用服务建设。

在 2010 年的致股东的信中，贝索斯写道：

> 我们的技术几乎无一例外地以服务的形式来实现：数据被封装在一起，可以运行，成为一个组件；这些组件都有自己强化了的接口，接口是访问这些组件功能的唯一方法。这种方法减少了副作用，或者说是有一个好处，就是在不影响整个系统其他组件正常工作的情况下，一个组件可以按照自己的节奏来进化完善。这就是亚马逊技术体系的基本构建逻辑，是一种面向服务的架构体系。由于我们有一个富有思想和远见的工程师和架构师团队，早在 SOA 成为业界流行语之前，这套体系就已经被亚马逊使用了。我们的电子商务平台就是由数百个协同工作的软件服务构成的，它们的功能包括从推荐到订单履行，再到库存跟踪。例如，当客户访问亚马逊网站，看到我们为客户建构的产品明细页面时，我们的软件会调用 200~300 项服务，这样才可以为客户提供高度个性化的体验。

那么，亚马逊是如何形成这种技术能力的呢？在同一封信中，贝索斯做了这样的开篇描述：

> 随机森林（Random Forests）、贝叶斯分类器（naïve Bayesian estimators）、RESTful 架构服务（RESTful services）、Gossip 协议（Gossip protocols）、最终一致性（Eventual Consistency）、数据分片（Data Sharding）、反熵增拜占庭定额（Byzantine Quorum）、抹除码

> （Erasure Coding）、向量时钟（vector clock）……走进某一间亚马逊的会议室，你可能立刻会以为是闯进了一个计算机科学讲座的现场。
>
> 而翻看软件架构方面时下的教科书，也会发现几乎没有什么东西在亚马逊没有用到。我们使用高性能交易系统、复杂渲染和对象缓存、工作流和队列系统、商业智能和数据分析、机器学习和模式识别、神经网络和概率决策，还有很多其他决策技术。我们的很多系统基于最新的计算机科学研究成果，但这还常常不够，所以，我们的架构师和工程师就必须要在学术界尚未触及的方向进行研究。我们遇到的许多问题在教科书上没有解决方案，所以，我们很高兴能够自己发现新方法。

从这段描述中，我们可以看到亚马逊技术发展的基本轨迹就是先研究客户需求、确定技术需要，当现成的技术储备不够的时候，就通过大量引入科学家和工程师，通过有活力、有发展潜力的组织形式，进行创新。在2013年的致股东的信中，贝索斯写道：

> 我们把自己的内部试验平台统称为“Weblab”，用来评估亚马逊网站和产品的改善程度。我们在全球运行的Weblab数量在2011年是546个，2012年是1092个，2013年是1976个。许多年前，我们率先开发了在线评论的功能，让购买者可以对某一款特定的产品分享自己的看法，以便帮助其他人在购买时掌握更多的信息，做出好的决策。最近，我们成功推出了类似的“问问使用者”（ask an owner）新功能。
>
> “提问”的传统一脉相承。在产品页面上，客户可以提出关于产品的任何问题。比如，产品是否可以和他的电视/音响/个人电脑兼容？容易组装吗？电池可以续航多久？我们随后会把这

些问题转发给这些产品的使用者。与在线评论一样，使用者很愿意分享他们的看法，这就直接帮助了其他客户。问答的数量是百万级的。

这是一种开源的方式，也是一种生态的建设。“提问”平台的设置，显然就是通过不断而又广泛的询问，来了解客户的真实体验，然后，根据客户的真实需要来带动技术发展。

18 创新的方向

前面，我们提到了亚马逊不断用开放平台向客户提问。这样做，不仅可以直接让客户受益，他们也可以有效地做出判断：自己下一步应该做什么。在2009年的致股东信中，贝索斯写道：

> 对刚刚加入亚马逊的高管人员来说，他们通常会惊讶于我们几乎不花时间去讨论实际的财务业绩，也不会为财务目标进行争论。先要说明，这并不意味着我们不看重财务业绩，我们只是相信把全部精力都放在业务上，才更加值得，才是从长期来看获得财务业绩的最有效方式。每年，我们都在秋季开始设定年度目标，在下一年的年初完成整个计划过程。在这期间，我们会经历节日的销售高峰。我们做计划的时间较长，但充满激情，也是细节导向的。我们为客户应得的体验设定了高标准，我们也有改善客户体验的紧迫感。

2010年，亚马逊的计划中有452个细节性目标。有趣的是，在这452个目标中，有360个目标是与客户体验相联系的。而在财务性目标中，只有8次出现了“收入”，4次出现了“自由现金流”，而净利润、毛利润（率）或经营利润这些词一次都没有出现。这是贝索斯“客户至上”的长期主义精神的体现。贝索斯在这封信中接着写道：

> 这套目标从总体上体现了我们的经营理念。从客户出发，以终为始。倾听客户，不仅要听客户的声音，还要从他们的角度出发，进行发明。我们不能向股东保证可以达到今年的所有目标。我们过去几年也没有。但是，我们可以保证，我们将继续痴迷于客户。这种方法从长期来讲，一定会对股东和客户同样有利。对此，我们坚信不疑。

以客户需求为中心来统领一切工作，是亚马逊发展过程中的核心特征。即使在技术研发领域，也是一样。在2015年的致股东的信中，贝索斯写道：

> 许多公司都说自己是以客户为中心的，但很少有人真的这样做。大多数大型技术公司把目光放在竞争对手身上，不停地看别人在做什么，然后努力地快速跟进。相反，我们在构建AWS的过程中，90%~95%的工作是由客户所知所想来驱动的。我们最新的数据库引擎Aurora就是一个好例子。当时，最困扰客户的是各种工具的专利本质、成本居高不下，以及传统的商用数据库提供商所规定的许可条款。许多公司已经开始转向诸如MySQL、Postgres等更开放的引擎，但是，客户还是很难获得他们所需要的性能。他们向我们咨询能不能消除取舍中的种种不便，这就是我们建构Aurora的原因。Aurora具有商业级的耐用性和可用性，与MySQL完全兼容，性能比典型的MySQL配置高了5倍，但

价格却仅仅是传统的商业级数据库引擎的1/10。客户立刻就有了共鸣和回应，于是，Aurora成了AWS有史以来增速最快的服务。我们的托管式数据仓库服务亚马逊Redshift，情况几乎与此相同，成了AWS历史上增长第二快的服务，无论大公司、还是小公司，都正在把它们的数据仓库迁移到Redshift上。

我们的定价方式也是由“客户至上”的文化驱动的。我们已经降价了51次，其中的很多次都不是因为市场竞争的压力。除了降价，我们也陆续推出新的、成本更低的服务，比如Aurora、Redshift、新商业智能服务QuickSight、新的计算容器服务EC2，以及开创性的无服务器计算服务Lambda等。同时，我们还扩展服务范围，提供了一系列成本更低、效能更高的选项，以支持各种类型的应用或能够想到的IT场景。比如，Trusted Advisor是一种可以提醒客户“此处可以省钱”的服务，我们推出了这种服务，并且不断进行改善。这项服务，可以让客户节省数以亿计的美元。我敢断定，亚马逊是唯一告诉客户怎样停止在亚马逊平台上花钱的IT供应商。

无论是昨天才设立的初创公司，还是已经有140年历史的老企业，云对我们所有人来说都是一个难以置信的机会。这是一个重新塑造业务的机会，一个为客户增加新体验的机会，一个为了加快增长而重新配置资本的机会，一个提高安全性的机会，一个做任何事都比以往更快的机会。美国职业棒球大联盟高级媒体公司（MLB Advanced Media）提供了一个例子。它是AWS的用户，希望不断创造出新的客户体验。该公司的Statcast追踪技术是一项新功能，为球迷提供每一位球员、跑垒员以及球在场中的位置，这样观众就可以在任何屏幕上通过经验数据，来回答诸如“如果……，就会发生什么？”这样的老问题，同时，也提出一些新问题。Statcast使用导弹雷达系统来测试每一次击球后的移动速度，频率达到每秒 2000 次以上，通过亚马逊 Kinesis 系统（即我们用来处理实时流数据的服务）来实时传输和采集数据，再将数据存储在亚马逊 S3 上，通过亚马逊 EC2 进行分析。这就将棒球变成火箭科学。这些服务在每场比赛中将生成将近 7TB 的原始统计数据，每个赛季的数据可达到 17 PB，但通过这个服务，棒球中诸如“永远不要滑入一垒”这些流传久远但从未经过验证的智慧，就可以得到量化解释。

大约在七年前，网飞宣布将把其应用程序迁移到云上。由于亚马逊为其提供了最大规模和最广泛的服务与功能，网飞选择了 AWS。网飞在最近完成了云迁移。之后，随着像 Infor、Intuit 和 Time Inc. 这样的公司先后做出计划，将它们的所有应用都迁移到 AWS 上，类似的情况越来越多。

现在，AWS 已经足够出色，吸引了超过 100 万用户，服务只会由此变得更好。随着团队持续加快创新步伐，我们会提供越来越多的功能、帮助开发者不受约束地去施展能力，让采集数据、存储数据和分析数据都变得越来越容易；我们也会继续扩展更多的可用区域，在移动服务和“连接”设备应用方面取得成长。随着时间变化，绝大多数公司可能不会再去运行自己的数据中心，而选择上云。

19 第二本质

在亚马逊发展的过程中，一方面，它持续盯住客户需求和客户体验；另一方面，它要着力于通过发明和创新来实现自己的目标。贝索斯曾经说，发明与创新是亚马逊的第二本质。亚马逊要凭借这个第二本质，通过激进和渐进的创新为客户创造价值。在现有技术不足以提供支持的情况下，亚马逊自己要站在技术潮头，寻找解决方案。

在 2010 年的致股东的信中，贝索斯回顾了亚马逊的技术创新之路。他写道：

> 状态管理（state management），对任何需要增长到规模非常大的系统来说，都是核心。在许多年前，亚马逊就进入了这样的境地。我们的要求无法通过任何商业解决方案来满足：我们的关键数据存储了无数 PB 量级的数据，每秒需要处理几百万个请求。为了满足正常的需求和特殊的要求，我们开发了几种不同的、根据目的来建构的持久性解决方案，其中包括我们自己拥有的键值存储和单表存储。为了达到这个目的，我们极大地依赖分布式系

统和数据库研究社区中的核心原则，以此为基点进行创新。我们首创的存储系统在保持对性能、可用性和成本严格控制的基础上，显示出了极高的可扩展性。为了实现超大规模性能，这些系统在数据更新管理上采用了新的方式：数据分发大量副本，通过放宽更新过程中的同步要求，这些系统可以在最苛刻的性能要求和可用性条件下运行。这些措施都基于结果一致的概念。现在，由亚马逊工程师创造出来的数据管理方面的领先技术，已成了 AWS 进行云存储和数据管理服务之基础架构的起点。比如，我们的 S3、EBS，以及 SimpleDB 服务都来自这一基本架构，来自亚马逊独一无二的技术。

亚马逊的其他业务领域也面临着类似的复杂数据处理和决策问题，比如产品数据提取与分类、需求预测、库存配置，以及欺诈侦测。基于规则而建立的系统，可以做这些事，但是维护起来很困难。并且，随着时间的推移，系统也会变得细碎、功能脆弱。在许多情况下，先进的机器学习技术可以提供更准确的分类，并且可以通过自我修复来适应不断变化的情况。例如，我们的搜索引擎采用了数据挖掘和机器学习算法，可以在后台运行，建立各种专题模型。我们应用信息提取的算法来识别属性，并从非结构化的描述中提取实体，这样就可以让用户缩小搜索范围，快速地找到所需要的产品。我们研究了搜索关联性中的很多因素，以便预测出用户兴趣的概率，并能够进行结果的优化排序。产品的多样性也要求我们采用诸如决策树训练随机森林这样的现代回归技术，以便在排序时可以对数以千计的产品属性进行灵活处理。所有这些屏幕背后的东西，其最终结果还是软件吗？已经不是了。这一切都是为了用户可以快速、准确地搜索到他们想要的东西。

我们没有把技术工作单独作为一个系列，交给某种形式的研发部门。如果那样做，我们在技术中投入的所有努力可能就不会发挥那么大的作用。技术工作分散在我们所有的团队中，分散在我们所有的流程中，渗透在我们每一个业务领域的决策与创新方式中。它与我们所做的每一件事，都紧密结合。

Whispersync 就是一个例子。它是专门为 Kindle 而设计的一个服务，它的任务是保证用户无论身在何处，随身携带什么设备，都可以接通自己的图书馆，看到自己画过的要点、做过的注释，以及书签，一切内容都可以在用户的 Kindle 设备和移动应用程序上得到同步。Kindle 的机主数以百万计，图书的数量更是数以亿计，设备有几百种不同类型，用户生活在世界上 100 多个不同的国家，24 小时，一周 7 天，技术上的挑战日益严峻，我们必须要解决上面的问题。Whispersync 的核心是要解决复制数据存储的基本一致性问题，它要能在设备处于隔离状态的几周甚至更长的时间里，为那些特定的冲突提供解决方案。Kindle 的用户是看不到这些技术的。当用户打开 Kindle 的时候，内容始终处于同步状态，处于正确的页面上。这就正应了亚瑟·克拉克的那句话："任何足够高级的技术，都与魔法无异。"

2010 年的股东信，是贝索斯所写的 24 封信中，初看上去最专业、最晦涩的一封。但这封信的核心观念其实很简单，就是要积极尝试，通过发挥自己的创造力去满足客户的需要。

科技公司的本质，是人，是那些博士、科学家、工程师和架构师。但比人更重要的，是公司从上到下、从里到外的探索精神。很多技术体现在教科书中，体现在论文里，但亚马逊业务运行中的很多问题，是计算机科学中没有现成答案的，所以，贝索斯非常欣慰的地方就在于亚马逊"发明了"很多新的方向。

亚马逊是一家以客户为中心的公司。但是，作为一家互联网公司、一家科技公司，满足客户诉求不仅仅是有一个好态度就够了，除了技术能力要过硬，公司还要善于利用已有的技术成果来满足客户的需要。当现有技术并不能满足企业需要的时候，公司就必须要善于提出明确的技术诉求和研究方向，然后让整个组织充满活力，鼓励科学家和工程师在新的方向上进行领先研究。

在 2010 年那封股东信的最后，贝索斯写了如下一段话：

> 在我们今天所处的时代里，可获得的带宽、磁盘空间、处理器能力，都有着超乎寻常的增长，而且，它们会越来越便宜。我们的团队中有不少人是这个世界里的顶级技术专家。这些人可以帮助公司面对技术挑战，扩展那些在今天可以去尝试着去拓宽的边界。股东的长期利益和客户利益是完美统一在一起的，对于这一点，我讲过多次，而且坚信不疑。
>
> 我们要提供给客户好的体验。这些体验的每一个方面，都需要我们用技术作为基本的工具来改善。发明已经进入了我们的基因当中。我们还有很多东西要去学习，我期待在学习中继续获得掌握技术的乐趣。我为自己是这样一支团队的成员而感到骄傲。

20　产品开发

亚马逊的一个重要产品是 Kindle，即亚马逊的电子书阅读器。由于多方面的原因，中国读者对这个产品了解得并不是那么多。Kindle 用户可以直接通过 Kindle 来购买图书，通过无线网络下载整本书，不超过 60 秒后就可以阅读了。购买了 Kindle 之后，买电子书和买一本纸质书一样，不需要交上网服务费，不用签长期合同或者按月付费。用户买到的就是一本电子书，可以在书上写笔记、做标签、划重点。

Kindle 在 2004 年开始立项筹备，在 2007 年推出。在推出的当年，用户使用 Kindle 可以通过无线网络访问超过 11 万种图书、博客、杂志和报纸。Kindle 不是小号的平板电脑，不需要通过 Wi-Fi 进行连接，它和手机一样，使用无线数据信号连接网络，所以，它不受位置的局限，可以始终保持在线状态。Kindle 在推出之后，受到市场极度追捧，在开始发售后五个半小时，就销售一空。

之后，一方面，亚马逊的供应链和生产部门开始不断提高生产能力；另一方面，它的功能也在不断改善。贝索斯在 2008 年的致股东的信中写道：

> Kindle的销售超出了我们最乐观的预期，这一点令人喜悦和兴奋。2月23日，我们推出了第二代Kindle。新一代Kindle具备第一代Kindle里用户喜欢的一切，但它更薄、更快，显示更清晰，电池寿命也更长，并且能够储存1500本书。选择范围也扩展到了超过25万种最受欢迎的图书、杂志和报纸。我们收到了数以千计的用户反馈邮件，值得提及的是，26%的邮件都包含了“喜爱”这个词。

Kindle直到今天都是世界上最流行的电子书阅读器。

据说，早在亚马逊还在网上出售纸质书并且提供目录和样章给读者试读的时候，贝索斯就产生了在60秒之内把书提供给读者的念头，然而Kindle的推出却是在十年之后。而且，在这段将近十年的时间里，竞争对手都在不停地推出各种类型的便携式电子书阅读器，难道贝索斯不着急吗？这件事涉及贝索斯对于产品的基本观念，他又是如何想的呢？

在2007年致股东的信中，贝索斯主要谈及Kindle。他写了这样一段话，可以说是对这一产品的基本定义，非常具有启发性。他写道：

> 我们人类是与工具一同演进的。我们改变工具，也被工具改变。数千年之前，人类发明了写作，写作就是一个被表象深深遮蔽的工具。写作剧烈地改变了人类，对此我深信不疑。500年前，古登堡的发明让图书的成本发生了显著的、阶梯式的变化，实体书给合作与学习带来了一个新的方式。以后，台式计算机、笔记本电脑、手机和平板电脑，所有这些依靠网络来运行的工具也让我们变化多多。它们让我们更快地走进了“信息快餐”（information snacking）时代，我们可以集中注意力的时间越来

越短。

我的黑莓手机让我受益，我因它而更有效率，但我并不想在黑莓手机上去阅读300页厚的文件。其实，我也不愿意在我的电脑上阅读几百页的东西。正如我在这封信的前面所讲到的，人们更愿意追求方便和顺畅。但是，如果工具能让我们吃“信息快餐”的时候变得更容易，我们就会更快地走向“信息快餐”，而远离那些长篇幅的阅读。

Kindle是为了保有长篇幅的阅读，而带着针对性设计的。我希望kindle以及它后面的产品能够帮助我们逐渐地、一点点地、经年累月地形成一种相反的力量，去抵御当下“信息快餐”产品泛滥的趋势，让我们可以更持久地有时间去把注意力集中起来。尽管我的调调有点像传教士，但这确实是发自我的内心。只有使命感，才能让我们创造出好的产品。

这不是我一个人的想法，有一大群人实际上和我有相似的想法。这是令我高兴的事情，因为只有使命感才能打造出更好的产品。我还要指出，我坚信传统图书即将被彻底改造，所以，亚马逊不能置身事外。这件事一定会发生，如果我们不能做好，这就会成为别人的事。

关于亚马逊开发Kindle的基本思路，贝索斯的想法更有启发性。如果前面说的是道的层次，下面的内容则是术的层次。贝索斯写道：

我们始于为自己设定了改善实体书的目标，这个目标被公认是大胆的想法。我们的选择不是轻率做出的。任何一样东西，如果始终以差不多的形式存在了500年，并且在长达500年的时间里没有什么变化，改造它就肯定不容易。所以，我们在设计kindle的初期，首先就要辨识什么是书籍最重要的特征。这种特征原来是完全看不见的。当我们阅读一本书的时候，我们不会注意它的纸张、油墨、胶水，甚至装订线。我们会超越这一切，直接走进作者的世界。

于是，我们知道了，要做 Kindle，就要摆脱旧的思维，要像实体书那样，让读者可以全神贯注于文字，忘记自己是在什么设备上阅读。我们不应该试图复制实体书现存的每一个特征，必须要跳出实体书，去超越实体书。所以，我们必须要增加某种新的功能，一种传统的纸质图书永远无法具有的功能。

早期创办亚马逊网站的情况与此相类似。我们很容易想当然地以为：网上书店应该具有实体书店的一切功能。有一个特别的功能，我被问了几十次，就是："你打算如何实现电子书的签售？" 13 年过去了，我们还是没能找到解决办法！但我们从这件事中获得了启发，即我们不要去试图复制实体书店，我们要努力在新媒介环境下创造一些功能，这些功能是传统书店永远也无法提供的。我们不能提供电子图书的签售，同样也无法提供一个舒适的、可以喝咖啡或放松的场地，但是，我们能提供几百万本图书，也可以帮助读者根据其他客户的评论来选书，提供诸如"购买了这本书的用户也购买了……"的发现功能。对只有在新媒介环境下才能实现的、对读者有帮助的功能，我们可以列出长长的一串。

下面列举一些我们为 Kindle 所打造的实用功能，这些功能在实体书上是完全无法实现的。你使用 Kindle，如果遇到生字，可以很容易地查出它是什么意思；你可以查找自己所有的图书；你在边边角角上做注释，你的画线标记都会被保存在云端的服务器中，不会丢失；Kindle 会自动帮你记住每一本书读到了哪里；如果觉得眼睛累了，你可以改变字体的大小；Kindle 最重要的功能是能让你顺畅、容易地找到一本书，并在 60 秒之内得到它。我观察了用户在第一次使用Kindle这一功能时的反应，显然，这个功能让他们产生了巨大的震撼。我们为Kindle设定的愿景是：无论以何种语言出版过的书，用户都能在60秒之内找到它。

出版商已经接受了Kindle。这包括所有的大出版商，我们对此表示感谢。从出版商的角度看，Kindle对他们有很多好处。由于Kindle的存在，书永远不会绝版，也永远不会缺货，而且不再会有印刷过量的浪费，这一点是最重要的。Kindle也让读者更方便地购买更多的书。任何时候，当你把事情变得更简单、更顺畅，你就会从中获益不菲。

还有提一点值得提及，那就是Kindle使用电子墨水显示屏，也就是电子纸技术。这是和其他类似产品都不同的特色之处。贝索斯在信中也强调了这一点，他写道：

Kindel采用了电子墨水显示屏，这种显示屏就像纸一样，即使在明亮的阳光下读者也很容易进行阅读。用户首次看到这样的显示屏，会不由得眼前一亮。

21　内容产品

亚马逊的第一个业务是图书，第二个业务是音乐，之后就是影视和礼品店。1998 年，音乐和影视业务在开始后不久，就相继成了行业中的头部玩家。之后，亚马逊虽然也拓展了别的业务领域，成为万物商店，但图书、音乐和视频等内容产品一直在健康、稳步地向前发展。

Kindle 的出现，是亚马逊内容产业深化的一个重要时点。贝索斯在 2008 年的致股东信中是这样写的：

> 在这个动荡的全球经济中，我们的基本方法始终保持不变——踏实做事，关注长期，痴迷于客户。长期主义的思维方式可以为我们的现有能力加上杠杆，并让我们去做那些非此不能及的新事物。它支持进行发明所必须要忍受的失败，不断迭代，让我们成为未知领域中的先驱者。满足于当下，对自己没有期许，很快就会对手林立。长期主义的导向可以和痴迷于客户的理念相得益彰。如果我们能够识别客户需求，如果我们能确信客户的这

个需求是有意义的、可以长期成立，我们的方法就是让自己沉下心来，经过多年的探索，找到解决方案。

从客户需求出发、以终为始（Working backwards）的方法与从现有技能和能力出发的技能导向（skills-forward）方法，是在驾驭商业机会的时候两种不同的方法。技能导向方法是在探寻“我们真的很擅长做某一件事，我们思考的是还能利用这个能力干点其他的什么”，这是有用的生意方法，也常常有回报。但如果仅用这种思考方法，公司就不会有动力去开发新技能，原有的技能最终也会过时。而从客户需求出发、以终为始的工作方法，则会让我们获得新能力、练出新肌肉，永远不会过于在意当我们迈出第一步时有多么不舒服，感觉有多么糟糕。

Kindle 就是亚马逊基本方法的一个好例子。四年多之前，我们起步于一个长期愿景，就是让任何一本书——无论是用什么语言写作的，只要印出来了，读者就可以在 60 秒之内得到它。在我们的设想中，好的读者体验应该是作为设备的 Kindle 和作为服务的 Kindle 之间不存在硬性的分界线，两者必须是一体两面。亚马逊此前从未设计和生产过任何硬件，但我们不想为了适应我们那时的技能而改变愿景，所以，我们聘请了有才华而且更有使命感的硬件工程师，开始学习这项新的组织技能，一项可以在未来更好地服务读者的技能。

亚马逊成功地研发出了 Kindle，大受欢迎。当 Kindle 的普及量达到一定规模之后，亚马逊开始推出了 Kindle 直接出版业务，并由此形成了一个生态。随着这个生态的发展，亚马逊的内容产品走向不断深化。在 2011 年的致股东信中，贝索斯写道：

Kindle 直接出版业务已经快速地达到了令人吃惊的规模。现在，直接在Kindle上出版作品的作者中，已经有上千位作者每个月可以把作品卖过千本，有些作者的作品销量甚至达到几十万本之多，有两位作者的作品销量达到了百万级的水平。Kindle直接出版业务对作家而言是件大好事，他们可以保留他们的版权和其他相关权利，可以按照自己的节奏来出书。而在传统出版行业，当一本书写好之后，出版周期会是一年甚至更长时间。对作者来说，最大的福利是他们可以获得70%的版税；而最大的传统出版商对于电子书也只支付17.5%的版税。具体来说，这些出版商支付电子书售价70%的25%，算下来相当于支付售价的17.5%。所以，Kindle直接出版业务从根本上改变了作者的版税结构。Kindle直接出版业务中的图书一般售价为2.99美元，这个价格非常亲民，而作者得到了大约2美元！我们如果按照17.5%的传统版税结构反推，作者若要拿到每本书2美元的版权费，书价就要在11.43美元。毫无疑问，作者以2.99美元的定价卖书要比卖11.43美元时，销量大得多。

Kindle直接出版服务对读者来说，无疑是件好事，读者可以获得更低的价格。但或许同样重要的是，那些可能被现有出版渠道拒绝了的作者，可以在市场上让自己的作品面世，读者也会因此获得更多的内容。我们可以通过一个很好的角度来看待这件事，即可以把Kindle畅销书排行榜与《纽约时报》畅销书榜单做个比较，看看彼此之间的差异。Kindle畅销书排行榜上的书都是来自小出版社和自己出书的作者，而《纽约时报》的畅销书榜单一直被功成名就的作家所占据。

显然，从榜单这个小例子中，可以看出贝索斯一直在布局，他在致力于培养一个属于亚马逊的内容生态。果然，他在重新塑造纸质媒体生态后不久，就开始致力于布局视频生态。2011年，亚马逊开始推出 Prime 即时视频业务，之后，又推出了流媒体电视的机顶盒，再之后进入了游戏行业。在 2012 年股东信中，贝索斯这样写道：

> 我们在 2011 年推出 Prime 即时视频时，它仅有 5000 部电影和电视剧，现在已经有超过 4 万部了。Prime 即时视频拥有数百个热门电视剧，包括《唐顿庄园》、排名领先的《穹顶之下》、《美国谍梦》(*The Americans*)、《火线警探》(*Justified*) 等，还有像《海绵宝宝》(*SpongeBob SquarePants*)、《爱探险的朵拉》(*Dora the Explorer*) 这样的儿童电视剧。另外，我们的亚马逊工作室团队在继续大力投资原创内容。加里·特鲁多的作品《阿尔法屋》(*Alpha House*)，由约翰·古德曼主演，去年推出之后，很快就成了亚马逊平台上收看次数最多的电视剧。
>
> 因为看好这个模式，我们把 Prime 即时视频业务也推广到英国和德国，这些国家的早期用户反馈很棒，超出了我们的预期。
>
> 从所有指标上看，Prime 即时视频业务都在取得巨大成长，包括新用户的数量、重复使用率，以及视频播放总数等。这些都是产出性指标，表明我们做了正确的投入，走在对的路上。在所有的投入中，有两个是关键的：一个是内容丰富性的提高，另一个就是对这种丰富性的追求意愿。

流媒体电视机顶盒是继 Kindle 之后亚马逊推出的第二个硬件产品，是为了让用户在收看视频内容时有更好的体验而开发的。在 2012 年的致股东信中，贝索斯提到了一个例子。

> 我们建立了自主系统来发现在什么时候用户体验达不到我们期望的标准。一旦有这种情况出现，这些系统就会主动给用户退款。一位行业观察员最近收到来自这个自主系统发出的邮件，邮

件写道：“我们注意到你在收看亚马逊视频租赁节目《卡萨布兰卡》时，影片播放不畅。我们对此致歉，并退还我们收取的费用，金额为 2.99 美元。”

在 2013 年的股东信中，贝索斯写道：

就在上周，在历经两年的艰苦努力后，我们的硬件团队发布了 Fire TV。这个产品不仅是收看亚马逊视频节目的最佳渠道，还可以提供亚马逊之外的内容服务，例如网飞、Hulu Plus、VEVO、WatchESPN 等许多公司提供的内容。Fire TV 的硬件规格做得很重，而此前这一领域的产品硬件规格都较轻。Fire TV 运行得快速、流畅。我们的 ASAP 技术会提前预测你可能要观看的内容，预先进行缓冲，所以视频可立即播放。我们的团队还把一个小麦克风安装在遥控器上。按下遥控器上的麦克风按钮，说出搜索词，不必手动输入字母就可以进行搜索了。这就是语音搜索，我们的团队做了非常了不起的工作。

除了 Prime 即时视频的节目之外，通过 Fire TV，用户可以立刻访问超过 20 万部电影和电视剧。作为对用户的回报，Fire TV 可以让用户在客厅中用电视来玩游戏，游戏质量很高但价格不贵。

“在 22 世纪初，地球受到外星物种的威胁。这些外星人用电脑病毒感染了地球的能源网络，地球失去了防御能力。在外星人发起攻击之前，计算机科学天才艾米·拉马努詹中和了外星病毒，拯救了地球。现在，外星人卷土重来，拉马努詹博士要阻止他们对地球的全面入侵。她需要你的帮助。”

这是亚马逊游戏工作室推出的首款游戏开始时的场景。这款游戏是 Fire TV 的独家游戏。团队将塔防与射击游戏相结合，创造了一种合作的模式：一名玩家可以用游戏手柄在地面战斗，而另一名玩家可以通过电脑接入，负责空中支援。我敢保证，当沉浸在算好时间、进行空中打击时，你会感受到紧张和刺激。当看到这款游戏时，你会惊讶于在并不昂贵的流媒体设备上，竟然可以玩这种水平的游戏。

在股东信中，贝索斯只把这款游戏评价为一个创新，一款在 Fire TV 上运行的精美游戏。但实际上，这是亚马逊从内容产品开始构建客户关系的关键一步，亚马逊由此进入了客户的家中，这一步在随后推出的 Alexa 和 Echo 等产品中都具备战略意义，它在构建新的市场交易关系。

22　会员体系

会员制度，无疑会增加客户黏性，这是在零售行业中已经被充分证明了的事情。2005 年，亚马逊推出了 Prime 会员，现在的会员人数已经超过了两亿。在 2015 年，Prime 会员业务被贝索斯明确定义为亚马逊的三大支柱业务之一。

在实体店中，建立会员制度的主要手段是打折销售，客户申请会员要交会员费，在成为会员之后，可以享受到更多的优惠。亚马逊的文章没有做在收取会员费上，而是把力气花在了物流配送和订单履行服务方面。在 2008 年的致股东信中，贝索斯这样写道：

> 在零售业务中，我们坚信，客户看重低价、在意是否有大量的选择空间，以及快速、便捷的配送，客户的这些需求不会因为时间而变化。很难想象再过十年，客户就想要高价的东西而不需要更多的品种或者能容忍更慢的配送。所以，我们相信这些东西将成为竞争的支柱，我们必须要通过投资去强化它们。我们知道，现在付出的所有，在将来都会带来丰厚的回报。

我们的定价目标是去赢得客户的信任，而不是要把短期利润做到最大。这样定价，是长期保证利润增长的最佳方式，我们将此作为信条。我们在每个单品上可能赚得少，但通过持续获得信任，我们会卖出更多商品。因此，我们在全产品线都采取低价策略。出于同样的原因，我们继续投资包括 Prime 会员服务在内的免费送货项目。客户是消息灵通和精明的，当做购买决策时，他们自己会评估包括运费在内的总成本。在过去的 12 个月中，世界各地的客户利用我们的免费配送服务节省了超过 8 亿美元。

在 2013 年的致股东信中，贝索斯继续说：

9 年前，当我们推出 Prime 会员业务的时候，它还是一个新的、未经验证的事情：在固定年费的情况下，对客户承诺不设上限、两天到货。有人甚至认为这是蛮干。那时，我们只有 100 万种适用于 Prime 会员服务条款的商品。但在今年，我们已经有了 2000 万种适用商品，而且数量还会继续增加。我们已经使用其他方式来完善 Prime 会员计划，包括增加新的数字内容方面的福利，也包括 Kindle 用户的借阅图书馆和 Prime 即时视频。我们做的还不够，还会想其他办法让 Prime 会员服务变得更好。

至 2015 年，亚马逊正式推出 Prime 会员服务十年。在这一年发出的致股东信中，贝索斯对 Prime 会员服务做了更加全面的复盘。他写道：

十年前，我们反复听到一种声音：推出 Prime 会员服务是一个冒险的行动。在某种意义上，这种说法确实没错。项目开始的第一年，我们损失了几百万美元的运输收入，并且没办法测算它到底值不值。我们在那时看到了之前推出的“超级省钱免费送货”服务取得了一些积极的成果，正是基于这个正面效果，我们才决定把 Prime 会员服务继续推进下去。当然，坚持的原因也在于一种直觉，就是我们认为客户会迅速认识到这是购物史上最大的优惠。分析显示，当达到一定规模时，我们将会大大降低快速运输的成本。

我们自建库存的零售业务是 Prime 会员服务的基础。除了创建零售团队来建设我们特定品类的在线商店，我们还建设了大规模的系统来自主执行库存补充、库存放置和产品定价方面的工作。我们对 Prime 会员承诺了精确的交付日期，要履行这个承诺，就必须要用新的方式来运营我们的履行中心，并且要把所有这一切都整合起来，完成这个工作是我们全球运营团队的一个了不起的成绩。在 2005 年推出 Prime 会员服务时，我们的全球履行中心有 13 个，今年扩展到 109 个。现在，我们正在设计第八代履行中心，通过独家的软件来管理收货、存储、挑拣和运输事务。亚马逊机器人部门从 2012 年收购 Kiva 公司开始，使用了 15000 多台机器人，以前所未有的高密度和低成本方式去支持产品的存放和检索。我们自有库存的零售业务仍然是最好的用来支持 Prime 会员的获客工具，也是构建品类、用以吸引流量和第三方卖家的重要组成部分。

尽管快速交付仍然是 Prime 会员服务的一个核心优势，但我们正在寻找向 Prime 体系注入动能的新方式。最重要的两个方面是数字内容和设备。

2011 年，我们把 Prime 即时视频作为一个额外增加的会员福利，对美国的几万部电影和电视剧，他们可以无限制次数地进行流媒体播放，我们也已经把这个项目扩展到了英国和德国。我们在这个方面投入了大量资金，会密切监控其效果。我们会问自己：这样做，值得吗？它是否会促进 Prime 会员服务的发展？此外，我们还会监控在会员免费试用期开始后，有多少人转化成付费会员；我们会关心续订率高不高，以及通过这个渠道进来的会员他们的产品购买率。我们对目前看到的情况比较满意，并计划继续进行投入。

虽然我们的大部分 Prime 即时视频支出都用在内容许可方面，但我们也着手生产自己的原创内容。开局不错。我们拍摄的《透明人生》成为流媒体服务中第一个赢得金球奖的最佳连续剧，而《飘零叶》获得了学龄前儿童最佳动画连续剧的安妮奖。除了这些奖项，播放量也很不错。我们这些原创项目的一个强项在于，它们都是在 Prime 会员服务内首播的，在其他任何地方都没有出现过。剧的质量本身很棒，首播时的安排也不错，这都是吸引观众的原因。这些原创节目是固定成本的，我们喜欢这种特性，可以将固定费用分散到庞大的会员基数之中。最后，我们原创内容的商业模式也是独一无二的。我敢肯定，我们是第一家弄明白了如何通过赢得金球奖来增加电动工具和婴儿湿巾销售的公司！

这种把内容产品、会员服务和市集销售紧密结合起来的手法，其实早在 2012 年的致股东信中，贝索斯就有提及。他先引用了一位客户的话：

谢谢你们。每次看到亚马逊首页上的白皮书时，我就知道又要物超所值了，又会获得超过期望的东西了。我注册了 Prime 会员，只希望得到物流配送上的好处，但现在可以得到电影、电视剧和书等方面的福利。我不用额外付钱，你们却不断地给我新的内容，所以，我要为这些内容产品表示感谢。

显然，这就是客户忠诚度和黏性的体现，也是贝索斯所说的：搞清了获得金球奖和卖出更多东西之间的关系。贝索斯接着写道：

现在，我们的 Prime 体系中有 1500 多万种商品，是 2005 年刚推出时的 15 倍。Prime 即时视频的影视数量在一年之内增加了三倍，有超过 38000 部电影和电视剧。Kindle 的用户图书馆藏书量也增加了三倍多，超过了 30 万本，其中包括我们投资几百万美元收齐了的“哈利·波特”系列。在完善 Prime 会员服务的事情上，我们是主动的，而不是被动的。

还有一个与 Prime 会员服务息息相关的，就是我们做了多年投入的 FBA，也继续发挥着大作用。FBA 给了第三方卖家一个机会，让它们的存货得以和我们的商品享受同样待遇。对我们的卖家来说，这就改变了游戏规则，第三方卖家的商品由此享受了 Prime 会员服务的待遇，这会促进第三方销售；但同时也有利于消费者，Prime 会员有了更多的选择。

关于 Prime 会员服务，在 2015 年的致股东信中，贝索斯写道：

我们希望 Prime 会员服务具有超凡价值，以至于人们觉得不成为会员就是对自己不负责任。

我们将 Prime 体系中两天交付的商品数量从 100 万种增加到超过了 3000 万种，还新增了周日送达服务，并且在全球超过 35 个城市为客户提供几十万种产品的免费即日送达服务。我们添加了音乐、照片存储、Kindle 用户借阅图书馆，以及流媒体电影和电视等内容。

针对一些重要商品，我们向会员提供一小时送达服务，即 Prime Now。在最初的想法冒出来 111 天后，该服务就推出了。

那时，一个小团队搭建了面向客户的应用程序，确定了一个市区仓库的位置，然后确定了要卖的25000件物品，备了货，接着招聘员工、让其就位，进行测试、迭代和设计供内部使用的包括仓库管理系统和供驾驶员使用的应用程序等新软件，最后在假日及时推出。今天，距离Prime Now在第一个城市推出已经15个月了，我们在全球30多个城市为会员提供了这种服务。

Prime即时视频选择了一些世界上最具有热情的、会讲故事的人，为他们出版独家作品。像吉尔·索洛威、杰森·施瓦茨曼和斯派克·李这样的杰出创作者，我们希望他们能够勇敢地突破边界。我们的原创系列已经赢得了120多个提名，并获得了包括金球奖和艾美奖在内的近60个奖项。其中的许多故事，都是在传统技术模式的环境中永远也不可能被讲出来的。正在制作并即将面世的作品还包括杰里米·克拉克森、大卫·E（David E）、伍迪·艾伦和肯尼斯·罗纳根等人制作的新电视剧和电影。

根据菲利普·迪克的小说改编的《高堡奇人》（*The Man in High Castle*），讲述的是在美国输掉二战的世界里，历史将会怎样。这部电视剧于11月20日在Prime即时视频上首次亮相，在接下来的四个星期里，收看次数创了纪录，好评如潮。有人说："亚马逊的《高堡奇人》是这一季度最棒的电视剧。""《高堡奇人》的创新点太多了，而现在的大部分新剧都平庸无奇。"

这些剧对客户而言是棒棒的，这就推动了亚马逊飞轮的旋转。收看Prime即时视频的会员会更容易转化为付费用户，有更大可能成为续费用户。

最后值得一提的是，第一个Prime Day也超出了我们事先的所有预期。那一天，使用Prime会员服务的新会员比历史上任何一天都要多。全球的订单量增长比上一年同期高了266%，产品符合Prime会员资格并可以通过FBA出货的第三方卖家，它们的销售额也创了历史新高，增长了将近300%。

Prime会员服务已成为无限量的、实体和数字合二为一的项目。它深受会员们喜爱，会员人数仅在去年就增长了51%，其中，美国增长了47%，国际上的增长速度更快。现在，亚马逊在全球有几千万会员。

显然，Prime会员服务从最开始依靠FBA的送货服务来吸引用户，演化十年之后，内容产品已经深深地被植入进来。内容产品具有边际成本为零的特征，它的规模效应是显著的。当内容产品逐渐发力并带来更大的客户价值之后，会员体系的强大力量就更加凸显，而规模效应也对FBA的进一步发展形成了巨大的反馈。

23　营造生态

前面，我们多次提到 AWS，现在，它已成为亚马逊的核心业务和支柱业务，是其重要的收入来源。它的客户已经不仅仅是第三方卖家，十几年来它已经有了大量的独立客户。更重要的是，它还引领着云计算领域的技术方向。

某种意义上我们可以说，AWS 能够形成现在这个局面，与亚马逊一直所秉持的开放心态有关，AWS 现在已经成为一个生态。在 2011 年的致股东信中，贝索斯对第三方卖家和合作者的心态及需求做了如下的描述：

> “对我们来说，AWS 的价值是不可否认的。仅仅需要 20 秒钟，我们就可以把服务器的容量增长一倍。我们处于高速增长的行业环境之中，而只有不多的开发人员，所以，要向全世界的音乐社区提供服务，就需要一个可以信赖的、强有力的支持者，这一点非常重要。五年前，我们遭遇了滑铁卢，经营状况持续低迷，我们不知道还有没有可能东山再起。但是现在，亚马逊的持续创

新让我们能够提供最好的技术，让我们持续增长。”这段话来自BandPage的首席技术官克里斯托弗·托伦（Christopher Tholen）。他的话并不是说说而已，AWS对BandPage提供了快速而且可靠的帮助，解决了这家公司在计算能力方面的关键问题。现在，BandPage帮助把50万个乐队和艺术家与他们的几千万个粉丝连接了起来。

这是一个依托于亚马逊技术服务商的例子，BandPage公司也算得上是一个卖家，但它更重要的价值是参与了生态的营造。接下来的两个例子是真正的第三方卖家。

凯莉·莱斯特（Kelly Lester）是“妈妈创业者”，她的公司叫EasyLunch boxes，拥有易于包装的创新性生产线，使用的包装材料也是环保的。莱斯特说：“2011年4月，我开始在亚马逊平台上销售商品，到6月的时候，我们成了亚马逊网站上最大的盒饭卖家，每天有50~75笔订单。在8月和9月每个学年开始的时候，我们一天能有300单，有时甚至有500单。那是我们最忙的时候，也是一阵子的事情。现在，我使用FBA，生活一下子轻松下来。而我的客户也发现用Prime会员服务来订餐时，送餐是免费的，一下子，盒饭卖疯了。”

在经济下行的环境中，鲍勃·弗兰克失业了。他在被解雇之后创立了名为RJF Books and More的书店，他和妻子有时在菲尼克斯，有时在明尼阿波利斯，他们每天都在找书，然后出售。他把这种生活戏称为“每日寻宝”。他说：“我只是偶然发现了亚马逊平台，但它却为我打开了一个全新的世界。我家里有1000本书，我想，不妨试试。我卖掉了一些书，然后开始不断扩大规模，接着发现这一切太奇妙了。我决定不再去做另外的工作。我没有老板，除了我太太，就这样。还有什么比这样更好吗？我们实际上是一起做事，一起出去找书，像团队一样合作，效果很好。我们每个月卖掉700本书。我们每个月向亚马逊发出800或900本书，亚马逊把读者买的700本书发送出去。如果没有亚马逊处理运输和客户服务，我和妻子就要每天带上几十本书跑去邮局或其他什么地方，然后再把它们装进几十个包裹。有了亚马逊的这项服务，生活变得简单多了……这真是个了不起的项目，我喜欢它。毕竟，亚马逊直接为客户提供服务，甚至还负责送书。我的意思是，还能更好吗？”

几乎在亚马逊的所有业务中，贝索斯都在努力从客户和卖家共赢的角度去建设一种生态。在2011年的股东信中，贝索斯在讲述了AWS服务卖家的案例后，又通过几位作者的视角去谈Kindle直接出版业务。这些作者既包含老资格的职业作家，也有因为亚马逊直接出版业务而改变生活轨迹的作者。我们从贝索斯的转述中，可以感受到生态建设的逻辑。贝索斯写道：

下面这段话来自Kindle畅销书榜上榜作者A. K. 亚历山大，他写的《爸爸的家》（*Daddy's Home*）一书在3月位列排行榜的前100名。他说：“因为有了亚马逊直接出版业务，我在一个月内获得的版税比为传统出版社写稿一年赚得还要多。我不再担心钱是否足以支付账单，虽然以前有好几个月我真的付不起，但现在我有了储蓄，甚至开始考虑度假。我已经好几年没有休假了……亚马逊真的让我的才能有所施展。之前，我被困在某一个类别中，可我想写的不是那类书，现在我可以如愿以偿，终于可以自主了。我感觉好像在亚马逊找到了一个合作伙伴。这个伙伴了解出版业务，以惠及作家和读者为目标改变了出版商的样貌，将选择权交回我们手中。”

下面这段话来自布雷克·克劳奇，他写了几部惊悚小说，其中包括Kindle畅销书《奔跑》（*Run*）。他说：“2010年3月，当决定在Kindle直接出版业务中出书的第一个月时，我并不知道这是我生命中的一个决定性时刻。在之后的一年中，我每个月都赚到足够的钱，以至于我要辞掉工作，全职投入写作！通过Kindle直接出版业务出书的这个决定所带来的回报，改写了我的人生，包括我的经济状况、个人生活、情感和创造力等方面。全职写作、和家人在一起，只需写出我所想的东西，而不需要再花精力和传统出版商的市场委员会周旋，不需要听他们对我写的细节评头论足。这一切都让我变得更强大、更多产、更幸福，最后一点最重要……亚马逊和Kindle直接出版业务本质上是让出版过程更有创造力，给了像我这样的作家一个追梦的机会，我会对此永远感恩。”

特蕾莎·拉根创作了多部Kindle畅销书，其中包括《绑架》（*Abducted*）。她说：“像我这样的作家能够有机会把作品展现给读者，全靠亚马逊。亚马逊改变了我的生活。在一年多的时间里，我通过Kindle卖出了将近25万本书，而且还梦想着更多、更好。我有四本书进入了Kindle畅销书排行榜的前100名。代理商、海外书商和两位电影制片人都联系过我，《洛杉矶时报》《华尔街日报》和《PC杂志》都报道过我，我最近还接受了《今日美国》的采访。现在，所有的作家都有机会在读者面前展示自己的作品，不再受制于种种不可逾越的藩篱。作家有了更多选择，读者也一样。出版这个行业变化很快，我准备享受这个旅程中的每一刻。”

Kindle畅销书《惊悚猎人》（*Hunter: A Thriller*）的作者罗伯特·比迪诺托说：“年过六旬，又逢经济衰退，我和妻子发现获得收入的机会实在有限。Kindle 直接出版业务既成了我实现毕生梦想的一次机会，也是我们财务脱困的唯一机会。出书后的几个月，Kindle 直接出版业务彻底改变了我们的生活，我这个非小说类作者在这把年纪还成了畅销书作家。关于亚马逊和他们为独立作家所提供的许多工具，我的喜爱无以言表。我毫无保留地向同行推荐，看一看并且抓住 Kindle 直接出版业务所提供的机会。我很欣喜地发现，没有什么风险，其潜力从根本上说是无限的。”

下面这段话来自 Kindle 畅销书《小人物》的作者克雷斯顿·马佩斯。“我借助 Kindle 直接出版业务的技术突破了所有的传统障碍。你能想象那种感觉吗？就是那种为了争取每一位读者而努力工作，经历持久战之后的感受。现在，我从未触达过的小说爱好者都在阅读《小人物》（*Nobody*）和我的另外两部小说。他们只需要花费 2.99 美元。我一直希望写一本灰姑娘的小说，现在我成了那个灰姑娘。感谢我的‘白马王子’——Kindle 直接出版业务。将来还会有更多故事……”

从贝索斯的这些转述中，我们能够感到亚马逊把自己定义为一个赋能者，通过赋能他人，释放其他人的创造力，在追求多赢的局面中达到自己的商业目的，并且让这种商业关系在长远上可以持续。这就是生态，正如贝索斯随后写到的：

通过 AWS、FBA 和 Kindle 直接出版业务，我们正在打造一个强大的自我服务平台，这个平台可以让千万人大胆尝试，去实现那些原本不可能或者不现实的事情。这些创新的大规模平台玩的不是零和博弈，而是要创造双赢局面，为开发者、创业者、客户、作家和读者创造重要价值。

我现在强调这些平台具有自我服务的性质，在于一个我认为很重要但却不太明显的原因：即使是一个进取的守门人也会减缓创新的步伐。而当一个平台是自我服务时，就算是最不可能的想法也会得到尝试，因为没有专家级的守门员在那里说“永远不会成功”之类的话，结果就是许多看似不可能实现的想法会变成现实，社会因为这种多样性而受益。

最后想补充一点，从 Kindle 开始，亚马逊也在不断推出其他硬件产品，比如 Fire TV 和 Echo 等，包括 Kindle 本身也在不断迭代。但亚马逊并不想在硬件设备上赚钱，出售硬件在很大程度上是为了丰富生态。比如，很多人的老版 Kindle 一直在用。这是引人深思的。用贝索斯的话说，亚马逊不赚卖设备的钱，它要赚客户使用设备的钱。这背后实际上就是一种高明的生态观。

24 包容失败

当企业没有可以学习的标杆，没有了明确的竞争对手，就算是进入了无人区。亚马逊和所有的领先公司一样，很早就在无人区里，那么，在无人区里的前进逻辑是什么呢？前面我们讲过发明本质和创新文化，这些都是极其重要的，因为它们可以让企业自我驱动，挑战边界。

贝索斯把企业在无人区中的打法，概括为要去“想象那些不可能的事情”。但这也意味着要接受创新可能带来的失败，为此，他提倡亚马逊必须要建立包容失败的文化。在2015年的股东信中，贝索斯强调“成功和失败都是公司不可分割的部分”，由此鼓励公司的人敢于想象、敢于探索，不要怕失败。在那封信中，他这样写道：

我认为亚马逊的独特之处就是失败。我相信亚马逊是世界上最好的面对失败之地，我们有足够多的失败案例，失败和发明是不可分离的孪生兄弟。要发明，就必须要进行试验，如果你事先知道一定会成功，那就不叫试验。很多大型组织都有发明的想法，但却不愿意面对与实现目标相伴而来的、试验失败的困扰。常识在通常情况下都是对的，而丰厚的回报就来自为挑战常识而下的赌注。如果有 10% 的概率可以获得 100 倍的回报，应该每次都下注。但在十次中，有九次会押错。我们一定要知道，想得到全垒打，就意味着可能会多次被三振出局，但你一定会击出一些安打。不过，棒球和商业不一样，它们的差异在于：棒球运动中获得好结果是有上限的，无论球打得多好，一击最多也就得到 4 分。但在商业上却不一样，一旦你发挥出色，或许能拿回来 1000 分。这就是商业收益的长尾分布。正是因为这一点，大胆下注非常重要。大赢家都愿意为试验买单。

在亚马逊，AWS、市集业务和 Prime 会员服务，都是大胆下注并且获得成功的例子。我们很幸运为公司建立了这三个业务支柱。正是凭借这三根支柱，亚马逊成了一家大公司，也能够做那些只有大公司才可以做的事情。

基于这样的认识，在 2018 年的股东信中，贝索斯提出要“把失败的规模做大”。他写道：

随着公司的成长，一切都需要扩展，包括失败试验的规模。如果失败的规模没有增长，那就是说：你没有在用足以推动业务发展的规模去从事发明工作。如果我们偶尔遇到几十亿美元的失败，这说明亚马逊在进行试验的规模是适当的。所谓规模适当，是指和我们的公司规模相比，试验规模并不算大。当然，我们不会轻率、傲慢地进行试验，而要努力下对赌注。不过，并非所有好的赌注最终都能得到回报。作为一家大公司，这种大规模冒险是我们可以为客户和社会提供服务的一部分。对股东来说，这意味着一个好消息，赌对了，获得一个大的成功，可以弥补许多失败的损失。

Fire手机和Echo的开发大约在同一时间开始。当Fire手机失败时，我们能够从中学到知识，也能锻炼开发人员，进而去加快构建Echo和Alexa。Echo和Alexa的构想一直受到星际迷航计算机的启示。这个想法也起源于另外两个我们多年来一直在构建和反复徘徊的领域：机器学习和云。从创办亚马逊的早期阶段开始，机器学习就是我们进行产品推荐业务的一个基础性部分，而AWS让我们在云的能力上走到了前列。经历了多年的开发，Echo于2014年得以推出，由位于AWS云上的Alexa来驱动。

没有客户提出过要Echo这样的产品，这绝对是因为我们的好奇而推出的产品。在这方面，市场调查是于事无补的。如果我们在2013年去找客户，然后问他是否需要在厨房里放一个黑色的、像品客薯片盒子大小的圆筒，让这个圆筒一直开机，可以和它说话、向它提问，让它帮忙开灯，还能播放音乐，那会怎么样？我敢保证客户一定会奇怪地看着你，然后说："不用，谢谢。"

然而，自从第一代Echo问世以来，客户已经购买了超过一亿个由Alexa支持的设备。去年，我们把Alexa理解请求的能力和回答问题的能力提升了20%以上，同时我们给Alexa增加了几十亿条事实性知识，进一步丰富了它的知识量。开发人员将Alexa所掌握的技能数量也翻了一番，使之超过了8万个。与2017年相比，客户在2018年与Alexa的交谈次数多了几百亿次。在2018年，内置Alexa连接的设备数量也增长了一倍以上。现在问世的产品中，有超过150多种产品内置了Alexa。这些产品从耳机、个人电脑到汽车和智能家居设备。未来还会有更多！

Fire 手机是一个失败的例子，而 Alexa 和其他硬件则是成功的例子。贝索斯把这两个例子放在一起讲，就是要对照着说明亚马逊包容失败的文化。关于企业文化，贝索斯在 2015 年的股东信里，还有这样一段话，很值得读一读。他写道：

> 关于企业文化，我们可以说：变好、变坏，都是文化使然。企业文化是持久的，是稳定的，是不容易改变的。它是企业具有优势或者劣势的来源。你可以用笔写下所谓的企业文化，但只有当你这样行事的时候，它才会被体现出来。企业文化是一种呈现，而不是一种创造。它是通过人和事、随着时间的推移而缓慢成形的，涵盖了以往成功和失败的故事，从而成为公司传说中一个深层次的部分。如果公司拥有一种独特的文化，它会像定制的手套一样，只适合于某些人。文化之所以如此稳定的原因，在于人们自己会选择。充满竞争热情的人会选择他们喜爱的文化，并乐在其中；喜欢当先锋、喜欢创新的人也一样。所以，世界上有很多表现良好、非常独特的企业文化。我们永远不会断言自己的方法是唯一正确的方法，它只是我们自己的方法而已。在过去的 20 年时间里，我们聚集了一大群志趣相投的人，我们认为自己的方法既有活力，又有意义。

25 发明文化

按照贝索斯的说法，AWS 和亚马逊零售业务一样，两者最初都是播下去的小种子，都是一点点长大的，都是没有进行大量收购而靠自身的力量顽强地成长为大型业务的。前面，我们讲到了市集和 Prime 会员制度，这是 To C（面向消费者）的业务；而 AWS 则是 To B（面向企业）的业务。那么，亚马逊是如何让这两个不同类型的业务都得以发展的呢？贝索斯写道：

> 表面上看，两者之间有着极大的不同。亚马逊零售业务服务消费者，AWS 服务企业。前者以褐色包装盒著称，后者则以 API 闻名。两个完全不同的业务在同一个屋檐下都得到了迅速的增长，这难道只是一个巧合吗？当然，在每一方面进行努力的同时，运气都发挥了极大的作用，我们的运气也确实不错。但运气之外，这两项业务之间是有一定联系的。透过表象可以发现，两项业务并非井水不犯河水。它们共享独特的组织文化。这种文化让组织深深关注一些原则，并坚定地按照原则行事。这些原则包

括：关注客户而不是关注竞争对手，渴望发明与开拓，敢于失败，有耐心地关注于长远，对卓越运营充满职业自豪感。从这个角度来看，AWS和亚马逊的零售业务非常相似。

其实，所有的创新性工作都是在无人区里进行探索，这里面有两个方面的原则是最基本的。第一，要以客户为中心，给客户带来价值永远是在黑暗中探索正确方向，而勇于创新、建立发明文化，是根本的手段；第二，就是要敢于探索，建立包容失败的文化。

以AWS为例，贝索斯在2012年的股东信中写道：

AWS推出了七年，就已经将价格降低了27%，增加了企业服务的支持强化功能，构建创新工具让客户更有效率地使用AWS。举一个例子。Trusted Advisor的功能是用来监控客户配置情况的，它要将配置现状与已知的最佳做法相比较，然后通知客户哪些点是可以做文章的，可以提高性能、增强安全性或是节省资金。是的，我们主动告诉客户他们需要做的事情，尽管他们并没有为这些东西付费。在过去的90天里，客户通过Trusted Advisor功能节省了几百万美元，而这项服务才刚刚开始。所有这些进展都是在AWS已经被普遍认为是领先者的背景下进行的。一方面，作为领先者，没有外部竞争，也就没有了压力；但另一方面，我们的内部动机还存在，就是一种让客户说出“哇”的动力。正是这种动力让我们保持快速创新的步伐。

在2014年的股东信中，贝索斯还举了AWS的另外一个例子。他写道：

我们一直在加快创新的步伐，从2012年接近160种的新功能和新服务，到 2013 年的 280 种，再到 2014 年的 516 种。我们有很多值得分享的东西，从 WorkDocs 和 WorkMail 到 Lambda 和 EC2 容器服务，再到 AWS 市集。长话短说，我只举一个例子，就是我们最近推出的 Aurora。我们希望 Aurora 为客户提供关系数据库的一个新样式，这项技术是许多应用程序的关键基础，虽然非常重要，但也很成问题。Aurora 是一种兼容 MySQL 的数据库引擎，通过开源数据库的简单性和成本有效性，可以为高端的商用数据库带来更快的速度和更高的可用性。Aurora 的性能比典型的 MySQL 数据库高出 5 倍，但成本却只有商用数据库包的十分之一。关系数据库长期以来一直是组织和开发者的痛点，也是大家着力解决的问题，我们对推出 Aurora 感到非常兴奋。

这两个例子都说明了前述的一点，即在无人区这样的业务领域，运用科技力量为客户提供价值，是获得成功的不二法门。AWS 最早只是为小型企业以及个人开发者提供服务，最早的项目就是 S3，用户根据使用情况进行付费。而后来亚马逊从根本上改变了交易结构，它要把用户的资本支出转化为可变成本，这就帮助用户产生价值。

另外，AWS 采用了自助服务的形式。用户并不需要和亚马逊的销售人员谈判、签合同，而只需要在线上读过一些文件之后就可以使用。这样，AWS 服务对客户来说就具有了灵活性，客户可以根据需要扩大和减小规模。这个特征后来一直保持了下来，即使有了大型企业进入，有了第三方卖家之外的独立用户大量涌入，都没有变化。

在 2014 年的股东信中，贝索斯写道：

大型企业选择使用 AWS 的原因与初创企业相同，也是看中了 AWS 服务的速度和敏捷性。降低 IT 成本是有吸引力的，有时成本节省的绝对数额也可以很大，但仅凭节省成本永远不能解决表现或功能方面的问题。企业依赖 IT 系统，这是根本性的。所以，打着“在保持服务几乎不变，但能帮助用户节省大量 IT 支出”的旗号，是不会吸引太多用户的。客户真正想要的是“更好、更快”。如果“更好、更快”的同时还可以节省成本，那业务就一定没问题。要认识到：节省的成本是肉汁，而不是牛排。

IT 系统对于一家公司有很强的杠杆作用。用户肯定不希望竞争对手的 IT 部门比自己的敏捷。每家公司都会有一份技术项目的列表，只要有可能就会尽快实施。但现实是冷酷的，企业总要做出艰难的取舍决策，一些项目永远也无法上马。那些即使是获得资源支持的项目，也往往会延迟交付，或者功能不全。如果 IT 部门能找到更快交付那些为业务赋能的技术项目，它们将为组织创造巨大的、真实的价值。

这就是 AWS 快速发展的主要原因，因为 IT 部门正在认识到，如果采用 AWS，就能事半功倍。开发人员将可以在低附加值的活动上花更少的时间，这些活动包括数据中心管理、建立网络、给操作系统打补丁、容量规划、数据库扩展等。而且同样重要的是，采用 AWS 可以让他们通过强大的 API 和工具，大幅简化构建一个可扩展的、安全的、稳定的、高效系统的过程。而且，这些 API 和工具在后台可以连续地无缝升级，无须他们操心。

现在，AWS 有了 100 多万活跃用户，包括各种规模的公司和组织，它们分布于我们所能想到的每一个业务领域。仅在 2014 年第四季度，AWS 的使用量就比前一年增长了大约 90%。像通用电气、美国职业棒球大联盟、塔塔汽车和澳洲航空这样的公司都在 AWS 上构建新的应用程序，包括从用于众包、个性化医疗，到用于管理卡车车队的移动应用程序。像日本 NTT DOCOMO 电信公司、《金融时报》和美国证券交易委员会这样的用户也使用 AWS 来分析大量数据并采取行动。还有像 Conde’

Nast、Kellogg's和美国新闻集团这样的用户正在将旧的、主要的应用程序迁移到AWS上面，有的甚至将整个数据中心都迁移到了AWS上。

贝索斯充满信心地写道：

在未来，我相信AWS会是一个梦幻般的业务，它能服务客户，并在很多年都会带来财务回报。为什么这样乐观呢？原因很简单，首先这个机会的规模太大了，最终会覆盖服务器、网络、数据中心、基础架构软件、数据库、数据仓库等更多方面的支出。就像我对亚马逊零售的看法，我相信AWS的市场规模也是无限的。

其次，AWS当前显著的领导地位是强大的优势，而且还会更加强大。我们竭尽全力让AWS尽可能地易于使用。但即使如此，它肯定还是一套具有丰富功能的复杂工具，所以学习曲线的逻辑会发生作用。一旦人们可以精通地使用AWS去构建复杂系统，只要我们这套工具还不错，客户就不会再去学另一套新的工具和API。这是对我们有利的一面。而如果我们继续以真正优异的方式来服务客户，他们就更有理由紧密地依赖我们。

还有一条，就是由于我们的领导地位，我们现在已经有了数以千计的AWS大使。他们在世界范围里换工作，从一家公司换到另外一家公司。这些不断换工作的软件开发者是我们最好的销售人员，因为他们会说"我原来工作的地方用的是AWS，所以我们在这里也应该考虑用它。我认为用了会更好"。软件开发人员正在把对于AWS及其服务的熟练程度加入其个人简历，这是一个好兆头。

最后一点，让我对AWS会获得可观资本回报非常乐观的理由，就是 AWS 可以让资本回报得以强化，这是我们在分析后得出的结论。因为从结构上讲，传统的模式都是自建数据中心，这一模式的资源利用率比较低，大多数的利用率都在 20% 以下。而 AWS 就是要取代这种传统模式，为更多的客户带来更大的工作负载，从而让 AWS 的利用率明显提高，相应地就会提高资本效率。也就是说，传统模式资本利用程度与 AWS 相比，要低得多。当我们的领导地位真正发挥作用，规模经济就会为我们带来资本效率方面的相对优势。我们将继续关注和塑造业务，以取得好的资本回报率。

2014 年的股东信，主题是如何选择好业务，要看四个特征：客户喜爱、成长空间大、资本收益好、业务有持续性。贝索斯在前面所写的关于 AWS 的四段话，无疑都是为这四句话做了注脚。但在字里行间，我们也看到贝索斯一直在讲好业务必须要通过不断地创新才能在现实中做得更好。

26 徘徊的力量

企业有了发明的文化，又有包容失败的文化，但在实际决策中，又该如何把握好尺度、谨慎从事呢？贝索斯在两封股东信中对此做了表述。在 2015 年致股东的信中，他写道：

> 我们想成为一家大公司，同时也想让这家大公司成为一个发明的机器。我们希望把大公司因为规模大而具有的、超常的客户服务能力，与企业家式初创公司一般会具有的行动速度、敏捷度和愿意接受风险的心态结合起来。
>
> 我们能做到吗？对此，我是乐观的。我们在这方面起步不错，我们的文化也为实现这一目标准备好了条件，但我认为这并不容易。有很多不易察觉的陷阱，即使是高业绩的大型组织也会不自觉地掉入这些陷阱之中，所以，我们必须学会从制度上去防范落入这些陷阱。大型组织一个常见的问题，就是决策“一刀切”。这个顽疾既损害速度，也伤害发明能力。
>
> 有些决策会带来后果，而且是不可逆，或者说是几乎不可逆

的，即“单向门”。在面对这类决策的时候，必须按照方法论来做，要小心谨慎，要慢慢来，要深思熟虑，要多方咨询。对于这类决策，如果你冒进了但又不喜欢出现的结果，就再也回不到原点了。我们把这类决策称为“第一类决策”。但大多数决策不是第一类决策。它们是可以改变的，也是可逆的，即“双向门”。这是“第二类决策”。如果做出第二类决策，结果没有达到最优，我们不必长期忍受决策的后果，可以重新打开门，退回去。所以，第二类决策可以并且应该交由判断力比较高的个人或者小组快速做出。

随着组织规模变大，绝大多数决策（包括许多第二类决策）仍然在很大程度上使用第一类决策的过程，这似乎成了一种倾向。其结果就是速度减慢了、进行无谓的风险规避、无法充分地进行实验，由此发明减少了。我们得找到应对这种倾向的办法。

“一刀切”的思维将成为唯一的大陷阱。我们要努力避免这种情况，以及我们能够看到的任何大型组织中会出现的弊病。

“单向门”原则和“双向门”原则，后来成为亚马逊管理活动中的重要内容。在 2018 年致股东的信中，贝索斯还提到了“有好奇心、保持直觉和有徘徊力”的观念，这是对于亚马逊决策逻辑的进一步说明，非常有启发性。

贝索斯首先谈到了推出 FBA 和 Prime 会员服务的决策，他写道：

FBA 和 Prime 会员服务现在已经建设得非常好了，但在今天，绝大多数人都很难理解当时我们在推出它们的时候，做出选择的过程显得多么激进。我们内部有辩论，进行这两项投资都要冒着巨大的财务风险。当我们要按照不同的想法，或者为了选代而进行试验的时候，后面还要不断追加投资。我们无法预先确切地判断这些项目最终会是什么样子，更不用说判断它们会不会成功了。我们就是凭借直觉、热情，以及饱满的乐观精神来推进这两个项目的。

那么，什么是直觉、好奇心和徘徊力呢？贝索斯解释说：

从亚马逊创建的那一天起，我们就希望创造一个“建设者”文化。我们充满好奇心，我们是探索者。我们应该喜欢发明，就算我们已经是专家了，还是要像新人那样，带着第一天的心态。我们做到了。我们现在做事情的方式，就是建设者做事情的时候，心中觉得应该采取的方式。秉持建设者的心态，我们才有可能接触那些重大的、难以被解决的问题，而这些问题里隐含着大的机会。我们心怀敬畏地相信：成功一定要通过迭代的方式才可以达到，我们发明、尝试、再发明、再尝试，一遍又一遍地重新开始，推倒重来，不断重复。只有建设者才真正懂得：成功的路一定是曲折的。

在商业上，很多时候，或者说事实上经常是：如果你知道你要去哪里，知道什么时候该做什么事，那一定是高效的。而徘徊肯定是低效的，但徘徊并不等于随机行动、听天由命。相反，它是一种由预感（hunch）、胆识、直觉指引的行动。为了找到可行的路，我们会经历一点混乱、走一点弯路，但客户所给出的回报是足够大的，坚信这一点使我们能量满满。所以，徘徊在本质上是和效率相互平衡的。我们既要效率，也不能排斥徘徊。那些超乎寻常的发现，那些非线性的成果，都在极大程度上需要徘徊的力量。

AWS 数以百万计的客户覆盖了从初创企业到大型企业，从政府实体到非营利性组织，每一个机构都希望为其用户构建出更好的解决方案。我们花了很多时间去思考那些组织究竟想要什么，以及它们内部人员，诸如开发人员、开发经理、运营经理、首席信息官、首席数字官、首席信息安全官等，他们又想要什么。

我们最后构建在 AWS 上的内容，很多都是来自对客户的倾听。询问客户他们想要什么，仔细倾听，然后将之落实成为经过深思熟虑的、快速提供产品的计划，这些至关重要。（在商业上，速度是一切！）虽然没有痴迷于客户的精神，就做不好生意，但这还不够，更牛的事情是你可以深挖出顾客自己都不会去问的东西。我们必须代表他们去发明。我们要对可能会实现什么，融入自己内在的想象力。

总体来说，AWS 本身就是这样的一个例子。没有人提出要用 AWS。没有任何人提出过。虽然没有人提出需求，但万事俱备，这个世界已经准备好了，而且也确实需要像 AWS 这样的产品。随着好奇心，我们产生了预感，于是我们承担了必要的财务风险，开始建设。我们在经过了无数次的重新施工、试验和迭代，逐渐将其建成。

在 AWS 的建设过程中，相同的模式出现过多次。比如，我们发明了 DynamoDB，这是一种高度可扩展（scalable）的、低延迟的键值型数据库，现在已经被数以千计的 AWS 客户使用。因为仔细聆听客户的声音，我们知道各种公司都在抱怨选择商业数据库时受到局限，它们对于数据库提供商的不满已经有几十年了。现有的数据库既昂贵又是专有的，还具有高锁定性和惩罚性的许可条款，于是，我们花了几年时间来构建自己的数据库引擎 Aurora。这是一种完全托管的，与 MySQL、PostgreSQL 兼容的数据库服务。它与现有的商业数据库相比，有着相同的甚至更好的持久性和便捷性，但成本仅为后者的 1/10。所以，当它取得成功时，我们并不感到惊讶。

我们也对用于特殊工作负载的专用数据库感到乐观。在过去的 20 到 30 年，各类公司都使用关系数据库来运行大部分工作负载。开发人员对关系数据库的广泛了解使该技术成为首选，即使它不是很理想。在数据集的规模足够小，或者可接受的查询等待时间足够长时，这种数据库可以成为选项，但它们不够好。现在，许多应用程序需要存储非常大的数据，是 TB 级和 PB 级的数据量；同时，对应用程序的要求也改变了。现代应用程序要求具有低延迟、实时处理以及每秒处理几百万个请求的能力。这就不仅仅是像 DynamoDB 这样的键值型数据库可以满足的，还需要像 ElastiCache 这样的内存数据库，像 Timestream 这样的时间序列数据库，以及像 Quantum Ledger Database 这样的全托管的账本数据库。总之，为了解决特定的问题而开发出特定的工具，可以节省金钱，也可以使客户开发的产品更快地推向市场。

我们还致力于帮助各类公司去发展机器学习。我们在这方面投入了很长时间，有了很多进展。开始，我们试着将一些早期自己用的内部机器学习工具进行外部推广，但这个尝试失败了。这导致了几年的徘徊期。我们在这个过程中试验、迭代、改进和完善，并注意从客户那里获得宝贵的洞见，这一切使我们最后找到了 SageMaker，它在 18 个月前刚刚推出。SageMaker 去除了机器学习过程中每一步繁重的提取（lifting）任务，降低了复杂性并缩短了超参数调优过程，这让人工智能更加普及。现在，利用 SageMaker，数以千计的客户在 AWS 平台上构建机器学习模型。我们将继续加强这方面的服务，包括增加新的强化学习能力。强化学习具有陡峭的学习曲线，还有许多移动部分，所以，这导致在资金最雄厚的技术组织之外，其他人到目前为止都无法企及。如果没有好奇心的文化，以及从客户的角度出发去尝试全新事物的意愿，亚马逊就不可能获得以上这些进步。对我们以客户为中心的徘徊和倾听，客户给予了积极的回报。这也就是AWS每年有300亿美元的业务规模，而且增长如此之快的原因。

27　永葆创业精神

2016年的股东信，令人印象深刻。这封信很像《华为的冬天》。在发出这封股东信时，亚马逊通过22年的艰苦努力，已经跻身为世界一流企业。在这样的背景下，发出这样一封信，更像盛世危言。

这封信从一个问题开始。这是在刚刚召开的全员大会上，贝索斯被问到的一个问题："杰夫，第二天（Day 2）会是什么样子？"贝索斯写道：

> 20年来，我一直要求公司保持在创业第一天的状态。我工作的写字楼被冠名为Day 1，我一直在Day 1写字楼里工作。即使我从这个楼里搬走，也要带走Day 1这个名字。我经常思考怎样做，才能帮公司保持住创业第一天的状态。
>
> 在"第二天"的时代，业务停滞，大家都做些无关紧要的事情，接着要经历难以忍受的、痛苦的业绩下降阶段，最后企业被拖垮。这也就是我们必须要坚守创业第一天状态的原因。
>
> 我敢肯定，企业的衰败会以一种非常缓慢的速度进行着。特

别是对那些功成名就的公司，处于“第二天”状态的日子可能会很长，但无论时间拖得多长，最后的命运终不可抗拒。

我一直在想关于抵御“第二天”到来的好办法。我们需要怎样的技术，需要怎样的技巧？一家大型组织，究竟该如何保持创业第一天的活力？这些问题不会有简单答案，因为回答这些问题，我们需要考虑很多因素，也有多种解决问题的路径，当然也有很多“坑”。我虽然不知道全部答案，但有很多思考。

贝索斯从四个方面给出了他的思考，或者说就是他的答案。第一，真正地痴迷于客户；第二，拒绝形式化；第三，拥抱外部趋势；第四，高速决策。首先，还是“客户至上”。贝索斯写道：

做好一个业务有很多方式：可以以竞争对手为中心，可以以产品为中心，也可以以技术为中心，还可以以商业模式为中心，不一而足。但在我看来，把痴迷于客户作为中心，才能对创业第一天的活力做出最大程度的保护。

为什么这样说呢？以客户为中心的方法有很多优点，其中最大的优点是客户总是完美的、奇妙的、不满足的，即使在他们声称自己很高兴而且生意看起来不错的时候，也是一样。他们不会意识到，自己在骨子里总是希望得到更好的东西，于是，你想取悦客户的愿望就会驱使你从他们的角度出发去进行创造。比如，没有客户提出过应该推出 Prime 会员服务，但他们确实希望有这个项目。我可以举出很多类似的例子。

保持创业第一天的状态，我们需要耐心试验、接受失败、培育新的种子业务，以及保护业务成长，当看到客户满意时要加倍投入。而痴迷于客户的文化，能最大程度地创造条件，让前面所说的一切都实现。

拒绝管理的形式化，是贝索斯保持创业第一天状态的第二个答案。当公司小的时候，组织管理会较多地依赖于领导者的直觉。因为公司小，很多东西凭借脑力都可以控制，所以，基于直觉和经验的管理不仅在现实中可以做到，而且也可能高效。而当公司规模大了之后，业务和组织的复杂程度都增加了，客观上公司就要靠制度，靠预算，靠计划指标，靠指标考核。贝索斯说，这些形式化的东西，包括靠数字、靠指标进行管理，很多时候是危险的，这也是“第二天”的标志。贝索斯在信中写道：

> 流程是形式主义的好例子。从道理上说，好的流程可以帮助员工，让他们服务好客户。但如果处理得不好，流程本身就会变成问题，在大型组织里面，特别容易出现这种情况。流程喧宾夺主，成了我们想要的东西。大家都不看结果了，而是首先想着如何确保遵守流程，在流程上不犯错误。很多时候，我们听到年轻的领导者在为不好的结果辩解时说：“责任不在我们身上，我们是按照流程做事的。”这个时候对资深领导者来说，恰恰是研究流程和改善流程的机会。流程不是我们最终想要的东西，所以，我们有必要去经常想想：是流程为我们服务，还是我们为流程服务？公司处于“第二天”的状态时，人通常是为流程服务的。
>
> 另外一个例子是：我们把市场研究和客户调查当成了客户的需要。当我们推出新产品和设计新产品时，这是很可怕的。比如说：“接受调查的人对于这个功能的满意度是55%，而第一次做调查时，对应的数据是47%。”我们很难解释这几个百分点的提高意味着什么，如果太把这个当回事儿，就可能会受到误导。

有人经常会说：数字不会欺骗你。仿佛这是个真理，但贝索斯却不这样看。他认为：

好的发明家和设计者应该深入地理解客户需求。他们会花费大量精力去强化和发展自己的直觉。他们研究和了解很多具体情况，而不仅仅是依据调查找个平均数。他们是活在设计过程中的。

我并不反对使用调查和统计。但作为产品和服务的提供者，我们必须理解客户，而且要有远见，深爱着我们要给客户提供的产品。调查和研究可以帮助我们发现盲点，但无与伦比的客户认知是发端于心的，它来自直觉、好奇心、亲历、胆识，以及品味。这些东西都无法体现在调查统计之中。

保持创业第一天状态的第三个方法，是积极地拥抱外部的变化。贝索斯认为，如果不能有力并且快速地顺应趋势，公司很快就会进入“第二天”；而和趋势对着干，就是赌上了公司的未来。他写道：

拥抱外部趋势，我们会顺风顺水。现在，我们正处于一个显而易见的大趋势之中，这就是机器学习和人工智能。

在过去几十年里，一直是只有程序员用清晰的规则和算法对任务进行描述后，计算机才能处理这些任务。但现代机器学习技术已经让我们可以对那些难以描述成精确规则的任务进行处理了。

在亚马逊，我们涉足机器学习的实际应用已经很多年了。一些工作已经被大家看见，包括我们的 Prime Air 自主运输无人机、使用机器视觉解决结账排队问题的 Amazon Go 无人商店和基于云人工智能来辅助的 Alexa。

在机器学习领域，我们的大部分工作都做在底层。机器学习驱动着我们的算法，进行需求预测、产品搜索排序、产品推荐、交易建议、商品的布放、欺诈侦测、翻译，还有很多。尽管这些工作看不到，但机器学习的很多影响都属于这种情况，悄悄地但却有意义地改善着运营核心。

在 AWS 里，我们降低了使用机器学习和人工智能的成本和门槛，因此，各种规模的组织都能够利用这些先进技术。我们为此感到兴奋。

我们把最常用的深度学习架构做成了一个预装版本，然后使用这个版本在 P2 计算实例中运行（我们为完成这项工作任务进行了优化），客户由此得以开发出功能强大的系统，应用范围从早期疾病检查到提高农作物产量，几乎无所不包。我们还把亚马逊更高水平的服务以方便的形式提供给客户。亚马逊 Lex、Polly 和 Rekognition 服务去除了自然语言理解、语音生成和图像分析过程中的繁重提取工作，客户可以通过简单的 API 调用去访问它们，而不需要机器学习的专业知识。请关注这个领域，还会有更多的东西推出。

贝索斯的这些描述，既生动地告诉了股东亚马逊将怎样拥抱新的趋势，同时也进一步昭示了亚马逊依靠技术创新和发明创造来提升客户体验的长期主义逻辑。关于保持创业第一天状态的第四个方法，贝索斯写道：

“第二天”的公司可以做出高质量的决策，但它们做出高质量决策的速度很慢。所以，为了保持创立第一天的那种高能和动态的性质，我们要以某种方式做出既有高质量又有高速度的决策。对于初创企业，这不难；但对于大型组织，这非常有挑战性。亚马逊的高层管理团队下定决心要让我们的决策速度够快。在经营中，速度是要紧的，高速决策的氛围也更有趣。对此，我们并不知道所有的答案，但还是有一些想法的。

第一，永远不用“一刀切”的决策流程。许多决策是可逆的，是“双向门”，做这些决策就要减少流程性的东西。

第二，当你掌握的信息在你期望获得的信息中，比例占到70%的时候，大概就应该进行决策了。在大多数情况下，如果非要等收集到90%的信息才下手，可能就有些慢了。另外，无论通过什么办法，都要擅于快速识别坏决策和改正坏决策。如果善于修正路径，犯错误可能会比花时间空想成本要低。慢，肯定是昂贵的。

第三，“保留意见，干了再说”（disagree and commit）。这样做，可以节约大量时间。如果你对某个方向很有信心，但团队没有达成共识，像下面这样说话也许是有用的：“愿不愿意和我一起赌一把，先干了再说？”为什么呢？因为在大家看法不一致的时候，肯定没人知道正确的答案是什么。所以，这样和同事提建议，反倒可能很快得到一个肯定的回答。

这并不是因为我是老板，才会这样做。如果你是老板，你也应该这样做，而我一定会“保留意见，干了再说”。我们最近刚通过了一个特别的亚马逊工作室中涉及原创内容是否上马的决策。我把看法告诉了团队：在内容方面是不是足够有趣、制作是不是过于复杂以及商业条款是不是那么好，这些都很值得讨论；而且，我们还有许多其他的机会。但是，团队有着和我完全不同的意见，并且希望继续推进。我立刻回复说：“我保留意见，先干了再说。我希望它成为我们有史以来收视最好的内容。”请考虑一下：如果团队不得不花时间去说服我，而不是简单地得到我的同意，这个决策周期会慢多少？

强调一下，我举这个例子并不意味着我心里不认为“这帮家伙错了，他们没抓住重点，只是不值得我再去追问了”。这种情况是真正的意见分歧，我坦率地表达了自己的看法，团队也有机会考虑我的看法，我最后给了他们快速而真诚的承诺，让他们按照自己的想法推进。由于这个团队已经拿了11个艾美奖、6个金球奖和3个奥斯卡奖，我很高兴他们愿意听听我的意见。

第四，尽早识别真正的失调问题并且立即把矛盾上交。有时候，团队之间有不同的目标和秉持完全不同的观点，在于他们从根本上就不可能取得一致。深层次的失调是无法通过讨论和开会解决的。如果不把矛盾上交，现有的争议解决机制在这种情况下就会引发一场消耗战。结果就是谁能拖，谁就会得到好结果。

这些年来，我在亚马逊已经看到过很多这样的例子。我们决定引入第三方卖家在自有产品页面上直接同我们自己竞争，就是一个典型的例子。很多聪明的、也是出于好意的亚马逊人对这个方向根本就不赞同。而这个大决策又决定了几百个小决策，很多决策都需要被上报到高级管理团队定夺。

“谁耗得起，谁胜利”，是一种糟糕的决策流程。它会慢慢地让组织失去能量。这时，尽快地把矛盾上交，结果会更好。

28 线上与线下

早在 2006 年，贝索斯就在致股东的信里写道：

> 我经常被大家问：亚马逊什么时候开实体店？这是我们否定了的扩张机会，因为它不符合我所讲的好业务的四个标准。实体店网络的潜在规模，确实诱人。但我们目前还不知道怎么样用比较少的资本去做这块业务，同时能够获得较高的资本回报。线下的零售业是个古老的行业，大家精心发展这块业务，已经很成熟了。我们真的不知道怎样在线下零售的业务中为客户带来有价值的、有差异化的消费体验。

亚马逊大规模走到线下，是在 2017 年收购全食超市。在当年的致股东信中，贝索斯写道：

> 我们结束了对全食超市的收购，并宣布要全力以赴地为客户提供高质量、天然的有机食品，然后立即对包括牛油果、有机红

> 皮蛋和安全养殖的三文鱼等畅销食品进行了降价。接下来的11月，我们又进行了第二轮降价，对Prime会员进行了独享的促销活动，感恩节期间一下子打破了全食超市有史以来火鸡销售的历史纪录。2月，我们选择了一些城市为Prime会员再推出活动，只要订单金额超过35美元，我们就会安排免费的两天送达服务。在3月和4月，活动的范围扩展到其他一些城市，我们计划在今年之内把范围扩展到全美。我们还增加了对亚马逊Prime联名信用卡Visa Card持卡人的优惠，持卡会员在全食超市购物时，可以得到5%的折让。此外，客户还可以通过亚马逊平台的每日优选，来购买全食超市的自有品牌商品；在100多家全食超市的店面购买Echo和其他亚马逊设备产品；在几百家全食超市商店的亚马逊储物柜中领取或退还亚马逊的包裹。我们也已经启动了必要的技术工作，去识别销售点上的Prime会员。在这项工作完成之后，我们期望可以为在全食超市进行购物的人提供更多的Prime会员优惠。

亚马逊在2007年开始做生鲜产品的业务，最初只在西雅图本地试运行，后来扩展到加州的少数城市。终于，在2017年，这方面的努力呈现为收购全食超市这个大动作，并进行线上和线下的融合。按照贝索斯前面的描述，早期线上和线下的融合，除了利用实体店追求协同效应之外，价格优惠依然是亚马逊增加获客、增加竞争优势的主要手段。

与降价相比，Amazon Go无人商店的推出是亚马逊依靠技术走向线下的关键动作。贝索斯对Amazon Go这种无人商店是这样描述的：

> Amazon Go是一种新型的、不需要排队结账的商店，1月在西雅图开始面向公众营业。开业以来，我们高兴地听到，很多顾客用“神奇”来描述他们的购物体验。顾客对要买的东西

“拿了就走”产生了“神奇”的感觉。这种感觉，是通过把计算机视觉、传感器融合和深度学习等技术组合在一起创造的。有了这些技术，顾客就可以拿起他们喜欢的早餐、午餐、晚餐、小吃和其他所需要的杂货，然后直接离开商店。这是前所未有的便捷。最畅销产品包括普遍受欢迎的含咖啡因饮料和水，这一点都不令人意外。但是，我们的客户也喜欢 Chicken Banh Mi 三明治、巧克力曲奇饼、切好的水果、小熊软糖，以及我们的亚马逊夹肉餐包。

在 2018 年的股东信中，贝索斯对 Amazon Go 无人商店“拿了就走”的思路和技术路线做了进一步解释。他写道：

多年以来，我们一直考虑如何在实体店中为客户提供服务，觉得我们必须首先要发明一种在这样的经营环境中真正能够取悦客户的东西。就这样，Amazon Go 无人商店成了我们明确的愿景，因为它可以免去实体零售中让人感觉最糟糕的环节：排队结账。没有人喜欢排队等候。我们设计的实体商店，是你走进去，拿起想要买的东西，然后就可以离开。

实现这个想法很难。技术上很难。它需要全世界数以百计的、聪明又专业的计算机科学家和工程师共同努力。我们要设计和制造自己专属的相机和售物柜，并要发明新的计算机视觉算法，包括开发将几百架协作相机中的图像拼接在一起的能力。同时，我们还要保证技术可靠，用一切都融在背景之中的方式来加以实现。客户已经对我们的投入给予了回报，他们把在 Amazon Go 无人商店的购物体验用“神奇”两个字来描述。现在，我们在芝加哥、旧金山和西雅图拥有了 10 家这样的商店，我们也憧憬着未来的发展。

因为收购全食超市和推出 Amazon Go 无人商店的成功，贝索斯对于线上和线下的融合、对于发展线下业务有了更多的期望。在 2018 年的股东信中，贝索斯写了这样一段话，小标题是：想象那些不可能的事。

> 在全球零售市场，我们的占比还是个位数，而且在我们运营的每一个国家，都有规模更大的零售商。原因主要在于接近 90%的零售还是处于线下，在实体店面中。

也就是说，亚马逊虽然在线上零售已经很成功了，但贝索斯依然认为亚马逊在全球零售业中是个小不点，因为线上业务与线下相比，占比还非常有限。

29 重构关系

在某种意义上，亚马逊的最终意图并不是在线上或者线下做生意，而是要重新构建自己和客户之间的新型交易关系。说白了，就是把触角延伸到客户家里，延伸到任何地方，让客户在任何时间都可以把购买动机最方便地转化成购买行为。当大家还把注意力集中在手机应用程序的时候，亚马逊已经试图通过 Mayday 按钮与客户建立新型关系了。

在 2013 年的股东信中，贝索斯首先引用了两位客户的话来夸奖 Mayday 按钮的神奇，然后介绍了 Mayday 按钮的功能和特色。他写道：

> 一位客户用棒球术语说："Kindle 团队的 Mayday 按钮打出了一个全垒打。不仅设备很棒，功能也绝对超牛！"另外一位客户称赞说："刚刚在我的 Kindle Fire HDX 设备上试了试 Mayday 按钮，仅仅 15 秒就有了回应。亚马逊又做到了，难忘至极。"

在亚马逊，没有什么比“重塑常态”更让人喜悦。重塑常态，就是创造出客户喜爱的发明，并且重新塑造他们对于常态的认识。把技术支持工具内置到设备之中是一种想法，Mayday按钮是一种重新构想的过程，也对这个想法进行了创新。点击Mayday按钮，会有一位亚马逊专家出现在Kindle Fire HDX平板电脑上，通过屏幕进行使用功能方面的指导，并会针对不同情况选择最好的解决办法——告诉你怎样自己操作，或者帮你完成操作。Mayday按钮每年365天、每天24小时全天候服务，响应时间的目标是不超过15秒。我们实现了这个目标，即使在最繁忙的圣诞节购物季，平均响应时间也只有9秒。

Mayday按钮的出现带来一些趣事。Mayday按钮的技术顾问收到过35次来自客户的求婚。有475位客户请求与Mayday按钮的电视广告代言人Amy交谈。有109次的Mayday按钮点击，是客户请我们帮忙订比萨。从后来客户点单的情况看，必胜客比Domino's多赚了一点。有44次，Mayday按钮的技术顾问给客户唱了生日歌。有658次，则是客户给技术顾问送上了小夜曲。还有3次，是客户要求听睡前故事。太有意思了。

Mayday按钮在推出5年后下架。但随后Alexa支持的Echo等其他设备开始登场，成为入户设备的主流。在2017年的股东信中，贝索斯这样写道：

Alexa继续受到客户的欢迎，由Alexa支持的设备是整个亚马逊最畅销的产品之一。其他公司和开发人员有极强的愿望，去使用Alexa来创造自己的产品体验。在Alexa生态中，有30000多种技能是由外部开发人员提供的，客户使用Alexa来控制4000多种智能家居设备，这些设备分属于1200个独立品牌。

Alexa的基础也在每天提升着智能化水平。我们已经开发并实施了内置的指纹识别技术，这个技术可以在电视播放Alexa广告的时候，做到设备不被唤醒。这项技术确保了我们的Alexa“超级碗”广告不会唤醒几百万个设备。远场语音识别技术已经很好了，但在去年性能又提高了15%。通过强化Alexa的机器学习组件和半监督学习技术，过去12个月里，在美国、英国和德国，我们把Alexa的口语理解能力提高了25%以上。半监督学习技术把为了达到同样精确度而为数据打标签的量，减少到了原来的1/40。最后，使用机器翻译和迁移学习技术，我们大大减少了教会Alexa学会一门新语言所需要的时间，这就可以让我们更好地为像印度和日本这些国家的用户提供服务。

2017年是亚马逊有史以来硬件销售最好的一年。客户购买了几千万台Echo设备。有Alexa支持的Echo Dot和Fire TV Stick语音遥控器，无论按品类计算，还是按制造商来核算，都是亚马逊最畅销的产品。与去年相比，圣诞节期间客户购买的Fire TV Stick语音遥控器和儿童版Fire Tablets平板电脑的数量都翻了一番。在2017年，我们推出了全新的Echo，它改善了设计，拥有了更好的声音，价格也降得更低。Echo Plus内置了智能家庭中心；Echo Spot用了一个圆形的屏幕，更加美观，结构也更加紧凑。我们发布了下一代Fire TV电视机顶盒，具有4K Ultra HD和HDR清晰度；还有第十代Fire HD平板电脑，具有1080p全高清显示。我们发布了全新的、最先进的阅读器Kindle Oasis，来庆祝推出Kindle 10周年。它是防水的，可以在浴缸泡澡时使用，而且这款产品的显示屏更大，有7英寸，分辨率更高，像素是300ppi，音频是内置的，这就可以让客户使用亚马逊的Audible服务来听有声书。

在 2020 年的股东信中，贝索斯说：已经有超过一亿智能家居设备与 Alexa 相连接。按照他的表述，Alexa 已经成了亚马逊第四个业务支柱。如果我们把这些数字和亚马逊 Dash 按钮这样的产品联系起来考虑，亚马逊很可能正在布一个更大的局，从而重新构建亚马逊市集业务的底层逻辑。

30 环保与未来

电子商务的基础之一是物流，而物流就必然发生包装和运输。这两个方面都涉及环保方面的问题。所以，在贝索斯致股东的信中，环保是一个重要的线索，而且在最近几年越讲越多。贝索斯第一次提到环保问题，是在2013年的股东信中，有关环保包装。这套体系起始于2008年，并在2014年正式推出认证计划。在信中，贝索斯写道：

> 我们讨厌用铁丝和塑料壳进行包装，我们在包装上的抗争现在已经有了眉目。最初的努力从5年前开始，当时就是一个简单的想法，我们不希望客户在打开新的电子产品或玩具时会有身体受伤的风险。现在，这个项目已经覆盖了超过20万款产品，所有的包装都很容易打开，不会让客户在拆的时候很愤怒；同时，包装材料也易于回收，这样，既减少了包装浪费，又有助于环保。Frustration Free环保包装项目有2000多家制造商参与。我们向175个国家发送了数以百万环保包装的产品。我们也减少了客户的浪费，迄今为止已经减少了3300万磅的不必要包装。这个项

目是一个有使命感的团队专注于为客户服务的完美范例。通过艰苦努力和坚持不懈，一个最初只适用于19款产品的想法如今已经覆盖了几十万种商品，让几百万客户受益。

在2015年的股东信中，除了介绍亚马逊在包装方面的努力，贝索斯还讲了公司在可再生能源方面的工作，并将这些工作上升到了可持续发展和社会责任的高度。他写道：

我们达到了目前这个规模，足以令人兴奋的是：可以用亚马逊的发明文化去解决可持续发展问题和社会问题。

我们在两年前设定了一个长期目标，即在我们全球的AWS基础设施中100%使用可再生能源。我们随后宣布建设四个大的风力发电站和太阳能发电站，这将每年额外给AWS数据中心提供160万兆瓦时的可再生能源。亚马逊在Fowler Ridge的风力发电站已经上线。去年，我们在整个AWS上使用可持续能源的比例是25%，今年，有望达到40%。我们的目标是在包括履行中心在内的全球亚马逊设施上都使用可持续性能源。

在2017年的信中，贝索斯进一步补充说：

我们致力于通过优化运输网络来减少碳排放，致力于改善产品包装，致力于在运营中提高能源效率。我们的长期目标是在全球的基础设施上都使用100%的可再生能源。我们最近推出了得克萨斯州的亚马逊风力发电站，这是我们迄今为止最大的风能电站，每年从100多个涡轮机中生产超过100万兆瓦时的清洁能源。我们计划到2020年可以在50个履行中心中装配太阳能系统，在美国启动24个风能和太阳能项目，另外还有29个以上的其他项目在准备中。现在，亚马逊可再生能源项目每年可以生产足够33万多个家庭使用的清洁能源。到2017年，我们的环保包装项目已经推出了十周年，这个最早的可持续包装项目，在10年中减少包装材料的使用达到了24.4万多吨。仅在2017年一年，这个项目就大大减少了包装浪费，节约了3.05亿个包装箱。亚马逊在全球范围内与服务提供商签订合同，推出第一个低污染的“最后一英里”车队。现在，我们在欧洲的运输车，有一部分是由低污染的电动车和天然气车组成，我们有40多辆电动摩托车和电动货运自行车进行市内的送货。

在2019年的股东信中，关于环保的议题篇幅很长。无疑，亚马逊开始为下一步布局，正在精心准备着一场蜕变，这场蜕变的意义似乎不亚于当年从线上颠覆线下，以及构建AWS和云服务体系。贝索斯写道：

去年，亚马逊承诺提前十年实现《巴黎协定》的目标，即在2040年实现碳的净零排放。亚马逊实现这个目标是面临着重大挑战的，因为我们不仅要传递信息，还有那么多的实体基础设施，每年还要运送超过100亿件商品。我们相信，如果亚马逊可以提前十年实现零碳排放，其他公司肯定也可以做到。我们希望与所有公司携手努力，让零碳排放的目标成为现实。为此，我们正在呼吁其他公司来一起签署《气候承诺》。签署者同意定期测量并报告温室气体排放，执行与《巴黎协定》相一致的减少碳排放的策略，达到在2040年之前每年碳的净零排放的目标。

我们计划从密歇根州的电动车生产商Rivian那里购买10万辆电动送货车。亚马逊希望在2022年有1万辆Rivian新型电动送货车投入使用，到2030年达到10万辆。这肯定对环境友好，但我们的承诺更大。这样的投资是在向市场发出信号：大型的、全球化的公司需要向低碳经济过渡了，所以，要开始发明和发展新的技术。

我们承诺可再生能源使用的比例到2024年达到80%，到2030年达到100%。我们的团队实际上在努力将100%的目标在2025年就实现，并为此制订了虽然有挑战性但也有可信性的计划。亚马逊在全球有86个太阳能和风能项目，发电能力超过2300兆瓦，每年可以提供630万兆瓦时的能源，足够58万多个美国家庭用电。

在减少包装浪费方面，我们也取得了巨大进步。十多年前，我们推出了环保包装项目，鼓励制造使商用容易打开、100%可回收的包装来向客户运送商品，而不需要额外的包装箱。自2008年以来，这个项目节省了81万多吨的包装材料，少用了14亿个包装箱。

虽然线上购物实际上比去实体店买东西更低碳，但我们还是做出大量投资去追求零碳排放。亚马逊在可持续性领域的科学家花了三年多的时间开发模型、工具和指标来测量我们的排碳情况。他们通过详细分析发现，网上购物产生的碳排放量始终比开车去商店购物排放的要少，平均来说，一个小送货车走一圈可替代100次汽车往返购物的路程。我们的科学家用一个模型比较了在全食超市订货所产生的碳强度和自己开车到最近的全食超市购物时排放的碳强度。研究发现，按照购物篮的平均尺寸去算，在线购物送货中每件商品的碳排放量比客户去商店购物产生的，要低43%。购物篮尺寸越小，碳排放就越减少。

AWS也比传统的内部数据中心更高效。这主要有两个原因：一是有更高的利用率，二是我们的服务器和设施与大多数公司的数据中心相比，在运行效率上更高效。典型的单体公司数据中心的服务器利用率大约为18%，但它需要更多的容量来应付使用高峰。而AWS从多租户使用模式中受益，是在更高的服务器利用率状态下运行。还有，AWS已成功提高了设施和设备的能源使用效率，例如在某些数据中心使用更高效的蒸发冷却方式，而不是使用传统的空调。由调研机构451 Research进行的一项研究发现，与其所调查的美国企业数据中心的中位数做比较，AWS基础设施的能源效率是它的3.6倍。另外，我们使用可再生能源，这些因素也使AWS在执行相同任务的情况下，碳排放量减少了88%。不要认为对于剩下的12%，我们无所作为。我们会通过对可再生能源项目更大力度的投资，让AWS变成100%零碳排放。

2020年，贝索斯以CEO的身份写了最后一封致股东的信。在这封信中，他展示了非常大的格局，气候问题和环境保护被他处理成为一种趋势性的问题。他写道：

没有多久之前，大多数人还认为提出气候变化问题虽然是好事，但也意味着付出代价，会威胁到就业、竞争力和经济增长。但现在我们知道了，明智地应对气候变化不仅是为了防止坏的情形发生，还会让我们的经济更有效率，有助于驱动技术变革，降低风险。总而言之，这样可以带来更多、更好的工作，更健康、更快乐的孩子，更有生产率的工人，更繁荣的未来。当然，这并不意味着这件事容易做到，一定不是。未来十年将具有决定性。2030年的经济要和今天的样子有巨大的不同，亚马逊准备在这一变化中居于核心的位置。我们在2019年共同发起了签署《气候承诺》。

现在，刚刚过去不到两年，代表着经济体中几乎所有领域的 53 家公司已经签署了《气候承诺》。像百思买、IBM、Infosys、梅赛德斯–奔驰、微软、西门子和威瑞森这样的企业都签署了《气候承诺》，2040 年在各自的业务中实现碳的净零排放。

亚马逊的目标是到 2025 年实现 100% 地使用可再生能源，比我们最初提出的 2030 年的目标，又提前了 5 年。我们正在朝着自己的目标前进。亚马逊是全球可再生能源领域最大的企业买家。我们在全球有 62 个公用事业规模的风能项目和太阳能项目，还有 125 个建有太阳能屋顶的履行中心和分类中心。它们的发电能力超过 6900 兆瓦，每年提供超过 2000 万兆瓦时的能源。

运输是亚马逊商业运营中的主要部分，也是我们实现到 2040 年碳的净零排放计划中最艰难的部分。我们向 Rivian 公司投资了十亿多美元，并从该公司订购了 10 万辆电动送货车。我们也与印度的 Mahindra 公司和欧洲的梅赛德斯–奔驰结成了伙伴关系。

建设零碳经济，需要进一步加快投资新技术，为此亚马逊在去年 6 月建立了“气候承诺基金”（Climate Pledge Fund）。该投资的启动资金是 20 亿美元，用来投资于那些愿景是促进低碳经济转型的公司。我们已经投资了 CarbonCure Technologies、Pachama、Redwood Materials、Rivian、Turntide Technologies、ZeroAvia 和 Infinium 等一批公司。它们都是我们期望的那种创新型企业，都有志于建设未来的零碳经济。

附录1　亚马逊主要收购动作

公司名称	目标公司背景	收购年份	收购价格	后续进展
Bookpages Ltd	当时英国最大的在线书店之一，提供120万种英文图书	1998年4月	三家公司总共支付约5500万美元	Amazon.co.uk取代该公司域名，亚马逊借此进入英国市场
Telebuch.de	当时德国的头号网上书店，有近40万种德语书籍。最为成功之处在于它可以每周通过航班从美国直接进口，快速且廉价地送达英语书	1998年4月		amazon.de取代该公司域名，亚马逊借此进入德国市场。收购该公司 的过程，也让贝索斯有机会整理和宣传亚马逊的核心价值观。五项核心价值观为：客户至上、勤俭节约，贵在行动、主人翁意识和高标准招聘
Internet Movie Database Ltd（IMDb）	英国互联网电影数据库	1998年4月		支持亚马逊进入在线视频销售市场

（续表）

公司名称	目标公司背景	收购年份	收购价格	后续进展
PlanetAll	提供网络日历和通信录的社交网站，是最早的社交门户之一。自 1996 年成立到 1997 年，PlanetAll 拥有 34 万名用户，每天有 7000 名用户加入	1998 年 8 月	以 80 万股股票换股的方式收购了 PlanetAll，按照当日股价，相当于 9300 万美元	亚马逊看中其用户群，而不是社交网络。2000 年 7 月亚马逊宣布关闭该网站，将部分功能整合到亚马逊主页中。2008 年 5 月，亚马逊为“社交网络系统”申请了专利，而当时各类社交平台，特别是脸书已经发展壮大。亚马逊用了 8 年时间才意识到该技术合适的应用场景
Junglee Corporation	成立于 1996 年，位于硅谷，提供各种商品的比价服务	1998 年 8 月	亚马逊以 160 万股股票换股的方式收购了该公司，以收购当日市值衡量，相当于 1.87 亿美元	该公司不仅为亚马逊的“天天低价”策略提供了技术上的可能，后期还变成了亚马逊海外扩张的试验台。例如在 2012—2016 年进军印度市场初期，大部分的功能在该网站上进行试验
Pets.com	1998 年创立，专业经营各种宠物配件、产品和食品	1999 年 3 月	以现金加股票的方式收购了 Pets.com 54% 的股份	亚马逊进军宠物市场
LiveBid.com	于 1996 年创立的线上拍卖网站，位于西雅图，是互联网上现场直播拍卖的唯一提供商。亚马逊借助该平台和其已有的 8 万个客户群，与 eBay 展开竞争	1999 年 4 月	未披露	2001 年 1 月初宣布被裁撤

（续表）

公司名称	目标公司背景	收购年份	收购价格	后续进展
E-Niche Inc.	在线二手市场的先驱，在Exchange.com上开发了两大数据库。一是交易稀有书籍的网站Bibliofind.com，有900万种二手的古董级图书；二是MusicFile.com，有300万种音乐和录音出售	1999年4月	亚马逊以股票的方式购入，价值约2亿美元	后续完全并入亚马逊，不再单独存在
Accept.com	位于旧金山的网上零售商，当时正在开发远程解决方案，以简化互联网上的P2P和B2C的交易	1999年4月	亚马逊发行了877657股票来收购Accept.com，以当时的市值看，价值1.017亿美元	后续完全并入亚马逊，不再单独存在
Alexa Internet Inc.	位于加州湾区雷德伍德城，该网站可以追踪网站访问记录并且推荐客户可能感兴趣的其他东西	1999年4月	亚马逊以2.5亿美元的股票收购	2002年应用于zBubbles客户喜好推荐程序，2005年Alexa在AWS上推出了AWIS的业务，后续发展到用网络爬虫对网页进行归档。2006年1月在AWS上推出Alexa Top Sites网站服务，2007年6月推出新版Alexa Web Search服务

（续表）

公司名称	目标公司背景	收购年份	收购价格	后续进展
Gear.com	体育用品电商	1999 年 7 月	约 49% 的股份	亚马逊借此开始销售体育用品
Tool Crib of the North	折扣工具网店，是 Acme Tools 的网店分支，美国金属加工、木工以及美化工具和设备的全渠道零售商	1999 年 10 月	未披露	亚马逊借此开始在网上售卖工具，2000 年 2 月 Toolcrib.amazon.com 正式上线
Back to Basics Toys	总部位于美国弗吉尼亚州赫恩登，专营经典玩具，如原木小屋建筑套装、Raggedy Ann 娃娃和简易烘焙、烹饪套装	1999 年 11 月	未披露	亚马逊在圣诞节前夕将其收购，以与其他在线玩具零售商如 Toyrus.com 和 KBkids. com 竞争庞大的玩具市场
Ashford.com	宝石、手表、太阳镜等奢侈品网上商店	1999 年 12 月	以 1000 万美元收购 16.6% 的股份	亚马逊借此开始在网上销售奢侈品
joyo.com Limited	该公司由雷军于 2000 年 5 月创立，经营着卓越网的网站 www.joyo.com 和 www.joyo.com.cn	2004 年 8 月	以 7500 万美元（其中包括 7200 万美元现金，300 万员工期权）	亚马逊开始进军中国市场

（续表）

公司名称	目标公司背景	收购年份	收购价格	后续进展
BookSurge LLC	位于南卡罗来纳州查尔斯顿的无库存图书印刷和销售公司。BookSurge 公司有数千种图书的目录，图书可以按需印刷	2005 年 4 月	未披露	随着后续对 CustomFlix Labs 公司的收购，亚马逊“在文本和视频分销方面几乎跳过了中间商”
Mobipocket SA	巴黎一家电子书销售商，专门销售让顾客在电脑和手持设备上下载和阅读图书的软件	2005 年 4 月	未披露	亚马逊已经在其网站上提供电子书和 100 多万份电子文档，使用的是来自微软和 Adobe 系统公司的可下载软件。收购 Mobipocket SA 后，亚马逊将可用自己的软件转化电子书，由此为其 126 实验室计划铺路
CustomFlix Labs Inc	位于加州圣克鲁斯（Santa cruz），成立于 2002 年，公司接收电影或电视节目的拷贝，将其转换成数字文件、压缩，并为章节和特殊功能创建菜单	2005 年 7 月	未披露	结合此前对 BookSurge 公司的收购，亚马逊“在文本和视频分销方面几乎跳过了中间商”。2007 年 8 月该公司更名为 CreateSpace，向独立内容创作者提供一系列按需自助发布服务，后宣布推出新的在线图书点播发行服务

（续表）

公司名称	目标公司背景	收购年份	收购价格	后续进展
shopbop.com	成立于2000年，位于美国威斯康星州的麦迪逊，当时已成长为领先的在线当代时尚零售商	2006年2月	未披露	并入亚马逊，这项收购被视为亚马逊面对快速扩张的在线时尚市场吸引力所做的持续努力
brillianceaudio.com	美国最大的有声读物独立出版商，销售基于音频或MP3格式的CD和数字下载的图书	2007年5月	未披露	并入亚马逊
Audible	成立于1997年，主要在美国、英国提供服务，销售超过80000种图书、报纸和杂志的有声版本，以及电视和广播内容	2008年1月	3亿美元	并入亚马逊，成为其布局数字内容市场的重要构成
fabric. com	成立于1999年，专业提供综合面料系列	2008年6月	未披露	并入亚马逊
AbeBooks	自1996年以来在网上销售稀有及绝版图书，总部设在加拿大不列颠哥伦比亚省维多利亚市，在德国和美国有分支机构	2008年8月	未披露	收购完成后，AbeBooks 继续作为一个独立的运营机构

（续表）

公司名称	目标公司背景	收购年份	收购价格	后续进展
Shelfari	位于西雅图的图书社交网站	2008 年 8 月	未披露	2016 年被关闭，因其未能适应移动设备流行的趋势和推出高质量的客户端应用
Zappos	Zappos 创立于 1999 年，奉行“客户至上”，2005 年已迅速成长为销售额超过 3 亿美元的网上鞋店	2009 年 7 月	亚马逊以 1000 万股股票收购 Zappos，以当时的股价计算，价值将近 9 亿美元。亚马逊表示，还将向 Zappos 员工额外提供 4000 万美元的现金和股票。这是亚马逊历史上最大的一次收购。这个收购项目到当年 11 月才完成，因为以股票计价，实际价格达到了 12 亿美元	并购后仍独立运营
woot.com	woot.com 成立于 2004 年，总部位于得克萨斯州的达拉斯，是第一个提供单件商品 24 小时内销售或直到售罄的折扣网站	2010 年 6 月	1.1 亿美元现金	收购之后，仍独立运营

（续表）

公司名称	目标公司背景	收购年份	收购价格	后续进展
BuyVIP. Com	西班牙互联网零售商 BuyVIP. com 是一个时尚和生活方式的在线购物社区，以低廉的价格为客户提供顶级时尚和生活方式品牌的限时活动，在西班牙、德国和意大利等 7 个国家拥有 600 多万名会员	2010 年 10 月	7000 万欧元 (9650 万美元)	收购之后先是独立运营，但于 2017 年 4 月被关闭
Quidsi	该公司经营尿片、肥皂和日用品的专用网站：Diapers.com，soap. com 和 beautybar. Com	2010 年 11 月	5.4 亿美元	2017 年 3 月 29 日，因盈利状态不佳，被亚马逊关闭
LoveFilm	一家位于英国，向英国、瑞典、德国等国家提供 DVD 邮寄、流媒体视频的公司，当时有 160 万名订阅用户。被视为"欧洲的网飞"	2011 年 1 月	2 亿英镑（约 3.17 亿美元）	亚马逊正准备在美国推出在线电影订阅业务，与 Netflix 流媒体服务竞争。2014 年 2 月，其流媒体业务部分与 Amazon Instant Video 正式合并。2017 年 10 月，其曾经的招牌服务 DVD-by-post service 被永久关闭
Yap	成立于 2006 年，是一家位于美国北卡罗来纳州夏洛特的创业企业，该公司的软件可以执行从语音到文本的操作，比如将语音邮件转化成文字	2011 年 9 月	约 2500 万美元	亚马逊解散了该公司，仅保留了马萨诸塞州剑桥镇的语言科学组，作为其在 Kendall Sauqre 的研发中心的起点

（续表）

公司名称	目标公司背景	收购年份	收购价格	后续进展
Kiva Systems, Inc.	总部设在马萨诸塞州的北雷丁。该公司使用了数百个自主移动机器人和一个复杂的控制软件，为零售商提供一个配送系统	2012 年 3 月	7.75 亿美元	2015 年 8 月，正式更名为 Amazon Robotics LLC，2019 年 11 月成为亚马逊的机器人研发中心（Amazon Robotics Innovation Hub）
IVONA Software	波兰文本语音技术公司，提供“从文本到语音”“语音指南”和“探索通过触摸”等功能的技术支持	2013 年 1 月（实际是 2012 年便完成只是次年才对外公开）	约 3000 万美元	提供与 Yap 公司相反的技术类型，即由文字产生、计算机合成的模拟人声。该收购是继收购 Yap 之后，亚马逊为 Echo 设备的另一项技术努力
Goodreads	成立于 2007 年，是图书分享型社交网站，出版商和作者可以在这里推销自己的书，而不必与特定的零售商挂钩。收购时已经拥有超过 1600 万名会员，超过 3 万个读书俱乐部	2013 年 3 月	亚马逊没有披露具体的交易条款，但据称，这笔交易给 Goodreads 带来了价值 1.4 亿到 1.5 亿美元的现金和股票。	收购完成后，Goodreads 的总部仍设在加州的旧金山。收购给亚马逊带来了多层好处。一是数据挖掘，Goodreads 提供了 1600 万可识别的、经常购书者表达偏好的深层次数据。二是影响者定位。另外，Goodreads 已经发展成了一个促销中心，可以和 Kindle 的直接出版功能融合为促销和互动平台

（续表）

公司名称	目标公司背景	收购年份	收购价格	后续进展
Evi	英国的语音识别应用程序公司，提供在 iOS 系统和 Android 系统上的应用程序，可以将 Nuance 的语音识别技术和 True Knowledge 的搜索引擎结合在一起，从而使用自然语言文本来“理解”用户的的意图	2013 年 4 月公布，但 2012 年 10 月已完成	2600 万美元	Evi 被描述为具有学习能力的应用，符合亚马逊 Echo 团队让设备更具有智能化的设想，但后续发展被深度学习技术逐步取代
Washington Post	华盛顿邮报为格雷厄姆家族（Graham family）所有，已历经 80 年四代人，一致被认为是塑造美国政治和政策的强大力量	2013 年 8 月	贝索斯以个人名义支付 2.5 亿美元	收购后仍独立运营，亚马逊对其进行了数字化变革
TenMarks	科技教育创业企业，用结构化的练习方法，利用视频课程和实时结果提供个性化的在线数学教育	2013 年 10 月	未披露	2019 年 6 月 30 日亚马逊关闭了该网站和相关服务
ComiXology	数字漫画平台，Guided View 阅读技术将漫画媒介转变为一种身临其境的电影体验	2014 年 4 月	未披露	继续运营

（续表）

公司名称	目标公司背景	收购年份	收购价格	后续进展
Twitch Interactive, Inc.	一个游戏玩家直播视频平台，成立于2011年，是美国第四大互联网流量来源，仅次于网飞、谷歌和苹果	2014年8月	9.7亿美元现金	收购完成后，将作为亚马逊的一个独立子公司运营
Annapurna Labs Ltd.	以色列一家神秘的芯片设计公司，2011年由阿维格多·维伦茨创建，位于以色列北部城市约克尼穆（Yoqneam）。该公司没有透露它正在开发的技术。有消息称，它在为数据中心开发中端网络芯片（mid range networking chips），用于传输更多数据和减少功耗	2015年1月	亚马逊没有披露具体条款，媒体称其一直在讨论支付3.5亿美元，根据某些条件，价格可能会升至3.75亿美元	2016年11月30日AWS推出了自己生产定制的芯片组，2018年发布基于ARM架构的Graviton处理器以及云端AI芯片Inferentia，2019年又创建了第二代ARM架构的升级版处理器，从而让AWS减少了对英特尔和AMD的依赖
2lemetry	总部位于丹佛市的创业公司，成立于2011年。该公司已经开发出了以企业为中心的平台，可以跟踪和管理支持IP的计算机以及其他连接的设备；此外，其研发领域还包括将平台用于商业部署，以及面部识别技术	2015年3月	未披露	被认为是在发布Kinesis数据流式处理平台后，亚马逊又向物联网行业迈出了一步

（续表）

公司名称	目标公司背景	收购年份	收购价格	后续进展
Elemental Technologies	提供视频处理服务的创业公司，可将传统视频内容重新调整为数字格式	2015 年 9 月	具体的交易条款没有披露，当时外界猜测高达 5 亿美元，后被证明实际价格为 2.96 亿美元	通过这次收购，亚马逊将结合该公司的视频解决方案和 AWS 云平台，提供视频基础设施集成解决方案。收购完成后，它将继续作为一家独立公司运作
Biba Systems	美国旧金山的一家制作商用线上通话、视频会议工具的创业企业，创立于 2011 年。Biba Systems 申请并获得 2 项专利，一项与视频会议有关，另外一项与流媒体音频技术有关	2015 年 9 月	未披露	2017 年 2 月 14 日，AWS 设计的商务通信服务 Amazon Chime 上市
Thinkbox Software	该公司创办于 2010 年，开发、销售媒体设计和内容创作解决方案，且它的解决方案都是为在线工作和基于云的工作而设计的	2017 年 3 月	未披露	整合进 AWS 板块

（续表）

公司名称	目标公司背景	收购年份	收购价格	后续进展
SOUQ.com	成立于2005年，就活跃业务而言，SOUQ.com是中东地区最大的电子商务公司，且业务已有成熟的履行操作，而物流和履行是亚马逊在其他地方扩张的关键部分。被称为“阿拉伯世界的亚马逊”和该地区最大电子商务公司	2017年3月	5.8亿美元	整合进亚马逊的全球版图
Whole Foods Market	于1981年在美国得克萨斯州奥斯丁建立其第一家门店，提供比传统食品杂货店更多的天然和有机食品	2017年6月	137亿美元	这次亚马逊历史上规模最大的收购，让其获得了超过460家商店的网络，快速进军实体零售
Blink	智能相机和门铃制造商，最大的卖点在于它的相机只需一对AA电池就可以使用两年，价格也相对便宜，只要99到129美元	2017年12月	亚马逊没有披露交易条款，但据路透社报道，收购价格在9000万美元上下	整合进亚马逊

（续表）

公司名称	目标公司背景	收购年份	收购价格	后续进展
Ring	视频门铃制造商，其门铃配备了摄像头和音频设备，且能和语音智能家居设备一起工作	2018 年 4 月	10 亿美元	整合进亚马逊，助力其智能家居版图
PillPack	总部位于美国新罕布什尔州曼彻斯特，于 2013 年创立，帮助管理病人数据和找出如何为客户平衡安全剂量的药物的平台	2018 年 6 月	具体交易价格没有公开，据估计在 10 亿美元上下	意味着亚马逊不必建立现有参与者花费数年时间组装的内部能力，自此可在全美范围内运送处方药，也是亚马逊进军医药行业的又一举措
Eero	无线路由器制造商，于 2014 年创立，很快将自己确立为网状网络的先驱	2019 年 2 月	9700 万美元	2019 年 9 月 25 日，亚马逊推出了 Eero 系列设备中的最新产品，将单价降低到原来的 1/5
Zoox	成立于 2014 年，目标是建立一个没有方向盘和刹车踏板的对称电动自动驾驶出租车服务，专门为无人驾驶的乘客设计，被称为“机器人出租车”	2020 年 6 月	收购价格超过 12 亿美元	2020 年 12 月 14 日，历经 6 年的研发探索，Zoox 终于推出了其首款自动驾驶“机器人出租车”

（续表）

公司名称	目标公司背景	收购年份	收购价格	后续进展
MGM Studios	好莱坞最老牌的媒体公司之一，于1922年创办，是好莱坞黄金时代（Hollywood's Golden Age）的五大制片厂之一	2021年5月	90亿美元	

附录 2 亚马逊主要管理人员就任、离任信息

首任高管姓名	职位	加入时间	离职时间	离职原因和条件
Jeffrey P. Bezos	President CEO	1994 年 7 月	2021 年三季度	仍将担任亚马逊的执行主席（executive chairman）
Rick R. Ayre	副总裁兼执行编辑	1996 年 9 月	2000 年	具体原因不详，但 2000 年后自动推荐算法 Amabot 的兴起让编辑工作逐渐过时可能是原因之一
Mark. L. Breier	营销副总裁	1997 年 1 月	1998 年 1 月	离职原因不详。贝索斯力图全方位革新，据称二人在公司广告商的竞争机制上观点不一致。
Joy Covey	首席财务官	1996 年 12 月	1999 年 9 月	因前几年工作强度太大而身体透支而离职
Oswaldo F. Duenas	运营副总裁	1997 年 1 月	1998 年 4 月	离职原因不详。他是当时高管里 1997 年底薪最高的，达 13 万美元，贝索斯为 7.9 万美元。离职时放弃了 9000 股股票期权
Mary E. Engstrom	出版商事务副总裁	1997 年 2 月	2000 年	主要是个人原因离职。Engstrom 曾在此前工作中两次流产，当她第三次怀孕时决定离开亚马逊。当时亚马逊有 8000 名员工，且处在互联网泡沫破灭时期。
Shel Kaphan	开发部副总裁	1994 年 10 月	1999 年 10 月	虽有 CTO（首席执行官）头衔，实际上已无法参与到公司的具体管理，在任职满 5 年后提出离职
Scott E. Lipsky	业务扩展副总裁	1995 年 7 月	1997 年 10 月	因担任 Avenue A / Razorfish (aQuantive) CTO 而离职 。 2007 年 Avenue A / Razorfish (aQuantive) 以 60 亿美元被微软收购。Lipsky 一直在创业的路上，2003 年创办 GalleryPlayer，2011 年创办 PhotoRocket

（续表）

首任高管姓名	职位	加入时间	离职时间	离职原因和条件
John D. Risher	产品开发副总裁	1997 年 2 月	2002 年 3 月	互联网泡沫破灭时期在公司陷入最低谷时离开，在 1998 年 11 月至 2000 年 2 月期间，Risher 出售了价值 2900 万美元的公司股票。离开后赴华盛顿大学商学院任教
Joel R. Spiegel	工程副总裁	1997 年 3 月	2001 年 3 月	1998 年底受命在 3 个月内复制 eBay，2001 年离开时称其希望多陪伴自己三个十几岁的孩子
Tom A. Alberg	董事	1996 年 6 月	2019 年 4 月	退休。任职时间最长的董事会成员之一
Scott D. Cook	董事	1997 年 1 月	2002 年	其同时出任 eBay 的董事会，其在亚马逊的地位较为尴尬，Cook 最终选择了 eBay，放弃亚马逊。另外凭借创办 Intuit 公司，Cook 身价 11 亿美元，2005 年在福布斯富豪榜中位列 320 位。他于 2002 年在高校创办产品管理中心，工作重心已有所转移
John Doerr	董事	1996 年 6 月	2010 年 3 月	时年 57 岁的杜尔宣布不再参与董事会的选举，结束了在亚马逊董事会的任职。“硅谷风投教父”曾在多家科技公司董事会任职，其中包括谷歌。2009 年 2 月，杜尔被任命为 President’s Economic Recovery Advisory Board（美国总统经济复苏顾问委员会）的一员，给奥巴马总统提供建议和咨询，试图解决美国经济衰退的问题
Patricia Q. Stonesifer	董事	1997 年 2 月	至今	仍在担任公司董事，其间曾兼任其他多个社会职务，包括比尔及梅林达·盖茨基金会（Bill and Melinda Gates Foundation）

附录 3　亚马逊业务轮廓

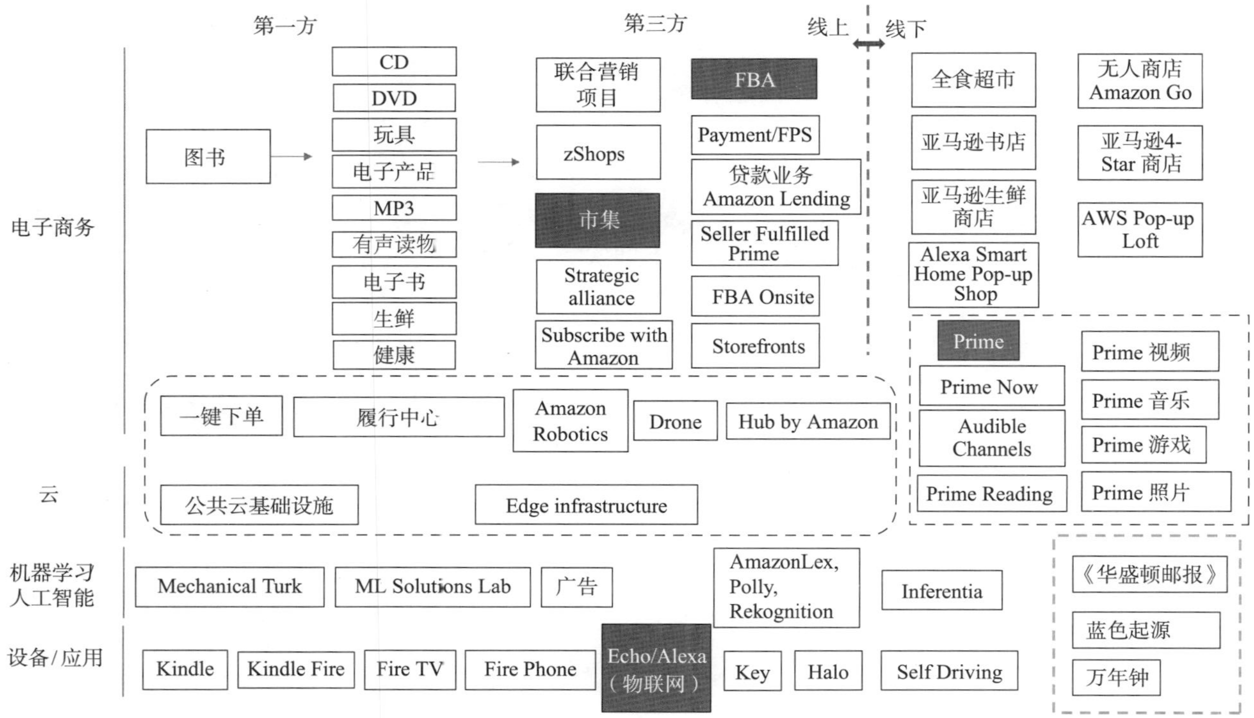
第一方
第三方
线上
线下
电子商务
图书
CD
DVD
玩具
电子产品
MP3
有声读物
电子书
生鲜
健康
联合营销项目
zShops
市集
Strategic alliance
Subscribe with Amazon
FBA
Payment/FPS
贷款业务 Amazon Lending
Seller Fulfilled Prime
FBA Onsite
Storefronts
全食超市
亚马逊书店
亚马逊生鲜商店
Alexa Smart Home Pop-up Shop
无人商店 Amazon Go
亚马逊4-Star 商店
AWS Pop-up Loft
云
一键下单
履行中心
Amazon Robotics
Drone
Hub by Amazon
公共云基础设施
Edge infrastructure
Prime
Prime Now
Audible Channels
Prime Reading
Prime 视频
Prime 音乐
Prime 游戏
Prime 照片
机器学习 人工智能
Mechanical Turk
ML Solutions Lab
广告
AmazonLex, Polly, Rekognition
Inferentia
设备/应用
Kindle
Kindle Fire
Fire TV
Fire Phone
Echo/Alexa（物联网）
Key
Halo
Self Driving
《华盛顿邮报》
蓝色起源
万年钟

参考文献

1994 年

1. https://achievement.org/video/bez0-mov-010.
2. Brad Stone, *The Everything Store*, P24.
3. https://fortune.com/1996/12/09/amazon-bookstore-next-big-thing.
4. https://yourstory.com/2020/02/jeff-bezos-boss-david-shaw-ecommerce-amazon.
5. https://archive.seattletimes.com/archive/?date=19970513&slug=2538869.

1995 年

1. https://www.cnbc.com/2018/08/02/how-jeff-bezos-got-his-parents-to-invest-in-amazon--turning-them-into.html.
2. Robert Sepctor, *Amazon.com: Get big fast*, Loc771.
3. Richard L. Brandt, *One Click*, P75.
4. https://www.marketwatch.com/story/meet-amazons-first-ever-customer-2015-04-22.
5. https://www.inc.com/30years/articles/jeff-bezos.html.
6. https://www.businessinsider. com/jeff-bezos-amazon-history-facts-2017-4#amazon-got-started-out-of-bezos-garage-in-the-early-days-bezos-held-meetings-at-barnes-and-noble-4.
7. Brad Stone, *The Everything Store*, P35.
8. Brad Stone, *The Everything Store*, P39.
9. https://www.inc.com/30years/articles/jeff-bezos.html.
10. https://fortune.com/1996/12/09/amazon-bookstore-next-big-thing.
11. Richard L. Brandt, *One Click*, P83-84.

12. Robert Sepctor, *Amazon.com: Get Big Fast*, Loc1519.
13. https://press.aboutamazon.com/news-releases/news-release-details.amazoncom-books-ranked-top-bookstore-internet-makes-top-ten-list.
14. https://archive.seattletimes.com/archive/?date=19970513&slug=2538869.

1996 年

1. Brad Stone, *The Everything Store*, P46.
2. Rdoert Sepctor *Amazon.com: Get big fast*, "Inside the Revolutionary Business Model that Changed the World, Robert Spector", P1664.
3. 同上。
4. Brad Stone, *The Everything Store*, P50.
5. https://www.businessinsider.com/amazons-earliest-employees-2014-4What Happened To 7 Of The Earliest Employees Who Launched Amazon.
6. https://www.wsj.com/articles/SB832204437381952500.
7. Richard L. Brandt, *One Click*, P95.
8. Brad Stone, *The Everything Store*, P51.
9. https://en.wikipedia.org/wiki/Joy_Covey.
10. Amazon.com CFO Sells Investors On the Merits of Losses for Years, By Kara SwisherStaff Reporter of The Wall Street Journal .https://www.wsj.com/articles/SB922323483372361999.
11. Amazon.com CFO Sells Investors On the Merits of Losses for Years, By Kara SwisherStaff Reporter of The Wall Street Journal https://www.wsj.com/articles/SB922323483372361999.

1997 年

1. https://www.nytimes.com/1997/01/02/business/payoff-still-elusive-in-internet-gold-rush.html.
2. https://press.aboutamazon.com/news-releases/news-release-details/amazoncom-appoints-scott-cook-its-board-directors.
3. https://press.aboutamazon.com/news-releases/news-release-details/amazoncom-expands-its-senior-management-team-addition-five-vice.
4. https://press.aboutamazon.com/news-releases/news-release-details/amazoncom-appoints-patty-stonesifer-its-board-directors.
5. 1997年 5月 15日 IPO文件，https://www.sec.gov/Archives/edgar/data/1018724/0000891020-97-000839.txt
6. Brad Stone,*The Everything Store,* P60-61.
7. https://archive.seattletimes.com/archive/?date=19970513&slug=2538869.
8. https://www.wsj.com/articles/SB863470993368690000Barnes & Noble Sues Amazon Over Rival's Book-Selling Claims.
9. Richard L. Brandt, *One Click*, P97.

10. Brad Stone,*The Everything Store,* P60-61.
11. Brad Stone, *The Everything Store*, P76.
12. https://press.aboutamazon.com/news-releases/news-release-details/amazoncom-catapults-electronic-commerce-next-level-powerful-new.
13. https://www.bizjournals.com/seattle/blog/techflash/2010/03/amazons_1-click_patent_confirmed_following_re-exam.html?page=all.
14. Richard L. Brandt, *One Click*, P104.
15. 同上。
16. https://archive.fortune.com/magazines/fortune/fortune_archive/1997/09/29/232065/index.htm.
17. https://www.nytimes.com/1997/10/22/business/two-booksellers-settle-lawsuits.html.
18. https://press.aboutamazon.com/news-releases/news-release-details/amazoncom-announces-financial-results-third-quarter-1997.
19. https://press.aboutamazon.com/news-releases/news-release-details/amazoncom-obtains-commitment-75-million-credit-facility.
20. https://press.aboutamazon.com/news-releases/news-release-details/amazoncom-celebrates-opening-second-distribution-center.
21. Richard L. Brandt, *One Click*, P113.
22. https://www.wired.com/1997/12/barnes-noble-strikes-exclusive-aol-deal.
23. https://press.aboutamazon.com/news-releases/news-release-details/amazoncom-issues-statement-regarding-barnes-noble-aol-commerce.
24. https://press.aboutamazon.com/news-releases/news-release-details/twas-night-christmas-and-you-havent-shopped-yet-amazoncom-saves.

1998 年

1. https://press.aboutamazon.com/news-releases/news-release-details/amazoncom-announces-financial-results-fourth-quarter-and-1997.
2. https://press.aboutamazon.com/news-releases/news-release-details/amazoncom-acquires-three-leading-internet-companies.
3. Brad Stone, *The Everything Store*, P88.
4. https://www.bizjournals.com/seattle/stories/1998/04/27/daily7.html
5. https://press.aboutamazon.com/news-releases/news-release-details/amazoncom-announces-financial-results-first-quarter-1998.
6. https://www.sec.gov/Archives/edgar/data/1018724/0000891020-99-000375.txt.
7. https://money.cnn.com/1998/08/24/redherring/redherring_amazon.
8. Brad Stone, *The Everything Store*, P68.
9. http://www.fundinguniverse.com/company-histories/amazon-com-inc-history.
10. Richard L. Brandt, *One Click*, P110.
11. https://sureshkotha.files.wordpress.com/2018/05/amazon_981.pdf.

12. https://www.wsj.com/articles/SB894653846319476000.
13. https://press.aboutamazon.com/news-releases/news-release-details/amazoncom-appoints-former-wal-mart-logistics-executive-vice.
14. Richard L. Brandt, *One Click*, P106.
15. Brad Stone, *The Everything Store*, P72.
16. https://en.wikipedia.org/wiki/PlanetAll.
17. https://ca.news.yahoo.com/time-amazon-had-social-network-162522651.html.
18. https://www.nytimes.com/1998/08/05/business/amazoncom-is-expanding-beyond-books.html.
19. https://www.nytimes.com/1998/08/05/business/amazoncom-is-expanding-beyond-books.html.
20. https://www.cnet.com/news/amazon-to-buy-two-companies.
21. https://www.nytimes.com/1998/08/05/business/amazoncom-is-expanding-beyond-books.html.
22. Brad Stone, *The Everything Store*, P78.
23. Brad Stone, *The Everything Store*, P83.
24. Brad Stone, *The Everything Store*, P83.
25. https://www.cnbc.com/2017/06/29/inside-jeff-bezos-84-point-9-billion-empire.html.
26. https://www.cnbc.com/2019/09/21/why-netflix-co-founders-turned-down-jeff-bezos-to-buy-it.html.
27. " Bertelsmann to Buy 50% Interest In Barnes & Noble's Online Unit" https://www.wsj.com/articles/SB907711461305480500.
28. https://archive.nytimes.com/www.nytimes.com/library/tech/98/12/biztech/articles/08barnes-ceo.html.
29. https://archive.fortune.com/magazines/fortune/fortune_archive/1998/11/09/250889/index.htm.
30. https://archive.nytimes.com/www.nytimes.com/library/tech/98/12/biztech/articles/08barnes-ceo.html.
31. https://www.cbsnews.com/news/wal-mart-sues-amazoncom.
32. https://press.aboutamazon.com/news-releases/news-release-details/amazoncom-announces-financial-results-third-quarter-1998.
33. https://money.cnn.com/1998/11/06/deals/books.
34. https://archive.fortune.com/magazines/fortune/fortune_archive/1998/11/09/250889/index.htm.
35. https://press.aboutamazon.com/news-releases/news-release-details/amazoncom-opens-video-and-holiday-gift-stores-enhance-online.
36. Brad Stone, *The Everything Store*, P79.

1999 年

1. https://press.aboutamazon.com/news-releases/news-release-details/

amazoncom-open-nevada-distribution-center-meet-rapid-growth.
2. Brad Stone, *The Everything Store*, P73.
3. https://press.aboutamazon.com/news-releases/news-release-details/amazoncom-announces-financial-results-fourth-quarter-1998.
4. https://www.wsj.com/articles/SB917530687729615000.
5. https://money.cnn.com/1999/04/05/technology/amazon.
6. https://www.wsj.com/articles/SB923327758491545765.
7. https://www.wsj.com/articles/SB919889707110597000.
8. https://archive.nytimes.com/www.nytimes.com/books/99/03/14/daily/amazon-mag.html.
9. https://press.aboutamazon.com/news-releases/news-release-details/amazoncom-announces-investment-petscom.
10. http://glinden.blogspot.com/2006/04/early-amazon-auctions.html.
11. https://www.nytimes.com/1999/03/30/business/the-next-trick-for-amazoncom-auctions.html.
12. https://press.aboutamazon.com/news-releases/news-release-details/amazoncom-launches-online-auction-site.
13. https://www.nytimes.com/1999/03/30/business/the-next-trick-for-amazoncom-auctions.html.
14. Wal-Mart, Amazon.com Settle Fight Over Recruitment and Trade Secret. https://www.wsj.com/articles/SB923327758491545765.
15. https://www.wsj.com/articles/SB923327758491545765.
16. https://www.latimes.com/archives/la-xpm-1999-apr-13-fi-26810-story.html.
17. https://corporate.findlaw.com/contracts/planning/agreement-and-plan-of-merger-amazon-com-inc-and-e-niche-inc.html.
18. https://archive.seattletimes.com/archive/?date=19990611&slug=2965963.
19. https://www.cnet.com/news/amazon-makes-net-triple-play.
20. https://press.aboutamazon.com/news-releases/news-release-details/amazoncom-announces-financial-results-first-quarter-1999.
21. https://movies2.nytimes.com/1999/05/19/technology/19amazon.html.
22. https://press.aboutamazon.com/news-releases/news-release-details/amazoncom-open-two-kentucky-distribution-centers-meet-rapid.
23. https://www.wsj.com/articles/SB927932262753284707.
24. Barnes & Noble Cancels Attempt To Buy Ingram, on FTC Objection.https://www.wsj.com/articles/SB928331613348400041.
25. https://press.aboutamazon.com/news-releases/news-release-details/zero-10-million-less-four-years-amazoncom-pass-e-commerce.
26. https://press.aboutamazon.com/news-releases/news-release-details/amazoncom-open-georgia-distribution-center-meet-rapid-growth.
27. https://press.aboutamazon.com/news-releases/news-release-details/sothebys-

and-amazoncom-connect-strategic-auction-alliance.
28. https://press.aboutamazon.com/news-releases/news-release-details/amazoncom-names-joseph-galli-president-and-chief-operating.
29. Brad Stone, *The Everything Store*, P91-92.
30. http://movies2.nytimes.com/1999/07/13/technology/13online.html.
31. https://press.aboutamazon.com/news-releases/news-release-details/amazoncom-announces-financial-results-second-quarter-1999.
32. Brad Stone, *The Everything Store*, P84.
33. Brad Stone, *The Everything Store*, P86.
34. https://press.aboutamazon.com/news-releases/news-release-details/amazoncom-announces-financial-results-second-quarter-1999.
35. https://money.cnn.com/magazines/fortune/fortune_archive/2000/12/18/293095/index.htm.
36. https://www.zdnet.com/article/amazon-com-sues-greek-squatter.
37. https://money.cnn.com/1999/09/07/companies/amazon.
38. Brad Stone, *The Everything Store*, P164.
39. https://money.cnn.com/1999/09/07/companies/amazon.
40. http://www.internetnews.com/ec-news/article.php/207791/Amazoncom+Buys+Stake+in+Della++James+Gift+Registry.htm.
41. https://press.aboutamazon.com/news-releases/news-release-details/amazoncom-launches-three-innovations-advance-e-commerce-shoppers .
42. https://money.cnn.com/1999/09/29/technology/amazon/index.htm.
43. https://press.aboutamazon.com/news-releases/news-release-details/amazoncom-launches-amazoncom-anywhere-providing-shopping.
44. https://press.aboutamazon.com/news-releases/news-release-details/amazoncom-open-tacoma-customer-service-center-meet-rapid-growth.
45. https://press.aboutamazon.com/news-releases/news-release-details/amazoncom-sues-barnesandnoblecom-patent-infringement.
46. https://money.cnn.com/1999/10/22/bizbuzz/amazon/index.htm.
47. https://www.cbinsights.com/deal/tool-crib-of-the-north-acquired.
48. https://press.aboutamazon.com/news-releases/news-release-details/amazoncom-launches-four-new-stores-home-improvement-software.
49. https://www.wsj.com/articles/SB942192352152830723?tesla=y.
50. https://www.wsj.com/articles/SB942192352152830723?tesla=y.
51. https://www.nytimes.com/1999/11/28/business/amazon-s-risky-christmas.html.
52. https://www.cnet.com/news/amazon-buys-classic-toy-retailer.
53. https://www.wsj.com/articles/SB943968730493359312.
54. https://press.aboutamazon.com/news-releases/news-release-details/amazoncom-announces-multi-million-dollar-marketing-and-strategic.
55. https://money.cnn.com/magazines/fortune/fortune_archive/2000/12/18/293095/

index.htm.
56. Brad Stone, *The Everything Store*, P94-95.
57. Brad Stone, *The Everything Store*, P96.
58. https://content.time.com/time/subscriber/article/0,33009,992927-1,00.html.
59. Richard L. Brandt, *One Click*, P121.
60. Richard L. Brandt, *One Click*, P128.

2000 年

1. https://press.aboutamazon.com/news-releases/news-release-details/amazoncom-open-customer-service-center-huntington-west-virginia.
2. https://www.wsj.com/articles/SB948491522247216275.
3. https://www.nytimes.com/2000/01/25/business/amazon-bolsters-ties-to-drugstorecom.html.
4. https://www.nytimes.com/2000/01/29/technology/amazoncom-tumbles-after-layoffs-are-discovered.html.
5. https://money.cnn.com/2000/01/28/technology/amazon.
6. https://press.aboutamazon.com/news-releases/news-release-details/amazoncom-announces-profitability-us-based-book-sales-financial.
7. https://money.cnn.com/2000/02/02/technology/amazon.
8. https://press.aboutamazon.com/news-releases/news-release-details/amazoncom-launches-toolcribamazoncom-tools-and-equipment-store.
9. https://www.nytimes.com/2000/02/12/business/amazon-sells-convertible-10-year-notes.html.
10. http://tech.163.com/12/0229/16/7RENJOMG0009387K_all.html.
11. https://www.cnbc.com/2018/12/18/amazon-exec-diego-piacentini-has-left-after-two-year-leave.html.
12. Brad Stone, *The Everything Store*, P170.
13. Brad Stone, *The Everything Store*, P174.
14. https://press.aboutamazon.com/news-releases/news-release-details/amazoncom-launches-new-lawn-patio-store-time-spring-eliminates.
15. https://www.nytimes.com/2000/04/15/technology/amazoncom-hires-firm-to-improve-supply-management.html.
16. https://press.aboutamazon.com/news-releases/news-release-details/amazoncom-engages-greyhound-technologies-evaluate-strategic.
17. https://www.sec.gov/Archives/edgar/data/1018724/000089102000001049/0000891020-00-001049.txt.
18. https://press.aboutamazon.com/news-releases/news-release-details/amazoncom-surpasses-20-million-cumulative-customer-accounts-and.
19. https://press.aboutamazon.com/news-releases/news-release-details/amazoncom-launches-new-kitchen-store.

20. https://press.aboutamazon.com/news-releases/news-release-details/new-home-living-store-livingcom-opens-its-virtual-doors-today.
21. https://press.aboutamazon.com/news-releases/news-release-details/amazoncom-launches-spoken-audio-content-audiblecom.
22. https://press.aboutamazon.com/news-releases/news-release-details/amazoncom-and-fedex-team-deliver-harry-potter-book-iv-first-day.
23. Brad Stone, *The Everything Store*, P111.
24. https://www.chegg.com/homework-help/questions-and-answers/amazoncom-year-2000-june-22-2000-ravi-suria-credit-analyst-lehman-brothers-issued-report-s-q34093697.
25. https://money.cnn.com/2000/06/23/companies/amazon.
26. https://www.washingtonpost.com/archive/politics/2000/09/03/child-prodigy-online-pioneer/2ab207dc-d13a-4204-8949-493686e43415.
27. https://nypost.com/2000/06/27/analyst-finally-tells-the-truth-about-dot-coms.
28. Brad Stone, *The Everything Store*, P104.
29. Brad Stone, *The Everything Store*, P111.
30. https://www.latimes.com/archives/la-xpm-2000-jun-29-fi-45962-story.html.
31. https://timeline.com/amazon-planetall-facebook-1da7edca7f20.
32. https://press.aboutamazon.com/news-releases/news-release-details/amazoncom-makes-e-commerce-history-day-launch-delivery-highly.
33. Brad Stone, *The Everything Store*, P111.
34. https://press.aboutamazon.com/news-releases/news-release-details/amazoncom-president-coo-joseph-galli-resigns.
35. Richard L. Brandt, *One Click*, P127.
36. https://www.wsj.com/articles/SB964540612692439566.
37. Brad Stone, *The Everything Store*, P98.
38. https://www.nytimes.com/2000/07/27/business/technology-amazon-reports-losses-of-317-million-in-the-2nd-quarter.html.
39. https://www.nytimes.com/2000/07/27/business/technology-amazon-reports-losses-of-317-million-in-the-2nd-quarter.html.
40. https://press.aboutamazon.com/news-releases/news-release-details/amazoncom-associates-program-celebrates-500000-member-milestone.
41. https://money.cnn.com/2000/08/10/technology/amazon.
42. https://www.wired.com/2000/08/toys-r-us-joins-with-amazon.
43. Brad Stone, *The Everything Store*, P108.
44. https://www.wsj.com/articles/SB113798030922653260.
45. https://money.cnn.com/2000/08/10/technology/amazon.
46. Brad Stone, *The Everything Store*, P109.
47. https://www.wsj.com/articles/SB967556785416229215.
48. https://press.aboutamazon.com/news-releases/news-release-details/

amazoncom-will-launches-french-store-featuring-books-music-dvds.
49. https://www.wsj.com/articles/SB967556785416229215.
50. https://www.apple.com/newsroom/2000/09/18Apple-Licenses-Amazon-com-1-Click-Patent-and-Trademark.
51. https://qz.com/1392502/steve-jobs-licensed-amazons-one-click-patent-for-1-million-in-one-phone-call.
52. https://money.cnn.com/2000/10/24/technology/earns_amazon/index.htm.
53. https://thedailyrecord.com/2000/10/26/amazon-faces-informal-sec-inquiry/?dmcss=login.
54. https://press.aboutamazon.com/news-releases/news-release-details/amazoncom-launches-amazoncojp-comprehensive-catalog-japanese-and.
55. 同上。
56. https://press.aboutamazon.com/news-releases/news-release-details/amazon-marketplace-winner-customers-sellers-and-industry.
57. Brad Stone, *The Everything Store*, P115.
58 https://archive.fortune.com/magazines/fortune/fortune_archive/2000/12/18/293095/index.htm.
59. https://www.forbes.com/forbes/2001/0122/153.html?sh=73938d6b51f7.
60. https://www.nytimes.com/2002/01/21/business/technology-amazon-ships-to-a-sorting-machine-s-beat.html.
61. Brad Stone, *The Everything Store*, P118.

2001 年

1. https://observer.com/2001/02/amazon-board-member-in-a-fury-tried-to-suppress-lehman-report.
2. https://press.aboutamazon.com/news-releases/news-release-details/amazoncom-expects-pro-forma-operating-profitability-fourth.
3 https://money.cnn.com/2001/01/30/technology/earns_amazon.
4. https://www.nytimes.com/2001/02/02/business/amazing-amazon-losses-grow-as-they-seem-to-shrink.html.
5. https://www.nytimes.com/2001/03/09/business/sec-is-said-to-investigate-amazon-chief.html.
6. https://www.washingtonpost.com/archive/business/2001/02/21/analysts-vendors-increasingly-wary-about-amazon/82aee135-065e-4ce9-a293-edbbc83a6552.
7. https://nypost.com/2001/02/07/amazon-wages-war-bezos-blasts-analyst-who-slammed-firm.
8. https://www.washingtonpost.com/archive/business/2001/02/21/analysts-vendors-increasingly-wary-about-amazon/82aee135-065e-4ce9-a293-edbbc83a6552.

9. https://observer.com/2001/02/amazon-board-member-in-a-fury-tried-to-suppress-lehman-report.
10. https://nypost.com/2001/02/07/amazon-wages-war-bezos-blasts-analyst-who-slammed-firm.
11. https://www.washingtonpost.com/archive/business/2001/02/21/analysts-vendors-increasingly-wary-about-amazon/82aee135-065e-4ce9-a293-edbbc83a6552.
12. https://www.washingtonpost.com/archive/business/2001/02/21/analysts-vendors-increasingly-wary-about-amazon/82aee135-065e-4ce9-a293-edbbc83a6552.
13. https://www.washingtonpost.com/archive/business/2001/02/21/analysts-vendors-increasingly-wary-about-amazon/82aee135-065e-4ce9-a293-edbbc83a6552.
14. https://www.cnet.com/news/shareholder-group-files-suit-against-amazon.
15. *The Everything Store*: page 122; Adam Furgang, *Jeff Bezos: Tech Entrepreneur and Businessman*, p72.
16. https://www.zdnet.com/article/amazon-and-wal-mart-consider-strategic-alliance.
17. https://www.wsj.com/articles/SB983910293750421961.
18. https://www.latimes.com/archives/la-xpm-2001-mar-06-fi-34031-story.html.
19. https://www.wsj.com/articles/SB983997626166167360.
20. https://www.nytimes.com/2001/03/09/business/sec-is-said-to-investigate-amazon-chief.html.
21. https://money.cnn.com/2001/03/09/technology/amazon/index.htm.
22. Brad Stone, *The Everything Store*, P120.
23. https://www.wsj.com/articles/SB985027733797054706.
24. https://www.pinsentmasons.com/out-law/news/shareholders-sue-amazoncom.
25. https://www.cnet.com/news/shareholder-group-files-suit-against-amazon.
26. https://www.breakingtravelnews.com/news/article/btn1714.
27. Brad Stone, *The Everything Store*, P130.
28. https://www.wsj.com/articles/SB985741121694769218.
29. Brad Stone, *The Everything Store*, P119.
30. https://money.cnn.com/2001/04/11/companies/amazon/?s=2.
31. https://press.aboutamazon.com/news-releases/news-release-details/amazoncom-releases-2001-first-quarter-results.
32. Brad Stone, *The Everything Store*, P124.
33. https://press.aboutamazon.com/news-releases/news-release-details/babiesruscom-and-amazoncom-launch-co-branded-baby-store.
34. https://press.aboutamazon.com/news-releases/news-release-details/amazoncom-launches-software-licensing-center.

35. https://press.aboutamazon.com/news-releases/news-release-details/amazoncom-releases-2001-second-quarter-results.
36. https://www.wsj.com/articles/SB995900090993804094.
37. https://www.wsj.com/articles/SB995900090993804094.
38 https://www.zdnet.com/article/amazon-auctions-losing-momentum-to-ebay.
39. https://press.aboutamazon.com/news-releases/news-release-details/co-branded-borderscom-site-powered-amazoncom-live-today.
40. https://en.wikipedia.org/wiki/Blue_Origin.
41. Whoriskey, Peter (11 August 2013). "For Jeff Bezos, a new frontier". Washington Post. Archived from the original on 16 September 2017. Retrieved 3 October 2015.
42. https://www.nasa.gov/content/national-space-council-users-advisory-group/membership_roster_r_smith.
43. https://press.aboutamazon.com/news-releases/news-release-details/target-and-amazoncom-team-advance-e-commerce-initiatives.
44. Brad Stone, *The Everything Store*, P127.
45. Brad Stone, *The Everything Store*, P126.
46. https://www.wsj.com/articles/SB1002061139380271840.
47. https://www.wsj.com/articles/SB1002061139380271840.
48. Brad Stone, *The Everything Store*, P128-129.
49. https://press.aboutamazon.com/news-releases/news-release-details/amazoncom-works-publishers-make-millions-book-pages-available.
50. https://press.aboutamazon.com/news-releases/news-release-details/amazoncom-announces-2001-third-quarter-results.
51. https://www.bizjournals.com/seattle/stories/2001/10/29/daily18.html.
52. https://www.nytimes.com/2002/01/21/business/technology-amazon-ships-to-a-sorting-machine-s-beat.html.
53. Brad Stone, *The Everything Store*, P129.
54. https://press.aboutamazon.com/news-releases/news-release-details/customers-around-world-order-over-379-million-items-during.

2002年

1. https://www.cnet.com/news/amazon-settles-case-with-former-executive.
2. https://www.cnet.com/news/amazon-floats-new-service-from-alexa-buy.
3. https://www.nytimes.com/2002/01/23/business/technology-a-surprise-from-amazon-its-first-profit.html.
4. https://money.cnn.com/2002/01/22/technology/amazon.
5. https://www.nytimes.com/2002/01/21/business/technology-amazon-ships-to-a-sorting-machine-s-beat.html.
6. https://money.cnn.com/2002/01/02/companies/amazon.

7. Brad Stone, *The Everything Store*, P130.
8. https://press.aboutamazon.com/news-releases/news-release-details/amazoncom-celebrates-valentines-day-wedding-registry-launch.
9. Brad Stone, *The Everything Store*, P210.
10. 同上。
11. https://press.aboutamazon.com/news-releases/news-release-details/amazoncom-announces-cfo-warren-jenson-will-resign-later-year.
12. https://www.latimes.com/archives/la-xpm-2002-jun-27-fi-techbrfs27.2-story.html.
13. https://www.thestreet.com/investing/stocks/amazon-cfo-leaving-3-million-on-the-table-10011927.
14. https://www.cnet.com/news/amazon-resignation-rings-quiet-on-street.
15. https://press.aboutamazon.com/news-releases/news-release-details/amazon-europe-launches-marketplace.
16. https://press.aboutamazon.com/news-releases/news-release-details/amazoncom-announces-operating-profit-lowers-book-prices-again.
17. https://press.aboutamazon.com/news-releases/news-release-details/harry-potter-dvd-sets-amazoncoms-dvd-pre-order-record-more.
18. https://press.aboutamazon.com/news-releases/news-release-details/amazoncom-announces-resolution-sec-accounting-inquiries.
19. https://www.computerworld.com/article/2576498/amazon-reaches-settlement-with-sec-in-ashford-com-case.html.
20. https://press.aboutamazon.com/news-releases/news-release-details/amazoncom-announces-resolution-sec-accounting-inquiries.
21. https://www.computerworld.com/article/2576498/amazon-reaches-settlement-with-sec-in-ashford-com-case.html.
22. https://press.aboutamazon.com/news-releases/news-release-details/amazoncom-announces-long-term-test-free-super-saver-shipping.
23. https://press.aboutamazon.com/news-releases/news-release-details/amazonca-launches-today-providing-significant-savings-and-0.
24. https://press.aboutamazon.com/news-releases/news-release-details/amazoncom-launches-web-services.
25. https://press.aboutamazon.com/news-releases/news-release-details/amazoncom-announces-21-sales-growth-driven-lower-prices-and.
26. https://press.aboutamazon.com/news-releases/news-release-details/amazoncom-again-lowers-threshold-free-super-saver-shipping-25.
27. https://press.aboutamazon.com/news-releases/news-release-details/amazoncom-names-tom-szkutak-senior-vice-president-and-chief.
28. Brad Stone, *The Everything Store*, P181.
29. https://press.aboutamazon.com/news-releases/news-release-details/office-

depot-and-amazoncom-announce-strategic-e-commerce.
30. https://press.aboutamazon.com/news-releases/news-release-details/amazoncom-announces-33-sales-growth-fueled-lower-prices-raises.
31. https://press.aboutamazon.com/news-releases/news-release-details/office-depot-and-amazoncom-announce-strategic-e-commerce.
32. https://press.aboutamazon.com/news-releases/news-release-details/amazoncom-wraps-its-eighth-holiday-season-more-56-million-items.
33. https://press.aboutamazon.com/news-releases/news-release-details/amazoncom-names-udi-manber-vice-president-and-chief-algorithms.
34. Brad Stone, *The Everything Store*, P185.

2003 年

1. https://press.aboutamazon.com/news-releases/news-release-details/amazoncom-announces-28-sales-growth-fueled-lower-prices-free.
2. https://www.wsj.com/articles/SB1042485137154700424.
3. https://press.aboutamazon.com/news-releases/news-release-details/amazoncom-offers-harry-potter-and-chamber-secrets-immediate-pre.
4. https://www.wsj.com/articles/SB104742483556702500.
5. https://press.aboutamazon.com/news-releases/news-release-details/amazoncom-inc-power-nba-store-nbacom-and-wnba-store-wnbacom.
6. https://press.aboutamazon.com/news-releases/news-release-details/amazoncom-announces-28-sales-growth-fueled-lower-prices-and-free.
7. Brad Stone, *The Everything Store*, P135.
8. https://press.aboutamazon.com/news-releases/news-release-details/amazoncom-announces-redemption-senior-discount-notes.
9. https://press.aboutamazon.com/news-releases/news-release-details/amazoncom-web-services-announces-trio-milestones-new-tool-kit.
10. https://press.aboutamazon.com/news-releases/news-release-details/amazoncom-inc-launches-amazon-services-subsidiary-connect.
11. https://press.aboutamazon.com/news-releases/news-release-details/amazoncom-inc-launches-amazon-services-subsidiary-connect.
12. https://press.aboutamazon.com/news-releases/news-release-details/amazoncom-makes-e-commerce-history-release-day-delivery-highly.
13. https://press.aboutamazon.com/news-releases/news-release-details/amazoncojp-launches-electronics-store.
14. https://press.aboutamazon.com/news-releases/news-release-details/amazoncom-announces-free-shipping-and-low-prices-fuel-42-unit.
15. https://press.aboutamazon.com/news-releases/news-release-details/amazoncom-extends-e-commerce-agreement-target-corporation-2008.
16. https://press.aboutamazon.com/news-releases/news-release-details/

amazoncom-announces-third-quarter-financial-results-expects.
17. https://press.aboutamazon.com/news-releases/news-release-details/amazoncom-launches-search-inside-book-enabling-customers.
18. https://press.aboutamazon.com/news-releases/news-release-details/amazoncom-announces-partial-redemption-475-convertible.
19. https://press.aboutamazon.com/news-releases/news-release-details/amazonfr-launches-marketplace.
20. https://press.aboutamazon.com/news-releases/news-release-details/amazoncom-extends-e-commerce-agreement-borders-group.
21. https://www.wired.com/2003/12/amazon-4.
22. https://press.aboutamazon.com/news-releases/news-release-details/pearl-jam-joins-amazoncoms-advantage-program-sell-music-directly.
23. https://press.aboutamazon.com/news-releases/news-release-details/amazoncom-wraps-its-ninth-holiday-busiest-season-ever.
24. http://blog.b3k.us/2009/01/25/ec2-origins.html.

2004 年

1. https://www.nytimes.com/2004/01/28/business/technology-amazon-reports-first-full-year-profit.html.
2. https://www.wsj.com/articles/SB107523879334513159.
3. 同 1。
4. https://press.aboutamazon.com/news-releases/news-release-details/amazoncom-announces-partial-redemption-475-convertible-0.
5. https://press.aboutamazon.com/news-releases/news-release-details/amazonde-opens-new-house-garden-shop.
6. https://press.aboutamazon.com/news-releases/news-release-details/amazoncojp-launches-new-computer-store.
7. https://press.aboutamazon.com/news-releases/news-release-details/amazoncom-launches-jewelry-store-commits-industry-leading-prices.
8. https://press.aboutamazon.com/news-releases/news-release-details/amazoncouk-open-second-fulfillment-centre.
9. https://www.nytimes.com/2004/05/25/business/toys-r-us-sues-amazoncom-over-exclusive-sales-agreement.html.
10. https://www.wsj.com/articles/SB113798030922653260.
11. 同上。
12. https://press.aboutamazon.com/news-releases/news-release-details/amazoncom-launch-software-development-centre-scotland.
13. https://www.informationweek.com/amazon-cto-weve-just-scratched-the-surface/d/d-id/1026372.
14. Brad Stone, *The Everything Store*, P213.

15. https://archive.seattletimes.com/archive/?date=20040418&slug=geniusal18.
16. http://finance.sina.com.cn/roll/20040820/0230961828.shtml.
17. https://press.aboutamazon.com/news-releases/news-release-details/amazoncom-acquire-joyocom-limited.
18. https://en.wikipedia.org/wiki/History_of_Google.
19. https://www.nytimes.com/2004/09/15/business/technology/technology-amazon-to-take-searches-on-web-to-a-new.html.
20. https://www.cnet.com/news/amazon-powers-up-internet-search-engine.
21. https://www.eweek.com/it-management/amazon-launches-new-web-services.
22. 同上。
23. https://press.aboutamazon.com/news-releases/news-release-details/starting-today-and-unlimited-time-amazonde-delivers-all-books.
24. https://press.aboutamazon.com/news-releases/news-release-details/amazoncouk-and-borders-uk-limited-announce-e-commerce-alliance.
25. Brad Stone, *The Everything Store*, P234.
26. https://en.wikipedia.org/wiki/Amazon_Web_Services.
27. Brad Stone, *The Everything Store*, P214.
28. https://www.seattletimes.com/business/amazon/10-years-later-amazon-celebrates-primes-triumph.
29. https://press.aboutamazon.com/news-releases/news-release-details/amazoncom-electronics-sales-surpass-books-sales-first-time.
30. https://press.aboutamazon.com/news-releases/news-release-details/amazoncoms-tenth-holiday-season-best-ever.

2005 年

1. https://press.aboutamazon.com/news-releases/news-release-details/amazon-web-services-gives-software-developers-first-ever-0.
2. https://press.aboutamazon.com/news-releases/news-release-details/a9com-transforms-traditional-yellow-pages-more-20-million-images.
3. Brad Stone, *The Everything Store*, P200.
4. https://www.seattletimes.com/business/bracing-for-google-office.
5. https://www.wsj.com/articles/SB110735918865643669.
6. https://press.aboutamazon.com/news-releases/news-release-details/amazoncom-announces-record-free-cash-flow-fueled-lower-prices-1.
7. Brad Stone, *The Everything Store*, P187.
8. Invent & Wander, *Walter Isaacson*, P206-207.
9. https://money.cnn.com/2005/02/02/technology/amazon/index.htm.
10. Brad Stone, *The Everything Store*, P187.
11. https://press.aboutamazon.com/news-releases/news-release-details/

amazoncom-announces-partial-redemption-6875-convertible.
12. https://www.seattlepi.com/business/article/Amazon-settles-shareholder-suit-1168451.php.
13. https://www.seattlepi.com/business/article/Retail-Notebook-Amazon-buys-e-book-software-1171055.php.
14. https://press.aboutamazon.com/news-releases/news-release-details/amazon-introduces-amazon-wedding-one-stop-destination-registry.
15. 同上。
16. https://www.latimes.com/archives/la-xpm-2005-jul-09-fi-amazon9-story.html.
17. https://www.nytimes.com/2005/07/10/business/yourmoney/a-retail-revolution-turns-10.html.
18. Brad Stone, *The Everything Store*, P194.
19. https://money.cnn.com/2005/02/02/technology/amazon/index.htm.
20. 同上。
21. https://www.cnet.com/news/amazon-a9-takes-it-to-the-streets.
22. Brad Stone, *The Everything Store*, P270.
23. https://press.aboutamazon.com/news-releases/news-release-details/amazoncom-open-customer-service-center-kennewick-washington.
24. https://press.aboutamazon.com/news-releases/news-release-details/amazon-web-services-and-microsoft-kick-developer-contest.
25. https://press.aboutamazon.com/news-releases/news-release-details/alexa-web-information-service-launches-amazon-web-services-web.
26. https://en.wikipedia.org/wiki/Alexa_Internet.
27. https://press.aboutamazon.com/news-releases/news-release-details/amazon-open-software-development-centre-chennai-india.
28. https://press.aboutamazon.com/news-releases/news-release-details/amazoncom-announces-conclusion-fulfillment-agreement.
29. https://en.wikipedia.org/wiki/Amazon_Mechanical_Turk.
30. https://en.wikipedia.org/wiki/Amazon_Mechanical_Turk#cite_note-uspto-5.
31. https://press.aboutamazon.com/news-releases/news-release-details/amazoncom-announces-plans-innovative-digital-book-programs-will.
32. https://press.aboutamazon.com/news-releases/news-release-details/amazon-open-software-delopment-centers-lasi-and-bucharest.
33. https://press.aboutamazon.com/news-releases/news-release-details/amazons-joyocom-chinas-leading-online-retailer-honored-customer.
34. https://press.aboutamazon.com/news-releases/news-release-details/joyocom-announces-long-term-test-free-shipping-orders-over-rmb.
35. https://press.aboutamazon.com/news-releases/news-release-details/amazoncom-customers-order-over-108-million-items-worldwide.
36. Brad Stone, *The Everything Store*, P200.

37. Brad Stone, *The Everything Store*, P205-208.

2006 年

1. https://press.aboutamazon.com/news-releases/news-release-details/joyocom-now-largest-chinese-bookstore-world.
2. https://press.aboutamazon.com/news-releases/news-release-details/alexa-top-sites-web-service-now-available-developers-through.
3. https://press.aboutamazon.com/news-releases/news-release-details/amazoncom-launch-weekly-original-series-amazon-fishbowl-bill.
4. Brad Stone, *The Everything Store*, P207.
5. https://press.aboutamazon.com/news-releases/news-release-details/amazoncom-announces-free-cash-flow-surpassed-500-million-first.
6 https://battellemedia.com/archives/2006/02/updated_udi_manber_to_leave_amazons_a9_for_google.
7. https://press.aboutamazon.com/news-releases/news-release-details/a9com-names-david-tennenhouse-chief-executive-officer.
8. https://www.ft.com/content/867dbb18-a795-11da-85bc-0000779e2340.
9. https://www.nytimes.com/2006/03/03/technology/toys-r-us-wins-ruling-in-amazon-dispute.html.
10. https://press.aboutamazon.com/news-releases/news-release-details/amazon-web-services-launches-amazon-s3-simple-storage-service.
11. https://en.wikipedia.org/wiki/Amazon_Web_Services#cite_note-2002launch2006relaunch-5.
12. Brad Stone, *The Everything Store*, P220.
13. Brad Stone, *The Everything Store*, P215.
14. https://www.businessinsider.com/jeff-bezos-shadow-advisor-job-vacant-list-past-shadow-advisors-2020-1#andy-jassy-ceo-of-aws-1.
15. Brad Stone, *The Everything Store*, P217.
16. https://press.aboutamazon.com/news-releases/news-release-details/amazonde-announces-plans-open-new-fulfillment-center-leipzig.
17. https://press.aboutamazon.com/news-releases/news-release-details/timex-chooses-amazon-services-develop-and-manage-new-online.
18. https://blog.seattlepi.com/venture/2006/05/04/stealth-startup-of-the-week.
19. Brad Stone, *The Everything Store*, P207.
20. https://press.aboutamazon.com/news-releases/news-release-details/amazoncom-unveils-exclusive-devil-wears-prada-boutique-its.
21. https://press.aboutamazon.com/news-releases/news-release-details/amazoncom-launches-new-toy-and-baby-stores-largest-selection.
22. https://press.aboutamazon.com/news-releases/news-release-details/amazoncom-announces-launch-its-grocery-store.
23. https://press.aboutamazon.com/news-releases/news-release-details/target-

corporation-and-amazon-enterprise-solutions-extend-e.
24. https://press.aboutamazon.com/news-releases/news-release-details/amazoncom-announces-library-processing-public-and-academic.
25. https://aws.amazon.com/about-aws/whats-new/2006/08/24/announcing-amazon-elastic-compute-cloud-amazon-ec2---beta.
26. Brad Stone, *The Everything Store*, P220.
27. Jeff Bezos, interview by Charlie Rose, PBS, Feb26, 2009.
28. Brad Stone, *The Everything Store*, P221-222.
29. https://enacademic.com/dic.nsf/enwiki/11536445.
30. https://press.aboutamazon.com/news-releases/news-release-details/amazoncom-incs-board-directors-authorizes-500-million-stock.
31. https://press.aboutamazon.com/news-releases/news-release-details/amazoncom-launches-amazon-unboxtm-digital-video-download-service.
32. https://press.aboutamazon.com/news-releases/news-release-details/amazon-launches-new-services-help-small-and-medium-sized.
33. https://press.aboutamazon.com/news-releases/news-release-details/major-league-baseball-productions-and-ae-home-video-team.
34. https://www.nytimes.com/2006/10/24/technology/24amazon.htm.l
35. https://www-03.ibm.com/press/us/en/pressrelease/20481.wss.
36. https://techcrunch.com/2006/11/02/amazon-puts-internal-links-up-for-sale.
37. https://press.aboutamazon.com/news-releases/news-release-details/customer-obsession-and-commitment-innovation-push-amazoncom-1.
38. https://press.aboutamazon.com/news-releases/news-release-details/joyocom-announces-opening-new-facility-suzhou-support-its.
39. https://www.cmu.edu/cmtoday/issues/january-2015-issue/giving-back/vintage-education/index.html.
40. https://www.sec.gov/Archives/edgar/data/1018724/000119312508024707/dex105.htm.
41. https://press.aboutamazon.com/news-releases/news-release-details/amazon-invests-wikia-series-b-financing-amazons-value-added.

2007 年

1. https://press.aboutamazon.com/news-releases/news-release-details/amazoncoms-new-shoe-and-handbag-website-endlesscom-offers.
2 https://money.cnn.com/2007/02/01/news/companies/amazon/index.htm?postversion=2007020213.
3. https://www.seattlepi.com/business/article/Borders-shelving-Amazon-alliance-1231973.php.
4. https://press.aboutamazon.com/news-releases/news-release-details/amazoncom-announces-first-quarter-sales-surpass-3-billion-32.

5. https://www.reuters.com/article/us-amazon-stock/amazon-bulls-have-field-day-idUSN2532551420070425.
6. https://seekingalpha.com/article/6517-scott-devitt-amazons-not-just-another-retailer-look-to-buy-if-stock-falls-amzn.
7. https://www.reuters.com/article/us-amazon-stock/amazon-bulls-have-field-day-idUSN2532551420070425.
8. https://www.nytimes.com/2007/05/09/technology/09patent.html.
9. https://press.aboutamazon.com/news-releases/news-release-details/amazoncom-acquires-brilliance-audio.
10. https://press.aboutamazon.com/news-releases/news-release-details/joyocom-now-joyoamazon-web-sites-new-look-and-new-features.
11. http://tech.sina.com.cn/i/2007-06-06/09051547898.shtml.
12. http://tech.sina.com.cn/i/2007-06-05/11371546027.shtml.
13. https://press.aboutamazon.com/news-releases/news-release-details/new-version-alexa-web-search-service-gives-any-developer-tools.
14. https://press.aboutamazon.com/news-releases/news-release-details/amazon-announces-plans-open-new-fulfillment-center-phoenix.
15. https://www.wsj.com/articles/SB118536969473077551.
16. https://press.aboutamazon.com/news-releases/news-release-details/customflix-labs-changes-its-name-createspace.
17. https://press.aboutamazon.com/news-releases/news-release-details/createspace-amazon-business-launches-books-demand-self.
18. https://www.cnbc.com/id/20463088.
19. https://press.aboutamazon.com/news-releases/news-release-details/amazoncom-launches-public-beta-amazon-mp3-digital-music-store.
20 https://www.theguardian.com/technology/blog/2007/sep/25/amazoncomlaunchespublicbeta#comment-3494012.
21. https://press.aboutamazon.com/news-releases/news-release-details/amazon-web-services-introduces-multiple-compute-instance-types.
22. https://press.aboutamazon.com/news-releases/news-release-details/amazoncom-announces-plans-open-new-fulfillment-center-munster.
23. https://press.aboutamazon.com/news-releases/news-release-details/amazoncouk-offers-unlimited-free-one-day-launch-amazon-prime.
24. https://press.aboutamazon.com/news-releases/news-release-details/amazon-web-services-offers-european-storage-amazon-s3.
25. https://www.drdobbs.com/architecture-and-design/amazon-s3-storage-now-available-in-europ/202803151。在欧盟，存储月费为0.18美元/GB，而在美国为 0.15 美元 /GB。此外，1000 个 PUT 或 LIST 请求在欧盟费用是 0.012 美元，而在美国是 0.01 美元。其他费用，比如数据传输，在美国和欧盟都是一样的。

26. https://press.aboutamazon.com/news-releases/news-release-details/amazonde-offers-unlimited-free-next-day-premium-delivery-launch.
27 http://www.internetnews.com/government/article.php/3740056/Amazon+Tax+Lands+in+New+York.htm.
28. https://www.nysun.com/new-york/spitzer-abandons-amazon-tax/66465.
29. https://press.aboutamazon.com/news-releases/news-release-details/introducing-amazon-kindle.
30. Brad Stone, *The Everything Store*, P224-257.
31. https://en.wikipedia.org/wiki/Kindle_Direct_Publishing.
32. https://press.aboutamazon.com/news-releases/news-release-details/amazoncom-plans-move-south-lake-union.

2008 年

1. https://press.aboutamazon.com/news-releases/news-release-details/amazon-begin-international-rollout-amazon-mp3-2008.
2. https://www.nytimes.com/2008/01/30/technology/30iht-30amazonFW.9629724.html.
3. https://money.cnn.com/2008/01/30/technology/Amazon_earnings/index.htm.
4. 同上。
5. https://www.cnet.com/news/amazon-acquires-audible-for-300-million.
6. https://www.reuters.com/article/us-audible-amazon-idUSN3129158120080131.
7. https://www.reuters.com/article/us-audible-amazon-idUSN3129158120080131.
8. https://press.aboutamazon.com/news-releases/news-release-details/amazoncom-board-directors-authorizes-debt-and-stock-repurchase.
9. https://www.sfgate.com/business/article/Amazon-opposes-Spitzer-s-Net-tax-3227133.php.
10. https://press.aboutamazon.com/news-releases/news-release-details/amazoncom-completes-tender-offer-audible.
11. https://cloud.tencent.com/developer/article/1499926.
12. https://press.aboutamazon.com/news-releases/news-release-details/amazon-web-services-launches-elastic-ips-static-ips-dynamic.
13. http://www.internetnews.com/government/article.php/3740056/Amazon+Tax+Lands+in+New+York.htm.
14. https://press.aboutamazon.com/news-releases/news-release-details/amazoncom-announces-first-quarter-sales-37-41-billion.
15. https://press.aboutamazon.com/news-releases/news-release-details/amazoncom-announces-partial-redemption-475-convertible-1.
16. https://press.aboutamazon.com/news-releases/news-release-details/amazon-

locate-new-distribution-center-hazleton-pa.
17. https://press.aboutamazon.com/news-releases/news-release-details/simon-schuster-inc-make-5000-additional-books-available-amazon.
18. https://www.computerworld.com/article/2535008/overstock-joins-amazon-in-suing-n-y--over-online-taxes.html.
19. https://press.aboutamazon.com/news-releases/news-release-details/amazon-open-new-fulfillment-center-goodyear-az.
20. https://press.aboutamazon.com/news-releases/news-release-details/amazoncoms-office-supplies-store-now-open-business.
21. https://press.aboutamazon.com/news-releases/news-release-details/introducing-amazonwireless-new-amazon-web-site-offering-cell.
22 https://www.streetinsider.com/Corporate+News/Amazon.com+%28AMZN%29+Acquires+Fabric.com/3770925.html.
23. https://press.aboutamazon.com/news-releases/news-release-details/amazoncom-introduces-bill-me-later-new-alternative-payment.
24. https://www.paypalobjects.com/webstatic/mktg/docs/PP_BML.pdf.
25. https://press.aboutamazon.com/news-releases/news-release-details/amazoncom-announces-second-quarter-sales-41-406-billion-sales.
26. https://press.aboutamazon.com/news-releases/news-release-details/amazoncom-acquire-abebooks.
27. https://press.aboutamazon.com/news-releases/news-release-details/amazon-web-services-launches-amazon-elastic-block-store-amazon.
28. https://blog.seattlepi.com/venture/2008/08/25/exclusive-amazon-com-buys-shelfari.
29. https://press.aboutamazon.com/news-releases/news-release-details/amazon-customers-can-now-instantly-watch-ad-free-movies-and-tv.
30. https://en.wikipedia.org/wiki/Prime_Video.
31. https://press.aboutamazon.com/news-releases/news-release-details/amazoncom-launches-motorcycle-atv-store.
32. https://press.aboutamazon.com/news-releases/news-release-details/inserting-and-replacing-amazon-web-services-lowers-pricing.
33. https://press.aboutamazon.com/news-releases/news-release-details/amazoncom-announces-third-quarter-sales-31-426-billion-sales.
34. https://www.latimes.com/archives/la-xpm-2008-oct-23-fi-amazon23-story.html.
35. https://www.nytimes.com/2008/10/12/business/12giants.html.
36. https://press.aboutamazon.com/news-releases/news-release-details/amazon-web-services-launches-amazon-ec2-windows.
37. https://press.aboutamazon.com/news-releases/news-release-details/amazon-lance-en-france-fulfillment-amazon-au-service-des-pme.

38. https://press.aboutamazon.com/news-releases/news-release-details/amazon-announces-beginning-multi-year-frustration-free-packaging.
39. https://press.aboutamazon.com/news-releases/news-release-details/amazon-web-services-launches-amazon-cloudfront-self-service-pay.
40. https://press.aboutamazon.com/news-releases/news-release-details/amazoncom-offers-black-friday-deals-now-through-cyber-monday.
41. https://press.aboutamazon.com/news-releases/news-release-details/amazon-web-services-announces-unlimited-public-beta-amazon.
42. https://press.aboutamazon.com/news-releases/news-release-details/amazoncom-application-iphone-and-ipod-touch-now-available-apple.
43. https://press.aboutamazon.com/news-releases/news-release-details/amazon-web-services-extends-amazon-ec2-europe.
44. https://press.aboutamazon.com/news-releases/news-release-details/amazoncoms-14th-holiday-season-best-ever.

2009 年

1. https://press.aboutamazon.com/news-releases/news-release-details/amazoncom-announces-fourth-quarter-sales-18-670-billion-2008.
2. https://www.seattlemet.com/news-and-city-life/2009/02/defying-the-recession-amazoncom
3. https://press.aboutamazon.com/news-releases/news-release-details/amazon-payments-announces-general-availability-amazon-flexible.
4. https://www.theguardian.com/technology/2009/feb/09/kikndle2-amazon-stephen-king.
5. http://blogs.reuters.com/mediafile/2009/02/10/amazons-jeff-bezos-talks-about-kindle-2.
6. https://www.wsj.com/articles/BL-MB-18043.
7. https://www.theguardian.com/technology/2009/oct/07/amazon-ebooks.
8. https://www.wsj.com/articles/BL-DGB-871.
9. https://press.aboutamazon.com/news-releases/news-release-details/amazoncom-announces-redemption-remaining-6875-convertible.
10. https://press.aboutamazon.com/news-releases/news-release-details/amazon-web-services-extends-amazon-ec2-eu-region-now-running.
11. https://press.aboutamazon.com/news-releases/news-release-details/amazon-lance-en-france-fulfillment-amazon-au-service-des-pme.
12. https://press.aboutamazon.com/news-releases/news-release-details/amazon-web-services-introduces-reserved-instances-new-amazon-ec2.
13. https://www.nwitimes.com/news/local/amazon-closing-munster-distribution-center/article_50d0abe5-b93f-50ae-bb52-ef5beb78391b.html.
14. https://www.wsj.com/articles/SB124051698347849357.

15. 同上。
16. https://press.aboutamazon.com/news-releases/news-release-details/introducing-kindle-dx-amazons-large-screen-addition-kindle.
17. https://press.aboutamazon.com/news-releases/news-release-details/amazon-web-services-launches-new-features-amazon-ec2-enabling.
18. https://www.seattletimes.com/business/amazon-settles-long-standing-legal-dispute-with-toys-r-us.
19. https://www.courthousenews.com/amazon-to-pay-51m-to-settle-toys-r-us-dispute.
20. https://press.aboutamazon.com/news-releases/news-release-details/introducing-amazonwireless-new-amazon-web-site-offering-cell.
21. https://press.aboutamazon.com/news-releases/news-release-details/amazoncom-launches-outdoor-recreation-store.
22. https://www.nytimes.com/2009/07/23/technology/companies/23amazon.html.
23. https://en.wikipedia.org/wiki/Zappos.
24. https://www.cbsnews.com/news/amazon-sued-for-kindle-deletion-of-orwell.
25. https://www.reuters.com/article/us-amazon-lawsuit-idUSTRE59151X20091002.
26. https://www.nytimes.com/2009/10/20/technology/20reader.html.
27. https://press.aboutamazon.com/news-releases/news-release-details/amazon-web-services-announces-amazon-virtual-private-cloud-now-0.
28. https://www.nytimes.com/2009/09/20/business/20amazon.html.
29. https://www.nytimes.com/2009/09/20/business/20amazon.html.
30. https://www.nytimes.com/2009/09/20/business/20amazon.html.
31. https://www.wsj.com/articles/SB125565024634288895.
32. https://www.reuters.com/article/us-amazon-lawsuit-idUSTRE59151X20091002.
33. https://press.aboutamazon.com/news-releases/news-release-details/amazon-kindle-now-sale-customers-more-100-countries.
34. https://press.aboutamazon.com/news-releases/news-release-details/amazon-launches-same-day-delivery-seven-major-cities-and-expands.
35. https://www.wsj.com/articles/SB125565024634288895.
36. https://www.nytimes.com/2009/10/20/technology/20reader.html.
37. https://press.aboutamazon.com/news-releases/news-release-details/introducing-kindle-pc-free-application-reading-kindle-books-pc.
38. https://press.aboutamazon.com/news-releases/news-release-details/amazon-web-services-announces-amazon-relational-database-service.
39. https://press.aboutamazon.com/news-releases/news-release-details/amazon-web-services-announces-expansion-asia-first-half-2010.
40. https://www.cnet.com/news/nook-sold-out-for-the-holidays.

41. https://press.aboutamazon.com/news-releases/news-release-details/amazon-web-services-announces-spot-instances-amazon-ec2.
42. https://press.aboutamazon.com/news-releases/news-release-details/kindle-iphone-app-now-available-app-store-more-60-countries.
43. https://www.wsj.com/articles/SB10001424052748704498804574557943780026958.
44. https://www.wsj.com/articles/SB10001424052748704498804574557943780026958.
45. https://press.aboutamazon.com/news-releases/news-release-details/amazon-announces-free-one-day-shipping-kindle-orders-placed.

2010 年

1. https://press.aboutamazon.com/news-releases/news-release-details/amazon-introduces-kindle-dx-global-wireless.
2. https://press.aboutamazon.com/news-releases/news-release-details/amazon-expands-kindle-digital-text-platform-enable-authors-and.
3. https://press.aboutamazon.com/news-releases/news-release-details/amazoncom-announces-fourth-quarter-sales-42-95-billion.
4. https://www.nytimes.com/2010/01/29/business/29amazon.html.
5. https://press.aboutamazon.com/news-releases/news-release-details/amazoncom-announces-fourth-quarter-sales-42-95-billion.
6. https://press.aboutamazon.com/news-releases/news-release-details/kindle-blackberry-now-available-free-directly-amazon.
7. https://press.aboutamazon.com/news-releases/news-release-details/amazon-expands-kindle-digital-text-platform-enable-authors-and-0.
8. https://www.wsj.com/articles/BL-MB-18043.
9. https://press.aboutamazon.com/news-releases/news-release-details/introducing-kindle-mac-free-application-reading-kindle-books-mac.
10. https://press.aboutamazon.com/news-releases/news-release-details/amazoncom-announces-kindle-app-ipad.
11. https://www.bizjournals.com/seattle/blog/techflash/2010/04/amazon_starts_moving_into_new_seattle_hq_campus.html.
12. https://press.aboutamazon.com/news-releases/news-release-details/amazon-web-services-introduces-amazon-simple-notification.
13. https://press.aboutamazon.com/news-releases/news-release-details/amazoncom-announces-first-quarter-sales-46-713-billion.
14. https://www.wsj.com/articles/SB10001424052748703876404575200454015777306.
15. 同上。
16. https://press.aboutamazon.com/news-releases/news-release-details/amazon-

web-services-launches-asia-pacific-region-its-cloud.
17. https://press.aboutamazon.com/news-releases/news-release-details/amazon-virtual-private-cloud-launches-eu-region.
18. https://press.aboutamazon.com/news-releases/news-release-details/netflix-selects-amazon-web-services-power-mission-critical.
19. https://techcrunch.com/2010/05/07/borders-launches-the-kobo-ereader-and-ebook-store.
20. https://press.aboutamazon.com/news-releases/news-release-details/amazoncom-announces-shopping-app-ipad.
21. https://press.aboutamazon.com/news-releases/news-release-details/introducing-kindle-android.
22. https://press.aboutamazon.com/news-releases/news-release-details/amazon-web-services-introduces-reduced-redundancy-storage-option.
23. https://press.aboutamazon.com/news-releases/news-release-details/amazon-web-services-announces-general-availability-aws.
24. https://www.blogherald.com/news/amazon-files-social-networking-patent.
25. https://www.bizjournals.com/seattle/blog/techflash/2010/06/amazon_wants_to_be_facebook_e-tailer_patents_social_networking_system.html.
26. https://www.forbes.com/sites/docket/2010/06/17/amazon-secures-patent-for-social-networking-system/#19613dae2218.
27. https://www.brandwatch.com/blog/history-of-facebook.
28. https://press.aboutamazon.com/news-releases/news-release-details/amazon-kindle-now-only-189.
29. https://press.aboutamazon.com/news-releases/news-release-details/70-percent-royalty-option-kindle-digital-text-platform-now.
30. https://techcrunch.com/2010/06/30/amazon-introduces-70-royalty-option-for-kindle-digital-text-platform.
31. https://www.ecommercebytes.com/C/abblog/blog.pl?/pl/2010/6/1277944625.html.
32. https://www.nytimes.com/2010/07/01/technology/01woot.html.
33. https://press.aboutamazon.com/news-releases/news-release-details/amazon-introduces-new-kindle-dx-50-percent-better-display.
34. https://press.aboutamazon.com/news-releases/news-release-details/amazon-web-services-introduces-cluster-compute-instances-amazon.
35. https://zh.wikipedia.org/wiki/%E4%BA%9E%E9%A6%AC%E9%81%9C%E5%85%AC%E5%8F%B8.
36. https://press.aboutamazon.com/news-releases/news-release-details/kindle-device-unit-sales-accelerate-each-month-second-quarter.
37. https://money.cnn.com/2010/07/22/technology/amazon_earnings/index.htm.
38. https://www.wsj.com/articles/SB10001424052748703940904575395

33036454208.
39. https://press.aboutamazon.com/news-releases/news-release-details/new-generation-kindles-are-fastest-selling-kindles-ever-and.
40. https://press.aboutamazon.com/news-releases/news-release-details/free-two-day-shipping-and-30-percent-diapers-and-wipes-now.
41. https://press.aboutamazon.com/news-releases/news-release-details/amazon-payments-launches-new-streamlined-customer-experience.
42. https://mashable.com/2010/10/04/amazon-acquired-buyvip.
43. https://press.aboutamazon.com/news-releases/news-release-details/amazon-releases-beta-version-kindle-plugin-adobe-indesignr.
44. https://press.aboutamazon.com/news-releases/news-release-details/amazon-signs-agreement-acquire-buyvipcom.
45. https://www.wsj.com/articles/SB10001424052748704631504575531951043756556.
46. https://press.aboutamazon.com/news-releases/news-release-details/amazon-web-services-launch-free-usage-tier.
47. https://press.aboutamazon.com/news-releases/news-release-details/new-generation-kindle-device-sales-already-surpass-fourth.
48. https://press.aboutamazon.com/news-releases/news-release-details/amazon-launch-kindle-app-windows-phone-7.
49. https://press.aboutamazon.com/news-releases/news-release-details/amazon-customers-can-now-send-gift-cards-through-facebook.
50. https://press.aboutamazon.com/news-releases/news-release-details/amazoncom-acquire-diaperscom-and-soapcom.
51. https://www.slideshare.net/AmazonWebServices/2011-aws-tour-australia-closing-keynote-how-amazoncom-migrated-to-aws-by-jon-jenkins.
52. https://press.aboutamazon.com/news-releases/news-release-details/amazon-web-services-announces-amazon-cluster-gpu-instances-new.
53. https://press.aboutamazon.com/news-releases/news-release-details/amazon-web-services-achieves-iso-27001-certification.
54. https://press.aboutamazon.com/news-releases/news-release-details/amazoncom-launches-amazon-studios-new-online-business-discover.
55. 同上。
56. https://www.cnet.com/news/how-amazon-studios-went-from-grassroots-idealist-to-hollywood-threat.
57. https://ew.com/article/2010/11/16/amazon-launches-amazon-studios.
58. https://press.aboutamazon.com/news-releases/news-release-details/price-check-amazon-app-now-available-iphone.
59. https://press.aboutamazon.com/news-releases/news-release-details/amazon-offers-exclusive-black-friday-deals-and-free-two-day.

60. https://press.aboutamazon.com/news-releases/news-release-details/amazonit-launches-today-providing-vast-selection-significant.
61. https://press.aboutamazon.com/news-releases/news-release-details/livingsocial-announces-175-million-investment-amazoncom.
62. https://press.aboutamazon.com/news-releases/news-release-details/amazon-web-services-launches-amazon-route-53-new-dns-service.
63. https://press.aboutamazon.com/news-releases/news-release-details/amazon-web-services-achieves-level-1-payment-card-industry-pci.
64. https://press.aboutamazon.com/news-releases/news-release-details/newspapers-and-magazines-coming-amazons-buy-once-read-everywhere.
65. https://press.aboutamazon.com/news-releases/news-release-details/third-generation-kindle-now-bestselling-product-all-time-amazon.

2011 年

1. https://press.aboutamazon.com/news-releases/news-release-details/amazon-introduce-free-kindle-apps-tailored-android-and-windows.
2. https://press.aboutamazon.com/news-releases/news-release-details/amazon-web-services-introduces-aws-elastic-beanstalk.
3. https://www.latimes.com/business/la-xpm-2011-jan-21-la-fi-ct-amazon-lovefilm-20110121-story.html.
4. https://www.cnet.com/news/amazon-officially-launches-kindle-singles.
5. https://press.aboutamazon.com/news-releases/news-release-details/amazoncom-announces-fourth-quarter-sales-36-1295-billion.
6. https://www.digitalcommerce360.com/2011/01/27/amazon-sales-and-profits-boom-2010.
7. https://press.aboutamazon.com/news-releases/news-release-details/amazons-collection-mobile-shopping-apps-now-includes-amazon-app.
8. https://press.aboutamazon.com/news-releases/news-release-details/amazon-prime-members-now-get-unlimited-commercial-free-instant.
9. https://money.cnn.com/2011/02/22/technology/amazon_streaming/index.htm.
10. https://press.aboutamazon.com/news-releases/news-release-details/amazon-web-services-continues-make-it-easier-launch-applications.
11. https://press.aboutamazon.com/news-releases/news-release-details/amazon-web-services-launches-japan-datacenters-its-cloud.
12. https://latimesblogs.latimes.com/technology/2011/03/apple-amazon-appstore-app-store.html.
13. https://www.bloomberg.com/news/articles/2011-03-21/apple-sues-amazon-com-over-use-of-app-store-trademark.
14. https://press.aboutamazon.com/news-releases/news-release-details/introducing-amazon-appstore-android.

15. https://press.aboutamazon.com/news-releases/news-release-details/introducing-amazon-cloud-drive-amazon-cloud-player-web-and.
16. https://goodereader.com/blog/electronic-readers/amazon-kindle-3-special-offers-edition-for-114.
17. https://press.aboutamazon.com/news-releases/news-release-details/amazon-launch-library-lending-kindle-books.
18. https://aws.amazon.com/message/65648.
19. https://press.aboutamazon.com/news-releases/news-release-details/amazonde-launches-german-kindle-store-largest-selection-any-e.
20. https://press.aboutamazon.com/news-releases/news-release-details/amazon-fulfillment-services-phoenix-and-goodyear-az-hiring-full.
21. https://press.aboutamazon.com/news-releases/news-release-details/amazoncom-announces-first-quarter-sales-38-986-billion.
22. https://press.aboutamazon.com/news-releases/news-release-details/amazon-announces-myhabitcom-new-private-sale-site-featuring-hand.
23. https://press.aboutamazon.com/news-releases/news-release-details/amazon-open-fulfillment-center-sumner-wash-creating-hundreds-new.
24. https://press.aboutamazon.com/news-releases/news-release-details/amazon-expand-fulfillment-center-phoenix-arizona.
25. https://press.aboutamazon.com/news-releases/news-release-details/amazon-fulfillment-centers-bradley-and-hamilton-county-tennessee.
26. https://press.aboutamazon.com/news-releases/news-release-details/amazoncom-now-selling-more-kindle-books-print-books.
27. https://press.aboutamazon.com/news-releases/news-release-details/introducing-lowest-price-3g-e-reader-kindle-3g-special-offers.
28. https://press.aboutamazon.com/news-releases/news-release-details/amazon-fulfillment-center-lexington-county-south-carolina-hiring.
29. https://press.aboutamazon.com/news-releases/news-release-details/amazon-open-new-fulfillment-center-plainfield-ind-creating.
30. https://press.aboutamazon.com/news-releases/news-release-details/amazon-fulfillment-center-near-allentown-pa-hiring-hundreds-full.
31. https://press.aboutamazon.com/news-releases/news-release-details/amazon-announces-storage-plans-amazon-cloud-drive-unlimited.
32. https://press.aboutamazon.com/news-releases/news-release-details/governor-brewer-amazoncom-celebrate-companys-investment-arizona.
33. https://press.aboutamazon.com/news-releases/news-release-details/cbs-and-amazon-announce-digital-video-licensing-agreement.
34. https://www.wsj.com/articles/SB10001424053111903461104576457903964131950.
35. https://press.aboutamazon.com/news-releases/news-release-details/

amazoncom-announces-second-quarter-sales-51-991-billion.
36. https://press.aboutamazon.com/news-releases/news-release-details/amazon-announces-digital-video-license-agreement-nbcuniversal.
37. https://press.aboutamazon.com/news-releases/news-release-details/amazon-open-third-fulfillment-center-tennessee-creating-hundreds.
38. https://press.aboutamazon.com/news-releases/news-release-details/amazon-web-services-announces-global-rollout-amazon-virtual.
39. https://press.aboutamazon.com/news-releases/news-release-details/introducing-kindle-cloud-reader.
40. https://goodereader.com/blog/electronic-readers/the-real-story-why-the-kindle-cloud-reader-was-developed.
41. https://press.aboutamazon.com/news-releases/news-release-details/amazon-web-services-announces-aws-govcloud-new-aws-region-united.
42. https://www.geekwire.com/2011/amazon-launches-govcloud-plug-nasa-jet-propulsion-lab.
43. https://press.aboutamazon.com/news-releases/news-release-details/amazon-web-services-launches-amazon-elasticache-managed-caching.
44. https://www.reuters.com/article/amazon-spain/amazon-spain-launch-may-presage-new-overseas-push-idUSS1E78D1XR20110914.
45. https://press.aboutamazon.com/news-releases/news-release-details/amazon-web-services-earns-federal-information-security.
46. https://press.aboutamazon.com/news-releases/news-release-details/amazon-announces-digital-video-license-agreement-twentieth.
47. https://press.aboutamazon.com/news-releases/news-release-details/introducing-all-new-kindle-family-four-new-kindles-four-amazing.
48. https://money.cnn.com/2011/09/28/technology/amazon_tablet/index.htm.
49. https://press.aboutamazon.com/news-releases/news-release-details/introducing-amazon-silk-amazons-revolutionary-cloud-accelerated.
50. https://press.aboutamazon.com/news-releases/news-release-details/amazonfr-launches-french-kindle-store-and-first-french-language.
51. https://www.geekwire.com/2011/exclusive-handson-amazon-locker-running.
52. https://www.wsj.com/articles/SB10000872396390443545504577567763829784538.
53. https://techland.time.com/2011/10/19/will-amazons-kindle-fire-web-browser-spy-on-you-the-eff-gets-answers.
54. https://arstechnica.com/tech-policy/2011/10/congress-wary-of-amazons-silk-browser-demands-answers-on-privacy.
55. https://www.cnblogs.com/sambazhu/archive/2004/01/13/3513791.html.
56. https://www.zdnet.com/article/eff-satisfied-with-the-privacy-design-of-amazon-silk.

57. https://www.wsj.com/articles/SB10001424052970204644504576653520195533138.
58. https://thenextweb.com/asia/2011/10/27/amazon-drops-joyo-name-in-china-to-unify-global-branding.
59. https://press.aboutamazon.com/news-releases/news-release-details/amazon-strongly-supports-enactment-enzi-durbin-alexander-federal.
60. https://www.geekwire.com/2011/amazon-tosses-support-bipartisan-bill-sales-tax-collection/amp.
61. https://press.aboutamazon.com/news-releases/news-release-details/amazones-launches-spanish-kindle-store-and-first-spanish.
62. https://press.aboutamazon.com/news-releases/news-release-details/amazon-web-services-launches-brazil-datacenters-its-cloud.
63. https://press.aboutamazon.com/news-releases/news-release-details/governor-haslam-and-amazon-announce-amazon-will-build-two-new.
64. https://techcrunch.com/2012/03/19/amazon-acquires-online-fulfillment-company-kiva-systems-for-775-million-in-cash.
65. https://www.wsj.com/articles/SB10000872396390443493304578034103049644978.

2012 年

1. https://press.aboutamazon.com/news-releases/news-release-details/amazons-lovefilm-strikes-tv-streaming-deal-bbc-worldwide.
2. https://www.infoq.cn/article/we9ycknghp85k9uofsey.
3. https://aws.amazon.com/cn/blogs/china/tag/aws-storage-gateway.
4. https://www.nytimes.com/2012/02/01/technology/amazon-shares-drop-as-revenues-fall-short.html.
5. https://mashable.com/2012/02/02/amazon-sports-memorabilia-store.
6. https://press.aboutamazon.com/news-releases/news-release-details/amazon-open-second-fulfillment-center-delaware.
7. https://press.aboutamazon.com/news-releases/news-release-details/amazon-web-services-launches-amazon-simple-workflow-service.
8. https://www.cloudave.com/16853/next-iteration-of-paas-will-amazon-join-that-race.
9. https://www.infoq.cn/article/2012/02/Amazon-PaaS-SWF.
10. https://techcrunch.com/2012/03/19/amazon-acquires-online-fulfillment-company-kiva-systems-for-775-million-in-cash.
11. https://press.aboutamazon.com/news-releases/news-release-details/amazon-open-new-facility-jeffersonville-ind-creating-more-1000.
12. https://press.aboutamazon.com/news-releases/news-release-details/amazon-web-services-and-us-national-institutes-health-announce.

13. https://press.aboutamazon.com/news-releases/news-release-details/amazon-web-services-launches-amazon-cloudsearch.
14. https://press.aboutamazon.com/news-releases/news-release-details/amazon-web-services-introduces-aws-marketplace-where-customers.
15. https://press.aboutamazon.com/news-releases/news-release-details/introducing-amazonsupply.
16. https://www.nytimes.com/2012/04/27/technology/amazon-profit-dropped-35-percent.html.
17. https://www.digitalcommerce360.com/2012/05/04/amazon-will-build-two-fulfillment-centers-california.
18. https://press.aboutamazon.com/news-releases/news-release-details/amazon-web-services-announces-new-managed-services-windows.
19. https://press.aboutamazon.com/news-releases/news-release-details/gov-beshear-and-amazon-announce-company-open-new-customer.
20. https://press.aboutamazon.com/news-releases/news-release-details/amazon-web-services-launches-dynamic-content-support-amazon.
21. https://www.martechadvisor.com/articles/content-marketing/what-is-dynamic-content-definition-types-strategy-best-practices-with-examples.
22. https://press.aboutamazon.com/news-releases/news-release-details/amazons-lovefilm-and-nbcuniversal-announce-exclusive-multi-year.
23. https://aws.amazon.com/blogs/aws/new-high-io-ec2-instance-type-hi14xlarge.
24. https://press.aboutamazon.com/news-releases/news-release-details/prime-instant-video-first-amazon-announces-digital-video-license.
25. https://press.aboutamazon.com/news-releases/news-release-details/amazon-launches-innovative-new-education-initiative-paying-95.
26. https://press.aboutamazon.com/news-releases/news-release-details/updated-amazon-cloud-player-includes-new-scan-and-match.
27. https://iowiki.com/amazon_web_services/amazon_web_services_quick_guide.html.
28. https://www.cnn.com/2012/08/06/tech/gaming-gadgets/amazon-launches-game-studio/index.html.
29. https://www.engadget.com/2012-08-30-kindle-fire-sold-out.html.
30. https://www.slashgear.com/amazon-launches-vine-com-shopping-site-for-environmental-activists-26249308.
31. https://press.aboutamazon.com/news-releases/news-release-details/amazon-web-services-announces-amazon-glacier.
32. https://press.aboutamazon.com/news-releases/news-release-details/amazon-launches-india-kindle-store-biggest-selection-and-lowest.
33. https://press.aboutamazon.com/news-releases/news-release-details/amazon-prime-crosses-big-milestone-more-items-are-now-shipped.

34. https://press.aboutamazon.com/news-releases/news-release-details/amazon-appstore-launches-europe-now-available-uk-germany-france.
35. https://www.engadget.com/2012-12-05-amazon-kindle-freetime-unlimited.html.
36. https://press.aboutamazon.com/news-releases/news-release-details/amazon-and-epix-announce-new-prime-instant-video-agreement-prime.
37. https://press.aboutamazon.com/news-releases/news-release-details/amazon-takes-high-end-introducing-new-kindle-fire-hd-family.
38. https://press.aboutamazon.com/news-releases/news-release-details/introducing-new-kindle-paperwhite-most-advanced-e-reader-ever.
39. https://press.aboutamazon.com/news-releases/news-release-details/amazon-web-services-launches-reserved-instance-marketplace.
40. https://www.reuters.com/article/uk-amazon-endless-idUKBRE88H1DF20120918.
41. https://www.reuters.com/article/us-amazon-results-idUSBRE89O1IE20121026
42. https://press.aboutamazon.com/news-releases/news-release-details/amazon-web-services-announces-rapid-growth-public-sector-more.
43. https://www.nytimes.com/2012/10/26/technology/amazon-reports-its-first-quarterly-loss-in-four-years.html.
44. https://press.aboutamazon.com/news-releases/news-release-details/kindle-fire-hd-and-kindle-fire-now-available-pre-order.
45. https://press.aboutamazon.com/news-releases/news-release-details/introducing-kindle-windows-8.
46. https://zh.wikipedia.org/wiki/Amazon_Redshift.
47. https://www.channelfutures.com/business-models/amazon-ceo-jeff-bezos-will-address-cloud-partners-at-aws-reinvent.
48. https://press.aboutamazon.com/news-releases/news-release-details/introducing-amazon-wine.
49. https://press.aboutamazon.com/news-releases/news-release-details/amazon-web-services-cloud-computing-platform-now-available.
50. https://press.aboutamazon.com/news-releases/news-release-details/amazon-instant-video-now-available-nintendo-wii-u.
51. https://press.aboutamazon.com/news-releases/news-release-details/amazon-appstore-continues-global-expansion-now-available-japan.
52. https://press.aboutamazon.com/news-releases/news-release-details/amazon-launches-brazil-kindle-store-wwwamazoncombr-and-free.
53. https://press.aboutamazon.com/news-releases/news-release-details/amazon-cloud-player-app-comes-samsung-smart-tvs.
54. https://press.aboutamazon.com/news-releases/news-release-details/amazon-open-fulfillment-center-dupont-creating-hundreds-jobs.

55. https://press.aboutamazon.com/news-releases/news-release-details/amazon-web-services-introduces-new-amazon-ec2-high-storage.
56. https://press.aboutamazon.com/news-releases/news-release-details/eighth-consecutive-year-amazon-ranks-1-customer-satisfaction.

2013 年

1. https://press.aboutamazon.com/news-releases/news-release-details/amazon-announces-prime-instant-video-licensing-agreement-ae.
2. https://press.aboutamazon.com/news-releases/news-release-details/amazon-web-services-introduces-high-memory-cluster-instances.
3. https://techcrunch.com/2013/01/24/amazon-gets-into-voice-recognition-buys-ivona-software-to-compete-against-apples-siri.
4. https://press.aboutamazon.com/news-releases/news-release-details/amazon-web-services-launches-amazon-elastic-transcoder.
5. https://www.engadget.com/2013-01-29-amazon-calendar-q4-2012-earnings.html.
6. https://press.aboutamazon.com/news-releases/news-release-details/amazon-announces-three-fulfillment-centers-texas.
7. https://www.reuters.com/article/entertainment-us-amazon-downtonabbey-idUSBRE91014820130201.
8. https://www.theverge.com/2013/2/5/3955202/why-amazon-wants-its-own-currency.
9. https://www.theverge.com/2013/2/5/3955202/why-amazon-wants-its-own-currency.
10. https://press.aboutamazon.com/news-releases/news-release-details/amazon-and-cbs-announce-expanded-content-licensing-agreement.
11. https://fcw.com/articles/2013/03/18/amazon-cia-cloud.aspx.
12. https://www.theatlantic.com/technology/archive/2014/07/the-details-about-the-cias-deal-with-amazon/374632/.
13. https://www.theatlantic.com/business/archive/2013/03/amazon-acquires-goodreads-social-network-book-lovers/316850.
14. https://www.forbes.com/sites/davidvinjamuri/2013/03/29/three-hidden-benefits-of-the-amazon-acquisition-of-goodreads/?sh=31c4a929731f.
15. https://www.nytimes.com/2013/03/29/technology/amazon-and-overstock-lose-challenge-to-online-sales-tax.html.
16. https://www.wsj.com/articles/BL-LB-44654.
17. https://www.bbc.com/news/business-25191651.
18. https://press.aboutamazon.com/news-releases/news-release-details/amazon-expands-global-app-distribution-nearly-200-countries.
19. https://press.aboutamazon.com/news-releases/news-release-details/amazon-

web-services-announces-launch-certification-program-aws.
20. https://press.aboutamazon.com/news-releases/news-release-details/amazon-and-viacom-announce-multi-year-video-licensing-agreement.
21. https://www.bbc.com/news/business-22780571.
22. https://press.aboutamazon.com/news-releases/news-release-details/amazon-expands-agreement-pbs-bring-even-more-popular-tv-shows.
23. https://www.reuters.com/article/us-apple-amazon-appstore-lawsuit-idUSBRE9680TT20130709.
24. https://press.aboutamazon.com/news-releases/news-release-details/amazon-announces-kindle-singles-interview-president-barack-obama.
25. https://www.washingtonpost.com/national/washington-post-to-be-sold-to-jeff-bezos/2013/08/05/ca537c9e-fe0c-11e2-9711-3708310f6f4d_story.html.
26. https://www.geekwire.com/2021/washington-post-editor-talks-bezos-amazon-billionaire-owner-reshaped-newspaper.
27. https://press.aboutamazon.com/news-releases/news-release-details/introducing-amazon-art.
28. https://fcw.com/articles/2013/08/20/ibm-aws.aspx.
29. https://techcrunch.com/2013/08/27/amazon-opens-its-associates-affiliate-program-to-mobile-app-developers.
30. https://press.aboutamazon.com/news-releases/news-release-details/amazon-launches-mexico-kindle-store-over-70000-ebooks-spanish.
31. https://press.aboutamazon.com/news-releases/news-release-details/kindle-fire-hd-and-kindle-fire-hdx-are-enterprise-ready.
32. https://fcw.com/articles/2013/08/20/ibm-aws.aspx.
33. https://venturebeat.com/2013/10/10/heres-why-amazon-just-acquired-ed-tech-startup-tenmarks.
34. https://techcrunch.com/2013/10/24/amazon-reports-q3-sales-of-17-09b-up-24-but-records-second-straight-loss.
35. https://techcrunch.com/2015/03/12/amazon-has-quietly-acquired-2lemetry-to-build-out-its-internet-of-things-strategy/?_ga=2.98418399.1976208193.1605397427-303892377.1598297297#.zewlyd:Wut6.
36. https://www.cbsnews.com/news/amazon-unveils-futuristic-plan-delivery-by-drone.
37. https://www.csdn.net/article/2013-12-27/2817939-interview-Amazon-AWS-Andy-Jassy.
38. https://techcrunch.com/2013/12/18/amazon-will-expand-aws-cloud-services-and-software-development-to-china-in-2014.
39. https://www.csdn.net/article/2013-12-27/2817939-interview-Amazon-AWS-Andy-Jassy.

2014 年

1. https://goodereader.com/blog/electronic-readers/amazon-q4-2013-profits-surge-on-back-of-strong-holiday-sales.
2. https://press.aboutamazon.com/news-releases/news-release-details/amazon-studios-debuts-new-original-pilots-today.
3. https://www.washingtonpost.com/news/the-switch/wp/2014/03/13/amazon-raises-prime-membership-to-99-a-year.
4. https://www.usatoday.com/story/tech/personal/2014/03/13/amazon-prime-price-hike/6362863.
5. https://press.aboutamazon.com/news-releases/news-release-details/amazon-announces-plans-open-its-fourth-fulfillment-center-0.
6. https://press.aboutamazon.com/news-releases/news-release-details/amazon-web-services-receives-department-defense-wide-provisional.
7. https://press.aboutamazon.com/news-releases/news-release-details/introducing-amazon-fire-tv-easiest-way-watch-netflix-prime.
8. https://press.aboutamazon.com/news-releases/news-release-details/amazon-game-studios-introduces-sev-zero-amazon-fire-tv.
9. https://www.businessinsider.com/amazon-fire-tv-2014-4.
10. https://techcrunch.com/2014/04/10/amazon-acquires-digital-comic-book-service-comixology.
11. https://press.aboutamazon.com/news-releases/news-release-details/amazon-and-hbo-ink-exclusive-multi-year-deal-bring-award-winning.
12. https://chicago.suntimes.com/platform/amp/news/2014/4/24/18605086/amazon-wants-another-piece-of-grocery-business.
13. https://press.aboutamazon.com/news-releases/news-release-details/amazoncom-puts-wearable-technology-your-fingertips-launch-new.
14. https://techcrunch.com/2014/05/05/amazon-extends-its-shopping-cart-to-twitter.
15. https://press.aboutamazon.com/news-releases/news-release-details/amazons-everyday-delivery-growing-sunday-delivery-available-15.
16. https://www.cnet.com/news/amazon-drops-20-million-in-chinese-web-food-vendor-yummy-77.
17. https://press.aboutamazon.com/news-releases/news-release-details/introducing-prime-music-over-one-million-songs-hundreds.
18. https://www.theverge.com/2014/6/12/5802898/amazon-prime-music-features-pricing.
19. https://www.businessinsider.com/amazon-web-services-pop-up-loft-tour-2016-6#the-loft-is-truly-a-learning-environment-where-we-can-connect-with-those-interested-in-aws-face-to-face-we-feel-like-the-lofts-have-really-become-a-community-and-having-an-open-space-snacks-and-most-importantly-access-to-experts-to-tap-for-aws-knowledge-has-been-important-

in-fostering-that-feel-and-environment-an-aws-spokesperson-told-us-21.
20. https://press.aboutamazon.com/news-releases/news-release-details/amazon-web-services-announces-new-lower-cost-ssd-backed-option.
21. https://techcrunch.com/2014/06/17/amazon-web-services-launches-ssd-based-general-purpose-storage-volumes-for-ebs.
22. https://en.wikipedia.org/wiki/Fire_Phone.
23. https://www.forbes.com/sites/jeanbaptiste/2014/06/19/4-reasons-the-amazon-fire-phone-will-fail/?sh=397ebff7fd48.
24. https://time.com/3536969/amazon-fire-phone-bust.
25. https://press.aboutamazon.com/news-releases/news-release-details/amazon-web-services-introduces-new-low-cost-general-purpose.
26. https://press.aboutamazon.com/news-releases/news-release-details/amazon-web-services-introduces-amazon-zocalo.
27. https://www.usatoday.com/story/tech/2014/07/24/amazon-announces-second-quarter-results/13107009.
28. https://press.aboutamazon.com/news-releases/news-release-details/amazon-customers-become-designers-new-3d-printed-products-store.
29. https://press.aboutamazon.com/news-releases/news-release-details/amazon-same-day-delivery-expanding-get-it-today-available-six.\
30. https://techcrunch.com/2014/08/13/amazon-local-register.
31. https://sourcingjournal.com/topics/trade/amazon-joins-shanghai-free-trade-zone-ll-17050.
32. https://www.wsj.com/articles/amazon-com-coming-to-shanghais-free-trade-zone-1408532150?KEYWORDS=shanghai+free+trade+zone.
33. https://www.nextgov.com/it-modernization/2014/08/big-win-amazon-first-provider-authorized-handle-sensitive-dod-workloads/92069.
34. https://aws.amazon.com/cn/blogs/security/aws-govcloud-earns-dod-csm-level-3-5-provisional-authorization.
35. https://www.wsj.com/articles/SB10001424052702304851104579361201655365302.
36. https://www.businessinsider.com/amazon-buys-twitch-2014-8.
37. https://www.wsj.com/articles/amazon-to-buy-video-site-twitch-for-more-than-1-billion-1408988885.
38. https://press.aboutamazon.com/news-releases/news-release-details/amazons-chief-financial-officer-retire-summer-2015.
39. https://press.aboutamazon.com/news-releases/news-release-details/introducing-fire-os-4-sangria
40. https://www.androidauthority.com/amazon-launching-fire-os-4-526934.
41. https://www.wsj.com/articles/amazons-spending-leads-to-another-loss-1414095239.

42. https://press.aboutamazon.com/news-releases/news-release-details/introducing-fire-tv-stick-most-powerful-streaming-media-stick.
43. https://techcrunch.com/2014/10/27/amazon-kindle-scout.
44. https://press.aboutamazon.com/news-releases/news-release-details/amazon-prime-members-can-now-enjoy-free-unlimited-photo-storage.
45. https://techcrunch.com/2014/11/06/amazon-echo.
46. https://zhuanlan.zhihu.com/p/33603518.
47. https://aws.amazon.com/cn/blogs/china/amazon-aurora-design-cloud-native-relational-database.
48. https://aws.amazon.com/cn/getting-started/deep-dive-containers.
49. https://aws.amazon.com/cn/lambda.
50. https://blog.csdn.net/cpongo4/article/details/89158257.
51. https://press.aboutamazon.com/news-releases/news-release-details/washington-post-launches-new-tablet-app-free-amazon-fire.
52. https://press.aboutamazon.com/news-releases/news-release-details/amazon-unveils-its-eighth-generation-fulfillment-center.
53. https://press.aboutamazon.com/news-releases/news-release-details/amazon-launches-amazon-elements-new-line-premium-everyday.
54. https://press.aboutamazon.com/news-releases/news-release-details/amazon-introduces-prime-now-one-hour-delivery-tens-thousands.
55. https://press.aboutamazon.com/news-releases/news-release-details/amazon-prime-experiences-another-record-breaking-holiday-season.

2015年

1. https://www.goldenglobes.com/tv-show/transparent.
2. https://www.wsj.com/articles/amazon-in-advanced-talks-to-buy-israels-annapurna-labs-1421936575.
3. https://www.ancii.com/aghdjpu4.
4. https://techcrunch.com/2015/01/29/amazon-q4-2014.
5. https://www.wsj.com/articles/amazons-profit-drop-less-than-expected-1422565755.
6. https://press.aboutamazon.com/news-releases/news-release-details/amazon-launches-first-ever-staffed-campus-pickup-and-drop.
7. 同上。
8. https://techcrunch.com/2015/03/12/amazon-has-quietly-acquired-2lemetry-to-build-out-its-internet-of-things-strategy/?_ga=2.98418399.1976208193.1605397427-303892377.1598297297#.zewlyd:Wut6.
9. https://www.businessinsider.com/aws-launches-iot-platform-2015-10.
10. https://www.vox.com/2015/3/18/11560456/amazon-will-shut-down-amazon-webstore-its-competitor-to-shopify-and.

11. https://press.aboutamazon.com/news-releases/news-release-details/prime-now-expands-one-hour-delivery-tens-thousands-daily.
12. https://gadgets.ndtv.com/internet/news/amazon-india-unveils-kirana-now-service-with-same-day-delivery-674805.
13. https://www.theverge.com/2015/3/31/8316775/amazon-dash-buttons-turn-homes-into-shopping-carts.
14. https://press.aboutamazon.com/news-releases/news-release-details/amazon-web-services-announces-amazon-machine-learning.
15. https://press.aboutamazon.com/news-releases/news-release-details/amazon-web-services-announces-aws-marketplace-esktop-apps-and.
16. https://www.geekwire.com/2015/deliveries-to-your-car-trunk-amazon-teams-with-audi-and-dhl-in-new-initiative.
17. https://www.theverge.com/2015/4/23/8485501/amazon-earnings-q1-2015-aws-web-services-5-billion.
18. https://press.aboutamazon.com/news-releases/news-release-details/amazon-business-ignites-more-b2b-customers-sellers.
19. https://www.businessinsider.com/sources-amazon-could-be-planning-a-prime-program-for-businesses-2015-4.
20. https://www.digitalcommerce360.com/2015/04/28/say-hello-amazon-business-good-bye-amazonsupply.
21. https://www.dcvelocity.com/articles/27350-kiva-systems-officially-rebrands-as-amazon-robotics.
22. https://press.aboutamazon.com/news-releases/news-release-details/prime-now-gets-even-better-one-hour-delivery-your-favorite-local.
23. https://www.pcworld.com/article/2927506/amazon-massively-expands-free-same-day-prime-delivery-in-the-us.html.
24. https://aws.amazon.com/cn/about-aws/whats-new/2015/06/aws-cloudtrail-launch-in-beijing-china-region.
25. https://press.aboutamazon.com/news-releases/news-release-details/amazon-web-services-announces-new-renewable-energy-project.
26. https://techcrunch.com/2015/06/11/aws-launches-m4-general-purpose-instances-for-ec2.
27. https://www.theguardian.com/technology/2015/jun/23/amazon-kindle-paperwhite-review-e-paper-e-reader.
28. https://press.aboutamazon.com/news-releases/news-release-details/amazon-introduces-alexa-skills-kit-free-sdk-developers.
29. https://press.aboutamazon.com/news-releases/news-release-details/amazon-introduces-alexa-fund-100-million-investments-fuel-voice.
30. https://thetechportal.com/2015/06/30/amazon-is-bringing-aws-to-india-in-2016.

31. https://tinuiti.com/blog/amazon/amazon-seller-fulfilled-prime.
32. https://blog.skulabs.com/shipping/seller-fulfilled-prime.
33. https://press.aboutamazon.com/news-releases/news-release-details/step-aside-black-friday-meet-prime-day.
34. https://press.aboutamazon.com/news-releases/news-release-details/amazon-web-services-announces-amazon-api-gateway.
35. https://www.jianshu.com/p/1803b8609e0b.
36. https://money.cnn.com/2015/07/24/investing/amazon-worth-more-than-walmart.
37. https://www.wsj.com/articles/amazon-posts-surprising-profit-1437682791.
38. https://zhuanlan.zhihu.com/p/33603518.
39. https://aws.amazon.com/cn/rds/aurora/?aurora-whats-new.sort-by=item.additionalFields.postDateTime&aurora-whats-new.sort-order=desc.
40. https://fortune.com/2015/07/28/amazon-startup-launchpad.
41. https://www.csmonitor.com/Business/2015/0728/Amazon-s-Launchpad-gives-crowdfunding-startups-a-boost.
42. https://press.aboutamazon.com/news-releases/news-release-details/amazon-rolls-out-red-carpet-startups-amazon-launchpad
43. https://press.aboutamazon.com/news-releases/news-release-details/amazon-releases-amazon-acoustics-exclusive-collection-original.
44. https://techcrunch.com/2015/07/31/amazon-prime-music-gets-its-own-exclusive-content-with-launch-of-amazon-acoustics.
45. https://www.crn.com/news/cloud/300077740/overnight-aws-outage-reminds-world-how-important-aws-stability-really-is.htm?itc=refresh.
46. https://www.ign.com/articles/2015/08/19/eric-nylund-and-jonathan-hamel-have-left-amazon-game-studios; https://www.vg247.com/2015/08/19/clint-hocking-among-three-prominent-amazon-game-studios-resignations.
47. https://press.aboutamazon.com/news-releases/news-release-details/prime-now-amazons-one-hour-delivery-service-launches-seattle.
48. https://press.aboutamazon.com/news-releases/news-release-details/amazon-web-services-acquire-elemental.
49. https://venturebeat.com/2015/09/09/amazon-launches-its-crowdsourced-publishing-platform-kindle-scout-to-authors-globally.
50. https://press.aboutamazon.com/news-releases/news-release-details/amazon-continues-expand-its-superfast-delivery-service-prime-now.
51. https://press.aboutamazon.com/news-releases/news-release-details/introducing-all-new-fire-hd-powerful-tablets-designed.
52. https://www.geekwire.com/2015/amazon-fire-tablet-review-a-50-tablet-acts-as-expected-but-you-probably-find-a-use-for-it.
53. https://press.aboutamazon.com/news-releases/news-release-details/introducing-new-amazon-fire-tv-4k-ultra-hd-and-fire-tv-stick.

54. https://www.emmys.com/shows/transparent.
55. https://www.scientificamerican.com/article/jeff-bezos-s-blue-origin-will-launch-rockets-and-spaceships-from-florida.
56. https://www.wsj.com/articles/amazon-taps-on-demand-workers-for-one-hour-deliveries-1443499263.
57. https://www.geekwire.com/2016/amazon-stealthily-bought-work-communication-company-biba-systems-last-year.
58. https://www.bizjournals.com/sanfrancisco/blog/2013/06/biba-systems-gets-15-million-for.html.
59. http://www.cismag.net/Mobile/Article/Info/1108.
60. https://press.aboutamazon.com/news-releases/news-release-details/amazon-dash-replenishment-service-adds-new-device-partners.
61. https://press.aboutamazon.com/news-releases/news-release-details/amazon-web-services-announces-amazon-quicksight.
62. https://press.aboutamazon.com/news-releases/news-release-details/amazon-web-services-announces-two-new-capabilities-make-it.
63. https://press.aboutamazon.com/news-releases/news-release-details/amazon-web-services-announces-aws-iot.
64. https://press.aboutamazon.com/news-releases/news-release-details/prime-free-same-day-delivery-expands-chicago-and-orlando-metro.
65. https://press.aboutamazon.com/news-releases/news-release-details/prime-now-launches-san-francisco-bay-area-offering-one-hour; https://press.aboutamazon.com/news-releases/news-release-details/prime-now-expands-san-antonio-offering-one-hour-delivery-tens.
66. https://www.businessinsider.com/amazon-q3-earnings-2015-10.
67. https://www.seattletimes.com/business/amazon/amazon-opens-first-bricks-and-mortar-bookstore-at-u-village/; https://www.theguardian.com/technology/2015/nov/03/amazon-books-seattle-store-opened-university-village.
68. https://press.aboutamazon.com/news-releases/news-release-details/amazon-echo-coming-thousands-retail-locations-across-us.
69. https://press.aboutamazon.com/news-releases/news-release-details/amazon-open-two-fulfillment-centers-near-columbus-creating.
70. https://press.aboutamazon.com/news-releases/news-release-details/amazon-brings-prime-now-san-diego-featuring-items-amazon-and
71. https://press.aboutamazon.com/news-releases/news-release-details/amazon-web-services-announces-amazon-wind-farm-us-central.
72. https://press.aboutamazon.com/news-releases/news-release-details/amazon-fire-tablet-now-available-china.
73. https://press.aboutamazon.com/news-releases/news-release-details/introducing-all-new-fire-hd-8-readers-edition-best-tablet.

74. https://press.aboutamazon.com/news-releases/news-release-details/just-time-holidays-prime-now-adds-4000-new-items-available-one.
75. https://www.geekwire.com/2015/amazon-launches-new-era-with-opening-first-tower-at-new-seattle-campus.

2016 年

1. https://press.aboutamazon.com/news-releases/news-release-details/amazon-web-services-launches-korean-datacenters-its-cloud.
2. https://www.hollywoodreporter.com/news/mozart-jungle-wins-2016-golden-853941.
3. https://press.aboutamazon.com/news-releases/news-release-details/first-amazon-dash-replenishment-devices-now-available.
4. https://www.businessinsider.com/amazon-earnings-q4-2015-2016-1.
5. https://money.cnn.com/2016/01/26/technology/amazon-prime-memberships.
6. https://en.wikipedia.org/wiki/Amazon_Prime.
7. https://press.aboutamazon.com/news-releases/news-release-details/amazoncom-announces-fourth-quarter-sales-22-357-billion
8. 同上。
9. https://press.aboutamazon.com/news-releases/news-release-details/amazon-web-services-announces-amazon-lumberyard-free-cross.
10. https://press.aboutamazon.com/news-releases/news-release-details/amazon-introduces-echo-dot-and-amazon-tap-two-new-alexa-enabled.
11. https://www.bloomberg.com/features/2016-amazon-echo.
12. https://time.com/4246297/amazon-echo-dot-price-details.
13. https://press.aboutamazon.com/news-releases/news-release-details/amazon-web-services-announces-over-1000-databases-have-migrated.
14. https://www.businessinsider.com/photos-secret-amazon-robotics-conference-with-jeff-bezos-2016-3.
15. https://techcrunch.com/2016/04/04/amazon-takes-on-paypal-and-others-with-launch-of-amazon-payments-partner-program.
16. https://press.aboutamazon.com/news-releases/news-release-details/prime-free-same-day-delivery-expands-11-new-metro-areas.
17. https://www.geekwire.com/2016/amazon-now-three-ceos-online-retailer-promotes-andy-jassy-jeff-wilke.
18. https://www.techadvisor.co.uk/news/tablets/new-amazon-kindle-oasis-2016-release-date-price-specs-uk-3638199.
19. https://www.nytimes.com/2016/04/18/business/amazon-challenges-netflix-by-opening-prime-to-monthly-subscribers.html.
20. https://www.geekwire.com/2016/new-study-nearly-20-amazons-65m-prime-members-u-s-go-monthly-charge.

21. https://zhuanlan.zhihu.com/p/86341372; https://aws.amazon.com/cn/ebs/features.
22. https://press.aboutamazon.com/news-releases/news-release-details/amazon-open-sixth-texas-fulfillment-center-company-will-create.
23. https://www.wsj.com/articles/amazon-reports-surge-in-profit-1461874333.
24. https://techcrunch.com/2016/05/10/amazon-takes-on-youtube-with-launch-of-amazon-video-direct.
25. https://press.aboutamazon.com/news-releases/news-release-details/amazon-restaurants-launches-fast-free-one-hour-delivery-prime.
26. https://press.aboutamazon.com/news-releases/news-release-details/amazon-web-services-announces-availability-x1-instances-amazon.
27. https://blog.csdn.net/weixin_33722405/article/details/89133911.
28. https://press.aboutamazon.com/news-releases/news-release-details/amazon-open-second-fulfillment-center-joliet-and-create-2000.
29. https://press.aboutamazon.com/news-releases/news-release-details/salesforce-selects-aws-preferred-public-cloud-infrastructure.
30. https://press.aboutamazon.com/news-releases/news-release-details/amazon-open-two-fulfillment-centers-edwardsville-illinois-and
31. https://press.aboutamazon.com/news-releases/news-release-details/amazon-alexa-continues-get-smarter-over-1000-third-party-skills
32. https://press.aboutamazon.com/news-releases/news-release-details/amazon-web-services-achieves-fedramp-high-authorization
33. https://press.aboutamazon.com/news-releases/news-release-details/announcing-amazon-inspire-free-service-digital-educational.
34. https://techcrunch.com/2016/06/27/amazon-jumps-into-online-learning-with-inspire-a-platform-for-free-crowdsourced-and-premium-materials.
35. https://press.aboutamazon.com/news-releases/news-release-details/amazon-web-services-cloud-computing-platform-now-available-1.
36. https://www.zdnet.com/article/haunted-by-china-amazon-pumps-3-billion-more-into-india.
37. https://blog.csdn.net/zzq900503/article/details/105073646; https://docs.aws.amazon.com/zh_cn/efs/latest/ug/whatisefs.html.
38. https://press.aboutamazon.com/news-releases/news-release-details/amazon-open-new-sunflower-state-fulfillment-center-kansas-city.
39. https://press.aboutamazon.com/news-releases/news-release-details/amazons-prime-day-biggest-day.
40. https://press.aboutamazon.com/news-releases/news-release-details/amazon-announces-tenth-california-fulfillment-center-sacramento.
41. https://press.aboutamazon.com/news-releases/news-release-details/houston-amazon-has-lift-new-fulfillment-center.
42. https://www.cnbc.com/2016/07/26/amazon-tests-drone-parcel-deliveries-in-

the-uk.html.
43. https://techcrunch.com/2016/07/25/amazon-partners-with-uk-government-to-test-its-drones.
44. https://press.aboutamazon.com/news-releases/news-release-details/amazon-expands-illinois-opening-new-site-romeoville.
45. https://techcrunch.com/2016/07/26/amazon-prime-launches-in-india-initially-without-prime-video-service.
46. https://press.aboutamazon.com/news-releases/news-release-details/amazon-continues-grow-sunshine-state-company-creating-1500-full.
47. https://www.cnbc.com/2016/07/28/amazon-reporting-second-quarter-earnings.html.
48. https://www.businessinsider.com/amazon-earnings-q2-2016-2016-7.
49. https://www.nytimes.com/2016/07/29/technology/amazon-earnings-profit.html.
50. https://press.aboutamazon.com/news-releases/news-release-details/aws-releases-amazon-kinesis-analytics.
51. https://www.theverge.com/2016/8/25/12639600/amazon-vehicles-car-reviews-specs-community.
52. https://press.aboutamazon.com/news-releases/news-release-details/all-new-amazon-fire-hd-8-longer-battery-life-more-storage-faster.
53. https://press.aboutamazon.com/news-releases/news-release-details/amazon-alexa-skills-selection-3x-just-3-months-alexa-now-has.
54. https://press.aboutamazon.com/news-releases/news-release-details/introducing-newest-prime-benefit-audible-channels-prime.
55. https://press.aboutamazon.com/news-releases/news-release-details/amazon-announces-its-largest-wind-farm-date-new-253-megawatt.
56. https://venturebeat.com/2016/09/29/aws-officially-launches-p2-gpu-backed-instances.
57. https://techcrunch.com/2016/09/30/twitch-announces-twitchprime-loyalty-badges-and-video-uploads.
58. https://www.cjr.org/q_and_a/washington_post_bezos_amazon_revolution.php
59. https://www.cjr.org/q_and_a/washington_post_bezos_amazon_revolution.php
60. https://press.aboutamazon.com/news-releases/news-release-details/introducing-prime-reading-newest-benefit-prime-members.
61. https://press.aboutamazon.com/news-releases/news-release-details/now-streaming-amazon-music-unlimited.
62. https://www.theverge.com/2016/10/12/13244158/amazon-music-unlimited-launch-echo-availability-price.
63. http://contents.ingrammicro.com.cn/marketing/Brand/VMware/2020/Soft/VMware%20Cloud%20on%20AWS%20%E8%A7%A3%E5%86%B3%E6%96%B9%E6%A1%88%E4%BB%8B%E7%BB%8D.pdf.

64. https://press.aboutamazon.com/news-releases/news-release-details/amazon-web-services-cloud-now-available-customers-data-centers.
65. https://press.aboutamazon.com/news-releases/news-release-details/amazonfresh-expands-new-cities-including-chicago-and-dallas.
66. https://www.wsj.com/articles/amazon-posts-smaller-than-expected-profit-1477599108.
67. https://www.cnbc.com/2016/10/27/amazon-reports-third-quarter-earnings.html.
68. https://www.geekwire.com/2016/its-day-one-at-day-one-amazon-opens-second-huge-office-building-in-new-seattle-campus.
69. https://www.channele2e.com/channel-partners/csps/aws-marketplace-now-manages-third-party-saas-billing.
70. https://press.aboutamazon.com/news-releases/news-release-details/sun-shines-amazons-cloud-virginia.
71. https://press.aboutamazon.com/news-releases/news-release-details/aws-announces-two-new-hybrid-services-help-customers-extend-aws.
72. https://www.infoq.cn/article/2016/12/aws-reinvent-recap.
73. https://press.aboutamazon.com/news-releases/news-release-details/aws-announces-three-new-amazon-ai-services.
74. https://www.geekwire.com/2017/amazon-web-services-secret-weapon-custom-made-hardware-network.
75. https://www.geekwire.com/2017/amazon-web-services-secret-weapon-custom-made-hardware-network.
76. https://www.sohu.com/a/126153724_116235.
77. https://fortune.com/2016/12/05/amazon-go-store.
78. https://techcrunch.com/2016/12/05/amazon-go.
79. https://press.aboutamazon.com/news-releases/news-release-details/amazon-web-services-now-available-customers-data-centers-uk-0
80. https://press.aboutamazon.com/news-releases/news-release-details/amazon-prime-video-now-available-india
81. https://techcrunch.com/2016/12/23/amazon-launches-its-newest-private-label-wickedly-prime.

2017 年

1. https://press.aboutamazon.com/news-releases/news-release-details/amazon-and-chase-introduce-new-prime-rewards-visa-card-5-back.
2. https://www.wsj.com/articles/amazons-profit-jumps-but-sales-growth-disappoints-1486070027.
3. https://www.vox.com/2017/1/20/14333220/amazon-virtual-dash-buttons-one-click-purchase.
4. https://www.wsj.com/articles/amazons-profit-jumps-but-sales-growth-

disappoints-1486070027.
5. https://www.cnbc.com/2017/02/02/amazon-earnings-fourth-quarter-q4-2016.html.
6. http://www.beyonddevic.es/2017/02/15/putting-some-numbers-around-amazon-prime.
7. https://press.aboutamazon.com/news-releases/news-release-details/more-33-million-customers-have-used-amazon-payments-make.
8. https://techcrunch.com/2017/02/13/amazon-chime.
9. https://press.aboutamazon.com/news-releases/news-release-details/amazon-thanks-customers-1-corporate-reputation-ranking-23000.
10. https://www.nbcnews.com/tech/internet/amazon-web-services-issue-leaves-part-internet-disarray-n726876.
11. https://www.concurrencylabs.com/blog/s3-outage-takeaways.
12. https://press.aboutamazon.com/news-releases/news-release-details/amazon-launches-solar-energy-initiative-fulfillment-center.
13. https://techcrunch.com/2017/03/06/amazons-aws-buys-thinkbox-software-maker-of-tools-for-creative-professionals.
14. https://techcrunch.com/2017/03/07/amazon-prime-launches-in-mexico.
15. https://techcrunch.com/2017/03/23/amazon-to-acquire-souq-a-middle-east-clone-once-valued-at-1b-for-650m.
16. https://www.cnbc.com/2017/03/29/amazon-shuts-down-quidsi.html.
17. https://press.aboutamazon.com/news-releases/news-release-details/amazon-makes-high-performance-7-mic-voice-processing-technology.
18. https://techcrunch.com/2017/04/24/amazon-launches-subscribe-with-amazon-a-marketplace-for-digital-subscriptions.
19. https://www.cnbc.com/2017/04/27/amazon-first-quarter-results-come-with-big-expectations.html.
20. https://www.wsj.com/articles/amazon-earnings-what-to-watch-1493291407.
21. https://press.aboutamazon.com/news-releases/news-release-details/red-hat-and-aws-extend-strategic-alliance-package-access-aws.
22. https://press.aboutamazon.com/news-releases/news-release-details/amazon-introduces-discounted-monthly-prime-offer-customers.
23. https://venturebeat.com/2017/06/07/aws-launches-greengrass-iot-service-out-of-preview.
24. https://press.aboutamazon.com/news-releases/news-release-details/amazon-web-services-makes-aws-greengrass-available-all-customers.
25. https://www.wsj.com/articles/amazon-fights-wal-mart-for-low-income-shoppers-1496732400?mod=article_inline
26. https://siliconangle.com/2017/06/08/amazon-jumps-iot-edge-computing-aws-greengra.

27. https://press.aboutamazon.com/news-releases/news-release-details/amazon-loans-more-3-billion-over-20000-small-businesses.
28. https://press.aboutamazon.com/news-releases/news-release-details/amazon-acquire-whole-foods-market.
29. https://www.wsj.com/articles/amazon-to-buy-whole-foods-for-13-7-billion-1497618446.
30. https://www.wsj.com/articles/amazons-deal-for-whole-foods-what-you-need-to-know-1497637589.
31. https://www.wsj.com/articles/wal-mart-to-vendors-get-off-amazons-cloud-1498037402.
32. https://press.aboutamazon.com/news-releases/news-release-details/amazon-connects-small-businesses-first-ever-boost-summit.
33. https://www.daily-sun.com/arcprint/details/237673/Amazons-Boost-summit-sees-over-1000-entrepreneurs/2017-07-03.
https://www.junglescout.com/blog/boost-with-fba-seller-summit.
34. https://money.cnn.com/2017/06/29/technology/business/nike-amazon-shoes/index.html.
https://www.wsj.com/articles/nike-reports-sales-gain-despite-weak-growth-in-north-america-1498770462.
35. https://www.wsj.com/articles/amazon-fights-wal-mart-for-low-income-shoppers-1496732400?mod=article_inline.
36. https://aws.amazon.com/cn/ec2/instance-types/g3.
37. https://techcrunch.com/2017/07/26/amazon-prime-now-launches-in-singapore-its-first-market-in-southeast-asia.
https://fortune.com/2017/07/26/singapore-amazon-prime-alibaba.
38. https://www.wsj.com/articles/amazons-device-ambitions-speak-volumes-1506545574
39. https://www.cnbc.com/2017/07/27/amazon-earnings-q2-2017.html https://aws.amazon.com/cn/blogs/china/tag/%E5%AD%98%E5%82%A8.
40. https://www.nytimes.com/2017/07/27/technology/amazon-second-quarter-profits.html.
41. https://m.21jingji.com/article/20170729/herald/69eea75bf716ad1037b8831042fd2712.html.
42. https://www.bbc.com/news/technology-40774385.
43. https://www.lieyunwang.com/archives/353077.
44. https://zhuanlan.zhihu.com/p/104515673.
https://aws.amazon.com/cn/blogs/china/use-aws-glue-amazon-s3-build-datalake.
45. https://finance.technews.tw/2017/08/21/amazon-made-a-bond-offer.
46. https://www.kchuhai.com/report/view-8366.html.

47. https://zhuanlan.zhihu.com/p/23090833.
48. https://www.cnbc.com/2018/02/20/amazon-has-quietly-launched-an-exclusive-line-of-over-the-counter-health-products.html.
49. https://www.wsj.com/articles/amazon-can-two-headquarters-still-equal-one-culture-1505467803.
50. https://medium.com/@hollyc/amazons-1-click-patent-just-expired-what-this-means-for-other-ecommerce-sites-effcf01078a5.
51. https://digiday.com/marketing/end-era-amazons-one-click-buying-patent-finally-expires.
52. https://www.medianama.com/2017/09/223-amazon-ashok-patni-jv.
53. https://press.aboutamazon.com/news-releases/news-release-details/amazon-web-services-announces-opening-data-centers-middle-east.
54. https://press.aboutamazon.com/news-releases/news-release-details/amazon-introduces-new-member-echo-family-echo-spot.
55. https://press.aboutamazon.com/news-releases/news-release-details/amy-sherman-palladinos-marvelous-mrs-maisel-premieres-wednesday.
56. https://press.aboutamazon.com/news-releases/news-release-details/meet-all-new-kindle-oasis-featuring-7-inch-300-ppi-display.
57. https://aws.amazon.com/cn/blogs/china/introducing-gluon-a-new-library-for-machine-learning-from-aws-and-microsoft.
58. https://press.aboutamazon.com/news-releases/news-release-details/introducing-amazon-key-new-level-delivery-convenience-prime.
59. https://www.wsj.com/articles/amazon-revenue-rises-34-beating-estimates-1509049892.
60. https://aws.amazon.com/cn/about-aws/whats-new/2017/10/introducing-amazon-ec2-p3-instances.
61. https://aws.amazon.com/cn/ec2/instance-types/c5.
https://aws.amazon.com/cn/about-aws/whats-new/2017/11/introducing-amazon-ec2-c5-instances-the-next-generation-of-compute-optimized-instances.
62. https://www.indiewire.com/gallery/amazons-lord-of-the-rings-explained-plot-cast/film-and-television-388.
63. https://www.zdnet.com/article/amazon-gives-aws-customers-access-to-its-internal-machine-learning-experts.
64. https://press.aboutamazon.com/news-releases/news-release-details/aws-announces-slew-new-iot-services-brings-machine-learning-edge.
65. https://press.aboutamazon.com/news-releases/news-release-details/aws-announces-five-new-machine-learning-services-and-worlds.
66. https://press.aboutamazon.com/news-releases/news-release-details/amazon-music-unlimited-expands-28-more-countries-around-world.

67. https://press.aboutamazon.com/news-releases/news-release-details/amazon-web-services-aws-and-ningxia-western-cloud-data.
68. https://www.reuters.com/article/us-amazon-com-m-a-chips/exclusive-amazon-paid-90-million-for-camera-makers-chip-technology-sources-idUSKBN1FW0BI.
69. https://www.reuters.com/article/us-amazon-com-m-a-chips/exclusive-amazon-paid-90-million-for-camera-makers-chip-technology-sources-idUSKBN1FW0BI.
70. https://press.aboutamazon.com/news-releases/news-release-details/amazon-celebrates-biggest-holiday-more-four-million-people.
71. https://www.geekwire.com/2017/amazon-web-services-reportedly-eyeing-expansion-saudi-arabia.

2018 年

1. https://www.theverge.com/2018/1/7/16861806/golden-globes-2018-marvelous-mrs-maisel-wins-best-tv-musical-comedy.
2. https://press.aboutamazon.com/news-releases/news-release-details/shopping-local-amazon-more-300000-us-based-small-and-medium.
3. https://techcrunch.com/2018/01/17/amazon-launches-autoscaling-service-on-aws.
4. https://press.aboutamazon.com/news-releases/news-release-details/amazon-announces-candidates-hq2.
5. https://www.cifnews.com/article/33121.
6. https://www.cnbc.com/2018/01/29/amazon-is-testing-fba-onsite-to-bring-software-to-third-party-sellers.html.
7. https://www.wsj.com/articles/amazon-berkshire-hathaway-jpmorgan-to-partner-on-health-care-1517315659?mod=article_inline.
8. https://www.reuters.com/article/us-amazon-com-ratings-exclusive-idUSKCN1GR0FX.
9. https://www.wsj.com/articles/amazons-device-ambitions-speak-volumes-1506545574.
10. https://marketrealist.com/2018/02/amazon-stock-rose-24-in-january-2018.
11. https://press.aboutamazon.com/news-releases/news-release-details/amazon-begins-grocery-delivery-whole-foods-market-plans.
12. https://press.aboutamazon.com/news-releases/news-release-details/prime-members-now-earn-5-back-when-shopping-whole-foods-market.
13. http://www.10000yearclock.net/learnmore.html.
14. https://www.theverge.com/tldr/2018/2/20/17031836/jeff-bezos-clock-10000-year-cost.
15. https://press.aboutamazon.com/news-releases/news-release-details/amazon-

thanks-customers-third-straight-1-ranking-25800-person.
16. https://www.nytimes.com/2018/12/04/us/politics/trump-amazon-post-office.html.
17. https://www.vox.com/2018/3/30/17176852/trump-amazon-post-office.
18. https://www.axios.com/trump-regulation-amazon-facebook-646c642c-a2d7-454b-a9a9-cdc6e4eaef2c.html.
19. https://press.aboutamazon.com/news-releases/news-release-details/tens-thousands-customers-flocking-aws-machine-learning-services.
20. https://www.wsj.com/articles/amazon-acquires-ring-maker-of-video-doorbells-1519768639.
21. https://press.aboutamazon.com/news-releases/news-release-details/now-anyone-can-create-their-own-personalized-alexa-skill-just.
22. https://www.theverge.com/2018/4/24/17261744/amazon-package-delivery-car-trunk-gm-volvo.
23. https://www.nytimes.com/2018/04/24/technology/amazon-delivery-car.html.
24. https://www.cnbc.com/2018/04/26/amazon-earnings-q1-2018.html.
25. https://www.cnet.com/news/amazon-to-raise-prime-membership-in-us-to-119-from-99.
26. https://press.aboutamazon.com/news-releases/news-release-details/amazon-introduces-first-ever-small-business-impact-report.
27. https://press.aboutamazon.com/news-releases/news-release-details/introducing-amazon-experience-centers.
28. https://www.cnbc.com/2018/05/09/amazon-launches-amazon-experience-centers-controlled-by-alexa.html.
29. https://press.aboutamazon.com/news-releases/news-release-details/introducing-hub-amazon-amazons-latest-offering-make-apartment.
30. https://www.businessinsider.com/amazon-hub-receives-packages-at-apartments-2018-6.
31. https://techcrunch.com/2018/06/28/amazon-buys-pillpack-an-online-pharmacy-that-was-rumored-to-be-talking-to-walmart.
32. https://www.wsj.com/articles/amazon-berkshire-hathaway-jpmorgan-to-partner-on-health-care-1517315659?mod=article_inline.
33. https://press.aboutamazon.com/news-releases/news-release-details/major-league-baseball-selects-aws-its-official-provider-machine.
34. https://press.aboutamazon.com/news-releases/news-release-details/aws-chosen-provide-vast-majority-cloud-infrastructure-21st.
35. https://www.wsj.com/articles/amazon-continues-profit-streak-1532635804.
36. https://www.wsj.com/articles/amazon-continues-profit-streak-1532635804.
37. https://aws.amazon.com/cn/blogs/china/in-the-works-amazon-rds-on-vmware/
38. https://searchservervirtualization.techtarget.com/opinion/Whats-the-future-of-

Amazon-RDS-on-VMware.
39. https://www.itprotoday.com/iaaspaas/azure-stack-timeline.
40. https://www.usatoday.com/story/money/2018/08/30/amazon-shares-top-2-000/1142723002.
41. https://press.aboutamazon.com/news-releases/news-release-details/introducing-amazon-storefronts-over-million-products-nearly.
42. https://www.cnbc.com/2018/09/17/amazon-storefronts-launched-in-push-of-small-and-medium-us-businesses.html.
43. https://techcrunch.com/2018/09/17/amazon-launches-storefronts-to-give-20k-small-businesses-a-bigger-spotlight.
44. https://press.aboutamazon.com/news-releases/news-release-details/amazon-announces-new-echo-devices-add-alexa-every-room-and-your.
45. https://blog.aboutamazon.com/shopping/amazon-4-star.
46. https://aws.amazon.com/cn/about-aws/whats-new/2018/09/introducing-amazon-ec2-high-memory-instances-purpose-built-to-run-large-in-memory-databases.
47. https://www.zdnet.com/article/aws-rolls-out-new-ec2-high-memory-instances-tailored-for-sap-hana.
48. https://www.wsj.com/articles/amazon-reports-another-profit-but-sales-underwhelm-1540498816.
49. https://press.aboutamazon.com/news-releases/news-release-details/amazon-expands-grocery-delivery-and-pickup-now-serving-prime.
50. https://press.aboutamazon.com/news-releases/news-release-details/amazon-web-services-open-data-centers-south-africa.
51. https://qz.com/1446648/october-was-amazons-worst-month-since-the-financial-crisis.
52. https://www.notebookcheck.net/Amazon-s-stock-sees-worst-month-since-the-global-financial-crisis.354646.0.html.
53. https://www.cnbc.com/2018/10/28/ibm-to-acquire-red-hat-in-deal-valued-at-34-billion.html.
54. https://press.aboutamazon.com/news-releases/news-release-details/amazon-selects-new-york-city-and-northern-virginia-new.
55. https://en.wikipedia.org/wiki/Amazon_Alexa.
56. https://techcrunch.com/2018/11/26/amazon-launches-a-cloud-based-robotics-testing-platform.
57. https://blog.csdn.net/CSDN_bang/article/details/84586428.
58. https://www.cnbc.com/2018/11/28/aws-launches-inferentia-ai-chip.html.
59. https://press.aboutamazon.com/news-releases/news-release-details/aws-announces-four-new-capabilities-make-it-easier-build-iot.
60. https://press.aboutamazon.com/news-releases/news-release-details/aws-

announces-amazon-quantum-ledger-database-qldb-and-amazon.
61. https://press.aboutamazon.com/news-releases/news-release-details/amazon-web-services-launches-new-region-sweden.
62. https://www.cnbc.com/2018/12/18/amazon-exec-diego-piacentini-has-left-after-two-year-leave.html.

2019 年

1. https://www.zdnet.com/article/aws-launches-fully-managed-document-database-service;https://medium.com/@maxy_ermayank/aws-documentdb-mongodb-compatibility-31c0013f1867.
2. http://blog.itpub.net/31545814/viewspace-2640726.
3. https://techcrunch.com/2019/01/23/aws-launches-worklink-to-make-accessing-mobile-intranet-sites-and-web-apps-easier.
4. https://www.wsj.com/articles/amazon-reports-third-record-profit-in-a-row-11548969267.
5. https://www.businessinsider.com/amazon-paid-97-million-to-acquire-eero-in-fire-sale-leaked-documents-2019-4.
6. https://www.aboutamazon.com/news/company-news/update-on-plans-for-new-york-city-headquarters.
7. https://www.seattletimes.com/business/amazon-plans-to-open-dozens-of-grocery-stores-wsj-reports.
8. https://press.aboutamazon.com/news-releases/news-release-details/aws-announces-general-availability-amazon-s3-glacier-deep.
9. https://press.aboutamazon.com/news-releases/news-release-details/aws-launches-new-region-hong-kong.
10. https://www.cnbc.com/2019/04/25/amazon-earnings-q1-2019.html.
11. https://www.businessinsider.com/amazon-q1-2019-earnings-aws-advertising-retail-prime-2019-4.
12. https://techcrunch.com/2019/04/30/aws-opens-up-its-managed-blockchain-as-a-service-to-everybody.
13. https://www.cnbc.com/2018/11/27/amazon-launches-aws-ground-station-satellite-data-collection-service.html.
14. https://www.infoq.cn/article/ff3h2etzz16_xtufdmyg.
15. https://www.cnbc.com/2019/06/03/amazon-starts-to-roll-out-free-one-day-delivery-for-prime-members.html.
16. 同上。
17. https://www.programmableweb.com/news/amazon-personalize-now-generally-available/brief/2019/06/11.
18. https://www.zdnet.com/article/aws-brings-amazon-personalize-into-ga.
19. https://www.geekwire.com/2019/amazon-web-services-rolls-control-tower-

security-hub-courting-big-business-customers.
20. https://press.aboutamazon.com/news-releases/news-release-details/amazon-introduces-counter-us-where-customers-can-pick-their.
21. https://www.reuters.com/article/us-amazon-com-germany/amazon-in-deal-with-german-watchdog-to-overhaul-marketplace-terms-idUSKCN1UC07B?feedType=RSS&feedName=technologyNews.
22. https://www.theverge.com/2019/7/17/20696214/amazon-european-union-antitrust-investigation-third-party-seller-marketplace.
23. https://www.curbed.com/2019/7/23/20706958/amazon-realogy-turnkey-real-estate-industry.
24. https://www.washingtonpost.com/business/2019/07/23/amazon-moves-into-real-estate-by-teaming-up-with-realogy.
25. https://www.businessinsider.com/amazon-q2-2019-earnings-aws-advertising-retail-prime-2019-7.
26. https://www.cnbc.com/2019/07/25/amazon-earnings-q2-2019.html.
27. https://zhuanlan.zhihu.com/p/145671783.
28. https://www.naincubator.com/410.html.
29. https://medium.com/@tommy_99009/aws-forecast-will-spare-many-blushes-but-zero-threat-to-research-sector-52203d8e795.
30. https://breakingdefense.com/2019/08/navy-takes-first-big-step-to-cloud-pushing-logistics-to-amazons-service.
31. https://www.zdnet.com/article/aws-brings-ec2-g4-instances-into-general-availability.
32. https://www.heyitsfree.net/free-washington-post-subscription.
33. https://techcrunch.com/2019/09/30/aws-iq-matches-aws-customers-with-certified-service-providers.
34. https://www.geekwire.com/2019/amazon-launches-aws-iq-marketplace-third-party-cloud-experts-demand-projects.
35. https://sea.mashable.com/tech/6685/amazon-finally-launches-its-official-singapore-site-how-will-this-disrupt-others.
36. https://www.wsj.com/articles/amazons-third-quarter-profit-slides-26-11571949037.
37. https://www.cnbc.com/2019/10/24/amazon-earnings-q3-2019.html.
38. https://posts.careerengine.us/p/5db88d9cce433250a1d47483.
39. https://techcrunch.com/2019/11/06/amazon-is-planning-a-40m-robotics-hub-near-boston.
40. https://www.pymnts.com/amazon/2019/amazon-build-robotics-innovation-hub-near-boston.
41. https://www.thefashionlaw.com/nike-drops-pilot-partnership-with-amazon-and-analysts-predict-more-brands-will-follow.

42. https://www.zdnet.com/article/amazon-web-services-launches-aws-data-exchange-for-qualified-third-party-data;https://venturebeat.com/2019/11/13/amazons-aws-data-exchange-launches-with-over-80-data-providers.
43. https://aws.amazon.com/new/reinvent.
44. https://www.forbes.com/sites/moorinsights/2019/12/09/the-top-five-aws-reinvent-2019-announcements-that-impact-your-enterprise-today/?sh=59db382c3337.
45. https://www.forbes.com/sites/moorinsights/2019/12/09/the-top-five-aws-reinvent-2019-announcements-that-impact-your-enterprise-today/?sh=59db382c3337.
46. https://www.infoq.cn/article/2obq8y7omtmuao49rp8u.
47. https://www.wsj.com/articles/walmarts-secret-weapon-to-fight-off-amazon-the-supercenter-11576904460.

2020 年

1. https://www.wsj.com/articles/amazon-primes-its-bottom-line-11580425979.
2. https://www.businessinsider.com/amazon-earnings-q4-2019-aws-cloud-2020-1.
3. https://www.cnbc.com/2020/01/30/amazon-amzn-q4-2019-earnings.html.
4. https://venturebeat.com/2020/01/30/amazon-earnings-q4-2019.
5. https://press.aboutamazon.com/news-releases/news-release-details/amazon-invested-15-billion-and-launched-225-new-tools-and.
6. https://press.aboutamazon.com/news-releases/news-release-details/3m-selects-aws-its-preferred-cloud-provider-enterprise-it.
7. https://techcrunch.com/2020/03/03/amazon-makes-its-same-day-delivery-service-faster-in-select-u-s-cities.
8. https://tamebay.com/2020/03/amazon-launches-in-the-netherlands.html.
9. https://fortune.com/2020/03/23/amazon-prime-delays-coronavirus.
10. https://www.latimes.com/business/story/2020-03-17/amazon-coronavirus-delivery.
11. https://techcrunch.com/2020/04/22/aws-launches-amazon-appflow-its-new-saas-integration-service.
12. http://cloud.zol.com.cn/742/7425110.html.
13. https://press.aboutamazon.com/news-releases/news-release-details/aws-launches-region-south-africa.
14. https://aws.amazon.com/cn/blogs/china/new-amazon-keyspaces-for-apache-cassandra-is-now-generally-available.
15. https://0xzx.com/20200426053160751 7.html.
16. https://zh.wikipedia.org/wiki/Cassandra.
17. https://press.aboutamazon.com/news-releases/news-release-details/aws-announces-general-availability-amazon-augmented-artificial.

18. https://press.aboutamazon.com/news-releases/news-release-details/aws-launches-region-italy.
19. https://www.cnbc.com/2020/04/30/amazon-amzn-q1-2020-earnings.html.
20. https://www.wsj.com/articles/amazons-sales-jump-as-coronavirus-prompts-surge-in-online-shopping-11588278740.
21. https://www.businessinsider.com/amazon-earnings-report-q1-revenue-profit-2020-4.
22. https://aws.amazon.com/cn/about-aws/whats-new/2020/05/aws-announces-amazon-elasticsearch-service-ultrawarm-general-availability.
23. https://press.aboutamazon.com/news-releases/news-release-details/aws-announces-general-availability-amazon-kendra.
24. https://aws.amazon.com/cn/blogs/china/reinventing-enterprise-search-amazon-kendra-is-now-generally-available.
25. https://0x.pub/a/1094.html.
26. https://www.crn.com/slide-shows/cloud/4-big-things-you-need-to-know-about-aws-snowcone/2.
27. https://press.aboutamazon.com/news-releases/news-release-details/amazon-and-valentino-file-joint-lawsuit-against-new-york-based.
28. https://techcrunch.com/2020/06/18/amazon-and-valentino-team-up-in-joint-lawsuit-against-new-york-counterfeiter-over-rockstud-knock-offs.
29. https://press.aboutamazon.com/news-releases/news-release-details/aws-announces-amazon-honeycode.
30. https://press.aboutamazon.com/news-releases/news-release-details/aws-announces-general-availability-amazon-codeguru.
31. https://press.aboutamazon.com/news-releases/news-release-details/aws-announces-general-availability-amazon-codeguru.
32. https://venturebeat.com/2020/06/29/amazon-launches-ai-powered-code-review-service-codeguru-in-general-availability.
33. https://press.aboutamazon.com/news-releases/news-release-details/aws-announces-general-availability-aws-iot-sitewise.
34. https://www.cnbc.com/2020/07/29/tech-ceo-antitrust-hearing-live-updates.html.
35. https://www.wsj.com/articles/amazon-amzn-2q-earnings-report-2020-11596137257.
36. https://www.cnbc.com/2020/07/30/amazon-amzn-earnings-q2-2020.html.
37. https://www.cnbc.com/2020/07/30/amazon-amzn-earnings-q2-2020.html.
38. http://cddrc.chengdu.gov.cn/cdfgw/ztlm032002004/2020-08/07/content_2306893cce8645229c06fe622678bf3b.shtml.
39. https://www.cnbc.com/2020/08/21/amazons-consumer-boss-jeff-wilke-to-step-down-in-2021.html.

40. https://press.aboutamazon.com/news-releases/news-release-details/aws-announces-general-availability-amazon-braket.
41. https://press.aboutamazon.com/news-releases/news-release-details/introducing-amazon-halo-and-amazon-halo-band-new-service-helps.
42. https://www.wsj.com/articles/amazons-late-prime-day-now-in-october-set-to-fuel-record-end-to-year-11601269260.
43. https://www.cnbc.com/2020/09/29/amazon-palm-payment-system-amazon-one-announced.html.
44. https://press.aboutamazon.com/news-releases/news-release-details/aws-announces-general-availability-amazon-timestream.
45. https://www.infoq.cn/article/w7PCBQfM2GkWiBBFsaqY?utm_source=related_read&utm_medium=article.
46. https://www.cnbc.com/2020/10/29/amazon-amzn-earnings-q3-2020.html.
47. https://www.digitalcommerce360.com/article/amazon-prime-membership.
48. https://www.zdnet.com/article/amazons-2-8bn-plan-india-gets-its-second-aws-cloud-computing-region.
49. https://techcrunch.com/2020/11/06/amazon-to-invest-2-8-billion-to-build-its-second-data-center-region-in-india.
50. https://www.cnbc.com/2020/11/10/eu-hits-amazon-with-antitrust-charges-for-distorting-competition.html.
51. https://press.aboutamazon.com/news-releases/news-release-details/introducing-amazon-pharmacy-prescription-medications-delivered.
52. https://www.reuters.com/article/us-amazon-com-pharmacy/amazon-launches-online-pharmacy-in-new-contest-with-drug-retail-idINKBN27X170.
53. https://zhuanlan.zhihu.com/p/337800433.
54. https://blog.csdn.net/Bmo40mqfG249H/article/details/110848081.
55. https://blog.csdn.net/Bmo40mqfG249H/article/details/110848081.
56. https://www.infoq.cn/article/vulbKOr68DK6JSQB58oo.
57. https://www.theverge.com/2020/12/14/22173971/zoox-amazon-robotaxi-self-driving-autonomous-vehicle-ride-hailing.